U0942632

严昌洪／主编

武昌辛亥革命研究中心／组编

辛亥革命史事长编

XINHAI GEMING SHISHI CHANGBIAN

本书为2008年度湖北省社科基金重大委托项目（立项号[2008]013）成果

(1901.1-1903.12)

第三册

李勇军　秦熠／编

武漢出版社
WUHAN PUBLISHING HOUSE

（鄂）新登字 08 号

图书在版编目（CIP）数据

辛亥革命史事长编．第三册/武昌辛亥革命研究中心组编；严昌洪主编；李勇军，秦熠编．
—武汉：武汉出版社，2011．8
ISBN 978－7－5430－5280－2
Ⅰ．①辛…　Ⅱ．①武…②严…③李…④秦…　Ⅲ．①辛亥革命—史料
Ⅳ．①K257．06

中国版本图书馆 CIP 数据核字（2010）第 172459 号

组　　编：武昌辛亥革命研究中心
主　　编：严昌洪
编　　者：李勇军　秦　熠
责任编辑：刘国刚
装帧设计：刘福珊
出　版：武汉出版社
社　址：武汉市江汉区新华下路 103 号　　邮　编：430015
电　话：(027)85606403　85600625
http://www.whcbs.com　　E-mail:zbs@whcbs.com
印　刷：武汉精一印刷有限公司　　经　销：新华书店
开　本：787mm×1092mm　1/16
印　张：24.5　　字　数：608 千字　　插　页：5
版　次：2011 年 8 月第 1 版　　2011 年 8 月第 1 次印刷
定　价：1800.00 元（全十册）

1901 年(光绪二十七年·辛丑)

1 月 1 日(庚子年十一月十一日)　中国留日学生励志会在东京举行新年庆祝会。

冯自由《励志会与译书汇编》:

励志会为庚子(一九〇〇年)东京留学界所组织。其时各省学生东渡留学者不过百数十人,尚无何种结合,此会实为留学界创设团体之先河。有会章五条,不外以联络情感策励志节为宗旨,对于国家别无政见。惟是时革命思潮已风起云涌,会员中主张光复主义者大不乏人。激烈派如戢元丞、沈云翔等均任会中干事,故亦不啻一革命宣传机关。庚子七月汉口一役殉义之黎科、傅慈祥、蔡丞煜、郑葆晟及脱险之戢元丞、秦力山、吴禄贞诸人,皆此会会员也。一九〇一年阳历一月一日,励志会开新年庆祝会于上野精养轩,莅会者有来宾菲律宾独立军代表鹏西、日本进步党领袖犬养毅、横滨兴中会员尤列、翟美徒及该会会员戢元丞、张锳绪、钱承志、富士英、曹汝霖、王宠惠、沈琨、陆世芬、吴振麟、张奎、夏循垲、冯阅模、稽慕陶、雷奋、高淑琦、陈棍、吕烈煌、张廷栋、叶基贞、金邦平、张继、薛锦标、唐才质、廖世纶、章宗祥、王宰善、关炳荣等三十余人,特拍照以志纪念,甚盛事也。辛丑(一九〇一年)七月,清政府忽下诏废止八股文,改试策论,并选派学生出洋,且有酌用东西洋毕业学生之议,留学生之热衷利禄者,多认为仕途捷径,励志会会员乃亦渐次解体。同时留学界之有志者尝发刊一种杂志,曰"译书汇编",庚子下半年出版,江苏人杨廷栋、杨荫杭、雷奋等主持之。杨、雷亦励志会会员,此报专以编译欧美法政名著为宗旨,如卢骚之民约论,孟德斯鸠之万法精理,约翰穆勒之自由原论,斯宾塞之代议政体,皆逐期登载。译笔流丽典雅,风行一时。时人咸推为留学界杂志之元祖。自后各省学生次第倡办月刊,吾国青年思想之进步,收效至巨,不得不谓"译书汇编"实为之倡也。

冯自由著《革命逸史》初集,中华书局 1981 年版,第 98 ~ 99 页

冯自由《横滨中和堂与南洋中和堂》:

辛丑年(前十一)阳历元旦日,该堂(即中和堂,编者)应留日学生励志会之招,特派尤列、翟美徒二人,参加该会新年庆祝会。是日被邀莅会者,尚有日本进步党首领犬养毅,及菲律宾独立军代表彭西等;当拍照以志纪念,此照今尚存也。(著者按:此照余今尚保存之,民二十五年拟印载上海逸经半月刊,因照片稍模糊,故未登出。)

冯自由著《中华民国开国前革命史续编》上,中国文化服务社 1946 年版,第 33 页

编者按:关于新年庆祝会具体日期,《孙中山年谱》(广东省哲学社会科学研究所、中国社会科学院近代史研究所、中山大学历史系合编,中华书局 1980 年版)定为旧历春节,冯自由《革命逸史》和《中华民国开国前革命史》诸书均确指为阳历新年,且有照片为证。此外,是年旧历春节为公历 2 月 19 日,而据日本外务省档案,参加庆祝会的菲律宾独立军领袖彭西于 2 月 8 日即赴香港。故陈锡祺在《孙中山年谱长编》中从冯自由说,定为阳历新年(参见陈锡祺《孙中山年谱长编》上,中华书局 1991 年版,第 263 页)。

△ 本日,清政府降旨准嘉奖捕获自立会余党李炳荣之江苏地方官员。

《清实录》:

己卯……江苏巡抚松寿奏:拿获九江会匪康党李炳荣等,讯明正法,请奖出力员弁。得旨,著准其择尤保奖数员,毋许冒滥。

《清实录》第 58 册,中华书局 1987 年版,第 255 页

1月2日(十一月十二日)　清政府任命杨儒为对俄交涉全权大臣,会同奕劻、李鸿章办理接收东三省事宜。

《清实录》:

庚辰……谕:电寄奕劻等,杨儒著授为全权大臣,与俄国商办接收东三省事宜。此事俄廷深敦睦谊,允许交还,一切办法,须臻妥协。著杨儒审时度势,悉心筹划,随时电商奕劻、李鸿章互相参酌。并著奕劻等传谕东三省将军遇事妥为经理,毋稍歧误。

《清实录》第58册,中华书局1987年版,第255页

1月10日(十一月二十日)　兴中会首任会长杨衢云在香港被清政府所派刺客暗杀,于次日在医院去世。

冯自由《杨衢云史略》:

……革命军败退(此处指庚子惠州起义失败,编者),将领多匿居香港,清吏乃集矢于衢云。侦知衢云设帐于结志街五十二号二楼,教授英文,乃于是年十一月二十日(公历一九零一年一月十日)暗买凶徒陈林刺杀之于教授室。先是粤督德寿尝出示悬赏三万金购杨首级,同志多劝衢云出洋暂避,衢云慨然曰:男儿死则死矣,何避为!吾宁授徒以养妻子,不忍虚糜公款,俾立一好模范为同仁先云云。卒罹于难,诸同志葬其遗体于香港公共坟场第六千三百四十八号,遗一子二女。

冯自由著《革命逸史》初集,中华书局1981年版,第5页

陈少白《杨衢云之死》:

杨衢云喜自大。当惠州军事得手时,他在外面天天对着朋友自逞功能,说这件事是他办的,他便是主脑。外间不知详情,自然信以为真。接连遇着陈廷威找他议和,他一口包揽下来。事虽不成,然而已经中外皆知。等到地雷事发(指史坚如谋炸两广总督德寿失败,编者),要追究主谋,杨衢云为敌党注目,更是不能免的了。

过了两个月,杨衢云仍旧在家里开了一个夜校,教授英文。有一天晚上,忽有四个人到家门前,三人把门,一人跑进来,对着杨衢云开了四五枪,当时杨衢云手上正拿着一本英文教科书,见有人照着他放枪,便拿着书来一挡,将身弯下。但胸旁肋骨,早中一枪。接二连三,又中了两三枪。这胸旁之弹,就是他的致命伤了。学生数人吓得跑的跑,躲的躲。等到家人团集,凶手早已跑远了。其时警察闻变,亦纷纷赶到。见衢云已被人扶到躺椅上睡下,虽觉痛楚,精神尚好。侦探局长英人汉臣,亦来向他略问几句,就用软榻把他送到国家医院里。医生当堂把他检验过,知道情形颇严重。侦探长遂乘机盘问被击因由,问他心里到底疑是谁人所为,平日有无私怨。他就说除了革命结仇,并无其他。又问倘有意外,有谁能替他料理后事?他说:"陈少白便可。"隔了一会,汉臣跑到报馆来见了我,把情形可危之说告诉我,又述了杨衢云委托身后之言,匆匆去了。第二日早晨起来,知道杨衢云因伤过重,内里流血,天没有亮已死去了。是日照例将尸身剖验,取出枪弹,然后发还事主殓葬。他家里实是清寒,便由我替他办理一切丧事。

出丧那一日,场面颇觉隆重。香港人士,识与不识,知道他为革命而被清政府暗杀的,心里叹息他,自动加入来送丧的人不少。那侦探长也礼衣礼帽,肃穆随行。经过之路,每一横街口,必站一便衣英警。我之前后,也有便衣英警各一人,保护严密,如临大敌。

杨衢云在临死时对汉臣说过,要葬在外国公墓内。后来侦探记录了告诉我,我便替他请求。照例中国人另有坟场,不准混入外人处的。好得英政府中人恨广州政府之无状,扰乱治

安,反表同情于死者之义烈可嘉,遂由政府特别议决,准其入葬。港人以为异数,故来送者数百人。葬事完毕,梅警察厅长就请了我去,第一句就问,“你是一个革命党人?”我说:“是的。”他说:“你们中国官府太不成话了,不同我们商量,用此龌龊手段,来行暗杀,乱我地方,这件事情,我替你们很有些抱不平。你现在既然也是领导革命的人,生命很有些危险。我给你一张带枪护照,派两个印捕来保护你,你可安心住在这里。”我谢过了,心里到有些感激他。后来这件案子得到许多人的帮助,费了我两年多的功夫,帮同香港政府把四个凶手除一人在家先死,一人因他事先为清政府所杀之外,完全捉获,在香港问绞而死。

杨衢云被暗杀的消息,传到日本,孙先生在横滨闻信,深为痛愤,因他到底系为国事被害的人。可惜他身后萧条,妻儿无所倚靠,因此就在日本开了一个追悼会,替他募捐了二千余金抚恤他的妻子。就是当时香港有几家大洋行,以及几个表同情于他的外国人,也解囊相赠,共有千余金,替他放在稳妥的银行里。那银行还许特别高利率给他们逐年收利度日。香港政府也动公愤,批准他的孤独儿子,在官立学堂读书,永远免收学费。他的坟墓上的石碑也是香港亲友,捐资建立的。

陈少白著《兴中会革命史要》,中国史学会编《中国近代史资料丛刊·辛亥革命》(1),上海人民出版社1957年版,第73～75页

日本外务省藏档案《杨衢云在香港被杀》:

外务大臣加藤高明阁下:

听说清国流亡者杨衢云于本月十七日(疑笔误,编者)夜在香港遭枪杀。经过一番调查并从孙逸仙处得知上述事件有关情况:此人流亡到我国后曾住在横滨山下町一百二十一号孙逸仙处,当时名字叫杨飞鸿,去年(三十三年)六月八日曾与孙一同去新加坡。

神奈川县知事周布公平

明治 34 年 1 月 29 日

[440598　明治 34 年 1 月 31 日收到　甲秘第 37 号]

章开沅、罗福惠、严昌洪编《辛亥革命史资料新编》第 6 册,湖北人民出版社 2009 年版,第 91 页

1 月 12 日(十一月二十二日)　长沙知府赵宜琛为拿获自立会员汪楚珍请求正法事禀湖南巡抚俞廉三。

《俞廉三遗集》《赵宜琛禀汪楚珍正法案》(原题《长沙府赵宜琛禀并批〈汪楚珍正法案〉》):

署长沙府知府赵宜琛谨禀大人阁下:敬禀者,光绪二十六年闰八月二十五日奉臬司札,饬提取常德府会、慈利、武陵县拿解之富有票匪汪楚珍到案,详细研审,务得确情,议拟禀复核办,等因。奉此,遵即提取汪楚珍到案,督同局员悉心推鞫。缘汪楚珍即汪保初,籍隶慈利县,曾读书应试,光绪二十六年三月,因家贫难度,与已在湖北正法之李虎村来至省城,寄居李虎村之父李树芳幕中,经李树芳荐入威字旗,与李虎村同赴湖北,在营充当帖写。李虎村旋出营,搬往汉口英租界一码头,与匪目林述堂、田均一、田均卜、杜子贵同居住,门首贴有李慎德堂字样。李虎村随邀汪楚珍赴中和公栈房会晤匪类李松芝、陈桃痴、蔡树珊、唐才中、谭凤墀、李和生、沈克诚,并邀至慎德堂,告说康有为、梁启超倡立自立会,上海系唐才常、狄楚卿为总,汉口系林述堂为头。上海寄有富有会票前来,现已分途散放,俟人数约齐,即便起事,劝令入会帮办笔墨。汪楚珍随即应允。李虎村以汪楚珍本系姻亲,可以信心,无须盟誓,亦无须发给会票。七月十四日,汪楚珍辞差出营,寄居慎德堂内,常至中和公栈房,得见林述

堂时与会内人等议事,并见有不知姓名之刻字匠二人在楼上刊刻各路各军伪关防、伪官衔并戳记等件。会内共分三路,立为三军:中军系林述堂总统,管武汉三镇,派有谭凤墀、李和生、李虎村、杜子贵暨该犯汪楚珍帮同办事;左军系陈桃痴总统,管安庆、大通、麻城一带,以凤凰厅生员朱连希即菱溪帮办笔墨;右军系沈克诚总统,管沙市、岳州、新堤一带,以唐才常之弟唐才中随同料理。林述堂与李虎村商启札稿,派令汪楚珍先后缮写数十份。因官衔图防尚未刻就,前后各空白一行,止填庚子年月。札内字句,汪楚珍记忆不清,大致系委其充当中军帮统或系营官,务各认真办事等语。考语或系精明强干,或系勇敢有才。汪楚珍写就后,交由李虎村转交林述堂填名分发。其所立三军,每军又分五营,每营又分五哨。每军则系统带、帮带各设一人,每营则正办副办各居一职,均由林述堂下札为凭。其余哨官,止随时付给手谕。此皆匪党下行公牍。尚有平行文件,名曰凭单,前幅列伪官衔,写中国自立会汉口总会所字样,后幅将衔名空出,待临时填发登号盖戳。会内各匪系分两等:一名会员,在总会所商办一切;一系会友,仅帮银钱,并不办事。所有各处往来信件,均由林述堂、李虎村经管收发。凡会友以及各营哨伪弁,往来中和公栈暨慎德堂,均络绎不绝。汪楚珍止知李松芝、谭凤墀均系承办大事匪魁,李和生系哥匪头目;另有东洋人丰东海伪装发辫,与陈桃痴曾赴慈利转回。林述堂又于汉口上下暨武昌鹦鹉洲等处佃屋办事,名曰分舵。上海寄来匪票,均系付给分舵散放,勾结哥匪并防营勇丁暨枪炮厂人役联为一气,俟八月军械到齐,即占夺武昌,焚劫衙署,新堤、岳州均能响应。二十日,林述堂业师唐才常带同东洋人甲斐来至汉口,以安庆、大通均已动手,与林述堂面商起事。二十四日,沈克诚携带花银二千余元,与汪楚珍同赴新堤,在途撞遇会员王子华,结伴同行。二十六日行抵新堤,寄居牌名昌和枯饼行内。沈克诚令汪楚珍在内赶写伪札。札内伪衔系"中国国会自立右军总统"字样,伪关防宽约二寸,长约四寸,刊"中国国会自立右军总统之关防"十三字,系属篆文。汪楚珍写齐十份,沈克诚复令将分统营官各名姓逐一填入,止能记忆谭鳌、王秀芳、但尚栋、方艾卿、黄恩立、徐有德六名,余俱忘却。三十日,沈克诚复带同王子华、汪楚珍附搭洋船前赴岳州,撞遇李松芝,告说汉口总会业已破案,伊李松芝拒捕受伤,始得逃出,林述堂、唐才常均经正法等语。沈克诚会集谭凤墀、唐次臣、谭鳌、颜锡峰商议报仇,付给谭凤墀花银六百元,令赴华容,唐才中赴沙市,分途纠集。李松芝复起意带同汪楚珍转回原籍慈利县,藉团练为名,打造军械,并勾通九溪营兵丁戕官劫狱。沈克诚付给花银一千二百元,令与汪楚珍均分应用。谭凤墀告以慈利姚小琴、朱鲁芹家道殷实,须邀令入会,帮助钱文。沈克诚以李虎村之胞兄李石村随同其父李树芳身居要幕,令汪楚珍便道邀约。沈克诚商谋既定,即赴上海,嘱汪楚珍等听伊消息。谭凤墀因岳州查拿严紧,八月初九日与汪楚珍行抵省城。谭凤墀寓一品客栈。汪楚珍探知李树芳业已被辞出署,寄居湖北会馆。随寻至该馆,晤见李石村并李树芳之门人刘渠丞、徐百川,暨素识之朱序泮,告说沈克诚、李松芝令伊汪楚珍潜回本籍,复图滋事各情,劝令李石村同回慈利。李石村答以从缓再商。刘渠丞随邀汪楚珍至伊家居住,所领沈克诚洋银,除用外尚存四百元,因系光板,恐被盘查,均暂交刘渠丞,约俟将来取用。十一日,汪楚珍搭就船只,与徐百川由水路行抵慈利县属之凉水井地方。二十五日,听闻营县查拿,逃至火场坪,被获到案。等情。讯据汪楚珍供认不讳。卑府查汪楚珍听从入会,屡为匪魁缮写伪札,迨事经发觉,复敢潜回慈利,另图起事,实属始终怙恶,罪不容诛。拟请将汪楚珍即汪保初照章就地正法枭示,以彰国宪,而快人心。除严拿沈克诚等务获究报外,是否有当,理合开具供折,禀请大人府赐察核批示祗遵。肃此具禀,恭请钧安,伏祈垂鉴。除禀督部堂外,卑府宜琛谨禀。

批:据禀已悉。汪楚珍与匪首李虎村、林述堂等伙谋反逆,代缮伪札,迨经败露,逃回原籍，复图纠人起事。现经审讯明确，不容片刻稽诛。仰将该犯汪楚珍立即照章正法枭示，仍候督部堂批示缴供折存。

二十六年十一月二十二日

杜迈之、刘泱泱、李龙如编《自立会史料集》，岳麓书社 1983 年版，第 177～180 页

1 月 13 日（十一月二十三日）　清政府令李毓森、徐寿朋赴京，随同奕劻、李鸿章办理修改通商条约事宜。

《清实录》：

辛卯……谕军机大臣等：现在开议通商条约，最关紧要。著李毓森迅速赴京，随同奕劻、李鸿章妥筹办理。又谕，前据奕劻、李鸿章奏请调盛宣怀、徐寿朋随办各国税则条约，当以盛宣怀已充会办商务大臣，谕令徐寿朋即行来京，帮同办理。此次修改通商条约，头绪繁多，自应详加综核，务臻妥善。道员李毓森于通商一切事宜，尚有体会。已饬令迅速赴京，随同办理。著该亲王等电商盛宣怀，并督同徐寿朋、李毓森详细考订，以期无损利权为要。将此由六百里谕令知之。

《清实录》第 58 册，中华书局 1987 年版，第 262 页

1 月 15 日（十一月二十五日）　宫崎寅藏与内田良平为中村弥六事件而格斗，宫崎寅藏受伤，于病床上拟具长函致孙中山，详述中村弥六事件始末。

近藤秀树《宫崎滔天年谱》：

一月十五日，出席犬养毅宅的新年宴会，还有内田良平、平山周、原祯、尾崎行昌、清藤幸七郎、可儿长一等人。滔天因不公开中村弥六事件了结的内容，而与内田发生争论，并被内田打伤额头。

近藤秀树编，陈鹏仁译《宫崎滔天书信与年谱——辛亥革命之友的一生》，台北商务印书馆 1982 年版，第 106 页

宫崎寅藏《经纶悉破》：

归东京叩木翁（犬养毅，编者）之邸，翁笑曰："同志中对君有怼意，明日余置酒肴为君调和之。"明日，同志皆集。主人先言曰："不逢不语，彼此之情不通，今此会，温同志之旧交也。"且饮且谈，酒三巡，更石君（内田良平，编者）先问曰："中六（中村弥六，编者）事件如何？愿闻其详。"余曰："余欲〈不〉守秘密之德义，无麻翁（头山满，编者）允许，则不吐露。"此日麻翁当来而未来也。彼固强，余断不允，于是彼之质问，一变而为嘲笑。余亦大怒，两不相让，而革命军之大将，遂挺刃而自讧。余搏不胜，破其额，血流至襟，诸同人强制之入别室，医来施疗，十数日而愈，至今前额有半规月形之瘢。观余真知其为失足之纪念也。

宫崎寅藏著，P. Y. 校勘《三十三年落花梦》，上海出版合作社 1934 年版，第 119～120 页

宫崎寅藏《与孙逸仙书》：

余受更石君创击之时，不觉苦痛。夜深人静，则悲愤中来，思人情之可怖，疑憎我者之必多，则孙君之心果何如乎？得无逐群疑众谤以疑我之后乎？果如此，不如自进而述中六事件之经过，以释其疑。病床驰笔，经草一文，以致之孙君，文曰：

逸仙先生足下，辱交于兹，垂四年矣。以大君子之容人，而效奔走于三色之旗下，谋事不成，屡遭蹉跌，然不足以灰仆之心也。乃者谗口中伤，恶声四出。以先生知仆之明，本不待乎陈辩。第吾两人心性，尚未至乎至圣灵通、拈花微笑之境。距离又远，难保无风云阻隔。故谨述中六事件之经过于左右，表明心事。先生若有疑乎？愿得此以解之。无则笑而弃之。

方先生在台而电促军器也，仆与远藤、木翁豫想方法，皆知急送之难。然其始中六实以全权独当交涉之冲。未由窥其机奥。适中六有巡游他方之说，远藤遂诘以准备而止其行。否则请立代人而当此事。彼不得已而嘱远藤以委任状，此远藤出中六而与小仓相接之原因也。

远藤访小仓要求弹丸授受之事，彼曰时有不利，故不能引渡。远藤曰："今当急送之时，岂费代价而无权催送？"彼曰："品物虽属于君，然定运送之机，我权内之事也。是在与中六所契约之个条中。"远藤闻之，且惊且怪，强求检查实品。彼曰："此品今在□□□仓库，虽吾不能易见，且二百五十万品，如何检查？"远藤曰："吾奉职□□，略谙此道，可以方法概定之。"彼悄然曰："此品原废物，不如输国外以占巨利。此中六所贻与君等之利便也。"远藤闻言，益惊且怪，盖小仓之意，误以远藤为与中六同臭之人。于是驰告木翁，又以电话招仆。至是，而中六之非行明矣。

小仓与中六既肥私而误公，则弹丸之运送何如乎？乃电告先生，而先生复命曰：急送代金。至是，木翁乃亲访小仓。彼曰："以一万二千五百金买返可也。"翁曰："对于六万五千，而所偿不及五分之一，未免太酷。"彼急遮之曰："否，吾所受者五万金。而此五万中之利润，犹多归中六与夫关于中六方面之人。"于是知中六之所私实不少。乃强请出三万金，彼乞暂缓回答。继请再献二千五百，则计以一万五千金而买返此丸也。

木翁谓余曰：中六之罪不可逭矣，虽罪而责之何益？若设法使彼以所肥者仍献于公，合之小仓之一万五千金，以应前敌之急。然彼常貌为贫而介，苟直接交涉而使偿金者，决裂之事也。故宜示意小仓，使中六与彼为表面之谈，冀小仓或有劝告，藉小仓之名而出金，其如何？

方惠州之军报起，仆与远藤早至横滨。既屡闻胜利之电，魂飞肉跃，实恨不能飞渡支那海而奔走麾下。虽梦中弦索，如闻大军凯歌之声。而所以绊此躯者，实中六之事也。中六归而仆往见，倚木翁之意，而演谜语。实则要其所肥之一万五千金也。彼如有觉悟，允与小仓谈判。

次日，复访中六，未得要领。而木翁以电话招余，则远藤亦在，于是知中六之驰骤，乃与吾辈日远。

远藤报告曰：吾面中六，适彼问小仓而归。见余愤然曰："木翁不义无情之伧，至小仓而詈吾者何事乎？吾与彼为政友，而视之曾商人之不若！"言次，殆如狂人。窥其意，盖彼至小仓而劝出金，而小仓亦以彼所行之非为劝，于是不得不取证木翁之言（即五万金与六万五千金之别）。彼自知众口不理，狼狈周章而演此狂剧。然而此一事也，事之外犹有事，则私书私印之伪造是也。

翌日，仆访中六，而远藤先在，伪为不知，而问小仓之返答。彼强颜厉色曰：吾自后不与弹丸之事。仆问以故，彼复骂木翁。仆晓之曰：事非木翁，而归孙君，非孙君一人之私，而天下之公议也。君与木翁有争，异日可也。今奈何以私愤弃天下之公义，不速了此事？彼复如狂剧者，揭无条理之言。仆遂怒之，与远藤热骂而出。于是第一平和之手段破。

中六既不可喻，而小仓亦非愿舍其资者，但失前与小仓德商之间所换之品物交换书，又不能不烦中六。于是日北（福本诚，编者）任其劳，由中六之手而得德商之书，以了结小仓之方面。

中六既奋自弃之勇，而张背水之军，与木翁为敌，乃游说党之一角曰："木翁之伤吾，欲摧旧革进党之势力也。"此时木翁犹秘中六之非，而世皆知木翁与中六不善，且有诘问事实者，渐为党中之一问题。而木翁犹不轻发,惟密告党之二三领袖。时则先生已从台湾归而发现私印私书之伪造。

一日,有小岛君忽然来访仆,谓仆曰:"昨中六求会见于吾,吾不见中六久矣,其必关于君等之件者,访之如何?"此日木翁行仙台不在,仆劝往。归告曰:"中六外强而中干,其意欲应机使吾当调停之役。"翁闻言甚喜,于是复从事于平和之落着。

既而中六赖小岛君来求会见于木翁。翁答曰:"会见可也,然吾与中六不单见,须有一二友人之临席,就麻翁、奠北、冈浩中选之。"会见之处,亦于三人之家。乃定奠北家中,而请麻翁之临。至期,翁使仆作伪造书之写本,怀之而临会场。归报曰:中六之演说甚长,其巧辩足以饰非。说毕,余无言,惟出二伪书示之,彼不能御,遂服罪。

此会见为秘密之会见也,素不发表于人。会合之人,亦为中六守秘密之德义,况中六既服其罪而愿偿,则一缕之希望又自此生矣。何图朝报(应指《朝日新闻》,编者)偶揭中六之非,将驱逐于名誉之世界,而绝政治的生命。其狼狈无论,又偶有更石君求会见于彼。君以胆力鸣,彼有罪恶而恐怖也,固矣。中六之意,以为是木翁所教。翁欲自明,惟有乞记事之中止,且宽期面会。而朝报竟不收其锐锋,并伪造书而亦暴露。此非对于中六死刑之宣告乎?于是彼益采毒血之决心,而第二平和之手段亦破。

中六之方面如此,而木翁之方面,又有新生之问题,则于党内之处分中六时也。自伪造书一显于纸上,向翁而促此处分者太急。翁亦无由曲庇,窃劝告以退党之事。中六不允,乃以总务委员之权力而除之。

平和手段既破,所存者最后之一策耳:起诉是也。然中六曩对木翁而言偿,故先生携书而访中六。而中六之答如彼,先生怒之而欲起诉,乃托法律之事于三善君,复以更石所荐无报酬之梅井君为副,此仆与先生共历之事也。

仆等既采最后之决心,以对中六之毒血,而却以二木君之一言而转向者,此不得不述于先生者也。二木君者,仆之亲戚也。送书招余,时富井君亦在座。二木君曰:君之意,欲陷中六于死地乎?曰:"否。"然则木翁如何?曰:"与仆同意。"彼掉头曰:"木翁之穷追中六,实过酷矣。曰新闻,曰除名,以此二事,天下既目木翁为无泪无血之人。今又闻起诉中六,是岂欲斩中六而反自伤乎?"仆随辩事之经过,而曰木翁岂不知一身之利害;但思对孙君之义理,想自己之责任,不得已而出于此。彼甚有解色,忽一变其语调曰:然乎?是实君所以酬木翁知遇之时矣。仆问其故,彼答曰:吾之比于世人,多悉木翁之心事。然居外部而观,且思木翁之无情也。且夫中六鬼蜮之技,虽不可逭,然君非曾一信赖而依托以大事者乎?彼有罪,君等不明之责,自在其中。何不大君心胸以迎中六,且使木翁脱世人之疑。仆闻言心动,然知中六奸智,能对敌情而弄缓急,故所言终无济也。临去,彼云中六今日来乞调停。

既而木翁电招仆,言麻翁来访,窃言穷追之非。吾反驳其言,彼去,使吾传言会君于红叶馆。此日盖与先生一会于小岛之寓,访辩护士三善而不值者也。麻翁之言,略如二木。仆略述其事之不得已。翁曰:"事情吾知之,但我,木翁之良友也,想君亦然。而君,孙君之至友也。君与木翁致力于异乡亡命之士之高义,吾甚感动。但中六与木翁亦为多年政友。如为活孙君而杀中六,是岂仁者之所为乎?木翁云吾弄奸智而啜亡命志士之膏血,不有可洒之泪,是理也。理虽为理,然人间之泪,不洒于理而流于情。君等若强遂行其决意,则世界之同情,宁倾于中六,却上木翁以无泪无血之徽号。夫何不勒马悬崖,以保全木翁之誉,而遂孙君之事。但君若有其心,吾请当中六之方面,愿君不言额之多寡,以返金员。"余诺之,此实平和之着之再起者也。

麻翁又曰:君若容我之请,则中止起诉。仆曰:非也。余等约三善之会行,犹余二日,想君与中六之谈,一席可决。仆又曰:吾甚疏于金钱之事,愿得好顾问。乃推小岛君。

二日后,仆与先生往访三善,乃知对于中六之罪,虽有定法,然事涉隐谋,关于日、清、菲、德四国之件,关系之人,又不可不受一应再应之调。至于终局,约费数年。故先生之意亦动。又恐为中六所知,乃故示麻翁以进行起诉之状,终以中六之一万三千金来,草草结局。此又仆与先生共历之事也。

事实如前所陈,今请括言其要,则不杀中六而立义于先生者,木翁最初之希望也。宁杀中六受无泪无血之嘲而立义于先生者,木翁最后之决心也。而救中六于九死,复欲自出千金以补中六,而先生不受者,麻翁之至情也。仆不幸而承乏于其间,又不幸而洞察两翁之心事,又能知先生之状况,死不感施为之苦,无所狐疑而当其冲耳。

仆言尽于此矣。中六之起诉不成,而仆反若起诉于先生者,知先生之笑其愚也。然使仆至于此愚者谁乎? 陈其情于左右,希与先生之交情,完于万世也。先生其鉴之,幸甚!

宫崎寅藏著,P. Y. 校勘《三十三年落花梦》,上海出版合作社 1934 年版,第 120 ~ 129 页

1 月 16 日(十一月二十六日)　日本情报机构侦悉孙中山等返回横滨。

日本外务省藏档案《孙逸仙等回横滨》:

外务大臣加藤高明阁下:

并呈内外两相、局长、总监,大阪、兵库、山口、福冈、长崎各县知事:

十六日上午十时十分,清国流亡者孙逸仙乘中途停靠的火车返回了横滨(接大阪府电报)。报告如上。

神奈川县知事周布公平

明治 34 年 1 月 16 日

[440600　明治 34 年 1 月 18 日收到　甲秘第 59 号]

章开沅、罗福惠、严昌洪编《辛亥革命史资料新编》第 6 册,湖北人民出版社 2009 年版,第 92 页

1 月 18 日(十一月二十八日)　清政府将与俄私订条约的奉天将军增祺革职,并责成李鸿章、杨儒等与俄据理力争,维护东三省利权。

《清实录》:

丙申,谕军机大臣等,电寄奕劻等。径、宥两电悉。杨儒咨电所称,增祺派委已革道员周冕,往旅顺与俄擅立奉天交地暂且约章九条画押等语。阅之殊深骇诧。此事增祺始终并未奏明。周冕系已革道员,久已摈弃不用。即系暂且约章,该革员亦无议订之权。此次东三省交收事宜,关系甚大。杨儒既膺全权重任,著即责成向俄外部婉切辩明,务臻允协。增祺擅行委员,妄加全权字样,殊属荒谬。著交部严加议处。俄与中国订交最久,近年于中国诸事,无不极力维持。此次许还东三省,尤为深敦睦谊。想俄廷亦断不至以该革员私画暂且之约,遂执为一成不易之据也。李鸿章曾赴俄国,立有专约,更应统筹全局。东三省安危,所系甚重。著仍遵前旨,随时电商杨儒,参酌妥筹,总期吏治兵权,均不失我自主为要。格使所言,当与力辩,以期共济。寻兵部奏,增祺处分,应请革职。从之。

《清实录》第 58 册,中华书局 1987 年版,第 266 页

1月21日(十二月初二日)　孙中山拜访菲律宾独立军领袖彭西,并交给彭西从中村弥六处收回购械款五千零二十日元。

日本外务省藏档案《孙逸仙交款与菲律宾叛军领袖彭西》:

外务大臣加藤高明阁下:

根据报告,二十一日清国人孙逸仙到马尼拉人彭西处登门拜访,交给他五千零二十日元,这笔钱据说是由中村弥六处收回,听说彭西将于二月八日出发赴香港旅行。

又据报告,彭西随从同国人佩鲁沙将于后天(二十六日)乘神奈川号汽船经香港回马尼拉,参加叛军并担任工作。

神奈川县知事周布公平

明治34年1月24日

[440596　明治34年1月25日　甲秘第24号]

章开沅、罗福惠、严昌洪编《辛亥革命史资料新编》第6册,湖北人民出版社2009年版,第90页

彭西《孙逸仙传》:

孙逸仙的名字,将列为全人类最伟大的救星之一,他献身国家的事迹,足堪效法。

他的建树伟大,他的大公无私,他对于时势给他的名利,原是对他功勋的公平酬报,弃如敝屣,绝不介怀,这提高他个人道德的评价一百倍。

他伟大人格的特质,是在他个人立身行道方面的谦恭、朴实和克己的态度与精神。

就是在我们兴致来的时候,于日本的茶屋式中国料理中,在大批花枝招展的艺妓里面休息的时候,他正襟危坐,态度谦和庄重。

对朋友们,他是一往情深。

在宣传与说理方面,谁也比不上他坦率、雄辩及说服的能力。他说明及宣传他的主张,全无火气,但温和而动听,并且以绝对诚恳的态度,含笑答复与他反对的意见。

孙逸仙对于菲律宾的情形也很熟悉,曾以极大关怀,逐步注视菲律宾各项事件的过程与发展。他曾经悉心研究诸如黎萨及戴壁莱等我国伟人的历史及品格,在演说及著作里,曾对一般听众及读者阐述过这些伟人在我国政治发展中之言行。

黄季陆著《台湾与国民革命的关系及有关史料·附件·国父援助菲律宾独立运动与惠州起义》,"中华民国史料研究中心"编《中国现代史专题研究报告》五(1985年),第250~251页

△ 此事前后,孙中山与彭西及俄国无政府党人罗斯基等谈论无政府主义和中国革命的前途问题。

刘成禺《先总理旧德录》:

先生(即孙中山,编者)问俄代表曰:"无政府党如何?"俄代表曰:"百年之内,能实行无政府主义,吾党满足,恐吾身之不及见也。"俄代表问先生曰:"中国如何?"先生曰:"中国情形,与俄国全反。予及身不成功,中国革命,亦归泡影。"俄代表请其故,先生曰:"俄国尼可拉斯皇室,为斯拉夫本族。无政府党所欲推倒者,极端专制耳。且俄国向无人民革命之历史,人民怨恨贵族,较皇室为甚。俄皇室与欧洲列强为婚姻之国。贵党以无政府标题,欧洲各国政府,必助俄皇室,以压制人民。究竟主张无政府主义者,人民占少数也。中国则不然,人民揭竿而起,匹夫有天下,历史视为寻常。外族入主中国,人民起而驱逐,所见不鲜,不徒推倒一政府也。今中国人民,宜推翻者,有两重历史,曰外族满清之入主,曰现代政府之腐败,而皆为数千年起大革命,历史所允许。可惧者,满清主立宪党,唱立宪政府,拥戴满洲,而授权

人民,人民受缓和之欺骗耳。幸满政府,视立宪党为革命党,此不二十年,吾得见中国革命大成功也。”菲代表曰:“今美国以仁爱教育,扶持菲人,允许将来自主,菲人惑之,其祸有甚于中国君主立宪党者。”

《国史馆馆刊》第1卷第1期,1947年

1月26日(十二月初七日)　孙中山在横滨召开杨衢云追悼会,并募款抚恤杨衢云遗族。

冯自由《庚子惠州之役》:

中山时寓横滨前田桥一百二十一番馆。闻杨(衢云,编者)遇害,乃于十二月初七晚召集同志开会追悼于永乐楼,并发起募捐,以恤其遗族。兹附录庚子十二月廿五日中山由横滨致谢攒泰函如左:

康如(谢攒[缵]泰号康如,编者)仁兄足下:

启者。先友杨君在港遇害之事,弟得接电音,即向同志周知,弟与各同志皆深为惋惜,哀悼之情,有非笔墨所能尽者矣。是以中历本月初七夕,邀众聚集,特为杨君举哀,同志尤君(指尤列,编者)起而演说,将杨君生平出处志气大略,表明众听,且为之设论纪念,俾同志永远不忘,众皆伤悼,现于颜色。弟乘此机会,即出捐柬,言明为杨君善后之用。众皆踊跃捐助,共题得银数约一千有余元。尤君又复当众代杨宅道谢同志厚情,存殁均感之话,然后散众。此则弟在横滨埠为杨君略尽手足之义之情形也。至于捐款,不日便可收清,当即汇港中国报馆,交与足下诸君为之安置。闻说港中亦筹善后,未审捐款可得若干?念甚,念甚。弟今出名为杨君具讣音,自日本以东各处之同志或戚友,经已由弟寄去。但杨君交游甚广,足下亦知最深,哀悼之情,彼此自不言而喻。并将讣音付上二百份,所有杨君之友,自香港南北以及西方各路,请足下做主代寄为望。书难尽言,伏维惠照不宣。

弟孙文谨启。西二月十三日。

星俦(编者按,指何汝铭,字星俦,时任香港保罗书院院长)兄处,已由弟付伊讣音一百份,驾往言之更妥。

冯自由著《中华民国开国前革命史》上,革命史编辑社1928年印行,第100~101页

1月29日(十二月初十日)　清政府在西安下诏变法,命大臣督抚各就现在情形,参酌中西政治,举凡朝章、国政、吏治、民生、学校、科举、军制、财政等方面,当因当革,各抒所见,以便甄择。

《清实录》:

丁未,谕内阁:世有万古不易之常经,无一成不变之治法。穷变通久,见于大易;损益可知,著于论语。盖不易者三纲五常,昭然如日星之照世,而可变者令甲令乙,不妨如琴瑟之改弦。伊古以来,代有兴革,即我朝列祖列宗,因时立制,屡有异同。入关以后,已殊沈阳之时;嘉庆、道光以来,岂尽雍正、乾隆之旧。大抵法积则敝,法敝则更。要归于强国利民而已。自播迁以来,皇太后宵旰焦劳,朕尤痛自刻责。深念近数十年积习相仍,因循粉饰,以致成此大衅。现正议和,一切政事,尤须切实整顿,以期渐图富强。

懿训以为,取外国之长,乃可补中国之短,惩前事之失,乃可作后事之师。自丁戊以还,伪辩纵横,妄分新旧。康逆之祸,殆更甚于红拳。迄今海外逋逃,尚以富有贵为等票诱人谋逆。更藉保皇保种之妖言,为离间宫廷之计。殊不知康逆之谈新法,乃乱法也,非变法也。

该逆等乘朕躬不豫，潜谋不轨。朕吁恳皇太后训政，乃拯朕于濒危，而锄奸于一旦。实则翦除乱逆，皇太后何尝不许更新；损益科条，朕何尝概行除旧。执中以御，择善而从，母子一心，臣民共见。今者恭承慈命，壹意振兴，严禁新旧之名，浑融中外之迹。我中国之弱，在于习气太深，文法太密，庸俗之吏多，豪杰之士少。文法者，庸人藉为藏身之固，而胥吏倚为牟利之符。公事以文牍相往来，而毫无实际；人才以资格相限制，而日见消磨。误国家者在一私字，困天下者在一例字。至近之学西法者，语言文字制造机械而已。此西艺之皮毛而非西政之本源也。居上宽，临下简；言必信，行必果。我往圣之遗训，即西人富强之始基。中国不此之务，徒学其一言一话一技一能，而佐以瞻徇情面、自利身家之积习，舍其本源而不学，学其皮毛而又不精，天下安得富强耶！

总之，法令不更，锢习不破。欲求振作，当议更张。著军机大臣、大学士、六部九卿、出使各国大臣、各省督抚，各就现在情形，参酌中西政要，举凡朝章国故，吏治民生，学校科举，军政财政，当因当革，当省当并，或取诸人，或求诸己。如何而国势始兴，如何而人才始出，如何而度支始裕，如何而武备始修，各举所知，各抒所见。通限两个月详悉条议以闻，再由朕上禀慈谟，斟酌尽善，切实施行。自西幸太原，下诏求言，封章屡见。而今之言者率有两途：一则袭报馆之文章，一则拘书生之成见。更相笑亦更相非，两囿于偏私不化，睹其利未睹其害，一归于窒碍难行。新进讲富强，往往自迷本始，迂儒谈正学，又往往不达事情。尔中外臣工，当鉴斯二者，酌中发论，通变达权，务极精详，以备甄择。惟是有治法，尤贵有治人。苟得其人，敝法无难于补救；苟失其人，徒法不能以自行。流俗之人，已有百短，遂不愿人有一长，以拘牵文义为认真，以奉行故事为合例。举宜兴宜革之事，皆坐废于无形之中，而旅进旅退之员，遂酿成此不治之病。欲去此弊，其本在于公尔忘私，其究归于实事求是。又改弦更张，以后所当简任贤能，上下交儆者也。朕与皇太后久蓄于中，事穷则变，安危强弱，全系于斯。倘再蹈因循敷衍之故辙，空言塞责，省事偷安，宪典具存，朕不能宥。将此通谕知之。

《清实录》第58册，中华书局1987年版，第273～275页

是年初（十一至十二月间） 吴禄贞致函汪康年，述及其在日游学计划及《中外日报》所载文章侮辱留日学生情事。

吴禄贞《致汪穰卿函》：

穰卿先生大人赐鉴：

旅沪时承蒙过爱，感谢靡谊。东渡以来，善状毫无，又愧学鲜进步，无可慰告。是以每欲致书左右，而辄止者，职是故也。想先生之期望于禄贞者远，谅不以罕通音问见责也。敬维道体迪吉，以祷以颂。禄贞以十月初旬卒业陆军士官学校，当即入彼近卫骑兵联队，教彼新兵。归国之期，大抵在二三月间耳。禄贞学问既浅，阅历毫无，即返国亦无补于时局也。是以欲再留学五年陆军大学校。明年春归国与否，尚未定。张香帅疑禄贞甚深，前日钱先生东来时寄言禄贞，将来学成归国，湖北之保举差事不可作想，若留学亦不出经费云云。保举也得之何用，差事也受之何益，名也利也，禄贞绝不为所累也。然燕雀之心，宁知鸿鹄，天空鸟飞，翔而后集，无数琼林玉树，无数瑶草奇花，任我心息，任我飞鸣，与彼羁留于黑暗世界者，盖不啻昼夜之别也。敢请先生可为我一贺。至于留学不出经费，亦不足为禄贞病。明年所以拟回国者，筹经费作自备生计故也。日前阅《中外日报》，内载有侮辱东游学生一条，如此无稽之谈，不知得自何处，稍知日本军队及学校之规模并我东游学生之气概者，万不至出此胡言。主持报馆者无不自命为经世人才，而不能辨区区之真伪，可笑可鄙。上此报也，为害

于东游学生者微微，为害中国实不小，将来东游学生绝迹，必《中外日报》馆所赐也。伟矣哉报馆之势力，诚哉报馆之有益于中国。呜呼！噫嘻！是望先生为我转达《中外日报》馆主人为幸。浩吾先生闻已归沪，见面时请代为致意，所托之举，当尽力图之。即此，敬叩道安，并贺年禧。湖北游学生吴禄贞谨上。

如蒙时赐教言，则幸甚幸甚。又及。

上海图书馆编《汪康年师友书札》第1册，上海古籍出版社1986年版，第367页。

编者注：皮明庥、虞和平、吴厚智编《吴禄贞集》在收入此信时加有按语："本篇原件无日期，据内容，约写于年初。"详见皮明庥、虞和平、吴厚智编《吴禄贞集》，华中师范大学出版社1989年版，第258页。

2月1日（十二月十三日） 清政府谕令地方官员切实保护洋人，严禁仇教集会。

《清实录》：

又谕：中外订约以来，各国人民准入内地，载在条约。朝廷慎固邦交，叠经谕饬各省实力保护。乃地方官漫不经心，以致匪徒肆行滋扰，伤害各国人民之案，屡见叠出。朕维薄德，无以化导愚民，良深引疚。而地方各官，平日于洋务不知讲求，于交涉罔知大体，以致燎原引火，贻害君国，抚心自问，当亦难安。自今以往，其各振刷精神，捐除成见。须知修好睦邻，古今通义。远人来华，或通商以懋迁有无，或游历以增长学识。即传教之士，亦以劝人为善为本。梯山航海，备极艰辛。我中国既称礼义之邦，宜尽宾主之谊。况近年华民出洋者，不下数十万人。身家财产，悉赖各国保全。即以报施而论，亦岂得稍存歧视！著再责成各直省文武大吏，通饬所属，遇有各国官民入境，务须切实照料保护。倘有不逞之徒，假托义愤，陵虐戕害洋人，立即驰往弹压，获犯惩办，不得稍涉玩延。如或漫无觉察，甚至有意纵容，酿成巨案，或另有违约之行，不即时弹压，犯事之人，不立行惩办者，将该管督抚文武大吏及地方有司各官，一概革职，永不叙用，不准投效他省，希图开复。并将此次谕旨一并刊布，出示晓谕，以期官民交警，永革浇风。

又谕：各省会徒，藉仇教为名，纠聚立会，叠经降旨严禁，不啻三令五申。乃近年山东各属，竟有大刀会义和拳等名目，到处传习，肆行杀掠，蔓延直境，阑入京师，以致焚毁教堂，围攻使馆，开罪邻邦，贻误大局。朕以保护未至，负疚滋深。尔百姓平日食毛践土，具受国恩，乃敢逞其好勇斗很之私习，为符咒邪妄之术，拒捕戕官，肆无忌惮，遂尔肇此奇祸，上贻君父之忧。追念之余，尤深痛恨。业经严饬各路统兵大臣，实力剿办，务净根株。并将纵庇义和拳之王大臣，各照应得之罪，分别轻重，尽法严惩。杀害各国人民之各城镇，概停文武各项考试五年，以示惩儆。惟思乡僻愚民，尚未周知，特再严行申禁，以免不教而诛。尔军民人等，须知结党入会，例禁甚严。列朝办理会匪之案，从未稍宽。况各国皆属友邦，教民亦系赤子，朝廷一视同仁，毫无歧视。即或果有被欺情事，亦应呈报官司，听候持平判断，何得轻听谣传，藉词报复，托名义愤，藐视刑章。迨事败之后，黠者远飏，懦者受戮，法所难容，情实可悯。自此次严谕之后，各宜悔悟自新，痛改旧习。如再有怙恶不悛之徒，私立仇教各会，持械格斗，公然劫掠，除将为首之人，严密查拿，尽法惩治外，其甘心从逆，焚杀有据者，亦即按照惩办土匪章程，一律问死，决不宽贷。各省将军督抚大吏，均有牧民之责，务各严饬所属，剀切晓谕。并将此次谕旨，刊刻誊黄，遍行张贴，务使家喻户晓，勉为善良，以期无负朝廷谆谆诰诫，辟以止辟之至意。将此通谕知之。

《清实录》第58册，中华书局1987年版，第277～279页

2 月 5 日(十二月十七日)　日本情报机构侦悉康有为致书冯紫珊,希望重返日本。

日本外务省藏档案《康有为欲返日本》:

外务大臣加藤高明阁下:

并呈内外两相、局长、总监,兵库、长崎各县知事:

流亡到新加坡的清国人康有为现希望能在我国和新加坡之间往返,日前致书横滨市山下町二百五十三号的清国人冯紫珊,表达了欲来我国的愿望,日本政府目前尚无拒绝之意。根据调查,冯紫珊正与胞兄冯镜如设法了解日本政府的意向。

报告如上。

神奈川县知事周布公平

明治 34 年 2 月 5 日

[440600　明治 34 年 2 月 6 日收到　甲秘第 43 号]

章开沅、罗福惠、严昌洪编《辛亥革命史资料新编》第 6 册,湖北人民出版社 2009 年版,第 91 页

2 月 13 日(十二月二十五日)　日本情报机构侦悉孙中山等到大阪、和歌山。

日本外务省藏档案《孙逸仙等到大阪、和歌山》:

外务大臣加藤高明阁下:

并呈警视总监,神奈川、京都、兵库、广岛、山口、福冈、佐贺、长崎、和歌山各县知事:

清国流亡者情况报告如下:

十三日上午十时二十分,孙逸仙携温炳臣由横滨乘开往梅田方向的火车来到大阪(接神奈川县电报),他们到四十一丁目森吉楼停留用罢中餐后,下午二时三十分乘火车又由难波出发向和歌山方向出发(已去电和歌山县)。据称他们一行人是有事要去与在和歌山的朋友面谈,其真实姓名保密。到达该地后,他们住进在本町三丁目藤源家的旅社。

大阪府知事菊池侃三

明治 34 年 2 月 13 日

[440603　明治 34 年 2 月 15 日收到　特甲第 55 号]

章开沅、罗福惠、严昌洪编《辛亥革命史资料新编》第 6 册,湖北人民出版社 2009 年版,第 91 页

△ 本日,清廷嘉奖山西巡抚锡良所奏拿获"富有票"首要邵春轩、甘瑞成之出力各员。

《光绪朝东华录》:

壬戌……谕:锡良奏拿获富有票首要会匪讯明正法并将出力各员请奖一折。康、梁二逆,创立富有票,到处散放,藉端煽惑。勾结匪徒,潜谋不轨,实堪痛恨。经锡良严密拿获首犯邵春轩、甘瑞成二名,讯明正法。所有出力各员,自应优加奖励。山西在任候补直隶州知州署阳曲县知县郑景福、候补直隶州知州泽川,均着免补本班,以知府归候补班前补用。试用直隶州州判李瑗藩,着免补本班,以知县用。开缺徐沟县知县宓昌墀,着以直隶州知州遇缺即补,以示鼓励。余着照所议办理。此等匪徒不免蔓延各省,着各省督抚严饬地方官随时认真查拿,勿任漏网,该部知道。

朱寿朋编《光绪朝东华录》,中华书局 1958 年版,第 4613 页

2 月 14 日(十二月二十六日)　孙中山赴和歌山访问南方熊楠,至 16 日始返回横滨。

《南方熊楠日记》:

(14日)上午9时左右,中山一人乘人力车来访。到新坐敷谈话,并进西餐。翻译温炳臣也于2时左右前来,吃虾及寿司。受约的小笠原誉至夫(二人在火车上相遇)也到来。5时许,小笠原、孙、温与余四人乘车去芦边屋。余不饮,彼三人饮。到富士屋已过7时。饭后小笠原去,余过10时方返家。追记:昭和四年八月二十九日早注:中山樵孙逸仙也。15日,12时以前访中山氏,与温一同回来也。谈话中说到他们二人2时24分动身,便赶快招呼常楠、楠次郎及常太郎,到里桥角林处会齐照相,兄弟侄子一齐去。

另据南方记载:24日,收到由先生转交赠送的彭西所著《南洋之风云》一册。

陈锡祺编《孙中山年谱长编》上,中华书局1991年版,第266~267页

2月16日(十二月二十八日)　孙中山致函南方熊楠,并缮函引介南方于犬养毅。

孙中山《致南方熊楠函》:

南方先生足下:

和歌山叙旧,欢洽生平,独惜时日所限,不能久留,多聆教益,为可憾耳。别后于翌日已到横滨,兹如命草就一书付上,以为介绍于犬养木堂君,幸为察收可也。温炳臣亦寄语问候先生并贵昆季安好。此致,即候

大安不一。

弟孙文谨启　二月十六日

附:孙中山致犬养毅之介绍函:

木堂先生足下:

弟尝与先生谈及昔年在英京获交一贵国奇人南方熊楠君,今因闻君返里,特来和歌山县访之,相见甚欢,流连忘返。纵谈间,弟道及先生为忘形之交,君本熟耳先生盛名,而以弟之故,更思一识先生,拟二月后上京拜谒,弟特托寸纸以为介绍。君游学欧米将廿年,博通数国语言文字,其哲学理学之精深,虽泰西专门名家每为惊倒,而于植物学一门尤为造诣。君无心名利,苦志于学,独立特行,十余年如一日,诚非人可及也。先生见之,想必有相见恨晚之慨也。此致,并候

大安不一。

弟孙文谨启　二月十六日

广东省社会科学院历史研究室等编《孙中山全集》第1卷,中华书局1981年版,第206~207页

1至2月间(十二月)　刘坤一悬赏捕拿自立军起义流亡领袖沈荩、秦力山等。

刘坤一《复黄芍岩》(光绪二十六年十二月):

徐宝山密友张姓诱拿萧、沈(指沈荩,字克诚,编者)等匪,务离洋人租界稍远,俟到黄渡地方而后下手,庶免洋人藉口索回,如龚超故事。若能妥办拿获萧子云、沈克诚,每名赏银二千元,秦力山、陈说、王四脚猪,每名赏银一千元;倘以为薄,将元改两,亦无不可。保奖准其破格。伏祈裁酌。

中国社会科学院历史研究所第三所编《刘坤一遗集》第5册,中华书局1959年版,第2279页

2月(十二月末)　张之洞致函鹿传霖,论及改良派及革命党在长江中下游活动情形。

张之洞《致鹿滋轩》:

……康党尚炽,孙文又与合伙。(夏间已分,秋间又合。)目下孙党潜入长江,助之勾煽,

正在密词严访。……康党专欲与鄙人为难,屡有逆书径来投地,必欲甘心于鄙人。康党所开之日本清议报、新加坡天南新报、澳门知新报三种,猖獗已极,专以诋毁慈圣及鄙人为事。总之,今日沿江沿海无人敢昌言声罪撄康之锋者(即私议亦不敢诋斥,不赞者即算好人,其赞者尚不少)。昌言攻讨者,独鄙人耳。然此等情形,恐在廷诸公未必知也。秋间敝处刊有告示稿、劝戒文,传布中外,不知台端已见之否,兹寄上两种各十本奉览。

国家清史编纂委员会·文献丛刊《张之洞全集》第12册,武汉出版社2008年版,第67页

编者按:《张之洞全集》所录上函未注明具体日期,今参酌吴剑杰编著《张之洞年谱长编》,定该函为该年阴历十二月末(参见吴剑杰编著《张之洞年谱长编》下,上海交通大学出版社2009年版,第669~670页)。

2月21日(辛丑年正月初三日)　清政府加重惩处义和团肇祸诸臣,令载勋、英年、赵舒翘等自尽,载漪、载澜定斩监候,其他诸重臣毓贤、启秀、徐承煜、刚毅等均正法。

《光绪朝东华录》:

庚午……谕:此案首祸诸臣,昨已降旨分别严行惩办。兹据奕劻、李鸿章电奏,按照各国全权大臣照会,尚须加重,恳请酌夺等语。除载勋已赐令自尽,毓贤已饬即行正法,均各派员前往监视外。载漪、载澜均定为斩监候罪名。惟念谊属懿亲,特予加恩,发往极边新疆,永远监禁。即日派员押解起程。刚毅情罪较重,应定为斩立决。业经病故,免其置议。英年、赵舒翘,昨已定为斩监候,着即赐令自尽。派陕西巡抚岑春煊前往监视。启秀、徐承煜,各国指称力庇拳匪,专与洋人为难,昨已革职,着奕劻、李鸿章照会各国交回,即行正法。派刑部堂官监视。徐桐轻信拳匪,贻误大局;李秉衡好为高论,固执酿祸,均应定为斩监候。惟念临难自尽,业经革职,撤销恤典,应免再议。至祸首诸人所犯罪状,已于前旨内逐一明白声叙矣。

朱寿朋编《光绪朝东华录》,中华书局1958年版,第4620~4621页

2月28日(正月初十日)　清廷电饬驻外使臣吕海寰、李盛铎、罗丰禄、伍廷芳等,与各国密商,恳请联合拒俄。

《光绪朝东华录》:

丁丑,谕军机大臣等:俄允交还东三省,所拟条约十二款,朝廷已饬令全权磋磨删改,期保自主之权。各国亦均以为不可许。惟就中国现在情形而论,各国代谋之意,固属可感。而势难独力坚持,激怒俄国。因念此中利害,不惟中国当熟筹妥计,期出万全。即各国亦须互相维持,以免环球偏重之势。着吕海寰、李盛铎、罗丰禄、伍廷芳,密商各外部,恳其联约向俄廷善为排解,俾此事得以和平了结,诚于中外大局,实有裨益。

朱寿朋编《光绪朝东华录》,中华书局1958年版,第4631页

2月间(十二月底至正月初)　康有为致函井上,指出今后保皇会军事运动应着重桂、湘地区。

康有为《万木草堂遗稿》:

井上君:

闻君来,欢喜无极。扫径久待,消息寂然。十余日后,得岛公(指新加坡华商领袖邱菽园,编者)书,知欲还港,而不竟来,为之大惊。因足下近来军谋秘不告仆,仆未敢专制,故不敢请。闻高山言,公等方略,欲取惠州,故惊惧极。尚幸君即来,得共商榷。若遂不来,则无从商之,而君等之策将陷于绝地。是以不能不惊痛欲绝而旁皇电催也。尚恐别有故不来,今特痛切相告。

凡兵事以方略为第一，苟方略少误，则全局皆败。袁绍不勤王而割据青、冀，徐敬业、毋邱俭不长驱而守扬州、寿州，是以致败。此古今之通义，不暇悉数。且以近事言之，李立亭之起于广西，十数日间，拥众十余万，破四州县，以围郁林。然安勇五百人一到，而立即溃败。任美行者，军谋称细，出讨则专以破数州县地、耸动大众为主。吾闻之，即笑谓任（指梁启超，号任公，编者）曰：吾以汝等称健者，以为果有方。若如此，则是一李立亭耳，必败无疑。已而，果有惠州之事。前车可鉴，而诸子复欲践覆辙，则是徒令仆旁皇哭祭，哀赋大招，使人财俱尽而已。诸公虽忠义舍身，仆则爱才如宝，实不欲听之蹈兹绝地，以覆我人才。且大事岂可再坏？此事得失，仆以生死任之，国之存亡系焉。他日败后，仆固难任机宜乖误之咎，而人财两尽，何能数数起耶？仆与公等义同存亡，实不能塞耳拱手，而坐听公等倾覆，而任其咎。

自去年决计用兵以来，仆家本将门，又少知地理，综揽大局，专意桂、湘，以为桂乃空虚无人之地，湘乃入鄂扼要之枢。吾新造之师不能当整兵，而只可乘虚势。以湘多义士，故嘱黻（指唐才常，字黻丞，编者）谋湘，而起点自桂。至于故乡，则兵力甚厚，且有交涉，除逼胁外，无用兵理。故任与诸子，及一切京中诸士，皆主谋粤，而仆前后皆决弃之。任前后十余书，皆已驳斥。是时，惟黻赞此议，诚为绝识也。

足下南来时，亦曾谋告，而足下以为然，岛公亦然之。不幸孔青南关事泄，故迟延少有支离。至五月时薄伐不成，仆又决策，主将所有人才、饷项、兵械尽从事于西。故五六月前，凡林玉之将才、子盈之客人，所有请饷欲办惠事者，皆不发，盖欲聚而致力于西也。

以吾当时人才及饷力，专意于空虚之西，必有所得。而足下当时恋恋于粤，以十八（指时任粤督的李鸿章，编者）新去，可以窃图。本书必欲试一办东事，不成乃从西，刻日可起。东中议论纷纷，皆和君，仆无如何。十二月事未成，而君以刻日可起，姑听君为之。

然君日日皆云能起，终以事机之误，自六月至闰八月，皆不能起，当时给饷与林玉、子盈、云樵，皆因君故，留为接应。不然，仆必不发也。

故东事泄后，八九月间，仆再发人才、兵械、饷力全西之说。当时默筹更熟，词意更决。而足下以数者措置有绪，益眷恋不能舍。君勉、镜如、易厂之流，皆力赞成足下，谓足下自有妙筹。仆无如何，辄又听之君，概不专制。五月、八月二次令停东局，扫境而西，皆为君而留。

迄今经年，西事无绪，东事既泄，复若去年正月创议之时。惟专意闭眼高歌，付之吾子。若足下之秘谋，又必欲踵李之败辙，而不欲使仆闻。徒令仆想像招魂，吁嗟生祭。崤有二陵，予收尔骨，此蹇叔之所为痛哭也。小敌之坚，大敌之擒，以君奇才能忠，惜爱深切，等于一体。故敢为苦口危言，想能谅其苦衷，而不责其狂妄也。

孝高之来，述其所见，及日与粤人士论议，莫不注意于粤。此等贪想，人人同之。而于统筹全局，如何择地，则皆不及。以力山之奇才，仆日日与言大局，谈桂、湘，而力意不属。盖甚矣统筹大局之难也！

前后同仆议者，惟一黻丞。而其后来经营六省，亦竟忘专力于湘之一义矣。以黻之才识绝人，而犹如此，盖久则易移也。即仆虽见及此，卒亦不能力持，而为众所夺，是亦仆之罪也。今甚望与公等统筹之，俾彼此同心，议论定一，乃克省济。若各行其志，则我等区区数人，亦已焉哉？

今日大局，桂、湘外，无从下手。桂、湘亦舍胁及省垣，无从下手。若舍是，则惟有人才俱尽而已。若在外府动，而听督抚坐会垣以指挥诸将，更无有不破败者。今日已非弓刀之世，望揭竿相应如洪家时。甚至舍空虚而不计，仅恃桂兵千数百，以攻兵力全盛之区，又犯其州县、击其诸军，则仆诚不知其所终极也。诸君胆勇亦至矣，然当有以统筹之。何必置之无用必败之地哉？兵有胜于未战之先，亦有败于未战之先者，此类是也。仆固无一能，然于阅历及地理方略，则于诸公有一日之长。诸公得无笑其夸乎？高山亦言，大众看地图，无有及西南一角者，今乃知其非也。尚有许多谋议，非西不谋，望即惠然，无吝尔音。惟恐正月十三日君遂返港，故尽所怀，不能复隐。

姜义华、张荣华编校《康有为全集》第5集，中国人民大学出版社2007年版，第363～364页

编者按：据桑兵《庚子保皇会的勤王谋略及其失败》一文考证，井上即横滨粤籍侨商梁炳光，为康梁庚子勤王运动广东骨干，见《历史研究》1993年第1期。

本年春　容闳赴台湾游历，谒见日本驻台湾总督儿玉。

容闳《西学东渐记》：

一九〇一年春，予至台湾游历，谒见台湾总督儿玉子爵。子爵盖于日俄战争时，曾为大山大将之参谋长也。予晤子爵时，因子爵不谙英语，而予又未习日文，乃倩舌人以翻译。子爵曰："久仰大名，又数闻时人盛道君之事业，深以不得把晤为憾。今日识荆，异常欣幸。第惜初次晤面，即有一极恶之消息报君，滋抱歉也。"予闻而大异，急欲知彼所谓恶消息者。究为何事。子爵答曰："中国闽浙总督方有公文来，嘱予留意，谓君设来此者，即倩予捕君送之中政府也。"子爵言时，意颇镇定，无仓皇状，面且有笑容。此恶消息虽出予意料之外，然予初不以是之故，惊惶失措，亦以从容镇定之态，答子爵曰："予今在阁下完全治权之下，故无论何时，阁下可从心所欲，捕予送之中政府。予亦甚愿为中国而死，死固得其所也。"子爵闻言，庄重而对曰："容先生幸毋以予为中国之警吏。君今请安居于此，慎无过虑。予决不能听君往中国就戮也。第尚有他事，欲求教于君，不识君肯指示否？"予询以何事，子爵即出一中国报纸，指示予曰："此条陈果为何人所献者？"予见此亦不加思索，立应曰："是予所为也。"且语且以右手拍胸，自示承认之坚。在旁诸人，睹予此状，咸极注意。并有日本军官数人在侧，颇为予言所动。予又续言曰："报纸所载，尚略有错误。君若见允者，予请得为更正之：报纸所云之数目为八万万，予当日所提议则四万万也(按四万万美金，约合墨银八万万圆。报纸所载之数，或照墨银计算耳)。"子爵见予慷慨自承，且更正数目之误，转笑容可掬，异常愉快。盖子爵示予报中所载，乃一八九四、一八九五两年间，予所上于张之洞之条陈，请张转奏清廷者也。时在李文忠于对马岛签和约之前半年，予上此条陈，请政府将台湾全岛为抵押品，向欧洲与中国通商之国，借款四万万金元，以九十九年为期。用此借款，中国仍可招练海陆新军，以与日人继续争战。此议虽未实行，而一经报纸揭载，几于举国皆知，子爵亦不知于何处得此报纸。予甫至台湾，即遇此质问，亦可异也。予以有道德上威武不屈之气，故敢于子爵前直承不讳，并更正报纸之误点，更告之曰："设将来中国再有类似于此之事实发生，予仍当抱定此宗旨，上类似于此之条陈于中政府，以与日本抵抗也。"

此次予与日本台湾总督之谈话，实为予一生最可纪念之事。予初闻子爵告予恶消息，以为此日本台湾总督者，必将予交付中政府；予之生命，且丧于其手。迨见其满面笑容，予已知此身所处之地位，安如泰山。于是胆乃益壮，即对日人而谈日本之事，亦毫无顾忌。以予之心地光明，胸无宿物，乃极荷子爵之激赏。子爵自谓不久将升迁归日，欲邀予偕行，谓将介绍予以觐明治天皇，并结识彼国中重要人物。予此时适患气喘之疾甚剧，不宜于旅行，因掬诚谢之。谓得此宠招，深为荣幸，惜病躯不堪旅行之若，致力与愿违，辜负盛意也。言毕，遂兴辞而出。出时子爵复告予曰："君之身命，今甚危险，惟若居台湾，在予治权之下，予必极力保护，当派护兵为君防卫，不致有意外之变云。"明日果有护兵四人来，夜间在予寓之四围巡逻。

日间逢予外出，无论何时，此四护兵必随行。二居予前，二居予后，加意防护。予居台湾数日，承日人如是待遇，意良可感。迨后予自台湾首途赴香港，乃亲往子爵处，面谢其隆情焉。

容闳著，徐凤石、恽铁樵译《西学东渐记》，商务印书馆1915年版，第145～148页

△ 本年春，孙中山赞助留日粤籍学生郑贯一、冯自由、李自重等发起组织广东独立协会。

冯自由《广东独立协会》：

辛丑（一九〇一年）春，东西各报忽有清廷将割让广东于法国之风说，留日粤籍学生闻之大惊。遂由冯斯栾、郑贯一、李自重、王宠惠、冯自由、梁仲猷诸人发起广东独立协会，主张广东向满清政府宣告独立之议，留日华侨入会者大不乏人。总理时居横滨，赞助此举颇力，冯、郑、李、王等因是常至横滨前田桥孙宅筹商进行方法。总理与兴中会员黎炳垣、温炳臣、陈和等招待殷勤。郑贯一恒在孙宅流连竟日，大招清议报同事之忌，粤籍留日学生与兴中会合作自此始。

冯自由著《革命逸史》初集，中华书局1981年版，第98页

△ 本年春，《中国日报》迁移香港永乐街，孙中山介绍郑贯一为该报记者。

冯自由《陈少白时代之〈中国日报〉》：

辛丑（一九〇一年）春，报社迁移至永乐街。时郑贯公适因发刊《开智录》，为横滨《清议报》所摈，总理特介绍至中国报（即《中国日报》，编者）充任记者。郑归自日本，绍介欧美自由平等天赋人权之学说于读者，持论新颖，极受社会欢迎。时距庚子汉口失败一役未久，留日志士沈云翔、朱菱溪、秦力山、苏子谷（曼殊）及余等次第至港，多在报社下榻。沈与粤督陶模之子拙存（葆廉）友善。陶督笃信新学，葆廉更以新党自居，延吴敬恒、钮永建为幕僚，大兴教育。沈每至广州，陶父子礼之甚优。父子均喜阅中国报，其黜陟属吏，恒以中国报之评判为标准。故中国报在粤销场，以是时为最佳。仅督署一处，销售至二百余份。清季督抚在粤政绩，以陶为差强人意，中国报与有力焉。

冯自由著《革命逸史》初集，中华书局1981年版，第67～68页

3月9日（正月十九日）　清廷命出使大臣吕海寰等劝谕侨民，勿为孙文及康、梁所惑。

《清实录》：

丙戌，谕军机大臣等，电寄吕海寰等：各处华民，出洋谋生者甚多。无不睠怀故土，倾心内向。乃孙汶、康梁诸逆，托为保国之说，设立富有票会，煽惑出洋华民，敛赀巨万。若不详切开导，破其诡谋，使知该逆等藉词保国，实图谋逆，乘机作乱，诚恐华民受其蛊惑，乃纷纷资助款项，蔓延日盛，为患实深。著吕海寰、李盛铎、罗丰禄、伍廷芳选派妥员，前往各商埠详察情形，剀切劝谕，务令各华民，晓然于该逆等并非真心保国，勿再听其摇惑，轻弃赀财，以定人心而弭隐患。

《清实录》第58册，中华书局1987年版，第317页

3月15日（正月二十五日）　日本情报机构侦悉韩国、清国流亡者在日本活动情况。

日本外务省藏档案《外国人往来情况》：

外务大臣加藤高明阁下：

并呈内外务大臣，警视总监，神奈川、京都、大阪、山口、福冈、长崎各县长官：

据报告:在京滨地区漫游的韩国流亡者尹孝定,于前(十三)日下午六时乘坐开往三宫驿的火车经神奈川回到神户,听说近日将再次出发去北陆地区。

昨(十四)日下午四时,清国人高特、唐才质乘坐从横滨开往上海的博多号轮入港临时停靠。二人上岸后住进了神户市荣町二丁目三十四号清国德安商号。去年十月三十一日唐才质乘长门号轮来日后,一直住在东京,此次往来意图不明。但据说在清国汉口被处死的革命党唐才常是其胞兄。高、唐乘坐的轮船应于明(十六)日上午十时起航继续航行,现在处于密切注视中。

报告如上。

兵库县知事服部一三

明治34年3月15日

[440608 明治34年3月18日收到 兵发秘第159号]

章开沅、罗福惠、严昌洪编《辛亥革命史资料新编》第6册,湖北人民出版社2009年版,第92页

△《中外日报》馆随报附发传单,号召官绅士商在上海张园集会,筹议拒俄办法。

《中外日报》3月15日附发传单内容如下:

启者,中俄密约一节,经俄人辗转要求,倘此事果成,深恐各国争端一启,兵祸又见于东南,以后之事,不堪设想。现闻各省督抚皆不以此事为然,凡我在申各省官绅士商均极宜设法,发电各省督抚,请其力争,以助声势。拟请诸公准二十五日三下钟齐集张园老洋房,酌定电文,并签名字,不胜感激盼望之至!光绪二十七年　月　日

上海合埠同人公启

杨天石、王学庄编《拒俄运动》,中国社会科学出版社1979年版,第3页

△ 本日下午三点,上海官绅士商各界二百余人齐集张园,就拒俄问题发表演说,并商议拟发给各省督抚的电文。

1901年3月16日(正月二十六日)《中外日报》载《记张园会议电争俄约事》:

昨日本埠绅商假座张园,会议电争俄约一节,当由张园主人预备一切。届三点钟时,陆续到者共约二百余人,东西各国人亦有来观者。至四点钟时,演说俄约关系中国存亡。先由汪君允中撰《告中国文》一篇,传示同人。第一起由汪君穰卿演说,第二起温君钦甫演说,第三起蒋君知游演说,第四起薛君仙舟演说,又汪君持借一庐主人函代为演说。各人演说毕,在座诸人均拍手称是,遂相偕各签名簿上,即拟发电。其电文俟明日探得再登。

杨天石、王学庄编《拒俄运动》,中国社会科学出版社1979年版,第4页

以下附录汪允中、汪康年、蒋智由等张园集会当日演说词。

1901年3月16日《中外日报》载《汪君德渊告同志文》:

同志诸君!同志诸君!亦知今日为何日乎?今日乃吾辈争存之一日也。

自拳匪构乱,京津流血,残杀之惨,淫掠之酷,西兵之暴戾恣肆,见于各日报、《救济会日记》、日本友邦各报及《酸鼻录》者,同志诸君闻之熟矣,知之审矣。幸而朝廷悔祸,重办袒匪王大臣以谢与国,和议始有端绪,始有熄兵之望,始有一线复生之机。不图盛京将军增祺,受俄人迫胁,遂与之立约。约章之文,早见于各报,不必赘述。其迫胁我者,可谓至矣极矣,蔑以加矣!

既设官,复设兵;既设官设兵,复令我毁去炮台营寨,撤去兵队,缴纳兵器,禁止制造。俄

人迫胁之心,犹未餍足。复欲监督我关税,干预我军政。诸君!诸君!试思俄人如此举动,是明明以我东三省为彼藩部矣,以我之官吏为彼属员矣,以我之疆土入彼版图矣。诸君!诸君!试思俄人如此迫胁,我议和王大臣或不幸而从其请;环球诸强,耽耽虎视,其甘心于我乎?诸君试思胶州湾一割,而威海、旅顺、大连湾、广州湾相继分割矣。前事不忘,后事之师,诸君盍一思之!

诸君又试思环球诸强之待我者,最讲利益均沾,最讲均权均势,我若不幸而从俄人东三省设官设兵、毁炮台营寨、撤兵队、缴兵器、禁制造、监督关税、干预军政迫胁之要请,诸国亦必相率效尤,则我禹域神州,不出一月之间,将尽沦于异族。衣冠之胄,从此降为奴隶矣,神明之裔,从此夷为牧圉矣。诸君!诸君!试思许俄人要胁之请,则必有此等景象矣,痛乎不痛乎?

诸君又试思事势至此,则必相争,则必有战祸,有战祸则我等必受绝无人理之残酷,一切北方烧杀淫掠,历历在目之事,我等能幸免乎?不特不能幸免,我等之受祸,恐转甚于北方。何也?北方受祸,尚有南方可逃;南方受祸,则绝无可逃者也。北方受祸,尚有善会之拯救;南方受祸,则绝无拯救者也。且南方繁盛富庶,子女玉帛,百倍于北,不幸而有此日,其受祸亦必百倍于北,此无庸讳饰者也。

呜呼!覆巢之下,安有完卵;濡需之虱,与豕俱焦。愿我同志诸君一思此言也!幸而迫胁之约,尚未签字,证以公理,尚可作废,此我等同志所当出死力以争此一日之命也。

1901年3月17日《中外日报》载《汪君康年演说》:

今日诸君因俄人密约一事,同临此间。噫!俄人之欺藐我中国,至今日为已极矣!

溯自道光、咸丰以来,俄人无端割我黑龙江外数千里之地。光绪初年,又割我伊犁之地。前数年,又占帕米尔之地。前三年,因挟争回辽东之德,竟据我旅顺口、大连湾。至去年,突进兵占取东三省之地。其杀戮之惨,驱迫之苦,真为目不忍睹,耳不忍闻。至其布设之政事,其欺压吾民,尤为史册所未有。

乃俄人狡谋不已,又诱逼我吉林将军增祺,私订密约九条。其约中之言,实与强占无异。如奉天留俄兵驻防,又俄兵未得之炮台、营垒、火药库,均交俄官办理,是我失管辖之权矣。又如奉天将军之事,均须呈报俄总管,是我失治民之权矣。营口之洋关,由俄官管理,是我失理财之权矣。后又强交我杨钦使十二条,词意虽与前不同,而阳还阴据之迹象,尤为显然。若我政府竟不计利害,贸然允许,则我国东三省之地,将永沦为异域矣!且不特此也,向来东西各国与我国立约,必有利益均沾之语。然则俄约一定,各国必放手各求利益,则我国割分之惨祸立见矣。然则去年之惨,不久必见于东南矣。是俄约一事,乃关系国家全局最要之事,亦关系我等一身最要之事也。今我等若犹袖手旁观,是甘心为奴隶、为马牛矣!

所幸东南各省督抚均竭力电奏,争阻俄约;近日来往上海之官绅,发电力争者已属不少。或以为官场已经力争,我等士民可不须越俎。此殊不然。我等同含血气,同具知识,必须竭我等心力,始足尽国民责任。窃愿诸君共拟电文,呈达政府及北京议和王大臣,及各省督抚,求其力拒俄约,庶我国犹有亡而复存、死而复生之望,不胜大愿!

1901年3月18日《中外日报》载《蒋君智由演说》:

自中俄密约成,中国真瓜分矣。昔以波兰、印度、土耳其笑人,今则自居于波兰、印度、土耳其矣。

俄人制中国之法,其最毒者曰无变中国古来制度。此言也,俄人与中国疆界毗连,交涉最久,熟知中国人心风俗,故以一语投中国之所好,而阴毙之。俄人以中国之守旧为利,中国在上之人亦利俄人助己之守旧。于是中俄之间,交谊斯固。俄人又时时出其狡猾之谋,示好于中人,而中人信之,遂浸寻而酿成今日密约之事矣。

密约之事,风传由来已非一日。当戊戌政变,即有此说;至己亥立嗣,未几传闻有许俄人由恰克图筑路至张家口之约,及去岁北京甫破,两宫犹在道途,传闻中俄订有密约。以今思之,岂尽无因?且传说纷纭,似约非一约。至去冬增将军所订之约显露于世,旋又闻有俄都之约若干条,于是结中国倚俄之恶果,而中国实受其祸矣。

俄人密约,欧洲各国虽甚骇视,然各国势均力敌,重视开战,苟可以已,无不已者。且以亚洲之事,而欧洲人自寻干戈,此欧洲人之所不为。俄人深知其故,故敢肆其阴谋,而无所忌。昔欧洲人尝有言曰:分尽中国,而欧洲不争。此言今将验之矣。

我中国人之议论,十之八九,皆曰中国无力以拒俄,当求之于各国。是则国谓何矣?国民谓何矣?国者,一国自有一国之主权,国民者,人人各有国家之一分,而当尽其责任。土地则国民人人所有之土地也,人人知其为己之所有而争之则存,人人以为非己之物而不之争则亡。今自委弃其国民之责任而求助于邻;狼食人而谓虎曰:盍卫我!虎何为而爱我哉!且亦无志甚矣!无耻甚矣!无志无耻之民,岂足与立国哉!昔俄人为我争旅大,而旋即自取之,求助于人其前车矣!

夫各国政府之所谋,各为其一国之利害而已。以利害言之,我中国损失土地,人民无所依赖,归人宇下,为人隶仆,中国之不利,诚不利矣。若各国则何不利之有?彼取偿于中国,以自保其权力之圈,而增长其威势,与俄国比强并大而已。必以辞动之曰:俄之利,各国与有不利焉。岂今日欧洲外交家,尚待我中人代为借箸耶!

故今日之事,覆亡我中国之覆亡,存立我中国之存立。我国民之事,于他国无与焉。使我举国之人,人人以危亡为可惧,凌辱为可耻,万众壹志,非理之来,合力与争。俄虽强暴,其如我人心不死何!民志不屈何!即各国之人,亦必环视惊起,以为支那民气不可犯矣。然而起视我民,顽冥蠢蠢,不知竞存,不谙外交,舞刀拍张,语以仇洋杀教,无不欣然乐从,快意以逞匹夫之勇。至于理之所必争,事之不可让者,皆索然无气,是则国已死矣,尚何言乎?

夫谓今日发言之权,上惟政府,下惟一二大臣,我民虮虱之言,诚何足动其毫末。此言诚然矣。然今日欲立国于地球之上,而其民无气,则地无论其大小,民无论其多寡,必终归于灭亡。欧洲之有民权,亦非自上予之,而皆由下争之。吾民惟不知争国家之事,是以大祸若此。当此危急存亡之秋,若之何吾民之犹不争也?

杨天石、王学庄编《拒俄运动》,中国社会科学出版社1979年版,第4~9页

3月16日(正月二十六日)　张之洞电复陶模,论及事涉自立军起义之鄂籍留日学生处置问题。

《致广州陶制台》(光绪二十七年正月二十六日丑刻发):

效电悉。并无将出洋学生全调回之说。学生助乱者甚多,皆予以自新。逆迹尤著者三人,只不送入学校,不代出学费,声明此三人将来善恶成败,不与湖北相涉耳,可谓极宽矣。有。

附《陶制台来电》(光绪二十七年正月二十一日子刻到):

闻吾师将调回出洋学生。少年尚气,不可遏抑。彼未必尽信康梁,恐召回无以自活,转铤而走险。乞酌。模。效。

国家清史编纂委员会·文献丛刊《张之洞全集》第10册,武汉出版社2008年版,第258页

3 月 17—18 日(正月二十七—二十八日) 《中外日报》连续两日刊载上海绅商各界联名致清政府当局及东亚同文会近卫笃麿等要求拒俄电文。

1901 年 3 月 17、18 日《中外日报》载《乞阻俄约电文》:

陕西抚台转呈皇太后、皇上圣鉴:

俄约若成,各国援例,纷求得地。现英已备军需,志图长江,英、日、德诸国踵起,中国立亡。优乞饬议和王大臣及驻俄使臣,力拒俄约,以保危局。(原编者按:下尚有致奕劻、李鸿章、刘坤一、张之洞诸电,内容相仿,不录。又,电文末附有《中外日报》按语云:"自前日集议后,昨日本埠绅商及有志之士多以不得与闻为憾,纷纷投函,欲签名与列者不下数十起,此以见密约之关系重大,华人俱有公愤也。")

驻俄中国钦使杨大臣鉴:

俄约激动全局,大祸立起,士民公愤,乞力挽。

大日本公爵东亚同文会长近卫公爵阁下:

俄约关东亚存亡,顷集议力阻,恳贵会协助挽救,至感!

杨天石、王学庄编《拒俄运动》,中国社会科学出版社 1979 年版,第 9 ~ 10 页

3 月 18 日(正月二十八日) 孙中山复函南方熊楠,述及拟见佐藤虎次郎,及拟赴檀香山之事。

孙中山《复南方熊楠函》:

南方熊楠先生足下:

来示已得收读,领闻一切矣。弟尚未发途,因有事阻迟也。今日已如命致意于佐藤虎次郎君,期会俟他回示,当亲往一见就是。诸蒙关切,不胜感激之至。此致,即候

大安不一。

弟孙文谨启 三月十八日

广东省社会科学院历史研究室等编《孙中山全集》第 1 卷,中华书局 1981 年版,第 208 页

3 月 19 日(正月二十九日) 张之洞致电刘坤一、盛宣怀、袁世凯,提出急救东三省三策。

《致江宁刘制台、上海盛大臣、济南袁抚台》(光绪二十七年正月二十九日午刻发):

沪沁亥、勘巳、勘午、江勘申、俭两酉六电均悉。沪转京奏、杨使敬电亦阅。鄙意已详顷转去俭电奏中,刻想达览。管见救急三策:一请各国代恳展限。二东三省遍地开放,即所谓开门通商,借各国商力以拒俄。三借北境用英、日人练水陆军之说,以阻俄入长城铁路。以此两抵,路或可罢,与杏翁勘午电意似相同。岘帅谆命鄙人酌定汇核,拙见或蒙采纳。如以为然,请岘帅撮叙简要数十语,会三衔电奏,或加两语,云其详已具洞俭单衔电奏中,或不加亦可,由岘帅处发电为祷。总之,中国不能自立,与其穷口磋磨,不如强邻借助。然仅有益于我无益于人,谁肯助之。借各国之公论以展限,借各国之商利以阻俄吞辽土,借各国之练兵以抵俄路入关,无聊之策,只能如此。东三省系我自行开放,与吴淞、秦王岛无异,内地十八省不能援例效尤。两公如有良策,请即添入。至于限我兵数,禁华洋军火,禁各国人充巡捕,大吏不合俄即撤调,皆大损自主之权,无复再振之望。然彼岂容多驳,我岂敢多争。先议展

限,徐筹长策。此电及拙电奏,可否与郑苏龛、张季直商酌,并密与小田切阅之。前奉佳电旨,命江、鄂劝各国帮助辩阻,向俄说项,此系遵旨办理,祈速酌办。惟三全权处,似不宜遽行电告。杨敬电有乞圣裁决许字样,恐必打破此局。应否稍缓,俟得英、日覆电,再行转告,并请妥酌速示。艳辰。

国家清史编纂委员会·文献丛刊《张之洞全集》第10册,武汉出版社2008年版,第259页

3月23日(二月初四日)　美国《展望》杂志刊载记者林奇(George Lynch)《两个西化的东方人》(*Two Westernized Orientals*)一文,详述其在日本访问孙中山之经过。

《与林奇谈话的报道》(1901年春):

孙逸仙乐意地谈及他最近组织的革命活动。他取下地图,指出作战地点和起义者的进军路线,说明他们失败的原因,仅是由于缺乏弹药,他们指望从一个日本承包商那里取得弹药,但那人欺骗了他们。

孙逸仙说:"对于斗争的结局,我们毫不气馁,事实上恰好相反。因为起义表明,我们的人一旦获得适当的武装并且作好大举的准备,就能轻易地打败清军。"接着,他谈及起义的详情。战斗仅仅持续了二十天。他从不到六百人开始,这些人只有三百支来福枪,每支枪三十发子弹。十天之内,他们从清军手中夺取了一千支来福枪。到二十天结束时,他们的人数也由六百增加到二万。第一场战斗发生在沙湾附近,这里紧靠英国新领土香港对面的边界,边界由英国人管辖。由于英国人偏袒清军,在这里逮捕了不少起义者。因为这个缘故,他们朝东北方向挺进,并在沙湾和三多祝之间进行了十二场战斗,所有这些战斗都打了胜仗。在最后一仗中,他们的弹药完全耗尽。打完了最后的弹药,显然已无法守住阵地,他们便悄悄解散回家。孙说:"但即使到了那个时候,他们也不愿意解散。要是我能及时赶到那里,他们没有弹药也将坚持战斗。可是我当时正在邻国忙于准备工作,他们就只好解散了。"起义者一共只牺牲了五个人,而清军有五百人被击毙,一百人被俘。起义者占领了两个重镇和许多村庄,他们严禁任何劫掠和纵火行为,人民很快转而拥护他们。

……在听了孙关于这个小战役经过的叙述之后,我问他是否认为,除进行一次革命外,中国便没有实现改革的希望?他回答说:"凡是了解中国朝廷,了解包围和影响皇帝的那些人物的,谁都应当知道,清朝皇帝没有能力去有效地实行中国所需要的激烈改革。"孙逸仙及其朋友们的抱负,是发动一次有如三十年前日本所发生的革命,希望在中国实现日本化。他满怀信心地认真谈论这一题目。我问及中国人民是否会象日本人那样,准备实行改革。他答道:如果中国人民得到合适的领袖人物的率领和指导,他们是一定愿意的;大多数人民都会依照他们所得到的指示去做。于是他就以热烈的态度,简直是热情洋溢地谈到了他的同胞的优越性——他们的高超智慧、他们的模仿力以及学习新事物和汲取新思潮的能力,都超过日本人。他说:"日本人用了三十年才办到的事情,我们最多用十五年就能办到。"他并且提出很多技艺和工业的例子来支持他的论点。……他久久地畅谈他的目标和计划。他拥有一批优秀的、被他称为新式中国青年的追随者,他们曾在英国、火奴鲁鲁和日本等地受教育,其中一些人家道殷实,必要时能为革命提供需要的资金,因为他们相信这是拯救祖国的唯一方法。

孙逸仙说:"我们开始下一次努力将会遇到极大的困难,当一次起义或暴动扩展成革命规模之时。"他希望西方国家将保持中立,不要加以干涉。

我评论说:"这确是一个伟大的抱负。"

他喷出一大口雪茄烟，开始在房里踱步。徐缓地说："是的，这是值得人们为之奋斗终生的理想。"然后他继续谈及中国，谈到它的辽阔土地、众多人口和尚未开发的资源。谈到一旦发生象日本有过的那样一场伟大觉醒时中国未来发展的可能性。

我暗示，实现他的抱负将会酿成真正的"黄祸"。他回答说，中国人本质上是一个爱好和平的而不是好战的民族。他说："我们已达到了这种地步，这是你们正在开始以召开海牙会议来努力达到的。产生黄祸的唯一可能会是在工业竞争的形式之中；但在变动了的情况下，生活舒适的程度和工资的比率将会很快上升，因此，无需再把中国劳工廉价输出到世界其他地方去。"他以日本近三十年来工资和物价的迅速增长作为例证。他笑着说："你对新式的中国人有些什么想法？我料想你没有见过我们当中的许多人，尽管他们在美国和日本比你想象的还要多，他们都被共同的希望和抱负所鼓舞。"

我很少碰见过比孙逸仙更有趣的人物了。……以联邦或共和政体来代替帝政统治，这是孙逸仙的愿望。而且，正如他所说的，当外国人劫掠了京城，亵渎了神明，皇权的威信扫地以尽。位于北京中心的神圣不可侵犯的皇宫遭到侵略者铁蹄的蹂躏的时候，变革的时机就在成熟了。

编者按：原编者加有按语："林奇（G. Lynch）是美国《展望》杂志（*The Outlook*）记者。孙中山复函答应他访问的请求，在横滨寓所接见他。谈话内容为林奇所报道，对孙中山采用第三人称。林奇未说明访谈的具体时间，今参照孙中山当时行踪及林奇发表访问记的时间酌定。"原文注释有"据王冀寄赠的原文影印件《展望》第67卷第12期（纽约1901年3月23日英文版）林奇《两个西化的东方人》（*Two Westernized Orientals*）译出（陈斯俊译，金应熙、黄彦校）"。

广东省社会科学院历史研究室等编《孙中山全集》第1卷，中华书局1981年版，第209~211页。

3月23—24日（二月初四—初五日）　上海绅商就拒俄事，联名呈文两江总督刘坤一、湖广总督张之洞。

1901年3月23、24日《中外日报》载《上海集议绅商呈江鄂两督公禀》：

敬肃者：前日上海绅商公发一电，恳约各省督抚力争俄约，当蒙鉴察。前闻我公业已电争，惟所虑者俄人狡横，我国复有依俄之人阴相抵牾。又俄人政策以渐不以骤，以暗不以明，即或虑犯众怒，量为轻减，而实阴握其制命之权。各国于此，不事深求，则中国死生，仍惟俄人是命，大祸尚靡有已也。

窃谓俄约不废，中国必亡，坚拒俄约，究其终极，不过出于战而已。夫以中国之兵力，又当挫败之余，遽言与俄战，几疑其言之诞。然以利害言，有不妨与俄战者，请遂为我公言之。

去岁拳匪之乱，我曲而彼直，又以一国而当八国之师，其衄败无疑。今因逼约而战，我直而俄屈。此理之可战者一也。

俄人用兵，其所至之地，必不致扰及东方各国通商之海口，以犯各国之怒；闽、广海面，俄人又鞭长莫及；直隶又为各国公据；而日人实守山海关，俄亦不敢窥犯。若由新疆、蒙古，地势写远，殆不足惧。其兵力可至之圈，不出东三省以外。此势之可战者一也。

若东三省之地，不战而约成，其地已非我有，孰若出于战？战而失东三省，各国不能援例；不战而失东三省，则各国援例，豆剖瓜分，顷刻立尽。此事之当战者又一也。

俄人在东三省，惯用杀人以压服中人之策，人民积愤，一旦宣战，马贼、会匪皆起与俄为仇。自去年直隶受兵以来，民间又皆知俄兵为最暴。若以拒俄之故，使兵民泄愤于俄，喻全国人民以强俄逼近，万不可忍，必欲吞噬中国，有死无他。俄虽强，其能尽麋我中国之人入之黑龙江乎？此人心之可战者又一也。

中国之人仇俄深矣，恨俄至矣。亡中国者，俄也；瓜分中国者，俄也。亡我、瓜分我，而我四万万之人民,一千六百余万之土地,犹默不作声,拱手相让,后此中国即存,何以立国?

且各国若知中国一意拒俄,不幸而出于战,战而至于败,各国亦必不能坐视。昔土耳其为俄胁时,土皇问于英人,宜拒与否?英皇虽告以宜拒,亦未尝许以相助。土遵其言而拒俄,及后战败,英、法虽不惜劳师糜饷,以与俄战,而土至今犹存。如土从俄之迫,今已折入于俄,否则各国亦共分之矣。今中国之情形亦犹是也。若问各国公使曰:俄人之约以非礼[理]强中国,中国欲不允约,各国以为然乎否乎?则必以为然矣。又问之曰:俄若不允废约,中国必出于战,各国其许之乎?又问之曰:中与俄战,联军在中国地面须令停战。又问之曰:中国往东三省之兵,须道出直隶联军公守之地,饬联军毋得阻遏。又问之曰:中俄开战,凡属俄国人民产业之在各处者,中国概不保护。凡如此类,各国其许我乎?若各国不许我,则必为我筹拒俄之策,而出而公断各国亦岂能辞?是则其权在我。若不如此,而但求各国代为排解,此各国所不能干预之事,亦非各国之外视中国而不救也。且夫中国始终坚拒,必停和局,和局若停,我国商务势不能支,而其咎在俄不在我。各国欲保全其商务,亦必出而调停。其机惟在我据理力争,不改宗旨而已。

总之,兵可败,地可割,而主权必不可失。兵败可复胜,地割可复得,主权一失,不可复返。至东三省与直隶之乱,本非两事,当并入议和条约之中,不得另生枝节,尤宜力争。

我公为国柱石,生民之所仰望,社稷之所倚赖,事系万世之利害,非徒一时之得失,尚复何疑何惧,不即决断?即躬率士民,为国舍生,外人亦尚知中国有人,中外古今,莫不荣之,况成败利钝,非人智识所能逆料。事机危迫,故敢不避出位之嫌。唯希裁择,恕其狂瞽。幸甚。

本馆案:诸绅商除具呈江、鄂两督外,尚有呈粤督陶制军、东抚袁中丞二禀,其文均与前同。

杨天石、王学庄编《拒俄运动》,中国社会科学出版社 1979 年版,第 10 ~ 13 页

3 月 24 日(二月初五日)《中外日报》再登公启,呼吁上海绅商于当日下午二时再集张园,商议拒俄事宜。

1901 年 3 月 24 日《中外日报》载《传单》:

启者:中俄密约,俄人胁我中国于初六、七(3 月 25、26 日)画押,事机极迫,闻各督抚已驰电力争,凡我在沪绅商士庶,定初五日(3 月 24 日)二下钟,再集张园议事,务祈诸公届时早临为荷。

同人公启。

杨天石、王学庄编《拒俄运动》,中国社会科学出版社 1979 年版,第 14 页

△ 上海绅商再次集会张园,发表演说,讨论拒俄办法。

1901 年 3 月 25 日《中外日报》载《纪第二次绅商集议拒俄约事》:

昨日本埠绅商闻俄约迫初六、七(3 月 25、36 日)签押,午后二点钟,再集张氏味莼园会议,到者约近千人,凡东西人士来园观听者亦数十人。有问天居士、王君子琦、某君三人各出撰文一篇,宣示公众。至四点时,同人次第演说者凡十余起。先由孙君仲瑜代同人演说集议宗旨,次吴君研人,次何君春台,次蒋君知游,次温君钦甫,次陈君澜生,次安徽某君,次方君守六持吴君君遂函代为演说,次李君惟奎,次孙君季刚,次方外宗仰上人,次周君雪樵,次魏君少塘,次汪君穰卿,次女士薛锦琴,次钱君维骐,又朝鲜宗晚洙以限于方言,笔述其意以告同人。此次演说,诸君均极激昂感慨,听者耸然拍手称是,其沉痛处能令闻者兴起。就中女

士薛锦琴，年仅十余龄，洞明时势，慷慨陈说，尤令人钦佩无已。诸君演说之文容俟续录，兹先将其集议宗旨及办法照录于下：

集议宗旨

一、凡系中国国民，皆当存保全中国国土之心，即皆当存保全中国主权之心。

一、此次集议，筹挽救俄约之法，以后凡我同志之人，务各劝导乡里故旧、族党亲戚及新进后辈，使人人知中国危亡在即，非开通智识不能竞存立于地球之上，即不能保守中国向有之土地，若至土地既失，则牛马奴隶听命于人。言之可痛，思之可悲。

一、我辈系筹中国存立之策，不欲以非理待外人，如去岁北方野蛮之事。至外人欲以非理凌中国，亦不肯受。一依文明所为，主持公理。

一、中国之人号称四万万，而心志不齐，其气涣，其力弱，受困外人，亦即由此。凡同志之士，务各知中国受病之原，合心协力，团结一气，须有以御外侮而贞内力合群之起点，我同志务共励之。

此次集议办法

一、俄约之关系，前此会议业经同志演说陈明。现闻俄人迫我于初六日画押，事机危急，各督抚均驰电力争，我辈同为国民，休戚与共，故再集议，以商挽救之法。

一、俄人狡横，倘必迫我画押，或量为减改，仍能制我之死命，与不改者同。我中国受俄凌虐侮弄若此，当共筹此后应付俄人之法。

一、诸君各有高见硕画，可向众陈说，告知同人。

一、自初次集议后共发中外电报十六次，均已登报申明，今日更拟发电若干处，俟集议后再发。

一、昨日得两广陶制军复寓沪绅商电，兹谨录出，宣示公众。

一、俟同人齐集后演说。

一、诸公愿签名者，请即签名簿上，并书明住处。愿助电费者多寡不拘。

杨天石、王学庄编《拒俄运动》，中国社会科学出版社1979年版，第14～16页

附吴沃尧、蒋智由、陈锦涛、吴君遂、李惟奎、黄宗仰、薛锦琴（女）等张园集会演说词。

1901年3月26日《中外日报》载《吴君沃尧演说》（节录）：

今日集议诸君，大半皆外省人，非尽上海土著，其所以间关水陆而来者何故？大抵无论为仕、为商、为士、为民，均为创造事业以遗子孙起见。可见为子孙计之心，为人人所共有，其所以为子孙计者，无非恐我子孙受饥寒冻馁之苦耳。诸君亦知俄约若成，我等子孙之苦有甚于饥寒冻馁者乎！吾盖恐此约一成，则各国均持利益均沾之说以挟我，则波兰、印度、土耳其之覆辙即在目前矣。仆素少阅历，他所不知，惟见自去年来，英人调驻上海之印兵，观之不觉有所感触，吾恐此等情形即为他日我等子孙之榜样耳！岂不痛哉！岂不伤哉！

或者犹以为东三省去此尚远，无容我南方人过虑。不知瓜分之说日有所闻，使他国瞰及南省，而后起与之争，时已晚矣。不观去年之事乎？拳匪仅蹂躏北方耳，联军之来，亦不过北趋，而旅沪居人已惊心动魄，几至逃亡一空；倘南方一旦有事，其情形尚堪设想哉？

闻俄人迫我政府于初六、七日（3月25、26日）签密约之押，今日已初五（3月24日）矣，事势迫矣，间不容发矣。前次集议后诸同志分电行在及两江、两湖、两粤诸督，请其与政府力争，今事势已至于此，尚何能展转商请？愚意莫若速由我同志径电俄国政府，告以民心向背，动以公理，或者俄人稍萌退缓之志乎？抑或者，即以此两次集议宗旨，函致本埠俄领事，请其电达彼国政府，亦一阻缓之计。然而事势已迫，终恐不及。今日诸同志集议，本拟出一问题，

问中俄密约果成,终难挽救,则我等将何以对付之。愚意此为一大难题,倘事果不可挽救,我等同志或竟联一拒俄会以拒之。非谓有兵力足以拒之也,非谓有势力足以拒之也,合大众之热力以为拒力,庶几收众志成城之效,共勉卧薪尝胆之心,纵使不足以拒强俄,亦使他国闻之,知我中国之民心尚在耳。

杨天石、王学庄编《拒俄运动》,中国社会科学出版社 1979 年版,第 16 ~ 17 页

1901 年 3 月 27 日《中外日报》载《蒋君智由演说》:

诸君亦知国与身有同式之比例乎?西人称国家为有机体之生物,夫任举人之一体而宰割之则痛。今东三省之约,乃宰割吾之国,而独麻木而无知乎?或者谓此在上者之事,而非吾在下者之事。此则国家之义尚不能知,其言之谬无待辩矣。或者又谓以在上者督抚之力争之而不能,而何有于小民。是又不然。夫督抚者,不过一日居其位,故有其权,而适当其任耳,若一日离督抚之位,则亦无其权,而可诿其任于人。孰若我国民之任,人人合而有之,非一人之事,一日之事,大而且久,与督抚之所任者不同,而皆可负其任也。

若夫事之难为,诚难为矣。然天地间难为之事,独非人之所为乎?惟其难,故赖有人耳。夫人能苦心焦虑,挽大难,报大仇,则名之为英雄豪杰,而其人不没于天地之间。国亦何独不然?国能苦心焦虑,挽大难,报大仇,则其国必闻望日著,地球上乃有是国而能自立矣。我中国之古事,诸君当已熟闻之。独不思昔者越王勾践之事乎?越王勾践之国,见灭于吴,越王卧薪尝胆,卒报吴仇。又独不思秦楚之事乎?秦之灭楚,不以理,楚无如何,楚之父老乃曰:"楚虽三户,亡秦必楚。"盖仇秦之深,誓必报之。其后项羽者,楚人也,亦卒灭秦。且昔者俄罗斯当蒙古强盛时,非为蒙古人所迫,而伏处北海之一隅乎?后亦卒败蒙古,而收复其故土。

此次东三省之约,人咸虑其无可挽救,然吾国民之事,不仅在能否挽回此约与否。使此约即废,而我国政民情依然如故,岂能长保此东三省,又岂能于东三省之外,别无他祸乎?若因此迫约之事,视为奇险,引为大辱,而放此至险大辱之圈,大如日轮,日日悬注于国民心目之间,其有补于我中国者大矣。所可虑者,虎头蛇尾,又或境过情迁,今虽竭力抗拒,而他日旋忘之。彼俄人者,又即用杀人以服人之策。杀人既多,则强者死,弱者伏,老者死,少者方生,如此数年、数十年之后,几忘其土地为谁氏之土地,彼又时时出其小惠以饵之。一杀一饵,而中国之人心死矣,中国之事已矣。夫杀我而我服,饵我而我受者,此必我国人之力不逮人,我国人之智不若人也。我国人力不逮人,智不若人,而遂屈居人下,不再与人竞智与力,昔犹可为苟安之民,今犹如此,则中国之地皆将为白种人所挤入,而我中人无立足之地矣。君等独不见夫飞鸟乎?飞鸟营巢而他鸟夺之,尚出相争,何也?巢之一失而鸟无所归也。夫鸟之赖有巢,非犹我中国国民赖有中国土地耶!虽地球分土之界,今尚未有公正之定论,然向有之土地,仍归之向有人之所有,此亦势理兼全之言。

夫国与身有相同之理,已陈于前矣。任举人之一体而可名之曰:此某之身之体,然则何国之土,则亦何国之土已矣。故今者当扼以一言曰:东三省者,我中国人之东三省,非俄人之东三省,俄欲夺之,我必复之,此竞存之理,各国之公理也。吾记一轶事于此,复为诸君一陈之。昔者,南宋之末,有遗逸之民郑氏某者,善画兰。凡所画兰,皆有根而无土。人叩其故,曰:"地为人夺去,汝不知耶?"我今日中国四万万神明之胄,慎毋如所画之兰,有根而无土也。

杨天石、王学庄编《拒俄运动》,中国社会科学出版社 1979 年版,第 18 ~ 20 页

1901 年 3 月 27、28 日《中外日报》载《陈君锦涛演说》:

今者吾得与我同胞之国民会集于此,议论国事,不胜欣幸之至。然而今者中国未亡,吾同志始可为此事耳。苟一旦瓜分,外人必钳制吾口舌,使我等有苦而不能言,如昔之暴秦禁

偶语等矣。亡国之痛，何堪设想！

而独怪吾华人中有一辈人，直以亡国为与已无关痛痒之事，此真不可索解。又有一辈人，以上海为万国公地，苟能多积钱财，在租界中买地筑室，长吾子孙，中国虽瓜分而吾家仍不失为富家翁，中国之人虽为他种人奴隶，而吾之子若孙可为万国之公民。昔者，吾在天津时，曾有人发论，与此正同。以天津有英法之租界，不啻桃源，乃曾几何时，拳匪事起，其家为洋兵所劫掠，占据其室，已与妻子，俱为洋人服役，日作苦工，是则置国事于不问，日作守钱虏，而欲为万国之公民，【以】租界为乐土者，又可得乎？又有一辈人，以为国之破亡，于我何有，我为我之商贾而已。不知今日中国虽未亡，而在上海之生理，已多有惟洋人能做，华人不能做者。君不见报馆之请洋人出名乎？运货者之请洋人出名乎？余尚有许多事务，必须请洋人出名，每月必奉数百金而后可。中国若亡，此风更盛，且更多掣肘，必至于无利可图，除做洋人之马夫胚与各苦工贱役以外，更无为生之计。是则置国事于不问，而只自顾其商贾，以为无害己事者，其又可得乎？

更有一辈人，直以瓜分中国为利者。其言曰："我能言西言，西人得我中国，必大用我辈矣。"不知今日华人之通西文者，其才与学虽有过于西人，其薪金已大不及西人。西人之言曰："此等通外洋言语文字者，是我之后生也。何才与学之有？且支那之人乃贱种，居陋食俭，数十文即足买两碗饭过一天矣。何必与以多金而后足乎？"试将香港蓝皮书一查，所予华人之薪金盖可知矣。以其俭陋而少与之金，因少与之金而更俭陋，辗转递减，不多年必至俭之又俭，陋之又陋，如蚯蚓之上食土壤下饮黄泉而后已。视于此，其通洋文洋语置国事于不问，且更以亡国为得计者，其又可得乎？

总而言之，中国若瓜分，则无论富者、贫者，在租界中者、不在租界中者，通西文者、不通西文者，及一切华人，皆不免凌虐之惨。然则欲不瓜分，法将焉出？曰：必自拒现在之俄迫密约始。

中俄密约，根原不一。有在目前者，有伏于二三年以前者。二三年前，中国多事，在上之人，始欲一意倚俄以为奥援，外人已比中国为一败家子，将其家赀产业奉送于一无餍之贪夫，旁观者不甘心于一人独享其利，各欲分尝一脔。于是德国借端而据胶州，英国欲保长江之利，尤恐此败家子悉听命于贪夫，而长江之利亦将不保，于是威海、九龙，相继占据，而法亦据有广湾。刚毅、徐桐之流，顽固昏愦，不知外交为何事，乃欲尽逐外人，义和团之事由此遂起。社稷倾危，生灵涂炭，不知者以为由义和团致之，不知其远因实在二三年前朝廷之一意倚俄也。

二三年前倚俄之祸害，吾人今已享受其赐矣。至现在倚俄而将订密约，其无理比前尤甚，其祸害比前尤大，吾人子孙世世，必受用不尽。其第一款曰：满洲归还中国，如前治理。继有一款曰：满洲关税归俄管辖。又一款曰：中国不能运兵器入满洲，且将华兵撤退，炮台毁弃，而俄则可在满洲用兵。又一款曰：中国当保护满洲俄国之铁路。请以一事喻之，满洲如屋，俄如暴徒。暴徒入其室而谓主人曰：屋则奉汝，而房租之利则归我。汝欲入室，必由我许可而后可，而我之出入自如。我若贮物于室中，汝必为之保护；若有毁失，惟汝是问！如是而谓室归之主人者，其孰信之？今俄国之归还满洲，何以异是？无乃欺我中国为已甚矣！

然则如之何而后能拒俄？诸公岂不忆前三年俄国之收管旅大乎？土人每宰一猪，抽税一元，每年每人抽税五元。土人不服，执梃与斗，被杀者无数。呜呼！既割地而与之争，孰若未割地而争乎？若以吾中国四万万众，每人捐五元，即有二十万万元矣。何愁无饷？何愁不可练兵以拒俄？若去年以拒八国之师拒俄，未见俄之必胜也。然则当土地犹未割让之时，每人捐赀以拒敌，人捐一次即了，不愈于割让土地后年年捐五元以饱强俄乎？诸公当熟计之：

愿争为自主之民乎？抑愿年年捐金元而为人奴隶乎？

杨天石、王学庄编《拒俄运动》，中国社会科学出版社1979年版，第20~22页

1901年4月2日《中外日报》载《刑部吴君君遂函（方君守六代为演说）》：

呜呼！痛哉！今日之中国，尚得谓之为国哉？他不具论，即以中俄密约之事论之，呼吸存亡，间不容发，佥谓俄约既成，各国援例而起，利益均沾，则瓜分之局立成。小之有覆国丧家之忧，大之有亡种圮族之祸。此人人能知之，人人能言之者也。

夫俄之经营东亚，阴谋吾中国，百数十年以来矣。其外交政策，深情厚貌，使人堕其陷阱，阴施其贪婪无厌之手段。往者崇厚懵于疆域，贸然割二千里之地以畀俄，今寿山无端开衅，为虎作伥。俄既以兵力取我东三省，是东三省已入于俄人之手矣，而犹须订立密约者，亦不过市恩于我，而间执各国之口耳。兼弱攻昧，取乱侮亡，理有固然，况发难自我，所谓天与则取。且非独天与，实由人与，亦天下莫不与也。此俄约之必不肯作废，有断然者，各国又孰能从而议其后哉！

往者中东之战，各国袖手，俄独慨然仗义，索还辽东，举朝皆以俄为可恃。索还侵地，旋为俄有。彼党俄大臣，岂真安其危而利其灾，乐其所以亡耶？认为非如此不克偷安目前，初未料及速其亡也。今者与之议和，非议和也。既不敢出于战，亦何和之足云？直不啻为中国签立送契耳。然既不敢言战，或可以乞援各国。各国利害相关，必有仗义执言出而干预者；言之无济，必有代为之战者。合力以图俄，约不难废也。虽然，吾将望之日本乎？日本外强中干，地小势微，能胜而不能负，未敢轻于言战也。将望之德国乎？德国素主瓜分中国者也。将望之法国乎？法新联俄，必不肯轻失奥援也。将望之英国乎？英国暮气已深，脱兰斯佛之事至今尚未得手，且又欲得我长江者也。将望之美国乎？徒以空言解纷，俄未必俯首听命也。总之，中国不能自立，无论何国，均未可恃。倚俄以拒各国，终见灭，如波兰；倚各国以拒俄，亦将墟为五印。为今日计，然则奈何？惟以死力抵拒，不肯签押而已。此全权所应有之权也。

不签押，其曲在彼，而不在我。各国或有旁视不平出而干预者，未可知也。譬如弱者与强者斗，强者既胜，执弱者而杀之可也。使强者不欲居杀弱者之名，逼弱者之自杀，弱者遂惟命之从，则旁视者亦谓弱者之自杀与强者无与也。今弱者既引颈受戮犹不能免矣，必听强者之命，自戕以谢之，亦毋乃大谬矣乎！我不肯自戕，则人或有怜其愚而哀其弱，出而营救者；或有鉴于俄之残暴，借以自救而救我者，亦未可知也。若犹未敢深恃，宁将东三省开通，许各国通商立埠，作公共保护之地，不犹较胜于所谓中俄之密约也耶？则俄约可不废而废矣。若使俄约必成，吾恐亡中国者，非各国也，俄也；瓜分中国者，非各国也，俄也。吾更进而论之，亡中国者，非俄也，非各国也，中国也；瓜分中国者，非俄也，非各国也，中国也。若其所以自召灭亡之道，不暇殚述，要之，盖百数十年以来矣。呜呼！

杨天石、王学庄编《拒俄运动》，中国社会科学出版社1979年版，第23~24页

1901年3月30日《中外日报》载《李君惟奎演说》：

诸君子为争中俄密约，演说国事，哀痛迫切，仆道出沪江，备聆伟论，亦愿为补阙拾遗，备一说以尘诸君子之清听。

东三省者，东亚之咽喉，而我中国之肩领也。俄人包藏祸心，以假道为名，乘虚窃据，图为己有。今又深虑各国于议和之后或返侵地，乃迫订密约，尽夺我自主之权。列强若执利益均沾之说，我中国有立亡之祸。可不惧哉！

夫甲午一役，东三省半沦陷于日人，俄人阳托仗义之名，取诸日人之手，使复返于中国，惟加赔兵费三十兆。然日人于此事也，引为大辱，至立纪念之会，以励国民。夫东三省之地

本非日本有也，又得如许偿金也，而民气激昂，时怀卧薪尝胆之志；况我中国，素为地主，一旦损失，凡我国民，皆当视为深耻奇辱，效法日人。

而今之议者，动谓天运气数使然。不知天定胜人，人定亦胜天。顾亭林有言："天下兴亡，匹夫有责。"使士民咸知吾藐然之身，亦任国家存亡之责，有一分心，尽一分心，有一分力，尽一分力。譬如病者瘫痪在床，而脑筋未坏，终思跃然而起，未闻诿诸天运气数，致废医药而不用。盖人事之不可不尽也明矣。时至今日，使我国民能知应尽之责，即中俄密约已定，中国亦不至于亡。如我国民不知应尽之责，即列强和平立约，中国亦必至亡而后已。

存亡之机，在己而不在人，在人而不在天，此仆欲以区区之义为我中国四万万人告也。

杨天石、王学庄编《拒俄运动》，中国社会科学出版社 1979 年版，第 25～26 页

1901 年 4 月 1 日《中外日报》载《方外宗仰上人演说》：

谛听！谛听！山僧是弃世绝俗之人，今日敢发忠告，不忍已于言，为诸君一陈之。

夫今日之事机，危迫极矣。况此番议会，乃我中国同胞四万万人竞存立于地球之上最紧要、最苦楚之一大事，诸君岂可游戏视之，无足重轻乎？夫俄罗斯奉彼得之遗言，畜吞并之志，外假仁义，阴怀谲诈，以亡波兰之狡计施于我中国。呜呼？非一朝一夕矣。盈廷顽固诸臣甘堕其术，联俄二字横亘胸中，以为俄势可倚，可御各国之侮，可保吾侪利禄，以致酿成去岁拳匪之祸。今日各国索惩罪魁，而不知追原祸始，皆由俄国为之，是即以俄国为罪魁之罪魁，亦无不可。

今者俄又乘我丧乱，佯为首倡退军，暗与增祺订约，又突出自订十二款恫喝，威逼限押。事亟矣！东三省一失，中国将亡矣！东三省之事即将见于我东南矣！我黄种为奴隶、为沙虫之期不远矣！虽然，今日之事尚有可恃者，盖我同种同胞团结不解、坚忍不拔之苦心为大可恃，今日之事即为后日申民气之起点。若至今日而犹无民气之可恃，海竭山崩，不堪回首矣！诸君虽欲效我弃世绝俗之所为亦不可得矣！

杨天石、王学庄编《拒俄运动》，中国社会科学出版社 1979 年版，第 26 页

1901 年 3 月 27 日《中外日报》载《薛女士锦琴演说》：

中国之败坏一至如此，推其原故，实由居官者无爱国之心，但求保一己之富贵，互相推诿，将一切重大要紧之事任其废置，而在下之士民又如幼小之婴儿，不知国家于己有何关系，视国家之休戚，漠然不动其心。有此两种人，上下之间不能连络，以致受人欺侮。若英、美、日本诸国则不然，无论为官为民，皆视国家为己之产业，视国家之事如己身之事，上下之间连为一气，人心团结，国势强盛，所以外人不敢欺侮。

今日俄约迫我急矣，而在下之人不识不知，视若于己毫无关系，此最大谬。今日救急之法，当上下合为一心，以国家事为己身之事。现闻我国各大官，如刘制台、张制台、陶制台、西安政府与明白之大员，皆知俄约不可允，不可签押，特虑有一二大臣私交于俄，主持此约，竟欲允俄耳。我等当连合四万万人，力求政府请将主持俄约之大臣撤退，另换明白爱国之人为议和大臣，则俄人迫胁之事庶乎可以挽回矣。"（"以上译二月初七日《字林西报》"）

杨天石、王学庄编《拒俄运动》，中国社会科学出版社 1979 年版，第 27 页

1901 年 3 月 27 日《中外日报》载《蒋君智由演说办法》：

集议同人演说毕，复由蒋君演说办法：

今日事之当争者在签押与不签押，签押其咎在我，不签押则曲在俄而不在我。挽救于呼吸之间，亦惟有内电行在及各省督抚，请万勿签押为第一层办法；外电各国，告以吾民之公

愤;若另有挽救之策,并当尽力为之;至最末一层,亦惟有布告各国,声明全国臣民概不承认。或谓不承认其如彼何。虽然,约之界说为彼此两愿,后无异词,且为他人所公信耳。若上之督抚,下之士庶,声明迫订之约,全国臣民俱不承认,是一要约而已,中国有词,各国亦有辞,执此牵强之约独何为乎?或曰:俄惟以力为之而已。夫曰力,俄亦为其力之所为可矣,何用约为?约之义,不专在以力也,审矣。吾特患吾全国之人不能人人不承认此约耳;若人人俱不承认此约,夫岂患事无可为乎?

杨天石、王学庄编《拒俄运动》,中国社会科学出版社 1979 年版,第 27~28 页

3 月 25 日(二月初六日)　《中外日报》刊发上海绅商致清政府当局及英国政府之拒俄电文。

1901 年 3 月 25 日《中外日报》载《三志续阻俄约电文》:

西安军机处中堂大人代奏皇太后、皇上圣鉴:

俄约事急,各国多请中国不可允,如始终坚拒,俄断难以兵力相迫,宜宣示约文,并请各国公断,必无坐视之理。如竟签押,各国必归罪中国,相率效尤。宗社存亡,争此倾刻。伏求宸断决拒,勿受恫吓,致贻后悔。求代奏。

寓沪各省士民谨呈

南京刘制台鉴:

俄约事急,各国多请中国勿允,若竟签押,各国必效尤,所失岂止东三省!如能坚拒,俄即明占,亦难别启兵衅,且我已从各国之请,可续邀其调处。期限甚迫,求速奏请朝廷,宣示约文,请各国公断,或可挽回大局。〔该报原注:"尚有致鄂督张制军(之洞)、川督奎制军(俊)、闽督许制军(应骙)电,文均与前同。"〕

致英京电:

俄迫签押,全国士民公愤,各省督抚业已力争,今请贵国倡义力阻。

杨天石、王学庄编《拒俄运动》,中国社会科学出版社 1979 年版,第 28~29 页

3 月 26 日(二月初七日)　香港绅商致书上海爱国会,赞同张园之拒俄运动,并筹集款项支持拒俄。

1901 年 3 月 28 日《中外日报》载《香港专电》:

西三月念六号即二月初七日,香港发来专电云:此间绅商士民于本晨致书上海爱国会,极以该会阻止俄约画押之事为然。此间人民兴致俱形勃勃,盖知上海爱国会所为之事足使人人皆知中国之实在情形也。彼处刻亦筹集款项以为阻止俄约之用(该报原注"译二月初八日《文汇报》")。

杨天石、王学庄编《拒俄运动》,中国社会科学出版社 1979 年版,第 55 页

3 月 27 日(二月初八日)　日本情报机构侦悉改良派及俄国武官在日活动情况。

日本外务省藏档案《外国人往来情况》:

外务大臣加藤高明阁下:

并呈内外务大臣,警视总监,局长,京都、大阪、山口、福冈、长崎各县长官:

住在横滨的《清议报》主编麦孟轲(化名麦伯兴)系清国革命党康有为派人员,其行动早

已在我监视之下。本月十九日上午十时,此人乘火车抵神户后,寄居在市内荣町二丁目清商广昌隆处,除了同国人邝汝盘曾来访及去明石舞子等处以外,再无他人来访。今日乘丹波号出发赴香港(已去电福冈县)。

今日上午七时三十分俄国武官鲁梭辛乘坐的多梭克号清国汽船经上海、长崎到港停靠。下午四时该船继续向横滨方向航行。

报告如上。

兵库县知事服部一三

明治34年3月27日

[440612 明治34年3月30日收到 兵发秘第173号]

章开沅、罗福惠、严昌洪编《辛亥革命史资料新编》第6册,湖北人民出版社2009年版,第93页

3月28日(二月初九日) 浙江爱国士绅在杭州开会演说,响应上海张园拒俄运动,并电呈刘坤一、张之洞、陶模等各督抚,请求筹集民款以备抗俄战费。

1901年4月1日《中外日报》载《记杭城议阻俄约事》:

昨得杭州来电云:密约事起,沪上集议电争,此真国民应办之事。惟沪上虽为各省士商总会之地,若各省竟无人继起,尚不足见四百兆人同此义愤。浙省同志爰于初九日开演说会,公撰电文,分致江、鄂、粤各督,翌日并递禀浙抚。顷将电文录呈,请即登报,普告天下,俾各省闻风响应,无任急切盼祷之至!

附录:呈江督电稿云:南京刘制台鉴:俄谋华急,请联各督抚奏筹民款,约英、美、日公战。浙省士民泣电。

又致两湖张制台、两广陶制台电文均与上同。

杨天石、王学庄编《拒俄运动》,中国社会科学出版社1979年版,第45页

4月1日(二月十三日) 日本情报机构侦悉改良派在日活动情况。

日本外务省藏档案《有关清国人的情况》:

清国人麦孟轲(化名麦伯兴)上月二十八日晨六时,由神户乘元波号船到了门司港(接兵库县电报)。此人着中国普通服装,一直在船中未上岸,无异常举动。昨(三十一)日晨六时,该船按计划往香港方向继续航行。

报告如上。

福冈县知事深野一三

明治34年4月1日

[440615 明治34年4月4日收到 高秘第213号]

章开沅、罗福惠、严昌洪编《辛亥革命史资料新编》第6册,湖北人民出版社2009年版,第93页

4月3日(二月十五日) 孙中山复函南方熊楠,述及与佐藤虎次郎见面情况,并告知赴檀香山之行程安排。

孙中山《复南方熊楠函》:

南方熊楠先生足下:

三月廿九日来函经已收读,因连日事忙,未暇作复。弟已见过佐藤君二次,与之畅论天下时事,大慰生平,斯人真奇男子也。弟今已决定于此月九日作布哇之行,时日已促,不能走

谒话别,良用怅然。大约二个月之左右可重返贵邦,以期后会。谨此告达,即候
大安不一。

弟孙文谨启　四月三日

广东省社会科学院历史研究室等编《孙中山全集》第1卷,中华书局1981年版,第208页

4月4日(二月十六日)　日本情报机构侦悉孙中山拟赴夏威夷。

日本外务省藏档案《孙逸仙拟赴夏威夷》:

外务大臣加藤高明阁下:

并呈内外两相,局长,总监,兵库、长崎各县知事:

根据报告,清国流亡者孙逸仙定于九日左右去布哇、檀香山旅行,其目的、事由正在调查中。

报告如上。

神奈川县知事周布公平

明治34年4月4日

[440616　明治34年4月5日收到　甲秘第100号]

章开沅、罗福惠、严昌洪编《辛亥革命史资料新编》第6册,湖北人民出版社2009年版,第93页

4月6日(二月十八日)　张之洞致电刘坤一、盛宣怀,商议设法阻止上海张园拒俄集会。

《致江宁刘制台、上海盛大臣》(光绪二十七年二月十八日午刻发):

顷接沪信,新党因俄约事在张园集议,初次尚无谬处,二次集议数百人,满口皆流血、自主、自由、仇俄等说。张园悬有各国旗帜,当场将俄旗撕毁,并欲立仇俄会等语。查此等议论举动,不过借俄约为名,阴实是自立会党,借端煽众,以显国会权力能把持国家政事,蓄谋甚深甚险。现各国公约,请禁立仇视洋人之会,已颁严旨,该党若立此会,违旨挑衅,予俄人以口实,俄事愈难转圜,为害不细。日外部词宜决绝,语却和平二语,岘帅意甚许可,深以为然。张园之举,正与相背。请岘帅密饬沪道设法阻止,以销乱萌。并请杏翁筹酌设法阻止为妙。盼示覆。啸。

国家清史编纂委员会·文献丛刊《张之洞全集》(10),武汉出版社2008年版,第271页

附《盛大臣来电》(光绪二十七年二月十八日到):

张园集议仇俄之举,毫无道理,香帅所虑极是。可否请岘帅速刊告示,严禁聚众议事,仇视外人,并密饬袁道设法阻止?啸。

附《刘制台来电》(光绪二十七年二月十九日到):

沪啸电悉。事在租界,非示谕能禁,已电沪道密筹商阻。仍望杏翁派人吹散。

吴剑杰编著《张之洞年谱长编》下,上海交通大学出版社2009年版,第679页

3月23日—4月8日(二月初四日—二十日)　张謇作《变法平议》一文,对晚清新政提出各项具体改革意见。

张謇主张变法,素持稳健主义,故未及戊戌之祸。辛丑年,朝野变法之议再起。张乃撰《变法平议》以问世。

祁龙威《张謇日记笺注选存》：

四日，始定作《变法平议》，以六部为次，循梅生（指何嗣焜，编者）《乡校丛议》例，申其意也。

十六日，以上拟吏、户、礼、兵四科，脱稿三十四条。

十八日，竟刑、工二科八条。

二十日，《平议》分手抄写竟，送新宁（指刘坤一，编者），约二十三日三下钟晤谈。

祁龙威《张謇日记笺注选存》，广陵书社 2007 年版，第 134～135 页

附录张謇《变法平议》前言（摘录）：

护墉熏鼠，鼠未尽而墉穿。爱林逐鹯，鹯即去而林扰。乘积弊之后，挟至锐之气，取一切之法而更张之，上疑其专，而下不喻其意。伊古以来，变法固未有不致乱者矣。然则鉴变之祸，而惟弊之承可乎？曰：恶乎可！孟子曰："虽有智慧，不如乘势。虽有镃基，不如待时。"变法之祸既形，天下咸晓然于前后彼此反复得丧之故，斯可变之机枢也。法之拿破仑，美之华盛顿，德之威廉，日本之明治，其变法皆出于创巨痛深，而因势委蛇，屡进而屡变者，盖数十年而未已。何况中国沿元明制度，吏窟其奸，而官养于弊，浸淫渐渍，六百余年之久者乎？戊戌、庚子，变乱迭兴；新党旧党之争，衍为南北。支离变幻，不可穷诘。断以一言：则均之有诟骂而无商量；有意气而无条理。今职微之士，或以为当修往圣之旧，采列强之新固已。然不斟酌今日弊政之标本，与夫人民之风俗，士大夫之性情，以权因革损益之宜，第轻重缓急之序，则意行百里而阻于五十，何如日行二三十里者之不至于阻而犹可达也。况夫道平而轨顺之将不止于百里也。古今中外政治之言百家，梅生既举明职任人之要旨矣，子培（指沈曾植，编者）、蛰先（指汤寿潜，编者）复厘其纲领：其言固天下之公言也。今本朝廷除旧更新之谕，权因革省并之宜，约分三端，以归一致：有必先更新而后旧可涤者；有必先除旧而后新可行者；有新旧相参为用者。仍依六典，类分条举。……

张謇研究中心等编《张謇全集》第 1 卷，江苏古籍出版社 1994 年版，第 48～49 页

4 月 9 日（二月二十一日）　孙中山乘日本号轮船自横滨赴夏威夷。

日本外务省藏档案《孙逸仙赴布哇、檀香山等地》：

外务大臣加藤高明阁下：

并呈内外两相，局长，总长，兵库、长崎各县知事：

正如以前报告所述，清国流亡者孙逸仙今日中午乘上由横滨启航的日本号轮船去布哇、檀香山。据报告，此人计划先到檀香山与住在那里的妻子见面，然后到新加坡呆上两三个月，再返回我国。

报告如上。

神奈川县知事周布公平

明治 34 年 4 月 9 日

［440619　明治 34 年 4 月 10 日收到　甲秘第 109 号］

章开沅、罗福惠、严昌洪编《辛亥革命史资料新编》第 6 册，湖北人民出版社 2009 年版，第 94 页

4 月 20 日（三月初二日）　日本情报机构侦悉尤列自横滨前往新加坡。

日本外务省藏档案《尤列乘船前往新加坡》：

外务大臣加藤高明伯爵阁下：

清国流亡人士尤列于本日正午由横滨启程，二十四日搭乘博多丸汽船驶往新加坡。

谨此报告如上。

神奈川县知事周布公平
明治34年4月20日
[440621 明治34年4月22日收到 甲秘第122号]

章开沅、罗福惠、严昌洪编《辛亥革命史资料新编》第6册,湖北人民出版社2009年版,第94页

4月21日(三月初三日) 清政府设督办政务处,派奕劻、李鸿章、荣禄、昆冈、王文韶、鹿传霖为督办政务处大臣,并命刘坤一、张之洞遥为参预。

《清实录》:

己巳,谕内阁:上年十二月初十日,因变通政治,力图自强,通饬京外各大臣,各抒所见,剀切敷陈,以待甄择。近来陆续条陈,已复不少。惟各疆臣使臣,多未奏到。此举事体重大,条件繁多,奏牍纷烦,务在体察时势,抉择精当,分别可行不可行,并考察其行之力不力,非有统汇之区,不足以专责成而挈纲领。著设立督办政务处,派庆亲王奕劻、大学士李鸿章、荣禄、昆冈、王文韶、户部尚书鹿传霖为督办政务处大臣。刘坤一、张之洞亦著遥为参预。各该王大臣等,于一切因革事宜,务当和衷商榷,悉心评议,次第奏闻。俟朕上禀慈谟,随时更定。回銮后,切实颁行,示天下以必信必果,无党无偏之意。其政务提调各官,该王大臣等务择心术纯正、通达时务之员,奏请简派,勿稍率忽。此事予限两月,现已过期,其未经陈奏者,著迅速条议具奏,勿再延逾观望。将此通谕知之。

《清实录》第58册,中华书局1987年版,第345~346页

4月22日(三月初四日) 日本情报机构侦悉尤列在日活动情况。

日本外务省藏档案《清国人往来情况报告》:

外务大臣加藤高明伯爵阁下:

清国流亡人士尤列(三十岁),搭乘由横滨启航的博多丸汽船,于昨日下午四时抵神登陆后,至中山手通三丁目造访了清国归化英国人陈侣樵。之后来到同文学校,并与该校教师等人在市内,其人将停留一两日,并将搭乘同船于二十四日启程驶往新加坡。目前正在监视中。

谨此报告如上。

兵库县知事服部一三
明治34年4月22日
[440622 明治34年4月24日收到 兵发秘第202号]

章开沅、罗福惠、严昌洪编《辛亥革命史资料新编》第6册,湖北人民出版社2009年版,第94页

4月24日(三月初六日) 日本情报机构侦悉徐勤赴日活动情况。

日本外务省藏档案《清国人往来情况》:

外务大臣加藤高明伯爵阁下:

清国广东人徐勤(二十八岁)于昨(二十三)日上午八时乘坐西京丸由上海抵达门司入港,但不敢登陆,不断在该船室内翻西洋书。《门司新报》记者日野种吉往访并试行笔谈,据说除了用笔回答在上海得到日本人之助才能乘船之外,其他没有给予任何回答。据说在上海时与康有为有亲密交往,这次准备暂时逗留横滨,说携带很多汉、洋书及清币一万元。虽

不明其来日之目的如何,但盖亦亡命之客欤。举动无异常,而其所乘西京丸已于该日上午十一时赴横滨。

福冈县知事深野一三

明治34年4月24日

[440624 明治34年4月24日收到 高秘第288号]

章开沅、罗福惠、严昌洪编《辛亥革命史资料新编》第6册,湖北人民出版社2009年版,第95页

4月25日(三月初七日) 日本情报机构侦悉菲律宾独立军领袖彭西及改良派徐勤等在日活动情况。

日本外务省藏档案《关于外国人往来情况报告》:

一、马尼拉人彭西(三十岁上下),搭乘由香港来的春日号汽船于本日晨六时入港,但呆在船舱内没有登陆,据说将在后天续乘该船赶赴横滨。目前正在监视中。

一、清国流亡人士徐君勉(三十岁),搭乘于昨日晨七时入港的汽船西京丸由上海而来,投宿于容[荣]町三丁目同国人广昌陆处。已于本日上午十时乘该船前往横滨,此人系其清国革命派首领康有为之部下,曾在横滨清国人所设之大同学校任汉文学教师。三十二年四月辞职,奉康之命赴南洋,向该地的在留清国人宣传改革清国内政之急需,并大力策划同志联合。据说此次系赶赴美国并向留美清国人宣传而经过本地。此人逗留神户期间曾造访同文学校教师人等,并无需特别报告的异常情况。

谨此报告如上。

兵库县知事服部一三

明治34年4月25日

[440625 明治34年4月29日收到 兵发秘第209号]

章开沅、罗福惠、严昌洪编《辛亥革命史资料新编》第6册,湖北人民出版社2009年版,第95页

4月28日(三月初十日) 东京华侨领袖郑席儒与日本政界名流合作,改东京大同高等学校为东亚商业学校,培养中日商业人才。

秦力山《开办东亚商业学校记》载:

北京沦陷之第二年三月初十日,即西历一千九百一年四月二十八日,广东郑君席儒、日本前文部大臣犬养毅君,合议以东京大同高等学校,更以商业名之。祈祈生徒,济济多士,于是中日两国之来学者,盖百余人有奇。其为己亥秋间负笈而至,留学校内,学抵垂成,举学谓特别生者,又二十人不在此列。呜呼大矣!诚中日两国国民合开学社发轫之始,亦支那人宏辟广厦于邻国首都之创闻也。

诸君子瞻东方之危局,念教育之缺如,共矢血诚,力争种界,以为亚西亚之地,奴主之位,定此须臾;文蛮之分,在乎俄顷。非荟萃两国青年,有志结此团体,交换文明,为亚洲布独立之种子,驱金色人种于地球实业上大争竞场,杜欧罗巴势力之东渐,则黄族中仅日本一自主国。窃闻之,唇亡则寒齿,皮尽则吹毛。将听白人之独有全球,鹯我于弹丸黑子之外乎?抑亦效义和团之往事,而以四万万卷曲臃肿不材之木,蛮触于神州大陆,至以头等野蛮高自位置,而抗拒太平洋山涌云立之风潮乎?我同胞念此,当亦知十九世纪以来,非专以兵力相争之世界,实以商业作无血之构斗,而为之铁马金戈枪林弹雨,并不止拳石交攻已也。学则譬之督战之兵官,指挥于两军对垒,以相冲突,知己知彼,所以制他人之死命者。不观之英吉利

乎,以一商会而领有与支那相侔之土地,畜二万万人口而牛马之,绝不闻有印人争而胜之者,是可以证商业之关系于国家兴亡者,非浅鲜也。

且吾中国不能振兴商务之故,厥有数焉。国体衰微,无保护商务之权力,至流寓各国华民八百万,外人得以禁其登岸,烧其居屋,重其税金,一切践踏,无所不至。甚至以国家所有一二巡洋之兵舰,调集于扬子江之上流,为长官保护其性命身家,峨峨龙旗,不出国界。即有一二富室私办商舶,往来大川,收此微利,而或厘税各官悉索敝赋,或疫疠之地不许通航,盖无所往而不动辄得咎者。此一故也。

巨万之富,相戒远游,谓守吾恒产,终此余年,亦足以尽吾意兴也。而往往以一钱不名,无所得食,所谓家徒四壁立者,乃冒险而为侥幸乞食计,得寸则寸,得尺则尺,非有自信之学业,可以与文明国之商学卒业生者相颉颃也。是不过权有限之子母,较有限之锱铢而已,而欲望商业发达于远方,是非在乎可有可无之数哉!此又一故也。凡此所论,是不过以海外支那之商情论之。其于无学之苦已可概见。

夫今日拳衅已浸,必当悛过自新,畅行改革之时矣。将欲设商务之专官,而职僚万难其选;将欲宏商业之教育,而师范待之他人;将欲定商政之法律,挽商海之颓政,则又无此大政治家堪此巨任者。此两君急急创办此校之原因也。

遁公于是振笔而言曰:斯校之点,起于两年以前。其时湘中人士之来学者,有若林烈士述唐、田烈士均一、李烈士炳寰、蔡烈士钟浩,今既为天下流血(庚子七月以国事就戮于湖北之汉口),德光泉壤,此其明效大验,彪炳于他日文明史册者,亦既不负两君勤勤恳恳,大庇天下之苦心。异日合全亚旷达不羁之士,以保东亚太平,举所谓奇虬巨鲸,大珠空青,求昔日美、法,若所谓华盛顿、拿破仑其人者。譬之一果焉,核虽小,皆含有七十三种原质,亦犹之今日商业学校,将照耀于今日黑暗世界,睹旭日之中天。曰内政,曰外交,其人才悉此校是赖。商业云乎哉,商业云乎哉!

是日与会者,为日本伯爵前总理大臣大隈重信、伯爵东邦协会总理副岛种臣、公爵贵族院议长近卫笃麿,其他知名之士不计其数。而旅横滨经商支那有志之士,亦不下百数十人。其演说中之切近今日中国教育之弊者,为我国留学生某君,兹笔而录之于左。

今日为东亚商业学校开校之期,建立及赞成诸君,丛集于斯,为从来未有之盛举。仆以不才,无学无识,因吾邦旅横滨之有志者及本校留学诸君,嘱仆演说,故不揣冒昧,请略陈之。

夫支那以前南北洋及各省之学校,所设虽多,而所施之教育,于国家毫无关涉,不过养多数奴隶,供一己之驱使,保一家之基业。而学者亦不过为一家一身计,求其有国家思想,盖亦难矣。推其原因,皆由于无国家教育,徒有私人教育之故。若有国家教育,则独立之性、爱国之心油然而生,自不至国家存亡,如秦人之视越人肥瘠。欧美至于今日之强盛,雄视地球者,职是故也。

且教育者,于国家有重大之关系,而政体之变迁,皆视当时之学问以为转移。自孟德斯鸠之《万法精理》、卢骚之《民约论》出,法国所由趋于革命也。三权鼎立之说,风动一时,美国所以成为独立也。近日俄国之人,每喜言法国学派,所聘多法国教师,学生中欲出而改革政体者,源源不绝,专制之政体,行将扫地尽矣。德之挫法也,论功行赏之时,大将辞而不受曰:"此非吾辈之功,乃小学教育之力。"因当时小学校中,将德法世仇之事,编为教科书,以震动其脑筋,鼓舞其精神,令生徒日日朗诵之,恍惚如今日日本小学校所读爱国歌者,令其独立之性油然而生,不复为政府人爱恶转移其趋向之途,以保一国之公利公益,去一国之公害公仇。故国家教育尚矣。

夫国家教育者,非朝廷之教育与官吏之教育,乃国民公众之教育。能使肝脑涂地而不辞,牺牲于国而不怖者,岂私人教育所能养成者哉!我中国奏章公牍,辄曰为朝廷培植人才。夫人才岂朝廷之私物,宁非不通之论,无国家思想之论欤?有识之士,当掩鼻不闻此语。

呜呼,我中国人才多矣。岂生而不如欧美聪明?然其所以致此者,亦曰教育之道,不过三冬文史,咿唔毕业而已,而欲责学者与国家有直接之关系,何可得哉,何可得哉!郑君席儒有鉴于此,创此宏规,诚开我中国三千年未有之奇,将见全亚民权之基已孕育于此校矣。敢谢不敏,赘为之辞。

《清议报》第78册,1901年5月9日

冯自由《东京高等大同学校》亦载:

……及汉口之役失败,校中经费不继,势将解散,乃由日人柏原向日政党募款,在小石川区建筑新校舍,易名曰"东亚商业学校"。除旧生外,新生由本国来者颇不乏人,王宠惠、蒋尊簋、蒋方震,其最著者也。此校续办二年,复以无法维持,改由清公使蔡钧接办,更易名清华学校,盖表示大清统治中华之义云。

冯自由著《革命逸史》初集,中华书局1981年版,第73页

4月29日(三月十一日) 清政府宣布惩办保护传教士及教民不力的地方官员。

《清实录》:

丁丑,谕内阁:上年拳匪肇乱,京畿一带,多被扰害,以致各省人心煽动,焚毁教堂,伤害教士教民之案,层见叠出。朝廷屡降谕旨,饬令妥为保护。乃地方官奉行不力,致酿事端,自应分别情罪轻重,予以惩处。山西归绥道郑文钦、浙江衢州城守营都司周之德、山西前阳曲县知县白昶,均著斩立决。直隶滦平县知县文星,著李鸿章查明,如有戕害教士实据,即著斩立决。……其余应查情形,及姓名各员,俟各该省督抚查复到日,再行分别轻重办理。

《清实录》第58册,中华书局1987年版,第349~350页

△ 蔡元培自题诗于照片,咏其教育救国之志。

蔡元培《自提摄影片》题:

山阴蔡氏,元培其名,字曰仲申,别号鹤庼。同治六年,冬十二月,丙申人定,爰生于越。少就举业,长习词章,经义史法,亦效末光。丁戊之间,乃治哲学。侯官浏阳,为吾先觉。愤世浊醉,如揉如涂。志以教育,挽彼沧胥。众难群疑,独立不惧。越求同心,助我丁许。

高平叔编《蔡元培全集》第1卷,中华书局1984年版,第126页

4至5月(三月) 吴稚晖携眷赴日本留学,与钮永建同寓东京神田区明凌馆。

《民国吴稚晖先生敬恒年谱》:

正月,张元济(菊生)继长南洋公学总办,先生(吴稚晖)以提出师生同理校务之主张未通过,乃辞职请求学堂补助旅费赴日本自费留学,获允。三月,整装携眷由上海乘轮赴日本东京,与钮永建同住神田区明凌馆。

杨恺龄编《民国吴稚晖先生敬恒年谱》,台北商务印书馆1981年版,第22页

吴稚晖《总理行谊》:

故到明年辛丑,是1901年,总理三十六岁,我是三十七岁,在南洋公学做教习做腻了,也愿意到日本去留学。钮惕生(钮永建)先生是我南菁书院的老同门,他在湖北陆军学校,自费到日本想进士官学校,同住在东京神田区的明凌馆。东京留学,就是去年同本年去的,文的

有北洋大学六个,南洋公学六个,上海制造局几个;武的有天津陆军学校、湖北陆军学校等,各有七八个。还有自费生,亡命客如清华学校的范源濂、蔡锷、蒋尊簋、蒋百里许多少年,自称“三合党”的王宠惠、秦力山及公使馆学生戢元丞,在牛込区的小弟弟张继之类。陆军学生都先在成城学校预备,很多来钮(永建)先生处周旋。

尚明轩、王学庄、陈崧编《孙中山生平事业追忆录》,人民出版社1986年版,第705~706页

5月2日(三月十四日)　日本情报机构侦悉梁启超从悉尼启程,可能到日本。

日本外务省藏档案《梁启超从悉尼启程可能到日本》:

外务省杉村通商局长:

敬启者,清国流亡人士梁启超因为清国改革派筹集资金之目的,经由香港、新加坡及濠洲西海,已于去年十一月前后抵达本地,由于计划受阻,一时中断筹款游说,逗留本地。此次接好友之电报,决定回东京一趟,已于本日搭乘邮船公司轮船洛塞塔号,前往吾邦。此人在本港逗留期间,留居清国人之改革派曾予以款待并供给各种费用。据说为了使其活动无后顾之忧,该人万一遇险甚至准备有数万金扶助其遗族。

谨此报告如上。

驻悉尼领事永泷久吉

明治34年5月2日

[440627　明治34年5月2日收到]

章开沅、罗福惠、严昌洪编《辛亥革命史资料新编》第6册,湖北人民出版社2009年版,第96页

5月10日(三月二十二日)　秦力山、沈云翔、戢翼翚等人在日本东京创刊《国民报》,鼓吹革命。

冯自由《东京国民报》:

庚子冬,湘人秦力山在安徽大通起兵失败,遂亡命至东京,与沈云翔、戢元丞、杨廷栋、杨荫杭、雷奋、王宠惠、张继诸人发刊《国民报》月刊,大倡革命排满学说,措辞激昂,开留学界革命新闻之先河。初虑清公使馆干涉,爰就商于余。余乃介绍力山、云翔,谒余父镜如于横滨。以余父生长香港,可用英商名义,避免清吏鱼肉。余父允之,故《国民报》遂以英人经塞尔(King Sell)名义为发行人。经塞尔即余父之西名,中西人士凡曾侨居横滨山下町者,无不知此名为谁何也。报中文字由力山、杨廷栋、杨荫杭、雷奋等执笔,篇末附以英文论说,王宠惠任之。是时汉口失败诸志士多逃亡日本,群责康、梁拥资自肥及贻误义师之非,力山尤形激烈。故此报列举康、梁种种罪状,最为翔实。寻以资本告罄停版,出世仅七八月而已。戢元丞于《国民报》停刊后,辛丑(一九〇一年)在上海发刊《大陆》报月刊(冯自由此处所述有误,《大陆》报发刊应为壬寅年,即一九〇二年,编者),仍延秦、杨、雷诸人担任笔政,鼓吹改革,排斥保皇,尤不遗余力,实为《国民报》之变相。其批评梁启超文中有警句曰:“娇妻侍宴,群仙同日咏霓裳;稚子候门,共作天涯沦落客。”闻此文后为张之洞所见,大为击节称赏。

冯自由著《革命逸史》初集,中华书局1981年版,第96页

冯自由《东京国民报补述》:

《国民报》发刊于辛丑五月十日,事务所设在日本东京小石川区白山御殿町百十番地。编辑所设在麴町区饭田町六丁目二十四番地。各记者常驻编辑所内者,有秦力山、王宠惠、卫律煌、唐才质等四人。编辑室中,四壁悬挂庚子汉口殉难之傅慈祥、黎科、蔡丞煜、郑葆丞

四烈士遗照。报中内容类分八门：一社说，二时论，三丛谈，四纪事，五来文，六外论，七译编，八答问。各门作者咸不署名，篇末英文论说后，载有秦君力山著《暴君政治》不日出版之英文广告一则。略谓本社总编辑秦君力山，自庚子七月在安徽大通起兵谋倾覆满清事败逃亡日本后，现与本社各记者编著《暴君政治》一书，内容计分八类：（一）中国必须彻底革命；（二）叙述满人虐待汉人历史，举扬州十日、嘉定三屠为证；（三）批评清朝九代谕旨；（四）满清刑罚之黑暗；（五）暴虐政治之史实；（六）满洲详纪；（七）中国人之特性；（八）自传。不日可以出版云云。英文论说出王宠惠手笔，中有批评中国刑法一文极为精彩。此报仅出至四期而止，访诸各地老友均已无存。只王宠惠手存第二期一册，诚革命史中秘宝也。

冯自由著《革命逸史》初集，中华书局 1981 年版，第 97～98 页

唐才质《自立会庚子革命记》：

庚子自立军武汉起义失败，诸同志多流亡日本。次年辛丑五月十日，余与秦力山、沈云翔、戢翼翚等，创刊《国民报》月刊于东京，对于清朝政府之腐败堕落，尽力揭发，予以评判，并鼓励全国志士，团结力量以挽救国难。《国民报》将出版之前日，中山先生特嘱尤列自横滨送来五百元，襄助此报发刊经费。先生爱护革命，爱护同志，即以此事而论，可谓关怀备至。该报出版以后，经由上海输入内地者，月有二千余分，对于东南各省青年士子革命思想之传播，影响非细。其后秦、沈诸君，别有图谋，余以应澳洲《东华报》之聘，将往雪梨主持笔政，又因经费不易维持，故《国民报》只出四期，遂即停刊。明年壬寅，戢君翼翚创办作新社于上海，同时复刊行《大陆报》月刊，主张政治改革，继承《国民报》之绪统，主笔除秦力山外，如杨荫杭、杨廷栋、雷奋诸君，皆为当代日本留学界知名之士，以思想与言论激进著称于世。惜亦只出十余期而止。

杜迈之、刘泱泱、李龙如编《自立会史料集》，岳麓书社 1983 年版，第 69～70 页

附秦力山《〈国民报〉叙例》：

划一土于大地之中界，而命之曰国；群万众于一土之中域，而区之曰国民。则凡其国土之政治文化，生聚教训，一切体国经野之事，即莫不待此国民之经理。而凡生殖族聚于其国土者，即与其国有密接之关系，即莫不当分其责，而无一人得置身于事外。能尽其责而善其事，则其地治，其国强，其民有完全无缺之人权，可表而异之曰国民，此欧美诸国国势之所以强盛，人权所以发达也。

中国之无国民也久矣。驯伏于二千年专制政体之下，习为佣役，习为奴隶，始而放弃其人权，继而自忘其国土，终乃地割国危，而其民几至无所附属。甲午大创，而后惊于外人之国力，憬然知其致此之有由也；于是英俊之士，动色相告，其目注而心营者，莫不曰民权，民权！

呜呼！西国之民权诚盛矣。要其所以获此公权，享此幸福者，类皆尽重大之义务，负艰巨之责任，糜心瘁力，而非安坐以致之者也。且西国百年以前，其国民之腐败，人权之暗智，岂有异于中国之今日哉！二三硕学，如蒙德斯鸠、卢骚诸人起而大倡其说，于是万众承流，报章腾布，议论日聒于耳目，民智遂骤增其程度。故论人权发生之功，诸儒播其种，而报章实培其根。我中国之报章仅矣。顽固昏谬、颠倒黑白者，固所不论；其能主持清议，庄言正论者，则类出于外人与党人之手。夫以外人而言我国事，无论其情事之隔膜也，其立报之主义，固已别有他属，则发言固多所忌讳，而立论亦借阐宗风。若党人之报，岂不昌言无忌哉！然訾诋既多，传播不广，且表辨宗旨日不暇给，而扬阐民意之事，固亦未遑多暇。此报章之设垂三十年，而国民所以终未见发达也。同人痛之，不揣固陋，谋创是报，发其狂愚，月出二册，都为八门，名曰《国民报》，冀明我国民当任之责，振我同胞爱国之心。伊尹曰：使先知觉后

知,使先觉觉后觉。拿破仑曰:报章者,国民之教师。先觉、教师则吾岂敢,若以唤起国民之精神,讲求国民之义务,自附于播种培根之末,或亦自尽国民之责欤?大雅君子倘亦有乐于是欤?民智渐开,民气渐奋,安见今日服从专制之人不足抗衡于欧美,而享西国国民所享之人权也?

言论自由,文明之址,强聒不舍,顽懦兴起,参综众长,潘笔乐旨,风雨如晦,嘐嘐不已,先有鸡鸣,后乃天曙,匪曰空言,聊附斯议,录社说第一。

廿纪大地,风尘莽莽,况我极东,万马所向,指论事势,风云气壮,眷怀大局,庶焉心赏,录时论第二。

危词忧时,微言谈道,衍奇朔谐,挥翰奋藻,九天九渊,游思所到,纵笔放言,穷其窍奥,匪曰碎金,庶为杂俎,录丛谈第三。

盲古陆沉,曩哲所鄙,兵志有言,知彼知己,风云百变,望背接趾,本末纪事,古史成例,敢援斯义,为今世史,录纪事第四。

贾山至言,长沙痛哭,时贤伟论,匡谬正俗,大雅不弃,助我张目,宁有遐心,尔音金玉,录来文第五。

黄人祸害,欧人隐情,黄种膨胀,欧人所惊,保全分割,急激和平,此唱彼和,群议盈廷,闻者足戒,先睡后醒,勿谓谬言,启蛰之霆,录外论第六。

欧美政学,云烂霞蒸,书报千亿,伟论觥觥,日濡欧化,国势勃兴,彼耕我获,掇秀撷英,恢我民智,输进文明,录译编第七。

主客设难,究诘事理,此发一难,彼通一义,庶几明辨,阐发宗旨,录答问第八。

《国民报》第1期,1901年5月10日

附《国民报》章程:

倡办《国民报》简明章程

一、定名

就国民应有之责任,以阐明公理,名曰《国民报》。

二、宗旨

破中国之积弊,振国民之精神。撰述选译,必期有关中国大局之急务,毋取空琐,毋蹈偏私。

三、办法

(一)社设日本东京麴町区饭田町六丁目二十四番地。照日本法律,报明警察署,经内务省许可。

(二)创办之始,暂不自置机器,每月报章均托日本印刷局代印,照付印资。仍照定例,报警察署付保证金,由内务大臣许可发刊,递信大臣认可发行。日后自置机器,并可承印一切书籍。

(三)本报须由同志之人捐资,创亦经费无多,支持不易,尚祈各地志士慨与资助,庶可久持,别订捐款章程附后。

(四)本报预算经费,目前暂定月出一册,日后或改为旬报,或改为半月一册,皆须量力而行。款项尽能充裕,还拟至上海各处分设日报,以期风气早开。

(五)社中同人支持报务,均系倡始之人,一切不取薪资。将来款项充裕,或添聘社员,再行酌议。

(六)经理社中事务,公举干事四人;款项出入,公举会计一人,以专责任。

四、责任

(一)任社务者:干事四人,经理一切事务;会计一人,掌理银钱出入。

(二)任报务者:主笔八人,任撰述之事;译报四人,二人任译西报,二人任译东报;译书四人,二人任译西文,二人任译东文;编辑二人,任编纂润色之事;校对四人,任校勘之事。

附捐款章程:

捐款章程

一、捐款不论多少,必给予本社收据,须有本社图章及经理人姓名图章,以昭信实。

二、捐助诸君务请详示姓氏籍贯,即为本社赞成员,社中一切办法,还祈赐函见教,以匡同人之不逮。

三、捐款诸君姓氏籍贯,本社当另存册籍,并不随报刊登,勿尚声华,同志幸谅。

四、每年必将出入款项详细汇列,刊印征信录一次,分送捐款诸君,以昭核实。

五、凡捐助本报至十元以上者,送报三年;二十元以上者,送报六年;五十元以上者,送报十五年;百元以上者,永远致送。

六、本报中附出各书,俟终卷之后,即须另印单本,当酌量捐款多寡致送,或本社另有印行自著之书及翻译之书,亦照此例。

附发行章程:

发行章程

一、本报分送第一期之后,陆续所出之报,必待阅者函向本社及代派处挂号付银,然后按址寄送。

二、定阅本报价银,必须先付,挂号后若不付银及已送满所付之价,均一律停止不送,外埠同。

三、向本社定报付银若干,必给以收条,代派处径由经理人给以收条,亦与本社一律。若付银之后,寄送或有迟误,可函告本社,当为查明。

四、代派本报,照价提二成,作为酬劳。邮税须由阅者照例酌加,不在折扣之内。

五、中国及海外各埠报馆,本报当按期寄赠一分,以通声气。或有遗漏,请开明地址,寄示本社,谨当补送。

《国民报》第1期,1901年5月10日

△《国民报》创刊前后,秦力山、戢元丞、沈云翔等在东京发起成立国民会,宣扬革命仇满。

冯自由《东京国民报补述》:

当时《国民报》秦力山、戢元丞、沈云翔等,因励志社及留学界中优秀分子渐醉心利禄,时为清吏所收买,遂拟发起一国民会以救其腐败。其宗旨在宣扬革命仇满二大主义。拟运动海外各埠华侨与内地志士联合一体,共图进行。即以《国民报》为主动机关,及报既停刊,会亦因之搁浅。至壬寅(1902年)冬,留学界始有青年会之继起。

冯自由著《革命逸史》初集,中华书局1981年版,第97~98页

附国民公会章程:

1903年5月31日、6月1日、6月2日《苏报》《专件择要》载:

国民公会章程

第一条　革除奴隶之积性,振起国民之精神,使中国四万万人同享天赋之权利。

以上一条,本会宗旨。

第二条　凡中国之人,苟有愿为国民而不愿为奴隶者,无论海外内地,皆可入会。

以上一条,本会范围。

第三条　凡有益于中国国民之事,本会当以力行之。

第四条　凡有害于中国国民之事,本会当以力去之。

以上二条,本会责任。

第五条　本会当按辑东西各国政党之章程,以为取法之地。

第六条　本会当与各国政党时通声气,以为将来办理外交之地。

第七条　海内外所有中国各会,本会当与之连络,以期共济;苟非与本会相水火者,不可严分门户,开攻击倾轧之端。

以上三条,本会办法。

第八条　凡愿入国民会者,须由本会会员介绍。

以上一条,本会会员入会之则。

第九条　本会会员或办事或筹款,各为其力所能为之事,各尽其分所应尽之责,不得互相推诿,置会事于不问。

第十条　本会会员月纳会费五角,以备各项公费,每三月汇交一次,有愿多捐者听。

第十一条　本会会员皆有遵守会章之责。

第十二条　本会会员皆有保全本会体面及名誉之责。

第十三条　本会会员皆有推广本会之责。

以上五条,本会会员之责任。

第十四条　本会会员一律平等,无厚薄高下之别。

第十五条　本会会员皆有享受会中利益之权。

第十六条　本会会员皆有选举职员之权。

第十七条　本会会员皆有为会中职员之权。

第十八条　本会会员皆有议定会章及提议修改会章之权。

第十九条　本会会员议事时,皆有议决可否之权。

第二十条　本会会员皆有质问职员之权。

以上七条,本会会员之权利。

第念一条　本会会员如有宗旨不合自愿出会者,须将其出会之由告知事务员,由事务员告知书记除名。

第念二条　本会会员如有不守会章或放弃责任或伤损本会之体面及名誉者,须有会员三人提出,于开会时公议或劝勉或除名,皆以多数为准。

以上两条,本会会员出会之则。

第念三条　本会所设职员于左:干事二人,会计一人,书记二人,纠仪一人,事务员四人(散住各处之事务员不在此数)。

第念四条　干事掌会期、会所及会中一切庶务。

第念五条　会计掌款项出入及催收会费等事。

第念六条　书记掌会中册籍、印章、信札、记录等事。

第念七条　纠仪掌整顿会规及开会时纠察、仪节等事。

第念八条　事务员掌各处运动及与干事、会计、书记、纠仪各员共理会中一切事务。

以上六条，本会职员（现在创建之始，暂定各职员人数如右，将来会友日多，可以随时增举）。

第念九条　本会所有职员皆由公举。

第三十条　本会职员每任事一年，改举一次，有连举者，除事务员尽可任外，其余各员但可连任一次。

以上二条，本会职员选举之法。

第三十一条　凡会中一切事务，由各职员便宜办理，至开会之日，将其所办各事汇报各会员。

第三十二条　凡修改章程，先由各职员会议拟稿，拟定后再于开会时公议，经众许可，方可著为定例。

第三十三条　每至二月，会计须将出入款目开一清单，于开会时传示各会员。

第三十四条　本会事务员有远往各处运动者，由本会公授以事务员之印章，以昭郑重。

第三十五条　凡中外各地离本部甚远者，一切事宜统由该地事务员便宜办理，惟须将办事情形随时报告，以免隔膜。

以上五条，本会职员办事之法。

第三十六条　本会每三月开会一次，每年以阳历一月、四月、七月、十月之第一礼拜日为开会之期，自上午九点钟起至下午四点钟止。

第三十七条　在例会之前，遇有重大紧要之事，须由会中全体公议者，可开临时会，其期由各职员酌定。

以上二条，本会会期。

第三十八条　本会现以东京为本部，各省郡为支部。

第三十九条　本会开会之所，由干事择定，再由书记函告各会员。

以上二条，本会会所。

第四十条　本会开会议事之时，以事务员一人轮为议长。

第四十一条　凡举人决事，应在开会时公议，参用投票举手之法，以多数为准，如可否之数各半，议长有决定之权。

第四十二条　凡提议一事，须有二人赞成，方可开议。

第四十三条　凡议一事，须俟提出者及反驳者互将己意讲明，然后公决可否。

以上四条，本会议事规则。

第四十四条　开会时，各会员到者须有三分之二，方可举人决事。

第四十五条　开会之时，先演说，次议事情。

第四十六条　遇举人决事时，如有新来会员未知详细者，临时尽可说明，不必投票举手。

第四十七条　演说或议事时，遇有反驳，须俟一人说毕，然后起而申说，不可任意搀杂。

第四十八条　演说或议事时，不得互相谈笑，扰人听闻。

第四十九条　开会之日，各会员须一律于上午九点钟前齐集会所。

第五十条　开会时，会员不得故意推托不到，或真有要故，不能到者，须先日函知书记处，开会时由书记榜示同人。

第五十一条　开会时，如有会员亲友来观者，可就傍听席，惟无举人决事之权。

以上八条，本会开会规则。

5 月 13 日(三月二十五日)　日本情报机构侦悉徐勤前往美国。

日本外务省藏档案《徐勤前往美国》:

外务大臣加藤高明伯爵阁下:

清国人徐勤自四月二十六日逗留期间,宿于横滨市山下町清议报馆。前(十一)日搭乘北京丸汽船前往美国。逗留期间无异常情况。

谨此报告如上。

神奈川县知事周布公平

明治 34 年 5 月 13 日

[440628　明治 34 年 5 月 14 日收到　甲秘第 160 号]

章开沅、罗福惠、严昌洪编《辛亥革命史资料新编》第 6 册,湖北人民出版社 2009 年版,第 96 页

5 月 16 日(三月二十八日)　日本驻泰国公使向外务省报告康有为在泰国近况。

日本外务省藏档案《康有为近况》:

外务大臣加藤高明伯爵阁下:

泰国内务大臣搭么宁亲王殿下对下官说过,他巡回马来半岛之际曾到英领槟城岛,在该地与康有为面谈。殿下又评论说,该人并非如世所盛传的有识之人物。

谨此报告如上。

驻暹罗代理公使稻垣满次郎

明治 34 年 5 月 16 日

[440636　明治 34 年 6 月 10 日收到　机密第 21 号]

章开沅、罗福惠、严昌洪编《辛亥革命史资料新编》第 6 册,湖北人民出版社 2009 年版,第 98 页

△ 张之洞致电两广总督陶模,请其劝谕新加坡华商邱菽园毋再资助康有为保皇会。

《致广州陶制台》(光绪二十七年三月二十八日未刻发):

昨见沪报,载有邱炜萱即邱菽园上台端一禀,意虽坚执,措词尚属和婉,似有悔悟之意。此皆阁下示谕有以感之。查邱炜萱在彼为华商领袖,康即住邱恒春公司中,如邱不助康以赀财,各商自必解体。康失所助,逆党自散。康之起灭视乎邱之从违。此事关系甚大,祈阁下乘机开导,或于原禀批发,或发电劝谕,俾不再为所惑,则沿江沿海匪患自可潜消。祈酌办示覆。勘。

附《陶制台来电》(光绪二十七年四月初一日辰刻到):

邱与康诗酒应酬,偶助资财,似非同谋。邱志大难酬,拟暂置不理。南方会党宗旨不一,亦有欲解散流血之谋者。湘楚少年托名保皇会,出洋讹索巨款,闻徐勤等不耐骚扰,暂多远离。今少年不尽信康,而信革命党之说。我不变法,若辈日多,非杀戮所能止。请吾师勿再捉拏。湖北书院事亦勿深求,恐为丛驱爵。模。艳。

国家清史编纂委员会·文献丛刊《张之洞全集》(10),武汉出版社 2008 年版,第 284 ~ 285 页

5 月 29 日(四月十二日)　日本情报机构侦悉梁启超自澳洲到日本情况。

日本外务省藏档案《关于清国流亡人士往来的报告》:

外务大臣加藤高明伯爵阁下:

清国革命党领袖康有为麾下流亡人士梁启超(二十八岁)偕同本国人罗昌(十七岁)于

昨(二十八)日早晨七时二十分入港,系乘日本邮船会社的洛塞塔号自澳洲悉尼而来。船停泊时梁等游览了饱浦三菱造船所,参拜了市内大浦町孔子庙,随后已乘下午四时启锚的该船赴横滨。此人去年离开东京,为了与流亡住在英领新加坡的康有为面谈赴该地。据说罗是梁的翻译员。据闻船停泊时梁谈论到清国现今的情况,由于北清事件有关列国之谈判还未解决,故现时无任何谋划,吾暂时回日本从事日语研究,等待时机到来。清国的警戒至今尚很严密,不容易回国,因而此次经香港时余并未上陆,只有罗昌暂时登陆,并有该地英国警察暗中保护余云云。其他无异常情况。

谨此报告如上。

长崎县知事荒川义太郎

明治34年5月29日

[440631 明治34年6月1日收到 高秘第248号]

章开沅、罗福惠、严昌洪编《辛亥革命史资料新编》第6册,湖北人民出版社2009年版,第97页

5月30日(四月十三日) 日本情报机构侦悉梁启超在日活动情况。

日本外务省藏档案《清国人往来情况》:

外务大臣加藤高明伯爵阁下:

清国流亡人士梁启超携同国人罗昌搭乘本日早晨七时入港的汽船洛塞塔号自澳洲悉尼经长崎而来,并于同日中午零时十二分从三宫站乘火车去东京,据称主要是为了就清国改革问题会见大隈伯。在本地受到了他的同志仁人麦少彭、邝汝磐、罗盘谷以及同文学校教师何擎一等人的欢迎。此外并无需要报告之异常情况。

谨此报告如上。

兵库县知事服部一三

明治34年5月30日

[440631 明治34年6月1日收到 兵发秘第256号]

章开沅、罗福惠、严昌洪编《辛亥革命史资料新编》第6册,湖北人民出版社2009年版,第97页

6月3日(四月十七日) 清政府复开经济特科,命各部堂官及各省督抚学政保荐人才。

《清实录》:

壬子,谕内阁:钦奉慈禧端佑康颐昭豫庄诚寿恭钦献崇熙皇太后懿旨:为政之道,首在得人。况值时局阽危,尤应破格求才,以资治理。允宜敬遵成宪,照博学鸿词科例,开经济特科,于本届会试前举行。天下之广,何患无才。其有志虑忠纯,规模宏远,学问淹通,洞达中外时务者,著各部院堂官,及各省督抚学政,出具考语,即行保荐。并著政务处大臣,拟定考试章程,先期请旨办理。朝廷振兴百度,母子一心。惩往日之因循,望贤才之辅治,尔诸臣当详加延揽,各举所知,共济艰难,以维邦本,使中兴人才之盛,再见于今。则深宫所祷祀求之者也。

《清实录》第58册,中华书局1987年版,第365~366页

△ 八国联军统帅瓦德西离开北京,前往天津,并于次日由塘沽乘轮归国。

瓦德西《六月五日至八日之日记(时在Hertha舰上由大沽到Kobe之途中)》:

二日(6月2日,编者)晚间,(参谋总长)Schlieffen伯爵,乃来一电,谓皇上因余熟识(此

间)情形之故,关于起程日期,由余自定云云。余于三日,前往天津。四日,复在该处接得皇上一电,其内容与上述电文相同。余固深知,余之卸去帅职以及启程离华,乃系一种重要行动,而且担负一种巨大责任。但余对于一切,皆曾静自思量,仍照原来主意,决定离华而去。余与各国军队,均以书面作别。此外更电告俄皇、奥皇、日皇、英王、意王,陈报余之卸去帅职事件。当拍寄维也纳之电尚未发出以前,奥皇 Franz Joseph 已来一个极为亲切之电报,对于余之照料奥军一事,致其谢意。

…………

六月三日早晨八点四十五分,已为余备下一列专车,七点三十分,余离开冬宫。最初先行阅视门前排列之总司令部队伍,其后再行阅视宫中卫戍营,第一步兵联队中之第一步兵大队,猎兵中队,骑兵联军中之第二骑兵中队(此队列在荷池东岸),并向彼等略致作别之辞。然后堂皇车驾,始动手出发。最先前行者,为 Bengal 矛骑中队。其次则为 Enlenburg 伯爵与本部骑卫,系在余车之前;该项骑卫皆穿着新衣,骑着美马,看去甚为壮丽;彼等(执行职务)颇能显其才干,在余车之旁边,则为 Bengal 矛骑中队队长乘马随之而行;其后并有总司令部中之军官若干人,紧紧跟随。至于余之车辆,系以棕色美马驾之;并有 Gayl 将军坐在余之旁边。车辆之后,则为骑兵联队中之第二骑兵中队。该中队所有之过去成绩,实为历史中所不多见者。最初穿过属于德国军营之元帅街;在此街之中,我们最称精干之警官 Jena 中尉,曾令全街居民排立,并令彼等高呼 Hurra(此种欢呼之声极为整齐,必是曾经加以特别练习无疑)。然后经过禁城以及三个美丽大门,最后一直前行,穿过御街,横截瓦德西街,以至天坛旁边之大场,该处即为车站所在之地。余从此处乘马先行,驰过一个日本步兵大队与一个日本骑兵中队,以及三个意大利步兵中队,然后转向德国卫戍营方面而去。盖该营早已列队待余故也。当余驰过该营阵线以后,乃与该营军士告别,径向车站而去。在该站之上,更有德国中队、印度中队各一鹄候。所有全体外交团,全体德国将校团,大多数英、日、意、奥军官,以及一部分法、俄两国军官,均曾到场。此外年纪老迈之 Sir Robert Hart(赫德)与几位外交界夫人,亦曾来送。至于华人方面,则为议和使者 Dschofu(周馥?)与李(鸿章)、庆(亲王)二人代表,以及其他几位华人。若欲一一作别,真是不甚容易。当此之时,尚有一些亲切友谊之辞,来余耳底。其后火车慢慢开动,该处礼兵,举枪致敬。日本炮队,开散礼炮。其时(德国)将军 Trotha 站在右翼,于是大呼 Hurra。而(英国)将军 Gaselee 与英国各将校,则站在左翼高呼 Hep hep Hurra。最后火车穿过城隙而去,北京已在余之背后矣!

一直至于天津,沿途落雨不止。若从车中望去,则当见此间土地之浸渍,何等迅速。沿途车站,皆有印度礼兵,排队致敬。余于二钟左右抵津,该处复受德、英、法中队及将校团之欢迎。惟该处现正不甚安静,因昨晚曾有一个英国岗警,向着法德兵士开枪。结果打死三个法人,打伤五个法人、三个德人故也。(法国)将军 Voyron 请余担任仲裁之职。当余向彼推谢,略谓余在此地已不能再为发言,彼乃向余言曰:"君在此间,享有无限声望,足使我们全体服从。只有阁下始能将此最为不快之事,加以圆满解决,云云。"余遂着手切实调查此事真相,并与(法国)Voyron、(英国)Campbell 两位将军谈判甚久,终得一个双方满意之解决。因此余对于余之原来旅行计划,不必加以更改。

此次事变,系由法人惹起,而德国兵士则上前附和法人。换言之,彼等实有不合。但英人竟如此残忍,擅用火器,确是一种可鄙行为。该英人等不管一切,直向群众之中放击,其结果当然只是无辜之人,身受其害。英人在此,时常自讨各国军队之厌憎。自从英国从香港方面,将 Welsy Fuseliers 一个步兵大队调来此地之后,反对英人之恶声更是继长增高。余现在已不复记忆,究竟余生平曾否遇着过一种军队,其外形与态度之不适余意,恰有如该军者。该军系由英国居民中之(流氓)污垢所组成。当彼等开到之时,因其举动轻佻之故,立即为众所憎。更使德国兵士与法国兵士之结合,愈较前此亲密。余希望在我们军队方面,当可使其忿气渐趋平静,再加以严厉管束,勿使重蹈故辙。但在法国军队方面,则余却没有把握,甚为怀疑。盖法国兵士性情,比较活泼易动,而且远不如我们兵士之在长官手中,听其约束故也。(法国)将军 Voyron 现欲禁止部下前往英国租界之中。(其在英国方面)则将令 Welsy Fuseliers 兵士,少出外去。假如此种红衣兵士,晚间跑到英国租界之外,余深恐彼等将为法国兵士所袭击。吾人若就此次事变而论,亦可以看出联军撤回本国之期,实已不可再缓。

四日晨早,余曾参预法国兵士之葬仪。(德国)将军 Lessel 亦在彼处,此外并派有德国代表列席。(法国)将军 Voyron 甚为感动与感谢。十一钟左右,余到车站。在白河右岸之上,列有一个法国中队待余,以表彼等敬礼。余曾在 *Heil Dir im Siegerkranz*(按此系战前德国国歌)音乐之下,步行该队阵线一周。因为各处地点皆成泥淖之故,余乃令德国军队排列车站附近一个相当的坚实地基之上,即在该处与彼等作别。至于车站之内,则列有印度、日本中队各一,以及一个意大利山兵队。所有将校人等与法国军官全体,皆在该处欢送。

法国将军 Voyron 极为亲热,并用最诚恳之言致其谢意。彼谓吾等在此共同生活之期间,以及余待彼之个人与其部下(种种友谊)情形,誓将永不忘去云云。十一点三十分左右,开始出发。一点三十分左右,遂到塘沽。因为俄国军队亦驻该处之故,于是所有联军各国军队,皆在站上列队欢迎。当其我们行李搬上船去之时,码头上面曾有一个德国乐队以及一个日本乐队(系由日本将军 Jamagutschi 从北京方面遣送来此),大奏其乐。二点左右,离开海湾,站在岸上之兵士数百,以及泊在附近之 Luchs 船上水手若干,一齐大声欢呼 Hurra。而停在该处之战舰,则开始大放礼炮。大沽海湾情形,又复可怕已极。塘沽港长甚至对余驶往 Hertha 舰上之举,加以劝阻。五点左右,余算侥幸达到舰上,十分满意,将有几天安闲日子可过。余曾给(余之副官)Wilberg 下列一个题目,以作彼之冬日(消遣)工作:"试论此种无数礼军礼炮,其影响及于人之性质将为如何。"

五点三十分左右,拔锚开行。顷刻之间,中国海岸余痕,逐渐离开吾之眼帘。余在该国居留及活动者,已有九月之久。此后吾眼当永不能再见该国矣。余若静思在此所过之期间,则余当十分感谢上帝。上帝时常佑余无病无灾,并使余对于许多图谋之事,得如其意;对于重大不快之事,得以避免。当余离开德国之际,前途本极茫茫。现在余则可以满意而归矣。

瓦德西著,王光祈译《瓦德西拳乱笔记》,中华书局 1928 年版,第 229 ~ 238 页

△ 梁启超致函康有为,述及在澳洲发展保皇会事及募款情形。

梁启超《与南海夫子大人书》:

……今日千言万语,皆以款为归宿,而此间款竭情状,前已屡书具陈。初,款之汇星也,乃因星电来言,彼时汉狱之焰,方波及于粤。弟子窃疑港、粤局皆站不住,有大变动,又以为岛之此电,必曾与师商者,故得电后即照办(因弟子在星、槟时,见岛极殷勤,必不疑其遽决裂)。而岂料其如是哉。初来时,睹外貌情形,以为最少亦当得五万左右,不意美利伴自弟子行后,即以风流云散。盖美利伴人之热闹,非为中国也,乃为乡谊(皆四邑人)耳。雪埠初时以为梅党可抚,乃竭全力以图之,终不能得一文,仅原有值理加捐一次,得千镑而已。嘎特列一埠书捐者四十余镑,至今一文不交,屡信往催,置若罔闻。孖剌一埠书捐得八十余镑,仅交十余镑,余皆无着。鸟修威省埠系三处,得三百余镑,现收者二百余。计汇岛处,一次系美利

伴款七百镑，一次系雪梨款一千镑，其西粤款度三百镑左右，计二千镑。因接尊电后，勉筹三百镑还紫珊，亦雪值理所加捐也。续得孝入桂之电，再行加捐，仅得二百镑矣。而雪梨已加捐至五六次，人心倦极矣。而此外车费、电费、供养费、归国船费，因弟子来而用者，亦不下千镑以外，雪梨人之热力而耐久不衰，真可敬也，然亦已到极点矣。

至各处埠仔不去之故，非由弟子畏劳，亦非恋学误事，盖凡其埠无心来请者，往亦不能开会。即开会，亦无款可收，嘎特列、孖剌乃其前车。即以鸟修威数小埠而论，其无心来请，顺道勉强一往者，每埠皆不能过十镑，犹且不交，如此，虽往何益？不惟无益而已，各埠皆散处，相距动辄数百英里，弟子每行除罗昌外，最少必须以本地一人随行，三人之车费，每到一地动二三十镑，皆须由雪梨人出之，既明知其去而无益，得不偿失，则不惟雪梨人有难色，即弟子亦何心出此耶。即如鸟丝纶，本一大岛也，人数亦有二三千，然遍布环岛十余埠，须在途中四五十日，乃能遍历之。以三人四五十日之途费，非二百镑不能办，雪梨人安能有此力量。而彼既无意来请，所得渺茫，弟子断不能强雪人以所难也。鸟丝纶一省如是矣，若遍历五省，费几至六七百镑。若雪人能捐此，则弟子宁以此汇归充用，不欲以为孤注焉矣。此所以久处雪梨，不往他处之实情也。既以决归矣，归途经坤士兰、波打云两省，已先遣鲍炽早半月往布置，或冀能有一二处开会者。然能否未可知，即能，亦不能过五六百镑也。

…………

弟子手内向来不名一钱，近惟有各处馈赆约得数十镑，不能不留在身边，以为舟车杂用之需也。临行时，催收未交之款，或可得百镑左右。行后到港飞一电来雪加捐，或可得三百镑左右，澳洲之力竭于是矣。而孝高来书乃疑弟子有不实不尽之言。弟子之事先生，何等恩义（何等名分），而敢以权术施诸长者之前耶？商人好浮文，最为可惜。计此次澳游，各处接待之费，亦过千镑矣。而尤可惜者，好送物件，或一钻石戒指，值三四十镑，或一金牌，值二三十镑。禁之不可，却之不恭，留之无用，沽之失体，且不值钱，真无谓之尤矣。弟子远游受供养，先生近居受责备，甘苦悬绝，念之无地自容。捧读近数次赐书，未尝不彷徨终夜，不觉泪之承睫也。

顷弟子决行矣，如坤士兰、波打云而有成就也，则五月必到港，如无成就也，则四月必到港。南美之役，弟子所不敢辞，然一昨又得力由东京来书，言岛与彼言，谓弟子若归，主持全局，彼愿再出十万。不知其言信耶？抑儿戏耶？果尔，则弟子愿居长崎，以任内事，而先生为南美之游，最可也。若先生既不往美，而槟居又不易，则后此税驾之地，正极困难。弟子熟思，惟有仍乞枝栖于日本之一法，前已函骄蹇，弟子已函往痛责之。又言绂幼弟以家计衣食，故颇不平，此则不足责，而吾辈惟负疚而已。然博亦苦极矣，东京学校支绌不可言状，教师学生几于不给饔飧。而湘中逃难来者纷纷，亦岂能置诸度外？在此亦筹得百余镑寄去，聊救目前而已。后顾茫茫，百端交集，相濡以昫，相湿以沫，亦复何言。

编者按：1900 年 8 月，自立军失败，梁启超至新加坡与康有为会晤，后去澳洲筹款。1901 年 5 月返回日本。本日，梁启超致函康有为，论及澳洲筹款困难情形。

丁文江、赵丰田编《梁启超年谱长编》，上海人民出版社 1983 年版，第 261～263 页

6 月 4 日（四月十八日）　清廷谕令，授予醇亲王载沣为头等专使大臣，赴德国谢罪，张翼、荫昌随同前往。

《光绪朝东华录》：

癸丑，奕劻、李鸿章电致行在军机处：醇亲王赴德一事，正月咸电已详陈。昨德穆使因赔款息银议定，欲催早去。顷接吕（即吕海寰，编者）使覃电，德军以专使现可举行，届时当优礼

接待，应请降旨特派醇亲王为头等出使大臣，并令前阁读学张翼、副都统荫昌随往，赞助一切。臣等犹虑该员等情形未熟，与瓦帅（即八国联军统帅德人瓦德西，编者）商酌，添派德员随行。德君性急，醇亲王去恐难迟缓，可否令其不必远赴行在请训，致需时日。国书礼物，即代预备。瓦来辞行，定明早启程，先赴日本。其兵队约两礼拜后，可陆续撤回，并附闻请奏。上谕：醇亲王载沣，著授为头等专使大臣，前赴德国，敬谨将命。前内阁侍读学士张翼、副都统荫昌均著随同前往，参赞一切。

朱寿朋编《光绪朝东华录》，中华书局1958年版，第4669~4670页

附载沣《醇亲王使德日记》所录《光绪帝致德皇国书》：

大清国大皇帝敬致书于大德国大皇帝陛下：

朕惟中国与贵国订约以来，信使往还，辑睦无间。前岁贵国亲王来京，朕迭次接见，情谊尤为款洽。乃上年五月，义和拳匪闯入京师，兵民交哄，贵国使臣克林德竟至被戕殒命。该使臣衔命来华，办理交涉事件悉臻悉协，朕甚嘉许。不意变生仓卒，遽尔捐躯。朕自维薄德，未能先事预防，保护多疏，疚心曷极，已于该臣死事地方，敕建铭志之坊，用以旌善瘅恶，昭示后来。

兹派醇亲王载沣为钦差头等专使大臣，亲赍国书，前往贵国呈递。该亲王分属近支，谊同休戚，特令竭诚将命，以表朕惭悔之意。

又，此次贵国劳师远涉，戢匪安民，和议早成，生民无恙，尤德大皇帝顾全大局。并令该亲王代朕道达谢忱，惟望大皇帝尽弃前嫌，益敦夙好，从此我两国共享升平之福，永联玉帛之欢。惟大皇帝鉴察焉。（"此为余辛丑七月廿二日在大德国呈递云。载沣识"）

中国社会科学院近代史研究所编《近代史资料》总第73号，中国社会科学出版社1989年版，第138~139页

6月10日（四月二十四日） 东京《国民报》用英文刊发中国国民会即将召开首次大会的广告。

1901年6月10日《国民报》第2期：

本报乃中国国民会的喉舌，该会章程已用小册子形式出版，在居住本地及其他各地的中国人中广为散发。已有相当多的有影响的中国人列名该会为成员。该会第一次会议即将召开，会议地址尚待择定。（原文为英文，中文转录自彭国兴、刘晴波编《秦力山集》，编者）

彭国兴、刘晴波编《秦力山集》，中华书局1987年版，第43页

6月11日（四月二十五日） 日本情报机构侦悉孙中山离开夏威夷，乘阿美利加轮船返回日本横滨。

日本外务省藏档案《孙逸仙离开布哇》：

外务大臣曾祢荒助伯爵阁下：

清国流亡人士孙逸仙，据说乘坐已于五日离开布哇的轮船阿美利加丸赴往吾国，将于十五日前后来横滨。

谨此报告如上。

神奈川县知事周布公平

明治34年6月11日

[440638 明治34年6月11日收到 甲秘第193号]

章开沅、罗福惠、严昌洪编《辛亥革命史资料新编》第6册，湖北人民出版社2009年版，第98页

6月16日(五月初一日) 日本情报机构侦悉孙中山自夏威夷抵达横滨。

日本外务省藏档案《孙逸仙抵达横滨》:

外务大臣曾祢荒助伯爵阁下:

如前所报,孙逸仙搭乘于本日上午八时入港的汽船阿美利加号抵达横滨,并已宿于山下町之自宅。

谨此报告如上。

神奈川县知事周布公平

明治34年6月16日

[440638 明治34年6月17日收到 甲秘第207号]

章开沅、罗福惠、严昌洪编《辛亥革命史资料新编》第6册,湖北人民出版社2009年版,第98页

6月17日(五月初二日) 日本情报机构侦悉孙中山与宫崎寅藏等同去东京。

日本外务省藏档案《孙逸仙与访客同去东京》:

外务大臣曾祢荒助伯爵阁下:

孙逸仙于本日上午接待了来自东京的宫崎寅藏及另外一名访客。会谈后,下午一时三十分三人同乘蒸汽火车前往东京。

谨此报告如上。

神奈川县知事周布公平

明治34年6月17日

[440639 明治34年6月18日收到 甲秘第210号]

章开沅、罗福惠、严昌洪编《辛亥革命史资料新编》第6册,湖北人民出版社2009年版,第99页

6月19日(五月初四日) 日本情报机构侦悉支持孙中山的东亚同文会员活动情况。

日本外务省藏档案《东亚同文会员与清国流亡人士联系》:

外务大臣曾祢荒助伯爵阁下:

东亚同文会员、福冈县人平冈小太郎乘汽船日东丸于本月十六日晚八时三十分从上海来长崎,抵达后宿于市内今町旅舍绿屋,并于昨(十八)日上午九时搭乘火车出发。此人向来对企划南清革命的支那流亡人士孙逸仙怀有支持之意,据说居留清国时缺乏旅费,这次为筹措资金回国。他来长崎后马上往访《九州日出报》社田中侍郎进行筹款,但不如意,因而立刻离开当地到门司,打算通过知己(《关门新报》社员)进行筹款,而后去东京。尚未发现其他异常情况。

谨此报告如上。

长崎县知事荒川义太郎

明治34年6月19日

[440642 明治34年6月24日收到 高秘第281号]

章开沅、罗福惠、严昌洪编《辛亥革命史资料新编》第6册,湖北人民出版社2009年版,第99页

△ 本日,宫崎寅藏用“不忍庵主”笔名,在《二六新报》上开始连载《狂人谭》。

6月20日(五月初五日)　孙中山致函南方熊楠,告之已返抵横滨,并寄给在檀香山所采石菌一片,以志思慕之忱。

孙中山《致南方熊楠函》:

南方先生足下:

不见数月,未审近状何似?弟自四月九日往布哇岛,已于六月十七日复至横滨。在岛时摘得石菌一片,兹用寄赠先生,知无足奇异,聊以志思慕之忱耳。

弟月间又将南行矣,拟道出神户时约先生一会也。此致,即候

大安不一。

弟孙文谨启

编者按:原函未署时间,据函中"6月17日复至横滨",及7月1日孙中山第二次致南方熊楠函,《孙中山全集》酌定此函日期为6月中下旬。《孙中山年谱长编》则据所引《南方熊楠日记》,定为6月20日。详见陈锡祺《孙中山年谱长编》上,中华书局1991年版,第269页。

广东省社会科学院历史研究室等编《孙中山全集》第1卷,中华书局1981年版,第212页

6月27日(五月十二日)　日本情报机构侦悉改良派高德等在日活动情况。

日本外务省藏档案《关于清国人往来情况之报告》:

外务大臣曾祢荒助伯爵阁下:

自称清国改革派的清人高德,与本国人魏霞(二十五岁)同行,搭乘于二十四日入港的八幡丸由香港驶往横滨。途中暂停本港,但其人未登岸,并于同日下午四时起程前往横滨,无异常举动。

谨此报告如上。

长崎县知事荒川义太郎

明治34年6月27日

[440643　明治34年7月1日收到　高秘第297号]

章开沅、罗福惠、严昌洪编《辛亥革命史资料新编》第6册,湖北人民出版社2009年版,第100页

6月30日(五月十五日)　日本情报机构侦悉孙中山自横滨赴神户、东京一带活动。

日本外务省藏档案《孙逸仙前往神户》:

外务大臣曾祢荒助伯爵阁下:

清国流亡人士孙逸仙,已于六月三十日下午六时四十分自横滨乘火车前往神户。据说预计在当地逗留一周左右,此后返回横滨。(已向兵库县电报。)

谨此报告如上。

神奈川县知事周布公平

明治34年7月2日

[440644　明治34年7月3日收到　甲秘第229号]

章开沅、罗福惠、严昌洪编《辛亥革命史资料新编》第6册,湖北人民出版社2009年版,第100页

日本外务省藏档案《关于清国流亡人士抵神户之报告》:

清国流亡人士孙逸仙与其妾浅田春一起,于昨(一)日上午十一时十四分乘列车自横滨抵达神户,宿于荣町三丁目西村旅馆。本人化名中山二郎。其称来神户主要目的是为了找同志伍凤显(本市荣町一丁目清商二百号),商谈如何善后处理有关近期因商业失利而不得不停业的对策问题。此人行动极其隐秘,谢绝一切会见。因此怀疑其带有什么机密要件,眼

下正在监视中。

谨此报告如上。

兵库县知事服部一三

明治34年7月2日

[440646 明治34年7月3日收到 兵发秘第315号]

章开沅、罗福惠、严昌洪编《辛亥革命史资料新编》第6册,湖北人民出版社2009年版,第100~101页

7月1日(五月十六日) 孙中山用英文复函南方熊楠,告之道出神户南行之计划一时无法实现,并解释檀岛石茵采集情况。

《复南方熊楠函》:

亲爱的南方先生:

本月一日(编者按,来函及复函日期均为一日,疑复函日期为笔误。据日本外务省档案记录,孙中山6月30日下午6时40分自横滨出发,7月1日上午11时14分抵达神户,后由神户去东京,故这封复函不可能为7月1日从横滨发出。信中内容言"难以奉告何时道出神户",考孙中山实际行程,也与事实不合)来函已收阅多日。因事务繁忙,未能及时作复。

迄今我仍难以奉告何时道出神户,因我不得不在此稍事逗留。倘若我原来的建议竟得以实现,则事先定将详情相告。

关于采摘石茵的地点,此物乃生长于山谷小河边岩石之上,岩石为茂密的热带植物所覆盖。山谷两旁峭壁高耸,其间雨量充沛,各种植物均得迅猛生长。该地周围尚有不少较所赠者大得多的石茵,但其形状甚不规则,难于整块摘取而不裂为小片。所寄奉的那一片,其大小在同类中仅属中等,但我见其形状较好,且易于从石上采摘,故选取它。关于石茵,我所能奉告者大致如此。

你何时前往东京?两月之内能启程否?我将乐于在京城会见你。

非常忠实于你的孙逸仙

一九〇一年七月一日于横滨

若致函道格拉斯(Douglas)教授,请代为问候。

广东省社会科学院历史研究室等编《孙中山全集》第1卷,中华书局1981年版,第212页

△ 日本情报机构侦悉清国人高德、魏霞等在日行踪。

日本外务省藏档案《高德、魏霞行踪》:

外务大臣曾祢荒助伯爵阁下:

长崎县通报之清国人高德、魏霞二人,搭乘于前(三十)日入港的八幡丸抵达横滨,并在山下町五十二号清议报馆住了一宿。昨(一)日下午一时三十分,乘火车前往东京。

谨此报告如上。

神奈川县知事周布公平

明治34年7月2日

[440645 明治34年7月3日收到 甲秘第230号]

章开沅、罗福惠、严昌洪编《辛亥革命史资料新编》第6册,湖北人民出版社2009年版,第100页

7月4日(五月十九日)　清廷命蔡钧充出使日本大臣,替代任满之李盛铎。

《西巡大事记》:

旨电:刘坤一来电悉。前江苏苏淞太道蔡钧,着赏加四品卿衔,派充出使大日本国大臣,俟李盛铎任满后,即行前往接替。

王彦威纂辑《清季外交史料》,书目文献出版社1987年版,第4211页

7月5日(五月二十日)　日本神奈川县知事向外务省报告徐勤请求日本保护情况。

日本外务省藏档案《徐勤请求日本保护》:

外务大臣曾祢荒助伯爵阁下:

前(三)日晚十时,留滨清国人有权势者冯紫珊及邝阿满二名,到本县加贺町警察署,就清国改革派流亡人士徐勤眼下被扣留于停泊在横滨港之英国轮船杰里克号船内事,要求得到保护以能安全地登陆。其大致内容如下:

清国改革派流亡人士徐勤,曾在横滨大同学校创立之际致力于此事,继而任该校教师。去年回本国,今年三四月前后企图渡美,但因没有入境执照不能登陆。由于当时留清英国传教士利达莫达之斡旋,据说收到美国公使所发执照,遂于四月二十六日搭乘西京丸自上海来滨,暂且在当地上陆。翌(五)月搭乘十一日启程的北京号出发前往美国。该船已于五月三十一日抵达桑港(指旧金山,编者),徐勤翌日(六月一日)登陆时在海关检查之际,拿出早先美国公使所发执照,并暂时将该执照委托海关。然而驻桑港清国领事闻知此事,对海关官员说徐勤所持执照系欺骗得来,徐勤遂被海关官员抓住拘禁。徐勤询问拘禁自己之理由,海关官员称,因为他是清国改革罪犯,且其携带执照系假冒。此事为居留于桑港之清国保皇会会长雀子省等所闻,雀子省立刻向美国总统拍电报要求释放徐勤,据说驻美国清国伍公使多次对此反驳,但美国政府外交部终以电报命令暂时释放徐勤。然而清国领事再三挑唆海关官员,多方策动,到六月十四日,徐再次被海关官员拘捕,终于被强迫乘坐于翌(十五)日离开桑港之轮船杰里克号,估计将遣返上海。论理美国政府不应该有如此不妥当之举,故怀疑清国领事向美国海关官员行贿,所以说执照系冒牌货为借口拒绝让徐登陆。而且领事同时已向清国张之洞打电报,准备俟徐抵达上海时即加以逮捕。因此吾等接到桑港同志者通知,要趁该轮船停泊于日本之际加以拯救。该船于本日停泊于本港,吾等至该船要求与徐见面,却被"船上并无此人"为由而斥退。但吾等私下询问过一个在该船当厨师的清国人,他回答虽不知姓名,但确有该船乘有一名清国人抵达上海之后将被杀死之传闻。而且,该船乘有驻美清国公使官员自称徐超者,携带有驻美国日本公使给横滨海关的公文,请求给予徐超登陆时的相应便利,该船一靠岸徐超就马上登陆。此人剪发,着西服,清国官员虽有不容许剪发之规定,但他特地剪发搭船,令人推测,是为了便于随船监视徐勤。因此,徐勤在给利戈(前译杰里克,原注)号船内失去自由,并被抑制登陆。假若徐勤在离开日本港口之前未受到保护的话,必遭被杀之不幸,因此希望得到保护以能安全登陆云云。

围绕此事我们派横滨水上警察署长询问该船船长徐勤有否乘船,船长回答虽在桑港听说有一清国人登陆未被许可之事,但据说该人至今尚留在桑港,没有乘坐本船。围绕应否进而加以调查一事,经由加贺町警察署长请示,答复是尽管徐勤可能在该船内,且有如申请之事实,但并非在日本领海内所发生之事,从而与横滨港及陆上之安宁秩序没有任何关系,不能认定我警察权所得干预并进而使徐勤可得登陆。因此,只能对申请人给予恳切周详的说明,而拒绝其请求。而且,轮船杰里克号已于本日凌晨五时离开本港前往上海。

谨此报告如上。

神奈川县知事周布公平

明治34年7月5日

[440647 明治34年7月6日收到 甲秘第236号]

章开沅、罗福惠、严昌洪编《辛亥革命史资料新编》第6册,湖北人民出版社2009年版,第102页

△ 本日,清廷命出使大臣留心访察游学生,咨送回国,听候考试录用。

《光绪朝东华录》:

谕:朕钦奉慈禧端佑康颐昭豫庄诚寿恭钦献崇熙皇太后懿旨,为政之要,首重人才。闻出洋华商子弟,就近游学者,颇多可造之才。著各出使大臣留心察访,如有在外洋大书院肄业,精通专门之学,领有凭照,或著有成书者,准由各使臣认真查访,分别等第,咨送回华,由政务处奏请简派大臣按其所学,分门考试,交卷后带领引见,听候录取,予以进士、举人、贡生出身。俟将来著有实在劳绩,即当重予擢用。所有考试章程及考取姓名、籍贯、年貌,着分别咨送各该衙门查照。该使臣等务当切实考选,毋得以并无实学者滥竽充数,至使徒劳往返,用副朝廷搜罗俊才,实事求是之至意。

朱寿朋编《光绪朝东华录》,中华书局1958年版,第4681页

7月7日(五月二十二日)　张之洞电江西巡抚李兴锐、湖南巡抚俞廉三、两江总督刘坤一、通商大臣盛宣怀,商讨镇压萍乡游勇会党滋事办法。

《致南昌李抚台、长沙俞抚台、江宁刘制台、上海盛大臣》(五月二十二日亥刻发):

盛大臣效电:"萍乡游勇用伪印,出伪示,欲焚毁铁路、机器、码头,各处散勇纷纷赴萍,谣言与洋人为难"等语。查北方拳匪滋事,上累君国,下害黎庶,几致不可收拾。今幸和议甫定,而萍乡游勇竟敢效尤煽乱,实堪痛恨。此事前数日,英领事已来函询问,今日德水师提督又面询。若不及早将此股乱匪翦除,游民为所煽惑,内患立起,各国必借端保护,外侮立至。务望勉帅、廙帅查照岘帅号电,迅派得力营勇驰赴该处,会同营县,不分畛域,严拿首要,务获惩办,以免蔓延。至要至祷。祃。

附《盛大臣来电并致江宁刘制台》(五月十九日到):

顷据萍乡路矿局员真电:"萍乡游勇甚多,今早城内外遍贴伪示,用紫花伪印标判,格式俨同官示,有'乘议和时防不胜防,传集萍、醴、宜春等处头目,焚毁铁路、机器、码头'等语。县署并查得寄袁郡阮守伪札,现已禀府飞函各县会营严密防范。但当各路裁营之际,散勇纷纷来萍,谣言均无非与洋人为难,请速电各帅饬办"等语。此电与萍令顾家相电相符,去夏涞水拳匪初起,先拆铁路未能严办,以致燎原。今萍乡遍贴伪示,亦以毁铁路机器为发难之端,竟敢造印传檄,俨同叛逆,若不及早翦除为首,万一酿成事端,外人势必借端发兵保护。不特索赔押款可虑,现今江、鄂拿办会匪极严,萍乡二省七县交界,会匪游勇恐交并为患,非示兵威恐难息事,乞勉帅迅速就近添拨精队,一面飞饬营、府、县赶紧严密查拿为首,免蹈拳匪覆辙。廙帅亦望拨营赴醴、攸、浏协助,以防匪类合串[窜],为患更烈。并求岘帅、香帅飞电咨行,总期消患,为大局幸。效。

附《刘制台来电并致上海盛大臣、长沙俞抚台、南昌李抚台》(五月二十日到)电文如下:

萍乡匪徒胆敢伪示煽惑,若不赶紧查拿,严行惩办,恐成燎原之祸,去岁北事可为前鉴。时局甫定,万不可再滋他变,致外人借口保护,兵入腹地,又成不了之局。应请勉帅立速挈衔

电饬该管文武及防营保护矿路，拿办奸宄。如该处兵力尚单，即祈酌调勇营赴萍接应，并严切出示晓谕，解散胁从。一面请香、赓两帅拨营赴湘边界协助，以防窜扰，至祷。

苑书义、孙华峰、李秉新主编《张之洞全集》第10册，河北人民出版社1998年版，第8606～8607页

7月12日（五月二十七日）　张之洞、刘坤一联衔上《江楚会奏变法三摺》第一摺，就变通政治、培养人才提出具体建议。

《变通政治人才为先遵旨筹议摺》（光绪二十七年五月二十七日）：

窃臣等钦奉光绪二十六年十二月初十日上谕：法令不更，锢习不破，欲求振作，当议更张。……等因。钦此。仰见我皇上，惩毖多难，必欲扫积习，以济时艰。感涕之余，且愧且奋。臣等尝闻之周易：乾道变化者，行健自强之大用也。又闻之孟子：过然后改，困然后作，动心忍性，增益所不能者，生于忧患之枢机也。上年京畿之变，大局几危，其为我中国之忧患者，可谓巨矣。其动忍我君臣士民之心性者，可谓深矣。穷而不变，何以为国。然则修中华之内政，采列国之专长，圣道执中，洵为至当。惟是中国贫弱废弛之弊，或相沿百余年，或相沿二千余年。一旦欲大加兴革，必须规画周详，确有下手之处。然后气血生，而宿疴自去，疣痈决，而元气可支。窃谓中国不贫于财，而贫于人才。不弱于兵，而弱于志气。人才之贫，由于见闻不广，学业不实。志气之弱，由于苟安者无履危救亡之远谋，自足者无发愤好学之果力。保邦致治，非人无由。谨先就育才兴学之大端，参考古今，会通文武，筹拟四条。一曰设文武学堂。二曰酌改文科。三曰停罢武科。四曰奖劝游学。敬为圣主陈之。

一、设文武学堂。取士之法自汉至隋为一类，自唐至明为一类，无论或用选举，或凭考试，立法虽有短长，而大意实不相远。汉魏至隋，选举为主，而亦间用考试。如董、晁、郄、杜之对策是也。唐宋至明，考试为主，而参用选举。如温造、种放之征召是也。要之，皆就已有之人才而甄拔之，未尝就未成之人才而教成之。故家塾，则有课程。官学，但凭考校。此皆与三代学校之制不合。现行科举章程，本是沿袭前明旧制。承平之世，其人才尚足以佐治安民。今日国蹙患深，才乏文敝，若非改弦易辙，何以拯此艰危。然而中国见闻素狭，讲求无素，即有考求时务者，不过粗知大略。于西国政治，未能详举其章。西国学术，未能身习其事。现虽举行经济特科，不过招贤自隗始之意，只可为开辟风气之资，而未必遽有因应不穷之具。考周官司徒之职，小戴礼、学记之文，大率皆以德行道艺兼教并学，学成而后用之。此外见于经传者，乡国之学皆兼六艺，大夫之职必备九能。书、礼、干戈，司成并教，寄象鞮译，王制分官。海外图经，伯益所传。润色专对，论语所重。又按三代之制，庠序之称曰士，卒伍之称亦曰士，实为文武合一，文武并重之明征。若孔子兼通文武，学于四裔，尤圣人躬行垂教之彰彰者。此后汉举使才，唐采回秝，隋志经籍，多收方言。明初文科，亦兼骑射。钦惟我朝康熙年间，测天、造炮，皆用西人。内府地图，创用西法之经纬线。此图所刻铜板即用东洋铜板之阴阳文。尼布楚界碑，兼用三体文字。乾隆年间，西域同文志，兼列清、汉、蒙古、西番、托忒、回部之书。至于内廷功课，八旗授官，皆系文武兼习。祖宗旧制，洵足为万代法程。今泰西各国学校之法，犹有三代遗意，礼失求野，或尚非诬。其立学教士之要义有三，一曰道艺兼通，二曰文武兼通，三曰内外兼通。其教法之善有四，一曰求讲解不责记诵，一曰有定程亦有余暇，一曰循序不躐等，一曰教科之书官定颁发，通国一律。大小各学，功有浅深，意无歧异。其考校进退章程，皆用北宋国学积分升舍之法。才能优绌切实有据，既不虞试官偏私，亦不至摸索偶误，故其人才日多，国势日盛。德之势最强，而学校之制惟德最详。日本兴最骤，而学校之数，在东方之国为最多。兴学之功，此其明证。其学校教法，大率少年者先入小

学堂，先教以浅近文理、算法、史事、格致之属。小学堂又分初等、高等两种。小学成后，选入中学堂，所学门类甚多，名曰普通学，如国教、格致、算学、地理、史事、绘图、体操、兵队操、本国行文法、外国言语文字行文法等事，皆须全习。惟外国文字只兼习一国。无论大小学堂皆有讲国教一门，皆有学兵队之操场。日本之教科，名曰伦理科，所讲皆人伦道德之事，其大义皆本五经、四书。普通学毕业后，发给凭照，升入高等学堂，习专门之学。自此以后，然后文武分途，或文或武，听其便。惟文武皆必先习普通。至专门之学，习文事者，名高等学校。英分经、教、法、医、化、工六科，又另设专门农、商、矿学。法与英略同。德又另设专门工学。日本高等学校亦分六门，一法科、二文科、三工科、四理科、五农科、六医科。每科所习学业，各有子目。其余专门各有高等学校。查日本门目与中国情形较近，欧美无学不兼讲西教，日本无学不兼讲伦理。习武备者名士官学校，略分地理、战史、战法、军械、测绘、工程、经理、军医八门，兼习外国文字、兵式体操、兵队操、行军操、射的、击刺、乘骑、游水等事。射的，即枪炮打靶。击刺，即短刀刺枪互击。习文事者，高等学校毕业后，发给凭照。略如中国举人，分类量能而授以官。其愿再学者，升入大学校。大学校毕业领照者，略如中国进士。习武备者，普通毕业后，先入营练习半年，方入士官学校。士官学校毕业后，仍须入营练习三年，方为毕业。第一年学为兵，第二年学为弁，第三年即在其营内充弁。其弁亦名下士官，其分际略如中国把总、外委、额外。此堂毕业后，发给凭照，其国家即用为各军少尉。自少尉以上皆名士官，大尉、中尉、少尉略如都司、守备、千总。自官少尉以后，可在本营叙劳升转。若仅由充兵出身者，官至特务曹长为止。曹长略如把总。仅由士官学校出身者，官至大佐为止。大佐略如副将，中佐、少佐如参、游。若欲为大将、中将、少将者，仍须升少佐、中佐后，再入陆军大学校三年。习水师者名海军大学校。其海、陆大学校体制与文事大学校同。大将如统兵大臣，中将、少将如提、镇。以上所举，皆日本官名，取其易晓。各国学制、教法、节目虽有小异，用意事事相同。其大、中、小学之年限，无论文、武，大率三、四、五年不等。等级渐深者，子目亦渐加多。其东、西各国，今昔章程微有不同者，大约西繁而东简，西迟而东速，昔专壹，而今变通。如西国马上不放火枪，日本近三年始于马上操枪之类。其学校监督，皆用武官为之。以武官于礼节规矩最为谨严、详密。文职偶有脱略，武官断不通融。此外国学校教士官人之大略也。

臣等仅参酌中外情形，酌拟今日设学堂办法，拟令州县设小学校及高等小学校。童子八岁以上入蒙学，习识字、正语音，读蒙学歌诀诸书。除四书必读外，五经可择读一二部。家塾、义塾悉听其便。由绅董自办，官劝导而稽其数，每年报闻上司可也。十二岁以上入小学校，习普通学，兼习五经，先讲解，后记诵。但解经书浅显义理，兼看中外简略地图，学粗浅算法至开立方止，学粗浅绘图法至画出地面平形止，习中国历代史事大略、本朝制度大略，习柔软体操。三年而毕业，绅董司之，官考察之。十五岁以上入高等小学校，解经书较深之义理，学行文法，学为策论、词章，看中外详细地图，学较深算法至代数、几何止，学较深绘图法至画出地上平剖面、立剖面、水底平剖面止，习中国历史大事、外国政治学术大略，习器具体操，兼习外国一国语言文字之较浅者。此学必设兵队操场。三年而毕业，官司之，绅董佐之。毕业后，本管府考之，分数及格者，给予凭照，作为附生，送入府学校。分数欠者，留学。府设中学校，十八岁高等小学校毕业取为附生者，入中学校，习普通学。其有监生世职、职衔，愿入普通学者，亦听。但须酌捐学费，与附生一律教课。其有营弁、营兵，文理通畅，能解算法、绘图，考验有据者，亦准收入。此学温习经史地理，仍兼习策论词章，并习公牍书记文字。学精深算法至弧三角、航海驶船法止。学精深绘图法至测算经纬度、行军图、目揣远近斜度止。习中国历史、兵事，习外国历史、律法、格致等，学外国政治条约即附于律法之内。并讲明农、工、商等学之大略，习兵式体操，兼习外国一国语言文字之较深者。词章一门亦设教习，学生愿习与否，均听其便，弁兵入学者，专学策论，免习词章。此学亦必设兵队操场，三年而毕业，学政考之，给予凭照，作为廪生，送入省城高等学校。省城应设高等学校一区，大省容二三百人，中小省容百余人。屋舍不便者，分设两三处亦可，但教法必须一律。非由中学校普通学毕业者不能收入。拟参酌东、西学制，分为七专门。一、经学。中国经学文学皆属焉。二、史学。中外史学、中外地理学皆属焉。三、格致学。中外天文学、外国物理学、化学、电学、力学、光学皆属焉。四、政治学。中外政治学、外国律法学、财政学、交涉学皆属焉。五、兵学。外国战法学、军械学、经理学、军医学皆属焉。六、农学。七、工学。凡测算学、绘图学、道路、河渠、营垒、制造、军械、火药等事皆属焉。共七门，各认习一门。惟人人皆须兼习一国语言文字。此学亦必设兵队操场。至医学一门，以卫生为义，本为养民强国之一大端。然西医不习风土，中医又鲜真传，止可从缓。惟军医必不可缓，故附于兵学之内。并另设农、工、商、矿四专门学校各一区，专以考验实事为主。机器、药料试验场皆备，亦三年而毕业。其普通学成愿入此四学者，听。入此四学者，中国经学、文学皆令温习。无论何学，皆有兵队操场。其习武者，专设一武备学校。择普通毕业之廪生愿习武者送入。四书、中国历史、策论，人人兼习。其余悉依外国教课之法，并专习一国语言文字。或仿日本，并设一炮工学校，专学制造枪炮之法，均三年而毕业。文学生，高等学校毕业后，除农、工、商、矿专门四学另为章程外，此七门学生，学律法者，派入交涉局学习实事，名曰练习学生。学兵法者，派入各营学习实事，亦名曰练习学生。其余五门学生，均随其所愿，派入农、工、商、矿等局兼习实事，名曰兼习学生，均以实在局、在营一年为度。农、工、商、矿四专门学，三年毕业后，农学派赴本省外县山乡、水乡考验农业。工学派赴本省外省华、洋工厂考验制造。商学派赴南北繁盛口岸，考验商务。矿学派赴本省外省开矿之山、炼矿之厂，考验采炼。均名曰练习学生，亦均以实在出外游历练习一年为度。其武学生，武备学校毕业后，令入营学习操练一年。半年充兵，半年充弁，以实在营一年为度。合计在学肄业及出外练习，文、武各门均四年学成。先由督抚、学政考之，再由主考考之。取中者，除送入京师大学校外，或即授以官职，令其效用。大学校学业又益加精，门目与省城所设高等专门学校同。三年学成会试，总裁考之，取中者，授以官。此大、中、小学教法、门目、等级、年限之大略也。

其考用之法，高等小学学成者，本管知府考之。普通中学学成者，学政考之，均不弥封。县送府考，府送学院考，均须详注分数。知府、学政考取榜示亦须注明分数，不准浑沦取进。高等专门学成者，督抚、学政分文武两途考之。应分几场，临时酌定。取者作为优贡，武者作为武优贡。其文事由他途径入普通中学，游送农、工、商、矿四专门学非由生员者，及由普通中学毕业径入四门专学非由高等学毕业者，其武事由弁兵径送入普通学非由生员者，一并准其与考。其优贡所取人数，视本省中额加倍。钦派考官，会同督抚、学政，亦分文武两途考之。应分几场，临时酌定。考其专门之学及各国语言文字，非优贡不得与考。大率督抚、学政所取优贡，即系录送乡试之意。应试人少，且诸学有须面试者，勿庸糊名易书。考中者，作为举人，其非由生员出身，及非由高等出身者，作为副榜，择其中式前半若干名，分别送入京城文武大学校。所以止送一半入大学校者，一为京师大学若欲全容天下举人，费用过多，故减半送京，以节经费。一为分半就职，俾得及时效用，以应目前急需。其有未获送入大学校者，及已经送京而不愿入大学校，愿就职者，听。其未送大学校，而不愿就职，自愿留学以待下科者，亦听。就职者，文授以七品小京官及六七品佐贰首领，分部、分省候补，或充各局委员。武授以守备、千总等官，发营差委。考官照学政例，准带幕友二三人。同考官由外省酌量访求聘委,不拘官阶,亦不必本省人员。京城设文事大学校、水军陆军大学校各一,学业又益加精,门目略与省城专门学校同。学成者,钦派总裁大臣考之,作为进士。经廷试后,文授以部属、知县等官,武授以都司、守备等官,均令分部、分省、分标候补,优其序补班次,勿庸归选。如朝廷需用编书、修史、应奉文字之词臣,宿卫禁廷之侍卫,应随时听候谕旨考选,不在科举常例之内。统计自八岁入小学起,至大学校毕业止,共十七年。计十八岁为附生,二十一岁为廪生,二十五岁为优贡、举人,二十八岁为进士,除去出学、入学程途、考选日期外,亦不过三十岁内外。较之向来得科第者,并不为迟。此大、中、小学层递考取录用之大略也。

其取中之额,即分旧日岁科考取进学额,以为学堂所取生员之额。分乡、会试中额,以为学堂所中举人、进士之额。优贡应请新定学堂之额,大率比本省中额加倍而略多。初开办数年,学堂未广,取中尚少,前两科,每科分减旧日中额学额三成。第三科,每科分减旧额四成。十年三科之后,旧额减尽,生员、举人、进士皆出于学堂矣。至日久才多以后,应仿各国章程,视其学业分数,以为中额之多少,并可不拘定额,以昭核实而资策励。总须较旧额之数有增无减,此学堂取中额数,移拨旧额,日后并不限以定额之大略也。

或谓废八股,则人不读经书,不尊圣贤,不宗理学。不知八股始自前明,自汉至宋,皆无八股,何以传经卫道,代有名儒,忠孝节义,史不绝书。即如周、程、张、朱乃理学之宗主,其时未尝有八股也。或谓废八股,则人不能为文。不知文章之美者,莫如春秋之左、国,战国之诸子,两汉之马、班,唐宋之八家。其时未尝有八股也。或谓废八股,则旧日专攻帖括者,无进身之路。不知历来擅长八股诸名家,亦必系学赡才敏、文笔优长之士。其最著者,前明如唐顺之、归有光,国朝如韩菼、方苞辈,即不由场屋,岂患无自见之学、登进之阶!故能为好时文者,考试策论固属优为,兼习诸学,亦非难事。无论少年易于改业,即二十五岁以上至五十岁者,除外国语言、精微算法外,何事不能通晓。若从此三科十年以后,不能中式,而又不能改习诸学,则断非有才、有志之人,国家取之何益于用。然此辈仍可为小学、中学、经书、词章之师。其衰考不第,而学行尚有可取者,可由督抚、学政访察考选,朝廷优予体恤。六十岁以上者,酌给职衔。五十岁以下者,广设其途,分别举贡、生员,用为知县、佐贰杂职,详见酌改文科专条,似亦足以安宿儒而慰寒畯矣。捐纳既停,即中等儒生,岂患无出路哉。此裁减旧日学额中额,仍将从前举贡、生员,分别录用之大略也。

论外国设学之定法,自宜先由小学校办起,层累而上,以至中学、高等学、大学方为切实有序。惟经费太绌,师范难求,只可剀切劝谕,竭力陆续筹办。若必待天下遍设数万小学、数百中学,然后升之高等学、大学而教之、用之,至速亦须十年。时事日棘,人不我待。刻舟胶柱,必致空言误事。今日为救时计,惟有权宜变通。先自多设中学及高等学始,选年力少壮通敏有志之生员,迅速教之。先学普通,缓习专门,应各就省城及大府酌量情形,迅速筹办以资目前之用。取才由粗入精,立法由疏入密,凡事何莫不然。将来小学林立,中学亦多,则循序渐进,取材既裕而教法亦不劳矣。查三十岁而入官,科名不得为晚。自初学以至学成十七年,而成文武兼备之人才,造就不得为迟。惟事急需才,恐难久待。查日本文武各种学校,皆有速成教法,于各项功课,择要加功,于稍缓者量加省减,刻期毕业。应请旨饬出使大臣李盛铎,切托日本文部、参谋部、陆军省,代我筹计。酌拟大、中、小学各种速成教法,以应急需。此权宜救急,先设普通中学暨采访速成教法之大略也。

惟成事必先正名,三代皆名学校,宋人始有书院之名。宋大儒胡瑗在湖州设学,分经义、治事两斋,人称为湖学,并未尝名为书院。今日书院积习过深,假借姓名,希图膏奖,不守规矩,动滋事端,必须正其名曰学,乃可鼓舞人心,涤除习气。如谓学堂之名不古,似可即名曰各种学校，既合古制，且亦名实相符。总之，中华所以立教，我朝所以立国者，不过二帝、三王之心法，周公、孔子之学术。今宗旨则不悖经书，学业则兼通文武，特以世变日多，故多设门类以教士，取其周知四国，博学无方，正与经传所载三代教士取人之法相合。看似无事非新，实则无法非旧。且经史词章，仍设专门，学人、文人皆有自见之路，何得以唐人专考词章之下策，前明八股之俳体，视为儒者正宗哉。

臣等所拟以上办法，不过明宗旨、标门类、分等级、计年限、筹出路、除妨碍，举其大略如此。至于详细章程，究应如何斟酌损益之处，应候敕议裁定。此一事为救时首务，振作大端，伏望我皇上思危处患，仿取日本学校章程，迅速详议，乾断施行，收人心以固国基。四海瞻仰，首在此举矣。

一、酌改文科。科举一事，为自强求才之首务。时局艰危至此，断不能不酌量变通。半年来，咨访官绅人士，众论佥同。两广督臣陶模、山东抚臣袁世凯，咨来奏稿，言之甚为恳切。改章大指总以讲求有用之学，永远不废经书为宗旨。拟即照光绪二十四年，臣之洞所奏变通科举奉旨允准之案酌办。原奏乃系参酌古今求实崇正，力驳侈谈新学者之谬论。不过原本旧章，力求核实而已。大略系三场先后互易，分场发榜，各有去取，以期场场核实。头场取博学，二场取通才，三场归纯正，以期由粗入精。头场试中国政治、史事，二场试各国政治、地理、武备、农、工、算法之类。三场试四书、五经经义。经义即论说考辨之类也。头场十倍中额，二场三倍中额。原奏经礼部通行陕西有案可查。惟声、光、化、电等学，场内不能试验，拟请删去。此系原本朱子救弊须兼他科目取人之意，欧阳修随场去留、鄙恶乖诞以次先去之法，而又略仿现行府县覆试童生、学政会考优贡之章，且可免寒士之候榜艰难，考官之疲劳草率，似乎有益无弊，简要易行。窃惟今日育才要指，自宜多设学堂，分门讲求实学，考取有据，体用兼赅，方为有裨世用。惟数年之内，各省学堂不能多设，而人才不能一日不用。即使学堂大兴，而旧日生员年岁已长，资性较钝，不能入学堂者，亦必须为之筹一出路。是故渐改科举之章程，以待学堂之成就。似此办法，策论乃诸生所能，史学、政治、时务乃三场策题所有，考生断不致因改章而阁[搁]笔，科场更可因改章而省费。而去取渐精，学业渐实，所得人才固已较胜于前矣。兹拟将科举略改旧章，令与学堂并行不悖，以期两无偏废。俟学堂人才渐多，即按科递减科举取士之额，为学堂取士之额。其颖敏有志者，必已渐次改业，归入学堂。其学优而年长者，文平而品端者，尽可宽格收罗，量材录用。或取作副榜，多取数名，或令充岁贡，倍增其额，或推广大挑，每科一次，或挑作誊录，令其议叙有资。或举人比照孝廉、方正，生员比照已满吏，准其考职，令其入官效用。宜汇总核计以上各途推广录用之数，足以抵每科减额之数，则旧日专习时文者，亦尚有进身之阶。十数年以后，奋勉改业者日多，株守沉沦者日少，且仍可为小学堂、中学堂经书词章之师。其衰老者，可从优赏给职衔。总之，但宜多设其途，以恤中才之寒畯，而必当使举人、进士作为学堂出身，以励济世之人才。只可稍宽停罢场屋试士之期，而不可使空疏无具者，永占科目之名。果使捐纳一停，则举贡、生员，决不患其终无出路。此则兼顾统筹，潜移默化，而不患其窒碍难行者也。

一、停罢武科。文、武两科并称，而两科之轻重利弊迥然不同。国家任官求才，无论章程如何，总之必用读书明理之士。因近年帖括之士有文无实，故改章以求实学。先略改科举章程，以取已有之人才。次广设学堂，以教未成之人才。他日专门学成，体用兼备，仍是此等读书明理之人。其法小变，其意仍同。若武科则不然，硬弓刀石之拙，固无益于战征，弧矢之利，亦远逊于火器。至于默写武经，大率皆系代倩，文字且不知，何论韬略。以故军兴以来，以武科立功者，概乎其未有闻。凡武生、武举、武进士之流，不过恃符豪霸，健讼佐斗，抗官扰民。既于国家无益,实于治理有害。此海内人人能言之,无待臣等之烦言者也。或谓武生等,可使改习枪炮。不知利器散布民间,流弊太大,实无防察之法,万不可行。或谓武生等可使入武备学堂肄业。不知学堂定法,无论水师、陆师,皆必须曾读书、通文理。若不识文字者,虽有西师善教,精者不能解,粗者不能记,断无受教之地。或谓武科所以收强梁不驯之人才。不知凡应武试者,大率小康之家子弟,椎鲁游荡,不肯读书,乃使之习武,以博科目之荣。其弓马衣装之费,较之文生为多,故世俗有穷文富武之谚。夫取士求将,本欲得良善守法之士,教以礼义,授以技能,以备干城腹心之用。岂有搜罗不逞,加虎以冠。且天下盗贼、会匪亦多矣,岂武科所能网罗者哉。今日勇营甚多,其材武有力之辈,皆可容纳,何藉武科。或谓古今名将,未必尽能知书。不知古之孙、吴、韩、岳、戚继光,今之罗泽南、王鑫、彭玉麟等,何一非学古能文之士。间有不学问而为名将者,多由阅历而来。故兵勇起家为良将者有之,然在今日已不能与强敌角胜。若应武科者,平日所习皆与兵事无涉,既不晓枪炮之精,复不谙营阵之法,及取中武科,年齿已长,习气已深,循资数年,即可为参、游、都、守,何所谓阅历哉。查国家官制,武职以行伍为正途,八旗世家无非兵籍。此时讲求兵事,必须武学、西操相资为用。其学堂毕业入营操练精熟者,自必予以出身,洊擢官职。将来内而禁卫,外而将校,皆可于此取之。考拔擢用之法,另详专条。若仍以循旧之武科,滥厕右职,殊于讲武励才之出路有妨。近年自故督臣沈葆桢以后,中外大臣言武科改章者甚多,盖久已共知其弊。臣等揆之今日时势,武科无益有损,拟请宸断,奋然径将武科小考,乡、会试等场,一切停罢。其旧日之武进士、武举、兵部差官,一律发标学习,考察人材,酌量委用补署,不必按资挨次选补实缺。武生年壮有志者,令其讲求武学,以备应募入伍之用。疲老者,听其改业。如此则学堂讲武学者、营弁精操练者、在标有战功劳绩者,登进之途较宽,必皆鼓舞奋兴,而将校皆有实用。此诚自强讲武之一大关键也。

一、奖劝游学。学堂固宜速设矣,然而非多设不足以济用。欲多设,则有二难。经费巨,一也。教习少,二也。求师之难,尤甚于筹费。天下州县皆立学堂,数必逾万。无论大学、小学,断无许多之师。是则惟有赴外国游学一法。查外国学堂,法整肃而不苦,教知要而有序。为教师者,类皆实有专长。其教人亦有专书定法。凡立一学,必先限定教至何等地位,算定几年毕业。总计此项学业共须几年,若干时刻方能教毕,按日排定,每日必作几刻工夫,定为课程,一刻不旷,如期而毕。故成效最确,学生亦愿受教。而教法尤以日本为最善,文字较近,课程较速,其盼望学生成就之心至为恳切,传习易,经费省,回华速,较之学于欧洲各国者,其经费可省三分之二。其学成及往返日期,可速一倍。江、鄂等省学生,在日本学堂者多,故臣等知之甚确。此时宜令各省分遣学生出洋游学,文、武两途,及农、工、商等专门之学,均须分门认习。但须择其志定、文通者,乃可派往。学成后,得有凭照,回华加以覆试。如学业与凭照相符,即按其等第作为进士、举贡,以辅各省学堂之不足,最为善策。此时日本人才已多,然现在欧洲学堂附学者,尚数百人。此举之有益可知。并宜专派若干人,入其师范学堂,专学师范,以备回华充各小学、中学普通教习,尤为要着。再,官筹学费,究属有限,拟请明谕各省士人,如有自备资斧出洋游学,得有优等凭照者,回华后覆试相符,亦按其等第作为进士、举贡。如此,则游学者众,而经费不必尽出官筹。盖游学外国者,但筹给经费而可省无数之心力,得无数之人才,已可谓善策矣。若自备资斧游学者,准按凭照优奖录用,则经费并不必多筹,尤善之善者矣。

此四条为求才图治之首务。其间事理皆互相贯通,互相补益。故先以此四事上陈,盖非育才不能图存,非兴学不能育才,非变通文、武两科不能兴学,非游学不能助兴学之所不足。

揆之今日时势,幸无可幸,缓无可缓。仰恳宸衷独断,决意施行。其间条目章程,自须详议,而大纲要旨,无可游移。其有为因循迁就之说者,惟赖朝廷坚持,勿为其所摇夺。其余各条,另摺奏上。臣等往复商酌,意见一切相同,未便各自具摺,转嫌雷同重复,谨合词恭摺覆陈,伏祈圣鉴。

国家清史编纂委员会·文献丛刊《张之洞全集》(4),武汉出版社2008年版,第7~14页

7月13日(五月二十八日)　日本情报机构侦悉改良派林北泉当日在神户之行动。

日本外务省藏档案《关于清国人之言行》:

外务大臣曾祢荒助伯爵阁下:

清国人林北泉,于前(十三)日下午六时零七分,乘坐轮船河内丸由香港来神户,投宿于荣町三丁目西村旅馆。据说此人是清国革命派首领康有为之部下,曾居留在横滨经营茶叶。今年二月中与同志一起赴南洋,游历槟城、新加坡、香港等,对居留该地区的清国人宣传清国内政改革之急迫切要,为了纠合同志而大力策划。据说在这次归滨之途顺便到当地,预定逗留三四日之后出发。据说他对某访客谈到,以清国目前的局势,改革之事决非易易,应当旷日持久从根本上进行。首先大力举办学校,对于后进子弟输入文明的政治思想,同时发行报纸,努力唤起一般民众的舆论,诱起其忠君爱国之心。鉴于清国现今的局势,相信这是最大的当务之急。南洋地区虽有我们的同胞几十万之多,真正忧国之士不知竟有几人,他们仅汲汲于得到自己的目前利益,对于国家的利害休戚,似乎谁都不曾顾虑,岂不令人浩叹云云。

谨此报告如上。

兵库县知事服部一三

明治34年7月15日

[440652　明治34年7月15日收到　兵发秘第338号]

章开沅、罗福惠、严昌洪编《辛亥革命史资料新编》第6册,湖北人民出版社2009年版,第103页

6至7月(五月)　兴中会会员李纪堂开辟青山农场,掩护支持革命活动。

黄大汉《兴中会各同志革命工作史略》:

(李纪堂)是年因失败之后(指庚子惠州三洲田之役,编者),心有不甘,二月间即往上海、京、津等处探访人心趋向,五月回港,即往新界屯门组织一种植畜牧场所,以便内地逃亡及海外归来诸同志之集合。邓三伯等并在该处实地实验各种兵器,俾将来举事得以应用。此场所开办,初年约用去一万余元。

丘权政、杜春和编《辛亥革命史料选辑》上册,湖南人民出版社1981年版,第61页

陈春生《访问李纪堂先生笔录》:

……在香港青山圃组织牧场,汪精卫、张静江、朱执信等曾来此处试验炸弹,邓三伯在牧场当工头,江恭喜当更夫。首次广州起义失败后,各同志到此暂避,曾为供应,容纳人数达二三百之多。

丘权政、杜春和编《辛亥革命史料选辑》上册,湖南人民出版社1981年版,第43页

冯自由《革命富人李纪堂》:

檀香山兴中会员邓荫南于乙未失败后,开辟一农场于香港新界屯门,以经营种植畜牧事业。纪堂于辛丑壬寅间,亦在青山购地数百亩,以继其后。以财力雄厚,规模较大,且于港之中环街市设商店曰青山栈,专事经售该农场出品。所产鸡蛋为港地之冠,价值较他店特昂,

而西人争购之,该店每年获利颇厚。纪堂于破产后多年,仍能支持家计,即该店挹注之力也。丁未夏,张静江、周伯年莅香港,纪堂尝偕静江往游,静江巡视后,谓其所植果木多而无序,应彻底改善,始能获大利;所见极有见地,然纪堂不能用也。该农场地处偏僻,足为党人之逋逃薮,故丁未潮州黄冈及惠州七女湖二役之败将,常隐匿其间,以避清吏逻缉。管场人以若辈不爱惜花果,任意毁折,屡请纪堂加以制止,而纪堂皆一笑置之。刘忠复、汪兆铭、黄复生、喻培伦等,欲谋杀清吏,迭在港觅地试验放施炸弹方法,即假青山及邓荫南之屯门为之。凡此种爆裂品之试验,纪堂恒自驾小火轮迎候,并预备食品供应一切。

冯自由著《革命逸史》第3集,中华书局1981年版,第161页

6至7月(五月)　孙中山在横滨接待来访的留日学生吴禄贞、钮永建、程家柽、马君武等人,革命势力发展至留学界。

《民国钮惕生先生永建年谱》:

……五月,程家柽(韵笙)、吴禄贞(绶卿)邀先生(钮永建,编者)同访国父孙中山先生于横滨山下町,一席长谈,益增钦迟。国父曾问先生"革命应从何处下手",先生侃陈主张在边陲下手。盖边陲之区,清廷统治能力薄弱,不仅输送武器便利,接济方便,亦易于号召。国父颇善其说。此外并建议国父,革命进行,应从三方面推动:一方面购置武器,密输发动地区;一方面训练干部,任宣传联络工作;一方面派革命份子渗入清军防区及政治组织中,阴谋活动,发生作用。庶一旦起事,可以里应外合,收事半功倍之效。国父聆此卓越见解,深为器重,殊多勉励。不数日,国父亲至明凌馆答访,遂相订交。

杨恺龄编《民国钮惕生先生永建年谱》,台北商务印书馆1981年版,第11~12页

吴稚晖《总理行宜》:

一天,有位学农科的安徽程家柽(一个最大胆粗莽的革命党,民国三年被袁世凯骗了,杀在北京彰仪门),又有一位成城的湖北吴禄贞(就是辛亥在石家庄被良弼杀死),来寻钮(永建)先生。他们也是常来的,没有什么奇怪。可是那天他们已约定钮先生,要邀我同到横滨去看孙文。我虽不曾骇成一跳,暗地里吃惊不小。其时听见孙文与梁启超,都在横滨上下其议论。我说,梁启超我还不想去看他,何况孙文。充其量,一个草泽英雄,有什么看头呢?他们三人微笑而去,约我下午在浅草上野公园精养轩候他们回来,同吃晚餐。他们傍晚果然回来了,我马上就问孙文的状貌,是否像八蜡庙里的大王爷爷,魁梧奇伟么?钮先生说:"你大大的弄错了,一个温文尔雅、气象伟大的绅士。"程是已经来住得好久的,说道:"你不相信他是革命的领袖么?"我说:"与梁启超何如?"程摇头道:"梁是书生,没有特别之处。"钮又说道:"你没有看见,看见了一定出于你的意料之外。"其时钮先生,以书院有名的学者,被梁鼎芬所赏识,介入湖北陆军学校,与后来《申报》主笔的陈冷血,梁所称为二雄,亦受到张之洞看重。我就问他:"梁鼎芬是顽固人物,不必论,难道孙文就有张之洞的气概么?"他说:"张之洞是大官而已,你不要问,孙文的气概,我没有见过第二个。你将来见了,就知道了。"于是我就倒有点尴尬,就把草泽英雄的猜想,完全解除了。但没有机会遇见。他不久也离开横滨了。

尚明轩、王学庄、陈崧编《孙中山生平事业追忆录》,人民出版社1986年版,第706页

宋教仁《程家柽革命大事略》:

程家柽,字韵孙,一字下斋,江南休宁人也。少孤,受公羊之学于同郡卓峰胡氏,仁和复堂谭氏。治经生家言,著书甚富。及长,洞烛古今中外兴亡之理,喟然于君主专制之不足法,

必以大道为公之心，为天下倡。新安居万山中，无足与言大事者，以武昌为南北枢纽，位长江上游；南皮张氏督楚，设两湖书院，为教异于他邦，杖策往游，一试拔为上舍生。君数与同舍言汉满种族之别，司校者恶之。适游学议起，君走日本东京。留学不过二百人，无有知革命之事者，惟言维新而已。前大总统孙文侨居横滨，其踪甚秘，君百计求之，不克一见。香山有郑可平者，设成衣肆于筑地，藉制校服，与其友善。可平固三合会员，君告以故，可平允为谋之，越半年，始得辗转相握手。君意孙文革命首魁，所党必众，岂料所谓兴中会，以康有为之煽惑，率已脱入保皇党。孙文惟偕张能之、温秉臣、尤烈［列］、廖翼朋者数人，设中和堂于横滨，其势甚微。孙文为君言民族、民权、民生之理，及五权分立，暨以铁路建国之说。君闻所未闻，以为可达其志，请毕生以事斯语，曰："欲树党全国，以传播之。"孙文惟欲东京留学中联属二十人，以陆军十人，率两粤之三合会、长江之哥老会为起义之师；以法政十人，于占据城池后，以整理地方及与外人交涉。君心少之。

陈旭麓主编《宋教仁集》，中华书局1981年版，第434～435页

朱学浩《马君武传》：

辛丑，赴横滨，识梁启超、汤睿及日本宫崎民藏寅藏兄弟，民藏介绍谒孙公，退辄扬公于广座曰："康梁过去人物，孙公则未来人物也。"

《国史馆馆刊》第1卷第3号，1948年8月

7月18日（六月初三日）　清政府命江南自强军调往山东，交袁世凯督练。

《清实录》：

丁酉，谕军机大臣等：江南自强一军，素练洋操，本系备调之队，现在山东武卫右军，调派三千人赴京弹压地方，该省未免空虚。著刘坤一即饬调该军前往山东，交袁世凯酌量分布，督饬训练，务成劲旅，以资得力，将此各谕令知之。

《清实录》第58册，中华书局1987年版，第388页

7月19日（六月初四日）　张之洞、刘坤一联衔上《江楚会奏变法三折》第二折，提出整顿中法十二条建议。

《遵旨筹议变法谨拟整顿中法十二条折》（光绪二十七年六月初四日，节录）：

窃臣等筹拟兴学育才四条，业经会同奏陈在案。窃惟治国如治疾，然阴阳之能为患者，内有所不足也。七情不节，然后六气感之，此因内政不修而致外患之说也。疗创伤者，必先调其服食，安其藏府，行其气血，去其腐败，然后施以药物、针石而有功。此欲行新法，必先除旧弊之说也。盖立国之道，大要有三，一曰治，二曰富，三曰强。国既治，则贫弱者可以力求富强。国不治，则富强者亦必转为贫弱。整顿中法者，所以为治之具也。采用西法者，所以为富强之谋也。谨将中法之必应整顿、变通者，酌拟十二条。一曰崇节俭，二曰破常格，三曰停捐纳，四曰课官重禄，五曰去书吏，六曰去差役，七曰恤刑狱，八曰改选法，九曰筹八旗生计，十曰裁屯卫，十一曰裁绿营，十二曰简文法。敬备朝廷采择，胪陈于左。

一、崇节俭。昔春秋传记卫文公之兴国也，农、工、商、学诸善政，无一不举，而首先书之曰大布之衣，大帛之冠，是知国家当多难之际，创痛之余，欲求振兴，未有不以节俭为先务者。……拟请明降谕旨，力行节俭，始自宫廷，所有不急之务，一切停罢。无益之费，一切裁减，即不能不兴之工，务从俭省核实。内务府诸臣再有营私糜费者，必重惩之。并请谕饬内外大小臣工，务从节俭，力禁奢华。所有宫室、舆服，力求朴素，应酬宴会，勿得浮糜。上官岁时之供

亿，一概禁绝。督抚巡阅，学政按试，以及一切驰驿过境之贵官、要差，所有舟车、馆舍、厨传、供张，严禁华侈，不准需索、骚扰。宽于商民，严于职官。有违旨者，上司立予纠参。此不惟爱惜物力之心，乃所以昭不忘忧患之意。且不尚玩好，则工无淫巧，而并力于制造。不崇侈靡，则商轻成本，而增多其赢余。官以俭而廉，民以俭而足。农多本富，则有用之货物易销。工执正业，则出口之利源日扩。是不惟务本之常经，抑亦驭外之要策也。恭读圣谕，屡以卧薪尝胆为言。夫欲使天下四海见朝廷实有卧薪尝胆之志者，必自三事始。一曰俭，二曰勤，三曰破格。三事之中，惟俭最为显著而易行，化臣民而阜财用，其效亦最速。必朝廷时时有不忘在莒之心，则国势有转否为泰之望矣。

一、破常格。从来国家开创之初，疏节阔目，上下情通，既能周悉民隐，亦能鼓舞贤才，故成功易。……今日谋国之急，交邻之难，不惟五十年前所无，且亦非历代所有。尝读周易屯初九之象曰，以贵下贱，大得民也。盖国家当屯险多难之时，帝王群臣皆必力求得民之道。乃能动乎险中，而得亨贞之吉。窃谓此时朝廷一切举动，宜视为草昧缔造之时，视为与民同患之时，将一切承平安乐之繁文缛节，量为简省变通，中外大小臣工尤以除官气达下情为主，应行破除常格之事甚多，兹先约举最要者三事。一曰敷奏。奏对之际，天威咫尺，往往战栗矜持，不能尽言。至于上疏陈言，每以不能称旨为虑。导之使言，犹多顾忌。若以折槛批鳞为戒，则虽至于颠覆，而无人为朝廷言之矣。拟请明谕中外，凡臣工奏疏召对，务以直言正谏，指陈利害为主，不必稍存忌违[讳]。言事过于戆直者，体式稍有未合者，亦望朝廷曲予优容，以收从善纳规之益。一曰仪文。今日文武官员，官气最重，实为失人心、害政事之根。故大学士曾国藩、故巡抚胡林翼，常剀切言之。文官贱视其民，罕与民接。炫之以仪从，威之以鞭扑，故罕通民隐。武将贱视其兵，罕与兵亲。驱为贱役，视为利薮，故罕识兵情。夫不得民心而能治，不得兵心而能胜，未之有也。应请切戒文武各官，务须屏除官气，不尚虚文。必其诚意感孚，然后兵民皆可用矣。至于上天下泽，堂高廉远，其分不可不肃，而其情不可不通。若尊崇严畏之意过多，则诚恳忠爱之意断少。必朝廷有曲体群臣之心，有圣不自圣之意，斯臣下得进忠言，庶民皆同休戚矣。至于谕旨中所举朝章国故，其间有无应行变通酌定之处，非臣等所敢擅拟，应请饬下廷臣详议，奏请圣裁。一曰用人。承平用人多计资格，所以抑躁进。时危用人必取英俊，所以济艰难。今之仕途，不必其皆下劣也。同一才具，而依流平进者，多骑墙。精力渐衰者，惮改作，资序已深者，耻下问。平日论吏才者，患更事之不多。今当变更政治之际，则惟患更事之太多。盖其所谓更事者，不过痼习空文，于中外时局，素未讲求，安有阅历。而迂谈谬论，成见塞胸，不惟西法之长不能采取学步，即中法之弊，亦必不肯锐意扫除。古人有言，老者谋之，壮者行之。施之今日，似为有当。或谓进用太骤，易开钻营侥幸之风，莫如略仿宋人，外吏转官须有十人荐举之例。如其人有四五人保荐者，即破格用之。如此则徇私援引之弊除矣。如止一人保荐，则必试之以事。果有实效，然后破格用之。如此则虚声误采之弊免矣。若驭下但责之以文貌，用人仍困之以例章，则所得者皆寻常之俗吏而已，岂能济非常之艰难乎。

一、停捐纳。捐纳有害吏治，有妨正途，人人能言之。户部徒以每年可收捐三百万，遂致不肯停罢。查常捐若衔封翎枝、贡监等项，本可不停。若将常捐量为推广，但系虚与荣名，无关实政者，皆可扩充。假如清班之衔，章服之贵，因公处分准其捐免，游幕省分捐准服官，寄籍捐准应试，生员捐免岁考，节孝旌表捐准年限从宽以及赐匾建坊之类，似皆可酌加推广。拟请敕下户部博采众议，量为推广，必可抵补捐数大半。即或不敷百余万，然今日须筹赔款数千万，断不宜惜此区区以致牵掣，有妨自强要政。拟请宸衷独断，明降谕旨，俟此次秦晋赈捐完竣后,即行永远停罢,以作士气而清治源。

一、课官重禄。方今事变日多,京外各衙门断非仅通时文,缮查成例者所能胜任。欲济世用,非学无由。拟请京城设仕学院,外省均设教吏馆,多储中外各种政治之书,凡中外舆图、公法、条约、学制、武备、天算、地理、农、工、商、矿各学之书,咸萃其中。选派端正博通之员为教习,令候补各员均入其中,分门讲习,严定课程,切实考核。进功者,给予凭照,量材任用。昏惰者,惩儆留学。不可教者,勒令回籍。其实缺各官,愿入馆讨论求益者,亦听其便。惟善教以培其材,尤须重禄以养其廉。查京职俸银俸米为数无多,加以银贱物贵,实不足以自给。而科道为风宪之官,翰詹为储才之地,俸廉尤宜从优。光绪八年,户部奏定令各省关筹解京官津贴银二十六万两,乃行之一年,旋将此项拨充饷需。且原定数目较少,大小各官不能遍及。其分给者,为数亦不敷用度。今日亟宜另筹办理。至三品以上大员,用度较繁,关系甚重,必应一并筹及。其名目即称为养廉,勿庸再称津贴,方为名正言顺。谨拟仰恳天恩,即以原议京官津贴银二十六万两,仍行发给各官。至此项饷需,应令各省照数另筹,奏明抵补。此外拟请即以此次奏陈裁汰屯卫各官所省之款,并卫田新拟酌捐之款发给,抑或另筹他款,应请旨饬议施行。大约必须筹款百万,乃足敷各衙门办公之需,杜乞贷苞苴之习。至外省若府、县等官,甘苦亦不一致。州县有民社之寄,知府有表率之责,断不可令其苦累。……至增加养廉公费以后,京外各官,如再有贪墨败检者,除参革外,仍行追罚充公。方今度支困绌之际,岂愿更增用款,然果使贤才无北门贫窭之忧,当官有公尔忘私之志,则为国家所省者多矣。

一、去书吏。蠹吏害政,相沿已二千年。今仰蒙乾断,一旦划除,天下臣民无不钦颂。……惟此项裁除书吏皆系世业,拟请按已满吏加等给与官职,并将其每年应得饭食津贴之数,发给两年,令其自谋生理,以示体恤。州县书吏,令其自行酌赏。如虑新换稿生、写生等一时未能熟习,或由各省自行酌量情形,分为两年裁汰。惟各州县户房、粮房,藏匿收征底册,以为居奇,最为藐法可恶。今闻将裁汰,必多抗匿不交,甚且别造伪册。州县按照串票,原不难于清查,但恐繁细需时,于催科稍有阻碍。拟请将各省州县户房、粮房应分为数年裁汰。由督抚体察情形,一年先办六七县或十余县,择其易于清理者办起。如该吏有敢抗匿销毁粮册者,即行奏请正法。俟办有规模,即可一律推行,永除要官朘民之弊矣。至各部则例,亦拟请敕各部臣删繁就简,因时制宜,以省虚文而收实效。尘牍既省,则以吏为师者自无所藉口矣。

一、去差役。差役之为民害,各省皆同。必乡里无赖始充此业。传案之株连,过堂之勒索,看管之凌虐,相验之科派,缉捕之淫掳,白役之助虐,其害不可殚述。……骤行革除,虑其流而为盗。应请限以五年,次第裁革,并给以三年役食,令其各谋生计。去此巨害,则民气渐纾,教养有所施矣。再者,各国清查保甲,巡街查夜,禁暴诘奸,皆系巡捕兵之责。其人并非下流猥贱之人,其头目即系武弁。日本名为警察,其头目名为警察长,而统之以警察部。其章程用意大要以安民防患为主,与保甲局及营兵堆卡略同。然警察系出于学堂,故章程甚严,而用意甚厚。凡一切查户口、清道路、防火患、别良莠、诘盗贼,皆此警察局为之。闻京城现拟设立巡捕,将来外省自可仿办。兹拟令州县用勇,即与用巡捕兵之意相近。当于繁盛城镇,采取外国成法,并参酌本地情形,先行试办,以次推行。警察若设,则差役之害可以永远革除,此尤为吏治之根基,除莠安良之长策矣。

一、恤刑狱。鲁曹刿之论战也,谓小大之狱必以情,为可战之具,遂一战而胜强齐。诚以狱为生民之大命,结民心,御强敌,其端皆基于此,非迂谈也。……要之,去差役,则讼累可除免。宽文法,则命盗少讳延。省刑责,则廉耻可培养。重众证,则无辜少拖毙。修监羁,则民命可多全。教工艺,则盗贼可稀少。筹验费,则乡民免科派。改罚锾,则民俗可渐敦。设专官,则狱囚受实惠。以上各弊例禁无一不周备,而州县无一能奉行。若不酌改例章,量筹经费,虽警以文檄,绳以处分,断无实效。必事事皆有确实办法,庶可以仰裨圣朝尚德缓刑之治,而驱民入教之患可渐除矣。

一、改选法。古来吏部用人,名曰铨选。铨者,铨衡也。选者,选择也。自明季以来,部选之官,皆系按班依次选用。查册之外,辅以掣签,并无考核贤否之法。……窃拟略为变通,以后州县同、通,统归外补。无论正途、保举、捐纳,皆令分发到省补用、试用,令其学习政治,上官亦得以考核其才识之短长。遇有缺出,按照部章,应补何班,即于本班内统加酌量拟补,不必拘定名次。惟到省未满一年者,除本班无人外,不得请补。查部定委署章程,只分三班,一、正途。一、委用。一、试用。委用,即劳绩也。就应用各班之中,酌量遴委,不必挨次。如有重要难办之事,并班次亦可不拘。此章最为简易通达,既有范围可守,亦可因地择人。今即略仿其意,或谓有外补,无内选,则吏部之权渐轻。窃谓不然。分发到省之初,部臣查其合例核准者,始行验看,奏请引见发往。不核准者,即驳斥不行。外省请补之时,部臣视其合例者准,不合例者驳。其权仍在吏部。夫使今日吏部选缺章程,果能裁量群伦,分别进退,因时求才,因地择人,与铨选之义名实相符,岂敢轻议更张。无如选人云集,与部臣从未谋面。月官之卷,但写履历,无事可试,无才可见,无文可考,无劳可奖。虽有山涛之明,徐勉之正,卢承庆之恕,王翱之公,无所用之。则何如内外互相考核、历试,然后授官之为愈乎。盖同一按照部章外补,则于遵章之外,又多一考核酌量。督抚藩司所拟酌补之人,纵不能一一精当,亦必可十得其五。公论具在,断不能概系偏私。况繁要之缺,自道府以至州县,皆由督抚酌补、酌调。部选者皆系中简之缺。岂有酌补繁要缺则督抚皆秉公,酌补中简缺则督抚皆徇私乎。必不然矣。照此办法,则所用皆系熟习地方情形之员,又有鼓励人才之具,于吏治实有裨益。至道、府两项,应查照向章,如有补选相间者,其咨部归选之缺,应用候选人员者,则改归外补。应选实缺人员者,则改为请旨简放。所有实缺京官,向章应选道府者,亦请改为记名简放。如此,则内外皆有择人之实效矣。抑臣等更有进者,古人称吏部之善曰简要清通。拟请敕下部臣,将各项班次,量加删减归并。总以宏纲疏目为主,俾候缺各官,但思濯磨自效,而不以计缺趋避,分其心思,庶几吏治或有起色乎。

一、筹八旗生计。京外八旗,生齿日繁,饷额有定,且银价渐低,物价日贵,国家虽岁费巨款,而旗兵、旗丁等不免拮据之忧,殊鲜饱腾之乐。……拟请将京外八旗饷项,仍照旧额开支。惟将旧法略为变通,宽其拘束。凡京城及驻防旗人,有愿至各省随宦游幕,投亲访友,以及农、工、商贾各业,悉听其便。侨寓地方,愿寄籍应小考乡试者,亦听其便。准附入所寄居地方之籍一律取中,但注明寄居某旗人而已。有驻防省分,或即附入驻防之额。其自愿归入民籍者,必其自揣文艺可与众人争衡,即不必为之区别。寄籍者,即归地方官,与民人一体约束看待。惟出京寄籍、自谋生理之人,其钱粮即行开除,不必另补。但将马步甲兵,豫定一至少减至若干之额,省出饷银、饷米,即以专充八旗广设学堂之费。士、农、工、商、兵五门,随所愿习。惟习武备,须择年在二十岁以下者。如本系当兵者,既入学堂,则寻常旧例操演,勿庸再到,以免分其学堂之日力。其习武备者,留以供禁旅之用。习他项者,令其为谋生之资。所学未成,不能营生之时,饷项照旧给发。五年以后,省饷日巨,学堂日增。十年以后,充兵者可以御侮,则不患弱。改业者各有所长,则亦不患贫矣。

一、裁屯卫。……臣等查之甚悉。计十年之中,江南、湖北各卫官,以争利谋缺,讦讼滋闹之案甚多。谬妄离奇,直不知官常为何事。不文不武,形同赘疣。若屯田屯饷改归所隶州县征收，则每年丰歉完欠，皆有可考。查前明屯田立法之始，本系官田，发给运丁承种纳租，故定例准典而不准卖。然相沿数百年来，展转典当，久已屡易其主，视同民业。屯户既系用价所置，此时自不便绳以旧法。但当令其报官税契，将屯饷改为地丁，将屯丁运军之名、编审之例永行删除。卫守备、卫千总等官，一概裁罢，改为营守备、营千总，分别补用。漕督遇事可与各粮道州县行文往来，亦不必有此卫官。民间买屯田者，既享世业之利，又除运军编审之累，受益已多。若令其于旧章屯饷之外，每亩酌加报效银二分，总计各省屯田二十五万余顷，可岁增银五十万两。即有灾缓，所减无多。再益以裁省卫官之费，实为巨款。此项系裁屯、裁卫所得，拟请即以拨充加增大小京官俸廉之用。若于清理卫田一事，尚可多筹，应请一并解充京官俸廉，省枝官查[而]赡实职，名义尤属相宜。

一、裁绿营。绿营之无用，自嘉庆初年，川、楚教匪之乱而已著，自发捻之乱而大著。……夫裁兵之议，已经多年，然至今未能多裁者，则以欲求近效而多裁，遂致牵制而不能裁。窃思惟有多分年限，渐次裁汰一策，则无弊而必有成。拟请将各省绿营，不论挑练之兵、原营之兵，不分马步战守，限定每年裁二十分之一，计百人裁五，统限二十年裁竣。……俟绿营兵渐少以后，则通省为兵者，止有勇营之一途。其驻扎地方，责成所在，皆非绿营营汛之旧。应如何更定营名，以符名实，即以现带勇营之员充补，抑或酌留数缺，以位置他项武职之处，统俟随后从容筹议。

一、简文法。恭读此次谕旨，其要义有二：一曰简，二曰宽。实与圣经居敬行简，宽则得众之旨相合，钦服莫名。窃惟立法所以防弊，而任法适以生弊。诚以文法过繁，则日力精力皆有不给，必致疲劳于虚文，而疏略于实事。吏议过密，则贤者苦于束缚，不能设施，不肖者工为趋避，仍难指摘。以致居官者，但有奉法救过之心思，并无忧国爱民之诚意。况方今事变离奇，动关大局，即昼夜精思，破格振作，犹恐无济。若再困之于簿书期会之间，则国家利害安危，无暇筹及矣。夫衡石程书，专用督责，秦之所以亡也。斲雕为朴，吏治蒸蒸，汉之所以兴也。隋以察而乱，唐以宽而治，宋以繁而败，金以简而胜。此治国、治军得失之定论也。简文法约有三端：一曰省虚文。凡部院文移，外省公牍，多有陈陈相因，无益实政者。有册籍浩繁，无关利弊者。有末节细故，往返驳查，稽延时日者。有循旧具报出结，并无实事者。此类不可殚述。拟请敕下京外各衙门，通行澈查，酌量省罢。至于无谓仪节，徒致废务妨要者，亦请查核酌改从简。一曰省题本。查题本乃前明旧制，既有副本，又有贴黄，兼须缮写宋字，繁复迟缓。我朝雍正年间，谕令臣工将要事改为摺奏，简速易览，远胜题本。五十年来，各省已多改题为奏之案。上年冬间，曾经行在部臣奏请将题本暂缓办理。此后拟请查核详议，永远省除，分别改为奏咨。一曰宽例处。范仲淹之言曰，士大夫公罪不能无，私罪不可有。洵为名论。方今吏议繁密，京外各官殆无一人无一日不干吏议者，而州县为尤甚。治民之本全在州县。救过不暇，何暇论及教养乎。牵绊既多，于是遇事诿卸，多方弥缝，上官亦知其情多为难，不肯苛求，姑从掩覆。既明知为无益劝惩之事，何必存此虚文。应请敕下吏兵两部、都察院，查核处分旧例，分别公私轻重，量加宽减删除。如此则臣下之于朝廷，僚属之于上官，可以进实言办实事矣。

以上十二条，皆中国积弱不振之故。而尤为外国指摘、诟病之端。臣等所拟办法，或养民力，或澄官方，或作士气，前人论及此者多矣。特以误于弊去太甚之言，怵于诸事更张之谤，律令、文告都成具文。小有设施，不规久远。今日外患日深，其乐因循务欺饰者，动以民心固结为言。不知近日民情，已非三十年前之旧，羡外国之富而鄙中土之贫，见外兵之强而疾官军之懦，乐海关之平允而怨厘局之刁难，夸租界之整肃而苦吏胥之骚扰。于是民从洋教,商挂洋旗,士入洋籍。始由否隔,浸成涣散。乱民渐起,邪说乘之。邦基所关,不胜忧惧。必先将以上诸弊一律划除,方可冀民心永远固结,然后亲上死长,御侮捍患,可得而言矣。仰恳圣明裁察施行,以为自强之根本。其采用西法各条,另摺奏陈。所有第二次筹议各条,臣等谨合词具奏,伏祈圣鉴。

国家清史编纂委员会·文献丛刊《张之洞全集》(4),武汉出版社2008年版,第14~25页

△ 本日,清政府准御史陈秉崧奏,令各部院堂官及各省督抚学政破除夤缘积习,毋得滥保经济特科人才。

《光绪朝东华录》:

戊戌……上谕:御史陈秉崧奏保荐经济特科,请饬破除夤缘积弊以端士习一摺。此次钦奉懿旨,举行经济特科,原期拔取真才,以济时艰。岂可仍狃夤缘积习,瞻徇保荐,滥竽充数,致负朝廷求治作人之至意。著各部院堂官及各直省督抚学政,于保送时虚心采访。果系物望素孚,确有实学者,方准奏保。如有心术不正及营谋干进者,即使才艺可观,亦曷足取!该大臣等当深维以人事君之义,严杜请托,力挽颓风。即以所保之是否得人,定其功过,毋得滥保非人,自干咎戾。将此通谕知之。

朱寿朋编《光绪朝东华录》,中华书局1958年版,第4684~4685页

7月20日(六月初五日)　张之洞、刘坤一联衔上《江楚会奏变法三摺》第三摺,提出采用西法十一条建议。

《遵旨筹议变法谨拟采用西法十一条摺》(光绪二十七年六月初五日):

窃臣等筹拟兴学育才四条,及整顿中法十二条,业经两次会同奏陈在案。窃惟取诸人以为善,舜之圣也。多闻择其善者而从之,多见而识之,孔子之圣也。是故舜称大知,孔集大成。方今环球各国,日新月盛。大者兼擅富强,次者亦不至贫弱。究其政体学术,大率皆累数百年之研究,经数千百人之修改,成效既彰,转相仿效。美洲则采之欧洲,东洋复采之西洋。此如药有经验之方剂,路有熟游之图经。正可相我病证,以为服药之重轻。度我筋力,以为行程之迟速。盖无有便于此者。今蒙特颁明诏,鉴前事之失,破迂谬之谈,将采西法,以补中法之不足。虚己之衷,恢宏之度,薄海内外,无不钦仰,翘首拭目,以观自强之政。顾西法纲要,更仆难终。情形固自有异同,行之亦必有次第。臣等谨就切要易行者,胪举十一条:一曰广派游历,二曰练外国操,三曰广军实,四曰修农政,五曰劝工艺,六曰定矿律、路律、商律、交涉刑律,七曰用银元,八曰行印花税,九曰推行邮政,十曰官收洋药,十一曰多译东西各国书。大要皆以变而不失其正为主。谨为我皇上胪陈之。

…………

以上各条,皆举其切要而又不可不急行者。布告天下,则不至于骇俗。施之实政,则不至于病民。至若康有为之邪说谬论,但以传康教为宗旨,乱纪纲为诡谋,其实于西政、西学之精要,全未通晓。兹所拟各条皆与之判然不同,且大率皆三十年来已经奉旨陆续举办者。此不过推广力行,冀纾急难,而大指尤在考西人富强之本源,绎西人立法之深意。伏望圣明深察远览,早赐施行,使各国见中华有奋发为雄之志,则鄙我侮我之念渐消。使天下士民知朝廷有改弦更张之心,则顽固者化其谬,望治者效其忠,而犯上作乱之邪说,可以不作,天下幸甚。所有第三次筹议各条,臣等谨合词恭摺具奏,伏祈圣鉴。

国家清史编纂委员会·文献丛刊《张之洞全集》(4),武汉出版社2008年版,第25~36页

△ 本日，湖南巡抚俞廉三奏保查拿自立会出力人员。

《俞廉三奏保查拿惩办富有票匪出力人员折》称：

奏为酌保剿办查拿富有票匪尤为出力员弁、团绅，仰祈圣鉴事：

窃臣前将逆犯康有为等创立会名，散放富有匪票，勾结沿江会匪滋事，窜扰临湘县属滩头等处地方，派营剿捕，及查拿逆党，讯供究办各情形，恭折具奏。奉硃批："览奏已悉。办理尚为迅速。所有出力员弁，准其择尤酌保，毋许冒滥。钦此。"

伏查逆犯康有为等，窟穴海隅，暗遣死党遍布长江南北，徒众繁猥，声息联属，大通一经倡乱，新堤随即响应，倏忽窜扰临湘。其勾结之广，自官裔士林、富商巨室，以及武弁营勇、幕友、家丁，无所不有。而会匪盗贼，被诱入伙，代散匪票，得受伪职者，随在皆是。

惟时长沙、常德、辰州、岳州、澧州各府州，人心悉皆摇动，一日数惊，遍地危机，岌岌若有不可暂安之势。迨新堤、滩头匪众经鄂、湘两省会合夹击，穷蹙溃遁，而亡命奸徒，尚欲于慈利地方，纠合常、澧、荆、宜会匪，复行滋扰。且阴谋诡计，层出不穷：或传播流言，恫喝平民，俾各自相疑惧；或构造蜚语，离间任事之人。当端倪始兆，逆迹未彰之时，邪正混淆，无从辨别，操持过急，即虑株累善良；洞察稍疏，又恐误用匪类，较诸征剿寇贼，尤难措手。所赖官绅一气，将士同心。或身当前敌，力挫凶锋；或测影寻声，返踪摄迹，不避艰险，不惮辛劳。先后弋获首要匪犯，讯明正法，及分别限年监禁者，共计一百三十余名。解散协从，收缴富有匪票并红匪飘布，数在千张以外。各属团绅，亦皆协力清查踹访，使丑类无从托足，疆圉悉获乂安。并于各处教堂，尽心保护，幸免另生枝节。似俱不无微劳足录。

方今逆党根株未拔，死灰犹冀复燃，改立各种匪票，到处煽惑，山西、广东，均获办有人。并欲分遣匪徒，于各城署暗埋炸药，江、鄂均有破获之案。兼以湘省与广西交界之处，复有会匪频思蠢动。臣正在督饬各员弁，加意严防，认真缉捕，免致蔓延。似宜将出力人员，优加奖叙，俾各观感奋发，踊跃趋功。据营务处会同藩、臬两司开列清单，具详请禀前来，臣复力加核减，择其尤为出力人员，汇缮清单，恭呈御览。合无仰恳天恩，俯准如请，给予奖叙，以昭激劝。

至新堤匪党窜扰临湘之初，所有沅潭地方厘金、督销各分局，及滩头民人方廷贵等家，均被掳掠，被毁民房、店铺二百余家。沅潭厘金分局司事候选县丞郭兆芳，并居民叶得臣等，俱遭杀毙，向重德等被焚殒命。发字旗弁勇悉力抵御，伤亡勇丁余云斌等八名。当经署临湘县知县赵从嘉捐钱一百千，就地筹捐钱二百千，并经臣饬由厘金总局筹发钱一千六百串，交委员会同该县查明，分别抚恤难民，伤亡勇丁，酌给恤款。厘局被劫银两，设法归款。其司事县丞郭兆芳因公被杀，殊堪悯恻，可否准其请恤？出自逾格鸿施。如蒙俞允，即当查取履历，咨部核办。

又查臣于上年将拿获安乡等县会匪出力人员，择尤保奏，现在尚未奉准部复。此次拟保内有前案出力之员，均于清单内逐一叙明，除千总以下各员咨部核奖，并饬取各该员履历分咨外，谨会同湖广总督臣张之洞恭折具陈，伏乞皇太后、皇上圣鉴训示。谨奏。

光绪二十七年八月初七日奉旨："郭兆芳着交部议恤，余着该部议奏，单并发。钦此。"（名单略）

杜迈之、刘泱泱、李龙如编《自立会史料集》，岳麓书社1983年版，第182～184页

7月24日（六月初九日） 清政府设立外务部，班列六部之首，任命奕劻总理事务，王文韶为会办大臣，瞿鸿禨为尚书。

《清实录》：

癸卯，谕内阁：从来设官分职，惟在因时制宜。现当重定和约之时，首以邦交为重。一切

讲信修睦,尤赖得人而理。从前设立总理各国事务衙门,办理交涉,虽历有年,惟所派王大臣等,多系兼差,仍恐未能殚心职守,自应特设员缺,以专责成。总理各国事务衙门著改为外务部,班列在六部之前。简派和硕庆亲王奕劻总理外务部事务。体仁阁大学士王文韶著授为会办外务部大臣,工部尚书瞿鸿禨著调补外务部尚书,授为会办大臣。太仆寺卿徐寿朋、候补三四品京堂联芳,著补授外务部左右侍郎。所有该部应设司员额缺选补章程,并堂司各官应如何优给俸糈之处,着政务处大臣会同吏部妥速核议具奏。

《清实录》第58册,中华书局1987年版,第391页

8月10日(六月二十六日) 《国民报》第四期出版,载章太炎《正仇满论》,为革命派与改良派论战的早期文献。

《正仇满论》:

梁子既主立宪政体,又为积弱溯源论,曰:"真有爱国心而具特识者,未有仇视满人者也!"呜呼!梁子迫于忠爱之念,不及择音,而忘理势之所趣,其说之偏宕也亦甚矣。夫今之人人切齿于满洲,而思顺天以革命者,非仇视之谓也。屠刽之惨,焚掠之酷,钳束之工,聚敛之巧,往事已矣。其可以仇视者,亦姑一切置之。而就观今日之满人,则固制汉不足,亡汉有余。载其呰窳,无一事不足以丧吾大陆。今夫官吏之溺职者,则取而废黜之,非有所仇视于官吏也。人民之杀人行劫者,则执而断斩之,非有所仇于人民也。今满人之阘茸者,进不知政,退不知农商,睢盱獉狉,状若鹿豕,惟赖宗禄甲米以为养。而一二桀黠者,则一切取吾汉人之善政,而颠倒更张之;一切取吾汉人之贤俊,而芟薙锄刈之。然则所谓溺职者,与所谓杀人行劫者,其今之满人非耶?虽无入关以来,屠刽焚掠钳束聚敛之事,而革命固不得不行,奈何徒以仇视之见,狭小汉人乎?观梁子所论,以路易十四比乾隆,以拥护一姓私产而不为国民全体,罪曾左诸公,其知满洲全部之当去者也明矣。所极不忘者,独圣明之主耳。夫其所谓圣明之主者,果能定国是,厚民生,修内政,御外侮,如梁子私意所料者耶?彼自乙未以后,长虑却顾,坐席不暖者,独太后之废置我耳。殷忧内结,智计外发,知非变法,无以交通外人得其欢心;非交通外人得其欢心,无以扶持重势,而排沮太后之权力。故戊戌百日之新政,足以书于盘盂,勒于钟鼎。其迹则公,而其心则只以保吾权位也。曩令制度未定,太后夭殂,南面听治,知天下之莫予毒,则所谓新政者,亦任其迁延堕坏而已,何也?满汉二族,固莫能两大也。今以满洲五百万人,临制汉族四万万人而有余者,独以腐败之成法,愚弄之,锢塞之耳。使汉人一日开通,则满人固不能晏处于域内。如奥之抚匈牙利,土之驭东罗马也!人情谁不爱其种类,而怀其利禄。夫所谓圣明之主者,亦非远于人情者也。果能敝屣其黄屋,而弃捐所有以利吾汉人耶?藉曰其出于至公,非有满汉畛域之见。然而新法尤不能行也。何者?满人虽顽顿[钝]无计,而其怵惕于汉人,知不可以重器假之,亦人人有是心矣。顽顿[钝]愈甚,团体愈结,五百万人同德戮力,如生番之有社寮。是故汉人无民权,而满洲有民权,且有贵族之权者也。虽无太后,而掣肘者什伯于太后。虽无荣禄,而掣肘者什伯于荣禄。今夫建立一政,登用一人,而肺腑昵近之地,群相讙哓。朋疑众难,杂沓而至,自非雄杰独断于俄之大彼得者,固勿能胜是也。共驩四子,于尧皆葭莩姻娅也。靖言庸回,而尧亦不得不任用之。今其所谓圣明之主者,其聪明文思,果有以愈于尧耶?其雄杰独断,果有以侪于俄之大彼得者耶?由是言之,彼其为私,则不欲变法矣。彼其为公,则亦不能变法矣。进退无所处,而犹隐爱于此一人,何也?

梁子又曰:"今之民贼,其在汉人者,往往而有,非独满人然也。"夫汉人之有民贼,固也。

彼思今之汉人，判涣无群，人自为私，独甚于汉唐宋明之季者，谁致之而谁迫之耶？吾以为今人虽不尽以逐满为职志，或有其志而不敢讼言于畴人，然其轻视鞑靼，以为异种贱族者，此其种姓，根于二百年之遗传。是固至今未去者也。往者陈名夏、钱谦益辈，以北面降虏，贵至阁部，而未尝建白一言，有所辅助，如魏征之于太宗，范质之于宋祖者，彼固曰异种贱族，非吾中夏神明之胄，所为立于其朝者，特曰冠貂蝉袭青紫而已，其存听之，其亡听之。若曰为之驰驱效用，而有所辅助于其一姓之永存者，非吾之志也。理学诸儒，如熊赐履、魏象枢、陆陇其、朱轼辈，时有献替，而所因革，未有关于至计者。虽曾胡左李之所为，亦曰建殊勋，博高爵耳。功成而后，于其政治之盛衰，宗稷之安危，未尝有所筹划焉。是并梁子所谓拥护一姓者，而亦非其志也。其他朝士，入则弹劾权贵，出则搏击豪疆，为难能可贵矣。次即束身自好，优游卒岁，以自处于朝。隐而下之，贪墨无艺，怯懦忘耻者，所在皆是。三者虽殊科要，其大者不知会计之盈绌，小者不知断狱之多寡。苟得禀禄以全吾室家妻子，是其普通之术矣。无他，本陈名夏、钱谦益之心以为心，固二百年而不变也。明之末世，五遭革命。一命之士，文学之儒，无不建义旗以抗仇敌者。下至贩夫乞子，儿童走卒，抗志不屈，而仰药剚刃以死者，不可胜条也。今者北京之破，民则愿为外国之顺民。官则愿为外国之总办，食其俸禄，资其保护。尽顺天一城之中，无不牵羊把茅，甘为二臣者。若其不事异姓，躬自引决，缙绅之士，殆无一人焉。无他，亦曰异种贱族，非吾中夏神明之胄，所为立于其朝者，特曰冠貂蝉袭青紫而已。其为满洲之主则听之，其为欧美之主则听之，本陈名夏、钱谦益之心以为心者，亦二百年而不变也。然则满洲弗逐，而欲士之争自濯磨，民之敌忾效死，以期至乎独立不羁之域，此必不可得之数也。浸微浸衰，亦终为欧美之奴隶而已矣。非种不去，良种不滋。败群不除，善群不殖。自非躬执大慧，以扫除其故家汙[污]俗，而望禹域之自完也，岂可得乎？

梁子又曰："欧洲列国，常有君统乏嗣而迎立异国之公族以为君者，故知中国积弱之源，非必由于满人之君天下也。"夫欧洲各国，大抵出于日耳曼种，偷通赛而脱等。百种千名，所在殊状。而其文明程度，大略相等。且其迎立新君，往往出于婚媾之国，是非满汉之可与并论者也。乏嗣而迎立新君，则其国家已定矣。若夫两种杂居，犷者处上，束钳缚制，使其一种欲为牛马，臧获而不可得。我欲以大度容人，而如人之不以大度容我何？则希腊、意大利之自立，有成事矣。梁子颂言欧洲迎君之美，而讳称希腊、意大利自立之事，岂不持之有故，言之成理耶？抑何其偏宕而远于事情也。

呜呼！梁子所悲痛者，革命耳。所悲痛于革命，而思以建立宪法易之者，为其圣明之主耳。夫所谓革命者，固非溷淆清浊，而一概诛夷之也。自渝关而外，东三省者，为满洲之分地。自渝关而内，十九行省者，为汉人之分地。满洲尝盗吾汉土以为己有，而吾汉人于满洲之土，未尝有所侵攘焉。今日逐满，亦犹田园居宅，为他人所割据，而据旧时之契约界碑，以收复吾所故有而已。而彼东三省者，犹得为满洲自治之地。故曰逐满而不曰歼杀满人。其地未割于俄罗斯欤，则彼犹得保其主权，而将率丑类以为蛮夷之大长，尚不失其帝位也。其地果割于俄罗斯欤，东胡大地，旷荡鲜人，水草犹多，牧马犹殖，使夫五百万人者，反其故土，林林而立，总总而居，亦犹是满洲之旧俗也。夫苟奋然切齿于前日屠剑焚掠钳束聚敛之怨，则将犁其廷，扫其闾，鞭其墓，潴其宫，积尸成阜，喋血为渠。如去岁西人之仇杀义和团者，比于扬州十日，嘉定三屠，尚为末减而未有增也。此则合于九世复仇之义，夫谁得而非之？今一切不计，而徒曰逐满而已。宅尔宅，畋尔田，各营生计，特不得以腥膻于吾汉土，是其待之也，亦可谓至公至仁矣，其尚得曰仇视欤！乃夫此一人者，诚使不失其圣明，而能与俄罗斯相安，则奴儿哈赤之帝号，固未替也。若其渐染华风，乐慕上国，如匈奴贤王之归化者，则封以三恪,处以大第,入朝不趋,赞拜不名,所以酬其百日变政之功者,固自有道。宁有斩以轻吕,悬以大白者乎?呜呼!为说至此,而革命与梁子所谓保皇会者,抑可以无间矣。昔之保国者,曰保中国不保大清。今之革命而不废保皇者,曰保生命不保权位。虽梁子躬自革命,而于其忠爱之念,犹若可以无憾。夫何姁姁慈爱以悲痛于此乎!若夫梁子所谓立宪者,吾又不知其何以能立也。凡一国专制之主,而欲立之权限,勿使自恣者,必有国会议院,以遏其雷霆万钧之势者也。而是二者皆起于民权,非一人之所能立。方今霾曀屯否之世,顾所谓民权者安在乎!其必睿圣仁疆之丈人,文能附众,武能却敌者,纠合志志,大鞣大搏,以与凶顽争命,而后可以就事。事之既就,人心所归,必在英杰。则此睿圣仁疆者,虽欲不居帝位,而抑无所遁。苟曰使彼反其初服,而惟以旧日假号之帝王,为吾共主,是则选立共主之法,不于贤否,而惟于成俗沿袭之虚名也。今夫中国非可以日本为比例者也。彼以二千五百年之旧主,神器相传,无有移易,则臣民之于旧主,亦既有其感情。故维新之始,虽以志士号呼搏击,得奠大功,而卒以尊王为成绩,是岂处置异种者,所得援以为例者哉!必使民权既成,而欲立宪以保此一人之位,何异汉高破秦,而使之尊事怀王,明祖灭元,而使之拥戴林儿,微特于义无取,亦事之必不可得者也。吾故曰梁子迫于忠爱,而忘理势之所趋也。

案梁子又言:"日本异国,我犹以同种同文,引而亲之,何有于满洲?"夫自族民言之,则满日皆为黄种。而日为同族,满非同族,载在历史,粲然可知。自国民言之,则日本隔海相对,自然一土。而满洲之在鸡[吉]林靺鞨,亦本不与支那共治。且其文字风俗之同异,则日本先有汉字,而后制作和文。今虽杂用,汉字犹居大半。至满洲则自有清书,形体绝异,若夫毡裘湩酪之俗,与日本之葛布鱼盐,其去中国,孰远孰近?是日亲满疏,断可知矣。虽然,以独立自主言,则虽以日本宰制吾土,而犹不欲降心相从,何有于满洲?即此义既多知者,故今不辩,辩以理势如此。

国民报社附志:右稿为内地某君寄来,先以驳斥一人之言,与本报成例,微有不合,原拟不登。继观撰者持论至公,悉中于理,且并非驳击梁君一人,所关亦极大矣。急付梨枣,以饷国民,使大义晓然于天下,还以质之梁君可也。本社附志。

《国民报》第4期,1901年8月10日

△《国民报》第四期出刊后,以经费支绌被迫停刊。报刊主持人沈云翔南游新加坡、香港等地寻求支持未果。

冯自由《沈云翔事略》:

沈云翔,字虬斋,浙江乌程县人。少有大志,肄业于武昌自强学堂。己亥(一八九九年),鄂督张之洞遴选优秀学生派送日本留学,云翔预焉。时孙总理、陈少白、梁启超先后亡命日本,彼此往还,相与研究革命方略,至为透辟。……乃于辛丑(一九〇一年)春,约秦力山、戢翼翚、王宠惠及余等创刊《国民报》于东京小石川区白山御殿町百十番地。留学界倡导民族主义之杂志,以是为嚆矢。余任发行兼编辑人,经费多赖孙总理接济,以维持困难,仅出至第四期而止。云翔深感经济压迫之苦痛,遂南游星洲,谒闽商邱菽园,力劝其抛弃保皇主义,皈依革命真理。菽园款之于天南新报,久久无所表示。云翔乃至香港中国日报访陈少白,闻陶模时任粤督,以素与陶子葆廉(拙存)相善,爰至广州督署谒之。葆廉待以殊礼,且引见乃父,凡遇新政兴革事件,辄就之请益,故清末各督抚之政绩,以陶模为比较优良,云翔与有力焉。壬寅(一九〇二年)以后,《国民报》诸友星散,戢翼翚开设作新社于上海,秦力山南渡缅甸,王宠惠游学美洲,云翔不知何所枨触,竟惓伏故园,韬光养晦者多载。生平友好,多莫知其踪迹。辛亥武汉光复,陈其美组织沪军都督府于上海,云翔始再出参预帷幄,其美礼之甚优。嗣民元南北统一,乃遁迹乡居,绝意仕进。民二赣、宁讨袁军失败,民党耆旧株连者众。云翔乃迁上海租界避之。袁世凯令沪军使杨善德大兴党狱,侦者探悉云翔寓处,诡为车夫伺于门。候云翔出,侦者遽拉之直向华界,投之于狱。云翔移书王宠惠求援,宠惠多方营救,卒无以应,云翔寻见杀于沪军署。

冯自由著《革命逸史》初集,中华书局1981年版,第81~82页

8月13日(六月二十九日)　北京《群报》转载邱菽园自辩文,揭破康有为结党欺人之术。

1901年8月13日北京《群报》转载邱菽园自辩文如下:

不佞前上陶制府一书,比年以来之行谊心迹,大略跃陈纸上。猥蒙薄海内外各华字报馆选录刊登,不佞之志见于是,不佞之言亦详于是,天下不乏明眼人,固可相观而喻矣。乃论者不察,以去年康有为之来新加坡,曾一为延纳,遂多以昔年党康,今日拒康,而中间若留一大段疑讶问题者,噫嘻,如是云云。则前上陶制府一书,岂不是言已尽而志反晦乎?无已,请更为抱疑问者一剖之。夫仆产闽中,家居海外,某与康无一面交,无杯酒欢。固薄海内外之人所共信矣。所以于其来坡而开阁见之者,固有如前上陶帅书所言,以康为皇上所识拔之人,又自故国政变以来,冀以一见而藉知朝政耳。至于其人心术,则前粤东学台张总宪百熙,保摺尚有未知何如之言,况于不佞与之绝未谋面,而竟于一见之下,甘为其党哉?而不佞以海邦男子,两年以来,籍籍蒙康党之名者,岂真独无闻见,而曾不一为辩白欤!诚与党与不党,我心清白,原有存真,而不图阴鸷阴狠之康有为,即以不佞几敖自喜,曾无趋赴门下之心,动辄援借微名,播告天下,极力表暴,或刊各报纸,或印名会单,不惜齿牙,大加赞誉,深恐天下人士不知佞为其党也。甚至如汉口鄂督所捕之会党,及粤东德轮所获之海盗,搜其行箧身上,亦复遍有仆名。至于在汉皋正法之三十余人,以及窟穴上海为康办事之众,则平日报章会单,绝无提及而称道之者。

…………

大抵康之为人,结党营私四字,其死后不磨之谥。而其结党之法,总以其学问招徕之职,以大帽子为牢笼之具。凡属少年聪俊好奇喜事之辈,一与之游,无不入其彀中。此则戊戌以前在粤聚徒又在京结党之手段也。至于亡命出奔以后,则又变用其结党之法,以维新为欺人之术,以皇上为保命之方。其与为仇者,则攻击之;其施之恩者,则愚诱之。若夫豪杰有志热心君国,不甘趋附之流,稍与周旋,则必推重其名,表扬其义,逢人说项,到处推表。一若此人,为其前身父母,再世知己,而天壤难逢,笃生不偶者,一欲收其入党之心,一欲绝其归国之路。其用计之狡,弄术之工,至于此极。故凡报纸上所胪列新党之名,及其行事或登诸各西报,或见诸《清议》、《知新》等,华字报极言其人,若何有志,若何明义,若何捐款者,大抵皆非其党。而惧终不入其党,故乱造谣言,冀使内地官场得闻姓字,而设法捕获。则虽有志士,亦苦于进退维谷,而不得不依草附木,以中其计。此康有为出走以来,结党营私之心术也。不然,康之谋事诸人,如冯镜如、徐勤等,凡勾通绿林,接引会匪,皆经其手,而声名反寂寂无闻。独于不佞及当世所谓大人先生,翁师傅同龢、刘制军坤一、唐抚军景崧、岑抚军春煊、严观察复、陈抚军宝箴、黄廉访遵宪诸公,特揄扬万分于其笔下与口头哉?故欲知康党与新党之分组,观康之隐扬足矣。其扬之升天者,其人必立志维新而不肯入党者也。其隐之埋地者,其人必彼死党而甘与之图谋里言倡行自立者也。噫!君子绝交,不出恶声,不佞以不设城府待

人,被其若推入党,诚难与众辩论,独惜天下人才堕其奸术之中无能解脱,以再为国家效力者,良可痛也。故论康如左,以为世之知言,君子共鉴之。

《北京新闻汇报》第5册,转录自罗刚《中华民国国父实录》,台湾罗刚先生三民主义奖学金基金会1988年版,第602~603页

8月25日(七月十二日)　盛宣怀进呈南洋公学新译各西书,清政府批示推广翻辑。

盛宣怀《呈进南洋公学新译各书并拟推广翻辑摺》:

奏为进呈南洋公学新译各书,并拟推广翻辑以资治理,恭摺仰祈圣鉴事。窃臣于光绪二十四年五月奏开南洋公学摺内附片,陈明于公学中设立译书院,翻译东西政学各书,以为成才之助。奉硃批著照所议办理,钦此等因,在案。开办以来,臣与奏派总理公学知府何嗣焜等,分类审择,督诸译员昕夕编摩,先后成书若干种。臣初以练兵为急务,故兵学居多,理财、商务、学校次之。昨接准两江督臣刘坤一咨称:接政务处咨,取制造局、南洋公学所译各书,以备甄采。仰见明诏所颁,与天下更始之至意,可于译书一事,发其端倪。臣尝思西学西政,孰同孰异,皆当与中国本有之文学政事,融会贯通,方能得其要领,而不为所囿。其书籍浩如烟海,若必待先通西文,而后能课西学,则人才辈出,至速须在十数年之后。且列国方言,仍非尽人通晓。若必使通晓方言,而后可当大任,恐将置外国文字于本国文字之上。专固不通非知政理者矣。埃及学校,课西学以欧文,以故衰削。日本更化之始,先于学校以东文遍译西书,上而将帅公卿,下而贩夫走卒,皆于西学有所取裁,遂以一岛国雄视环球。此其明效大验也。中国士大夫近年得以稍知欧西情事者,未始非参考西书之益。所惜政学译本太少耳。当臣开译之初,本期以西学中文,资成才成名者之讲求焉,国家早收得人之效。及今日世变益深,需材益亟,拯溺救焚之事会,岂能待诸佩觿垂带之学童。目前课吏举能,固必仍责诸吏事之员,取之成材之彦。即将来用人之道,似亦未可偏重西文西语。惟折冲樽俎交涉,宜有方言。此外政学,仍宜归重中文。是以译书需多,亟宜广采分辑。同治初年,曾国藩等以经史书板多毁于兵燹,奏明各省,设官书局,分刊十三经二十四史,遍及各种子集,已足供诵读。可否请饬下各省官书局,改为译印书局,并由政务处电令出使各国大臣,将东西文政学新理有用之书,广为购备,斟酌亟要次要,随时拟定目录,分饬各省克期翻译刊印。一则筹款众擎易举,二则成书不患重复,三则纸板可免参差。臣职司商务,拟即选取各国赋税度支,以及商务矿山银行各章程,督饬专员赶紧翻辑,总期日积月累,与学校相为表里,务使东西文,得中文阐发而无偏弊。则中学得东西学辅翼,而益昌明。不待十年,必有伟材以佐盛治。兹先将公学所译各书,已经排印十有三种,敬谨装治成套,赍送军机处,恭呈御览。尚有译成兵政八种,理财一种,商务二种,学校三种,税法一种,俟排印齐全,再行赍送至坊肆中。近来译印各书甚夥,拟择其正当者,编成目录,另咨政务处,俾备采取。所有呈进已译各书并拟推广翻辑,以资治理。缘由理合恭摺具陈,伏乞皇太后、皇上圣鉴。谨奏。七月十二日奉朱批:知道了。著即推广翻辑。书留览。钦此。

盛宣怀《愚斋存稿初刊》卷5,奏疏5,第32~35页

8月27日(七月十四日)　兴中会骨干郑士良暴病死于香港。

冯自由《郑士良事略》:

郑士良,字弼臣,广东归善县淡水墟人。少有大志,尝从乡中父老练习拳技,颇与邻近绿林豪侠及洪门会党相往还,渐具反清复汉思想。及长,至广州求学。初负笈于油栏门德国教会所设礼贤学校,遂皈依基督教。毕业后入博济医院习医,与孙总理、杨襄甫、廖德山等同

砚。因总理与之志同道合，引为知己。未几，总理转学香港，郑亦辍学归惠州，开设同生药房于淡水墟，专从事联络三合会党，为举事之预备。乙未，总理归自檀岛，决计大举，初以运动香港、九龙、新安等处会党之责委郑任之。后以杨衢云自告奋勇，乃使郑专任联络省城附近会党事宜，准备发难时克期齐集。待事机渐熟，众拟在香港乾亨行选举总统，为临时政府领袖。杨衢云坚欲得总统，尝亲对总理言，谓非此不足以号召中外。郑大反对，声言此席众咸属意总理，如有他人作非分想，彼当亲手刃之。总理深恐因此发生内哄，力劝郑勿暴动，以顾存大局。而总统一席卒为衢云所得。及重阳发难之役顿挫，郑随总理亡命日本。庚子奉总理命经营惠州军事，所有惠、潮、嘉各属会党及绿林首领黄福、黄江喜、梁慕光、黄耀廷诸人俱受节制。因久候日本船运载军械不至，再三愆期。至是年闰八月三洲田革命军司令部渐为粤吏侦知，特派提督何长清率兵围剿。统将黄福以清军步步压迫，不能复忍，遂于是月十五夜率死士八十人暗袭何长清所部于沙湾镇，大破之。初拟乘胜进取广州，会郑士良从香港来，宣布总理自台湾来电所述船械被阻原因，遂变更计划，改途东北以向厦门，冀于沿海岸迎候总理运械接济。当郑未来之先，军中事权暂由黄福主持，黄耀廷则任先锋。迨郑既到，遂由郑发号施令，旗垒为之一新。二十二日大军至镇隆，擒清营管带杜凤梧及敌兵数十人，掳获军用品无算。二十四日与清将马维骐、刘邦盛、莫善积所部五六千人大战于永湖。邓万林中枪堕马，清军溃退，革命军追击至白芒花始收兵回。二十六日清军驻守崩港墟，数约七千人。革命军先以小队袭敌，继来绕道包抄。清军首尾不相顾，遂狂奔而逃。二十八日进至三多祝，四乡归附者日众，有众二万余人，声威大振。方拟厚积粮食，取道梅林东向，忽接香港经海丰来使传达总理命令，谓政情忽变，外援难期，即至厦门，亦无所得。军中之事，请司令自决进止云云。时革命军正缺乏弹药，得电知事无可为，大为懊丧。郑等遂解散所部，分水陆两路退回三洲田大寨，旋先后避地香港。辛丑（一九〇一年），郑复奉总理命，自日本返香港有所活动。是年七月某日与中国报记者郑贯公、同志陈和等饮于水坑口宴琼林酒楼。忽觉不适，贯公、陈和送之回寓。道经永乐街中国报，贯公叩门欲入，则郑已毙于手车上。乃直送赴警局。其夫人钟氏闻讯请官检验，医言验无伤痕，系中风所致。一说谓实由清吏购使郑友郑梦唐下毒食品中杀之云。

冯自由著《革命逸史》初集，中华书局1981年版，第24～25页

《郑士良传》载：

民国纪元前十一年（清光绪二十七年，西历一九〇一年）他奉国父命，由日本回香港有所活动。事被广东的清吏侦悉，悬大赏购缉他。有一个汉奸要得这重赏，于七月十四日那天，设计诱他到水坑口的宴琼林酒楼吃饭，暗中把毒药放在菜里，他误吃，不幸就因此身殉。闻者莫不悼惜。遗妻钟氏，子云初，身后萧条。国父在日本听到这个消息，悲悼异常。特派同志黄士龙到香港唁慰，给款维持遗族，并带云初去南京读书。云初学成后，曾在粤汉铁路服务云。

中国国民党中央党史史料编纂委员会编《革命先烈先进传》，"中华民国"各界纪念国父百年诞辰筹备委员会1965年版，第24页

8月29日（七月十六日）　清政府发布上谕，令改科举，废八股，废武科。

《清实录》：

己卯，谕内阁：科举为抡材大典，我朝沿用前明旧制，以八股文取士，名臣硕儒，多出其中。其时学者皆潜心经史，文艺特其绪余。乃行之二百余年，流弊日深。士子但视为弋取科名之具，剿袭庸滥，于经史大义，无所发明。急宜讲求实学，挽回积习。况近来各国通商，智

巧日辟,尤贵博通中外,储为有用之材。所有各项考试,不得不因时变通,以资造就。著自明年为始,嗣后乡会试,头场试中国政治史事论五篇,二场试各国政治艺学策五道,三场试四书义二篇、五经义一篇。考官阅卷,合校三场,以定去取,不得偏重一场。生童岁科两考,仍先试经古一场,专试中国政治史事,及各国政治艺学策论,正场试四书义五经义各一篇。考试试差,庶吉士散馆,均用论一篇,策一道。进士朝考论疏,殿试策问,均以中国政治史事及各国政治艺学命题。以上一切考试,凡四书五经义,均不准用八股文程式,策论均应切实敷陈,不得仍前空衍剿窃。自此次降旨之后,皆当争自濯磨,务以四书五经为根柢,究心经济,力戒浮嚣,明体达用,足备器使,庶副朝廷求治作人之至意。所有各试场详细章程及其余各项考试未尽事宜,著礼部会同政务处妥议具奏。

又谕:武科一途,本因前明旧制。相沿既久,流弊滋多。而所习硬弓刀石及马步射,皆与兵事无涉。施之今日,亦无所用,自应设法变通,力求实济。嗣后武生童考试及武科乡会试,著即一律永远停止。所有武举人进士,均令投标学习。其精壮之武生及向来习武学之童生,均准其应募入伍,俟各省建立武备学堂后,再行酌定挑选考试章程,以广造就。将此通谕知之。

《清实录》第58册,中华书局1987年版,第412~413页

9月7日(七月二十五日)　奕劻、李鸿章与十一国公使订立辛丑条约。

《光绪朝东华录》(条约各款后附件略,编者):

戊子,全权大臣奕劻、李鸿章与十一国驻京公使议订和约十二款成。其文曰:大德钦差驻扎中华便宜行事大臣穆默、大奥钦差驻扎中华全权大臣齐干、大比钦差驻扎中华便宜行事全权大臣姚士登、大日(西班牙,编者)钦差驻扎中华全权大臣葛络干、大美国钦差特办议和事宜全权大臣柔克义、大法钦差全权大臣驻扎中国京都总理本国事务便宜行事鲍渥、大英钦差便宜行事全权大臣萨道义、大义钦差驻扎中华大臣世袭侯爵萨尔瓦葛、大日本国钦差全权大臣小村寿太郎、大和钦差驻扎中华便宜行事全权大臣克罗伯、大俄钦命全权大臣内廷大夫格尔思、大清钦命全权大臣便宜行事总理外务部事务和硕庆亲王、大清钦差全权大臣便宜行事太子太傅文华殿大学士北洋大臣直隶总督部堂一等肃毅伯李鸿章,今日会同声明,核定大清国按西历一千九百年十二月二十二日,即中历光绪二十六年十一月初一日文内各款,当经大清国大皇帝于西历一千九百年十二月二十七日,即中历光绪二十六年十一月初六日降旨,全行照允,足适诸国之意妥办。

第一款:

(一)大德国钦差男爵克大臣被戕害一事,前于西历本年六月初九日,即中历四月二十三日奉谕旨,钦派醇亲王载沣为头等专使大臣,赴大德国大皇帝前,代表大清国大皇帝暨国家惋惜之意。醇亲王已遵旨于西历本年七月十二日,即中历五月二十七日,自北京起程。

(二)大清国国家业已声明,在遇害处所竖立铭志之碑,与克大臣品位相配,列叙大清国大皇帝惋惜凶事之旨,书以辣丁、德、汉各文。前于西历本年七月二十二日,即中历六月初七日,经大清国钦差全权大臣,文致大德国钦差全权大臣。现于遇害处所,建立牌坊一座,足满街衢。已由西历本年六月二十五日,即中历五月初十日兴工。

第二款:

(一)惩办伤害诸国国家及人民之首祸诸臣。将西历本年二月十三、二十一等日,即中历上年十二月二十五、本年正月初三等日,先后降旨所定罪名,开列于后。端郡王载漪、辅国公

载澜均定斩监候罪名。又约定,如皇上以为应加恩贷其一死,即发往新疆永远监禁,永不减免。庄亲王载勋、都察院左都御史英年、刑部尚书赵舒翘均定为赐令自尽。山西巡抚毓贤、礼部尚书启秀、刑部左侍郎徐承煜均定为即行正法。协办大学士吏部尚书刚毅、大学士徐桐、前四川总督李秉衡均已身故,追夺原官,即行革职。又兵部尚书徐用仪、户部尚书立山、吏部左侍郎许景澄、内阁学士兼吏部侍郎衔联元、太常寺卿袁昶,因上年力驳殊悖诸国义法极恶之罪被害,于西历本年二月十三日,即中历上年十二月二十五日,奉上谕开复原官,以示昭雪。庄亲王载勋已于西历本年二月二十一日,即中历正月初三日;英年、赵舒翘已于二十四日,即初六日,均自尽。毓贤已于二十二日,即初四日;启秀、徐承煜已于二十六日,即初八日,均正法。又西历本年二月十三日,即中历上年十二月二十五日,上谕将甘肃提督董福祥革职,俟应得罪名定谳惩办。西历本年四月二十九、六月初三、八月十九等日,即中历三月十一、四月十七、七月初六等日,先后降旨,将上年夏间凶惨案内,所有承认获咎之各外省官员,分别惩办。

(二)西历本年八月十九日,即中历二十七年七月初六日,上谕,将诸国人民遇害被虐之城镇,停止文武各等考试五年。

第三款:

因大日本国使馆书记生杉山彬被害,大清国大皇帝从优荣之典,已于西历本年六月十八日,即中历五月初三日降旨,简派户部侍郎那桐为专使大臣,赴大日本国大皇帝前,代表大清国大皇帝及国家惋惜之意。

第四款:

大清国国家,允定在于诸国被污渎及挖掘各坟茔,建立涤垢雪侮之碑,已与诸国全权大臣会同商定,其碑由各该国使馆督建,并由中国国家付给估算各费银两。京师一带每处一万两,外省每处五千两。此项银两业已付清。兹将建碑之坟茔,开列清单附后。

第五款:

大清国国家,允定不准将军火暨专为制造军火各种器料,运入中国境内。已于西历本年八月二十五日,即中历二十七年七月十二日,降旨禁止进口二年。嗣后如诸国以为有仍应续禁之处,亦可降旨将二年之限续展。

第六款:

按照西历本年五月二十九日,即中历四月十二日上谕,大清国大皇帝允定,付诸国偿款海关银四百五十兆两。此款系西历一千九百年十二月二十二日,即中历光绪二十六年十一月初一日条款内第二款所载之各国各会各人及中国人民之赔偿总数。

甲、此四百五十兆,系照海关银两市价易为金款。此市价按诸国各金钱之价易金如左:海关银一两,即德国三马克零五五,即奥国三克勒尼五九五,即美国圆零七四二,即法国三佛郎克七五,即英国三先令,即日本一圆四零七,即荷兰国一弗乐林七九六,即俄国一鲁布四一二,俄国鲁布按金平算,即十七多理亚四二四。此四百五十兆,按年息四厘,正本由中国分三十九年,按后附之表各章清还。本息用金付给,或按应还日期之市价易金付给,还本于一千九百零二年正月初一日起,一千九百四十年终止。还本各款,应按每届一年付还,初次定于一千九百零三年正月初一日付还。利息由一千九百零一年七月初一日起算。惟中国国家亦可将所欠首六个月至一千九百零一年十二月三十一日之息,展在自一千九百零二年正月初一日起,于三年内付还。但所展息款之利,亦应按年四厘付清。又利息每届六个月付给,初次定于一千九百零二年七月初一日付给。

乙、此欠款一切事宜，均在上海办理。如后诸国各派银行董事一名，会同将所有由该管之中国官员付给之本利总数收存，分给有干涉者，该银行出付回执。

丙、由中国国家将全数保票一纸，交付驻京诸国钦差领衔大臣手内。此保票以后分作零票，每票上各由中国特派之官员画押。此节以及发票一切事宜，应由以上所述之银行董事，各遵本国敕令而行。

丁、付还保票财源各进款，应每月给银行董事收存。

戊、所定承担保票之财源，开列于后：一、新关各进款，俟前已作为担保之借款各本利付给之后馀剩者，又进口货税增至切实值百抽五，将所增之数加之。所有向例进口免税各货，除外国运来之米及各杂色粮面，并金银以及金银各钱外，均应列入切实值百抽五货内。二、所有常关各进款，在各通商口岸之常关均归新关管理。三、所有盐政各进项，除归还前泰西借款一宗外，馀剩一并归入。至进口货税增至切实值百抽五，诸国现允可行，惟须二端：一、将现在照估价抽收进口各税，凡能改者，皆当急速改为按件抽税几何。定办改税一层，如后作为估算货价之基，应以一千八百九十七、八、九三年卸货时各货牵算价值，乃开除进口税及杂费总数之市价。其未改以前，各该税仍照估价征收。二、北河黄浦两水路，均应改善。中国国家即应拨款相助。增税一层，俟此条款画押日两个月后，即行开办。除在此画押日期后至迟十日已在途间之货外，概不得免抽。

第七款：

大清国国家，允定各使馆境界以为专与住用之处，并独由使馆管理，中国民人概不准在界内居住，亦可自行防守。使馆界线于附件之图标明如后。东面之线，系崇文门大街。图上十、十一、十二等字，北面图上系五、六、七、八、九、十等字之线，西面图上系一、二、三、四、五等字之线，南面图上系十二、一等字之线，此线循城墙南址随城垛而画。按照西历一千九百零一年正月十六日，即中历上年十一月二十六日文内后附之条款，中国国家应允诸国分应自主，常留兵队分保使馆。

第八款：

大清国国家，应允将大沽炮台及有碍京师至海通道之各炮台，一律削平。现已设法照办。

第九款：

按照西历一千九百零一年正月十六日，即中历上年十一月二十六日文内后附之条款，中国国家应允由诸国分应主办会同酌定数处，留兵驻守，以保京师至海通道无断绝之虞。今诸国驻守之处，系黄村、郎坊、杨村、天津、军粮城、塘沽、芦台、唐山、滦州、昌黎、秦皇岛、山海关。

第十款：

大清国国家，允定两年之久，在各府厅州县，将以后所述之上谕颁行布告：

（一）西历本年二月初一日，即中历上年十二月十三日，上谕，以永禁或设或入与诸国仇敌之会，违者皆斩。

（二）西历本年二月十三、二十一、四月二十九、八月十九等日，即中历上年十二月二十五、本年正月初三、三月十一、七月初六等日，上谕一道，犯罪之人如何惩办之处，均一一载明。

（三）西历本年八月十九日，即中历七月初六日，上谕，以诸国人民遇害被虐各城镇，停止文武各等考试。

（四）西历本年二月初一日，即中历上年十二月十三日，上谕，以各省督抚文武大吏暨有司各官，于所属境内，均有保平安之责。如复滋伤害诸国人民之事，或再有违约之行，必须立时弹压惩办。否则，该管之员，即行革职，永不叙用，亦不得开脱别给奖叙。以上谕旨，现于中国全境渐次张贴。

第十一款：

大清国国家，允定将通商行船各条约内，诸国视为应行商改之处，及有关通商各项事宜，均行议商，以期妥善简易。现按照第六款赔偿事宜，约定中国国家应允襄办改善北河黄浦两水路，其襄办各节如左：

（一）北河改善河道，在一千八百九十八年会同中国国家所兴各工，近由诸国派员重修，一俟治理天津事务交还之后，即可由中国国家派员与诸国所派之员会办。中国国家应付海关银每年六万两，以养其工。

（二）现设立黄浦河道局，经管整理改善水道各工。所派该局各员，均代中国暨诸国保守在沪所有通商之利益。预估后二十年该局各工及经管各费，应每年支用海关银四十六万两。此数平分，半由中国国家付给，半由外国各干涉者出资。该局员差并权责及进款之详细各节，皆于后附文件内列明。

第十二款：

西历本年七月二十四日，即中历六月初九日，降旨将总理各国事务衙门，按照诸国酌定改为外务部，班列六部之前，此上谕内已简派外务部各王大臣矣。且变通诸国钦差大臣觐见礼节，均已商定，由中国全权大臣屡次照会在案，此照会在后附之节略内述明。

兹特为议明以上所述各语，及后附诸国全权大臣所发之文牍，均系以法文为凭。大清国国家既如此，按以上所述，西历一千九百年十二月二十二日，即中历光绪二十六年十一月初一日文内各款，足适诸国之意妥办，则中国愿将一千九百年夏间变乱所生之局势完结。中国亦照允随行。是以诸国全权大臣，现奉各本国政府之命，代为声明。除第七款所述之防守使馆兵队外，诸国兵队即于西历一千九百零一年九月十七日，即中历光绪二十七年八月初五日，全由京城撤退。并除第九款所述各处外，亦由西历一千九百零一年九月二十二日，即中历光绪二十七年八月初十日，由直隶省撤退。

今将以上条款，缮定同文十二份，均由诸、中国全权大臣画押，诸国全权大臣各存一份，中国全权大臣收存一份。

朱寿朋编《光绪朝东华录》，中华书局1958年版，第4699~4717页

9月13日（八月初一日） 蔡元培被聘为南洋公学特班生总教习。

蔡元培《自写年谱》：

这时候的南洋公学，除盛君杏荪自任督办外，监督为沈子培，教务长为伍昭扆（伍光建）。公学本分为上院、中院两部。上院拟设路、矿、电等专科，中院办中学，又附设小学。尔时还没有中学毕业生可以进专科的，所以上院尚未开办。中院自国文及本国地理、历史外，均用英文教科书，有英、美教员数人。沈君到学后，提议设特班（特班于八月朔开课）。

高平叔编《蔡元培全集》第1卷，中华书局1984年版，第291页

蔡元培《记三十六年以前之南洋公学特班》载：

南洋公学自民元前十六年（公元1896年）奏准后，即于第二年设师范院，其程度如民国元年前后之师范学校。又设外院考取学生，派师范生轮流教之，其程度如今日之小学也。第

三年设中院,其程度如今日之中学。前十二年,上院校舍落成,适有北洋大学学生避拳乱来上海者,乃设铁路班以收容之,是为高等教育之发端。故自外院而中院,而上院,即自小学而中学而高等学校,是为南洋公学正式之系统。所设之师范院,本为例外,而当时尚有一例外之班,与师范相类者,为特班。交通大学中,尚保存拟设南洋公学特班章程一通,其第五条云:"师范生应遵守之规约及应独得之优礼,特班从之。"足为特班与师范院相类之证也。

特班之设,为沈总理(总理即今之校长)曾植所提议,而盛督办宣怀从之。其考试,据特班同学彭清鹏君所述:"招考二次,每次各取二十人,初试在南洋公学,复试在盛宅。所试皆国文,复试题为《明夏良胜中庸衍义书后》及《请建陪都议》。"与试者大都不知第一题之出处,由督试员检示四库全书提要,乃勉强完卷。开学以后,陆续报到者三十八人,均寄宿校中。其时彭君与邵闻泰、谢澄二君,皆未满二十岁,亦彭君所能忆及者也。据林君同壮所记,特班生实为四十二人。林君并记有别号及籍贯等;余又与黄君任之益以所忆及之略历,依姓氏画数之多少,题名于下:

王世澂,号莪孙,福建闽侯人,治法学。

王世谦,号鸣宇,世澂之弟,已故。

文光,字耀斋,浙江旗籍,曾为新疆省委员。

文永誉,字公达,江西萍乡人,服务新闻界,已故。

方彦忱,字仲斐,安徽桐城人。

田濂,字毅侯,贵州都匀人,已故。

朱履和,一名宝奎,字啸山,浙江秀水人,留学英国,治法学,曾任司法部次长。

吴宝地,字叔田,江苏上海人,律师。

李广平,字叔同,浙江平湖籍,生长天津,曾留学日本,初为美术家,书画篆刻无不精工,并参加春柳社,后皈依佛教,改名宏一。

贝寿同,字季眉,江苏吴县人,留学德国,治建筑术,在司法部任技正甚久。

邵闻泰,字仲辉,后改名力子,浙江绍兴人,善为文,努力革命,现任陕西省政府主席。

周思绪,原名光庭,浙江杭县人,曾为县长。

林松坚,原名坚,号鲁生,福建闽侯人,曾在教育部服务。

林文潜,字洲髓,浙江瑞安人,已故。

林大同,字同壮,浙江瑞安人,洲髓之侄,在杭州办水利局多年。

范况,字彦矧,江苏南通人,长于文学。

胡仁源,字次珊,一字仲毅,浙江吴兴人,善为文,富哲学思想,留学英国,治工程,曾任北京大学工科学长并代理校长。

洪允祥,号樵龄,浙江慈溪人,长于诗文,为慈溪三诗人之一。

殷洪亮,字次伊,江苏常熟人,在特班时,富革命思想,善为文。散学后未久,于归途中失足坠水卒。

唐忠行,号镜岩,江苏吴县人。

张承樾,字荫阁,江苏宝山人,已故。

徐敬熙,字惺初,江西湖口人,在教育部服务有年。

项骧,号渭臣,又号微尘,浙江瑞安人,治财政学,曾在财政部服务。

陈锡民,号永蕃,浙江杭县人,已故。

黄炎培,号楚南,旋改韧之,后又改任之,江苏川沙人。在清季,秘密组织革命团体;后在江苏教育界服务甚久；创设中华职业教育社及人文图书馆等。

陆梦熊，原名徵瑞，字渭渔，江苏崇明人，曾留学日本，在交通上服务甚久，现任交通部专员。

郭弼，字奇远，浙江瑞安人。

彭清鹏，原名清栋，字彦颐，今字云伯，江苏吴县人，在司法部任秘书甚久，现任司法行政部科长。

穆湘瑶，号抒斋，今号恕再，江苏上海人，曾在警察上服务，现营实业。

单毓年，字耆仲，江苏泰县人，已故。

费毓桂，字梓怡，江苏武进人。

刘伯渊，号渊士，江苏阳湖人，经营工商业。

潘承锷，原名钰，字砚孙，江苏吴县人，律师。

钱诗桢，字复三，江苏太仓人，已故。

钟观诰，字衡戒，浙江镇海人，精化学，已故。

钟枚，字卜举，浙江杭州人，曾在浙江行政上服务。

谢澄，号希范，一字无量，今以字行，四川乐至人，善为文，现任监察院监察委员。

储桂山，字馨远，江苏泰县人，已故。

魏斯灵，号阜欧，江西金溪人，曾任江西财政厅长及国会议员，已故。

萨君陆，字幼实，福建闽侯人，曾在中央观象台服务。

民元前十年之夏，曾摄影一次，胡君仁源为之记，其文曰："壬寅夏，为我同人入学一周年之期。休假前数日，共摄影于上院前廊之下，与其列者二十有六人，中立者蔡先生鹤卿，王先生枚伯，其后则李君叔同，其右则殷君次伊，刘君渊士，陆君渭渔，林君洲髓，王君莪孙，贝君季眉，黄君楚南，萨君君陆，穆君恕斋，林君同庄，储君馨远，范君彦矧，陈君永蕃，徐君敬熙，钟君朴巨。其左则吴君叔田，郭君奇远，项君伟巨，张君荫阁，邵君仲辉，唐君镜岩，魏君阜瓯，程君俪笙"……是其时，除余与王君外，特班生参加者，不过二十四人而已。

特班章程第一条云："特设一班，以待成材之彦之有志西学者。"是课程重在西学。又于第四条规定，"功课分为前后两期，前期为初级功课，后期为高级功课，各限三年卒业。"初级功课为英文之写诵文法章句，算学之数学、代数、几何、平三角，格致化学之手演。高级功课为格致化学之阐理、地志、史学、政治学、理财学、名学，是其本意在以英文教授政治、理财等学，养成新式从政人才。而于初级中补受数理化普通教育也。

因特班生对于初级功课，有已习或未习者，故均在中院上课，或插班或开班，我已忘之。我所忆及者，章程之第七条所规定："西课余暇，当博览中西政事诸书，以为学优则仕之地。"特设教员二人以管理之；其一任监督，初聘江西赵君从蕃任之。赵君辞职后，聘黄岩王君舟瑶继任。其一任指导，则由我任之。

指导之法，稍参书院方式。学生每人写札记，由教员阅批，月终由教员命题考试，评次甲乙，送总理鉴定。其时学生中能读英文者甚少，群思读日文书。我乃以不习日语而强读日文书之不彻底法授之。不数日，人人能读日文，且有译书者。

特班开办于民元前十一年之春，解散于前十年之冬，自始至终不及二年。不特章程第四条之初级功课未能修毕，即第七条之自修，恐亦影响甚微。其中多数特班生卒能在学术上社会上有贡献者，全恃此后特殊力学之结果耳。惟同学聚散，不无雪泥鸿爪之感。黄任之君曾于民国十六年，邀集特班同学在上海半淞园聚餐，到者不过十余人。忽忽十年，尚未有第二次之集会。适交通大学四十年纪念册征文，余以此事亦校史中特别之史实，故就所忆及者记述之,以充篇幅。

《交通大学校史》撰写组编《交通大学校史资料选编》第1卷,西安交通大学出版社1986年版,第65~69页

附拟设南洋公学特班章程(光绪二十七年):

第一条　于上院中院外,特设一班,以待成材之彦之有志西学。此名曰:“南洋公学特班”。

第二条　凡学识淹通,年力建[健]强者,均可入学,有无出身勿论,曾习西文否勿论。

第三条　愿入学者限于四月内觅保向南洋公学报名。(有嗜好者,喜便逸者,有家事须治理者,勿来报名。)候有成数,即由督办(招商、电报局)大臣示期考试,录取优者入学肄业。

第四条　功课分为前后两期,前期为初级功课,后期为高级功课,各限三年卒业,已习西文有年者,□期分别教授。

初级功课:

英文　写诵文法章句

算学　数学　代数　几何　平三角

格致化学　手演

高等功课:

格致化学　阐理

地志

史学

政治学

理财学

名学

第五条　师范生应倡守之规约及应独得之优礼,特班从同,惟不给膏火。至购买星草纸墨及一切零用,悉当自备。

第六条　月终岁终,本教习试之。夏季大考,督办(招商、电报局)大臣亲试之,以定黜陟。

第七条　西课余暇,当博览中西政事诸书,以为学优则仕之地。督办(招商、电报局)大臣以时试之。

第八条　功课不及格,抑不守规约者,随时辞退。

第九条　非有紧要事故,并由保人证明者,不得告假,以免旷课,违者辞退。

第十条　自请出学,非经本公学核准者,应加倍偿还修膳等费。如有拖欠,由保追缴。

常年经费:

学生三十人伙食(每人三元,每月九十元)十个月计洋九百元。

月奖　以师范生为例,计洋五百元。

听差四人工费　每人四千五百,每月十八千,十二个月二万十六千,计洋二百四十元。

茶水灯火、月课卷纸杂费,每月三十元,计洋三百元。

共洋一千九百四十元正。

《交通大学校史》撰写组编《交通大学校史资料选编》第1卷,西安交通大学出版社1986年版,第64~65页

关于南洋公学特班开学及蔡元培执教情况,黄炎培、邵力子后曾撰文回忆。

1940年3月23日《大公报》(重庆),黄炎培《敬悼吾师蔡孑民先生》:

……开学之日,礼场诸师长中,有衣冠朴雅、仪容整肃,而又和蔼可亲者一人,同学走相

告，此为总教习，则吾师是也。

师之教吾辈，日常课程，为半日读书，半日习英文及算学，间以体操。其读书也，吾师手写修学门类及每一门类应读之书，与其读书先后次序。其门类就此时所忆及，为政治、法律、外交、财政、教育、经济、哲学、科学——此类分析特细、文学、论理、伦理等等，每生自认一门，或二门，乃依书目次序，向学校图书馆借书，或自购阅读。每日令写札记呈缴，手自批改，隔一二日发下，批语则书于本节之眉。佳者则于本节左下角加一圈，尤佳者双圈。每月命题作文一篇，亦手自批改。每夜召二三生入师朝夕起居之室谈话，或发问，或令自述读书心得，或对时事感想。全班四十二人，计每生隔十来日得聆训话一次。入室则图书满架，吾师长日伏案于其间，无疾言，无愠色，无倦容，皆大悦服。

1940年3月24日《中央日报》(重庆)，邵力子《我所追念的蔡先生》载：

……那时是民国纪元前十年(蔡元培执教南洋公学特班时间为民元前十一年到十年，编者)，革命教育渐起与官僚教育抗争，蔡先生正是革命教育的领导者。他以名翰林，受盛宣怀氏礼聘，来做我们的国文总教习。他当然不能明白的鼓吹革命，但早洗尽一切官僚教育的习气。他教我们阅读有益的新旧书籍，他教我们留意时事，他教我们和文汉读，他教我们以种种研究学术的方法。他不仅以言教，并且以身教；他自己孜孜兀兀，终日致力于学问；他痛心于清政之腐败，国势之阽危，忧国的心情不时流露于词色；他具有温良恭俭的美德，从不以疾言厉色待人，也不作道学家的论调，而同学自然受其感化。

9月14日(八月初二日)　清政府命将各省书院，在省城者改为高等学堂或大学堂，在各府、州、厅者改为中等学堂，在县者改为小学堂。并多设蒙养学堂。

《清实录》：

乙未，谕内阁：人才为庶政之本。作育人才，端在修明学术。三代以来，学校之隆，皆以德行道艺为重。故其时体用兼备，贤才众多。近日士子，或空疏无用，或浮薄寡实。今欲痛除此弊，自非敬教劝学，无由感发兴起。除京师已设大学堂，应行切实整顿外，著将各省所有书院，于省城均改设大学堂，各府厅直隶州均设中学堂，各州县均设小学堂。并多设蒙养学堂。其教法当以四书五经纲常大义为主，以历代史鉴及中外政治艺学为辅。务使心术端正，文行交修，博通时务，讲求实用，庶几植基立本，成德达材，方副朕图治作人之至意。著该督抚学政，切实通筹，认真举办。所有慎延师长，妥定教规，及学生卒业，应如何选举鼓励，一切详细章程，着政务处咨行各省，悉心酌议，会同礼部覆核具奏。将此通谕知之。

《清实录》第58册，中华书局1987年版，第419～420页

9月16日(八月初四日)　清政府命各省选派学生出洋游学，学成后分别赏给进士、举人各项出身。

《清实录》：

丁酉……又谕：造就人才，实为当今急务。前据江南、湖北、四川等省，选派学生出洋游学，用意甚善。著各省督抚，一律仿照办理。务择心术端正、文理明通之士，前往学习。于一切专门艺学，认真肄业，实力讲求。学成领有凭照回华，即由该督抚学政，按其所学，分门考验。如实与凭照相符，即行出具切实考语，咨送外务部覆加考验，择尤奏请奖励。其游学经费，著各省妥筹发给，准其作正开销。如有自备资斧出洋游学者，著由该省督抚，咨明该出使大臣，随时照料。如果学成得有优等凭照回华，准照派出学生一体考验奖励，均候旨分别赏

给进士、举人各项出身,以备任用,而资鼓舞。将此通谕知之。

《清实录》第58册,中华书局1987年版,第422～423页

△ 本日,清政府谕令赦免新加坡华商邱菽园通逆之罪,并给以嘉奖,以为去逆效顺者劝。

《清实录》:

又谕:张之洞奏,出洋华商,表明心迹,请准销案免累,并予褒奖一摺。据称福建举人、内阁中书衔邱炜萲(即邱菽园,编者),向在南洋新嘉坡一带经商,素为华商之望。上年唐才常在汉口破案,供有邱炜萲资助康逆钱财之语。经该督通缉查拿,兹据该举人禀称,初与康梁二逆往还,嗣闻其藉会敛财,煽党谋逆,立即痛恨绝交。冤被株连,恳予自新,奏明销案免累,并报效赈捐银一万两等语。康梁二逆,逋逃海外,煽惑人心,藉会敛财,似此被其诳诱者,必所不免。既据该举人输诚悔悟,具见天良,殊堪嘉尚。邱炜萲著加恩赏给主事,并加四品衔,准其销案,以为去逆效顺者劝。

《清实录》第58册,中华书局1987年版,第423页

9月17日(八月初五日) 日本情报机构侦悉康有为在槟榔屿活动情况。

日本外务省藏档案《康有为所在地之情况》:

外务大臣曾祢荒助伯爵阁下:

关于清国流亡人士康有为居留槟榔岛一事,已于五月十六日以机密第21号呈报。此次当清国差遣清国谢罪使前往各国之际,因该岛正当必经之路,据说康有为因此自动回避而赴锡兰。

谨此报告如上。

驻暹罗代理公使稻垣满次郎

明治34年9月17日

[440659 明治34年10月16日收到 机密第38号]

章开沅、罗福惠、严昌洪编《辛亥革命史资料新编》第6册,湖北人民出版社2009年版,第104页

9月21日(八月初九日) 蔡元培起草南洋公学特班生学习办法。

《南洋公学特班生学习办法》(标题为编订者所加):

一、中文书(赅译本)课程,每日自一点钟(此处时间疑有笔误,编者)起至四点半钟止,凡七小时(其午后进英文课堂者,自八点钟至十一点半)。

一、每日以三小时课编纂,三小时课讲义,一小时为修辞之学。

一、编纂为探迹之学。凡所看记叙之书(日本人所谓历史的)皆属之。札记之例:一稽本末(即因果,凡下论断,必先推其前因后果),略如纪事本末之属。一比事类,略如赵氏札记之属(此即论理学归纳之法,谓于杂散殊别中,抽出共同公理以贯之)。一附佐证,略如商榷考异之类(本书不详,别引书证明之,或援以比例时事,惟不可涉于琐屑)。

一、讲义为探理之学。凡所看论著之书皆属之(日本人所谓理论的)。

一、札记之例,一节精要,一著心得,一记疑义。札记每七日一缴,如左表(表略)。

一、讲堂七小时外,随意看书,有心得疑义,可别录,与札记同缴。

高平叔编《蔡元培全集》第1卷,中华书局1984年版,第134～135页

9月26日(八月十四日)　谢缵泰与洪全福、李纪堂等商议第二次广州举义计划,决定举容闳为临时政府大总统。

谢缵泰《中华民国革命秘史》:

一九○一年九月二十六日,我与李北(纪堂)商议,他表示愿意参加再组织一次夺取广州的活动,并建立临时政府,以容闳法学博士为总统。我们决定把招募新兵和组织战斗力量的任务交给洪全福。

中国人民政治协商会议广东省委员会编《孙中山与辛亥革命史料专辑》,广东人民出版社1981年版,第312页

冯自由《壬寅洪全福广州之役》:

……李(纪堂)自其父逝世,分得遗产百万,乃欲再图大举,一雪惠州失败之耻。适洪全福、谢缵泰父子方有所谋,特向李征求同意,李欣然赞成,遂于辛丑(清光绪二十七年)八月十四日会商进行方法。洪提议筹饷五十万元,召集省港洪门兄弟克期大举。谢提议推举容闳老博士为临时政府大总统。李于二项提案均无异议,且允以个人之力担负军饷。议既定,洪、谢、李诸人遂积极进行,克期大举。惟此次计划,兴中会干部概未与闻。

冯自由著《中华民国开国前革命史》上,革命史编辑社1928印行,第121页

9月27日(八月十五日)　日本情报机构侦悉梁启超自东京迁往横滨以求安全。

日本外务省藏档案《梁启超迁居横滨以求安全》:

外务大臣小村寿太郎伯爵阁下:

清国流亡人士梁启超在二十七日由东京迁至横滨山手[下]町五十七号。据说此人突然迁居是因为近来身居东京,总觉其左近危险。现在每夜都有不名身份者偷窥其私宅二次左右。而且,此次来访的清国专使那桐有暗中以金钱唆使某些留日清国人的形迹。特别是在设于小石川的大同商业学校的学生之中,对江南各省出身的人设宴招待并唆使之。此外,孙逸仙为何二次前往东京会见那桐,亦有密告梁启超近况之嫌。如此种种,认为与其居住东京,不如迁往横滨更为安全,故急切间迁居。

谨此报告如上。

神奈川县知事周布公平

明治34年9月30日

[440656　明治34年10月2日　甲秘第364号]

章开沅、罗福惠、严昌洪编《辛亥革命史资料新编》第6册,湖北人民出版社2009年版,第103页

9月30日(八月十八日)　日本情报机构向外务省报告康有为在南洋行踪情况。

日本外务省藏档案《康有为之踪迹》:

外务大臣小村寿太郎伯爵阁下:

本月二十日本地报纸刊登记事说,康有为此前向北清地区送去大批金钱,但不明其地址及目的云云,据调查了解及康氏本人不在此地,上述记事可归为无稽之谈。后来推测,可能是康派之人抱有某种目的给该报社匿名写信。由于此人不在家,不断派人加以视察,直至一月以前为止仍无所获,近来更几乎失去踪迹。此人于去年七月中旬离开本地,搭乘英船海铃号赴槟城,隐藏在与当地行政长官公馆毗连的一间公馆内,秘密发函至某国购买枪械,将其装在食品箱之最底层,暗中输入至曼谷,准备自该地运到南清内地,但被发觉,被曼谷海关没收,这是本年春天所发生的事。近来此人更加强警戒,悄悄策动筹款。因为清政府(通过本

地总领事之手)之侦查甚严,均未得手。光阴荏苒,约一个月以前其人宣称前往"沃勒斯内"州(也是英领),遂派人在旅行中跟踪,但不明下落。或有此人已悄悄至缅甸,正向该地清商募捐之说云云,然此说甚难相信。据观察此人还是在槟城一带,但由于某种情况转移,可能把行踪隐蔽起来。关于此人踪迹,本地清国总领事有时接到内部报告,与上述事实符合。今后探听有得,将随时汇报呈上,此致。

驻新加坡领事久永三郎

明治34年9月30日

又,最近与本地清国总领事见面时听说,对于康有为去向及其举动上之事,奉李鸿章严令每月花费不少侦探费用。

[440660 明治34年10月18日收到 机密第6号]

章开沅、罗福惠、严昌洪编《辛亥革命史资料新编》第6册,湖北人民出版社2009年版,第105页

10月1日(八月十九日) 日本情报机构侦悉钱恂在日活动情况。

日本外务省藏档案《清国人往来情况报告》:

外务大臣小村寿太郎伯爵阁下:

清国人钱恂,搭乘于前(二十九)日晚十二时入港之汽船西京丸由神户抵长崎。并于昨(三十)日下午六时乘同船前往清国上海。此人系张之洞麾下赫赫有名的人物,在本邦留学期间,任清国学生监督,留居东京。停船靠岸期间,未登陆而起居于船舱内,因而无来访者,并无其他异常情况。

谨此报告如上。

长崎县知事荒川义太郎

明治34年10月1日

[440657 明治34年10月4日 高秘第466号]

章开沅、罗福惠、严昌洪编《辛亥革命史资料新编》第6册,湖北人民出版社2009年版,第104页

△ 本日,两广总督陶模致电军机处报告嘉应州兴宁县会党起事情形。

《两广总督陶模等为兴宁会党攻扑县城事致西安行在军机处电》(光绪二十七年八月十九日军机处电报档):

急。西安军机处钧鉴:亥。嘉应州属兴宁县会匪,于十一日聚众起事,焚抢德国教堂,攻扑县城。营县拒守,毙匪百余。已派副将吴祥达带勇两营,参将石玉山带勇一营,由普宁、庞川一带分路援剿,乞先代奏。陶模、德寿。效。

中国第一历史档案馆、北京大学历史系编《辛亥革命前十年间民变档案史料》下,中华书局1985年版,第433页

10月2日(八月二十日) 清政府通谕各省督抚及中外臣工破除积习、整顿中法、仿行西法。

《清实录》:

慈禧端佑康颐昭豫庄诚寿恭钦献崇熙皇太后懿旨:自经播越,一载于兹。幸赖社稷之灵,还京有日。卧薪尝胆,无时可忘。推积弱所由来,叹振兴之不早。近者特设政务处,集思广益,博采群言,逐渐施行。择西法之善者,不难舍己从人。救中法之弊者,统归实事求是。数月以来,兴革各事,业已降旨饬行。惟其中或条目繁重,须待考求,或事属创举,须加参酌。

回銮以后，尤宜分别缓急，锐意图成。兹据政务处大臣荣禄等面奏，变法一事，关系甚重。请申诫谕示天下，以朝廷立意坚定，志在必行，并饬政务处随时督催，务使中外同心合力，期于必成。用是特颁懿旨，严加责成。尔中外臣工，须知国势至此，断非苟且补苴，所能挽回厄运。惟有变法自强，为国家安危之命脉，亦即中国民生之转机。予与皇帝为宗庙计，为国民计，舍此更无他策。尔诸臣受恩深重，务当将应行变通兴革诸事，力任其难，破除积习，以期补救时艰。昨据刘坤一、张之洞会奏，整顿中法，仿行西法各条，事多可行。即当按照所陈，随时设法，择要举办。各省疆吏，亦应一律通筹，切实举行。大要不外言归于实，用得其人。予与皇帝宵旰焦劳，母子一心，力图兴复。大小臣工，其各实力奉行，以称予意。将此通谕知之。

《清实录》第 58 册，中华书局 1987 年版，第 430 页

10 月 3 日（八月二十一日）　宫崎寅藏以“云介”为笔名，在《二六新报》上开始连载《乾坤镕庐日抄》。

10 月 5 日（八月二十三日）　日本情报机构侦悉福建统领孙道仁一行前往东京。

日本外务省藏档案《孙道仁前往东京》：

外务大臣小村寿太郎伯爵阁下：

长崎县通报之清国福建统领孙道仁一行，于昨（四）日下午一时搭乘汽船博爱丸抵达，并前往山下町该国领事馆稍事休息。五时十五分前往东京。

谨此报告如上。

神奈川县知事周布公平

明治 34 年 10 月 5 日

[440658　甲秘第 370 号]

章开沅、罗福惠、严昌洪编《辛亥革命史资料新编》第 6 册，湖北人民出版社 2009 年版，第 104 页

10 月 6 日（八月二十四日）　慈禧太后、光绪皇帝等自西安启程回京，当晚抵达陕西临潼县驻跸。

《西巡大事记》：

二十四日，由西安启銮。辰正二刻，自西安行宫启銮，阖城文武官吏均先于宫门外齐集伺候升舆。辰初三刻，前导马队出城，太监次之，各亲贵王公大臣又次之，长安父老在南门外祇候跪送。出城后，绕赴东关诣八仙庵拈香，进膳毕，出南门行二十里至灞桥驿，馔，又二十里驻跸临潼县骊山行宫。

王彦威纂辑《清季外交史料》，书目文献出版社 1987 年版，第 4255 页

10 月 8 日（八月二十六日）　吕海寰奏请清政府在南洋各地设领事，晓谕华侨，勿轻听摇惑。

《清实录》：

前出使德、和国大臣吕海寰奏，遵旨派员前赴南洋各岛，晓谕侨寓华民，切勿轻听摇惑，得旨。现在和约大定，著即将议设领事一节，切实磋商，务期必成。

《清实录》第 58 册，中华书局 1987 年版，第 433 页

10 月 13 日(九月初二日)　两广总督陶模等为拿获兴宁县会党首要事致电军机处。

《两广总督陶模等为拿获兴宁会党首要事致西安行在军机处电》(光绪二十七年九月初二日军机处电报档):

兴宁土匪扑城,营县击退之后,匪窜嘉应州境。署兴宁都司郭绍泰带勇追剿,署嘉应州李庆荣带勇堵击,毙匪四百余,获伪军师陈峑山、伪先锋邓匡山等。匪首陈廷山率余匪窜平远。副将吴祥达等会同平远县辛元黄跟踪围剿,于八月二十七日将匪首陈廷山拿获正法,并获党羽多名。现饬搜捕逸匪,安辑地方。除另折具陈外,乞先代奏,陶模,德寿。

中国第一历史档案馆、北京大学历史系编《辛亥革命前十年间民变档案史料》下,中华书局 1985 年版,第 433 页

11 月 7 日(九月二十七日)　李鸿章死。清政府任命王文韶署理全权大臣,袁世凯署理直隶总督兼北洋大臣,张人骏署山东巡抚。

《清实录》:

己丑……谕内阁:朕钦奉皇太后懿旨,大学士一等伯直隶总督李鸿章,器识渊深,才猷宏远,由翰林倡率淮军,勘平发捻诸匪,厥功甚伟。朝廷特沛殊恩,晋封伯爵,翊赞纶扉,复命总督直隶,兼充北洋大臣,匡济艰难,辑和中外,老成谋国,具有深衷。去年京师之变,特派该大学士为全权大臣,与各国使臣妥立和约,悉合机宜。方冀大局全定,荣膺懋赏,遽闻溘逝,震悼良深。李鸿章著先行加恩,照大学士例赐恤,赏给陀罗经被,派恭亲王溥伟带领侍卫十员,前往奠醊,予谥文忠,追赠太傅,晋封一等侯爵,入祀贤良祠,以示笃念荩臣至意。

……命大学士、军机大臣王文韶署全权大臣。以署山东巡抚袁世凯署直隶总督,兼充北洋大臣,电饬迅速赴任。未到任前,以直隶布政使周馥,暂行护理。漕运总督张人骏为山东巡抚,电饬迅速赴任。未到任前,以山东布政使胡廷干暂行护理。

《清实录》第 58 册,中华书局 1987 年版,第 444 ~ 445 页

11 月 11 日(十月初一日)　蔡元培制订南洋公学特班生游息规则。

《南洋公学特班生游息规则》(标题为编订者所加):

一、学生游息虽有一定之时,然须有一定之地。如抛球、竞走等事,只准在体操场为之;其因雨、因寒不得至体操场,则只能于饭厅游廊等处游步,不可结队蹴舞,以妨他人。

一、学生于出入饭厅、体操场时,皆当整齐,不可争先乱走。

一、学生寻常走路时,皆当有步骤,不得冲突他人。

一、学生即在游息之地,亦不得于同学有笑谑忿詈之事。

高平叔编《蔡元培全集》第 1 卷,中华书局 1984 年版,第 155 ~ 156 页

△ 本日,蒋智由、赵祖德等在上海创办《选报》,蔡元培为之作叙。

1901 年 11 月 11 日《选报》第 1 期《蔡叙》:

吾闻史例有三:曰记注,曰缉比,曰撰述。记注者,据事直书,如左氏所记董狐南史之事是。缉比者,整齐故事,实录历史,皆其例也。撰述者,抽理于赜动之中,得间于行墨之外,别识通裁,非文明史不足当之。吾国古书,盖有以缉比之体,韬撰述之义者,孔子春秋是也。故易世而其义始著于竹帛。自汉迄今,惟司马子长氏有撰述之才,余无闻焉。晚近士流溺帖括放国闻,缉比、记注之事,且不措意,遑论其他。海通以来,有日报为记注之体;其后或拔其

萃,为旬报、七日报,则缉比之体。然所采率不出上海各报,又以宗旨不定,猎粕舍精,于所谓缉比以为撰述之资者,固未或胜任也。吾友诸暨蒋君智由,赵君祖德,有感于是,创为《选报》,荟域中域外之国文报而抉择之,其有关天下之故、通古今之变者,咸具本末,间附评议,托体于温故,而取径于开新。盖不居撰述之名,而有其义者,非与寻常缉比之报为重台也。洞冥之士,当不可河汉吾言。光绪二十七年九月山阴蔡元培叙。

11 月 19 日(十月初九日) 张之洞释放与自立会党有牵连的王慕陶,并令其悔过自新。

《批文童王志灏为兄久羁恳恩怜释》(光绪二十七年十月初九日):

查该童之兄王慕陶于富有票匪一案暱比匪人,情节甚重,故饬羁管,以待质讯。兹据禀,祖母卧病未起,孀母近又遘疾,两地伶仃,扶持无人,呈恳鉴情开释等语。情词迫切,不无可悯。查王慕陶乃少年文人,只以理解未清,误听乱党荧惑,遂有牵絓。惟各省此类轻躁谬妄之文人甚多,但使稍有一线可原,渐知悔悟,本部堂无不仰体朝廷宽大之恩,予以湔洗。则于王慕陶一人,又何难网开一面。应即从宽,准其饬发回籍,交地方官严加管束。此系本部堂格外体恤,曲予以自新之路。嗣后务须束身省过,勉为良士,勿再自罹法网,是为至要。除披挂发外,仰营务处会同北按察司,迅提王慕陶到案,取具悔过自新甘结,解交东湖县饬取的保释放,随时严密稽察约束,勿任再与乱党往来。仍将遵办情形具报查考。

国家清史编纂委员会·文献丛刊《张之洞全集》(7),武汉出版社 2008 年版,第 213 页

11 月 22 日(十月十二日) 谢缵泰与伦敦《泰晤士报》记者摩利逊博士(Dr. G. E. Morison)会晤于香港酒店,讨论中国政治问题。摩利逊允以国际通讯力量声援中国革命。

谢缵泰《中华民国革命秘史》:

一九〇一年十一月二十二日,我在香港酒店与伦敦《泰晤士报》记者 G·E·摩利逊博士(即后任袁世凯顾问的莫理循,编者)会见。

我们讨论了自由与独立的运动,他保证给予我亲切的同情和支持。他说:"我十分愿意帮助你,并尽我的一切努力促进和支持这次运动。我的支持意味着《泰晤士报》的支持,而《泰晤士报》的支持则意味着英国人的支持。我的主张就是《泰晤士报》的主张。"

摩利逊博士强烈提出废除慈禧太后。他告诉我的朋友啫·奥·皮·培伦(G·O·P·Bland)及时地在吴淞援救了康有为。

下面是我对 G·E·摩利逊博士的描绘:

"摩利逊博士是这样一个人,他的外表出众,相貌非凡。他个子高,胡子剃得光光的,长着一道粗浓的威风凛凛的眉毛,还有一双机灵的大眼睛,直眉,长鼻,嘴正唇薄。他的头发光亮,十足澳洲美男子的模样。我觉得他很有修养,殷勤和蔼,而且是个很有常识和果断性格的人。"

中国人民政治协商会议广东省委员会等编《孙中山与辛亥革命史料专辑》,广东人民出版社 1981 年版,第 312 ~ 313 页

11 月 23 日(十月十三日) 张之洞咨出使日本大臣及外务部妥为照料汪荣宝等自备资斧前往日本游学员生。

《咨送自费生赴日游学请驻日公使随时照料并外务部备案(附单)》(光绪二十七年十月十三日):

为照光绪二十七年八月初六日钦奉上谕:造就人材为当今急务。……如有自备资斧出洋游学者,著由各该省督抚咨明出使大臣随时照料……钦遵通行在案。兹据兵部武选司行

走七品小京官汪荣宝、指分河南试用知州岳开先、分省试用知县邹致钧、中书科中书职衔监生慕学炜、监生罗泽暐等先后来辕呈称,情愿自备资斧出洋游学,前往日本肄习专门艺学,恳请给咨等情前来。查该员等青年向学,均愿自备资斧出洋肄业,洵属志趣可嘉。除分别奏咨外,相应咨送。为此,合咨贵大臣请烦查照,随时妥为照料,实纫公谊。望切施行。

计咨送:

兵部武选司行走七品小京官汪荣宝,现年二十二岁,系江苏苏州府元和县人。

指分河南试用知州岳开先,现年二十二岁,系四川成都府成都县人。

分省试用知县邹致钧,现年十九岁,系四川成都府华阳县人。

中书科中书职衔监生慕学炜,现年十八岁,系山东登州府蓬莱县人。

监生罗泽暐,现年二十一岁,系四川绥定府东乡县人。

国家清史编纂委员会·文献丛刊《张之洞全集》(6),武汉出版社 2008 年版,第 395～396 页

△ 本日,台湾嘉义赖福来、黄茂松等举兵抗日。

《义民武装抗日》:

十一月二十三日早晨,赖福来、黄茂松、刘荣、陈堤、简施玉、翁德生、周岱等,统率从各地来集之抗日同志三百余名,更加黄国镇、林添丁、阮振等之旧同志数百人,分为三队,以奔流之势,攻入朴仔脚,一队包围支厅,一队攻邮便局,一队杀入支厅长宿舍,庄崎支厅长挥剑抵抗,即被击杀,并烧第一课员宿舍,切断邮局电线,破坏其电信机器,杀宫下邮便局长及其家族。铃木公医同时被杀,居住朴仔脚之日本人,大部分被杀。唯警部补及警员数名,死守支厅,至天亮犹未攻破。新营分遣队宪兵,鹿仔草派出所警察,及分遣所宪兵,会同来援。嘉义守备队及警务课,亦火速派救兵至。抗日军占领朴仔脚十二小时,奋勇与日军援兵激战。后因日军援兵续至,乃退往西南方之应菜埔方面。

台湾省文献委员会编《台湾省通志》抗日篇,众文图书公司 1971 年版,第 34 页

11 月 30 日(十月二十日)　慈禧太后废除溥儁大阿哥之位。

《清实录》:

壬子,谕内阁:朕钦奉慈禧端佑康颐昭豫庄诚寿恭钦献崇熙皇太后懿旨,已革端郡王载漪之子溥儁,前经降旨立为大阿哥,承继穆宗毅皇帝为嗣,宣谕中外。慨自上年拳匪之变,肇衅列邦,以致庙社震惊,乘舆播越。推究变端,载漪实为祸首,得罪列祖列宗。既经严谴,其子岂宜膺储位之重。溥儁亦自知惕息惴恐,吁恳废黜。自应更正前命,溥儁著撤去大阿哥名号,并即出宫,加恩赏给入八分公衔俸,毋庸当差。至承嗣穆宗毅皇帝一节,关系甚重,应俟选择元良,再降懿旨,以延统绪,用昭慎重。将此通谕知之。

《清实录》第 58 册,中华书局 1987 年版,第 457 页

本年秋　张继、秦力山、戢元丞等与日本女教育家下田歌子组兴亚会,主张中日两国同时实行革命,同建共和国。

张继《回忆录》:

辛丑(一九〇一),在早稻田专门学校(后改为大学),及该校图书馆攻读。秋,升为二年级生。戢元丞(翼翚)本为使馆学生,使馆在永田町,与倭华族女学校校长下田歌子对门,得交下田。秦力山及余因元丞而识之,相约组织兴亚会,主张中日两国同时革命,同建共和国。

尚有宫地贯道，亦参加协议。多于晚间开会，定立章程，存歌子处。令宫地租宅四谷村左门町为机关，力山与余居之。宫地之学生边见（倭维新时，边见十郎之子）等二三人，皆同居。下田识总理亦于此时。

张继著《张溥泉先生回忆录·日记》，台北文海出版社1982年版，第5页

12月5日（十月二十五日） 清政府颁学堂选举鼓励章程，凡由学堂毕业考试合格者，给予贡生、举人、进士等名称。

《清实录》：

丁巳，谕内阁：政务处会同礼部奏，遵旨核议学堂选举鼓励章程一摺。学堂之设，原以鼓舞士气，作育真才。自当优其进取之途，尤应防其登进之滥。批阅所拟章程，尚属妥协，著照所请，饬令各该省将小学堂毕业学生，考取功课合格者，送入中学堂肄业。俟毕业后考取合格者，再送入该省大学堂。毕业后取其合格者，给照作为优等学生，由该省督抚学政，按其功课，严密考校，择尤拟取，咨送京师大学堂覆试，候旨钦定，作为举人贡生，仍留下届应考。愿应乡试者，听俟举人积有成数，再由大学堂严加去取，咨送礼部，奏请特派大臣考试，候旨钦定，作为进士一体殿试，分别等第，带领引见，量加擢用，不拘庶吉士、部属中书等项成例，以励通材而收实效。前据袁世凯奏，先于省城建立学堂，分斋督课。其备斋即寓小学堂、中学堂规制，业经谕令各省仿照开办。所有此项学生，著俟专斋毕业后，即照此次所拟选举章程，一律办理，以示鼓励。

《清实录》第58册，中华书局1987年版，第460页

△ 本日，张之洞委派罗振玉、刘洪烈等前赴日本考察教法、管学事宜，并采购编译日本教科书。

《札罗振玉等赴日本考求编译教科书并咨驻日公使督察照料》（光绪二十七年十月二十五日）：

照得外洋各国中小学堂之教科书皆由官为编定，故师皆善教，教有定程。湖北现拟遵旨开办中小学堂，自以编译教科书为第一要义。经本部堂电商两江督部堂，会派湖北农务学堂总经理委员、候选光禄寺署正罗振玉，前往日本考求中小学堂普通学应用新出教科书本，董理编译事宜。查应编之书，科目繁多，亟应遴派学有根柢之高材生，随同罗署正前往采访购买，分门编译，以期迅速成书，早资应用。查有原派自强学堂之汉文教习陈毅、陈问咸、胡钧、左全孝、田吴炤五员，堪以派往。应令该教习等商同罗署正，将新出普通学教科各级应备之书广为采访购买，参酌采择，妥为编纂，呈候本部堂核定，发刊颁用。并以时分赴日本各学校详细考察管理学堂之章程规则及各堂教法之实事，以资仿办。并派两湖书院北监院刘训导洪烈率同前往，将考究教法、管学两事暨访购书籍，率同各生妥为办理。随时游览日本各学校，考其学舍建筑之规模，员司经理之规制，训课之情形实效，详加体察记载，呈备采择施行。罗署正振玉应月给薪水火食用费一百六十元，陈毅、陈问咸、胡钧、左全孝、田吴炤各月给火食用费五十元，刘训导洪烈月给火食用费一百元，以上各员生每人各另给往返川资一百二十元。所有各员生应支薪水、月费、学费，均先酌发三个月，连同川资并另备采购日本教科书籍价一千元。不敷者到东后随时电请补汇，统由北善后局核明确数动支，饬发刘训导洪烈承领分别转给。刘洪烈原支两湖书院监院薪水，陈毅、陈问咸、胡钧、左全孝、田吴炤原领自强学堂教习薪水，仍准按月照数留支，俾赡家用。除咨请出使日本大臣随时督察照料，并照会日

本外务省转达文部省查照暨分行外,合亟札行。札到,该员即便遵照札饬事宜刻日束装,率同陈教习等前往日本,妥慎从事。仍将起程日期具报查考。切切。特札。

国家清史编纂委员会·文献丛刊《张之洞全集》(6),武汉出版社2008年版,第397~398页

12月19日(十一月初九日) 张之洞委派王仁俊办理湖北官报馆事务,以抵制改良派和革命派的海内外舆论宣传。

《札商报馆兼办湖北官报》(光绪二十七年十一月初九日):

照得报馆之设,仿自泰西。采摭新闻,发摅清议,所以宣达下情,启迪民智,开内地之风气,传外国之情形,关系观听,极为重要。乃近日海外乱党各报,专以诬善谋逆为事,狂悖丧心,令人发指。至沿海各省新出各报日增日多,亦颇淆杂。加以主笔者屡屡更换,宗旨并不画一,其中核实平心者固多,而别存私见、捏造黑白、变乱是非者,亦间有之,甚至有专意煽惑良民,导人以犯上作乱者。西国报馆如林,亦从无此体例。邪说暴行,相因而起,尤为世道人心之患。鄂省上游重镇,南北枢纽,士习民气素知礼义,岂可令邪说流行,惑乱官吏士民之心志。亟应于省城地方创设官报馆,刊布旬报,博采通人宏议、正士公论,择其可刊入报者,选取缮录,呈候本部堂核定,饬发刊布。其大指有三:一曰崇正黜邪,二曰益智愈愚,三曰征实辨诬,以定民志,以遏乱萌。查有湖北试用知府王守仁俊,识趣端正,学问赅通,夙以昌明正学为心,堪以派委办理湖北官报事宜。应令商报馆总办王道延访品端学赡之文士及深通东西文之译才,分司报务,以资襄助。并即妥议章程,禀候本部堂核定开办。该报即附设于商务报馆内,应需经费即并入商报馆经费,由商报馆总办核定,禀请本部堂札饬北善后局筹款支给。

国家清史编纂委员会·文献丛刊《张之洞全集》(6),武汉出版社2008年版,第402页

12月21日(十一月十一日) 横滨《清议报》宣布停刊,共出一百期,梁启超撰文为之纪念。

梁启超《本馆第一百册祝辞并论报馆之责任及本馆之经历》:

祝典乌乎起?所以纪念旧事业而奖励新事业也。凡天下一事之成,每不易易,恒历许多曲折,经许多忍耐,费许多价值,而后仅乃得之,故虽过其时,不忘其劳,于是乎有以祝之。其祝之也,或以年年,或以十年,或以五十年,或以百年,要之借已往之感情,作方新之元气,其用意至深且美。若美国之七月四日,法国之七月十四日,为其开国功成之日,年年祝之勿替焉。一千八百八十七年,美国举行独立百年之祝典。八十九年,法国举行共和百年之祝典。九十三年,开万国大博览会于芝加哥,以举行哥仑布寻出西半球四百年之祝典。去年开十九世纪博览会于巴黎,以举行耶稣降生一千九百年之祝典。又如亚丹斯密氏《原富》出版后第一百年,世界之理财学者,共举祝典焉。瓦特氏发明汽机后第五十年,世界之工艺学者,共举祝典焉。达尔文氏《种源论》成书后第三十年,世界之物理学者,共举祝典焉。下之如一市,如一乡,如一学校,如一医院,如一船舰,如一商店,亦往往各有其祝典。大抵凡富强之国,其祝典愈多;凡文明之事业,其祝典愈盛。岂好为侈靡烦费以震骇庸耳俗目哉,所以记已往,振现在,厉将来,所谓历史的思想,精神的教育,其关系如此其重大也。

中国向无所谓祝典也。中国以保守主义闻于天下,虽然,其于前人之事业也,有赞叹而无继述,有率循而无扩充,有考据而无纪念。以故历史的思想甚薄弱,而爱国、爱团体、爱事业之感情亦因以不生。夫西人以好事而强,中国以无功而弱。斯事虽小,亦可以喻大矣。《清议报》,事业之至小者也,其责任止在于文字,其目的仅注于一国,其位置僻处于海外,加

以其组织未完备,其体例未精详,其言论思想未能有所大辅助于国民;况当今日天子蒙尘,宗国岌岌之顷,有何可祝?更何忍祝?虽然,菲葑不弃,敝帚自珍,哓音瘏口,亦已三年,言念前劳,不欲泯没;且以中国向来无此风气,从而导之,请自隗始,故于今印行第一百册之际,援各国大报馆通例,加增叶数,荟萃精华,从而祝之。亦庶几以纪念既往,而奖励将来,此同人区区之微意也。

…………

《清议报》可谓之良报乎?曰乌乎可。《清议报》与诸报,其犹百步之于五十步也。虽然,有其宗旨焉,有其精神焉。譬之幼儿,虽其肤革未充,其枝干未成,然有灵魂莹然湛然,是亦进化之一原力欤?《清议报》之特色有数端。一曰倡民权,始终抱定此义,为独一无二之宗旨,虽说种种方法,开种种门径,百变而不离其宗,海可枯石可烂,此义不普及于我国,吾党弗措也。二曰衍哲理,读东西诸硕学之书,务衍其学说以输入于中国,虽不敢自谓有所得,而得寸则贡寸焉,得尺则贡尺焉。《华严经》云:"未能自度而先度人,是为菩萨发心。"以是为尽国民责任于万一而已。三曰明朝局,戊戌之政变,已亥之立嗣,庚子之纵团,其中阴谋毒手病国殃民,本报发微阐幽得其真相,指斥权奸一无假借。四曰厉国耻,务使吾国民知我国在世界上之位置,知东西列强待我国之政策,鉴观既往,熟察现在,以图将来,内其国而外诸邦,一以天演学物竞天择优胜劣败之公例,疾呼而棒喝之,以冀同胞之一悟。此四者,实惟我《清议报》之脉络之神髓,一言以蔽之,曰广民智振民气而已……

有一人之报,有一党之报,有一国之报,有世界之报。以一人或一公司之利益为目的者,一人之报也;以一党之利益为目的者,一党之报也;以国民之利益为目的者,一国之报也;以全世界人类之利益为目的者,世界之报也。中国昔虽有一人报,而无一党报、一国报、世界报。日本今有一人报、一党报、一国报,而无世界报。若前之时务报、知新报者,殆脱一人报之范围,而进入于一党报之范围也。敢问《清议报》于此四者中,位置何等乎?曰在党报与国报之间。今以何祝之?曰祝其全脱离一党报之范围,而进入于一国报之范围,且更努力渐进以达于世界报之范围。乃为祝曰:报兮报兮!君之生涯亘两周兮,君之声尘遍五洲兮,君之责任重且遒兮,君其自爱周俾羞兮,祝君永年与国民同休兮!重为祝曰:《清议报》万岁!中国各报馆万岁!中国万岁!

梁启超著《饮冰室合集》第6册,中华书局1989年版,第48~57页

△ **本日,日本情报机构侦悉康有为在槟榔屿活动情况。**

日本外务省藏档案《关于判明康有为下落之事》:

外务大臣小村寿太郎伯爵阁下:

关于康有为下落不明一事,本年九月曾以机密第6号呈上汇报。此后已有此人再回至槟城居住在从前的公馆(已记于机密第6号上)之传闻。该人果然已在上月下旬经由本地赴槟城,并有已在九日回来的吾国同文会员柏崎文次郎,在留居该地期间访问过康有为,康并邀请他在其家逗留两夜。而且,按照柏崎所说,康氏从当局受到隆重待遇。

谨此汇报如上,以资参考。

驻新加坡领事久永三郎

明治34年12月21日

[440662 明治35年1月7日收到 机密第9号]

章开沅、罗福惠、严昌洪编《辛亥革命史资料新编》第6册,湖北人民出版社2009年版,第105页

12 月 28 日(十一月十八日)　清廷准吕海寰奏,谕令外务部分咨出使各国大臣,防止出洋学生沾染不良习气。

《清实录》:

庚辰……谕军机大臣等:吕海寰奏出洋肄业学生宜防偏重以杜流弊一摺,学生出洋肄业,原为储才起见,岂容滥竽充数。若如所奏,近来学生出洋,沾染习气,流弊滋多,殊非慎重名器之意。著外务部按照所陈防弊及考课保送各节,详晰妥议,并将该大臣原奏,分咨各国出使大臣,核议具奏,请旨办理。原摺著抄给阅看,将此各谕令知之。

《清实录》第 58 册,中华书局 1987 年版,第 474 页

本年　章太炎往东吴大学任教。见老师俞樾,遭到责骂,作《谢本师》一文,和俞樾脱离师生关系。

章太炎《自定年谱》:

光绪二十七年(一九〇一年),三十四岁。……乃赴苏州。时俞先生笃老,往谒,先生督敕甚厉。对曰:"弟子以治经侍先生。今之经学,渊源在顾宁人,顾公为此,正欲使人推寻国性,识汉虏之别耳,岂以刘殷,崔浩期后生也。"遂退。

章炳麟《民国章太炎先生炳麟自订年谱》,台北商务印书馆 1980 年版,第 8 页

附录章太炎《谢本师》:

余十六七岁始治经术,稍长,事德清俞先生,言稽古之学,未尝问文辞诗赋。先生为人岂弟,不好声色,而余喜独行赴渊之士。出入八年,相得也。

顷之,以事游台湾。台湾则既隶日本,归,复谒先生,先生遽曰:"闻而游台湾。尔好隐,不事科举,好隐,则为梁鸿、韩康可也。今入异域,背父母陵墓,不孝;讼言索虏之祸毒敷诸夏,与人书指斥乘舆,不忠。不孝不忠,非人类也。小子鸣鼓而攻之可也。"盖先生与人交,辞气凌厉,未有如此甚者!

先生既治经,又素博览,戎狄豺狼之说,岂其未喻,而以唇舌卫捍之?将以尝仕索虏,食其廪禄耶!昔戴君与全绍衣并污伪命,先生亦授职为伪编修。非有土子民之吏,不为谋主,与全、戴同。何恩于虏,而恳恳遮蔽其恶?如先生之棣通古训,不改全、戴所操,以诲承学,虽扬雄、孔颖达,何以加焉?

1906 年 11 月《民报》第 9 号

本年冬　吴稚晖、钮永建应两广总督陶模之邀,自日本回国赴广州,筹办广东大学堂与广东武备学堂。

《民国吴稚晖先生敬恒年谱》:

冬,先生(吴稚晖,编者)与钮永建应两广总督陶模(方之)之邀聘,同轮回国赴广州,住总督衙门西花厅。先生筹备广东大学堂,堂址为广雅书院旧址,拟订章程,办理招生。录取者有古应芬、胡毅生、杨永泰等一百余人,落选者汪兆铭(精卫)等。督署幕友中有候补道沈雁潭(字赞清,后改号演公,为沈葆桢之孙),其家西席胡衍鹗衍鸿兄弟,均与先生常晤谈,深相契合,乃力劝其游学东瀛,以广智识。钮永建亦在广州黄埔筹备广东武备学堂,即以后黄埔军官学校之前址也。

杨恺龄编《民国吴稚晖先生敬恒年谱》,台北商务印书馆 1981 年版,第 23 ~ 24 页

1902 年(光绪二十八年·壬寅)

1 月 1 日(辛丑年十一月二十二日) 清政府下诏联固邦交,修明内政,兴利除弊。

《清实录》:

甲申,谕内阁:朕钦奉慈禧端佑康颐昭豫庄诚寿恭钦献崇熙皇太后懿旨,上年京师之变,蟊贼内讧,激成大衅,震惊九庙。国步阽危,皇帝奉予西狩,始念亦不及此。创巨痛深,盖无时不引咎自责。幸赖转旋大局,宗社复安,此皆仰仗列圣宠灵,渥荷上苍眷佑,得以挽回厄运,保此丕基。兹者銮舆遄返,匕鬯依然。钦感之余,弥增悚恻。惩前毖后,惟有恐惧修省,庶几克笃前烈,以敬迓天庥。若复侥幸图存,晏安逸豫,尚安有兴邦之一日。比虽时局粗定,而畿辅黎庶,屡遭蹂躏,仅有孑遗。秦晋一带,时苦旱荒。东南则滨江数省,皆被水患。悯念吾民,疮痍满目。值此国用空虚,筹款迫切,何一非万姓脂膏,断不忍厚敛繁征,剥削元气。深宫薄于自奉,一切减省,常愿以节俭为天下先。除坛庙各处要工,已饬核实估修外,其余可缓之工,应裁之费,皆应力杜虚糜。至于联固邦交,修明内政,举凡利所当兴,弊所当革,我君臣上下,务在同心协力,切实讲求,次第举行,认真整顿。庶几交相咨儆,安不忘危,永矢忧勤惕厉之诚,痛除粉饰因循之习,实事求是,同济艰难,无怠无荒。尔内外大小臣工,其与朝廷共勉之。

《清实录》第 58 册,中华书局 1987 年版,第 477 ~ 478 页

1 月 4 日(十一月二十五日) 张元济等在上海创刊《外交报》。

《外交报叙例》:

吾闻日本政界有"文明排外"之论。是何言欤!吾国言排外数十年,撤藩、割地、偿军费、租界、势力圈,主权尽失,而转为世界诟病,皆排外之效。呜呼!彼所谓文明排外者是何言欤?盖人之生也,无不以自利为宗旨者。国之立也,即无不以自利其国为宗旨者,是以有凌侮劫夺之事。凡以凌侮劫夺为事者,例不以见凌侮劫夺为怪。是以彼我之间,荡荡然无界畔、无契约,缘隙生事,罄竹不胜书。及其迭经自然人为之两淘汰,而残存于兹者,渐趋知力平等之势。又以经历既多,识见渐澈,知前者凌侮劫夺之为两不利,而自利者不得不行以两利之术。于是人与人有伦理,而国与国有外交。要之,以保有主权,不受凌侮劫夺为界说。是故,外交其表面而排外其里面也。文野之别,岂在质性?夫亦于见地之广狭,作用之疏密判之。且人之一身,卫生缮性之道,大都与伦理相牵摄。惟国亦然,政党之胜败,军备之张弛,殖民之区域,贸易之自由与保护,以至学术之新旧,宗教之因革,俗尚之靡啬,工商业之通塞,何一非影响于外交者。观我国所为,此数者非惟不能尽排外之实,而助为虐焉,诚非本心。夫亦见地之不广,作用之不密,有以致之。夫广之、密之之道,不外于知彼知己,与时势为推移,剌其蕃变,舍报莫赖。各国多有外交专门报,我乃无之。欲以鉴覆辙于前车,资识途于老马,其道无由,同人戚焉。举我国对外之事实与各国所以对我之现状、之隐情,暨其国立法行政之迹,凡足资借镜者,博访而广译之,以为此报。当世君子诚欲审国势,洞外情,出文明之手段,以尽排外之天责。于吾此报,当不无涓壤之助。爰议略例,著于左方。

一 本报旁罗国闻,以有裨外交者为界,故名曰《外交报》。

一 本报为类八。首论说,选译东西外交家所著,间由自撰,或登来稿。次谕旨,即不涉外交者,亦恭录之。次文牍,凡章奏、条约、规则、报告之类,皆隶之。次本国外交纪闻。次译东西文报,以各国对我国政策为第一类,各国互相交涉者为第二类,各国内政为第三类。次要电汇录。

一 译文悉从原意,不稍损益。即有讥讪,亦存其真,以资鉴警。

一　本报月出三册,以旬之五发行。正月上旬、中旬,十二月中旬、下旬停印。一年凡三十二册。有闰月则三十五册。

一　本报由同人集资举办,不募外捐。

《外交报》第1期,1902年1月4日

编者按:《外交报》是1902年1月4日张元济在上海所创办的旬刊,也是近代中国第一份专门以评述国际问题为主要内容的专业报刊。最初由普通学书室发行,第29期以后改由上海商务印书馆发行。蔡元培、严复等都曾是该报的主要撰稿人。该报自1902年1月至1911年1月,连续刊行近十年,积累了十分丰富的外事资料。此《叙例》未署名作者,学界有蔡元培、张元济两种说法,无定论。

1月7日(十一月二十八日)　慈禧太后、光绪皇帝由保定乘火车至马家堡,午刻入京还宫。

《西巡大事记》:

二十八日,回京。十点二十五分,自保定启銮,铁路局特备花车一列。十二点,抵马家堡车站,稍停。两宫下车,御黄轿入永定门。未正五十分,入乾清宫,从官仪仗以次散队。劫后归来,城郭依然,人民如旧,两宫此际,不知作何感想耶!

王彦威纂辑《清季外交史料》,书目文献出版社1987年版,第4290页

△ 本日,两江总督刘坤一奏陈拿获弥陀教首领夏世承及分别惩办情形。

刘坤一《拿获弥陀教匪分别惩办摺》(光绪二十七年十一月二十八日):

奏为拿获弥陀教首要各匪,讯明分别惩办,恭摺具陈,仰祈圣鉴事:窃徐州一带,伏莽未靖,迭经严饬该地方官及驻防勇营,认真缉拿,随时严办,以期净绝根株。本年十月间,有匪徒倡立弥陀教,勾结党羽,定期起事,经驻防宿迁营员会同该县,拿获要目夏世承等,起出伪印册籍,逆党众多,分布河南省。据徐州道桂嵩庆、淮阳镇总兵潘万才、统领铭字等营提督陈凤楼先后电禀到。臣当经电饬该文武严行审讯,实力防范,并出示晓谕,解散胁从。一面分咨河南等省一体防缉,业已由电具奏在案……

臣查该匪夏世承与逸匪张妙松,倡立弥陀邪教,传徒结党,谋为不轨;复起意勾结东省八卦、大刀各会匪,约期起事。若非立时破获,北方拳匪之祸,难保不复见于今日。实属罪大恶极,罪不容诛。该匪赵开业、张根、王振核,同恶相济,厥罪维均,已批饬一并正法,传首犯事地方,悬竿示众,以昭炯戒。陈玉芝系河南人,现查在逃首要各匪多系豫籍,应暂行牢固监禁备质。李景槩甫经入教,实被愚弄,尚非确知逆情,又漏风破案,似尚可原,拟即永远监禁。现已檄饬该道等并分咨直隶、河南、山东、安徽等省,严缉首逆张步松等,一体查拿,务获究办,以免漏网。至出力各员弁拿获此等要匪多名,得以消患未萌,实属异常出力,不无微劳足录,合无仰恳天恩,俯准择尤保奖,以示鼓励,出自鸿施。

除分咨吏、兵二部查照外,所有拿获弥陀教首要各匪讯明惩办缘由,理合会同江苏抚臣恩寿恭摺具陈,伏乞皇太后、皇上圣鉴训示。谨奏。

中国科学院历史研究所第三所编《刘坤一遗集》第3册,中华书局1959年版,第1316~1318页

1月13日(十二月初四日)　清廷谕令各地方官,务使民教相安,严禁传习白莲、八卦等教。

《清实录》:

丙申,谕内阁:朕钦奉慈禧端佑康颐昭豫庄诚寿恭钦献崇熙皇太后懿旨:国家与列邦讲信修睦,一秉大公。历年以来,召见内外大小臣工,必以讲求时务,联络邦交为训勉。每于州

县等官，必谕以朝廷与教堂教士，一视同仁，务须加意保护，并劝导百姓，常使民教相安，切勿猜嫌多事。此等告诫，不啻三令五申。乃各该衙门人员，能仰体朝廷德意者，固不乏人。其未能实力奉行者，亦复不少。嗣后务当屏除成见，开诚布公，择善而从，相接以礼，自能中外辑睦，共享升平，岂非安上全下之大幸。至各省民情不一，究竟良懦者多，往往有宵小奸徒，展转煽惑，造言生事，遂至酿成教案，多被株连，后悔无及。是在地方官，平日与民相亲，随时开导，遇有民教争讼，听断持平，无偏无激。其有传习邪教，如白莲、八卦等名目，藉端惑众，本为法令所不容，久已悬为厉禁。务即申明晓示，严切稽查，有犯必惩，以正人心而肃国纪。著各该省将军督抚，一体遵照办理。将此通谕知之。

《清实录》第58册，中华书局1987年版，第489～490页

△ 本日，李提摩太自上海致函谢缵泰，表示支持香港志士的革命活动。

谢缵泰《中华民国革命秘史》：

一九〇二年一月十八日，我收到李提摩太博士一九〇二年一月十三日从上海寄来的信，他写道："你们在自己国家里致力于维新运动，祝你们一切努力获得巨大成功。"

中国人民政治协商会议广东省委员会等编《孙中山与辛亥革命史料专辑》，广东人民出版社1981年版，第313页

1月28日（十二月十九日） 孙中山自日本抵香港，寓中国日报馆。2月3日又返回日本。

谢缵泰《中华民国革命秘史》：

一九〇二年一月二十八日，孙逸仙博士乘山田丸（Yamatamaru）轮船到达香港，住在士丹利（Stanley）街24号。一九〇二年二月三日，孙逸仙博士离开香港。

中国人民政治协商会议广东省委员会等编《孙中山与辛亥革命史料专辑》，广东人民出版社1981年版，第313～314页

关于孙中山此次香港之行具体日期，冯自由所记与谢缵泰有出入。冯自由《兴中会初期重要史料之检讨》：

辛丑年（一九〇一）十二月初九日（阳历1月18日，编者），总理由日本乘日轮八幡丸至港。寓上环永乐街中国日报社三楼，时港政府乙未九月禁止总理五年入港之期已满，故得登陆无阻。惟居港数日，即被警厅讽使他适，故总理遽于是月十五日（阳历1月24日，编者）离港。及总理去后，港政府又复重申禁令。至辛亥光复始行撤销。

冯自由著《革命逸史》第4集，中华书局1981年版，第69～70页

孙中山此次由日本到香港的行程日期，日本外务省档案有一组详细的档案记载，可证明冯自由所记有误，而谢缵泰所记则基本与事实吻合。日本情报机构还分析了孙中山此次到香港的目的，现将该组档案内容实录如下：

《关于孙逸仙之报告》：

外务大臣小村寿太郎伯爵阁下：

兵库县通报（本月二十日兵发秘第29号）的清国流亡人士孙逸仙，与其同行二人一起，已于本日上午九时乘汽船八幡丸抵达本县门司港，他表示在该港不登陆，谢绝访客。他们将于明（二十三）日赴香港。眼下在侦察中。

谨此报告如上。

福冈县知事深野一三

明治35年1月22日

［440666 明治35年1月27日收到 高秘第68号］

《孙逸仙一行出发情况》:

外务大臣小村寿太郎伯爵阁下:

前报(参照本月二十二日高秘第68号)清国流亡人士孙逸仙,化名"中山",其二名随行也化名为"朝恩"、"杨格",乔装打扮,八幡丸停船期间他一直居于一等客舱内,全心看书,并无杂念。来访者经船长通报后坚决谢绝。由于不愿见到同船旅客,连吃饭的时候也避免去食堂,而让服务员把食品送到居室内。其两名随行也装作互不相识。此人此次香港之行带有何等物品,还无法窥见。而且正如预报,该船已于昨(二十三)日下午四时前往香港,据说途中将顺便到长崎港(已向长崎县打电报),此外并无异常情况。

谨此报告如上。

福冈县知事深野一三

明治35年1月24日

[440667 明治35年1月27日收到 高秘第75号]

《孙逸仙中途靠岸》:

外务大臣小村寿太郎伯爵阁下:

清国流亡人士孙逸仙及其随员郑弼臣等,于昨(二十四)日早晨七时乘汽船八幡丸停港靠岸(接神奈川、兵库、福冈县通报)。他们整个上午在镇上散步观光。一个多小时后回船中。下午接待了一二个新闻记者的来访。此外谢绝其他访客。对记者提问也非常谨慎,仅谈一般社会上之事情未敢言及国事,说此次回国并无重要事物。该船下午四时启航向香港出发,并无其他异常举动。

谨此报告如上。

长崎县知事荒川义太郎

明治35年1月25日

[440668 明治35年1月28日收到 高秘第23号]

《孙逸仙抵香港》:

外务大臣小村寿太郎伯爵阁下:

兹有传闻说,清国改进派的孙逸仙乘坐已在二十四日入港的邮船公司轮船八幡丸,由横滨抵达本地登陆,遂立刻派本馆人员调查此人投宿于何处。得知此人当时逗留于士丹利街第二十四号中国报馆楼上。侦探此人其后之动静,看来暂时会逗留本地,还未决定前往何地。易地时定将报告。

在此汇报如上。

驻香港领事野间政一

明治35年1月31日

[440669 明治35年2月12日收到 机秘第2号]

《孙逸仙来香港之目的》:

外务大臣小村寿太郎伯爵阁下:

关于清国革命派首领孙逸仙抵达本地登陆,此前已于一月三十一日以机密第2号汇报,其后暗中注意此人带有什么目的来港。本月四日他忽然乘坐轮船库柏蒂克号返回日本。此人为何不到一周就又离开本地,就此疑问进行暗中侦探,有人说他为筹款来港,有人说为易地疗养,均为不得要领。去年一月中,有孙派之部下亦为本地首领之一的杨衢云在其宅教授儿童时被某凶汉暗杀之事,因此孙登陆之后也不外出,港英当局也对此人晓谕此地极不安全,可能孙自己也有同样感觉,不知是否因此快速离开本地。出发之际,本地当局暗中派三名侦探上船作为保护。

谨此报告如上。

驻香港领事野间政一

明治 35 年 2 月 13 日

[440671 明治 35 年 2 月 21 日收到 机秘第 4 号]

《孙逸仙再抵横滨》:

外务大臣小村寿太郎伯爵阁下:

一月十七日出发往香港的清国流亡人士孙逸仙,本月十三日下午四时乘英国汽船库柏蒂克号再抵横滨。

谨此报告如上。

神奈川县知事周布公平

明治 35 年 2 月 15 日

[440670 明治 35 年 2 月 17 日收到 甲秘第 66 号]

《关于孙逸仙之行动》:

清国流亡人士孙逸仙一月十七日自横滨前往香港之目的,原来是为与同志会合并研究善后办法,但抵达该地之后,不仅有引起列国注意之嫌,并且此人身在英国领地之内会引起清国政府之恐惧和忧虑,因而该地总督劝他快速离开,因而几天之后他离开该地,于翌月十三日回到横滨。然而孙自日本出发之际,就对日本政府对清国流亡人士极不热情的态度感到极大愤慨,曾说自己也不能预料何时是否重蹈康有为的覆辙,因而现今不如到别国去等候时机的到来,甚至从此再不回来。因此,犬养毅对其处境极为同情,说服以大隈伯为首的与孙有交情的人们,赠与他五百日元,但不久孙竟又归来,相识者也叹息其无气魄,恐怕无论怎样帮他,也难以达成几分目的,如果前途无望,不如让他转移到布哇或到其他安全之地。犬养毅遂将此意告诉平山周和宫崎寅藏二人,据说二人不久将与孙见面而劝他前往布哇。

明治 35 年 3 月 8 日

[440672 明治 35 年 3 月 10 日收到 乙秘第 161 号]

章开沅、罗福惠、严昌洪编《辛亥革命史资料新编》第 6 册,湖北人民出版社 2009 年版,第 105～108 页

1 月 30 日(十二月二十一日) **英、日缔结军事同盟,日本准备用武力同沙俄争夺我国东北。**

王芸生《英日同盟之成立》:

英日同盟酝酿之经过,既如上述,卒于一九〇二年一月三十日(光绪二十七年十二月二十一日),经英国外交大臣澜斯登(Lansdowne)与日本驻英公使林董签订,其盟约如次:

英国政府及日本国政府希望在远东维持现状及全局之和平,尤以关于维持中国与朝鲜之独立及领土完整,以保证在该两国中各国商工业之机会均等,缔结如下之条款:

第一条、两缔约国承认中国与朝鲜之独立,声明两缔约国在中国朝鲜境内绝无侵略的趋向。虽然,鉴于两缔约国之特殊利益,英国之利益以关于中国者为主。日本利益,除在中国者外,尚有在朝鲜之政治上商务上及工业上之利益,以是两缔约国承诺若此等利益因他国之侵略的行动,或因中国或朝鲜发生扰乱而受侵害,两缔约国为保护其臣民之生命及财产须加干涉时,得采取为保护利益所必须之措置。

第二条、若英国或日本国之一方，为保护上述之利益，而致与他国开战时，则他方应守严正中立，并努力防止其他国家参加战事攻击其同盟。

第三条、如有上述情形，另一国或数国参加对于该同盟国战争时，则他一缔约国应予以援助，共同作战。媾和时亦应相互同意然后实行。

第四条、两缔约国约定，双方均不得未经与他方协议而与他国另作足以损害上述利益之处置。

第五条、英国或日本国认上述利益陷于危殆时，两国政府应互相尽情坦白通告。

第六条、本协定自签字日起即行实施。自签字日起算，以五年为有效时间。若未经缔约国之一方在距五年期间届满时十二个月以前通告废止本协定时，则自缔约国之一方表示废止意思之日起，至经过一年之日止，为继续有效。虽然，若已至上述届满期日，同盟国之一方，仍在交战时，则本同盟当继续至媾和终结时为止。

以下签名人员，各受其政府之正式委任，签字盖印于本协定，以昭信守。一九〇二年一月三十日，在伦敦制成两份。

大英帝国外交大臣澜斯登　大日本帝国驻英全权公使林董（见 *Macmurray Treaties and Agreements with and concerning China*, p. 324）

此外尚交换一附属照会，其文如次：

关于本大臣等代表政府于本日签订之协定，本大臣特通告阁下，英国（日本）政府承认将英国（日本）海军平时与日本（英国）海军采联络行动，并为相互便易计，一国之战舰在另一国之港口，准其停泊，并供给用煤，以及足以增进两国海军威力之便利。

在现时日本与英国各在远东维持一超越任何第三国之海军力也（见 *British Documents*, Vol. 11, P. 119）

英日同盟既告成立，乃于二月十二日公布，并通告各国。两国使馆均行升格，林董即为第一任日本驻英大使。窦纳乐（Claude MacDonald）则英国驻日大使。此事宣布后，日本举国一致欢迎。英国方面颇有反对者，盖以英国在远东之关系，不如日本之切也。

王芸生编《六十年来中国与日本》第4卷，大公报社出版部1932年版，第169～171页

△ 本日，宫崎寅藏以“白浪庵滔天”为笔名，在《二六新报》上开始连载《三十三年之梦》。

2月1日（十二月二十三日）　清廷下旨允许满汉通婚，并劝导民间废除女子缠足之习。

《清实录》：

乙卯……谕内阁：朕钦奉皇太后懿旨，我朝深仁厚泽，沦浃寰区满汉臣民，朝廷从无歧视。惟旧例不通婚姻，原因入关之初，风俗语言，或多未喻，是以著为禁令。今则风同道一，已历二百余年，自应俯顺人情，开除此禁。所有满汉官民人等，著准其彼此结婚，毋庸拘泥。至汉人妇女，率多缠足，由来已久，有伤造物之和。嗣后缙绅之家，务当婉切劝导，使之家喻户晓，以期渐除积习，断不准官吏胥役，藉词禁令，扰累民间。如遇选秀女年分，仍由八旗挑取，不得采及汉人，免蹈前明弊政，以示限制而恤下情。将此通谕知之。

《清实录》第58册，中华书局1987年版，第504～505页

△ 本日，清政府命遴选八旗子弟赴各国留学，以广见闻。

《清实录》载：

又谕：交涉事宜，最为重要，现在振兴庶政，尤应博采所长。出洋游历人员，若能于各国政治工艺，潜心考究，切实讲求，庶几蔚为通才，足备国家任使。近来各省士子，留心时务，多赴各国学堂肄业。惟宗室八旗，风气未开，亟宜广为造就。著宗人府八旗都统遴选各旗子弟，年在十五岁以上，二十五岁以下，志趣正大，资质聪明，体气强壮者，造册开送军机处进呈，听候派员覆核挑选，给资遣赴各国游学，藉资练习而广见闻，用副朝廷图治育才至意。

《清实录》第58册，中华书局1987年版，第505页

2月3日（十二月二十五日） 吕海寰奏荷属南洋各岛虐待华侨情形，请添派领事保护。

《清实录》：

前出使德国大臣吕海寰奏：和兰属地南洋噶罗巴岛等处侨寓华民，常受苛虐，亟宜设法保护，添派领事以安生计。又奏：购得欧美各国条约，咨送外务部，以备抵制，均下部议。寻议以南洋各岛，如英属之小吕宋，皆已设立领事。朝廷一视同仁，必不忍和属侨氓独抱向隅之憾。原奏所称，现在重订商约，正可及时声明，凡各国通商口岸，及华侨萃集之处，由中国查看情形，随时均可商设领事。现吕海寰经奉旨留沪会办商约，自可与盛宣怀相机筹议。其和外部，经议有端绪，应责成接任使臣荫昌，切实磋商，内外坚持，务期得当。依议行。

《清实录》第58册，中华书局1987年版，第507～508页

△ 清廷命广西巡抚丁振铎拿办该省会党。

《清实录》：

又谕：有人奏，广西桂林地方，会匪甚多。有三点会名目，明火劫掠，一月数十起。又柳州以下土匪四起，并传思恩失守，抚臣所派张棠荫剿办，未能得手各等语。广西各属匪徒肆扰，历年剿办，未绝根株。桂林为省垣重地，岂容会匪潜纵，乘机劫掠。著丁振铎严饬地方文武各官，密拿首要，解散胁从，毋任滋生事变。其柳州、思恩等处，近日情形如何，是否实有攻踞城池之事？并著该抚选派得力将弁，将所在游匪，认真剿办，免致蔓延为患。张棠荫如有纵贼枉杀等情，即著速行撤换。仍据实参奏，以肃戎政。原片均著抄给阅看，将此谕令知之。寻奏，桂林一带，会匪本多。叠经严密缉拿，较前敛迹。至思恩失守，实无其事。道员张棠荫在柳州剿匪，颇有微劳。惟性情偏执，未能悉协机宜，现饬率队前往象州来宾，剿办游匪，以观后效，报闻。

《清实录》第58册，中华书局1987年版，第508～509页

2月8日（壬寅年正月初一日） 《新民丛报》在日本横滨创刊。

《本报告白》揭示办刊宗旨：

中国报馆之兴久矣。虽然，求一完全无缺，具报章之资格，足与东西各报相颉颃者，殆无闻焉。非剿说陈言，则翻译外论，其记事繁简失宜，其编辑混杂无序，殆幼稚时代势固有不得不然者耶。本社同人有慨于是，不揣梼昧，创为此册。其果能有助于中国之进步与否，虽不敢自信，要亦中国报界中前此所未有矣。兹将章程略列如下：

第一章　宗旨

一　本报取《大学》新民之义，以为欲维新吾国，当先维新吾民。中国所以不振，由于国

民公德缺乏,智慧不开。故本报专对此病而药治之。务采合中西道德,以为德育之方针;广罗政学,以为智育之本源。

一　本报以教育为主脑,以政论为附从。但今日世界所趋,重在国家主义之教育,故于政治,亦不得不详。惟所论务在养吾人国家思想。故于目前政府一二事之得失,不暇沾沾词费也。

一　本报为吾国前途起见,一以国民公利公益为目的。持论务极公平,不偏于一党派,不为灌夫骂坐之语,以败坏中国者,咎非专在一人也。不为危险激烈之言,以导中国进步,当以渐也。

第二章　门类

一　本报纯仿外国大丛报之例,备列各门类,务使读者得因此报而获世界种种之智识。其门类如下:

一图画　每卷之首印中外各地图或风景图及地球名人影像。

二论说　必取政事学问之关于大本大原切于实用者,乃著为论。

三学说　述泰西名儒学说之最精要者。

四时局　论天下大势以为中国之鉴。

五政治　专以养国家思想,使吾人知文明世界立国之本原。

六史传　或中史或外史或古史或近史或人物传,随时记载。

七地理　或总论或分论。

八教育　本报以教育为主义,故于此门,尤注意焉。或论原理,或述方法,总以合于中国国民教育为的。

九宗教　宗教者,德育之本也。本报主信仰自由思想,自由惟陈列各义,加以发明,以备读者之采择,无入主出奴之弊。

十学术　或哲学或艺学或中国固有之学,撷其精华论之。

十一农工商　三者富国之本也。述泰西斯业发达之状及其由来,以资比较。

十二兵事　武备者,国民之精神也,特注意焉。

十三财政　理财学今为专门科学,凡立国者所宜讲也,故条述其理法。

十四法律　中国人所尤缺者,法律思想也。故述法家言以导之。

十五国闻短评　择中国外国近事之切要者,略加绪论,谈言微中,闻者足戒。

十六名家谈丛　短篇小文,一语破的,时或有绝精之论,江湖大雅,盖同好焉。

十七舆论一斑　各报纸中之论说,择其雅驯者,撮其大意,加以评论。此东西报馆之通例也。

十八杂俎　一名新智识之杂货店。

十九问答　阅报诸君,或有疑问,本社同人,当竭所闻以对,亦望阅报者代答焉。

二十小说　或章回体,或片假体,要以切于时势,摹写人情,使读者拍案称快。

二十一文苑　诗古文辞,妙选附录,亦可见中国文学思潮之变迁也。

二十二绍介新著　凡各处新出之书,无论为著为编为译,皆列其目,时加评騭,以便阅者别择购买。

二十三中国近事　以简要确实为主。

二十四海外汇报　地球大事,为吾人所不可不注目者,皆备载之。

二十五余录　无可归类者附于此。

第三章　体例

一　本报用洋式钉装，每册约六万字内外，比之《万国公报》、《时务报》、《清议报》等加两倍有余。

一　本报月出两次，以朔望日发行，每年共出二十四册。

一　第二章所载各门类不能每册具备，然一册中最少必有十五门以上。

一　各门类皆由通人撰述编纂，非直译洋报剪抄华报也。

一　定阅全年廿四册者，价洋五元；定阅半年十二册者，价二元六毫。每册零售者，价洋二毫五仙。美洲、澳洲、南洋、海参崴各埠，全年六元，半年三元二毫，零售每册三毫。各外埠邮费照加。

一　有愿任代派者，乞函告本报社，自当按址寄送。

一　代派处派至五份以上者，提一成半为酬劳；派至十份以上者，提二成为酬劳。

一　如欲购阅本报者，乞先将报费邮寄前来，乃为作实。各代派处亦必须于本报既出第二册以后，即向阅报诸君收取报资，汇寄本社。否则一概停寄，仍追取前费。

本报之特色

一　本报全册皆经同人意匠经营，精心结撰，无一语不用心，无一字属闲笔。非敢自夸，却堪自信。

二　本报议论，其取材虽大半原本于西籍，然一一皆熔铸之，以适于中国人之用。盖他邦之论著，无论如何精深透辟，而其程度能适合于吾国民之脑筋，而使之感动，使之受用者，殆希也。故本报从无直译之文。

三　吾国民最乏普通知识，常有他邦一小学生徒所能知之事理，而吾士大夫犹懵然者，故本报多设门类，间册论载。但能阅本报一年者，即他种书一部不读，亦可知政治、学术之崖略矣。

四　求学者最苦于不得门径，读本报则能知各学之端倪，可以自择自进。

五　人不可以因事而废学，而事务繁忙之人，实无日力读书，则莫如读本报。既有学理以助思想之进步，复知时局以为治事之应用。

六　本报所载中国外国近事，择精语详，可省则省，应有尽有。又设舆论一斑一门，凡中国各报之名论，皆择载其大要，苟无日力多读他报者，即专阅本报，所得已多矣。

七　本报每类皆各自为叶、各自为次。阅满全年后，分拆而装潢之，可得数十种绝妙佳书。

八　本报于新出各书，皆加以评陟，如书目解题之例，学者可因以知所别择，无迷厥途。

九　本报每卷必有名人画像、地球名胜数种，读者可得尚友卧游之乐。

十　本报之杂俎、小说、文苑等门，皆趣味浓深，怡魂悦目。茶前酒后，调水围炉，能使读者生气盎然，非若寻常丛报，满纸胪载生涩之语，令人如耽古乐惟恐卧也。

本社同人自述。

《新民丛报》第1期，1902年2月8日

2月10日（正月初三日）　中国驻日公使蔡钧大宴留学生于东京偕行社。

《中国留学生新年会纪事》：

光绪二十八年壬寅正月三日，驻日本钦使蔡，大飨留学生二百七十四人于东京九段坂之偕行社。偕行社者，日本陆军军官于甲午战胜中国之后，公众醵资所建设者。取义同袍，故有是名。堂宇壮阔,庭园轩敞。晨自八九下钟,学生联翩结袂,于乐声洋洋鼓声镗镗之中,来与会焉。其时列坐叙谈者有之,散步游行者有之。握手点头,应接不暇。亲爱之情,溢于眉宇。

居无几,公使来矣。遂有接待者导之入。少憩升堂,与诸生相见。诸生鞠躬为礼,公使答如仪。归安钱先生者,留学生之监督也。进曰:"今日之会,诚未有之盛事,诸生甚感谢。惟自今以往,尚欲永享此种团聚之乐,因愿更有所请。"随将同人所拟创办会馆意见书示之公使。公使展览一过,咨嗟叹赏曰:"我必竭力赞成之。"诸生同声应曰:"是必极力提倡。"公使旋发辞曰:"昔吾旅欧洲时,虽遇一作苦之华工,犹以异域同乡之故,抱感于怀。辄眷眷不忍别,况诸君皆学生乎哉!中国之弊,莫大于上下隔绝。今日与诸君聚首言欢,此乐何极!诸君离乡别井,万里负笈,未尝不苦。但必耐苦,然后能成学。学成,则公足以报国,私足以荣身。中国需材孔殷,予不能不为诸君日企望之。吾国摧败至此,岂人之摧败我哉,我自摧败耳!苟我能自振作,虽外人竟以禽兽目我乎,于我何伤?而况必不尔耶!在山林易忘廊庙,在外国亦易忘父母之邦。惟望诸君做学生时,常以忠君爱国四字存于心。则他日必为有用之材也。"又重语曰:"会馆事甚善,我必竭力赞成。今日之会,虽无旨酒佳肴,诸君不用客气,如家人团聚然。尽兴放量,畅饮数钟。"言毕,答诸生之谢而退。

移时,入食堂,堂上列桌数十,人各依桌立饮,觥酬[筹]交错,行无算爵之礼。案瓶供养红梅水仙,芬馥盈室。室本楼也,天光开朗,地势雄峻[骏]。万家烟火,在其瞰下。窗外乐声,随风缭绕。能壮人气,能移人情。画龙点睛,龙飞上天。此时此际,郁以山河故国之思,肆以春夏少年之气,盖有不觉人人皆龙,而顿欲作破壁想也。日本俗群,相敬其人也,则起而共轩举之,以示推崇之意。陆军学生,因以礼公使与监督焉。其后或舞或歌,酣乐而止。于斯时也,凡习武者则爽快敏捷,发扬蹈厉。与非习武者之和易沉静,大异其趣。尤可注意者,其举动乃连合整齐,共同一致也。吁!是岂偶然哉!盖陆军学生,同起居,同服食,同受一种之教育,同养一种之精神。其结果自应与他之不同居、不同学、不同习惯者有异也。即此可见日本军制之要素,更可见教育之能力矣!

抑余又不能无感焉:中国土地之大,人民之多,姑无论人随地分,不相齐一,即就一地方之人而论,问其业则有官兵士农工商之分,其年则有老少长幼之别。性则别男女,分则别尊卑。层层隔阂,节节支离。故外人之视我国社会也,谓如河岸流沙然,量非不多,度非不密,所占地盘非不广远也。无如无性相结,无气相贯,故随风逐浪而飘零以沉沦者,则将永无归结。今一会二百七十四人,其中籍隶湖北者四十九人,江苏四十六人,浙江四十一人,广东二十三人,湖南二十人,直隶十六人,安徽十五人,福建十二人,四川十一人,江西四人,贵州二人,陕西山东广西各一人,东三省共二十七人。其出生之地不一也,其所学之业不齐也。其将来所居之地位亦至难同也。然当此时,居此地,为同学之少年,负最大之责任,则无人而不然也。此不徒吾国四万万人中所未有之团聚,即求之世界中历史,当国势艰难,人心涣散,如吾国之今日,而得于海外齐集少年有为之士于一堂,如今日之盛者,吾恐亦不数见也。吁!以吾国四万万人而若无是之团体,实为可悲!以二百七十四人而有者,可不谓之幸哉!会既终,公使复督吴君寿卿演说开督会馆之事。其后又有数人演说,其意皆鼓舞会馆之速成也。于是有愿捐赀为创会馆经费者,悉书名于捐册。不一时而集款凡若干,且公举公使为中国留学生会长,钱监督为副会长。事毕,遂摄影于庭,以为他日之纪念。夫此会之所以有特价也,则以其非徒为饮食之征逐,而足令人生国家思想。且更有一事,足以令与会者终身不忘,并足令吾全国人猛然自奋也。盖公使者,我国现在之代表学生者,即我国未来之主人。以公使而宴学生，在吾国固为非常之盛事。而为地主之日本人，亦必不视为寻常之宴会也。惟是偕行社者，乃其陆军军官之公所，不容他国之国旗拂其门墙。故是日之会，在堂上则炫赫飞扬者，中国之龙章也。而门外则寂然。同人于此，不免有故国河山之感焉。虽然，是亦激励我爱国心之一助也。小子不文，幸躬盛会，谨记其缘起如右。

《新民丛报》第5期，1902年4月8日

此事不久，中国留学生会馆即在东京骏河台宣告成立，吴禄贞发表演说，称之为美国之独立厅。冯自由《记东京中国留学生会馆》：

吾国学生之在日本留学，始于戊戌、丁酉（民前十三、四年）二年，其初不过寥寥数人，自费生只有粤人罗孝高一人，在早稻田专门学校肄业，即后四年改名之早稻田大学是也。官费生有鄂人戢元丞、粤人唐宝锷数人，系由湖北省派遣，均住公使馆内。后数年各省督抚续派遣留学生，而以私费往游者亦络绎不绝。及辛丑年（民前十一年），人数已增至千五百人。是年秋冬间，遂有中国留学生会馆之组织（此时间疑有误，会馆之设当在壬寅春节之后，参阅上条《新民丛报》所记《中国留学生新年会纪事》，编者）。馆址设于骏河台，外观颇为宏伟，由各省学生开全体大会选举干事若干名以处理之。开幕之日，鄂省士官学校学生吴禄贞宣布开会辞，谓此会馆之于中国，无异美国之独立厅云。会馆成立后，以经费支绌，乃请清公使蔡钧拨款补助。蔡钧要求须将中国二字改为清国，始允所请。干事会不得已许之。未几清贝子载振东游，会馆欲其为经费之捐助，而干事曹汝霖等亦借此为仕途进身之捷径，竟号召全体学生开大会欢迎之。

壬寅（民前十年）夏，有粤籍高等工业学校学生汤某引日本女学生数人，在会客室操弄钢琴，事为东京《二六新报》访员所闻，竟在该报揭载新闻一则，谓支那留学生引诱日本卖淫女子，在会馆内借玩琴为由，深夜始出等语。干事以该报记事失实，要求更正。该报不之恤。于是召集留学界全体大会于神田锦辉馆，讨论此项问题。吴敬恒主张革除汤某学籍，以保全留学界名誉，众多和之。汤某因是腼然归国。是可见当日留学界注重风纪之一斑。是冬，会馆以经费不足，通知各省学生同乡会请代征收每人月费以资维持。照会章每一学生须纳月费三角，由同乡会代收缴付。自会馆改名清国后，学生借口不交者，大不乏人。因是发生种种纠纷，而干事会遂穷于应付。时广东同乡会亦为此事开会讨论办法，有粤省派来学务视察员崔伯越者，谓吾人益属大清国学生，顾名思义，当有缴付会馆月费之责任，劝告各人勿为邪说所惑。冯自由起言，区区三角之月费，吾人照章缴付，原无问题。但吾人是中国人，而非清国人，故只可缴付中国会馆之月费，而不可缴付清国会馆之月费。若谓吾人各享会馆权利，而不尽会馆义务为不当，则满清既可强占我中国土地二百四十余年，吾人又何不可享受清国会馆之权利。吾人念亡国之丑，殊无缴纳任何经费之义务云云。众多鼓掌和之。讨论结果，卒通过缴纳月费与否任人自由之议案。其他各省同乡会亦如之。此会馆至民国成立后仍旧存在，但已改清国二字为中华民国。

冯自由著《革命逸史》第4集，中华书局1981年版，第99～101页

马力《与鲁迅在日本有关的地方·中国留学生会馆》：

……一九〇二年，建立了清国留学生会馆（又称中国留学生会馆）。馆址在东京神田区骏河台铃木町十八番地。

馆是两层楼房。楼房之外，还单独有一间作传达室的小房，管收发，兼售会馆出版的书刊。会馆是留学生的会议场所、讲演场所、日语教室、俱乐部，也是编译出版的据点。抗议限制留学生入成城学校和反对“清国留学生取缔规程”的决定，都是在这里讨论决定的。会馆

定有招待规则,凡留学生渡日前与会馆取得联系,会馆就分别在神户、横滨、新桥等处派专人迎送,代购车船票,安置食宿。在会馆二楼的教室中,经常举办日语讲习会。正如鲁迅所描绘的,这里有时也练习跳舞,地板咚咚震天,室内烟尘斗乱。

这里确是留学生的一个出版中心。《译书汇编》杂志从第二年第三期(一九〇二年六月发行)开始,以清国留学生会馆为经销处;而一九〇三年一月一日发行的严一著《进化要论》,也印有神田区骏河台铃木町十八番地译书汇编社发行的字样,可知这个一九〇〇年成立的出版社,当时已迁入会馆。湖南编译社发行的《游学译编》杂志,也在一九〇三年三月出版的第六期上声明,编辑部迁入了会馆。闽学会以会馆为发行所,出版了一些单行本。湖北法政编辑社也设在会馆内,出版了二十四册讲义录式的《法政丛编》及其他。早稻田大学学生卢弼等在会馆内成立政治经济社,翻译出版早大教师所写的书籍。还有不少个人出版书籍,也以会馆为发行所或经销处。此外,《浙江潮》、《江苏》、《湖北学生界》(后改为《汉声》)等当时影响很大的杂志,也都把出版部设在会馆。

薛绥之编《鲁迅生平史料汇编》第2辑,天津人民出版社1982年版,第279~280页

2月17日(正月初十日)　蔡元培撰《日英联盟》文。

蔡元培《日英联盟》:

日英联盟成,论者皆以于东方之事极有关系,是固然矣。吾又以此举或当为世界主义之发端,而黄白二种激剧之竞争且由是而潜化。要其成毁之枢机,则在我国人之所为而已。

盖自生物进化之理明,原人同祖,已无疑义,徒以地土国界之分合,教宗之激导,勤窳骜驯,异其天择,运会所趋,适值欧洲白人特别优胜之时,而红棕诸种,又以不及变计,骤致痿茶,狃于此者,遂乃吸宗教家七日分造之余波,谓猿人代嬗,种性已殊,当以征服异色种族为白人之天责。合众国人至欲别构名词,如人禽例,以为白种与他种之识别。观本报所译司梯反氏、诺脱氏论黑人之说,可以窥其居心。至于虐待华工,禁止日人,则尤新闻纸所习见者。乌呼,此尚有公理也耶!

虽然,公理者,附丽于强权而始行。诚使亚洲诸国疲弱不振,终见吞噬,则此说者将遂为人类学家之定论;湔雪之责,在我而已。日本维新以来,文化进步,抗行彼族,乃造为红白种黄白种之说,以冀附于其列。然西人夸赞日本,多含惊讶嫉妒之意,日本人屡言之。辽东之役,以英之利害相关,而坐视不助,乃乘机窜取威海卫以自肥,彼其种族之见,固未泯也。及庚辛间,日本节制之师,直凌欧美;而英人内掣于非国之战争,外怵于俄、法之阴谋,踌躇四顾,慨然而允日本联盟之请,此诚日人所谓史乘中非常大事者也。虽其所约以东西交涉为限,而观雪梨埠各报之所惧,坎拿大政府之所电,知其于两人种间之关系大矣。

然其后效,尚在不可知之数。何则?我国地大民散,非五十年前土耳其之比,势力范围,已成熟语。苟其政策不变,社会如故,则列强均势之日,适为和平瓜分之媒,将使我国黄人尽为诺脱所论之黑人而后已。当是时,日本即能自立,地隘人寡,一欧洲之匈牙利而已,曾何足为全数黄人之代表?是故破黄白之级,通欧亚之邮,以世界主义扩民族主义之狭见,其枢机全在我国也。嗟乎!日本论者,方以联盟既成,负责愈重,警策其上下。我国挟世界和平之策,而乃有受人保护之耻,宜如何惕厉而奋起哉!

高平叔编《蔡元培全集》第1卷,中华书局1984年版,第160页

编者按:本文写作的具体日期,高平叔在其编著的《蔡元培全集》(中华书局1984年版)和《蔡元培年谱长编》(人民教育出版社1996年版)中,记载并不一致。考虑到"长编"比"全集"出版要晚,此处从"长编"说,定为2月17日。全文仍录自《蔡元培全集》。

2月22日(正月十五日)　章太炎自上海乘轮东渡,六天后至日本横滨,寓新民丛报社。

章太炎《致吴君遂等书》:

十五登轮后,风波恬静,至二十一日遂至横滨。二等舱起居饮食,皆极适宜,始知浮海之乐。到滨得见任公,言及赠书及内地学堂事,据云赠书已决,学堂一节尚待商议,因中东路隔,经营不易也。鄙人舍馆未定,暂寓新民丛报社(即清议报馆旧址,在元居留地首五十二番)。《丛报》已出二册,任公宗旨较前大异,学识日进,头头是道。总之以适宜当时社会与否为是非之准的,报中亦不用山膏詈语以招阻力。大约此报通行,必能过于《清议》也。

汤志钧编《章太炎年谱长编》上,中华书局1979年版,第130页

本年春夏间　孙中山在横滨接待秦力山、章太炎、张继等来访,并经常往还,就中国革命的土地问题、建都问题及革命程序和方略等作深入交谈。

章太炎《自订年谱》:

……于是东渡。时孙逸仙方在横滨,湖南秦遁力山者,故唐才常党,事败东走,卓如不礼焉。往谒逸仙,与语,大悦。余亦素悉逸仙事,偕力山就之。逸仙导余入中和堂,奏军乐,延义从百余人会饮,酬酢极欢,自是始定交。力山又言:"同舍生有张溥者,直隶沧州人,年甫弱冠,而志行甚坚,仆与偕来就君。"及见,甚奇之。溥字溥泉,后更名继,字溥泉云。

章炳麟编《民国章太炎先生炳麟自订年谱》,台北商务印书馆1980年版,第8~9页

朱希祖《本师章太炎先生口授少年事迹笔记》:

壬寅,三十五岁,春即至上海,转至日本,与秦力山交。时中山之名已盛,其寓所在横滨。余辈常自东京至横滨,中山亦由横滨至东京,互相往来。

陈平原、杜玲玲编《追忆章太炎》,中国广播电视出版社1997年版,第80页

张继《回忆录》:

壬寅(一九〇二年),力山偕余至横滨山下町,谒总理。见总理极和蔼,留午餐。自以盆盛水,令余等洗面,殊出素日想像之外。太炎斯年至倭,亦由力山介绍得识之。

张继著《张溥泉先生回忆录·日记》,台北文海出版社有限公司1982年版,第5页

刘成禺《先总理旧德录》:

壬寅,予在成城陆军预备学校,程家柽奔驰而来曰:"孙先生自海外归矣。"程往横滨见之,一见即问曰:"刘某来否?"程曰:"此两湖书院同院老友也,来矣,已入成城学校。"先生曰:"予即欲见此人。汝可回东京,陪彼来。成城不能外宿,晨来晚归为佳。"予与家柽造横滨山月寓庐,先生出迎,执予手曰:"寿卿(吴禄贞字寿卿)、元丞来日说武昌事件,力助党人出险,尤感太夫人拯救之恩。"纵谈竟日,傍晚乘车回东京。是为四十余年致力革命之发轫。

《国史馆馆刊》1卷1期,1947年

关于改革土地、建都等一系列革命问题,章太炎用自己特有的文字风格记录了与孙中山的谈话内容。

章太炎《定版籍》:

章炳麟谓孙文曰:"后王视生民之版,与九州地域广轮之数,而衰赋税,大臧则充。古之为差品者,山林之地,九夫为度,九度而当一井,迭为九衰,至于衍沃而止矣。今之大法,自池井海堧有盐而外,露田稻最长,黍稷粱麦各有品也,居宅与树艺之地次之,山及池沼次之,江干沙田次之……然则定赋者以露田为质,上之而桑茶之地,果漆髹薪之地,桢干之地,至于鱼池,法当数倍稼矣。独居宅为无訾。穷巷之宅,不当蹊隧者,视露田而弱;当孔道者,鱼池勿

如,则为差品。以是率之,赋税所获,视今日孰若?"

孙文曰:"兼并不塞而言定赋,则治其末已。夫业主与佣耕者之利分,以分利给全赋,不任也。故取于佣耕者,率参而二。古者有言,不为编户一伍之长,而有千室名邑之役。夫贫富斗绝者,革命之媒。虽然,工商贫富之不可均,材也。杇人为人黝垩,善画者图其幅帛,其为龙蛇象马草树云气山林海潮爟火星辰人物舟车,变眩异态,于以缘饰墙壁,一也;然或一日所成而直百钱,或一日所成而直赢于万金。挽步辇者与主海船者,其为人将行,一也;一以为牛马,一以为宗主,是岂可同哉!彼工商废居有巧拙,而欲均贫富者,此天下之大愚也。方土者,自然者也。自然者,非材力。席六幕之余壤,而富斗绝于类丑,故法以均人。后王之法,不躬耕者,无得有露田;场圃、池沼,得与厮养比而从事,人十亩而止。露田者,人二十亩而止矣。以一人擅者,畎垄沟洫,非有其壤地也。场圃之所有,杝落树也;池之所有,堤与其所浚水容也;宫室之所有,垣墉栋宇也。以力成者其所有,以天作者其所无,故买鬻者庚偿其劳力而已,非能买其壤地也。夫不稼者,不得有尺寸耕土,故贡彻不设。不劳收受而田自均。"

章炳麟曰:"善哉,田不均,虽衰定赋税,民不乐其生,终之发难。有帑廥而不足以养民也……"

汤志钧编《章太炎政论选集》上,中华书局1977年版,第187~188页

经过交谈,章太炎拟订《均田法》如下:

凡土,民有者无得旷。其非岁月所能就者,程以三年。岁输其税什二,视其物色而衰征之。

凡露田,不亲耕者使鬻之,不雠者鬻诸有司。诸园圃,有薪木而受之祖、父者,虽不亲邕,得有其园圃薪木,无得更买。池沼如露田法。凡寡妻女子当户者,能耕,耕也;不能耕,即鬻。露田无得佣人。

凡草莱,初辟而为露田园池者,多连阡陌,虽不躬耕,得特专利五十年。期尽而鬻之,程以十年。

凡诸坑冶,非躬能开浚碏采者,其多寡阔陿,得恣有之,不以露田园池为比。

汤志钧编《章太炎政论选集》上,中华书局1977年版,第188~189页

秦力山于1902年返沪后,也述及曾与孙中山讨论革命后之公地问题。

1903年8月19、21日《国民日日报》第13、15号遯公(即秦力山,编者)《〈上海之黑暗社会〉自序》:

智识何以能平等?曰教育普及,则智识自然平等。教育何以能普及?曰经济充裕,教育自然能普及。经济何以能充裕?曰此事虽欧美已难望之,惟吾国尚有此资格。鄙人另有《与□□□(即孙中山,编者)讨论公地笔记》一篇,异日当就正于天下,兹毋赘焉。

贫富何以能平等?曰此事亦详于《与□□□讨论公地笔记》,可为略述于左,以免阅者诸君,谓我将以虚言绐世也。

西儒社会学家,论公地者甚众,惜东洋无译本。□□□君通西文,尝言之,然尚无成算。鄙人于庚子过金陵时,见城北一带,颓垣破瓦,鞠为茂草,闻其地主,则不公不私,成为一种无用之地。及查其何以至此,则洪杨破金陵,其地主已或逃或死,至大定后,遂任其荒落,洎今不知其主之为谁何。鄙意以为吾国他日若有动机,则举全国之地,皆可以作江南城北观。以今日之不耕而食之佃主,化为乌有。不问男女,年过有公民权以上者,皆可得一有制限之地,以为耕牧或营制造业。国家虽取十之三四,不为过多。农民即得十之六七,亦可加富。

此外可开之垦，可伐之森林，以及其他种种可开之利源，尚不知几何。今日岁入八千万，他日则虽无量恒河沙之八千万，不过反手耳。苟辨乎此，则智【识】与贫富二者，何愁而不平等。盖东西各国之资本家，其所以保护其财产之法，今日已达极点，无术可以破坏之，独吾国为能耳。

关于建都问题，孙中山对洪秀全定都金陵之功过予以评价，又从战略、治国等角度探讨各地建都之利弊，提出“谋本部则武昌，谋藩服则西安，谋大洲则伊犁，视其规摹远近而已”的观点。

章太炎《相宅》：

孙文曰：“异撰！夫定鼎者相地而宅，发难者乘利而处。后王所起，今纵不豫知所在，大氐不越骆、粤、湘、蜀。不骆、粤、湘、蜀者，近互市之区，异国之宾旅奸之，中道而亡，故发愤为戎首。于今奥区在西南，异于洪氏。所克则以为行在，不为中都。中都者，守其阻深，虽陋小可也。何者？地大而人庶，则其心离。其心离，则其志贼。其志贼，则其言牻惊，其行前却。故以一千四百州县之广袤，各异其政教雅颂者，百蹶之媒也。虽保衡治之，必乱其节族矣。

夫景亳以七十里，岐以百里，古者伯王之主，必起小国。虽席之萝图而不受者，非恶大也。士气之齐一，足以策使；周行之蓍敉，足以遍照；非小焉能？处小者，于愉殷赤心之所，搏厉其政，刊奠其水土，抚循其士大夫，其轻若振羽。从之十年，义声况乎诸侯，则天下自动愿为兄弟，大将焉往？使汤、文之故，有大傀昄土，其举之亦绝膑，吾未知其废易窜殛之不伉于癸、辛也。

洪氏初以广西一部成义旅，所至斩馘，勤于远略，克都邑而不守，跨越江湖以宅金陵，内无郡县，而搬落以为大。以此求一统，昆仑、岱宗之玉检，未有录焉。故困于边幅者为小丑，陋小边幅不以尺寸系属者为寄君。寄君者，戒矣！虽其案节得地，而扬光明金陵，则犹不可宅。当洪氏时，有上书请疾趋宛平者，洪氏勿从。非其方略不及此也。王者必视士心进退以整其旅。金陵者，金缯玉石稻粱当刍豢之用饶，虽鼓之北，而士不起。夫满洲在者，其势分。异国视势便以为宾仇，此之谓亡征。及其闭门仰药，始以宅南自悔也。岂不绌于庙算，而诒后嗣之鉴邪？发难之道，既如此矣。定鼎者，南方诚莫武昌若。

尚宾海之建都者，必逷远武昌。夫武昌扬灵于大江，东趋宝山，四日而极，足以转输矣。外鉴诸邻国，柏林无海，江户则曰海堧尔。内海虽咸，亦犹大江也。是故其守在赤间天草，而日本桥特以为津济。江沔之在上游，其通达等是矣，何必傅海？夫北望襄、樊以镇抚河、雒，铁道既布，而行理及于长城，其斥候至穷朔者，金陵之绌，武昌之赢也。虽然，经略止乎禹迹之九州，则给矣。蒙古、新疆者，地大阾而势不相临制。

夫雍州，本帝皇所以育业，霸王所以衍功，战士角难之场也。地连羌胡，足以笞箠而制其命。其水泉田畦，膏腴不逮南方，犹过大行左右诸国。农事者，制于人，不制于天。且富厚固不专恃仓廪，自终南、吴岳，土厚而京陵高，群矿所韬，足以利用；下通武昌，缮治铁道，虽转输者犹便。虽然，经略止乎蒙古、新疆，则给矣。王者欲为共主于亚洲。关中者，犹不出赤县，不足以驰骤。

彼东制鲜卑，西叟乌拉岭者，必伊犁也。古者有空匈奴、县突厥者矣，耽乐于关中，而终不迁都其壤，王灵不远。是以赤帝之大九州，分裂而为数畛。夫为中夏者，岂其局于一隅？固将兼包并容，以配皇天。伊犁虽荒，斩之胡桐柽柳，驱之貙狸，羁之□羸橐佗；草莱大辟而处其氓，出名裘骏马以致商贾；铁道南属，转输不困，未及十年，都邑衢巷斐然成文章矣。

故以此三都者，谋本部则武昌，谋藩服则西安，谋大洲则伊犁，视其规摹远近而已。”

章炳麟曰:“非常之原,黎民惧之,而新圣作者遂焉。余识党言,量其步武先后,至伊犁止,自武昌始。”

章太炎著《訄书·相宅第五十三》,《章太炎全集》第3册,上海人民出版社1984年版,第305~308页

关于中国革命须遵循之程序,孙中山此时已有初步设想,提出军政府、约法与地方自治的相关理论。

《大陆报》第2卷第9号(1904年10月28日)《孙文之言》:

今青年之士,自承为革命党者虽多,实则皆随风潮为转移,不过欲得革命名称以为夸耀侪辈,未必真有革命思想,其真有革命思想而又实行革命之规画者,舍孙文以外,殆不多见也。吾尝闻彼党人述孙氏之言曰:“□□(指满洲,编者)之政府易覆,外人之干涉不惧,所可虑者,吾中国人具帝王之资格,即人怀帝王之思想,同党操戈,外族窥恤,亡吾祖国之先兆也。吾细思数年,厥有一法:夫拿破仑非不欲为民主也,其势不能不为皇帝,使华盛顿处之亦皇帝矣。华盛顿非必欲为民主也,其势不能不为民主,使拿破仑当之亦民主矣。中国数十行省之大,欲囊括而恢复之,必有数统帅,各将大军数十百万,各据战地,呜叱往来。即使诸统帅慕共和之治,让权于民,为其旧部者,人人推戴新皇,各建伟业,咸有大者王小者侯之思,陈桥之变所由来也。欲救其弊,莫若于军法、地方自治法间,绾以约法。军法者,军政府之法也。军事初起,所过境界人民,必以军法部署,积弱易振也。地方既下,且远战地,则以军政府约地方自治。地方有人任之,则受军政府节制,无则由军政府简人任之,约以五年,还地方完全自治,废军政府干涉。所约如地方应设学校、警察、道路诸政如何,每县出兵前敌若干,饷项若干。五年程度不及者,军政府再干涉之,如约则解。此军政府约地方自治者也。地方出兵若干,饷若干,每县连环会议,约于军政府,有战事则各出兵饷赴前敌,战毕除留屯外,退兵各地方。军帅有异志,则撤其兵饷,地方有不出兵饷者,军政府可会和各地方以惩之。此地方自治约军政府者也。军政府所过,地方自治即成,而以约法为过渡绾合之用,虽有抱帝王政策者,谅亦无所施其计矣。”

陈锡祺编《孙中山年谱长编》上,中华书局1991年版,第278页

编者按:关于《孙文之言》的作者,据桑兵推论,为《大陆报》主要编辑人戢元丞。文中所述孙中山革命程序的思想和言论,当为1902年春夏间在横滨事。详见桑兵《孙中山革命程序论的演变与评价》(中山大学学报编辑部编《辛亥革命论文集》,1981年,第409~412页)。

3月16(二月初七日)　俄、法两国针对英日同盟,发表联合宣言,强调两国在远东及中国的共同利益。

王芸生《俄法同盟之反响》:

英日同盟既以俄法同盟为假想敌,俄法两国于接到英日同盟之通告后,甚为震动。盖当英日谈判将近成功之时,伊藤博文正在圣彼得堡作日俄同盟之运动,因此俄国事前未能发觉英日运动而作阻碍手段,盖以日本方谋与俄同盟,不料其另有交涉也。故伊藤之联俄运动,反有助使英日同盟易于成功之作用。俄既不防有此事发生,及得英日同盟之通告,直有闻雷失箸之感。英日盟约之字面,又颇光堂,直使俄国无从赞一词,经与法国商洽结果,乃于三月十六日(俄历三月三日)发表联合宣言如下:

“俄法两同盟国政府,业已接到关于一九〇二年一月三十日所订英日协约,其目的原在维持远东现状及全局和平,保全中国与朝鲜之独立,并对各国在此两国中之商工业开放。俄法两国对此约十分满意,因其对俄法两国政府曾经迭次声明至今犹未变更之作为政策基础的各种原则,予以确认。

俄法两国政府以为尊重上述各种原则，同时即为两国在远东特殊利益之一种保障。惟不得不预为考虑，将来或因第三国之侵略行动，或因中国发生扰乱，致该国之保全及自由发展陷于不安，因使两国特殊利益有受侵害之事，两同盟国政府应保留会商采取保护利益之手段之权（*China Treaties and Agreements*，P. 325）。"

此宣言虽谓表示满意，而最后声明之保留，实与英日同盟针锋相对。

王芸生编《六十年来中国与日本》第4卷，大公报社出版部1932年版，第172～173页

3月17日（二月初八日）　袁世凯上奏清廷，陈述直隶广宗景廷宾聚众抗粮及派兵缉办情形。

《署直隶总督袁世凯奏广宗景廷宾聚众抗粮派兵缉办情形折》（光绪二十八年二月初八日，军机处录副奏折）：

太子少保、署北洋大臣、直隶总督臣袁世凯跪奏，为武举聚众煽乱，不服劝谕，迎击官军，当经镇道各员缉办情形，恭折仰祈圣鉴事：

窃查直隶东南边境各属，与山东西北毗连，民情素号刁强，盗贼尤为充斥，动辄聚众，治理綦难。自拳匪肇乱以来，奸徒煽惑，纠合成风。去年秋间，因直境各邑议结教案，顺德府属广宗县应摊捐赔款六千串。数本无多，各村皆允摊认；惟东召村武举景廷宾素不安分，借端聚抗。经道员袁大化驰往该县，督同知县魏祖德开导解释。乃景廷宾阳奉阴违，竟敢聚众列伍，屯聚城外，操演枪炮，自称阅边，应完钱粮，亦抗不交纳。该府县官吏百方劝谕，而梗顽愈甚，俨若树敌。迨臣去冬到任后，以直境人心浮动，亟欲设法安辑，俾知向化，弭患无形。迭派正定镇总兵董履高、顺德府知府如松率同印委各员，频往晓示；并将办理不善之知县魏祖德奏参革职；复将应摊捐项一律免除，由省另筹津贴，稍示体恤，以期感悟。

乃附从良民多已解散，而该犯蓄志叵测，狡诈反复，终不悔过，依旧鸱张。复敢纠结党徒，勒派民资，裹胁乡愚，逼代筑寨挖壕，私铸枪炮，遇见兵弁，辄即截缚，肆意猖獗，势将滋曼，尤恐焚劫教堂，搆生衅端。上月因檄饬正定镇董履高、署大名镇郑国俊、记名总兵郑才盛、大名道庞鸿书、顺德府知府如松等酌带队伍，会往弹压，设法缉拿首犯景廷宾，以遏乱萌。并一面出示晓谕，分遣绅士前往劝解，冀该犯慑于声威，或将闻风溃散，徐图线捕。讵该犯语益狂悖，逆迹昭彰，仍集党会操，枪炮隆隆，声闻数里。后散帖号召，指官军为贼兵，狡悍情形，势难理喻。该总兵董履高、郑国俊、郑才盛等于正月二十四日会合各营，开往东召村附近处暂扎，仍望其知惧敛迹。而景廷宾竟督其党羽四出迎抄，官军几为所乘，至阵亡弁勇四人，受伤四十五人之多。董履高等督率部队奋力抵御，匪党始退入村寨，仍负固施放枪炮，倍形凶悍。经该镇等挑精壮，肉搏登堞，夺获大炮四尊，抬枪、火枪七十三杆，刀矛、旗帜多件。相持良久，匪徒始各逃窜。当官兵登堞时，预空西面，纵令老弱逃避，该匪党挽集纷逸，官兵亦未便穷追，致多株累。景廷宾一犯查无踪迹，未卜存亡。计格杀阵毙悍匪一百余人，生擒六十七人。先后据该镇道府县等禀报前来。

臣查该犯景廷宾，藉端抗粮，纠众煽乱，私造枪炮，击伤官军，实属形同叛逆，已批饬该镇道等查明该犯实在下落，勒限缉拿，务获严惩。其党羽胁从未必甘心为匪，一面檄委候补道晏振恪、准补顺德府知府梁丹铭驰往广宗县，督同印委各员，分别抚辑；并将生擒各犯，逐一讯明，择其凶悍者酌量惩办，胁从者悉予保释，以儆凶暴，而安善良。

所有武庠聚众煽乱，当经镇道各员缉办情形，理合恭折具陈，伏乞皇太后、皇上圣鉴训示。谨奏。

光绪二十八年二月初十日奉朱批:着即查明该犯下落,分别办理。钦此。

中国第一历史档案馆、北京师范大学历史系编《辛亥革命前十年间民变档案史料》上,中华书局1985年版,第12~13页

△ **本日,摩利逊自北京致函谢缵泰,询问革命党人的运动进展情况。**

谢缵泰《中华民国革命秘史》:

一九〇二年四月一日,我收到G.E.摩利逊博士一九〇二年三月十七日从北京寄来的信。他把他的地址寄给我,并询问运动消息。

中国人民政治协商会议广东省委员会等编《孙中山与辛亥革命史料专辑》,广东人民出版社1981年版,第314页

3月18日(二月初九日)　章太炎致书吴君遂等,论及孙中山与康、梁之间的矛盾及自己的看法。

章太炎《致吴君遂等书》:

君遂、允中、性柴、叔雅我兄国士左右:

被书,具审一切。鄙人东行已二十日,初寓新民丛报社,后入东京,寓牛込区天神町六十五番支那学生寓中(有湘人朱菱溪为东道,任公之弟子也)。屏居多暇,仍为广智删润译稿,简作文字登《丛报》中,以供旅费而已。回忆三年前至此,相知惟任公、念劬(即钱恂,编者),今则留学生中,旧识有十数人,稍不寂寞也。

得纯公书,乃知发难者确为臭沟,而挑拨之者象虎也。大龟近策,以为使孙、康二人自相残杀,而后两害可殊,其计甚毒。今者,任公、中山,意气尚不能平,盖所争不在宗旨,而在权利也。任公曩日,本以□□(编者按,汤志钧注,"书中缺字,系用墨色所涂,疑为原有而经吴君遂抹去者。")为志,中陷□□,近则本旨复露,特其会仍名□□耳。彼固知事无可为,而专以昌明文化自任。中山则急欲发难。然粤商性本马鹿,牵掣东西,惟人所命。任公知□□,而彼辈惟知保皇,且亦不知保皇为何义,一经熔铸,永不能复化异形,中山欲以革命之名招之,必不可致,此其所以相攻击如仇敌也。然二子意气,尚算和平,鄙人在此,曾见□□数次,彼颇叹南海为奇男子,而惜为世界转移,不能转移世界。其论诚平允矣。康门有徐君勉,最与中山水火。孙党有秦力山,本任公弟子,而宗旨惟在革命,后与任公寻仇,至不相往来,然其人尚可谓刚者;如虬斋(即沈云翔,编者),则非其比也。戢元丞志在革命,与力山最合,与任公为冰炭,与中山亦不协。近见任公,示我赵月生书,痛诋□□,至云:革党之欲甘心于任公,较逆洞为尤甚。嘻!非彼之欲甘心,有此意见,恐适中大龟之诡构耳。地发杀机,龙蛇起陆,在今日棱榴甚微,而他日必有巨祸。吾不敢谓支那大计,在孙、梁二人掌中,而一线生机,惟此二子可望。今复交构,能无喟然。常以无相构怨,致为臭沟、大龟利用,婉讽中山,而才非陆贾,不能调和平、勃,如何如何!然不敢不勉也。

任公云:"君遂株守上海,为气节名士,甚无谓,何不赴东国一扩眼界。"弟亦苦望君来。允中本欲来此,偕行甚乐。一月后,樱花正开,可以作苏、李河梁之咏矣。

允中以选文相属,甚愿任此。来时望挈古书数部,以作选料。伯器已见三次,风采举止,殊有蒋侯青骨,非特凤毛也,乍见几不能辨。叔雅果往袁处否?念念。

有家书一纸,祈君遂加封转寄。

知拙夫顿首。阳三月十八日,阴二月八日。

汤志钧编《章太炎政论选集》上册,中华书局1977年版,第162~163页

3月20日(二月十一日) 袁世凯派武卫右军学堂学生五十五人自天津启程赴日,入日本陆军学堂学习。

袁世凯《遣派武备学生赴日片》(编者按,此片为二月二十八日奏,但片中所陈武备学堂学生实际出发时间为二月十一日)称:

……窃惟当今时局,以讲求武备为先;整顿戎行,以遴选将才为急。臣观今日各营将弁,其朴诚勇敢者,尚不乏人。然气质半属粗豪,文理尤多暗昧,其与军谋战略,平时既少研求,一旦临戎,往往张皇失措,非细故也。查欧美、东洋各国,于行军练士之法,悉心考究,日新月异,而岁不同,故能迭消外侮。今中国兵制,徒守湘、淮成规,间有改习洋操,大体袭其皮毛,未能得其奥妙。欲求因时制宜,以收折冲之效,自非派员出洋肄习不为功。顾欧美远隔重洋,往来不易。日本同洲之国,其陆军学校于训练之法,备极周详。臣部武卫右军学堂诸生,现已三届毕业之期,虽规模颇有可观,而谙练犹有未至,自应及时派往东洋肄习,庶学成返国,堪备干城御侮之资,似变法图强,无有要于此者。当饬该堂总办,挑选学生五十五名,派监督一人率之,前往日本,入陆军学堂学习一切课程,庶广益致精,速收成效,业于本月十一日启行赴东。臣于该学生濒行时,各发训条,勖以尊君亲上,专心向学。并严谕该监督认真约束,俾守范围,以期款不虚縻,学皆可用,似于国家整军经武,造就人才之道,不无裨益。

《养寿园奏议辑要》,来新夏主编《北洋军阀》第1卷,上海人民出版社1988年版,第754~755页

3月29日(二月二十日) 张之洞电复袁世凯、刘坤一,反对举荐何启为法律人才。

《致保定袁制台、江宁刘制台》(光绪二十八年二月二十日午刻发):

……粤人何启,人素谬劣,西学亦不深,久住香港,粤人皆知。前三年曾作驳劝学篇一卷,句句皆驳,刊送各省,鄙人曾亲见之,宗旨专助康梁。其尤力驳者,教忠、明纲、正权、宗经数篇,谓鄙人教忠篇称述本朝十五仁政,条条皆非,痛诋国家,改为十五不仁,一也。谓君臣父子三纲之说为非古,二也。谓只当有民权不当有君权,三也。谓中国经书不当信从,四也。此人此书可谓丧心病狂无忌惮,两公想未之见耶,万不可举。号。

国家清史编纂委员会·文献丛刊《张之洞全集》(10),武汉出版社2008年版,第362页

4月3日(二月二十五日) 宫崎寅藏拜桃中轩云右卫门为师,唱浪花节而走江湖。

近藤秀树《宫崎滔天年谱》:

四月三日,入门桃中轩云右卫门,迁出本乡区四国町十一番地藤井留香处,寄居于芝区明舟町云右卫门宅。

近藤秀树编,陈鹏仁译《宫崎滔天书信与年谱——辛亥革命之友的一生》,台北商务印书馆1982年版,第107页

宫崎寅藏《唱落花之歌》载:

明治三十五年(即1902年)三月二十三日,余至芝爱宕町下寄席八方亭,面访桃中轩云右卫门。彼目下第一流之浪花节语者也。适行横滨不在,入夜复往访,彼导入乐屋,叩头再拜而乞为弟子。彼愕然曰:“铙歌乎?雅乐乎?革命军大将何为入艺者之家?”余于是自悔其疏忽。偶见座旁有《二六新报》,乃翻示《三十三年之梦》曰:“余书自己之经历,易半生之忏悔,实希弃世而入浪花节之群。愿谅此意而许之。”彼遂允诺。呜呼!“正是江南好风景,落花时节又逢君”,龟年犹在,余梦其此时哉?

翌日,云右卫门与其夫人偕来访余,余以师之礼待彼。彼请结为兄弟,曰:“君倚余而学

艺,余倚君而闻道。"既而酒肴错杂,犹自留香之手而运出者也。花乎!余见汝回风之舞,余见汝半面之妆,余见汝黯然辞枝,雪红泪其如泻。余见汝飘然堕溷,牺牲此冰肌玉骨于人间世也。余不梦义皇,余不求兜率,余不欲蹈东海,余不愿死醇酒妇人,而落花一曲,实余之梦境归结于此诗也。

四月三日,余遂别不忍之池,出留香之寓,而为桃中轩门下之一弟子。

世事人事,无往而不为梦。逐梦之后而说梦,乃更入新梦之世界乎?花非花,余非余,共和非共和,革命非革命。微笑而问之曰:"三十三年落花梦。"

宫崎寅藏著,P. Y. 校勘《三十三年落花梦》,上海出版合作社1934年版,第138~139页

4月5日(二月二十七日)　福建郑权等在福州开演说会,组益闻社,并另有文明社、警醒社等组织,酝酿革命。

据罗刚《中华民国国父实录》所引郑祖荫《福建辛亥光复史料》:

本年(壬寅),福建有郑权与其友郑兰荪、蔡人奇谋改革。郑权字仲劲,时郑尚肄业于南京水师学堂,因痛祖国之沦亡,具有民族自决思想。又适以清政不纲,深惧民族堕作双重奴隶,曾托名著《瓜分惨祸预言记》及《福建之存亡》等书,冀以大声疾呼,警醒国人之迷梦。时与兰荪、人奇讨论开通风气,疏浚民智之要着。春初,归自南京,以二月二十七日纪念孔子为名,大开演说会。因在福州仓前山之古榕书院,组织益闻社,设阅报所,为闽中各社团之嚆矢,即暗为革命同志之机关。而王蔼庐、林馥村、林笑山、谢铨庭、周汉章、陈能光、李树藩、郭薇堂、林承增等人,皆社之中坚份子,厥后福建革命之大本营之桥南社社员,泰半皆出于此。社既成立,且从事于蚕桑事业。并于次年癸卯春,于社内创办益闻学堂,以培育革命学子。

闽中同志既办益闻社之后,复由林温如、刘元栋、严汉民等创设文明社于下渡十境祠。时割闽换辽之说方张,同志乃【以】此社,专以联络各山堂党魁图起事。对外以购备书报,开通风气为名,而暗中则自立共和山堂,以邹燕亭为正龙头,而副龙头以至巡风、当家等职,均由同志分任,与各山堂之组织冶为一炉。时三山五岳奇技异能之士,时相过从,遇洪门党徒,皆用其礼节以招待之,实为革命同志与"哥老会"、"三合会"交通总汇之区。此外,尚有英华书院之警醒社组织,主其事者为祈暄、周靖、刘乃宇及黄家成等,目的在联络南洋侨胞,加入革命工作。曾发刊《警醒》、《民心》各报,以资鼓吹。此为闽中于兴中会时期革命组织之源起。

罗刚编《中华民国国父实录》本日条,台北罗刚先生三民主义奖学金基金会1988年版,第622页

4月8日(三月初一日)　庆亲王奕劻、大学士王文韶与俄国驻京公使雷萨尔签订《中俄交收东三省条约》。

《光绪朝东华录》:

庆亲王奕劻、大学士王文韶与俄国驻京公使雷萨尔,议订交收东三省条约四款成,其文曰:大清国大皇帝与大俄国大皇帝,愿将于华历光绪二十六年,即俄历一千九百年,在中国生出之变乱,所伤邻交,复行敦固。兹为商议东三省各事,大清国大皇帝特派总理外务部事务和硕庆亲王,军机大臣、文渊阁大学士、外务部会办大臣王文韶为全权大臣,便宜行事。大俄国大皇帝特派驻华全权大臣、正参政大臣雷萨尔为全权大臣,便宜行事。该大臣等各以所奉全权谕旨,查核均属妥协,会同议订各条款,开列于左:

第一款　大俄国大皇帝愿彰明与大清国大皇帝和睦及交谊之新证据,而不顾由东三省

与俄国交界各处开仗攻打俄国安分乡民各情，允在东三省各地归复中国权势，并将该地方一如俄军未经占据以前，仍归中国版图及中国官治理。

第二款　大清国国家今自接收东三省自行治理之际，申明与华俄银行于华历光绪二十二年八月初二日，即俄历一千八百九十六年八月二十七日所立合同年限及各条款，实力遵守，并按照该合同第五款，承认极力保护铁路暨在该铁路职事各人，并分应保护在东三省所有俄国所属各人及该人各事业。大俄国国家因有大清国国家所认以上各情，允认如果再无变乱，并他国之举动亦无牵制，即将东三省俄国所驻各军陆续撤退，其如何撤退，开列于后：

由签字画押后限六个月撤退盛京省西南段至辽河所驻俄国各官军，并将各铁路交还中国，再六个月撤退盛京其余各段之官军暨吉林省内官军；再六个月撤退其余之黑龙江省所驻俄国各官军。

第三款　大清国国家暨大俄国国家，为免华历光绪二十六年即俄历一千九百年变乱后来再行复炽，且此变乱皆属中国驻扎于俄国交界各省之官兵所为，今令各将军与俄国兵官会同筹定，俄兵未退之际，驻扎东三省中国兵队之数目及驻扎处所。中国允认，除将军与俄国兵官筹定必须敷剿办贼匪、弹压地方之用兵数，中国不另添练兵。惟在俄国各军全行撤退后，仍由中国酌核东三省所驻兵数，应添应减，随时知照俄国国家。盖因中国如在各该省多养兵队，俄国在交界各处亦自不免加添兵队，以致两国无益，而加增养兵各费也。至于东三省安设巡捕及绥靖地方等事，除指给中国东省铁路公司各地段外，各省将军教练专用中国马步捕队，以充巡捕之职。

第四款　大俄国国家允准，将自俄历一千九百年九月底，即华历光绪二十六年闰八月间起，被俄兵所占据并保护之山海关、营口、新民厅各铁路，交还本主。大清国国家允许：

一、设有应行保护该铁路情节，则专责成中国保护，毋庸请他国保护修养，并不可准他国占据俄国所退各地段。

二、修完并养各该铁路各节，必确照俄国与英国一千八百九十九年四月十六日，即华历光绪二十五年三月十九日所定和约，及按照一千八百九十八年九月二十八日，即华历光绪二十四年八月二十五日与公司所立修该铁路借款合同办理，且该公司应遵照所出各结，不得占踞或藉端经理山海关、营口、新民厅铁路。

三、至日后在东三省南段续修铁路或修支路，并或在营口建造桥梁、迁移铁路尽头等事，应彼此商办。

四、应将大俄国国家交还山海关、营口、新民厅各铁路所有重修及养路各费，由中国国家与俄国国家商酌赔偿。俄国因此项未入大赔款内。两国从前所定条约未经此约更改之款，应仍旧照行。

此约自两国全权大臣彼此签押盖印之日起施行，并御笔批准之本，限三个月内，在森彼得堡互换。兹两国全权大臣将此约备汉、俄、法三国文字各二分，画押盖印，以昭信守。三国文字，校对相符。惟辩解之时，以法文为本。订于北京，缮就二分。

朱寿朋编《光绪朝东华录》，中华书局 1958 年版，第 4844 ~ 4845 页

4 月 15 日(三月初八日)　蔡元培等在上海筹议开办中国教育会。

《蔡元培日记手稿》：

到余庆里，方议开教育会，与议。

高平叔编《蔡元培年谱长编》，人民教育出版社 1996 年版，第 236 页

4月16日(三月初九日)　谢缵泰在香港(士蔑西)报上发表《满洲的统治》(*Manchu Rule*),鼓吹革命运动。

谢缵泰《中华民国革命秘史》:

一九〇二年四月十六日,我的书《满洲的统治》(*Manchu Rule*)发表于香港(士蔑西)报。我们依靠反清秘密协会而为革命提供战斗资料,在协会的支持下,我们经常给外国报纸投寄文章和书信。

中国人民政治协商会议广东省委员会等编《孙中山与辛亥革命史料专辑》,广东人民出版社1981年版,第314页

4月20日(三月十三日)　蔡元培等议定教育会章程与名称,定名为"中国教育会"。

《蔡元培日记手稿》:

到教育会所,议定章程,定名中国教育会。

高平叔《蔡元培年谱长编》,人民教育出版社1996年版,第236页

上海《选报》于本年7月5日刊载《中国教育会章程》:

第一章　总则

第一条　本会以教育中国男女青年,开发其智识,而增进其国家观念,以为他日恢复国权之基础为目的。

第二条　本会置本部于上海,设支部于各区要之地。

第三条　本会以达到第一条之目的而设下之诸部:第一项教育部;第二项出版部;第三项实业部。

第四条　教育部分男子部女子部,二部于中国区要之地设立学堂,以教授普通学、专门学各种技艺。

第五条　出版部置于上海,并推及各通要都市,编印教科书、教育报及一切有关学术诸书。

第六条　实业部于中国区要之地,量地方之情状及兴起财源,若开工厂公司之类。

第七条　关于本会各部之事业及执行之方法,别设细则以规定之。

第二章　会员

第八条　为本会会员者,须一心一意委身从事于本会之事业。

第九条　欲为本会会员者,须有本会会员二、三名以上之介绍援引,经本会评议会之议决,始能入会。

第十条　本会会员之运动,总本于议会之议决,会员有个人意见,只可提出于开会时会议,不得于未经议决之事有单独之动作。

第三章　赞成员及名誉会员

第十一条　有热心赞成本会之目的,不能委身从事于本会之事业,而或捐与金元及物品等,或于便宜以间接直接协助本会之事业者为赞成员。

第十二条　有位置而又有名誉之人协助本会之目的者,本会推戴其中之有力者为本会名誉会员。

第四章　职员

第十三条　本会所置理事之会员如下:一总理一员。一副总理一员。一干事六员。一会议二员。一书记二员。一评议员九员。一纠仪二员。

第十四条　以投票选举之结果,设次补员数员。

第十五条　职员处理本会一切事务及其执行，另设定细则。

第十六条　总理为评议员议会之议长，以议决之结果，指挥会员从事于本会各种之事业。干事、书记、会议亦参与评议员议会事。

第五章　经济

第十七条　本会之经济以诸收入之款充之：一项，会捐及月捐之款。二项，自出版部所收之利益。三项，自实业部所收之利益。

第十八条　每年一次作本会会计之支出收入表，以报告于会员。

第六章　会员之责任

第十九条　本会会员或办事或筹款，各为其力所能为之事，各尽其分所应尽之责，不得互相推诿，置会事于不问。

第二十条　本会会员每月纳会费壹元，以备各项公费按月交付，有愿多捐者听。

第二十一条　本会会员皆有遵守会章之责。

第二十二条　本会会员皆有保全本会体面及名誉之责。

第二十三条　本会会员皆有推广本会之责。

第七章　本会会员之权利

第二十四条　本会会员一律平等，无厚薄高下之别。

第二十五条　本会会员皆有享受本会利益之权。

第二十六条　本会会员皆有为会中职员之权。

第二十七条　本会会员皆有质问职员之权。

第二十八条　本会会员皆有提议修改会章之权。

第二十九条　本会会员皆有议决可否之权。

第三十条　赞成员、名誉员除二十六条、二十八条、二十九条外，皆得与本会会员同享以上之权利。

第八章　本会会员出会之则

第三十一条　本会会员如有宗旨不合，自愿出会者，须将其出会之由告知总理，由总理告知书记除名。

第三十二条　本会会员如有不守会章或放其责任或伤损本会之体面及名誉，须有三人提出于评议会公议，或劝勉或除名，皆以多数为准。

第九章　职员选举之则

第三十三条　干事、会议、书记、评议员由会员中选出，总理、副总理由干事、评议员中选出，纠仪由干事兼任。

第三十四条　本会职员每任事一年改举一次，有连举者均可连任。

第十章　本会职员办事之则

第三十五条　凡会中一切事务由各职员便宜办理，至开会之日，将其所办各事汇报各会员。

第三十六条　凡修改章程，由各职员会议拟稿拟定后，再以开会时公议，由众许方可作为定例。

第三十七条　本会干事有远往各处运动者，由本会授以干事印章，以昭慎重。

第三十八条　凡干事所至地方离本部甚远者，一切事宜统由该地干事便宜办理，惟须将办事情形随时报告，以免隔膜。

第三十九条　会员有不满职员办事之处,虽无阻止之权,亦可将其意见表白于众。

第十一章　本会会期

第四十条　本会每月开月会一次,每年以春秋定期开大会二次。届时由职员酌定会期,由书记预先布告各地会员。每开月会由下午二点钟至五点钟。大会自上午九点钟至下午四点钟。在议会之前有重大紧要之事,须由会中全体公议者可开临时会,其期亦由各职员酌定。

第十二章　本会议事规则

第四十一条　凡举人决事须在开会时公议,参用投票、举手之法,以多数为准。如其数相等,即由总理裁定。

第四十二条　凡提议一事,须有二人赞成,方可开议。

第四十三条　凡议一事,须使提出者及反驳者务将其机宜讲明,然后公决可否。

第四十四条　凡举人决事之时,如有新来会员未知详细者,尽可临时说明,不必投票举手。

第十三章　本会开会规则

第四十五条　开会时各会员到者须有三分之二,方可举手决事。

第四十六条　开会时先由干事申说开会缘由,次演说,次议事。

第四十七条　演说议事如有反驳,须候一人词毕,然后申说,不得任意喧杂。

第四十八条　演说议事时,不得互相谈笑,扰人听闻。

第四十九条　开会之日,各会员须一律于上午九点钟齐集会所,月会须于下午二点钟齐集会所。

第五十条　开会时会员不得故意推托不到,或真有要事不能到者,须先日函知书记处,开会时由书记榜示同人。

第五十一条　赞成员、名誉员既得依三十条,有与本会会员同享权利之处,于开会时特设客席,并得于演说时表其所见,惟议决之权,仍在本会会员。

第五十二条　届开会时如有欲入本会,未知会中规则,欲先观察而后入会者,须有本会会员之介绍,并纳捐款至一元以上,即可入会观听。惟只能就旁听席,不得干预会事。

《选报》第21期,1902年7月5日

4月26日(三月十九日)　章太炎、秦力山等在东京召开"支那亡国纪念会",被日警阻止,改横滨举行。

冯自由《章太炎与支那亡国纪念会》:

庚子七月汉口唐才常一役失败后,自立军诸将领湘人秦力山、朱菱溪、陈犹龙等先后避地日本。章太炎因列名上海张园国会,被清吏悬赏通缉,初托庇基督教所设之苏州东吴大学,继以苏抚恩寿指名逮捕,因亦亡命东京。时湘人周宏业(号伯勋)、王思诚,浙人王家驹(号伟人)及余同寓东京牛込区早稻田大学附近榎木町,菱溪、犹龙(号桃痴,后易姓名曰左仲远)莅东后,与周、王等有同乡关系,亦移居榎木町周寓。力山与王宠惠同居。太炎则居某旅馆为广智书局修订译文。众以周寓为谈话机关,每日恒在此讨论革命排满之宣传方法。壬寅(一九〇二年)三月初旬,太炎提议谓欲鼓吹种族革命,非先振起世人之历史观念不可。今距是年三月十九日明崇祯帝殉国忌日未远,应于是日举行大规模之纪念会,使留学界有所观感云云。众赞成之,即推太炎任起草宣言书,并定名曰《支那亡国二百四十二年纪念会》……

宣言书既成,留学界初署名发起者十数人,有署名后中悔者数人,故仅得十人:即章炳麟、秦鼎彝(力山)、冯自由、朱菱溪、马和(君武)、王家驹、陈犹龙、周宏业、李群(彬四,湖南人)、王思诚等是也。定期在上野精养轩举行纪念式。留学生报名赴会者达数百人。太炎更征求孙总理、梁启超为赞成人,并将宣言书邮寄横滨《清议报》,托梁启超代派送当地华侨,借广宣传。孙、梁均复书赞成。惟梁于数日后再函太炎,谓此事只可心照,不必具名,请将彼之赞成人名义取消云。会期原定三月十九日,讵清公使蔡钧据使馆学生报告,知留学界有此举动,极形恐慌,乃持此会宣言书亲访日本外务省请求禁止开会,以全清日二国友谊。日政府竟徇其请,特令警视总监解散此会。太炎等十人于开会前一日各接到牛込区警察署通知书,谓有要事待商,请于是日某时至该署一谈。太炎等如约偕行。时衣华服者只太炎及陈桃痴二人。太炎长衣大袖,手摇羽扇,颇为路人所注目。既至神乐坂警察署,警长首问各人籍贯为清国何省人。太炎答曰:"余等皆支那人,非清国人。"警长大讶,继问属何阶级:"士族乎?抑平民乎?"太炎答曰:"遗民。"警长摇首者再,乃以严厉之态度发言曰:"诸君近在敝国设立支那亡国纪念会,大伤帝国与清国之邦交。余奉东京警视总监命制止开会。明日精养轩之会,应即解散"云云。太炎等以争之无益,无言而退。翌日,留学界多未知开会被阻事,不约而赴会者有程家柽、汪荣宝等数百人。然是早上野精养轩门前及不忍池附近,已有无数警吏监视,声言禁止中国人开会。学生到轩门者均被日警劝告而散。孙总理亦自横滨带领华侨十余人来会,及询知清使馆借外力干涉情事,乃在精养轩聚餐,以避日警耳目。是日归抵横滨,即邀集同志多人在永乐楼开会补行纪念式。香港中国日报得宣言书,即载诸报端,大事宣传。及期,陈少白、郑贯公等举行纪念式于永乐街报社,同志莅会者极形踊跃。香港、澳门、广州各地人士闻之,颇为感奋云。

按民十六余有著述《中华民国开国前革命史》之举,尝向太炎征求史料。太炎乃亲自手写支那亡国二百四十二年纪念会书原文以赠。顾余本藏有三十六年前此会宣言书印刷旧稿;两相校勘,则太炎所赠者较旧稿已易数字。如支那易为中夏,延平易为大木,梨州易为太冲,婵嫣相属四字且复删去。余以前后意义虽同,究以不失本真为善。故仍袭用旧稿。然新稿乃太炎亲手写赠,弥足宝贵。余珍藏至今,视同国宝。

冯自由著《革命逸史》初集,中华书局 1981 年版,第 57 ~ 60 页

关于在横滨补行支那亡国纪念会仪式之事,冯自由在《华侨革命开国史》一书中有更详细的描述。

冯自由《横滨支那亡国纪念会》:

……及询知被日警干涉情形,乃面约发起人章太炎等,至横滨补行亡国纪念式。是日下午,太炎及秦力山、朱菱溪、冯自由四人应约莅会,同举行纪念式于永乐酒楼,横滨会员列席者六十余人。总理主席,太炎宣读纪念辞。是晚,兴中会仍在此楼公宴太炎等,凡八九桌,异常欢洽。总理倡言各敬章先生一杯,凡七十余杯殆尽,太炎是夕竟醉不能归东京云。永乐酒楼系人和洋服店主陈植云所开设,陈亦兴中会员也。

冯自由著《华侨革命开国史》,上海商务印书馆 1947 年版,第 47 页

附《支那亡国二百四十二年纪念会启》:

夫建官命氏,帝者所以类族;因不失亲,天室由其无远。故玄黄于野者,战之疑也。异物来革者,去之占也。维我皇祖,分北三苗,仍世四千九有九载,虽穷发异族,或时干纪。而孝慈千蛊,未坠厥宗。

自永历建元,穷于辛丑。明祚既移,则炎黄姬汉之邦族,亦因以澌灭。回望皋渎,云物如故。维兹元首,不知谁氏。支那之亡,既二百四十二年矣。民今方殆,寐而占梦,非我族类,而忧其不祀。觉寤思之,毁我室者,宁待欧美。自顷邦人诸友,惄然自谋。作书告哀,持之有故。有言君主立宪者矣,有言市府分治者矣,有言专制警保者矣,有言法治持护者矣,岂不以讦谟定命,国有与立,抑其第次,毋乃陵躐。

衡阳王而农有言:民之初生,统维建君,义以自制其伦,仁以自爱其类。强干善辅,所以凝黄中之烟煴也。今族类之不能自固,而何他仁义之云云。悲夫!言固可以若是,故知一于化者,亦无往而不化也。贞夫观者,非贞则无以观也。且曼殊八部,不当数郡之众。雕弓服矢,未若飞丸之烈。而蓟丘大同,鞠为茂草。江都番禺,屠割几尽。端冕沦为辫发,坐论易以长跽。茸兹犬羊,安宅是处。

哀我汉民,宜台宜隶。鞭棰之不免,而欲参与政权。小丑之不制,而期捍御晰族。不其忸乎!夫力不制,则役我者众矣。莫之与,则伤之者至矣。岂无骏雄,愤发其所,而视听素移,民无同德,恬为胡豢,相随倒戈。故会朝清明者鲜睹,而乘马班如者多有也。

吾属孑遗,越在东海。念延平之所生长,瞻梨州之所乞师。颖然不怡,永怀畴昔。盖望神丛乔木者,则兴怀土之情。睹狐裘台笠者,亦隆思古之痛。于是无所发抒,则春秋恩王父之义息矣。昔希腊陨宗,卒用光复。波兰分裂,民会未弛。以吾支那方幅之广,生齿之繁,文教之盛,曾不逮是偏国寡民乎!是用昭告于穆,类聚同气,雪涕来会,以志亡国。凡百君子,婵嫣相属,同兹恫瘝。

愿吾滇人,无忘李定国;愿吾闽人,无忘郑成功;愿吾越人,无忘张煌言;愿吾桂人,无忘瞿式耜;愿吾楚人,无忘何腾蛟;愿吾辽人,无忘李成梁。别生类以箴大同,察种源以简蒙古,齐民德以哀同胤,鼓芳风以扇游尘。庶几陆沉之痛,不远而复。王道清夷,威及无外。然则休戚之薮,悲欣之府,其在是矣。

庄生云:旧国旧都,望之畅然。虽丘陵草木之缗,入之者十九,犹之畅然,况见见闻闻者耶!嗟夫!我生以来,华鬓未艾。上念阳九之运,去兹已远。复逾数稔,逝者日往。焚巢余痛,谁能抚摩?每念及此,弥以腐心流涕者也。君子!

支那亡国二百四十二年纪念会启

冯自由著《革命逸史》初集,中华书局1981年版,第57~59页

编者按:据孔祥吉、〔日〕村田雄二郎《一九〇二年东京"支那亡国纪念会"史实订正》一文所引日本外务省档案中之《支那亡国二百四十二年纪念会启》原件。该宣言书下尚有"会约"五条,即:

一 本会无论官商士庶,凡属汉种,皆可入会。和人(即日本人,编者)有赞成者,待以来宾之礼。

一 本会不取捐资,乐助者听。

一 本会每岁开设二次,会期临时择定,要以阳历四月、九月为限。

一 本会此次开会,定期阳历四月廿七号午前十一时。于七日前,先行知照赴会与否,望于接信后三日内示复。

一 本会本部暂设东京牛込区天神町六十五番地,此次开会于上野精养轩。

另据该文考证,纪念会的发起人名单与冯自由《革命逸史》所记载稍有出入。冯自由遗漏了唐莽、冯斯栾,而多列了陈犹龙、王家驹或王思诚。详见孔祥吉、〔日〕村田雄二郎《一九〇二年东京"支那亡国纪念会"史实订正》一文(《历史研究》2007年第3期)。

4月27日(三月二十日)　蔡元培被举为中国教育会会长,王慕陶、蒋智由、戢元丞、蒯若木等为干事,陈仲骞为会计。

《蔡元培日记手稿》:

被举为事务长(即会长或总理,编者)。

……公举王慕陶、蒋知游(即智由,编者)、戚元丞、蒯若木等为干事,陈仲骞为会计。

高平叔编《蔡元培年谱长编》,人民教育出版社 1996 年版,第 239 页

蒋维乔《中国教育会之回忆》:

当民元前十年壬寅,正值义和团乱后,清廷亦知兴学之不容缓,明令各省开办学堂。而国中志士,鉴于清廷之辱国丧师,非先从事革命不可。但清廷禁纲严密,革命二字,士人不敢出诸口。从事进行,更难着手。是年三月,上海新党蔡孑民(元培)、蒋观云(智由)、林少泉(獬)、叶浩吾(瀚)、王小徐(季同)、汪允宗(德渊)、乌目山僧宗仰等集议发起中国教育会,表面办理教育,暗中鼓吹革命。议既定,即驰函各地同志赴沪,开成立大会。时钟宪鬯先生在江阴南菁高等学堂为理化教员,于课外密谈革命意义。某日,钟师接蔡、蒋诸君公电,嘱其赴会,并介绍会员。钟师接信后,赴会与否,意尚未决。而余与常熟丁芝孙、无锡黄子年,皆意气甚盛,怂恿钟师,愿随之赴会。即日渡江趁轮船,值江中大风,浪高丈余,舟小几覆。然诸人皆整襟剧谈,殊不为意。及抵江北,适是夕无轮船。屈计赴会之期,已赶不及,乃发电复蔡、蒋诸君,同时入会。

教育会成立之日,蔡孑民被举为会长。时会员人数稀少,经济尤为竭蹶,发展殊难,暂从文字方面鼓吹。实行办学,尚未有具体计划。

中国史学会编《中国近代史资料丛刊·辛亥革命》(1),上海人民出版社 1957 年版,第 485 页

5 月 4 日(三月二十七日)　清政府令袁世凯从速剿灭直隶广宗景廷宾为首的反清势力,并抚恤被害法国传教士罗泽浦。

《清实录》:

丁亥,谕内阁:袁世凯奏称,直隶广宗县属匪首景廷宾聚众煽乱,旋经击散。乃该犯逃匿巨鹿,布散符咒,纠合煽惑,分投裹胁,戕害官弁委员新兵至五十余人之多,又谋据广宗威县两城,并有攻毁教堂,抢掠教民情事。本月十九日,有法国教士罗泽浦,中途遇匪被害,已飞饬各营赶即扑灭,并令觅获该教士尸首殓恤等语。匪犯景廷宾左道惑人,谋为不轨,著袁世凯迅即添派营队,将该匪首擒获,尽法惩治,并将余匪从速剿灭,务绝根株。教士罗泽浦无辜被害,深堪悯恻,并著妥为殓恤,仍将各属教堂及教士等人,实力保护,毋稍疏虞。此次疏防,地方文武官弁著即查明分别奏参,以示惩儆。

《清实录》第 58 册,中华书局 1987 年版,第 572 页

5 月 16 日(四月初九日)　容闳自香港乘"盖尔"(Gaelic)轮船赴美。

谢缵泰《中华民国革命秘史》:

一九〇二年五月十六日,容闳博士乘"盖尔"(Gaelic)轮船赴美。

中国人民政治协商会议广东省委员会等编《孙中山与辛亥革命史料专辑》,广东人民出版社 1981 年版,第 314 页

5 月 30 日(四月二十三日)　台湾抗日义军首领林少猫等在后壁林战死。

《台湾省通志·义民武装抗日》:

日军在各归顺式场,骗杀无数抗日军。过后越三日,即五月二十八日,儿玉总督遣村冈陆军幕僚,密传训令于台南、凤山、阿缑各厅长,及第十五宪兵队,并混成第三旅团司令部,令其准备讨伐林少猫。军、宪、警,配备于后林庄,溪州庄。五月三十日起,开始行动,以期必得林少猫而后已。少猫获得消息,即据后壁林,以作防备。及受包围,奋勇抗战,毫不示弱。然

抗日军久缺训练,又兼准备未周,交战后死伤惨重。少猫遂战死于距其住宅不远之处。吴万兴、林雄、林生、壮丁团长林漏太、林占魁等十余人,及少猫之妻,皆同时死难。

台湾省文献委员会编《台湾省通志》抗日篇,众文图书公司1971年版,第35页

本月　吴稚晖离粤,率胡汉民、沈刚、沈觐鼎、沈觐恒等经上海东渡日本留学。

《民国吴稚晖先生敬恒年谱》:

先生(吴稚晖,编者)以不愿留粤请辞,粤督派令先生带领学生数十人赴日本习速成法政,以一年为期,胡衍鸿(汉民,字展堂)及詹宪慈、冯鸿若、周起凤等被派参加。四月,先生乃率领学生等人,暨沈雁潭堂弟沈刚、子觐恒、觐鼎,李准之弟某先至上海,又增加无锡吴松云子荣鬯(震修)等共二十六人,同赴日本。时冯自由方留学日本,至横滨码头迎接,导住高野屋旅馆。胡衍鸿亦在东京,入弘文书院速成师范科。

杨恺龄编《民国吴稚晖先生敬恒年谱》,台北商务印书馆1981年版,第24页

本月　杨度东渡日本留学,入弘文学院,尝谒孙中山讨论国是政见。

彭国兴《杨度生平年表》:

5月(四月),抵日本东京,入弘文学院,居于院外,每日入院听讲,附于湖南诸生,别为旁听一班。

刘晴波主编《杨度集》,湖南人民出版社2008年版,第807页

刘成禺《先总理旧德录》:

杨度在东京,欲谒先生(即孙中山,编者),辩论中国国是。予与李书城、程明超、梁焕彝介往横滨。先生张谯于永乐园,辩论终日,皙子执先生手为誓曰:"吾主张君主立宪,吾事成,愿先生助我。先生号召民主革命,先生功成,度当尽弃其主张,以助先生。努力国事,期在后日,勿相妨也。"皙子回车,喟然叹曰:"对先生畅谈竟日,渊渊作万山之响,汪汪若千顷之波,言语诚明,气度宽大,他日成功,当在此人,吾其为舆台乎?"

《国史馆馆刊》1卷1期,1947年

本月　康有为作《答南北美洲诸华商论中国只可行立宪不能行革命书》及《与同学诸子梁启超等论印度亡国由于各省自立书》,鼓吹只可保皇不可革命。

《答南北美洲诸华商论中国只可行立宪不能行革命书》(节录):

顷得书,以回銮半年,皇上不得复辟,西后、荣禄仍柄大权,内地纷纷加税,民不聊生,以赔荣禄通拳匪围使馆之款。广西变起,众情积愤,怒不可遏。恐皇上长为荣禄所挟,永卖中国。且吾会备极忠义以保皇,而政府反以为逆党,反以为匪会,捕逮家属,死者数人,监者累年。以竭忠为逆,以保皇为匪,今虽再竭忠义,亦恐徒然耳。事势如此,不如以铁血行之,效华盛顿革命自立,或可以保国民。

览书惶骇,何乃至此?想诸君热心太盛,以为回銮之后,西后必归政,荣禄必逐故也。一旦失望,愤怒交并,忧国诚切,迫而出此。近者天下纷纷怨怒,皆在此事,岂独诸君哉!……诸君之愤之怒之,宜也。然愤激之余,遽欲为革命自立,独不念舍身救民之圣主乎?不独与保皇会宗旨相悖,且考时度势,则仆窃以为不可。盖有数说焉,惟仁人志士察之。

今欧美各国所以致强,人民所以得自主,穷其治法,不过行立宪法、定君民之权而止,为治法之极则矣。其先起者莫如强英,自崇祯十五年争乱,至康熙二十七年始立议院、予民权,

凡四十八年而后定，然尚未有选官之权。至道光十二年、二十八年，伦敦民党大变两次，大将军威灵顿调兵二十万，仅而获成。故英国之民权，二百年而后得。中间虽杀一君，流血无数，然不过求民权、定立宪，英君主之世守如故，未尝革命也。奥国自道光二十年禁报纸、禁私会，不予民权，民党大起，求议政权，逐奥王，围奥相；又遇普、法侵割。乃始予民议政权，至同治十年，凡二十三年而大定。然虽逐王，奥君之世守如故，亦未尝革命也。法国则自巴喳利亚国民逐其宰相罗拉蒙退丝而求权，普鲁士则自道光二十八年民求变法，大乱作，既得议政权而止；然毕士墨克尚以伸王权、开尊王会，而合二十五邦为一霸国，强于大地，未尝革命也。意国则自嘉庆时拿破仑予民权后，复遭维也纳约之压制；民党积数十年，凡七十万人，乃起大变。萨谛尼王独主张民权，大为民所归，于是合十数小国而成意国，且立帝权，更未革命矣。西班牙自嘉庆二十三四年民变求权，至今君主之世守如故，亦未尝言革命也。他若葡萄牙国、琏国、荷兰国、瑞典国，皆累经民变，皆得议政自由之权，而君主皆世守如故。日本虽日言民权自由，而君主世守如故，亦未尝有革命者。统计欧洲十六国，除法国一国为革命，实与俄之一国为专制者同，皆欧洲特别之情。其余十余国，无非定宪法者，无有行革命者。然法倡革命，大乱八十年，流血数百万，而所言革命、民权之人，旋即借以自为君主而行其压制，如拿破仑者，凡两世矣。然使法国之制独善，法国之力独强，法民之乐更甚，由之可也；今各国之宪法，以法国为最不善，国既民主亦不能强，能革其君而不能革其世爵之官，其官之贪酷压民甚至，民之乐利反不能如欧洲各国。此则近百年来，欧洲言革命不革命之明效大验矣……

夫革命非一国之吉祥善事也。就使革命而获成矣，为李自成之入燕京矣，为黄巢之破长安矣，且为刘、项之入关中矣。然以中国土地之大，人民之众，各省各府语言不相通，各省各府私会不相通，各怀私心，各私乡土；其未大成也，必州县各起，省府各立，莫肯相下，互相攻击，各自统领，各相并吞，各相屠灭，血流成河，死人如麻，秦、隋、唐、元之末季，必复见于今日。加以枪炮之烈，非如古者刀矛也，是使四万万之同胞死其半也。董卓既除宦官，则吕布杀卓，郭傕、樊稠、张济更迭相争相杀，曹操、袁绍、袁术、公孙瓒、孙权、刘备更迭并争，或如晋八王之互攻，而五胡乱华，中国偏安者三百年。或如尔朱乱魏，而高欢、宇文更迭竞争，名分不定，则逐鹿并起，争杀无已，血流如糜。以中国今日之人心，公理未明，旧俗俱在，何能如欧洲民变之公。势必大者王，小者侯，如恒河沙，自攻自残，日寻干戈，偷生不暇。何能变法救民？何能整顿内治？夫欧美一切之美政、美学、美术，皆承平暇豫，而后能为之。岂有国内乱据仓皇，民不聊生，工商俱废，奔走不暇，而能兴内治乎？法国之地与民，不得中国十分之一，而革命一倡，乱八十年。第一次乱，巴黎城死者百廿九万。中国十倍其地，十倍其民，万倍于巴黎，而又语言不通，山川隔绝，以二十余省之大，二百余府之多，三千余县之众，必不能合一矣。若有大乱，以法乱之例推之，必将数百年而复定，否亦须过百年而后定。方列强竞争，虎视逐逐，今方一统，犹危殆岌岌，若吾同胞相残毁，其能待我数百年平定而后兴起内治乎？鹬蚌相持，渔人得利，必先为外人有矣，若印度是也。谁生厉阶，演此惨剧？夫今志士仁人之发愤舍身命而倡大变者，其初岂非为救国民哉？乃必自杀数万万人，去中国人类之半而救之，孟子言杀一不辜而得天下不为，况于屠戮同种数万万人哉？且杀子而救其孙，既不为智，况并孙而不能救，终于相持而赠他人。试问中国同胞何仇于彼，而造此无量之苦海恶孽乎？

…………

若今者，各省有已割据者乎？大势有已瓦解者乎？不过六十老翁之西后、荣禄二人擅朝耳。举国大小臣工，下及民庶，外及友邦，莫不归心皇上。一日归政，天子当阳，焕然维新，以上定立宪之良法，下与民权之自由，在反掌耳！皇上既非献帝之比，今亦岂汉末之比哉！时事迥殊，亦不能附会古义也。愿诸君审度时势，力终其忠义，厚蓄其实力，姑少待之，无误于异论，无鼓动于浮言，无惑乱于少变，坚守保皇会义，圣主必复，中国必全，幸福必至。刻心写腹，幸察鄙言，不胜惓惓罣罣之至！

姜义华、张荣华等编校《康有为全集》第6集，中国人民大学出版社2007年版，第312～331页

《与同学诸子梁启超等论印度亡国由于各省自立书》（节录）：

得书及报，极发自立之事，远援法、美，近引吕、波，备极繁详，以为鼓动。呜呼！何为出此亡国奴种之言也？呜呼！何为吾人乃发此亡国绝种之念也。

…………

甚类吾国之国维何？则大地中之印度是也。夫印度之亡，人皆知之；而印度之所以致亡，而至今日之奴隶贱辱，则合中国之书无有言之者，宜举中国人无所鉴而妄引证也。吾居印度久，粗考其近世史，乃得其所以致亡之由，即诸子所日慕之望之自立也。吾译《印度致亡史》，其书繁夥未成，先述《印度亡国由于各省分立考》一编，编犹长冗。今粗举其大端，以呼告吾同胞曰：革命乎？自立乎？乃其所以致亡国奴隶乎！吾四万万之同胞而欲亡国奴种也，其速为印度各省独立也；吾同胞而不欲亡国绝种也，其无效印度之各省之革命自立也。

…………

呜呼！六千年文明之古国，六千里沃野之大地，二万万开化之众民，上下数十年间，夷为奴隶；数千里宝藏之须弥山、恒河、新头河，绝好江山，一旦赠人。此何以故？则以各省自立故。吾国人昔无书记，未能知之，能不动心！吾乘汽车，行印野七千里，睹茫茫之大陆，见朊朊之原田，览古教之坏庙，抚残破之城垒，见种种之印人，未尝不哀而吊之。非吊印度也，私忧窃恐吾国之为印度也。……

以地言之，吾国四百二十万八千四百又一英方里，若十八省内地，仅一百三十三万六千八百四十一英方里，今台湾、胶州各地既割，尚不及此数，而印度一百五十五万余英方里。若如革命攻满之意，不计本朝开辟之东三省、新疆、西藏、蒙古，但计十八省欤，则割去三百万方里，尚小于印度二十二万英方里。计吾内地各省，若浙江、江苏、安徽不过四万余英方里，山西、福建不过五万余英方里，即广东地滨山海，兼有琼岛，亦不过七万余英方里。印度自须弥山而下，平原万里，至海乃始有山，寸寸膏腴，处处人民，鸡犬满野，桑禾铺菜，绝无吾云、贵、四川、广西、甘肃崎岖山谷荒凉之地，其多于吾地二十二万里，实多于吾国江苏、安徽、浙江、福建、广东五省之地。吾南五省，实居一国膏腴之要，其势若半国，而印度之大于吾国者，乃五要省焉，而忽尔亡之，岂不可惊？实以分省分土，则其小已极也。若谓吾大而足恃，印小而易亡者，大谬也！况吾又分为各省自立，则其势必已甚，安能不从印度之后乎？

…………

或者又言广东自立，详论之至二十七篇，则广东尚不能如印之孟加拉也。当孟加拉自立时，安有门户咫尺之地，而有香港、广州湾两大国处其间哉？安有汕头、梧州两埠穿其胸胁哉？一有变乱，半日之顷，异国三色之旗，战舰万吨之炮，已翩翩珠江上流矣。是欲为孟加拉之自立二十年，坚固其势，而又必不可得者也。故今日惟攻废立首贼、拳匪罪魁之荣禄，请复辟，求民权，定宪法而已。舍是而发妄想，皆恐中国寿命之不长，而促其灭亡之命也。

…………

革命自立者乎？苟欲吾万里之土地悉与人，苟欲吾黄帝神明之子孙、四万万之同胞永为奴隶，永不齿于人类，永不得与欧人女仆通语，则速谋各省革命自立可也。呜呼！凡此印事，皆吾国之明镜，吾国之前车也。若明知而故蹈之，则乐于绝吾种而亡吾国，卖鬻涂炭吾四万

万人，以图其一日王者之荣，而求异日糖果银钱之赐者也。若怀此心，吾如之何哉！不然，而稍有爱国之心者也，当闻之而汗流浃背，目瞪不闭，亟谋合全国大群之不暇，岂尚敢言革命自立乎？岂尚敢妄援欧美乎？使印之事而非也，则可他言也；若印度之事是也，不知言革命自立者，更操何说也。言革命自立者，若能有说以难印度致亡之事，吾犹将从之，吾急愿闻之；若无说以难印度致亡之事，则吾愿革命自立者，降心易志，相与保全国而合大群，求民权而立宪法，以祈天永命也。呜呼！数千年完全宏大之神州中国，吾同胞何为有分裂自立之思想，而求速灭亡之哉，真可为大变异与大不可思议矣。吾所为披肝沥血，而愿吾同胞考印度以为鉴也。

姜义华、张荣华等编校《康有为全集》第6集，中国人民大学出版社2007年版，第334～348页

编者按：本文原载《南海先生最近政见书》。1918年康有为《不幸而言中不听则国亡》一书在辑录本文时，加有跋语，其中云："近廿年来，自吾愚妄无知之门人梁启超、欧榘甲等妄倡十八省分立之说，至今各省分争若此，此则梁启超之功也。欧榘甲作《新广东》一书，流毒至今，今新广东如其愿矣。……此书当时专为教告梁启超、欧榘甲等二子。离索既久，摇于时势，不听我言，谬倡新说以毒天下。吾国人尚慎鉴之，勿甘从印度之后也。"此跋可见康有为当时撰写本文的目的。（参见康有为《不幸而言中不听则国亡》，蒋贵麟编《康南海先生遗著汇刊》，台湾宏业书局有限公司1976年版，第48～49页。）

5至6月（四月）　梁启超致函康有为，述及《新民丛报》运营情况及其舆论影响力。

《与夫子大人书》（光绪二十八年四月）：

《新民丛报》今年必可以全还清借款，明年以后若能坚持，可为吾党一生力军（指款项言，原编者注）。但弟子一人任之，若有事他往，则立溃耳。现销场之旺，真不可思议，每月增加一千，现已近五千矣。似比前此《时务》，尚有过之无不及也。紫珊、为之等公议此报，股份分之为六，以二归弟子，而紫珊、为之、荫南、侣笙（侣笙即陈国镛）各占其一。盖紫珊、为之为吾党公事赔垫不少，现在译局报局经彼主持，皆未受一文薪水。荫南每月仅支四十元，实亦不足用，且彼为此事亦极尽瘁，广智代派报，亦不除二成，不可无以酬之。侣笙在清议数年，备极劳苦，此报无侣笙，犹之无弟子也，而其薪水尤薄，故共议如此办法，亦颇为合情理。但此数人皆如骨肉之交，他日若报款有赢，可以为调剂公费之一道。故初议以此报附译局，今改为此议也。

…………

此间自开《新民丛报》后，每日属文以五千言为率，因此窘甚。无论何处之书，动多阁不能复，诚无如何也。

丁文江、赵丰田编《梁启超年谱长编》，上海人民出版社1983年版，第272～273页

△ 黄遵宪致函梁启超，赞誉《新民丛报》之言论影响力。

《致饮冰主人书》：

《清议报》胜《时务报》远矣，今之《新民丛报》又胜《清议报》百倍矣。（《清议报》所载，如《国家论》等篇，理精意博，然言之无文，行而不远，计此报三年，公在馆日少，此不能无憾也。）惊心动魄，一字千金，人人笔下所无，却为人人意中所有，虽铁石人亦应感动。从古至今文字之力之大，无过于此矣。罗浮山洞中一猴，一出而逞妖作怪，东游而后，又变为《西游记》之孙行者，七十二变，愈出愈奇。吾辈猪八戒，安所容置喙乎，惟有合掌膜拜而已。

丁文江、赵丰田编《梁启超年谱长编》，上海人民出版社1983年版，第274页

△ 梁启超复致函康有为，倡言革命排满。

《与夫子大人书》（光绪二十八年四月）：

前示告诫以革命保教大同等诸义，此事有甚难言者，今欲一详陈之。大同一义，前所著论，题为《国家思想》，以此义作主客，托起本论宗旨，固非得已，非敢以相攻也。弟子即狂悖，何至以攻先生自快？攻先生有何益于我？即不为先生计，而自为计，外人见此反覆无状之小人，视之为何等耶？虽愚亦不至此。但见夫近日西人著述，言国家主义者，未有不借大同为衬笔、撇笔，盖欲主张其本论，使之圆到，不能不论及也。大同之说，在中国固由先生精思独辟，而在泰西实已久为陈言。（或先生所演更有精到完满者，则不敢知，若弟子所闻所受，似西人已有之。）希腊之柏拉图，英国之德麻摩里，（十五世纪人，著一小说。极瑰伟，弟子译其名曰《华严界》。）法国之仙世门、喀谟德（皆十九世纪人），所言其宗旨条理，皆极精尽，极详密，而驳之者，亦不下数十家，近人著书几无不引之，无不驳之。弟子言此，亦袭前人说耳。当下笔时，若几忘此论在中国之发自先生也者，其瞀其疏固可责，然谓其有意相攻则冤也。但此义不过对国家思想之反面一言及之，以后断不复有此等语在报中矣。

至民主、扑满、保教等义真有难言者。弟子今日若面从先生之戒，他日亦必不能实行也。故不如披心沥胆一论之。今日民族主义最发达之时代，非有此精神，决不能立国，弟子誓焦舌秃笔以倡之，决不能弃去者也。而所以唤起民族精神者，势不得不攻满洲。日本以讨幕为最适宜之主义，中国以讨满为最适宜之主义。弟子所见，谓无以易此矣。满廷之无可望久矣，今日日望归政，望复辟，夫何可得？即得矣，满朝皆仇敌，百事腐败已久，虽召吾党归用之，而亦决不能行其志也。

先生惧破坏，弟子亦未始不惧，然以为破坏终不可得免，愈迟则愈惨，毋宁早耳。且我不言，他人亦言之，岂能禁乎？不惟他人而已，同门中人猖狂言此，有过弟子十倍者，先生殆未见《文兴报》耳。徐、欧在《文兴》所发之论，所记之事，虽弟子视之犹为詟栗，其《论广东宜速筹自立之法》一篇稿凡二十七续，“满贼”、“清贼”之言，盈篇溢纸。檀香山《新中国报》亦然。《新民报》之含蓄亦甚矣。树园吾党中最长者也，然其恶满洲之心更热，《新民报》中《扪虱谈虎》一门及《人肉楼》等篇，树园笔也。同门之人皆趋于此。夫树园、君勉，岂肯背师之人哉，然皆若此，实则受先生救国救民之教，浸之已久，而迫于今日时势，实不得不然也。

先生受皇上厚恩，誓不肯齿及一字，固属仁至义尽，至门弟子等心先生之心，以爱国同归而殊途，一致而百虑，似亦不必禁之矣。来示谓此报为党报，必全党人同意，然后可以发言。无论党人分处四方，万无作成一文，遍请画诺，然后发刻之理。即以党人之意论之，苟属立宪政体，必以多数决议，恐亦画诺者十之七八也。（君勉来一书，并呈上，其言亦如此矣。）然此决非好与先生立异者，实觉此事为今日救国民之要着而已，望先生听之，以大度容之为盼。

丁文江、赵丰田编《梁启超年谱长编》，上海人民出版社 1983 年版，第 285 ~ 287 页

6 月 3 日（四月二十七日）　康有为对弟子梁启超、欧榘甲等倡言革命深为不满，致函欧榘甲等以断绝师徒关系相胁迫。

康有为《致欧榘甲等书》：

近得孟远（即梁启超）决言革命，头痛大作，又疟发□；复得汝书，头痛不可言。汝等迫吾死而已。欲立绝汝等又不忍，不绝汝又不可，汝等迫死吾而已。记已亥汝责远之决绝，且安有身受衣带之人而背义言革者乎！今不三年，汝又从洞若矣。吾始于同门中，以汝为忠毅可倚，今汝若此，吾何望矣！今不能转人，乃致为人所转，吾志自立、义自定，岂关他人之何如

耶？况皆汝等自转之，力之言何足计！内地尚有四万万，即天下转，吾不转自若也。文文山岂不知宋亡乎？何为待徙于崖山？况圣上历劫无恙，天命尚在乎！所言啖饭尤谬陋，任大事岂为啖饭处耶！且今译局成，次望商会，岂不言革，则无啖饭处耶！议民权政权，制立宪，无不可言，何必言革。《新民报》原甚好，但不必言革耳。余详前函。总之，我改易则吾叛上，吾为背义之人；皇上若生，吾誓不言他。汝改易，则为叛我。汝等背义之人，汝等必欲言此，明知手足断绝，亦无如何，惟有与汝等决绝，分告天下而已。无多言。将此示云及远，并示力。四月廿七日。

姜义华、张荣华等编校《康有为全集》第6集，中国人民大学出版社2007年版，第352页

6月6日（五月初一日） 张之洞札委双寿带同黄兴、李书城等三十名书院学生及二十名护军营勇赴日本学习师范和警察。

《札委双寿带同学生弁目前赴日本学习师范警察（附单）》（光绪二十八年五月初一日）：

为照湖北省前议选派学生、弁目前往日本分途学习师范、警察两门，曾商明日本政府，应允随时可以派往在案。兹特遴派学习师范生三十名学习警察弁目二十名，委员率同前往。除将各该学生弁目姓名、年岁、籍贯暨分班愿学年限，另造清册咨送外，相应咨会。为此合咨贵大臣，请烦查照，迅赐照会日本外务大臣转商内务、文部两省大臣，分饬师范学校校长暨警视厅长，将湖北送往学生、弁目照开年限分拨入学，并希贵大臣随时妥为督察照料，实纫公谊。须至咨者。

以上咨出使日本国大臣（计咨送学生、弁目清册各一本）

…………

照得湖北省前议选派学生前赴日本学习师范科各学，当经选遴两湖、经心、江汉三书院学生，另延东文教习专设东语学堂，教授东文东语，以资练习在案。现在省城及各府厅州县，均当次第开办中小学堂，师范尤关紧要，亟应饬令将原选各生，共挑三十名，迅即束装，随同委员双丞寿带领前往日本。每名各给整装费二十元，安家费三十元。此外川资旅费统归该委员领款支给，其学费亦经汇交出使日本大臣衙门随时支给。诸生须知师范为学堂表率，到日本后，务各束身自爱，勤学好问，以无负师范之名，有厚望焉。除咨出使日本大臣随时督察照料外，合亟札饬。札到，该提调即便传知原选师范各生一体遵照。

以上札两湖、经心、江汉书院提调

照得湖北省前议选派弁目前往日本学习警察事宜，业经饬据护军营统带张副将彪挑选弁目二十名，呈请派遣在案。兹查省城警察局虽已开办，将来渐次推广，需用警察弁目甚多，亟应饬令原选各弁目迅即束装随同委员双丞寿带领前往日本。每名各给整装费二十元，此外川资旅费统归该委员领款支给，其学费亦经汇交出使日本大臣衙门随时付给。该弁目等须知警察为推广新政之根基，责任所关，极为重要。到日本后，务须束身自爱，恪听所隶警察部长官指挥约束，将警察所应办各事宜悉心考究，以备将来任使。除咨明出使日本大臣随时督察照料外，合行札饬，札到，该统带即便传知原选警察各弁目一体遵照。

以上札统带护军等营副将张彪

…………

选派出洋师范学生履历并愿学年限

第一班，愿学八个月，学生十二名：

李　熙，湖北汉阳府汉川县学廪生，年三十岁。

卢　弼,湖北汉阳府沔阳州廪贡生,年二十七岁。
李实荣,湖北汉阳府学附生,孝感县人,年二十八岁。
周龙骧,湖北黄州府麻城县学附生,年二十五岁。
罗　襄,湖北武昌府江夏县学廪生,年二十八岁。
左德明,湖北德安府应城县学附生,年二十七岁。
李　鑫,湖北黄州府蕲水县学廪生,年三十二岁。
冯开濬,湖北襄阳府南漳县学附生,年三十一岁。
王式玉,湖北德安府学廪生,安陆县人,年二十三岁。
张继煦,湖北荆州府枝江县学廪生,年二十五岁。
万声扬,湖北武昌府江夏县学廪生,年二十四岁。
李步青,湖北安陆府京山县学增生,年二十四岁。
第二班,愿学一年半,学生六名:
金华祝,湖北汉阳府黄陂县学附生,年二十八岁。
黄　轸,湖南长沙府善化县学附生,年二十八岁。
佘德元,湖北郧阳府房县学廪生,年二十八岁。
沈明道,湖北宜昌府东湖县学附生,年二十九岁。
纪　鸿,湖北武昌府武昌县学附生,年二十六岁。
汪步扬,湖北武昌府学廪生,江夏县人,年二十九岁。
第三班,愿学三年,学生十二名:
谈锡恩,湖北宜昌府兴山县学增生,年二十八岁。
陈英才,湖北汉阳府学附生,汉川县人,年二十岁。
胡　铮,湖北汉阳府沔阳州学附生,年二十一岁。
程明超,湖北黄州府学廪生,黄冈县人,年二十二岁。
阿勒精阿,湖北荆州府驻防附生,年二十八岁。
向国华,湖北汉阳府沔阳州学附生,年二十二岁。
陈鸿业,湖南长沙府湘阴县学附生,年二十三岁。
马毓福,湖北汉阳府汉川县学增生,年二十九岁。
周维桢,湖北郧阳府学附生,保康县人,年二十岁。
李书城,湖北安陆府学廪生,潜江县人,年二十一岁。
陈文哲,湖北黄州府广济县学廪生,年二十八岁。
施呼本,湖北荆州驻防学生,年二十一岁。
以上学习师范学生三班共三十名

选派出洋学习警察事宜弁目衔名籍贯

右旗一营哨长八品军功窦洪胜,年二十四岁,湖北江夏县人。
右旗二营哨长五品军功何万福,年二十四岁,湖北钟祥县人。
右旗四营哨长五品军功刘庆恩,年二十八岁,四川德阳县人。
左旗二营哨长八品军功杜锡钧,年二十岁,直隶故城县人。
左旗四营什长六品军功陈从义,年二十二岁,安徽合肥县人。
左旗四营什长八品军功张汉清,年二十六岁,江西德化县人。
左旗一营什长八品军功王文卿,年二十六岁,湖北襄阳县人。

右旗三营什长八品军功刘国祥,年十九岁,湖北汉阳县人。

左旗三营什长八品军功杨金榜,年二十二岁,湖北黄冈县人。

马队营什长八品军功邓贤才,年二十三岁,湖北京山县人。

右旗一营什长八品军功王宝恒,年二十一岁,湖北随州人。

工程营什长八品军功陈锦章,年二十岁,湖北江夏县人。

工程营什长八品军功徐荣生,年二十一岁,江苏上元县人。

右旗一营什长八品军功张策平,年二十一岁,直隶正定县人。

左旗二营什长八品军功王占海,年二十六岁,河南信阳州人。

右旗二营什长八品军功张明远,年二十四岁,湖北荆门州人。

左旗四营什长八品军功罗连升,年二十一岁,湖北江夏县人。

左旗二营什长八品军功山有升,年二十五岁,湖北汉阳县人。

右旗一营什长六品军功马镛桂,年二十四岁,湖北光化县人。

炮队营什长八品军功雷云山,年二十四岁,湖北崇阳县人。

以上学习警察弁目共二十名

国家清史编纂委员会·文献丛刊《张之洞全集》(6),武汉出版社2008年版,第416~419页

6月8日(五月初三日)　张之洞札双寿传谕鄂籍留日学生恪遵使馆及鄂派监督之考察约束。

《札驻日委员传谕戒勉游学诸生》(光绪二十八年五月初三日):

照得湖北省先后派遣游学日本学生、弁目,暨自备资斧、禀由本衙门给咨前赴日本游学各生,人数众多。尔诸生均能体念时艰,远游向学,本部堂实深嘉许。惟诸生远适异国,所当时时念念常存不忘君、不忘亲、不忘圣三大端于心,趋向必正,立志必定。勿昵比匪人,勿误听邪说。不论在何学校,务须恪听钦差出使大臣及所派监督暨本部堂派赴日本管理学生之委员考察约束,不得稍有违犯轻侮。至日本学校各师长,自宜遵照学规,听受讲课,日有进益,以免为他邦人士所轻。诸生亦宜互相规劝,互相切磋,庶几行检修饬,学问日进,闻誉日彰。将来造就成材,足备国家任使。本部堂爱之重之,乐观厥成,实于尔诸生有无穷之望焉。

国家清史编纂委员会·文献丛刊《张之洞全集》(6),武汉出版社2008年版,第419页

6月17日(五月十二日)　满人英敛之在天津创办《大公报》,并亲自作序,揭示该报宗旨。

1902年6月17日《大公报》英华(即英敛之)《大公报序》:

岁辛丑,同人拟创《大公报》于津门,至壬寅夏五而经营始成,推都门英华氏董其事。报之宗旨,在开风气,牖民智;挹彼欧西学术,启我同胞聪明。顾维浅陋,既怯且惭。兹当出报首期,窃拟为之序,曰:忘己之为大,无私之谓公,报之命名因已善矣。夫徒有其名,毫无其实,我中国事往往而然。今此报得毋亦妄为标榜而夜郎自大、济私假公乎?抑果是是非非、原原本本而一秉大公乎?要之,亦自未敢定其如何也。凡事于初创之时,譬如人当幼稚,志趣虽佳,历练尚少,精神未旺,疏漏必多。迨久而久之,或能取长舍短,推陈出新,渐入自然,折衷一是。故本报断不敢存自是之心,刚愎自用;亦不敢取流俗之悦,颠倒是非。总期有益于国是民依,有裨于人心学术,其他乖谬偏激之言,非所取焉;猥邪琐屑之事,在所摈也。尤望海内有道,时加训诲,匡其不逮,以光我报章,以开我民智,以化我陋俗,而入文明。凡我同

人,亦当猛自策励,坚善与人同之志,扩大公无我之怀,顾名思义,不负所学,但冀风移俗易,国富民强,物无灾苦,人有乐康,则于同人之志偿焉,鄙人之心慰已。

7月9日(六月初五日)　日本情报机构侦悉孙中山在神户一带活动情况。

日本外务省藏档案《关于孙逸仙之行动》:

外务大臣小村寿太郎伯爵阁下:

清国流亡人士孙逸仙与宫崎寅藏一道,于昨(八)日下午六时五十二分,乘坐开往山阳方向的列车自冈山抵神户,投宿于市内相生町三丁目的加藤旅馆。本日早晨六时七分,搭乘神户站发列车启程返回东京。此人于六日由陆路至冈山市,返回途中顺路经过此地。据宫崎所言,孙逸仙因近日其妾去世颇为忧郁,担心损害其健康,因而邀其至冈山市后乐园中参观。此外,据说孙至后,对旅馆主人讯问朴泳孝的住址和其近况,对朴的境遇深表同情。此人逗留神户期间无任何异常情况。

谨此报告如上。

兵库县知事服部一三

明治35年7月9日

[440673　明治35年7月10日收到　兵发秘第400号]

章开沅、罗福惠、严昌洪编《辛亥革命史资料新编》第6册,湖北人民出版社2009年版,第108页

7月25日(六月二十一日)　宫崎寅藏领得"浪花节"营业执照,定艺名为桃中轩牛右卫门。

7月26日(六月二十二日)　袁世凯上奏朝廷拿获并处死反清首领景廷宾等情形。

《直隶总督袁世凯奏拿获景廷宾等尽法惩办折(光绪二十八年六月二十二日军机处录副)》:

太子少保、北洋大臣、直隶总督臣袁世凯跪奏,为逆魁就获,尽法惩办,恭折仰祈圣鉴事:窃查广宗县已革武举景廷宾倡乱谋逆,前将件只村匪巢攻克,拿获景逆堂兄景得章,据称景逆已为乱兵所杀,并指东围门外报毙匪尸一具为景逆正身,邻人朱三元供亦相同,惟肢骸残破,辨认难真,姑据族邻指认,先以枭首示,一面仍确切查访,觅线分捕。奏奉朱批:仍查明景廷宾实在下落,务获惩办,以绝根株等因。钦此。遵饬营务处道员倪嗣冲,设法购线侦拿。兹据该道禀称:六月初九日,在南宫防次,探得景逆逃至成安县北漳村,复聚匪徒定期起事。即刻拨队前进,十二日驰抵成安,该逆先期逃逸。其长子景绍汶经署知县张琨拿获,并另获匪党陈敬、霍添庆等。讯得景逆向河南逃走,有临漳县胡村人冯玉成同逃。该道追踪前往,次日探明景逆在胡村东南四五里之郭家小屯村刘胜家隐藏,即赴该处,将景逆擒获,带回成安,验明无讹。该道会同大顺广道庞鸿书,讯据景逆供认,拒敌官军,截杀新兵、教士,盘踞件只村,伪造印、旗、令箭,自称元帅,编列营制,出具伪示伪檄,纠约各团,攻打教堂。迨匪巢攻克以后,复至成安,勾结河南、山东盗匪,散布传贴,煽惑人心,抢劫马匹,勒索供给,定期扑城戕官等情不讳。并讯取景绍汶及陈敬、霍添庆供词,禀请核办前来。臣查景廷宾逆迹昭著,罪不容诛,已批饬照谋逆例凌迟处死,传首犯事地方,悬杆示众。景绍汶系景逆之子,陈敬、霍添庆代散传帖,同恶相济,均今就地正法以彰国典,而快人心。

现在渠魁授首,地面肃清,大顺广一带已得透雨,民情安定,堪以仰慰宸廑。理合恭折具

陈，伏乞皇太后、皇上圣鉴，训示。谨奏。

光绪二十八年六月二十四日奉朱批：知道了。钦此。

中国第一历史档案馆、北京师范大学历史系编《辛亥革命前十年间民变档案史料》上，中华书局1985年版，第32～33页

7月28日（六月二十四日） 吴敬恒、孙揆均等为请送私费学生入成城学校事与驻日公使蔡钧发生冲突，旋被日警拘捕，并押送回国。

关于游日学生与驻日公使蔡钧冲突之始末，《新民丛报》自第13号起，开辟专栏作了翔实的系列报道，并刊发评论，现照录如下：

《论学生公愤事》：

本报论说定例，皆论通义，不论一专件之问题。此篇应登国闻短评中，今载于此者，因全报印刷已成，而兹事所关中国前途甚大，亟宜布告海内，质曲直于国民，不能俟诸半月以后，故将已付印之新民说抽出，实诸次号，先登本篇。此事件于本号国闻短评中余录中，皆有所详叙，但今夕最近之奇案，尤动公愤，故再补论之。七月初二日漏三下，著者识。

——中国之新民

凡文明国之所以立，莫急于养人才。今日我政府官吏之言维新者，亦曰莫急于养人才。然养人才之手段有三种：一曰以养人之法养之者，二曰以养牛马之法养之者，三曰以养鸡豚之法养之者。何谓养牛马之法养之？以备驱策鞭笞者是也。何谓养鸡豚之法养之，以备禁烹脔割者是也。吾昔以为政府官吏，不过以牛马之养人才也。吾今乃知其直以鸡豚之养人才也。嗟乎！痛哉！前此之既烹既割者，不忍言矣。而今仍磨刀霍霍而来，虽曰吾国多才，抑何以堪此！

七月初二日（即西历八月五日），日本警察署忽有将吴君敬恒、孙君揆均，递解回国之事。留学生方奔走相急难，而警吏已护送西发。吴、孙二君，以何罪蒙此奇冤，莫能知也。而其获罪之起因，可以相揣知之。罪何在？曰在请公使送学生肄业（参阅余录门）。官立学校既必须公使报送，然则学生非求公使，将更何求？送学而有罪，则留学其先有罪矣。而吴、孙二君，又非自求也，乃代他学生而求之。代求送学而有罪，则凡关涉学事者，其皆有罪矣。蔡氏之职，公使也。其自认为国民之代表，为朝廷之代表，姑勿论。即以朝廷谕，去年秋冬间，不尝屡下明诏令公使保护照料学生乎？然则送学生之事，岂其待学生自求之，岂其待他人代学生求之。待其自求，待其代求，则公使已不知其罪矣。不自知其罪，则反以罪无罪之人，亦何怪焉！

吴君者，北洋大学堂、南洋公学之教师也，广东大学堂之顾问也（举人、字稚晖）。孙君者，南菁书院之学长也（举人、内阁中书，字叔方）。乃不愿作师而愿作弟子，其为非寻常人可想矣。吾国有此等人才，是吾国前途一线光明也。其之代学生以哀请于公使也，为学生非自为也。又为现在学生将来学生之全体大局，而非徒为此区区九人也。此九人者不见送，其事抑末矣，而后此源源而来之学生，不知几何，其必欲入官立学校者，不知几何。则其待送于公使者，亦自不知几何。而公使于学生既已视如仇雠，前此之留难者，既屡见不一见，然则此后公使与私费生之交涉如何，实以此九人者为最后之问题。有此哀请而得不得，尚未可知。无此哀请则私费生入学之途，真永绝也。两君之断断于此问题，夫岂得已也。

警察署之命退两君也，其名曰妨害治安。夫中国人在中国主权地而要求所应得之权利，其与日本之治安有何与也！夫使两君之要求而出于强硬手段，则其于治安也犹有辞。顾两君之与公使交涉，不过一度。其问答语一字一句，皆详见于留学生会馆布告文（参阅余录门）。声声

公使，声声学生，从容委屈之口吻，吞声忍气之情状，读者犹将哀嗤之，而不谓似此已逢大清国钦差大臣之怒，呵责不已而至于斥逐，斥逐不已而至于逮捕，逮捕不已而至于递解也。

留学生既不得请于公使，于是抗电以申诉于北京政府，亦要求权利之次第，当如是也。而公使则已先自飞电，遍告要津曰，留学生造反。夫留学生者，皆在日本也，吾不知所谓反者，反日本乎？反中国乎？噫嘘！我知之矣。其意曰，若辈何人，乃敢讦公使。反之云者，反公使云耳。以数百人决议所同认之罪恶，而有讦之者，则可以任意坐以大逆不道之名，此真文明国民所百思不得其解者也。而吴、孙两君之罪案，于是焉定矣。

案既下，留学生动色相奔走。或以质问于公使。公使则曰，吾亦不认吴、孙之有罪，此日本政府之意，吾不知之。嘻！是何言欤！公使者，有保护本国人之责任者也。公使而不知之也，则宜提出以诘问于日本政府。公使而认为无罪也，则宜抗争于日本政府，以营救之。日本既许外国人有内地杂居之权，既居其地，即有居民应享之权利。夫安得以无罪之人，而妄逮捕、妄驱逐也！公使而知之也，认其有罪也，犹可言也。不知之而不诘问，认其无罪而不营救，然则我国民每岁以十数万之膏血，豢一木偶之公使，何为也？嘻！欲镙脔则镙脔耳，欲菹醢则菹醢耳。而彼胡为者。

吾不怪夫日本人受公使之愚弄何以如是其易，吾惟怪夫公使所凭藉之力，何以能使日本人受愚如是其易。吾尤怪乎我国民何故不有其权，而甘让诸公使。吾又怪乎公使何故不有其权而甘让诸日本人。公使对于日本人，褎代表一国之资格。国民对于公使，褎自主一国之资格。公使斗筲，吾不屑责之。顾安得不为我国民警告也。

我国民以此为区区仅小之问题乎？内争之事，而托调停于外人，既辱国矣。内争不能克，而假外人之权力以干预之，辱益甚矣。乃至内并不争，而防其萌蘖焉，乞外人以先事而锄之，其辱更何如矣。辱犹可也，而生此国为此民者，苟有一毫不肯放弃权利之心，则一启口、一举手、一投足而无不为罪，而四万万人岂有复见天日之望耶。本国政府已矣，而复有他国政府为之后援，吾民之在内地者，他国未能直接以奴隶之，则借本国政府为傀儡焉。吾民之在海外者，本国不能直接奴隶之，则借他国为傀儡焉。于彼乎于此乎，无所往而不奴隶。苟不甘是者，则五洲之大，竟无所容，痛乎！

《新民丛报》1902 年第 13 号，"论说"

《蔡钧蔑辱国权问题》：

蔡钧何人也？其名岂足以屡污我《新民丛报》。然而竟相污至再至三，是亦蔡钧之好手段也。

六月廿五、六、七等日，有蔡钧与留学生纷争一事，其详别见本号余录门中，兹不赘述。此事之起，由蔡钧不肯咨送留学生入学也。日本例，凡入学校者，无论本国人外国人，皆须有人为之保证。若官立学校，则与官交涉，须公使保证亦属情理之常。蔡钧者，文明之敌也。恨不举东京留学诸生，一旦而驱之出境。其于官费生，固已视之如眼中钉。其咨送也，不得已耳。至私费生，则其仇之愈甚。故出全力而阻之，抵死不肯咨送。盖惧吾国之多才，而欲牧其萌蘖也。其罪一也。不送则不送耳，不过得罪学生团体已耳。然而蔡钧乃缩头曳尾一种类，无此胆量也。乃出其官场枕中秘之手段，曰模棱、曰掩饰、曰推宕。伪许以五人互保，便允咨送。彼其时固本无欲送之心也。无欲送之心，而以为学生之可欺，其罪二也。已则不送，而欲嫁其罪于日本人，谓参谋本部不肯收纳。夫参谋本部咨复之文具在也，学生非如蔡钧之胸无点墨，何至并文中之意，而不能解。蔡钧食言而肥，而犹欲掩耳盗铃以欺人。其计之拙，亦不可思议矣，其罪三也。学生求见不见，质问不答，岂不思汝所处之地位，为一国人之公使耶！何物铜臭，无礼乃尔。其罪四也。

以上四罪，颇犹可恕。其最不可忍者，则最后蔑辱国权一大问题也。夫公使馆者，治外法权之地也。公法上，视之如本国，非所在国之权力所能及也。乃蔡钧一则使日本警吏拘吴、孙二君，再则使日本警吏拘来谒学生五十余人。夫蔡钧仇学生，则自仇之可耳，而奈何其不能自了，而假手于他人也。呜呼！我国民其知之否耶！蔡钧者，全国政府官吏之缩本也。此案者，将来中国前途之倒影也。现政府统治一国之能力，早已扫地以尽矣。

《新民丛报》1902年第13号，"国闻短评"

《蔡使要求日本警察入署拘捕学生始末记》：

壬寅之夏，留学生吴君敬恒，因江苏、江西、浙江三省自费学生九人，愿入成城学校。适蔡公使钧峻拒咨送之时。吴君乃拟长函，反复婉转，百计恳求，并声明由在校学生五人互保一人，先在使馆出具保证书，留存备案，以取公使之信。函草甫属，时本国京师大学堂总教习吴京卿汝纶，为调查日本学校一切事宜，奉命来东。一日京卿临清国留学生会馆，吴君亦至，当出致公使函与京卿婉商，京卿颇以为然。然词气之间，实鄙夷公使，心知难成，勉允代达。是日留学生至者章君宗祥等共十余人，为中历六月初九日(7月13日，编者)也。

十四日(7月18日，编者)京卿致吴君书云：

"稚晖仁兄宗大人左右：

前日大札，未转交使馆。至所谓五人送学堂，蔡公使已允可。惟属照尊议，取五人环保，与名单并送，谓是使馆旧章，谨奉闻。即乞赐交，以便转达。外有京城中寄张执中金伯平二公书，兹并呈上，乞转交为荷。

肃颂道履不具。

汝纶顿首。六月十四日。"

吴君得书，奔告入校诸君，遂由章君宗祥等二十余人同签印，缮就保证书。其八纸，送小石川区第六天町伊泽邸，由吴君振麟转交。其一纸，第二日由章君宗祥携交京卿寓邸。

数日不得命，二十一日(7月25日)傍晚，吴君复谒京卿所，京卿缮函告使署吴参赞，命吴君持催。吴君惧使署官人之不易见也，先晤学生监督夏部郎偕复。部郎言，余已满职，不能过问，惟昨在使馆署，闻此事公使已行文参谋部，今日不见吴参赞亦可。吴君唯唯，即覆京卿。并告入校诸君，皆欢慰，以为风雨着屐，道路泥泞中，奔走数十次，可偿其愿矣。

附吴京卿致吴参赞函：

"瀚涛仁兄宗大人执事：

启者。弟前为星使言，有学生九人，愿入成城学校，其证书已送星使，承允于暑假前送令入学。今闻成城学校后日即行放假，此诸生若得假前入学，尚得随同教师旅行，多所获益。若欲假前入学，似于本日即应请星使面送，乃能赶及，为此奉函左右，敬恳即为转达星使，俾诸生得遂其入学之愿。至为感荷。

手肃敬颂台安。溽暑惟慎重珍卫不宣。

宗小弟汝纶顿首。六月二十一日。"

讵二十三日(7月27日)晚，京卿又致书吴君云：

"稚晖仁兄宗大人左右：

参谋本部复蔡星使书，谨奉呈一览。

肃颂台安不具。

汝纶顿首。六月二十三日。"

附参谋本部复蔡公使书:

"敬复者:

顷接来文,现由在京贵国留学生章宗祥等,保送江苏、浙江、江西自备资斧学生九人,愿入成城学校肄业等因。准此。惟向例进学均由贵大臣保送,方准进校。今据来文,似有稍与向例不符。仍请贵大臣亲行保送,以符向例,是为至祷。专复顺颂时祉。再成城学校,现值歇伏之期,一俟敝历九月初旬,再行开课。此时未便即准进学。

顺此附达蔡钦差阁下。

署理参谋本部第二部长青木宣纯。日历七月二十六日。"

吴君再四循诵,不得其解。但知暑前进校,不能如愿,如此而已。然终不解公使,何以忽将保证之留学生,向参谋部保送。又疑原咨所叙事由不明,故参谋部无端误会。又想公使不难轻轻驳正云:"留学生章宗祥等保送之学生钮瑗等九人,愿入成城学校肄业,系向本大臣处保送,故本大臣准为咨送贵署,核与向例相符。请烦查照施行,俾遂入学之愿,是为至祷。"如此则入学一事,谅已稳固。又疑既已驳正,公使何必以复书掷示,而京卿又何以不赘一词。遂又疑送校之事,京卿与公使,皆不过虚与委蛇。如谚所谓推死人过界,故谬其词,以得一驳,即可间执学生之口。吴君怀数疑,夜深持示同作证人之章君宗祥,不遇,言在吴君振麟处。又驰数里,晤吴君振麟。又求解于同为保证人之胡君尔霖、曾君泽霖,皆莫名其妙。遂约明日偕入校诸君面叩吴京卿。

二十四日,日历七月二十八日早,保证人吴君敬恒、胡君尔霖、庄君达、刘君勋承,入校人钮君瑗、李君显谟、刘君钟英、夏君士骧、顾君乃珍、陈君秉忠、许君嘉澍,又有吴君荣鬯、董君瑞熙、张君懋德、闵君灏、陆君辅、陆君爽、俞君亮、沈君纲、段君彦修、吴君宗椿、吴君宗杰、沈君觐恒、沈君觐鼎,时方在吴君寓习英文罢,必欲同往望见京卿颜色,止之不可。而孙内翰揆均、朱直刺纮,遂亦偕去。至则京卿骤谓参谋部不准,公使不肯亲行保送。吴君等期期辩之。京卿曰,公使本意实不愿保送。吴君复为迂阔之词,论之以理。京卿坚谓我不能奈公使何。闻者皆悲愤。遂辞京卿,至使署面求公使。

至使署,因闻主张学生事者,为王文案雷夏。吴君遂告阍人曰,我们要见王雷夏王老爷。阍人曰,在山下儿住,你们去找罢。至王文案室,王君兼教读。见吴君等至,诘众人之意,具告之。并恳转告公使,愿赐一见。王君入,久之出曰,钦差告诉你们,进成城学校的事情,已经碰过钉子,万万不能再写信去。过几天,钦差当面见了参谋本部的人,再给你问一问罢。(按此言即真,何以公使二十五日手谕又云,吴敬恒等欲面见公使,其时适有参谋本部官等在座。既其时有参谋本部在座,何以王君又言,过几天见了参谋本部的人,再给你们问一问?可见全用欺谎之术,藉词搪塞。)可是成不成,不能一定。你们要见钦差,钦差说,可以不必。吴君等益悲愤,再反复参谋部复函,觉京卿所言,与王君所述,离题太远,愈弄愈错。因思非见公使不能得要领,遂坚求一见公使。王君云,你们一定要见,兄弟再进去说,请少坐。斯时十二时向近,天气甚热,腹饥不得食,静待之。三时尚杳然无复音,众皆面面相觑。同人均焦急。吴君劝诸君少安,王君既允,决无不复之理。公使事冗,或未得暇。又久之,有身着洋式号衣者,怒目疾视,阔步入室,口操东音,不知云何。其人乃使署服役者,公使因洋人有积威,中国官吏皆崇拜不已,拟令其人骇吴君等出。众皆匿笑,列坐不一顾。彼技穷乃去。少顷,又来三西装者,戎服佩刀,参谋部之藤青少佐也。绅士装者,外务部小林翻译官也。短身曲背,发半秃,微有须,口衔雪茄烟,尾小林氏后者,不知其为谁。入门各为礼,小林氏能操北京语,众人详告以故,又出参谋部复书与阅。小林氏谓,学生保学生不行,要进成城学校,不必定要公使保送，就是做买卖的亦好。并嘱诸君取入校人名单，诸君写交，小林氏阅毕，探囊出一纸，载五人名，皆即九人中所有。指谓诸君曰，这五个学生，是湖南监督官胡先生交给我的。我因为福岛少将没有回国，参谋本部必不能答应。我想现在又添成九人，是一定要等福岛少将回来再说。福岛少将回来，兄弟和你们公使同吴先生，终要竭力想法子。吴君等闻小林氏之言，虽若可感，然再反复参谋部复函，觉离题益远，愈弄愈错，愈说愈奇，遂觉非见公使不能剖白，向小林氏亦坚称欲见公使。小林氏持众人名单代达，数往返。再后，门者请入，众尾之行。出随员室，至公使宅左。小林氏迎谓曰，公使不肯见。兄弟再三说，只允一二人。诸君候久，必欲同一见。腹饥口渴，僵立树下，持同见之意甚坚。小林氏不悦曰，你们不听我的话么？你们公使馆的事情，兄弟实在无能为力。那么，我就去了。遂乘人力车径去。诸君无可如何，徐至公使宅，伺于客室门外，冀公使得闻，或出见。久待无影响，时已五时，吴京卿忽临，谓众人曰，你们这时候午饭没吃，到我寓所去吃饭罢。公使既然不肯见你们，你们有什么法子想呀。诸人执欲见，小林氏又来，乃言进学校的学生，公使一定同他们想法子，你们要见，就请一两人去见见罢。余下的，过两天再见，到底何如？诸君云，学生到此不易，公使既能见一二人，余人同见，似亦无妨。若来而不见，见面尚如此之难，即隐为不肯送学之代表。但见一二人，于事本可，今所以欲赐同见者，即望公使慨然允许，以表真爱学生，如此而已。京卿无奈，偕小林氏及参随二人同入。其时电灯荧荧，钟记六时，前所述短身曲背之东官，偕一警署官来，屈指数人数而去。久之，京卿负手耸肩，由屋后怏怏出，漫告曰，钦差找不到。又摇首曰钦差找不到，不知哪里去了。诸人为失笑。须臾，小林氏亦从屋后来，谓曰，公使勉强见你们，可是你们不好有一点无礼。众设誓，如稍无礼，即请小林先生拽之出，处以死刑。小林氏笑颔之，遂与吴京卿先入。

七时三十分余，启半门，京卿与小林氏夹门两旁，诸君鱼贯入。先欲坐之于洋客厅，忽计不可，又开对面华式客座，命毕入，入者共二十有六人。所陈椅杌不能容，诸君遂以东礼沿南窗席毡坐地上。遵小林氏旨，甚整列。至被捕，始终未移尺寸。附图注明如左。（原图略，编者）

列坐甫定，公使入自室门。身着湖色纱长衫，枣红铁线纱马甲，仆从纷沓，警察守门。馆中参随各员立室门外，观者如堵。吴京卿、张随员及小林氏，雁行参立。公使瞪目皤腹，面发紫色。一足方逾阈，即厉声曰：

"你们要见我，有什么话说，赶快说。"

诸人皆折腰俯首，同声曰："请钦使坐，容学生等徐徐禀陈。"

公使曰："不必坐，说几句就得咯。"

京卿亦云："说几句，就好了。"

吴君长跽进言曰："前求公使保送自费学生入成城学校，蒙示参谋本部复函，已邀允准，惟函内云，留学生自保学生，与例不符，仍请贵大臣亲行保送，以符向例云云。不知此次钦使，何以不即亲送？"

公使云："啊，你们这话从何说起？那一天，吴先生，哼，吴大人，拿了你们的证书送进来，本大臣马上就送参谋本部去咯。这是参谋本部不答应，有什么法子可想。"

吴君曰："此必因钦使文内叙明留学生保送之误，只须更正之可矣。"

公使曰："向来保送学生，终要有本国督抚的咨文，或者有原籍地方官的印结，才可保送。你们既没有咨文，我这儿又没有办过这种案卷，我如何能开这个端？这会子，吴先生，哼，吴大人，来给我说，我说，咱们政府屡次说过，自费学生不可再送。这儿福岛又这么说，如何怪起我来！"

吴君等闻之,瞠目相顾,又可悲,又可笑。默计参谋部复函,但觉离题已不知几千万里。愈弄愈错,愈说愈奇,愈求开通,愈加实室。只能朗诵参谋部复函,以冀一悟。曰:"敬复者:顷接来文,现由在京贵国留学生章宗祥等,保送江苏、浙江、江西自备资斧学生九人,愿入成城学校肄业等因。准此。惟向例进学均由贵大臣保送,方准进校。今据来文,似有稍与向例不符。仍请贵大臣亲行保送,以符向例,是为至祷。"因公使言参谋本部不准,故再复诵曰:"仍请贵大臣亲行保送,以符向例。仍请贵大臣亲行保送,以符向例。"诵毕,吴君曰:"参谋部何尝不准,惟因钦使之不送耳!"

公使曰:"这是什么话!你们查去就是咯,本大臣何尝亲自保送一个学生,这是参谋本部的人不通汉文弄错的。"

公使说至此,皆粲然。小林氏默然。吴君骤不知所对。乃笑曰,请去忌讳,以告钦使,如果因参谋部汉文不通,现小林先生方在座,彼实外交官,肯代参谋部担任汉文不通之咎,学生等即当俯首无词。孙君亦曰,参谋部既误,钦使即不应不驳,当时甚可备文辨明,何以漫然即交吴京卿,转示学生,藉词搪塞?公使变色疾视。孙君又曰,堂堂大日本国,难道参谋部于区区汉文,果真不通乎?公使默然。小林氏曰,可以不必说咯,这九个学生,参谋本部虽不肯,好在离开学还远,我同你们钦差及吴先生,等福岛少将回来,终要同你们设法。吴君曰,参谋部已准,何以云不准?难道参谋部果不通汉文乎?小林氏笑曰,错是不错,大约保送二字,平日总写咨送。语未毕,吴京卿曰,好了好了,不要说了。吴君恍然,知保送者下对上之词,咨送者平行之词。此次公使所行之文,本写咨送。惟使馆文案所叙事由,不曰"现有留学生钮瑗等九人愿入成城学校肄业",乃曰"现有留学生章宗祥等保送留学生九人"。参谋部疑公使令留学生向参署直保,为有意亵慢,遂承上文而言,一则曰均由贵大臣保送,再则曰仍请贵大臣亲行保送。其词简严,皆由自取其辱。乃公使不察,一见保送二字,遂引为可耻。至毒其词曰,参谋部不通汉文。而又搁其事曰,本大臣从来不曾保送过一人。又知此意无可发泄,因作不耐烦之语曰,参谋部不准。吴京卿从而和之,小林氏因而遂之,参谋部不准一语,竟成铁案。而且大人先生之护过,每惟恐不力。中国南面坐而冤抑乡愚者,虽投恒河沙不能计也。吴君又心知今日党派之争,少年盛气者流,多不满于腰金衣紫之徒,于是无可奈何,乃正言以告之曰:"方今,国帑奇窘,官费学生,不易多派。有私费学生,愿出游学,以补不足,正应竭力提倡。至于武备学生,我国重文轻武,无人肯当。幸而现在少年中明白者日多,知各国皆以陆军为主义,国家失其牙爪,则无能存立。又东方文胜,积弱成瘘,非救之以陆军严肃之教育,不足以振动民气,与列强齐抗。武事虽为国家之务,然日本陆军之组织,原系征兵。既习陆军于日本,即不可不注意于征兵之组织。将来中国欲与各国齐立,非改征兵,无可言武事。既欲注意征兵,则自费习武,即可为征兵之基础,宜鼓舞尽力若何。至公使所责,宜在原籍请领咨文,钦使岂不知我国情形乎?督抚衙门之深严无论矣,即州县官衙门,亦岂易求乎?故皆图其便利,不如远来海外,径求公使。"语至此,众曰,现在官场夤缘奔走者太多。

公使曰:"这恐未必罢。"

吴君曰:"这不能为我国讳。现在官场,夤缘奔走之人,所在皆是。学生等亦有能向督抚乞得咨文,所以不屑者,近顷出洋之风甚盛,官场每有请咨游历,逗留旬月,便充洋务人员者,将来捐免出洋,捐免卒业之事,又难保其必无。故不愿在官场请咨,其苦心当为公使所深谅。"

公使曰:"可不是,我深知道你们自费生的难处。我亦很愿意你们来进学堂,长些学问。这时候国家艰难的时候,你们有点学问,自然能同国家出力。所以往常学生们来请见,我终见他，同他们长谈。我想学生们常常来，亦可考察考察，好的就给奖励，不好的我亦可以知道，所谓以人事君的意思。”

诸君曰：“今日学生等来求见，自午后一时至八时，始获赏见，殊觉困难已极。”

公使曰：“如果你们分着来见，亦何妨见见。但是你们这么些人来，我如何能见！”

吴君曰：“学生等别无所求，但求咨送入校。五人互保，已蒙钦使允行。此次愿进成城学校之九人，固欲求公使迅赐重行咨送，即以后续来者，亦当照五人互保例，俾能入学无阻。”

公使曰：“我终没有什么不肯送。倘参谋本部不肯，我亦没有什么法子。”

吴君曰：“学生敢冒忌讳，以告钦使。钦使若于当送之学生，任参署（即日参谋本部，编者）不准，即为尽力，如此亦无贵有钦使，但有钦使之贵价已足。学生闻诸古训，使臣者折冲樽俎。苟有不便，争之惟力。今日虽有小林先生在座，不便深言。然大日本国既知与我国有唇齿之谊，必望我国有人。我国时事正艰，交涉匪易，倘有应争之事，定当随时力争。就切近而言，即与大日本有所争执，必当以理力争，无所退让。争之不可，宜明进退之节，讽励盈朝，即可翛然远引，以让能者。”

公使闻此，勃然急应曰：“那很好。我服官三十年，什么官都做过，你们当我真恋栈么？本大臣因天恩高厚，没有法子罢了。你们在这儿不是说话，尽是抬杠，这算什么意思！去年就有一班学生到公使馆，竟把公使混骂。本大臣从前做过镇江道。去年学生内有一个姓朱的，还是我的部民。我在镇江的时候，他还止有十八九岁。他那一天一见，就当了我的面叫我和甫。”

诸君曰：“我们是来求钦使咨送入学的。并且守了小林先生之约，一点亦不敢无礼。”

公使曰：“骂是由他骂，本大臣从前在德国、在英国、在法国，常看他们的新闻纸，连他的总统都要骂，所谓良药苦口利于病。”

吴君曰：“钦使不去官，因为天恩高厚。学生便不敢附和。”

公使大怒曰：“嚇，天恩高厚，你还不以为然么！还有什么话对你说！”

吴君曰：“请公使毋怒，以我国圣贤古而训言，普天率土，谁非蒙天恩高厚者！公使乃尽职之官，苟能尽职，尽人可为，岂有高厚之天恩，独私于公使之理。今钦使因为公使，而念天恩之高厚，似朝廷以公使一官为天恩，独高厚于钦使，颇非朝廷之盛德。故学生不敢附和钦使之言。”

公使闻之，怒虽甚，姑默然。

吴君又曰：“诟人骂人，虽于路人不可，何况公使。至于极言谏诤，时当叔季，正当提倡此风。即敬谨至于事君，所谓忠焉而诲，勿欺而犯，孔子之言，断非绐人。孟子又曰，责难于君谓之恭，陈善闭邪谓之敬。吾君不能谓之贼，我国滔滔皆贼，故国事日以颓败。学生等虽不获谏诤于朝廷，而就见长者，亦不敢唯阿取媚，以随人后。故钦使当为诤臣，学生于钦使，愿为诤学生。此次吴先生来日考察，亦何等任大责重。尚冀钦使与吴先生，痛洗官场敷衍旧习。即如留学生一事，所来学生，不患其意气过高，但忧其品行卑劣。时势至此，正不宜敷衍谬论，藏头盖尾，为无谓之忌讳。同文沪报曾载袁总督之言，虽不能审其虚实，而议论至为平允精确。其言曰，有人问袁督，蔡使以密书阻留学，其事信否？袁督云，其书大抵不实。至留学一层，中国尚无学可学，不能不借资于日本。若忧至日本，将浸灌于平等自由之说，则岂知平等自由之理。欧美实以之立国。即禁学生不外游，能禁译书不内输乎？吾意平等自由之说，苟利用之，安知不有利于国家。吾所虑东游之学生，惟冶游饮博为可念耳。以袁总督之言验之，某公子则为逾闲之行，某军人等则好窥邻之女。留学生名誉之堕地，将由此辈。钦使极当注意,不必全于开敏之士,深加遏抑也。”

当吴君畅陈右说,公使方有所思,如不欲闻。吴京卿、小林氏并止吴君,勿于题外着议论。吴君唯唯,遂申前说,欲公使许三事:其一,嗣后,学生有愿入成城学校者,苟得妥实留学生五人互保,公使即应咨送;其二,既已咨送,日政府无故咨驳,即应力争;其三,力争不应,要之以解职。小林氏以为辞职之言,非学生所当出。吴君曰,诚是。然以先生之明,不难知我国官场之习。仅仅言力争,安知公使之左右,异日并未力争,不谬以力争再三为对,则学生如何取证?故求公使以辞职相要者,特欲推而至于极,以表公使之能为学生尽心耳。且以今之公使,淡于荣利,为非常人。故敢以辞职为讽。若彼顽钝无耻之公使,固不欲以此言聒其耳也。

语未终,见有人自后拽公使之衣者再。公使乃发盛怒,厉声曰:“你骂我顽钝无耻,我就算顽钝无耻。你瞧不起本大臣,便是瞧不起朝廷。本大臣还能同你们说话么!”

恨恨拂衣而出,口尚厉声呵骂,其语不可辨。

吴君等目视公使怒甚,呆不知所出。小林氏曰:“好了,你们话亦太多了。”吴京卿曰:“你们话太多,自然公使不愿意。只事情终可缓缓商量,今天我们去罢。”

吴君曰:“小林先生与挚甫先生之言,甚是。况此时钦使盛怒而出,皆学生等不善措词之故。于义当从先生等之言,自行早归。惟今日之来,学生等非为一人之私。在学生一人,钦使或以为获罪,则责之辱之皆唯命,此本又一义。至于今日所请学生之事,现在之九人,参谋部满口允许,惟欲将原咨事由更正,重行咨送,即可做准,本无所用其商量。而方来未已之学生,钦使苟殷勤劝学,方以多多益善为快。倘以妥实五人之环保呈请,亦应随时咨送,以免远学之困难,似又无需商量。商量且不必,何须缓缓。我国敷衍成习,国以隳颓,岂蒿目时艰者,尚不能各探良心,力矫此弊乎?今日学生等求见钦使,如此其不易。参谋部并无不准之词,钦使坚以为不准。如此其不可解。学生等千言万语,婉曲憨直以请命,钦使虽心许之,而欲养蓄其威重,不肯即假词色。如此其不喜直捷,则今日学生等硁硁然而来,贸贸然而去,不知钦使之继见何日,又不知钦使之词色能假与否,恐怕数十日之奔走,终付流水,而学生之进校,徒成画饼。是以先生等训诫之言,虽甚可佩,学生等之意,终欲于此行得钦使之一诺。故今钦使虽盛怒,学生等惶恐冒死,不敢不仍待后命。钦使或事冗,学生等可暂坐于此。虽饥饿一二日不辞也。”吴京卿与小林氏再三劝出,然惟以争得面子云云相告,并不以学生之公事为可否。最后小林氏因向公使处数往返,不得要领,遂告诸君曰:“如诸君意,许三端,何如?”诸君曰:“请示之。”小林氏曰:第一端,嗣后私费入成城学校学生,得妥实五人环保,公使即为咨送。诸君曰是。小林氏又曰,第二端,咨送之后,日本参谋本部或不允,公使即为力争。诸君曰是。小林氏又曰,第三端,力争不可,公使则争之至于辞职。诸君皆顿首曰欢谢我公使,欢谢小林先生。诸君谢毕,小林氏方欲有言,吴君曰:先生之言,钦使请先生传命乎?抑出于先生之厚意乎?小林氏不语良久,曰:第一、二端,乃钦使之意;第三端,则我代钦使允许耳。异日公使应辞职而不肯者,我当请彼辞职也。吴君愕然正色曰:先生之厚意,岂不可感。至辞职之说,重烦先生之要请,学生等谨九顿首叩谢,不敢受命。我国公使之辞职,若先生以大日本之人而干预之,是重辱我国国体也。先生念唇齿之义,不愿我国之不国,当不以狂言为罪。学生等之意,若与先生一个人之交谊,念今日之厚情,无不可允许之事。至于事涉两国,惟有死争,不敢退让。语毕,以首叩地曰,谨辞先生厚贶,愿重待敝国钦使之命。

小林氏怫然变色,拱手告辞曰:以兄弟之言为不必可听乎?如此兄弟亦无词可赘,请从此辞。吴京卿曰,好了,争到如此面子,真算十二分了。吴君曰,先生之言,是何言欤?此次先生之来，一举一动，为天下所观听。凡有损辱国体之处，宜慎之又慎。如何命学生辈草草受命乎！况辞职之请，但非学生等所敢强迫，若欲强迫，当已倚重小林先生鼓掌而归，徐求征信于小林氏之门，不必重烦钦使之面命矣。又辞职与否，亦未敢重要钦使，不过因钦使素淡荣利，欲得坦然之训教，以为实心亲爱学生之据耳。京卿曰：吾与汝宗旨不同。其时小林氏虽怫然，然尚不忍恝置，又谓诸君曰：听我之言否乎？诸君曰：必请钦使面命，或请先生传命，或求吴先生代命。京卿曰：我不能，我亦不以汝等之举动为然。小林氏叹曰：姑再言之。又入室内，久之出。仰首正立，手捋其须曰：诸君可归矣。辞职之说，非所宜言也。吴君等顿首曰：岂不良是，此必出于钦使。学生之意，钦使若重爱学生，果能慨然以此意与学生相许，则学生之爱钦使，亦必有加。钦使今日申命学生，亦可缕责留东学生之失，俾痛加洗除。方今国步艰难，君臣上下，俱当以良心相见。请今日钦使万不可云，如此要请，则刁风不可长，作官场无谓之疑猜，以待今夜在室之学生。吴京卿嗤之以鼻，小林氏哑然微笑。徐曰：诸君竟不能听我之言乎？吴君曰：先生之言，至为可感。唯自午前十一时至今，不获学生入校之究竟，惟以缓词相答，学生等实不敢承命即去。贵国二重桥畔，京城之重地也，尚许小学校生徒累百十人，在彼体操唱歌。以敝国之学生，在敝国公使馆之客座，以礼列坐，静待数日，独不能耶？吴京卿曰：请勿词费为空言。小林氏曰：然则必不能听矣。诸君具顿首曰：惶恐惶恐！及举首，小林氏已出。京卿曰：好了好了，此时已十一时，我向来九时即寝，今亦倦甚矣。尔等不若至我寓吃饭。吴君曰：学生执当仁不让之义，先生此次一出，所系非轻，请勿以寻常酬应处事也。此次之事，先生之执事未敬，容亦有之。京卿曰：即此便算当仁耶？吴君曰：学生发狂，以为此即当仁。吴京卿曰：好了，面子争得十二分了，听了小林君之言罢！诸君曰：先生是何言欲？此即可算为国乎？吴君曰：学生发狂，以为此即为国。京卿恚曰：我看你们现在的二十余人，也做不出一个风气来。于是诸君杂答曰：若是好风气，即一二人亦可主持。京卿曰：好了好了，如必不肯听，我去恐不美。吴君笑曰：学生等知警察员已备齐，果警察员来捕，即随至警察署。吴君之意，以为既贴坐无丝毫失礼，何至捕拿。况学生请命于本国之使署，比诸本国人在本国京城叩阍，亦觉至矣尽矣。即比诸义和团，何至自请联军入都。又自吴君以下，共学生二十六人，其间尚有幼孩数人。使署自参随以至童仆，又有吴京卿之子弟，不下四五十人。以两人缚一人，亦甚自治，想钦使必不忍引他国之警员，捕己国礼坐之学生。故虽目视警员之丛聚于室外，而淡然置之。京卿知不可与语，乃出。就对面洋客座用膳。嗣有使署翻译冯君孔怀，旧识吴君，温劝吴君。吴君等叩首谢之，彼亦去。室外一时俱寂，并警员亦出就外舍。吴君等无可奈何，垂头而坐，腹中饥火如焚，口渴神疲，兀然假寐，寂无音声。诸君方有入梦者，忽室外声大作，皆警视，有佩刀者，有执红白灯者，有似兵官状者，三四十人，共入室，呼诸人起。廿六人者无一能解语，不知作何词。似闻一服绅士洋服者，对吴君云：速自行往警署，免执持失体面。又于众中指孙君曰：哭拿甫泰利大开，犹云仅捕此二人。吴君方欲有言，已有两警员各执一手，如扶孝子然，飞拥而出。见孙君亦由一警员挟之出。余人各奔随，警员执灯十许簇护之。至使署外，细雨如织，警员拥吴君及孙君直向北趋，诸君噪欲同往，为警员逐散如流星。吴君等走一里许，至警署。警员释手，稍似礼貌者。命就接应所坐，致一火钵，备吸淡瓜巴。久坐，命吴君一人至内间，亦似客座者。署长方在座，命同坐。语言不通，以笔代谈。先问宿所，次问姓名，次问何日到东，次问何故诱多众迫公使馆。吴君言去者有名单，皆可捕问。如诱众有据，即请治罪，否则公使妄入人罪，亦宜查问。署长无言，又问去见何为？吴君曰：因入校之事。署长曰：既为入校事，何为稳和之途不出乎？吴君云：膝坐而语，徐徐谨对，始终坐地，未尺寸移，不知稳和何如。署长无言，又问入校挟何目的。吴君即以小林氏所许三事,为学生之同愿。谨因其间有出小林氏意,于国体未完,故尚待后命,忽捕至此。署长无言。有译人告曰,上官心里明白,你无事,可回去。吴君言无面目见人,愿永禁。署长及译人皆笑,故至始入之室。其时夜半之一时有半。孙君复去问话,吴君倦甚,假寐而坐。比醒,天已明。署长与译人至吴君室,谓曰:孙君愿归,你亦可归。吴君不愿。署长问用意之所在,吴君曰:被捕固当问,入校事尤注意。署长曰:入校事,午后二三时可再来,与小林共计君等之便利。吴君闻将计便利,大喜,即曰:如此愿暂归。遂会孙君同出。时天甫明,雨不止,警员殷殷问识路与否,谢之而出。得一车,吴君与孙君同归。是日中历六月廿五(7月29日,编者)也。午后,吴君至。警署二长与小林氏均晤坐。吴君再向小林氏申前夜之说,小林氏拒不许。吴君曰:此事本无与先生事,姑置之,请为问昨日被捕何故?小林氏初不肯,后坚请之。署长言捕拿非日本警察意,乃清国公使所命,必往问公使。吴君欲即日往问,不能许。言三日内禁不令学生入使署,约三日后再去。吴君遂归。吴君之在警署也,留学生因闻昨日之事,有四十五人至使署求见公使,入署与警员理论。未捕者二十余人,仍捕至署者周君家树等二十余人,皆稍问即释。其明日,中历六月廿六日(7月30日,编者),遇皇上万寿日,吴君因警署已许人入署,先爽约,遂作书告之。随同学廿余人,共至使署,祝万寿。并问入校及被捕事。警员二三十人列署前,不得进。急阖栅门,如御大敌。吴君通意于阍人,不许。遂告明日一人独去。

二十七日(7月31日,编者)午后,吴君一人独往,仍为警员及阍人所格。惟阍人对慎谨,且约三四日后,公使必赐见。近方商榷前夜之事也。吴君唯唯。自是吴君之寓所常有巡查守瞭。六月三十日(8月3日,编者)夜,范君源濂因议教育事,留吴君宿彼处,巡查亦终夜立门外。

七月一日(8月4日,编者),吴君欲依使署约,再谒公使。留学生会馆干事诸君言入校事可有成议,切嘱毋往,遂未去。吴君与同寓人在日本桥买书物,二日(8月5日,编者)早九时向近,忽一警员至吴君寓,约吴君孙君共于十一时至警署。并言道路不可辨,已命巡查三人同行。十时,吴孙二君同出,巡查小林氏大贺氏小山氏尾后,遂共坐人力车,径至警视厅。警视厅者,东京警察之总署,非前夜麴町一区之警署也。入门后,坐接应室。一巡查先入,久之,已午后一时,方招得一译人至,共见厅主事官井诚美氏。礼之,命坐。出内务省大臣内海氏令曰:清国留东之吴敬恒、孙揆均二人,查有妨害治安之事,即令退去本国,传于本人知之。并令明日早六时,即偕巡查从汽车至神户,由神户上汽船回上海。译人者,多半不能解。吴君等请治装迟一周行,不许。请本木曜至横滨,又不许。请本日暂归,又不许。无如何,止可听之。虽婉曲陈此次情形,皆止叹惋,以为大臣命令不可返。吴君等遂笑受之,然仍软禁之于客室,警官等尚以求书等博生趣。

《新民丛报》1902年第13号,14号,"余录"

《蔡使第二次要求警察入署拘捕学生始末记》:

吴、孙二君既退去,秦君毓鎏以此事大辱国体,大失国权,是日本政府徇公使之请,或日人干预而公使不知,固非学生所知。顾事关国家,学生自有应尽之义务,不容漠视。然学生无权,惟有仍恳公使力争挽回。谋之张君肇桐等,亦以为然。乃拟长函,署名者秦君毓鎏、张君肇桐、吴君荣鬯、杨君我江、胡君克猷、许君家澍、顾君乃珍、钮君瑗、夏君士骧、沈君宏豫共十人。中历七月初九日(8月12日,编者)由邮局寄呈(原书以限于篇幅,拟俟下期补登)。

初十日(8月13日,编者),署名诸君约同谒公使。嗣因人多,恐公使疑虑不见,唯秦君张君二人同往。进使署,有巡查诘问,告以欲见钦使。寻有阍人来,各出名刺与之。阍人入内,良久出曰,钦差有客不见。有事见王监督可矣。王监督者,即王君雷夏也。引入一室,室内有额曰听涛挹翠楼。秦君谓阍人曰:钦差有事,吾等可坐以待之,有要事须面陈,不欲见王监督也。阍人出,旋有随员张君季生来,告以见钦使之故,乞为转达。张君允之,入内良久出曰:你们的信尚未接到,九人入成城事,钦差万无不允之理,唯须待福岛回来与之商量。至吴孙退去之事,虽若可争,然是日本的法律。张君肇桐告以不可不争之故,且有可争之理。张君曰:此是专门学问,我不敢率尔而对,且待你们的信到了,再徐徐商量罢。今日钦差有事不见,日后再见罢。秦君等辞之而出。

十一日(8月14日,编者)下午顾君钮君同往使署,见王监督。王君之言,与昨日张君所云大略相同。

十二日(8月15日,编者)下午秦君夏君沈君同往。阍人入告,出曰钦差有事不见,你们的信亦已接到,所请均可缓商。秦君曰:既不赐见,可赐复谕否?阍人曰:钦差说明日有复谕,可以亲自来取,一定不误。秦君恐失约,出名刺书其上曰:十三日来取复谕,以示阍人。曰:一定不误乎?曰:不误。遂归。

十三日(8月16日,编者),诸君因今日可得公使复谕,均欣然欲往。下午二时半,秦君毓鎏、张君肇桐、胡君克猷、杨君我江、顾君乃珍、许君家澍、刘君钟福、陈君秉忠、夏君士骧、沈君宏豫、钮君瑗约同诣使署。嗣因人多恐干妨害治安之例,遂分班而往。秦君一人先行。至则正门已闭,仅启东侧门。有巡查二人禁不使入。旋有阍人出诘问何事。秦君曰:求见钦差。阍人曰:不见。秦君曰:见王监督亦可。探怀中片纸书姓名与之。阍人与巡查低语片时,遂引之入内。在楼梯下遇王君。同入一室,即前所至听涛挹翠楼也。秦君以来取复谕并求见公使意告之。王君曰,昨日见钦差,钦差云吾宗旨已定,以后学生来一概不见。兄弟见你们来的信,说得很是,恐钦差看不清楚,反复诵说。钦差亦已明白,云九人入成城事,一定不送。吴孙二人退去之事,是日本政府的法律,与钦差不关。命兄弟将此意告诉你们,并没有复谕,你们亦不必见了。秦君曰:学生等今日来已第四次,言人人殊。第一次见张君季生,则曰九人入成城事,钦差万无不允,终要待福岛回来与之细商。吴孙退去之事,亦可从缓商量。第二次乃因公使不见,来见先生,先生云云,与张君意略同。第三次并先生亦未之见,阍人传钦差谕云,明日有复谕,可以亲自来取。今日先生乃云并没有复谕,九人一定不送,吴孙退去之事与钦差不关,何以前后歧异若此,令学生等不知所遵。诚欲面见钦差,一释疑团。王君曰:今日兄弟所说,实在是昨日钦差面谕的。至于张君所云与阍人所告,兄弟不知。秦君曰:就入成城学校一事而论,钦差第一次谕文云徐图转圜,第二次谕文则云碍难咨送,前两次先生及张君又云钦差万无不送之理。谕文与传言不同,谕文又前后不同,传言亦前后不同,学生等实在不明白。王君呆想半晌曰:什么谕文?秦君曰:谕文登在日本报上,日本人都晓得,岂钦差衙门的人反不知耶?王君曰:呜!就是谕贴罢,自然以谕贴为准咯。语未已,闻外间人声喧杂,奔走楼上下,若有大事者。忽阍人启门来告曰:又有数学生欲见王老爷。王君曰:我因边监督回去,暂行代理,我实在并不是监督,要见我什么,我为他们已奔走了不知几许。见了钦差,钦差云学生一定不见。你将此意告诉他们就是咯,要见我什么!阍人出,王君又谓秦君曰:兄弟生长江苏,故江苏人来,无不竭力招呼。为这件事,兄弟已不知走了几许,见过钦差,请钦差见见学生。钦差云:你们不要来胡说,我自有宗旨,学生们一定不见。唉!钦差不见,你们有什么法子呢!秦君曰:江苏人承先生之厚遇,固甚感激。然观先生对阍人云云,不但钦差不赐见,即先生亦不赐见。不但先生等不赐见,且并使馆而不能入矣!学生来时,正门已闭,警察看守,今屏于门外者不知几多人。学生幸而至此,必求望见钦差颜色而后退。王君无辞,旋去,久之来曰:这是没有法子,只可仍为你们去奔跑就是咯。适张君肇桐等十人亦至,王君遂去,有顷来曰:钦差云宗旨已定,学生一定不见,钦差意思尽于两次谕贴上。张君肇桐曰:为何不见?如疑学生等有他意,可仿小试例,搜验身子而后进见。王君及旁听者皆笑曰:这亦何必呢!诸君错杂陈对。王君忿忿而去。秦君等无可奈何,只得默坐待命。室外阒其无人,惟闻别室隐隐有聚议声而已。久之有二仆来,善为说辞,劝秦君等散。秦君等婉言却之。顷之,有冯君孔怀与二日人至,一绅士服,一武装,均警察官,相视不语。冯君者使馆翻译也。亦以钦使不见之意相告,且问如何而后诸君肯散。秦君曰:毓鎏等此来有二事,一为吴孙押回,大辱国体,请钦使至日本政府力争事;一为钮君瑗等九人欲入成城学校,仍请钦使保送事。力争事为重,保送事为轻。如钦使决计不肯保送,此事不妨作为罢论。惟吴孙退去事,大辱国体,大失国权,钦使为中国之官,学生为中国之民,钦使可争而不争,是钦使放其责任。学生可请而不请,是学生弃其义务。钦使已放其责任,故学生决不忍再弃其义务。学生微贱无能为力,故唯有恳求本国公使,与彼力争。如钦使不允力争,学生等决不忍退出使馆一步。必求得请而后去。如钦使允为力争,即不面见,赐手谕以示信,学生即遵命而退。此次求见,与前次吴、孙求见事全不相涉。吴、孙为学生入校事而来,毓鎏等为争回国权事而来。前次钦使以吴、孙为首,故重办二君。此次钦使如欲究为首之人,则毓鎏为首,即以片纸书姓名授冯君,恳其转达。冯君允之而去。时已五时,观者如堵。须臾冯君出,致钦使之命曰:办理此事,钦使自有权衡。赐见赐谕,万万不能。诸君云:前数次来求见,言人人殊。是真是伪不可知。非面见钦使,终不能得要领。冯君疑众人訾己也,辞色之间,亦颇悻悻。时王君及向日所见张君季生亦来,遍向众人游说,以从缓商酌为言。秦君曰:吴孙押回,已非一日。学生等所以不急来求见者,以为钦使必有措施,静俟数日而无所闻,始而上书,继而求见,一而再,再而三,不谓不缓矣。辱国体,失国权,此何等事,而以从缓二字推诿乎?如押回之事,出于钦使之意,是开门揖盗,忍心害理,固不可谓人矣。如日本无故而干预也,则钦使分所当争,何必待学生之请。乃学生请之而不允,且拒绝不见,是何心欤!钦使不以学生待学生,学生不忍不以钦使待钦使。唯忍不以学生待学生也,则前例俱在,警察威严,不妨再借,唯不忍不以钦使待钦使也。故必坚请力争,所以不负钦使,所以不负国家,所以尽国民之义务也。

又有以日后求见为劝者,秦君曰:今日来此,已属万幸。自今以后,使馆且不能进,况求见乎?胡君沈君张君亦相继辨之。王君等知不可说,乃向钮君刘君曰:你们诸位如何?如以我为友,听我一言,我们且去散散步罢!钮君等亦不为所动。秦君乃正言告王君等曰:诸先生百般游说,不过欲学生等散去耳。此辱国大事,诸先生均中国人,不引为己责,犹忍为此游说之言耶?忽有一魁伟丈夫,美须髯,身着蓝衫枣红马甲,阔步入门,大言曰:此事本与我不关,我不过从旁劝说。钦使任大责重,第一顾邦交,第二保护商务,第三方照料你们留学生。何得因区区小事,与日本政府决裂耶?张君等曰:辱国体,失国权,何等大事,岂区区留学生小事乎?彼丈夫者扬扬而去,去已远,高声言曰:钦使不肯见,我们有什么法子!我们能将钦使捉出来么!顷之,又曰:那是没有法子了,只有叫巡捕来了。王君又来曰:此室是我们吃饭处,今饭都不能吃了,请诸君在此用饭罢。众人皆退出曰:请诸位用饭,学生等宁忍饥待命,不得命,饥饿一二日不妨也。均立于廊下。仆人寻来点灯,观者皆去。诸君仍入室列坐,未几王君来曰:我们要来吃饭了,请你们出去。于是诸君仍至廊下。警察官二人引巡查七八人上楼,分立两旁,随员仆役亦纷沓至,王君拉陈君出,继拉刘君出,拉钮君,钮君不肯,拉秦君,亦不肯。警察官对众人言,多不解其语。语毕,乃引巡查挟秦君出。诸君亦被拥而出。出馆门，巡查命各散归，诸君皆谓辱国大事，请钦使力争而不得命，反召警察驱逐出门，胡忍散归？宁立毙以待命，皆坚立不动。有一警察官操汉语曰：归则归，不归则往警察署去。诸君同声曰不归，逮捕则惟命。诸巡查遂掖秦君等而行。约一里许，至警察署。同去者有杨君、张君、胡君、许君、夏君、钮君、沈君、顾君共九人，均软禁之于接应室。致米汤二壶，诸君饮之。坐良久，一警察官能汉语者，手持一纸，命各人书姓名于上。使秦君入内，署长南面坐，命秦君坐侧。授以纸笔，命述此事缘由。毕，署长阅之，一人操汉语者曰：吾上官明白，诸君可归。以后往使馆者，不得过三人。秦君出，复召胡君入，亦如是命之。久之乃出，十一时释回。

《新民丛报》1902 年第 14 号，"余录"

附《上蔡公使书》：

钦使大人节下：

日前迭来晋谒，未睹钧颜。不数日间，乃日人遽来干涉。有吴、孙二君退去之命。诸生惶恐，莫知所为。不揣冒昧，敢竭愚忠，为左右陈之。吾国晦盲否塞，孱弱极矣。内乱外侮，环视迭起。兵戈死丧之惨，牛马奴隶之悲，中原四顾，为期匪遥。我生不辰，罹此巨厄。嗟乎！上下之人，亦可以知所鉴戒，急图救死矣。今同国之人，来寓斯土者，上有钦使，下有学生。为钦使者，当如何竭诚尽忠，以称其职。为学生者，当如何勉强学问，以成其身。而钦使之与学生，当如何相勉相劝，期各致其力，以报其国家。故设钦使漠视学生，以学生为不足恤，知己之可以为力而不为，或为焉而不力，是钦使负学生。负学生，即负国家也。设学生薄视钦使，以钦使为不足恃，知钦使可以为力而不请，或请焉而不坚，是学生负钦使。负钦使，即负国家也。钦使不愿学生负国家，学生亦岂欲钦使负国家哉！乃知事有大谬不然者。吾国留学生欲学陆军，必入成城学校。入成城学校，必钦使咨送。是成例也。迩来有私费学生数人，求请咨送，未蒙俞允。窃谓私费留学生，宜蒙奖励，乃反遭摈斥，是何意耶！贤者用意，良非下愚所知。意者节下驻扎此邦，职重外交，故学生入学一事，可置之不问乎？然已入成城诸生，皆经咨送者也。抑官费学生，有王公大人之恃，当垂青眼，私费学生，下贱者多，宜遭白眼乎！然成城诸生，未尝无私费者也。抑隆军定额，节下预有成算，成城诸生，学成而归，已足干城之选，余者可概置不理乎！抑后来诸生，均有宿仇，不宜辅虎以翼乎！数者均小人臆度，君子谅不出此。然可以为力争而不为，学生等疑惑不解者一也。吴敬恒孙揆均等，亦留学生耳，热心爱国，不忍坐视，于是有联名环保之议，经吴京卿之请，而承节下允准，惟不愿亲自保送，径以环保诸人向参署保送，该署因与向例不符，即行驳回。而节下不图更正，延搁至今。夫始不肯送，继因不得已而送，乃又不自保送。致参署照例驳回，而又不思更正。种种阻抑，学生等所疑惑不解者二也。吴孙二君，因此入署请谒，面陈衷曲，时因钦使适有要公，无暇接见。吴孙等忍饥以待，自午至夜，无有倦容。既得赐见，坐地陈辞，未尝失敬。至力争辞职等语，缘节下非喜誉恶直者流，故不自居于失言之例。况父有诤子，君有诤臣，古人以为美谈，载之史册。吴孙之言，何以异此。上足追古人之遗风，下足矫当今之谀习。乃节下不察，始而忿不可遏，拂衣而去；继而电请警察，押入警署。夫学生本国之学生，警察外国之警察。藉外人之威力，欺本国之学生，稍有人心，当不出此。而节下竟毅然为之，是学生等大惑不解者三也。翌日复有学生二十余人，相率求见，而警察林立，如临大敌。被捕者复有数人。辱士辱国，莫此为甚。数日前，日本政府遽命吴孙二君退去，警察遮护，无异虏囚。呜呼！逐吴孙二君，辱学生，小事也。钦使与学生交涉，而日本政府，强行干预，失国权，大事也。使退去之令，出于钦使之请，是钦使惟恐国权之不失，而求外人夺我权也。是惟恐学生有志，惟恐学生热心，已无辞摧残热心有志之学生，假手于外人以偿私志也。是惟恐热心有志之学生，忠君爱国，君祚长，国势强，已不能为贪官污吏，故挫辱之使无所成也。是惟恐热心有志之学生，国家必爱护之，辱士辱国之臣子，国家必惩罚之，诬以国罪，治以国法，无从为计，故不惜失国权而使外人治之也。呜呼！如是者，尚得谓人乎！贤明如节下，岂忍出此。是必外人无故而干预也。然事经数日，岂不知之，而漠不动心，一无所谋，是学生等大惑不解者四也。要而言之，学生欲入成城学陆军，学生未尝自暴自弃以负国家也；环求咨送，坚请不已，未尝薄视钦使，以负国家也；吴、孙二君，不忍旁观，始而恳求，继而谏诤，终而受辱，是厚待同行，重视钦使，热心爱国者也。而节下始则不允咨送，继则不肯亲送，是失职也，负学生负国家也。不责己之不尽职，不咎己之不纳谏，反召外国之警察，捕本国之学生。及学生受无故被逐之大辱，仍袖手缄默若不闻，是大负学生大负国家也。前事往矣，节下忍以之待学生者，学生决不忍以之待节下。来者可追，今学生请之，愿节下允之。钦使职重外交，非专为留学生一事而设。然钦使自有照料留学生之责成，留学生万无要挟钦使之情理。若钦使不失其责成，学生何从而要挟！钦使苟失其责成，学生有恳请之实，自不得避要挟之名。此次钮瑗等九人，尊谕本云，徐图转圜。但徐而又徐，久之又久。吴孙二君既冒昧而受巨辱，谅节下必不因此而食前言。仍请照例咨送，俾遂钮瑗等九人入学之愿（书至此，又见第二次遵谕，因有革逐劣生辞退狂生在内，故碍难咨送云云。夫无论革逐辞退不当其罪，改过即谓无过，古圣明训，夫人知之。即不邀宽宥，而九人中除劣狂诸生外，可不容波及。仍请照例咨送，至以为祷）。以正吴孙等急迫之罪，以明节下爱惜抚慰之心。此毓鎏等所恳求者一也。吴孙等初次求见，有力争辞职等言，是规谏非谩骂也。尊谕称之曰谩骂，盍举其词，以服人心。伊等多名列胶庠之士，或登桂籍，或任方州，非若贾竖贱贩者流，左弃篋筐，右绾组符之比也。况为入学之事特来请谒，以礼列坐，长跪谨对，毫无失敬之容。而尊谕中称之曰突入，曰闯入，曰索送，曰要勒，非拟稿者措辞失当，即深文周纳。藉曰有之，而使馆为治外法权之地，何损于日人，而日人干预之耶！至道上行走，通衢宏达，区区数十学生，岂寔不能容，而日本政府罪之曰妨害治安，窃所不解。即曰妨害，数日之内，前后趋谒节下者，不下百人。吴孙所识者，仅居其半。而独以妨害为二人罪，是何以故？虽然，欲加之罪，何患无辞。此列强外交家之要诀也。彼日以进，我日以让，得寸则寸，得尺则尺，涓流不息，将成江河。心所谓危，不敢不告。惟有仰求节下具文驳诘，声明前事，嘱其收回成命。彼如不允则力争，力争不允则要挟以辞职。钦使所以尽其职者在此，所以报国恩者在此。不然，学生求见钦使，彼即下令斥逐，求见钦使者益众，被斥逐者亦益众，势必尽逐而后已。学生既尽，将继之以商人，商人既尽，将继之以钦使。缅想前途，惄焉心伤。因循任之，势必至此。学生等所恳求者二也。所陈四惑，所求二事，容后趋谒台从，恭聆训诲。当言不言，学生即为负国之民。当争不争，钦使即为负国之臣。据理而谏，以身徇道，当仁不让，虽死无悔。呜呼！鬻拳要君，左氏美之，言论自由，文明公理。国步艰难之日，非阿附谄谀之时矣。专肃敬请崇安。统希荃照不宣。

留学生秦毓鎏、张肇桐、吴荣鬯、胡克猷、杨我江、夏士骧、许家澍、钮瑗、顾乃珍、沈宏豫同上言。七月初九日(8 月 12 日，编者)。

《新民丛报》1902 年第 15 号，“余录”

7 月 30 日(六月二十六日)　孙中山致函平山周，告苦于川资难以成行。

《致平山周函》：

平山仁兄足下：

弟尚不能成行，为之奈何？兄有何良法，幸为指教。弟欲日内来京，兄何时回省，望为示

之。此致,即候

大安不一。

弟樵谨启,七月三十日

广东省社会科学院历史研究室等编《孙中山全集》第1卷,中华书局1981年版,第216页

△ **本日,留日学生电呈清政府外务部要求撤换驻日公使蔡钧。**

《留东学生呈外部诉使日蔡钧损国威辱士类拟请撤回电》:

蔡使违背上谕,屡拒保送留学生。昨诸生至署再三恳求,反令警察入署拘押,实损国威而辱士类,伏乞王大臣代奏,将蔡使撤回,无任待命之至。

六月廿六日。

王彦威纂辑《清季外交史料》,书目文献出版社1987年版,第2570页

《新民丛报》载《蔡钧蔑辱国权问题》:

……留学生以国权问题,所关重大也,乃集议于会馆,以满场一致,决议蔡使放弃国权之罪,乃以电报弹劾之于北京朝廷,且飞檄各督抚,请蔡使之解任。此举也,不过为蔡钧增一保案耳。虽然,是乌可以已。一国公仆而滥用其权,以损害主人权利者,主人例得放逐之。虽其力未能,是固不可以已也。

《新民丛报》1902年第13号,"国闻短评"

日本新闻媒体对中国游学生与公使蔡钧的冲突也作了深度关注,其立场有袒蔡、袒学生及中立三类,大部分报纸均支持留学生。《新民丛报》记载如下:

日本各报纸,数日来众目沸腾,议论此事,公论尚未尽泯没。今以吾所见之报,列其左右袒及中立者如下:

时事新报	袒蔡钧
中央新闻	袒学生
东京朝日新闻	袒学生
日本新闻	袒学生
东京日日新闻	中立
国民新闻	中立
每日新闻	袒学生
万朝报	袒学生
二六新报	袒学生
大阪朝日新闻	袒学生
每夕新闻	袒学生
都新闻	袒学生
读卖新闻	袒学生

《新民丛报》1902年第13号,"国闻短评"

7月31日(六月二十七日)　驻日公使蔡钧致电外务部,云留学生哄闹使馆业已弹压。

《使日蔡钧致外部自费学生来馆哄闹幸弹压无恙电》:

南洋公学逐生九人自费来东,要求保送陆军学堂未成,彼趁机纠结自费众学生连日来馆,日夜哄闹,破门碎帘,无状已极。幸日捕弹压无恙。

六月廿七日。

王彦威纂辑《清季外交史料》,书目文献出版社 1987 年版,第 2570 页

7 月(六月) 章太炎返国,为上海广智书局译述《社会学》。

章太炎《致吴君遂书八》(六月二十五日):

登轮泊后,次日抵舍,无候门之稚子,而忻乐自若,尚赖数册残书耳。人不学道,不能无所系著。庄生云:不刻意而高,无江海而闲,不道行[引]而寿。和、汉文籍,吾侪之江海也,不能去江海以求乐,则去纯素同帝之道远矣。呜乎! 不习止观,终为形役,将欲绝累去悲,宁可得耶!

汤志钧编《章太炎年谱长编》上,中华书局 1979 年版,第 140 页

章太炎《社会学自序》(章译《社会学》卷首,于光绪二十八年七月初十日上海广智书局印刷,八月二十三日发行,编者):

社会学始萌芽,皆以物理证明,而排拒超自然说。斯宾塞尔始杂心理,援引浩穰,于玄秘淖微之地,未暇寻也。又其论议,多踪迹成事,顾鲜为后世计。盖其藏往则优,而匮于知来者。美人葛通哥斯之言曰:社会所始,在同类意识,俶扰于差别觉,制胜于模仿性,属诸心理,不当以生理术语乱之。故葛氏自定其学,宗主执意,而宾旅夫物化,其于斯氏优矣。日本言斯学者,始有贺长雄,亦主斯氏,其后有岸本氏,卓而能约,实兼取斯、葛二家。其说以社会拟有机,而曰非一切如有机,知人类乐群,亦言有非社会性,相与偕动,卒其祈向,以庶事进化,人得分职为候度,可谓发挥通情知微知章者矣。余浮海再东,初得其籍,独居深念,因思刘子骏有言,道家者流,出于史官,固知考迹皇古,以此先心,退藏于密,乃能斡人事而进退之。考迹皇古,谓之学胜;先心藏密,谓之理胜。然后言有与会,而非夫独应者也。岸本氏之为书,综合故言,尚乎中行,虽异于作者,然其不凝滞于物质,穷极往逝,而将有所见于方来,诚学理交胜者哉。乃料简其意,译为一编,无虑五万余言,有知化独往之士,将亦乐乎此也。

汤志钧编《章太炎年谱长编》上,中华书局 1979 年版,第 138 页

8 月 6 日(七月初三日) 日本警署将吴稚晖、孙揆君驱逐出境,吴在押解途中愤而投水,终被救起。

《新民丛报》附记一则:

初三日下午记。吴君之被逮也,以为士可杀不可辱,欲以一死唤醒群梦,起国民权利思想,乃于初三日午前六点钟警吏拘引出境时,自沉于河,以救护醒。吴君非厌世主义,欲一瞑以谢责也。亦非有所畏而自戕也,欲以此示不为奴隶者之模范而已。呜呼! 留学生其念之。呜呼! 国民其念之。吴君被救后,友人检其衣底,得一小包,封题"其言也善"四字,内一书云:

"信之以死,明不作贼。民权自由,建邦天则。削发维新,片言可决。以尸为谏,怀忧曲突。唏嘘悲哉,公使何与! 孔曰成仁,孟曰取义。亡国之惨,将有如是。诸公努力,仆终不死。吴敬恒绝命作此。"

敬恒所以就死于大日本国者,奉劝大日本念唇齿之义,留学一事,不可阻碍。如欲兴我国家,尤以顾全私费学生之便利为最要。若专取现在政府之信用,恐未得其益,先受其害。因我国皇上方蒙难,官场之腐败,为二十四史所少见。若大日本国官人久与相处,与之俱化,则支那之利益不可得,而大日本之良风隳矣! 大日本良风一隳,将胥黄种人尽奴于白种人,

岂不可哀矣哉!

又敬恒一人已伏其罪,一切被连引之孙君等,宜可复其自由归国之权。

光绪廿八年七月三日即明治卅五年八月六日。

《新民丛报》1902 年第 13 号,“附记”

8 月上旬(阴历六七月间) 宫崎寅藏在横滨市首次说唱“浪花节”。

近藤秀树《宫崎滔天年谱》:

八月上旬,与桃中轩云右卫门一行巡回说唱于东海地区,在横滨市长岛町田中亭初次上场说唱,槌(指宫崎槌子,宫崎寅藏之妻,编者)同行。

近藤秀树编,陈鹏仁译《宫崎滔天书信与年谱——辛亥革命之友的一生》,台北商务印书馆 1982 年版,第 108 页

8 月 11 日(七月初八日) 谢缵泰收到格·华列斯·史密斯(D. W. Smith)博士从伦敦香港日报社的来信,表示支持革命党人的行动。

谢缵泰《中华民国革命秘史》:

一九〇二年八月一日,我收到格·华列斯·史密斯(D. W. Smith)博士从伦敦香港日报社寄来的信,也保证支持我们。他写道:“当然,在政府系统中进行一个维新运动,一个很彻底的维新运动,这是很需要的。这可能要通过大革命才能实现,但我对此想了很多。我想它将会慢慢发展的。虽然事情总有一天要开始的,然而愈快愈好。”

中国人民政治协商会议广东省委员会编《孙中山与辛亥革命史料专辑》,广东人民出版社 1981 年版,第 315 页

8 月 13 日(七月初十日) 吴稚晖、孙揆均在蔡元培等的陪同下,经法国邮轮抵达上海,中国教育会在张园发起欢迎大会。

蔡元培《自写年谱》:

有人说,蔡钧恼羞成怒,说不定一面向政府报告,诬吴君为康党;一面与日人密商,送吴君往天津,引渡于津吏,直送北京。倘非有人能同往天津,随时援救,则甚为危险。询有无谙悉北方情形,并愿同往者,我自认有此资格,遂偕行。……上船后日警即不过问,而所乘船又直赴上海,我遂与吴君同抵上海。

高平叔编《蔡元培年谱长编》,人民教育出版社 1996 年版,第 243 页

蒋维乔《中国教育会之回忆》:

七月初十日,吴、孙二人到沪,教育会同人,在张家花园海天深处,发起欢迎大会,到会者百余人。稚晖登坛,备述颠末,慷慨激烈,淋漓尽致,述及政府腐败,丧失国权,听者皆为之愤怒。述及蔡和甫(蔡钧字和甫)举动乖谬,出语荒唐,又令人失笑,鼓掌之声,震动屋宇。

中国史学会编《中国近代史资料丛刊·辛亥革命》(1),上海人民出版社 1957 年版,第 486 页

△ 本日,谢缵泰致函容闳,提示他在美国秘密组织社团,并争取国际支持。

谢缵泰《中华民国革命秘史》:

一九〇二年八月十三日,我去信容闳博士,提示他在美国组织秘密社团,并为争取美国朋友和同情者的合作和支持而努力。

中国人民政治协商会议广东省委员会编《孙中山与辛亥革命史料专辑》,广东人民出版社 1981 年版,第 315 页

8月15日(七月十二日)　清政府颁行学堂章程。

《清实录》:

庚午……谕内阁:张百熙奏遵拟学堂章程,开单呈览一摺,批阅各项章程,尚属详备,即照所拟办理,并颁行各省,著各该督抚,按照条规,宽筹经费,实力奉行。总期造就真才,以备国家任使。其京师大学堂,著责成张百熙悉心经理,加意陶镕,树之风声,以收成效,期副朝廷兴学育才之至意。开办之后,如有未尽事宜,应行增改,仍著随时审酌,奏明办理。

《清实录》第58册,中华书局1987年版,第637~638页

8月19日(七月十六日)　留日学生雷奋、杨荫杭、杨廷栋学成回国,入南洋公学译书院译书。

汪凤藻《派雷奋、杨荫杭、杨廷栋去译书院译书》函(光绪二十八年七月十六日):

为移送事:案奉督办大臣盛(宣怀)函开:兹有东洋学成回国学生雷奋、杨荫杭、杨廷栋三名,拟派在译书院译书。应请会同张总校(即张元济,时为南洋公学总理兼译书院院长,编者),验明中、东文学,酌定每月薪水若干。本公学资遣该生等出洋所费不赀,学成回华,自应优先留用,以资造就。此次派令译书,学业浅深,正可藉此自见。务请传谕该生等,认真编译,毋负所期,是为至盼等因。

查该生雷奋等三人,前来公学谒见时,业将日本专科学校所给政治、理财科卒业文凭,呈验明晰,自定为学成之据。除抄饬知该生等,即日前赴译书院谒见贵总校,认真任事外。相应备文移送,并请酌定每月薪水若干。迅赐见复,仍一面呈报督办查核可也。为此合移须至移者

右移管理译书院事务兼总校　张

《交通大学校史》撰写组编《交通大学校史资料选编》第1卷,西安交通大学出版社1986年版,第72页

8月20日(七月十七日)　宫崎寅藏著《三十三年之梦》(也译作《三十三年落花梦》)单行本问世,孙中山为之作序。

近藤秀树《宫崎滔天年谱》:

八月二十日,《三十三年之梦》单行本问世,发行所是本乡一丁目五番地国光书房,发行者为青藤幸七郎,定价三角三分。

近藤秀树编,陈鹏仁译《宫崎滔天书信与年谱——辛亥革命之友的一生》,台北商务印书馆1982年版,第108页

孙中山《三十三年之梦序》:

世传隋时有东海侠客号虬髯公者,尝游中华,遍访豪杰,遇李靖于灵石,识世民于太原,相与谈天下大事,许世民为天人之资,勖靖助之以建大业。后世民起义师,除隋乱,果兴唐室,称为太宗。说者谓初多侠客之功,有以成其志云。

宫崎寅藏君者,今之侠客也。识见高远,抱负不凡。具怀仁慕义之心,发拯危扶倾之志。日忧黄种陵夷,悯支那削弱,数游汉土,以访英贤,欲共建不世之奇勋,襄成兴亚之大业。闻吾人有再造支那之谋,创兴共和之举,不远千里,相来订交。期许甚深,勖励极挚。方之虬髯,诚有过之。惟愧吾人无太宗之资,乏卫公之略,驱驰数载,一事无成,实多负君之厚望也。

君近以倦游归国,将其所历,笔之于书,以为关心亚局兴衰、筹保黄种生存者有所取资焉。吾喜其用意之良,为心之苦,特序此以表扬之。壬寅八月,支那孙文逸仙拜序。

宫崎寅藏著,P.Y.校勘《三十三年落花梦》,上海出版合作社1934年版,第1页

8月22日(七月十九日)　中国教育会及社会名流在张园召开协助亚东游学会,抗议蔡钧阻挠留日学生学习陆军,并筹议办法。

蒋维乔《中国教育会之回忆》:

十九日,张园安恺第开协助亚东游学会。是会,乃由安徽姚石泉召集,姚系我国第一次送学生至日本留学者,时适道过沪上,闻学生不得进成城学校事,颇热心赞助,故召集是会,商议向日本交涉之法。首由姚氏演说,如有妥善之方策,渠愿极力赞助之意。有戢元丞主张,拟请中国有名誉之人,赴日本与参谋部商议,此后游学生归中国教育会保送,不归公使。而叶浩吾则言中国无地方自治之制,海上社会,未必为日本政府所承认,不如中国教育会自设学堂,自教子弟,不必赴日本留学。讨论结果,即公举姚君根据戢君之议,赴日本办理此事。不论成否,俾知中国未尝无人。一面仍本叶君主张,积极自办学校。

中国史学会编《中国近代史资料丛刊·辛亥革命》(1),上海人民出版社1957年版,第486~487页

8至9月(七至八月)　陶成章受蔡元培资助,赴日本游学。

钱茂竹《陶成章年谱(修订)稿》:

七月,(陶成章)回上海,谒蔡元培于中国教育会,一见如平生欢,蔡赠以银两。八月,由上海坐日丸四等舱只身东渡日本。

绍兴县政协编印《陶成章史料》,《绍兴文史资料选辑》第6辑,1987年,第181页

9月2日(八月初一日)　《爱国女学校开办简章》刊布于《选报》第二十七期。

据高平叔编《蔡元培年谱长编》,《爱国女学校开办简章》内容要点如下:

宗旨　以教育女子增进其普通知识,激发其权利义务之观念为宗旨。

校舍　特赁轩敞屋宇一座,……开办之始,学额暂定十人,后再推广。

经费与修金　经费由同志诸人捐助,不取修金,各学生每月只缴校用费三圆。

校员　设经理一人,……教习五人,……名誉赞助员若干人。

学级及学科　学级分三期,第一期,预备科,七月卒业,其学科:伦理,地理,历史,国文,数学,卫生,体操。

第二期,普通科,七月卒业,其学科:伦理,世界地理,西洋历史,国文,日文,代数,生理卫生,体操。

第三期,高等普通科,六月卒业,其学科:世界地理,十九世纪历史,国文,英文,日文,代数,几何,理化学大意,体操。

入校及卒业　凡女子自十三岁以上廿五岁以下均可来学,惟须汉文已通顺者。本校功课限二年卒业,卒业后给予文凭。

特别科　每星期六自一点钟至三点钟止,教授高等诸学科,……其大略科目如下:国家学,人物传记,哲理,高等历史及地理,时事评论,专为高等生而设,然预备、普通科学生,亦可同听。

讲堂及授课规则　学生概不寄宿校内,午后一点钟起至五点钟止为讲授之时间,各教习及学生有事不能到校,均须先预告经理,听讲不得谈笑走动。

推广　本校开办及每月经费,先由罗迦陵女士担任,各教习……不取修金。如有同志……慨捐巨款,当再扩充。凡捐款者皆为名誉赞成员。每月以一日为演说会,……请名誉赞成员及中外硕学家到校演说。

编者按:爱国女学校于本年12月2日才正式开学上课,本日在《选报》提前三月刊登简章,可能是为招生和宣传之需要。

高平叔编《蔡元培年谱长编》,人民教育出版社1996年版,第244~245页

9月25日(八月二十四日) 宫崎寅藏著《狂人谭》单行本在东京发行问世。

《〈狂人谭〉广告》:

著者白浪庵滔天,怀伟材,不得志于当世,发满腔磊魂,成二大文章。《三十三年之梦》系其经历之直写,《狂人谭》乃其理想之曲写。彼天禀有声曲之才,更具稀世之美音。张扇弄曲不满半载,竟令听者感奋,而不觉拍案。据闻,彼将于十月一、二日夜,于神田锦町锦辉馆演其技。已由《三十三年之梦》知其经历者,读《狂人谭》窥其理想,又目睹台上眉秀眼清,鼻隆口大,身高六尺有余,蓬发毵毵,须髯蔽胸之伟躯。此实不失当今一大快事也。发行所:东京本乡一丁目国光书房。

《二六新报》1902年9月28日,转录自近藤秀树编,陈鹏仁译《宫崎滔天书信与年谱——辛亥革命之友的一生》,台北商务印书馆1982年版,第109页

9月(阴历八月) 邹容自上海东渡日本留学。

冯自由《〈革命军〉作者邹容》:

邹容字蔚丹,四川巴县人。父业商,家颇丰裕。少聪颖,年十二,五经、四书及史记、汉书,已琅琅上口。父许为科甲中人,使专攻制艺,然性弗喜,课余间从事雕刻,所作类雕篆名手,人以为天才。父怒,辄施以夏楚,然雅弗喜科举,倔强犹昔,殆天性然也。父令从成都名宿吕翼文学,益通晓经训说文,所学乃愈猛进。惟好非薄古人,攻击程朱及清儒学说,尤体无完肤。吕翼文恐为所累,摈出门墙。时清廷渐倡新学,蜀吏遣派学生赴日本留学,络绎于道。邹父亦命蔚丹负笈东渡,时为壬寅(一九〇二年)春,蔚丹年十八岁矣。既莅东京,初就神田区同文书院习东文,校为东亚同文会专为中国学生而设。一教授彼邦文字及初级科学,以备考入专门学校之预科学校也。时广州时敏学堂所派学生黎勇锡(仲实)、陈芙昌(匡一)等,亦在该书院肄业。是岁夏某日,余因事诣该书院访诸同乡,蔚丹知余尝偕章太炎、秦力山等发起支那亡国纪念会,爰托黎勇锡、陈芙昌等介余相见。互述所志,至为欢洽。时蔚丹犹未认识太炎也。

冯自由著《革命逸史》第2集,中华书局1981年版,第46~47页

编者按:关于邹容游学日本时间,史学界颇有分歧,一般从冯自由《〈革命军〉作者邹容》中的"壬寅(一九〇二年)春"说。刘子平、刘复生撰《邹容何时东渡日本》一文,通过对邹容第二十三封家书的考察分析,认为此信写于1902年"七月一日"。邹容东渡日本的时间"必然是在写此信之后,即是年'七月一日'之后不久,写信的地点是在上海而非嘉定"。"春季东渡之说确出于误传"(《史学月刊》1983年第6期)。何一民撰《邹容留学日本时间考》一文,在邹容家书的基础上,参酌房兆楹辑《清末民初东洋学生提名录初辑》(台湾"中央研究院"中国近代史研究所丛刊,1961年4月初版)和《四川游学日本诸生调查表》(《四川学报》一九〇五年第八期至第十一期),"断定邹容到日本的时间为光绪二十八年八月"(《史学月刊》1985年第4期)。此处从何一民说,定为本年阴历八月。

10月7日(九月初六日) 刘坤一死,清政府命张之洞署两江总督,端方署湖广总督。

《清实录》:

癸亥,谕内阁:朕奉慈禧端佑康颐昭豫庄诚寿恭钦献崇熙皇太后懿旨:两江总督刘坤一,秉性公忠,才猷宏远,由诸生起家军旅,屡建功勋,洊历封圻,克勤厥职,嗣简授两江总督,兼充南洋大臣。十余年来,镇抚地方,军民爱戴,办理交涉,系协机宜。前年近畿之乱,该督保障东南,匡扶大局,厥功尤著。老成朔望,实为国家柱石之臣。……遽闻溘逝,震悼良深。刘

坤一著加恩追封一等男爵,晋赠太傅,照总督例赐恤。……调湖广总督张之洞署两江总督,以湖北巡抚端方兼署湖广总督。

《清实录》第58册,中华书局1987年版,第666~667页

10月9日(九月初八日) 谢缵泰致函G. E. 摩利逊博士及伦敦的格·华列斯·史密斯(D. W. Smith)博士,告之革命即将到来。

谢缵泰《中华民国革命秘史》:

一九〇二年十月九日,我去信G. E. 摩利逊博士,提醒他准备革命的到来。我同时去信伦敦格·华列斯·史密斯(D. W. Smith)博士。

中国人民政治协商会议广东省委员会编《孙中山与辛亥革命史料专辑》,广东人民出版社1981年版,第314页

10月16日(九月十五日) 张之洞札委卞绋昌充当湖北游日学生监督。

《札委卞绋昌充当湖北游学日本学生监督》(光绪二十八年九月十五日)札文如下:

照得前准出使日本蔡大臣函称:南北洋现皆专派学生监督来东久住,查察照料较前周密,务祈早日派委干员东渡,以专责成等因。当经本部堂于本年七月初电致出使日本蔡大臣,以湖北游学日本官派学生人数较多,亟应遴派监督一员就近督察照料,以专责成。查有现充出使日本随员、分省补用知府卞绋昌,系蔡大臣奏调在洋饬令料理湖北学生事件之员,应即派充湖北游学日本学生监督。诸事禀承蔡大臣妥为经理,月给薪水日本币一百四十元,因公杂用、电费,准按月核实开报,均在学费项下支给,随时汇寄等因,由电咨请转饬遵照在案。查卞守现在因公来鄂,所有薪水应自七月分起开支,由北盐道在于练兵新饷外销项下发给七、八、九三个月薪银,饬令卞守具领,以后汇同学费汇寄日本转发。至监督游学生关防,据前办委员钱守恂带回呈缴,现仍应饬发卞守领用,以资信守。除咨明出使日本蔡大臣查照外,合行加札饬委。札到,该守即便遵照充当湖北游学日本学生监督,遇事禀承蔡大臣妥为经理,毋稍懈忽,致负委任。切切。特札。

国家清史编纂委员会·文献丛刊《张之洞全集》(6),武汉出版社2008年版,第433~434页

10月22日(九月二十一日) 孙中山访犬养毅,商筹赴越南旅费。

据彭泽周《犬养毅与中山先生》一文所录孙中山与犬养毅的几篇书信,孙中山10月18日复函犬养毅:"奉读来示,领悉一切,感激与惭愧同深。人生得一知己,可以无憾。弟于先生见之矣。谨拟于廿二日午间到贵邸面谈各节。"次日,犬养将此函附寄陆实,并于函中谓:"向孙逸仙所陈之事,请见附函。所谈之事已粗有眉目。向孙所陈之事,务请吾兄竭力帮助。除麻溪(神鞭知常)、孙外,弟亦参加共商此事。资金可由友人中设法之。"22日,孙中山赴犬养邸商议,犬养随即致函陆实。告"关于孙逸仙之事,刻下已与彼磋商,以千元左右即可出发前往。孙之期待盼吾兄鼎力以助之"。(《犬养毅与中山先生》,《近代中日关系研究论集》,台湾艺文印书馆1978年版,第305~327页,参见陈锡祺主编《孙中山年谱长编》上,中华书局1991年版,第281页。)

10月31日(十月初一日),清政府派外务部员外郎汪大燮为留日学生总监督。

《光绪朝东华录》载:

丁亥朔……外务部奏。光绪二十八年八月二十一日准军机处抄交专使大臣载振查覆日

本游学生聚众情事折内奏称,游学一事,实为当务之急,断难因噎废食,自遏生机。应否饬下管学大臣,遴派总监督与日本政府商订章程,妥为调议之处,出自圣裁等语。奉硃批外务部知道,钦此,钦遵到部。臣等查近来屡奉诏饬各省选派学生出洋肄业,并准自备资斧前往。士皆竞奋于学,不惮负笈出游。日本地近费省,趋之者尤众。其官派学生,各省或有委员监督,或无委员。自费学生则自保送入学后,并无约束。情谊既难联络,规制亦未整齐。出使大臣虽有稽查照料之责,而交涉事繁,兼顾实难周到。该学生等分疏势隔,且虑下情无以上达。一涉猜嫌,转生轇轕,自非特设专员,总司其事,不足以端正趋向,策励通才,仰副朝廷作育栽成之至意。此次载振过日本时,见其外部大臣小村寿太郎,即以选派博学爱才之人,充总监督驻扎是邦为言。臣等屡晤日本驻京使臣内田康哉,及其高等师范学校长迦纳治五郎来京,皆述游学生各节,望中国派员监督,妥订章程,俾各学生免误方向,学业有成,以备将来任用,其词意甚切挚。联友邦维持之谊,慰多士仰望之心,责成尤在得人,造就方有实效。臣等公同遴选,查有四品衔臣部员外郎汪大燮,品端学裕,器识宏通,随使出洋,办事妥洽。于日本游学生情形,尤为稔悉。拟请派为总监督,前往驻扎。所有官派自费各学生,统归管辖。令商日本外部文部参谋部妥订章程,随时认真经理,遇事径达臣部。应请将该员赏给卿衔,由臣部刊给木质关防一颗,文曰"大清管理赴东洋游学生总监督之关防",以昭信守。准其酌带随办文牍及翻译二三员。所需薪水用项,每岁准支银二万两,由出使经费内提拨。三年期满,再行奏请更换。随带人员,届时照出使章程请奖。如蒙俞允,即由臣部钦遵办理。

上谕。外务部奏请派日本游学生总监督一摺,外务部员外郎汪大燮著赏给五品卿衔,派充游学日本学生总监督。所有游学各生,均著归该员管辖,务即认真经理,督饬切实讲求,以端趋向而宏造就。余著照所议办理。

朱寿朋编《光绪朝东华录》,中华书局 1958 年版,第 4945 ~4946 页

△ 本日,杨度在东京为《日本学制大纲》一书作后序,论及当时中国教育现状及改良方向。

杨度《〈日本学制大纲〉后序》:

吾国之言教育方自今始,论者无不以取法日本为捷易之法,于是我国教育遂为日本教育家一大问题。伊泽先生修二者,日本教育界之名家也,创设泰东同文局,编撰书籍,以惠吾国士大夫,冀开亚东文明之幕。自予来游,即耳其名,方将造诣而求教焉,适先生以所撰《日本学制大纲》译本相示,嘱为阅正。予读其书,于其国维新以来学制之创始与改良,进步臻于今制之阶级,及现行教育之机关,皆能揭其纲要,可一览而知全国学制之大概,诚可为我国言教育者参考之用矣。

然吾窃愿吾国之读是书者,无仅于其教育机关概说致其意也,尤必于其教育史要致其意焉;无仅于教育史要所述现行之国粹保存主义致其意也,尤必于其欧化主义前后之迹致其意焉。何也?国之民程度不同,则不仅由小学校以至大学校之规制不可于无其实者,亦必效其名以来东施之诮也。即于教育之理论,亦必明人群进化之等差而预测其后果,以精审其前因,为一适宜之主义以导国民于美善之域。夫教育未兴之国,无不有自封之见,是己而非人。识者有以开化之,使实睹他国之文明,则自尊之见去而尊人之心又起,倾慕之至,或尽弃其所有,致去己而归人。识者必又有以救正之,参合内外,以存国粹,始能正国民之德识,坚国家之基础。而教育之主义,乃正日本维新之始,排外之力犹强,继而薰欧美,尽弃其学而学西人,至今日始救正焉。此岂教育之过哉?亦因国民之感情,其必由锁攘主义变为欧化主义而

归于国粹保存主义者，皆其进化以渐所必经之阶级而无可逃避者也。

今吾国国民之思想，则方在锁攘时代，求其人于欧化且不可得，若遽以国粹保存主义施之，则愈以长其自尊之心而缚其进化之力，不能进取而思保守，则所保者必非国粹，徒相率以益归于顽固。以蚩蚩蠢蠢之民而与世界各民族同立于生存竞争之地，不亡何待焉？若是者，则将循日本学风之顺序，而以欧化主义为教育之方针可乎？此又必不可者也。在无事之国，从容教育以顺人民感情所必经之阶级，而徐图其补救则无所不可。以我国今日事势之亟，人民爱国心之不发达，非急求造成最团结最根固之国民以与外人相捍，反尽驱一国之人民崇拜他国，人有万长，己无一善，如狂如醉，至不得目为己国之国民，亦岂有不亡之理耶！故欲于今日持欧化主义，则顺国民之感情而摇国家之基础，其弊也，舍己从人而外不知其他。欲持国粹保存主义，则亦不足以固国家之基础而先以阻国民之进步，其弊也，是己非人而外不知其他。故偏于二者之一，均不能与今日吾国之事势、人情相合而成至善之教育。吾因此而重思之，欲求其无弊，则莫如以日本之两主义后先相继者，吾以之同时并重，以相反之理为相救之法，一以导国民之进步而采他人之长，一以固国民之团力而存一己之善。举日本教育中期所取法于欧洲大教育家路索、坡斯脱洛、福禄比尔等之学说，与其教育近期所取法于欧洲大教育家黑拍尔，与吾国孔孟等之学说，同时并教，无所偏倚。若有贤人哲儒参酌而融贯之，是其上也。若不能，然而国民之感情有必经于欧化一级之势，则无宁以两主义分为两派，分掌教育之精神，而合力以造成国民之性质。随处开放即随处提撕，随时慕人即随时顾己，庶国民之思想通于外而不为所摄，其气力团于内而不为所缚。而分持此两主义者，又必知彼此皆为国民之故、国家之故、内情之故、外势之故，共求教育之善果。无可以相非，无不可以相成。则庶乎不以偏于欧化之弊至有国而无民，亦不以终于锁攘之弊至有民而无国。不然，则学于人而不善用于己者，吾见其皆有亡国之道也。吾读伊泽先生书而为之沉思审顾，求所以适吾国之道，故以此言为吾国之言教育者告，以质于伊泽先生视亚东教育之主义当如何，而以予言为然否也。

大清光绪二十八年十月朔杨度撰于日本东京旅舍。

刘晴波主编《杨度集》，湖南人民出版社 1986 年版，第 73 页

10 月（九月） 康有为上《请立诛贼臣尽除宦寺归政皇上立定宪法大予民权以救危亡摺》，请求慈禧归政光绪皇帝，实行宪政。

康有为《请立诛贼臣尽除宦寺归政皇上立定宪法大予民权以救危亡摺》节文如下：

奏为国势危急，民心愤怒，合请吁乞立诛贼臣，尽除宦寺，归政皇上，立定宪法，大予民权，以救危亡，敬请代奏事：

窃惟方今大地交通，强国林立，莫不合国民而图治，变法而日新，发愤为雄，庶几不败。若守旧不变，专制压民，未有不败亡者也。又更无端而内乱废君，外攘杀客，更未有不败亡者也。横览近事，波兰、印度之亡，突厥、西班牙之削，琉球、缅甸、安南、突尼斯、马达加斯加、基洼之灭，非洲十数万里之分，可为寒心者矣。皇上以仁明英武之姿，为舍身救民之事。变法更始，百度维新，令天下人得上书而与民权，决开举国议院而立宪法。万国观听耸目而为之起敬，兆民忭舞延颈而望自强，此中国自立之第一机会也。

乃贼臣荣禄内思守旧，恐见恶圣主，致失富贵。于是造作谣诼，煽惑深宫，遂有戊戌八月幽废我皇上之事。举国忧疑，若失慈父，天下愤怒，失望自强。既乃推翻新政，诛戮贤良，禁抑报馆，大起钩狱。广练武卫六军，以图威制四海，图立溥儁为嗣，以期危殆圣躬。薄海内外

汹汹思变,虑圣主不测,中国乱亡,故有士民等百余万众,联电力争,十数友邦责言疑议,天下人心,亦可知矣。众怒难犯,违天不祥。荷蒙皇太后鉴察大变,特为皇上举行万寿,是时宜即复予明辟,俾救国危,则中国可强,皇太后亦可安富尊荣,从容颐养矣,此中国自立第二之机会也。

而贼臣荣禄以废立难成,阴谋狡诈,以为国民之变怒易制,而强邻之仗义可忧,将欲弑君,必先攘外。于是上则密扇太上之载漪为之主持,中则激励粗愚之董福祥为之奔走,下则收李来中为之驱除,遂至围攻使馆,绝邦交而戮行人,发密令而杀教民,鼓群盗而诛外客,以至万邦大怒,八国兴师。用是京邑荆榛,津辽流血,生民涂炭,庙社震惊,中国之亡,危于累卵。皇太后虽幸得生出国门,仓皇西狩,布衣将敝,豆粥难求,然不为石晋之李后、南宋之谢后几希矣。皇太后回望观城,惊心烽火,得无思误于贼臣,致危宗社,上何以对列圣在天之灵,下何以谢亿兆涂炭之苦乎?中外以圣主尚在,谅其无他,国土不分,乘舆得返。喁喁仰望,咸谓回銮之后,复辟维新,此中国自立第三之大机会也。

…………

夫皇上当春秋鼎盛之年,而太后当耄期颐养之日,安有长君在位,而烦母后临朝者乎?考之古义,既未尝闻,且昔布告海内,谓皇上有疾,故行训政耳。今皇上视朝承祭,圣躬康健,天下共见,皇太后若仍训政,其何辞以对天下乎?至于朝觐讴歌之有属,翘首望治之同心,上则大变法以救国危,下则慰民心而塞大变,苟非复辟,必不能复望安全。皇上大孝著闻,英武为治,皇太后爱而立之于始,今复归政于终,必能内隆孝养,外图自强,中国可保,然后皇太后之身真可保。中国既安,皇太后之身乃真可安。然后颐养暮年,游幸名胜,安富尊荣,延年长寿。岂与日虑国亡民变,处岩墙漏舟之险比哉?若仍惑于谗言,虑曾经废立,恐有他虞,则各国使臣皆可为皇太后作保。或远处陕西以避地,或出游外国以扩大观,如昔西班牙太后常居法国,则身必无恙。且外国之胜地瑰伟,器技精巧,尤足娱乐,比于强据大权,终日忧患,夜不能寐,心无可乐,岂不远哉!若此之谋,进退皆可。若犹豫不决,或生谗疑,则大变即作,身死国亡。孰得孰失,不待再计。伏乞立下明诏,归政皇上,退处深宫,勿预政事,听皇上乾纲独揽,巡狩国境,则母子终始身安,而国家可保矣。此虽为中国计,实专为皇太后计也。故首请归政一也。

然荣禄、李莲英擅权恃宠,自以为废弑之贼,岂肯听皇太后之归政哉?非诛二人,无由复辟。且皇太后试思,三日不食,夜雨淋铃,是谁所致乎?非荣禄、李莲英为乱匪罪魁而谁致此乎?

夫荣禄有可杀之大罪四,而小者不计焉。戊戌之秋,亲调董福祥兵以入京师,以惑深宫,以幽圣主。罪莫大于以臣废君,可杀一也。推翻新政,杀戮忠贤,以绝中国生机,罪莫大于乱国致亡,可杀二也。己亥之冬,拥立溥儁,图弑皇上,罪莫大于助篡图弑,可杀三也。至于抚乱匪以杀外人,破京邑以危中国,赔款十万万以毒生民,夫罪莫大于君亲奔国,戕害生民,可杀四也。

…………

若李联[莲]英因缘奄[阉]寺,奉侍宫闱,始以挟宠营奸,鬻官通贿,后则手握王爵,口衔天宪,积势二十年,积贿数万万,权侔人主,势压朝廷,内外大官皆贿之以致大位。荣禄、刚毅亦媚之以得大权,内外交通,无恶不作,传闻秽乱,所不忍言。自以罪大恶极,必为圣主所不容。……伏请将李莲英、荣禄立正典刑,明下诏书,暴其罪状,以谢天下。然后复予明辟,则人心大悦,变乱不生,皇太后乃可高枕无忧,安养暮年矣。此请诛荣禄、李联[莲]英二也。

阉寺之事,三代所无,孔子称勿近刑人,又称刑人不在君侧。后汉襄楷谓汉武帝好游后宫,乃有阉宦之制。歆伪《周礼》,窜以奄[阉]人,自是累朝视为常制。然欧美文明之国皆无之,独突厥有之,则亦自中国流出,而危弱甚矣。大地皆以用奄[阉]人为野蛮之制,此汉武、刘歆之作孽,而中国之大耻也。……伏乞皇太后大愤武断,扫除旧制,不用宦寺。凡一切内监,并罢归乡里,其有恩旧,或施厚赐,仍限从此不得再借端入内,以防奸萌。其宫中扫除改用宫女,既无虞乏用,又可省乱萌,上可力扫千年之弊政,下可永弭肘腋之隐忧。皇太后若虑彼结党既久,防有变幻,则亲出外廷,然后调兵坐镇,从容驱除,押散还乡,岂虑有他哉?皇太后若行此举,则积患消除,美政传播,泰西各国亦当称美,后世史书皆谓数千年奄[阉]人之制改革于皇太后,岂不休哉?此请尽罢阉宦三也。

近者举国纷纷,皆言变法。庚、辛累诏,皆以采用西法为言。盖危弱既形,上下恐惧,虽昔者守旧之人,力翻新政者,今亦不得不变计矣。然方今中国本病之由,与各国治强之故,不独裁詹事、通政、河督无关治要,并非开学堂、铁路、矿务一二枝叶所能挽也。夫今之敢于变中国数千年之旧法,岂不以中国既危,非祖宗数百年之旧制所能救哉?夫变法既为救国,而今变之法,国必不救,以无其本而从事于枝叶,无其精神而从事于其形式,终亦必亡已。夫皇太后岂真甘听国之亡而虏辱及身乎?

窃惟中国者,四万万人之公也,非皇太后一人之私也。皇太后而轻弃之,则得罪于国民,得罪于祖宗,况于李莲英、荣禄得而擅卖之乎?国民之公产,则国民当公共保存之,当一切预闻之。孔子大义,谋及庶人。孟子曰:国人皆曰贤然后用,国人皆曰杀而后杀,皆以民权而公保国家也。

今欧美法至美密,而势至富强者,何哉?盖以民权为国,乃其根本精神之所在也。皇太后试遍考欧美各国,无不立宪法,与民权,立议员,政制皆由民公议,议员由民选举,地方由民自治。凡举国之民,人人有预闻政事之权,人人有忧国之责,人人皆视其国为己之家,其得失肥瘠,皆有关焉,其织悉微细,无不用焉,以同其利,而共其患。此真深得孔子谋及庶人之义。

…………

然综大地而计之,百年以来,欧美各国,无论顺变逆变,流血无数,要其归,无不与民权而定立宪者矣。

若亚洲风气未通,转变少迟,然缅甸、安南地过日本,以不立宪法、不与民权而亡。波斯、土耳其及吾国,以不立宪法、不与民权而削弱。日本蕞尔小国,先以立宪,先与民权,而魁然称雄亚洲,联盟强英矣。惟俄罗斯不立宪法而尚无恙,则以其省、府、县皆开议院,而听民自治,亦与民权故也。然以不立宪法之故,俄主三世被刺,俄相热朗挖恐惧被刺内热而亡矣。孟子曰:暴其民甚,则身弑国亡。路易兼之。俄虽不亡,然累经身弑矣。故民权之义,既亘于天地公理之必然,实立国所不能无,而时势所不得已者也。横览大地百年之间,得失顺逆存亡之故,亦可鉴矣。彼路易、查理士、飞蝶南及俄皇累代之帝权,没透泥、热朗挖之相权,骄横怙恃,以为压制者,岂不至哉?然终至于身弑国亡而已。然则处方今之大地之间,万无可以一人而行其专制者矣。必若怙权不悛,是迫民变,求身弑国亡而已。

凡此大变,皆古所少,而出近事,皇太后所同时亲见者。皇太后处于亚洲,不甚知之耳,试令人讲百国近事,当必有悚然者矣。今则风潮已波荡于中国全土矣,尚欲压之乎,则如路易而已。然则与民权者,可以保国,可以安民,可以安身。不与民权者,则身弑国亡。今日孰急于此。伏乞下诏立定宪法,以垂后世,立与民权,以保国祚。立宪则采万国之宪法,以正定君民之权限,则无得有民贼横暴于上者。与民权则听亿兆之举贤,以议全国之政制,又得行其地方自治于下者,一涣汗之间,而人心大悦,中国可以立自强之基,而皇太后补过垂休,将追英女后维多利亚之美烈矣。

凡此四者，诛贼臣，罢奄［阉］寺，所以除百病之原。归政皇上，大与民权，所以立自强之本。苟能毅然行此四者，则中国必保，皇太后必安。苟疑虑而不能行此四者，则中国必亡，大清必灭。皇太后之身乎，则法主路易、英主查理士、俄主及西班牙太后，其覆车也。非民苟所忍言矣。

时势岌岌，不绝如发，少徘徊迟疑，举国之人心变矣，岂能避得罪太后之故，而忍弃中国哉！内地民心惶动，压于有司，未能上言。更有数百万人身旅外洋，心忧中夏，忠愤同发，义烈并起，咸以为积产业而供荣禄之赔款，留躯命而听李莲英之戕杀，至如台、辽之民，亡国破家，不如及早捐赀舍身，犹望补救。故旅外之民，每人公捐一月工金，以图上保圣主，下保中国，公愤所在，大群遂合，非贼臣淫刑所能压，非贼臣大权所能威。昔人以兵谏者，君子以为爱君。清君侧者，古今以为义举。在《春秋》之义，处常事而不以经，处变事而不知权，皆圣人所不许也。皇太后上爱宗社，下爱国民，其俯察舆情而听之乎，中国之幸也，四万万人之福也，皇太后之德也。皇太后不爱国民，不爱宗社，仍惑于贼臣而恕之置之乎，此四万万人之惨也，中国之殆，大清之危，皇太后之忧而已。民等草野愚冥，忧国诚切，救死仓皇，不知择言，敢冒斧钺之诛，伏惟圣鉴。

编者按：此折系康有为代拟之作，原文未署年月。姜义华、张荣华等编校《康有为全集》在收入此折时有按语："其中提及'回銮经年'，查慈禧一行于1901年10月初由西安返回北京，是本折应作于一年后。"故将此折时间标定为1902年10月。上海博物馆藏有此折抄件，内容略有出入。

姜义华、张荣华等编校《康有为全集》第6集，中国人民大学出版社2007年版，第356～366页。

11月6日（十月初七日）　谢缵泰收到容闳自美国康涅狄克州来函，商讨革命准备工作及有关通讯、暗号和密码等问题。

谢缵泰《中华民国革命秘史》：

一九〇二年十一月六日，我收到容闳博士一九〇二年九月二十一日寄自美国康涅狄格州哈特福特迈里特尔（Myctle）街12号的来信，他写到："一方面，我自己作好准备，另方面，我将尽我的能力满足你们的需要。请尽快将暗号和密码寄来，对于我们的通讯，这是不可缺少的东西。"

中国人民政治协商会议广东省委员会编《孙中山与辛亥革命史料专辑》，广东人民出版社1981年版，第315页

11月14日（十月十五日）　湖南留日学生黄兴、杨毓麟、杨度等人在东京发刊《游学译编》。杨度为之撰叙，论述该刊宗旨及体例。

《新民丛报·绍介新书》栏介绍《游学译编》：

《游学译编》第一号，东京游学译编社印，每月一册，定价全年一元六角，每册一角五分。

此编为湖南留学东京诸学生所辑，凡分十二门，曰学术，曰教育，曰军事，曰实业，曰理财，曰内政，曰外交，曰历史，曰地理，曰时论，曰新闻，曰小说，用五号字，洋装九十页。现时通行丛报字数之多，除《新小说》外，当以此编为最。今日译书出报者虽多，然书主陈言，报主新事，欲求一兼二者之长者，戛戛其难。此编杂译书报，新陈各备，又以外人理想，多为我国国民脑中所无，若据全书直译，则满纸皆生涩之词，译者虽劳，而观者欲睡。故于各书中，摘译其菁华，自为贯穿，以求合我国之程度，动阅者之感情，实可称译界中一进化也。计东京留学界自庚子年译书汇编出版以来，兹编实为继起，颇有青胜于蓝之观。近译书汇编，亦拟从第九号以后，大加改良，或更骈辔竞爽也。又本编之特色，不美装潢，仅售廉价，尤足见输入

文明之本意。至其所译述之文，不求精深，惟取平易，亦过度时代之言论当如是也。

〔日〕下河边半五郎编《壬寅新民丛报汇编》，明治三十七年(1904年)，出版社不详，第861～862页

杨度《〈游学译编〉叙》：

今日外人之诃我中国也，不曰老大帝国，则曰幼稚时代。我国之人，闻而恶之。呜呼！此无足怪也。过渡时代之现象则然也。今之以老大诃我者，岂不以中国者，与埃及、印度、小亚细亚同称为世界最古之国，立国数千年之久，而今日之政治学术，不惟无以胜于古，且递加衰息焉，故谓之为老大乎？其以幼稚诃我者，又岂不以中国者，亚洲大陆上一土地最广、人民最众之国也。乃远而比于欧美，其程度相千万。近而比于同洲之日本，其程度亦相什伯。虽欲师人，而莫知所从，故谓之为幼稚乎？虽然，其论中国则当矣。夫天下万事万物之进化，何一非老大与幼稚两现象后先相禅以成之者耶！又何一非老大与幼稚两现象同时并立以成之者耶！推之欧洲各国而皆然。推之日本亦何莫不然。欧洲自十八世纪以来，思想横溢，沛然如骤雨之下。或主唯神论，或主唯理论，或主唯心说，或主唯物说，或主天赋人权说，或主世界主义，或主个人主义，或主实利主义，或主感觉主义。各挟其专精独到之理论，以争雄于学界，因而波及于社会，形之于实事，使之有日进千里之势，以成今日之文化。然则自中世末以至今日之欧洲，何日而非倍根、笛卡儿、孟得斯咎、卢梭、亚丹斯密、达尔文、斯边撒诸贤之精神相递禅相挽夺以成此过渡时代之现象，至今而未有已也乎？

日本由汉学一变而为欧化主义，再变而为国粹保存主义，其方针虽变，其进步未已也。东京高等师范学校教员波多野贞之助之言曰："可悸哉！西洋文明进步之速也。日本之留学西洋者，方毕业归国，以之教人，而其所学，又已为西洋所废弃。五年前之书籍，仅可为历史上之材料，而不能为学术上之材料。"然则维新三十年来之日本，又何日而不视欧美之进步以为进步，振起直追，唯恐不及，以成此过渡时代之现象，而不知其所止也乎！由此观之，则我中国者，以东洋文明之固有，而得老大之名；以西洋文明之将来，而得幼稚之名。乘此迎新去旧之时，而善用其老大与幼稚，则一变而为地球上最少年之一国，夫岂难耶！同人之译是编也，将以为扶持老大，培植幼稚之助也。其创事之始，相约以数事：

曰不著论说。非仅以己言不如人言之足以相警，既非报纸，无取多言也。抑以今日言之而为新论，明日言之而已为常谈。一稿未终，旋将自笑。且论说必取材于他书，是与译述无异也，如之何其不迳译也。夫过渡时代之言论，固如此也。

曰杂采书报。非仅以读书知古，读报知今。欲使阅者收二种之利益也。抑以现在之书，即为过去之报，现在之报，又为将来之书。去者不知其所穷，来者不知其所极。无往而非历史，即无往而非新闻，未可区别也。夫过渡时代之事实，固如此也。

曰不美装潢。非仅以成本轻邮寄便购求广见闻扩故也，抑以骤得之而视为珠玉者，转瞬而同于瓦砾矣。骤得之而藏于宝笥者，转瞬而以覆酱瓿矣。无可珍贵也。夫过渡时代之物事，固如此也。

虽然，同人犹有说焉。以为译者与阅者同为中国之一国民，游学者与不游学者同为过渡时代之中国之一国民。国民之精神而成国家，则居今日而言救国，其必一国之国民，人人自励，人人自竞，先使一身之学术，无一年无一月无一日无一时而不有其进步，无不为其一身之过渡时代。译者与阅者日以学术相切磋，而同进一寸，斯国民增一寸之热度矣。游学者与不游学者，日以学术相责望，而同进一尺，斯国民增一尺之涨力矣。举国国民之学术既进，然后群起而谋其国，使一国之政事，亦无一年无一月无一日无一时而不有其进步，无不为其一国之过渡时代。夫而后一跃而与日本齐，再跃而与西洋各国齐，由此而追他日之日本，他日之

西洋,长此焉以至于无穷,则今日之以老大与幼稚号我者,我等虽长奉之以为达尔文所谓进化之代名词可也。若夫以老大自尊而坐待其销灭,以幼稚自弃而不求其长成,则吾所为危惧者,不徒人日进而我日退不前,则却事无中立,愈离愈远,愈缓愈难。他日图之必无及也。且大忧乎!今日之中国方为世界竞争之中心点,优胜劣败之公例,必为天演所淘汰。自此以后,又将为黄白存亡亚欧交代之过渡时代矣。悲夫!悲夫!《游学译编》成,同人属湘潭杨度弁辞于其首,且为述其篇目及其主义如左:

有精神而后有物质,有理论而后有事实,有学术而后有政治。今日西洋各国之格致学、哲学、政法学、生计学种种发达之象,至于此极者,皆由前此数十辈巨儒硕子之学说来也。日本山路一游之言曰:"中国学术常屈于一尊之下,有保守而无生发,故凡百濡滞,皆无进步。国无进步,焉得不败。"是则固有之名理,亦非可恃为自存之实具乎。不然,如埃及如印度如巴比伦者,皆世界文明之祖义也。其文明不能自保,而为他族所得发明光大,转以亡其本国。至今日而文明历史,犹以为其鼻祖。政治历史,则已夷为领地矣。夫不能进步,而谓能保守者,此天下必无之理也。日本人之常言曰:孔子之道不行于支那,而行于日本。支那奉其名而日本行其实。支那以为命题作文之具,而日本以为修身治国之道。不然,今日支那之人心国政,岂可谓为实行孔教者乎。呜呼!是言也,是耶?非耶?如其是乎,则我国民更何所挟以自号为文明者,不惟其所本无者,将取法于泰西。即其所固有者,亦将索还于日本矣!录学术第一。

欧洲大教育家不下数十,而如披斯脱洛、如黑拍儿,其最著者也。披斯脱洛之学,出于路索,路索之为学也,以任放主义而为国民开自由之路,为全欧成革命之功。其言教育也亦然,以为人性皆善,其恶者必由丑恶之社会而来。教育者,所以防社会之丑恶,而发育其善性,使之任放于自然也。披斯脱洛本此旨而实行之。又推其五官教育之理,主实物教授法,使观察自然之物,造其普通观念,以期收真正之知识,而得实地之应用。披斯脱洛之主义,亦自由主义也。及黑拍儿出,则主服从于法律之下。其主国家教育,一本于心理学、论理学,而发为知觉类化五段教授法诸说,类能精深奥博,集前此之大成。欧美各国向之宗披斯脱洛学说者,群变而宗黑拍儿学说矣。日本之始慕美国学风者,今亦变而慕德国学风矣。此岂前之人物不如后之人物乎?抑由前之时代不如后之时代?准时立说以救一世所不得不尔也。故凡学术之纯驳,国势之文野,皆有相依并进之自然阶级,非有路索之学说,开出全欧之文明,使人民之思想言论程度骤高,共定法律,以保社会之秩序,则后学改良之理论,亦无自而生。考欧洲革命、日本维新之往迹,举无不由前之学说,以为鼓舞奋兴之原动力。继而收拾和平,乃进归于后之学说者,亦因丑恶社会,人情习于为恶,非有以洗涤而更新之,不能复其善性,此亦人性之自然者也。日本高等师范学校校长嘉纳治五郎之以教育事务游吾中国也,归而言曰:"北清之教育,有如黑暗地狱。南清稍有一线之光。"乌呼!其黑暗也,其仅有线光也,皆由社会之丑恶故也。今日吾国之言教育,方将萌芽。举国上下,皆以取法泰西日本为言。吾窃虑夫论者之徒取法夫今日之日本,而忘前日之日本所自来也。徒知日本取法夫今日之泰西,而昧前日之泰西所自来也。势必有颠倒本末,错乱先后。遽欲施性善之教育,于性恶之时代,而遗其中间过度转关之一级,谆谆焉以服从法律为教,则吾未闻中国有国民所公议以自保其生命财产之法律,是所服从者必非法律,而丑恶社会之习惯也。不惟药不符病,文不对题,且将指黑暗为光明,指丑恶为美善,乌能发出其自然之特性,而为国民求善果也哉!嘉纳治五郎又言曰:"中国人之生命财产极其危险,无所恃以自为保存故。惟思得一日之禄位,以少享人生之权利。上之为教,下之为学,意皆如此。此教育之所以不行,实由政法之不良也。"然则中国今日之言教育者，可不准此言以思救时之道，参酌中外古今之学说，求其切当于时宜，而谓可随人趋步，易地皆可为良乎！夫吾国不能自兴教育，而必取于他人，此已为事之不得已者。若但于形式求之，而不于精神求之，则有教育与无教育等，徒以养成买办翻译之材而已。若但于精神求之，而不于可救今日中国之精神求之，则虽优于形式教育，然以比于时文试帖律赋之以忌讳为骨髓，以谀颂为面貌者，要亦不甚相远。谓其彼善于此则可耳，谓能进吾民族为地球上一光荣美硕之民族，则吾所不敢许也。印度民族之隶属于英也，波兰民族之隶属于俄德也，不与之教育以愚其种，使无相抗之具，无独立之心，以归于自亡。印度波兰不自教育，至今日为他人所禁，不必言精神也，即欲为形式教育，亦不得矣。我中学今日犹能言此，是我中国之幸也。我中国今日而不详审其言此之方，而贸然以从事焉，则或以无真精神之故，仍不免为印度波兰之续者，又岂吾所敢预知哉！录教育第二。

国民云者，对外族而言之也。族与族相争竞，故谋国也，不仅使人人有国民之资格，尤必使人人有军国民之资格。故兵者，所以争于外而非所以争于内也。德相毕士麻克与李文忠论发捻之役曰，以兵自锄其同种，而因以为功，此欧人所不为。乌呼！此犹忠告之言也。若夫英人之灭印度也，则驱印度人以杀印度人而已。然则不以自卫，转以自戕者，必不得谓之为兵。吾国枭桀之士，若犹欲以历史上数千年之所谓英雄事业，行于今日之世界者，非特其理不可也，吾知其势亦必有所不能。今日之世界，以学战、以工商战。兵者，特其护此者耳。固未有全恃野蛮之全力，多杀人则为霸，多略地则为王者也。嘉纳治五郎曰，今日虽有汉高明太，不能驱数十万乌合之众，以取天下。信哉！言乎一二霸者之雄心，何足以敌亿万民族之涨力也。夫民族竞争之世，非各鼓其国民独立之精神，飞入于世界活剧之场，以快活之心，迎困难之事，而毫不反顾。如勇士之赴战场者，岂有其自立之道，地球各国之强盛，英君猛将之为之乎？亦由其军国民之独立独行自争自胜之精神所膨胀于不得已者也。我中国而不欲自强则已，果其欲之，吾知非全国皆兵，人自为战无能济者。吾国所用英人赫德为总税务司者，著支那改革论曰："支那不尚武力主义，无侵略之性质，服从法律，最易统治。今虽经历种种困苦，然其军队，犹不健全强大，不必忌也。"鸣呼！此实我民族之所以弱。及今日而提撕其精神，操练其体魄，犹有可以自救者。赫德又见匪拳之乱，虽属野蛮举动，然知吾国民尚有抵抗之志，各国若昌言瓜分，必有困难。于是又著中国实测论，示欧人以处置中国之道。其意思谓义和团之起，亦由其爱国心所发。各国此时但宜行无形之瓜分，而不宜行有形之瓜分。使其权利尽归于我，而不自觉。且当设法顺中国人之感情，使之渐忘其军事思想，而倾服于我欧人。然则中国之无兵，欧人则深喜之矣。我国民将如之何？录军事第三。

有人民有土地有生产而后成国。人民者，所以利用此土地生产以自供奉者也。文明之国，人人习职业，人人谋实利。下之为儿童之实业，上之为农工商矿各专门之学。程度虽殊，其欲聚一群之人力以发其天然之美富，则其意一也。凡人生无不须此以为生养自奉之具。而当民族相争，国界未破，则必积国民之劳动力以成国家之劳动力，积国民之竞争力以成国家之竞争力。各挟其实利主义，以与外来最强最智之民族相遇，而后能同享世界之利益。西人之言曰，全世界三分之二，为无智无能之民族所掌握，不能发宣其天然之富力，以供全球人类之用。此方人满为忧，彼乃货弃于地。故优等民族，不可不以势力压服劣等民族，取天地之利而均享之。其对于各殖民地之意向，皆此旨也。吾中国今日亦其一焉。四十年来，各国探险旅行之人，足迹相望。而其最著者，如德之里特夥夫，匈牙利之贵族斯訾黑尼伯爵，法之里翁市商会派遣之米洗翁与里若列济，类皆以数年之久，行数千里之地，举我国之矿产商务工业种种关系，归而著书，以告欧人。此外如俄国之阿勃儿之专探北方，或专考一事者，更不可胜欧。特以白人方经略他洲,未暇及此,姑置之以供最后之一饱,至今日而群手争攫。即以区区三岛骤起之日本,亦具分羹之大望。高桥邦二郎曰:"支那与我,一水之隔,是天与我无尽藏之宝库也。我国民其可不勇往前进,开掘宝库,攫取利源,而能坐抛此天惠耶!"由此言之,则我中国为宜于实业之国,不独我民族所自夸,抑亦外人所同认矣。今乃以数百万里之土地,数千万之物产,而四万万人不能自理,且将举全国之工商矿业,尽取以予人,是岂天之生我民族于非地耶,抑岂天之养我民族为未足耶,则白人之专恃觅殖民地于国外者,其得于天又何如?夫天下无无主之物,己不能有,必以与人,此亦物竞天择之公理也。我国民又将谁尤!录实业第四。

埃及之亡国,财政亡之也。世界至今日,而生计学之进步,其势力更能使资本家与劳力者,判然分为两级,不为其上,则为其下,无复有中立之地位。十九世纪之末,二十世纪之初,世界之大势,实由政治竞争入于生计竞争之界线也。而各国所竞争之中心点,则麇集于我中国。美国元老院议员洛知氏之言曰:非使世界各国之民,皆服从于我财政之下,则不可止也。斯言也,非仅为我中国言也,特为与竞争中国者之各国言也。其视各国也如此,其视中国将如何?各国之所以待之者,皆无不出其死力以与争衡,而被争之中国之待之与其待各国也又将如何?其能为劳力者乎?则长为牛马而已。其欲为资本家乎,则我国民既无国家之保护,又无合群之公德,人人自利,竞其至小而忘其至大,不能团结自理以相保而竞人。日本山本那之助曰:支那者,世界第一市场也。其面积与物产,皆酷似印度。而其人种,则又自大,官以至士民皆于商贾有先天敏性之人种也。西人之言曰:支那人之善谋利,出于天性。虽仆之于地而笞之,彼已掘金于地而去。我民族之善于营利,实为外人所同忌。此特以现今社会之恶象而以为谑耳。我国民若能移同族自竞之心以竞于他族,移一身自私之见以私于一群,而后其发生之道,管理之方,竞争之术,乃有可言。而他人之夺我利权者,亦不患无攫取以归之一日也。录理财第五。

由家族而成部落,由部落而成国家,至成国家而政府立焉。政府者,所以为国民谋公益者也。所以拒他民族之妨我民族之权利者也。故各国之政府,无不以国民利益之所在,而为举动之方针。今日世界之大利所在,则莫如我中国。赫德有言曰:各国于支那问题,大率不外三策:一曰瓜分其土地,二曰变更其皇统,三曰扶植满洲政府。然变更皇统之策,无人足以当之,骤难施行。今日之计,惟有以瓜分为一定之目的。而其达此目的之妙计,则莫如扶植满洲政府,使其代我行令,压制其民。民有起而抗者,则不能得义兵排外之名,而可以叛上之名诛之,我因得安坐以收其实利,此即无形瓜分之手段也。乌呼!此庚子和议之所以成也。依赫德之言,则今日所行之政,犹得为我国自有之内政乎?殆已为各国实有之内政矣。夫各国政府,孰不思夺他国国民之利以自利其国民。我国民若以此而怒人,不如其求自立也。至我国政府之甘为人所用,或为人所愚,吾以为皆不必论之。何也?我国民若又以此而咎之,谓其不为国民谋利而转夺其利以利他国国民,为不足受国民之付托。是则是矣,然而何责之之高也。况此不自咎而咎人之心,已自损失其国民之资格,放弃其所以为国民之天职。法国大儒路索之言曰:政府者,不啻其国民之群求自治相约以成之而共遵守之者。是则我国民之于国政,其关系之亲切,无以异乎一身衣食之经营,一家庭户之管理。合群力以自谋之可耳。他民族之有妨于我者,合群力以自御之可耳。怨人之与望人,皆奴性也。不知此者,不足与言政事。录内政第六。

读数十年前欧洲之外交史,若神圣同盟、三角同盟、俄法同盟之类,皆由其内部竞争之故,浸假而国力膨胀,外交上之关系,无一不在欧洲以外矣。至今日而帝国主义之说昌,国际历史,日以发达。势将压迫第二流以下之国家,使失其独立。脱来焦氏之言,岂欺我者。而帝国主义之行,则首施于中国。故欧洲最近之外交政策,其间纵横捭阖,忽离忽合之故,虽各有其原因,几无不影响于中国者,而其对我又别有圆滑阴险之手段焉。西哲之常言曰:两平等相遇,无所谓权力,道理即权力也。两不平等相遇,无所谓道理,权力即道理也。今日欧洲各国之自为交,与其交于他洲之国,则二者之区别也。然吾以为此犹据外交上之性质言之耳。若其方法,则内竞愈剧烈者,其外交愈和平。今各国所施于我国政策,由瓜分主义,一变而为领土保全主义,门户开放主义。保全开放云者,扶植我政府,命令我人民,埃及印度亡矣,其实为白人之殖民地,而名则君吏皆至今如故也。以君吏为之傀儡,而自享其一切之实在权利焉。吸其精髓而遗其骨骼,其意愈恶,而其名愈美;其心愈狠毒,而其言愈慈祥。他国不必论也,日本者,与我同洲同种同文之国,近又以英日联盟保全清韩两国,著称于地球之上,而印入于我国民之脑,而生其感戴者也。而山本邦之助曰:英日联盟,以保支那,实为我工商政策之根本。从此与支那改订通商条约,可乘此机以得和平战争之胜利。我国民不可不猛勇奋进以图之。故二国之保全中国而与朝鲜并称者。皆其对俄之外交政策,而与我无所用其外交焉。日本如此,他国可知。然支那问题,固为今日世界各国之公共外交材料也。不然,人何爱于我而必群为保全之人,又何忧于我而必代为开发之乎!夫天下岂有待人保全而能自存,被人开放而能自守者。我国民而恶其名也,舍自立无策焉。我国民而甘为狐媚所昵也,是不亡于人而亡于己也。录外交第七。

自法国大革命之风潮起,演成全欧革命,思想言论,以自由而日发达,遂成今日如锦如荼之世界。此其发生,不过百余年耳。前此上古世之文明,入中古世之黑暗时代,而黯无生色,亦犹吾国历史战国以前入于秦汉以后之两时代也。而外人以我之终无进步,则诋支那人种为世界最不进化之人种。吾闻其言而思之,历史之有荣彩者,必其国民之有精神者也。试于我国学术界中求一能为国民开自由之路索,为国家定权限之孟得斯咎,为人群增进化之达尔文者谁乎?儒墨之俦,能当之乎?我国兵事界中求一乘革命而起,遍播自由于全欧各国如拿破仑,率十三州之众,一战而立自由平等之国于新世界如华盛顿者谁乎?汉高明太,能当之乎?我国政治界中求一以蕞尔之撒尔尼亚而成意大利统一之功如加富尔,以濒亡之普鲁士而建德意志联邦之业如毕士麻克者谁乎?管晏诸葛能当之乎?我国文学界中求一能以文字唤起国民之精神,而使之独立如德之洛丁,英之意克里夫者谁乎?左国司马能当之乎?然则我历史之不如人,我国民之不如人也。欲一洗数千年之昏暗,而为民族历史生未有之光荣,于世界历史占最优之地位,亦在我国民考求他国文明所自来,而发其歆羡之心、嫉妒之心,以与争荣于二十世纪之文明史而已矣。录历史第八。

土地相隔,有天然之距离力。而世界进于文明,则能以人群之智慧能力,使之愈缩愈紧。论世界交通之阶级,则第一期为陆路交通,今日非洲之内地是也。第二期为河川交通,今日之中国是也。第三期为内海交通,希腊罗马之盛时是也。第四期为大洋交通,苏以士河开,系东西两洋贯通之前后是也。此非徒电学汽机学发达使之然,亦阁龙、马志伦、立温斯敦诸人之精神所构造以为世界最优人种之舞台者也。日本地理家矢津昌永之言曰,今日以后,又将由第四期入第五期,而大洋交通,仍将变而为陆路交通,舍轮船而用铁道,土地之缩力又将加紧。今日国力之大小,可于其铁道里数之长短,比较而定其高下。论国者分铁道国与非铁道国为二种。数年后之东方亚细亚,必有铁道如织之观,而支那仍不得为铁道国。何也?以皆他国之资本,则亦他人之铁道也。乌呼!我中国之不得为铁道国者何哉?白人者,欧人一隅之人种也,其内争既定,人满为忧,于是环顾世界之土地,以为其民族多不足以自守,此天之所以与我也。于是开美洲而据之，于五洲有其二矣。然我国民殊未之知也。既而又以人满之故而寻殖民地，于是夺澳洲而据之，于五洲有其三矣。然我国民犹未之知也。既而又以人满之故而寻殖民地，于是夺非洲而据之，于是五洲有其四矣。然我国民犹未之知也，所余者惟亚细亚一洲而已。然亚洲之印度、波斯、阿拉比亚、阿富汗、皮路直、安南、缅甸、暹罗、朝鲜、西伯利亚，已无不在各国势力范围之中。甚者已为其领土，列于亡国之籍。即附属于中国之满洲、蒙古、回部、西藏，又皆为俄人所压服所调拨所驱使，纷纷以叛我附人见告矣。然则今日世界所余者，仅支那本部一片土耳。日本人之忧亡种者，日相警曰：亚洲三分之二，又已白人入之手矣。然我国民犹未之知也。今则支那问题，又已为世界各国所提出，而为公共之问题。群虎于此争其食，群族于此争其居。以群争之故，至引出俄国之起于欧洲圣彼得堡经西伯利亚、满洲而直达于旅顺，英国之起于非洲亚历山大利亚，经波斯湾沿岸横贯印度，接缅甸，出四川泸州而直达于上海之古今无比之两铁道，耸动世界之耳目，变易全球之位置。其余各国，又因而纵横布织之，使第四期之大洋交通进入于第五期之陆路交通者，支那问题为之也。陆路交通之未成，而先现一大异象，举百年来大西洋繁华炫烂之航业，一移而入于太平洋，以接近东亚大陆支那本部之舞台。由美国、由印度欧洲、由澳洲、由东洋之四大干线，与其三十一支线，经纬错综，积此一隅。美国又开尼卡拉运河、巴拿马运河，以通两洋之气脉，奖励航业，预谋船埠，遍布海电，蓄其磨刀霍霍之势，以待逞一割。此在大洋交通，为卷岸之余波，而在陆路交通，为前行之小队。所为金戈铁马、万众奔腾，尚在其后。而其先成此现象者，支那问题为之也。即今日之狂风怒潮，天地异色，举世界之学术家、政治家、兵事家、工艺家、商业家所日而思夜而梦者，皆萦萦于支那一片土。已足迫压我民族，使不能复见天日，而况后此之险象无穷，且将百倍于今日耶！然而我国民犹未之知也。吾由世界上之大势，地理上之关系而观之，美哉乎支那！至今日而得独一无二之价值，危哉乎支那！至今日而处孤立无援之地位，即令我国民有特立不惧之心思，有以一敌万之手段，吾犹虑其不济，而况我国民之长睡永寐，善于不知也。如此则中国之前途，岂仅不得为铁道之国哉！吾恐地球虽大，我民族竟无可以立锥之地矣。脱来焦氏之言曰：白种人必握世界之全权，此无可疑。乌呼！白人之所得，今已如此。再举黄河、扬子江、西江三流域以奉之，则谓全地球皆为其私产，亦谁敢曰不然者。吾不怪夫彼之得之者，犹以为优胜劣败之公例宜如此也。吾独怪我数千年文明繁盛之民族，至今日而尽举其祖宗立足之地，拱手以让人，曾不少顾惜也，岂以地大为可恃乎？一瓜分而将无余壤矣。岂以瓜分后独可自振乎？则救死之不暇，而何暇于自振。诸省统一而不能自振，而何望于瓜分以后。危乎！危乎！存也在此时，亡也在此时。我国民如之何不乘此时以奋兴崛起，全国一心，破釜沉舟，背城借一，以为死地求生之法，留此一片土为子孙衣食居游之地也乎！录地理第九。

举自有人类以来变迁进化之往迹而论其成败之因果者，历史家之言也，过去之事也。推人类所关系之理想以至无穷者，哲学家之言也，未来之事也。而间于二者之间，则为现在。现在之世界何等世界也，举天下之各民族群起而相竞争，观其谁优谁劣谁胜谁败，以待天演之裁判之世界也。而又数千年文明繁盛之支那人种存亡生死之关头也。日本德富猪一郎之言曰：入二十世纪方一岁，而世界之经世家、文学家崭新奇拔之议论，已不少矣。其关系支那者尤多。二十世纪劈头之大问题，总由亚细亚而发生，亦自然之势所不得已者也。吾不暇问今日之中国于时论之价值为何如，吾特以中国之价值必由我国民自评之而自定之。如以为犹可存者，则中国斯存矣。若以为将遂亡也，则中国斯亡矣。其存其亡，争此一时。国民国民，能不努力。居今日而犹欲有所待，则吾恐数年之后国事之坏败，愈益不可收拾。即起欧美百余年来之豪杰,而以华盛顿、维廉第一为之君,格兰斯顿、毕士麻克为之相,加里波的讷尔逊为之将,披斯脱洛、黑拍儿为之师,亦未必能招已死之魂而立方僵之骨也。时乎时乎,可再失乎!录时论第十。

吾读欧洲近世史,见其贤家辈出,类能兴数千年之旧学。今社会之现行独立挑战,以求必得之优胜,至今日而政学之发达,似已有满志之快矣。然生计革命、女子革命,尚为社会上一大问题。至于自然科学,则更有愈出愈新之象,此其故何哉!瑞西哲学家醒訾之言曰:人之心亦犹人身也,能运动有食欲,一物消化又思他物,必不喜同品之接续而至,此崭新奇拔之功所由成也。吾以此言推察于我民族,则觉今日之思想事业,犹与数千年前人类进化之始期无以异,诚有如外人所诃为守旧根性最固者。不必论其高大,但以一物一器言之。欧洲之有罗盘针也,自中国传入之。西人得此,又生无数之学理焉。遥度此文明之祖国,其进步不知已至何等。于其始至中国时,即入广东省城购求此物,则比于曩所得者,无丝毫之改良焉。其人惊疑,不知所解。吾亦因此而自疑,踌躇于醒訾之说。窃以谓心理学,岂亦有黄白人种之异乎。然而日本人亦黄种也,其论黄遵宪所著日本国志,以为此十年前之事,若据此以论今日之日本,无异据明史以论清事也。如其言以观察之而果然。其进步之速,直有一日千里之势。是则凡为政治之动物,其心之食欲,亦必无不同者。我国民若能发抒其固有之特性,以竞争于思想界。使中国明年之现象,大异于今年之现象。朝夕异状,以为世界之日日新闻,增异常之彩色,此亦岂待他求也哉!录新闻第十一。

凡一国之语言文字,歧而为二者,其国家之教育,人民之进化,必不能普遍于全国上下。而学人以为经世著书之具,务求为高雅宏博之词,则文学反以阻国民之进步,故不独词章家之以雕琢为诗文,取悦于一己而不求人知者之不足厕身于一国之文学界也。即有心于当世者,亦以此计其功用之大小,而分其品次之高下焉。俄国学者特儿斯特之论艺术也,分广义与狭义。而小说与诗歌美术等,同在狭义之中。其总论曰:艺术者,使作者之感情传染于人之最捷之具也。作者之主题当如何,则必以直接或间接向于人类同腔的结合而求其好果以为感情之用也。彼斯脱洛之为世界大教育家也,以读路索之《也米儿》小说一书而成者也。亲蔑翁之以女子称雄于哲学界也,以有小说十余种之传播也。为其有利于国民,即为有用之文字,岂以体裁之大小而为之区别乎?日本笹川种郎之言曰:欧洲及我国历史,无不有小说戏曲之记载,而支那史独否。自宋以前,并无完美之书。至元时始有特异之精彩。其前此之寂寥者何哉?盖以此方思想,纯在儒教势力范围之中,自儒者观之,以为文章者,经国之伟事,小说戏曲败坏风俗,何足算也。然如孔云亭之《桃花扇》,亦何尝不本三百篇之旨,而断以春秋之大义哉。由此论之,则我国民之不进化,文字障其亦一大原因也。夫小说文字之所以优者,为其近于语言而能唤起国民之精神故耳。意大利之诗人当的编国语以教民族。日本维新之名儒福泽谕吉著书教人,必先令其妻读之,有不解者,辄复更易,以求人人能读,此皆小说之意也。岂非以作一字而非为国民之全体谋公益者,则必不为之乎。然今日竟有意大利统一日本振兴之实效,则有谓二君不能列于文学界而称为名儒者,其国民能听之否耶?我中国于前者已矣,自今以往,吾诚不知后事之如何,吾亦不知下回之当作何分解也。国民乎!其有以《西游记》活泼不羁之自由主义,《水浒传》慷慨义侠之平等主义,而为《三国演义》竞争剧烈之独立主义者乎?吾知他日小说家之为新中国者,必以为第一回之人物矣,是我民族之幸也。录小说第十二。

光绪二十八年九月　日湘潭杨度撰于日本东京客舍。

《游学译编》第1册,1902年11月14日

△ 本日，南洋公学爆发学生退学风潮，至16日，学生二百余人同时退学。

此次南洋公学学生退学风潮，《新民丛报》给予深度关注，辟出专栏详述始末，加以评论并拟出善后之策。

《南洋公学学生出学始末汇记》：

退学详记：

十月十七日，南洋公学学生二百余人，同时出学。此中国学生社会一大劈头之大纪念也。先是五班教习郭某，禁学生阅一切新书及《新民丛报》等，每痛斥之。学生积不平。一日郭之几上有墨水瓶，郭问是何人所置，无应者。阴以询一小学生杨某，杨故不理于同学，举尤所不善者伍正钧对。郭信之，白总办逐伍，其实非伍所为。郭又以他学生匿不告，皆记大过。于是五班大愤，且以伍无故被逐，相约至总办处力辨护之，语侵郭。先是，五班常于休假集同班演说，郭至是扬言学生集会，将酿非常，必悉逐五班。事未发，为五班所闻，议悉告退。他班教习知之，出而调停。五班要求三事：一去教习郭某，二去学生杨某，三留伍正钧。总办不允，责令请过于郭前。学生益不平，是晚集各班演说，定次日悉行，即以为别。此十月十五事也。各班以五班之去，关系于全体甚大，共议所以留之。次早方拟诣总办，而开除五班之令已下。于是各班学生二百余人，同诣总办所。总办拒不纳，屡请，仅许见数人。每班乃各举代表者一人入见，陈五班生无可尽逐之道。若辄以小故逐之，可为寒心，非国家所以建设学校之意。总办曰：学生私自聚众演说，大干例禁，不可不以此示儆。学生反复辩论，至数小时，云当以全班去留争之。总办怒甚，言五班已经开除，非诸生所得干预。愿去者听。于是诸君忿然辞出，相谓曰：学生者，国家所以生存之要素。今教习悍然以奴隶待学生，为种种之束缚，总办复顽钝，欲抑制学生言论之自由，是等奴隶教育，凡为国民，谁能堪之！我辈居此，何为者，将共往督办处言所以去之故而行。不得见，遂共返收拾行李。而特班教习蔡鹤卿先生适至，告学生姑待后命。学生不可。蔡君申谕至再，学生曰：明晨前总办去则某等留，否则某等行已决。至十七日十钟不获命，学生遂行。相戒不得嚣张。各以班次为出学之先后。于是六班先行，五班、四班继之。诸班又继之。此合学二百余人同时出学之始末也。

夫我国学校专制之轭，实我学生社会之公敌。曾无有起反动之抵抗者。大陆专制国，惟我国与露西亚。近世露国酷待学生之事，实为一部惨淡之历史。而学生至于流无限之鲜血以争之，将斷斷造成他日共和之新露国。呜呼！我同学之担负，岂不重哉！今日之事，为我学生脱离专制学校之新纪元。我同学之前途之奋勉当如何也！谨次第其事，公布于本邦一般之国民。代表人贝寿同、殷崇亮等公启。

《附退学生名单》：

○特班

程志姚　王世谦　贝寿同　钱诗桢　张承樾　陆梦熊　穆湘瑶　吴宝地　钟　枚
林祖同　魏斯炅　萨君陆　田　康　殷崇尧

○政治班

胡炳生

○头班

杨德森　王寿祺　胡壮猷　杜永清　金颂庚　王明煦　屠尉曾　李昌祚　任　榆
张在清　林仰纬　王孝纲　张保熙

○二班

夏元瑮　裘维锷　徐　侗　郁德基　稽芩孙　赵景简　王世淦　王开源　张大椿

秦岱源　陶　连　陈同寿　吴继杲　王谱曾　石襄善　陈元勋　范承祜　裘岱龄
邵长光　谢学沄　钱秉钻　汪祖杰　吴铭　程良楷
〇三班
陈修瑜　王汝宇　刘宝锷　林汝耀　邓益光　徐经郛　张　铸　夏仙鹏　徐恩光
周善同　朱文鹏　杨嘉沄　何整珪　杨曾谊　杨曾询　杨曾谦
〇四班
吴莲生　陈昌骥　朱庭祺　蔡远泽　杨景森　盛观颐　张百生　王剑石　陈修璟
叶昌叙　杨阴[illegible]　胡寅生　胡鸿猷　杨承彝　冯元升　邹文炳　张汝熊　张汝垲
陈吉庭　雷祖煐
〇五班
王增久　曹大櫺　张德环　陶树荣　史久彬　俞乃来　李德晋　陈肇沄　孙翼舜
曹　钧　葛敬猷　伍正钧　胡宾律　陈承修　施传盛　沈　联　唐在贤　张述贤
贝致详　叶　涛　张传本　陶　赞　贝　均
〇六班
项大受　徐铭鼎　徐兴鹭　冯中鑫　胡浚济　刘崇伦　罗鸿年　丁锡龄　严锡皋
沙曾藩　郁　申　孙　彬　蒋曾焕　曾学藩　俞根福　吕本璋　刘世杰　瞿庆普
秦　淦　郭　鹏　戴棣龄　周端伊　曾崇鲁　钮长庆　曾　栋　张　谔　谢行端
金保熙　王孝缜　陈永钦　汪之椿　范崇望　沈慕曾　汪振鹏

南洋公学腐败之历史：

南洋公学者，一老大帝国之小影也。积垢丛微，非一朝一夕之故，迫今日而猝发耳！及今以后，果能改革一新乎？抑将小小补苴以重其微诟乎？往者不谏，来者可追。请述其腐败历史之大略以为鉴。公学经费，出于招商电报两局，故公立学校也。而倚傍官办各局之例，以官为督办，由督办札派总理，如上司下属，其往来言事，皆用官文书。故就者类非志节之士。其创始时为某甲，以理学词章自负者也。若教员，若办事人，盛布其私人。管支应者为其孙妇之兄，掌采办者为其亲友之子，两人皆傲狠龌龊。然至今犹蟠踞公学，以荼毒学生，为某甲办事之纪念碑。某甲去，某乙代之。其人厚貌深情，老于世故。所定章程，第一条曰：总理手写章程一分，悬于众人共见之地，凡章程所无，非总理手笔注添者，不得依事理擅增。凡章程所有，非总理手笔删去者，不得依事理擅废。悍然有秦始皇帝专制天下之槩。迄今主持他学校者，常袭用其语焉。然某乙固非知教育学者，乃一倚监院某教士。某教士固不学而深染我国官场习气者也，所定英文普通学课程，甚不完备，而事事侵总理之权。某乙以媚督办之故，不得不媚外人。乃暗抹其章程第一条之所云而含忍之。其某乙自定华课课程，分文学两科。学者历史，文者文辞也。其课率敷衍无聊赖。然所聘教习，颇有通人，某学监其最也，类能于课程以外，输新思想于学生。而某乙亦能优容之，且时赖此诸教习以通学生之情，且时时延见学生，加以礼貌。故是时开演说会，派日本游学生，颇有蓬蓬勃勃气象。然最顽固鄙陋之某教习，则亦于是时到学矣。故其时教员已互相水火，而不肖之监起居及司事，皆专以迎合监院为事，日侵侮学生。凡学生游息时，由监起居约束。讲书器，遣仆役，则皆与司事交涉，故受侮最多。华课教习之明理者，既以放任学生为某教习辈所攻讦，而又以时时为学生申理，尤为监起居司事所仇。其冲突之状，已深印于学生脑海中矣。无何某乙死，某丙代之。某丙自命为新党者也，其约束司事，监视规则，勤干无比，且太息痛恨于监院之揽权，而时时图所以恢复之。且深恶某教习。然其人酷好专制，虽时时延见教习学生，而訑訑之声音颜色,距人千里之外。以是监起居益肆其朦鄙,教习学生议去监起居,而推源以及于监院。欲并去之,以要某丙。某丙终以畏督办之故,不得不畏监院,不许。要之以告退,仍不许。于是教习之主议者稍稍引去,学生亦间有去者。其时团体未固,去者无几,事遂寝。而某丙终以为监院所丑诋,不肯即去,某丁代之。某丁者,素以记诵为学,以高官厚禄为目的,喜难自由平等之说,以四书集注为人人应熟读之书,为教习中稍稍明理者所菲薄,某丁以是仇之。又其人深染司官习气,又兼他差,日仆仆道路,殆鲜与教习学生见面。惟某教习辈及监起居司事有意逢迎之者,时时见之,以媒孽教习学生之明理者,谓其坏规则,唱平权,殆图叛逆。于是某学生以阅新学书斥退。其时学生与监起居司事屡有冲突。某丁惟监起居司事之言是听。每冲突一次,则学生受压制高一度。及去年冬,已如引满之弓,跃跃欲发矣。某丁去,某戊代之。是时某教士已去,无掣肘者。然某戊素无教育思想,以是为候补道府之例差然,故改总理之名为总办,而一用放任主义,不问教科。总教习两名,皆某丁所订者也,改学课之内容为经学,改文课之内容为文史两种。其课程表罗列诸经,惟去公穀春秋传及尔雅。史部则九通通鉴东华录等,皆入之。曰不如是,人将笑吾陋也。今年教科至用圣武记等书,支离灭裂,令人腹痛。某戊固不问也,其于学生殆如路人,惟有一主义,曰,学生对教习非可论是非者。又有一主义,曰斥退一二学生,即非其罪,亦足示惩。于是某教习辈益逞其志,至以几上墨壶一小事,请斥退五班学生三人。于是五班生议全行告退。而又有一教习请于某戊,谓非全斥五班生不可。近日学堂与科举同价,招生甚易,何足顾惜,乃至发生五班生尽斥退之条。而他班生动公愤,愿以全学学生之去留争之矣。某戊既护前不让,而其他调停者又不得法,遂有十七日二百人全数退学之事。彼学生中年有长幼,性有鸷驯,且其事自五班生以外,皆所谓事不干己者。而一致如此,是岂某教习一人之力,其所由来者渐矣。闻其事自始发至决裂,殆历十日。而学生并无野蛮横暴举动。其中拳碎总办玻璃窗之某,捽破督办慰留书之某,均为同辈所斥议,屏之社会之外。其退学也,少者先行,长者殿后,相友相助,各有机体。此实学生社会公法渐明之证据。吾方疑某戊辈将昌言之,而贪以为己力。不意某日报素号主持清议者,乃曰此当为公学讳,此当为某大臣讳。呜呼!彼其意欲令学生日受奴隶犬马之辱,忍诟含羞,以驯达其他日富贵之目的。然则亡吾国之材料耳,彼宦海中滔滔皆是,奚以设学堂以培植之为!今日闻某戊已辞总办职,将以某己代之。方百计设法劝回学生,以冀掩前事之迹。学生中未必无一二顽钝无耻轻率无志之人,为所笼络。某己其将以是自满,仍出其制造微垢之手段以继之!是以此次冲突为未足,而又重之焉。是以为述此次冲突之多因,以促其改革云。

按某甲张焕伦、某乙何梅生、某丙张元济、某丁沈曾植、某戊汪之芳、监院福开森也。

筹同学善后策:

吾辈日日言团体,言公德,殆未见有实行之者。以游学日本诸生之程度,而吴、孙之事(指本年7、8月份吴稚晖、孙揆均率诸留学生与驻日公使蔡钧冲突事,编者),竟未能一致回国。其他又何责焉。而不意今者乃见之于吾同学。吾同学殆二百人,年齿不等,学级不等,徒以第五级生不平之感,而一睹公启,一聆演说,如响斯应,豫约退学,不爽晷刻,团结之力,信必之概,实我国学生社会之特色。夫南洋公学与吾辈理想之学校,其相去诚不可以道里计。然其干涉之度,于我国各学校中为最低,而卒业英文普通学者,上之可以游学欧美,修专门之业;下之亦可以咨送京师大学,为干禄之梯。其利益个人之效果,亦非我国其他各学校所可比例者也。今一旦以公愤而牺牲之,是舍己为群之主义之托始也。是尤为吾国学生社会之特色。虽然,一致退学者,消极的而非积极的也;破坏主义而非建设主义也。脱专制之扼而未由共和之途也。且夫宗教社会所以不见扼于政府者,彼因能离政府而建设也。劳工同盟所以终见散于雇主者,彼尚不能离雇主而建设也。吾学生而无所建设与,亦不能不入于其他学校。吾前者固谓我国学校,其程度、其效果,殆未有以愈于公学者,是下乔木而入幽谷也。将星散而不学欤?是犹之个人自杀,而无裨于社会者也。是亦为社会之罪人。是故吾同学诸君,不可以不有所建设也。某等为创办译社事,先时告假出学,于此举未与图始。然不敢置身事外。兹不揣狂瞽,为吾同学诸君陈建设之策。拟名之以苦[若]学界,而分之为共和学校,共和营业之两部。

共和学校

一 定章程,立学课,延教员,皆公议以多数决之。

一 立制度以全共和学校学生之资格。

一 揭公学退学始末记,及张园影像公启告白等种种有关系之稿于会堂,以防他日渐趋专制之弊。

共和营业

一 共有资本,有财者出财,无财者延长劳动若干时以当之。

一 协同劳动,若干岁以上,每人每日皆劳动若干时,能著作者,能译述者,能编辑者,能词章者,能书画者,为书为报为美术品,设肆售之。

一 旁求赞助。

(甲)于学生社会外,请助资本,请助书助报助器。

(乙)于书肆报馆教品室联约减普通价值之若干分,以贩其所有。

一 公配利润。以若干分为学校费,若干分为保险费,其有赢(盈)均分于各人,以为赘泽,若储蓄之需。

其他细节,须公议定之。其大主义已具矣。呜呼!我同学生诸君果能以此主义贯彻始终,吾同学诸君者,实学生社会之中心,而社会主义之现象也。否则,一鼓作气,再而衰,三而竭,鲜克有终矣。前者乎?后者乎?此非我同学诸君前途之关系,而实我社会前途之关系也。吾以诸君退学之历史推之,而料诸君之必取前者之主义也。故为刍议以进,幸诸君择焉。同学林洲髓、谢无、项炜臣敬陈。

《新民丛报》第21号,“余录”,1902年11月30日

11月20日(十月二十一日) 中国教育会召开特别大会于张园,决定成立爱国学社,推蔡元培为总理,议定章程,社址设在南京路泥城桥福源里。

《中国教育会协助成立爱国学社并退学学生意见书》:

南洋公学退学生二百余人陈意见书于教育会,请其协助,二十一日,教育会遂开特别会于张园,专议此问题。十下钟一齐到会,先由教育会各员演说特别开会大意,曰今日所以开特别会之故,以南洋公学学生不受无礼之压制,全学告退,欲组织一共和学校,陈意见书于我本会请协助,故特开会以议之。所议者为协助之方法,至于协助之义,则为本会义务,无可踌躇,何则?我等所以设立此会者,实欲造成理想的国民,以建立理想的国家,否则各处奉谕建设大中小蒙各学堂,其实行奴隶教育绰有余裕,何劳我辈穷措大担任此教育之事乎?我等理想的国家决非俄罗斯,决非德意志,乃纯然共和思想,所以从国民做起,否则亦当如腐败之报馆,日日望朝廷变法而已,又何劳我辈穷措大担任此国民之事乎?我辈欲造成共和的国民,必欲共和的教育,要共和的教育,所以先立共和的教育会。世界之事有主因有助因,理想在

共和而办事稍带专制气味,其结果便不纯粹,本会办事所以纯用共和法也。但欲办共和的事必要有共和国民之资格:一曰独立自尊之气节,一曰舍己为群之公法。前者谓之权利,后者谓之义务。无权利者富贵所淫,贫贱所移,威武所屈,专制国民之资格而已。权利不可以抛弃,但国民本社会全体之细胞,如其专己守残,一毛不拔,则全体既坏,细胞何以自立!所以必要有委身社会之公法,然后能完其独立自尊之人格。今观公学诸君为不肯受龌龊教习、糊涂总办之压制,抛弃其安居修业之利益,而漂流奔走,不少悔折,是真有独立自尊之风,推其原因为一二人受压制而全学争之,牺牲个人之利益于同学,是真舍己为群之风,所以诸君真有共和国民之资格者,与本会会员理想相合无间。本会如不协助是自杀其主义,今日便当解散此会矣。所以本会之决意协助无待再议。惟本会此时尚是穷措大所集,财力有限,所以要先问诸君自力所及如何?要本会协助者如何?本会会员乃能公议协助之法,此时即请诸君代表人宣布诸君之主义,次由退学学生代表人演说退学始末,及请教育会为助动力之意见书。意见书录左:

我国学生革命之举前此有三:一、浔溪公学,二、杭州中学堂,三、日本东京留学生。今并某等脱离公学事而四矣。竞争进化天演之例,使革而不进,亦何取乎?革耶闻浔溪事,前则以火以剑施种种野蛮之手段而后无佳闻矣;杭州学生至于摈革总办监督,全堂出学,其事非为小也,然其也惟师范班六人至上海组织报馆,即《新世界学报》,余皆以渐进堂,而该堂专制之度更高若干度矣;东京留学生其事更巨,然未能一致回国,即回者亦未有特别举动可称裨益学界者。某等鉴于以上历史,故不敢首尾两端,力图进步。今拟先设共和学校一所,暂为基址,其主义有二:

一、为某等团体固结力计及学务计,二、为全国学界前途计。惟某等力量尚未充足,不可无助动力者。中国教育会为我国学界之中心点,其出而玉成之也,岂仅某等之幸,直中国全部学界之幸也。今揭其应议之事如左:

一、拟请教育会赞助共和学校经费之若干分。

一、共和学校拟延教育会会员之优于中东西文学者为教员,暂不送修,请提议其肯定或否定。

一、如肯定充当教员不取修金者,即于今日由教育会会员及退学各生公举,以多数决之。

一、请提议告同学文中之旁求赞助甲乙两项,会员有与书肆、报馆、教品室有交通者,请各为某等商可。

一、请公议共和学校之规则。

一、拟筹经费派送退学生中若干人出洋学习,请提议教育会中能否赞助。

一、拟设一共和报以加固团体主持学界清议,请提议教育会之能否赞助文艺及经济各几何分。

(右)上方七事即于今日决定,不可迟延,盖退学诸生或年少不能自营,或乏于资财不克久留旅馆,故共和学校之建设决非可出于五日之限,即规模未能大定,亦须草草开办,渐图扩充,否则此绝大绝佳之团体,必仍归于解散,岂不可惜。至今日之求助于教育会者,盖在于教员及经济之若干分而已,退学各生仍不敢自异其义务也。请贵【会】熟议而赞成之。

嗣经教育会认可协助建设共和学校事宜,余俟续议。于是由退学生代表人于班中之有力者捐助开办经费,登时集成二百余元。又预算每人每月约费金七元,就各班商议量财力之大小,自认若干成或竟不认,认毕,就中数核计,约得十分之四,于是教育会各员认助其六成,并开办费若干。嗣复由退学生公举教员,并议定大纲、规则、订约。即会同租定四层楼洋房一所，并公举名誉教员若干人，校中一切课程如东西文及专门普通各科学，无一不备。

《选报》第35期，录自朱有瓛编《中国近代学制史料》第2辑上，华东师范大学出版社1987年版，第689～692页

冯自由《中国教育会与爱国学社》：

驻日清使蔡钧忽电请清廷停派留东学生，免为革命邪说所中，且照会日政府请禁止中国学生肄业陆军。国内外志士因之异常激昂，教育会乃谋集资自设学校，培植人才。正计划间，而南洋公学适发生全体罢学之风潮。盖该校教习不许学生谈论时政，压抑过甚，乃有是举。退学生之有力者何靡施（梅士、福州人）、穆湘瑶（藕初）（此处冯自由有误，穆湘瑶字恕斋，藕初是其弟穆湘玥，为民国著名商人，编者）、计烈公、胡敦复、敖梦姜（嘉兴人）、俞子夷、曹梁厦、何震生、贝寿同等，初拟凭自力组织学校，继以资力不足，乃求助于教育会，章、蔡、黄、吴等允之，黄宗仰为言于罗迦陵女士，承慨助巨款，而学校始得成立，即爱国学社是也。未几南京陆师学堂学生亦因事多数退学，该校学生中以章士钊（行严）、林砺（后名懿钧号立山）为最激烈，均先后加入爱国学社，而声势乃益张。当时中国教育会为募捐经费事，尝致书海外各地华侨求助，录之如左：

中国教育会全体会员顿首寓书海外同胞：

韩婴有言：磐石千里，不为有地；愚民百万，不为有民。岂惟不自有而已，权利竞争，归于强杰，固将有乘虚抵要，夺其所据而吮膏肉者，荒荒大陆，蚩蚩横目，欲保此于终古，殆理势之必无者也。比年以来，前知之士，固尝发教育改良之议矣，盖我民诚智，彼虽欲役，固有不能者。我民诚愚，彼虽欲事，亦有不得者，此固强弱之总因，抑亦盛衰之枢纽也。而政府亦尝仿行一二，以塞众望。顾斯事艰巨，生死存亡，系于绵绵若存之一线。乃微观深察，则见其大谬不然，盖往往以形骸聋盲，当此巨任，是无异望近死者以复阳也。呜呼！海外同胞热心侠力，日日望宗国兴学校出人才者，而讵知宗趣若彼，孤我同胞之望者，至如此极耶！庄生曰：天之穿之，日夜无降，而人故塞其窦。今日穿之之力犹逊于塞，然则莽莽前途，其将长夜以漫漫乎？禹域山河，其真际于末劫，而为毗蓝风中之腐草乎！抑将有倔兴者，濯乎整理，以新我日月，光我宇宙乎？凡此绝大之疑问，推往观来，执因求果，皆可于今日教育之现状而稽决之也。请为同胞重一言之：专制之毒痛于学界，递积递演，则国民之萌蘖者愈受摧残，一也。外人利我教育权者，将阴施其狡狯，益深我奴隶之资格，二也。循斯二者，已足以夷吾族姓矣。况丰祸之交乘而迭至者乎！同胞同胞，吾侪不自振拔，偷懦惮事，失今不图，必无幸免之希望矣。乃者旅沪同志殷忧不辍，爰有教育会之举，发起于壬寅之春，至其秋冬之际而组织乃粗备，请为同胞道其概略：我国今日学界最缺乏者为教科书，教育会发兴之始，即欲以此自任。继因八股方废，承学之士，于一切新名词，意义既未习闻，恐难沟贯，乃议仿通信教授法，刊行丛报，方欲出版，而驻日蔡使阻遏留学之风潮以起。于是乃谋自立学校规制，尚未底定，又有南洋公学学生不胜教习之虐待者相率出学，求济于教育会，遂成今之爱国学社，此敝会历史之大凡也。然敝会同志无权无势，一切建置皆白地起造，无有凭借，学生社会，家乏者十之七八，即稍有资力，而束缚于父兄，不得逞志。爱国学社财用之困难，遂有逾于寻常者。国内塞陋，稍有一二同志慷慨捐助，然一切费用不足者犹极巨，此所以不能不呼将伯于海外同胞也。海外同胞睹外族之强盛，身婴虐待之惨酷，爱国之诚，浸昌浸炽。近年凡有举动，极为同志所钦服，比来各省官学多有由同胞资助以成者，此足以表爱国之盛心矣。然官学生之宗旨，不过造软骨派之奴隶，爱国学社之前途，虽不敢决其如何，而学生固多志趣不羁，向学甚笃，俨如昔日英民移居北美者。具此善因，或有胜果，可以慰我同胞者也。伏希同胞各仗愿力，襄此善举，实为厚幸！谨布腹心，惟祈垂鉴。其他规则，别详敝会及爱国学社章程，与敝会机关

之《苏报》,同胞取而览之,必更详知其情状矣。

爱国学社既成立,中国教育会诸董事蔡元培、吴敬恒、章炳麟、黄炎培(任之)、蒋智由(观云)、蒋维乔(竹庄)等皆任教员,一反以前南洋公学所为。校内师生高谈革命,放言无忌,出版物有《学生世界》,持论尤为激烈。湘人陈彝范(梦坡)所设之《苏报》,向称革命言论之枢纽,率先自承为教育会之附属机关;其女公子撷芬,亦有爱国女学校及《女学报》之设,两者均于妇女界智识之进步,增助非鲜。教育会更派遣会员分赴江浙各省组织支部,兴办教育。已成立者有江苏常熟及吴江之同里等处。常熟支部为殷次伊、丁初我、徐觉我等发起,附设有塔后小学。同里支部为金天翮(松岑)发起,延柳弃疾(亚子)、林砺、陶庚熊等相助,由林砺教授兵操,成绩斐然。附设有明华女校,章程略仿爱国女校,湘乡张通典之女公子弘楚、驾美、振亚及阳湖孙济扶等皆来就学,声誉颇著。此外刘季平(又称刘三)、刘东海(季平从兄)、秦毓鎏等,亦在上海华泾乡创设丽泽小学,校址即刘季平住宅。又苏州有吴中公学社,杭州有两浙公学社,规模悉仿爱国。是时东南学子,咸知振兴学务为救国保种之惟一途径,此倡彼和,盛极一时,学生之趋向激烈论者,所在多有。爱国学社之组织,本为南洋公学退学生所策动,颇以主人翁自居,对于中国教育会之指导,间存漠视。章炳麟等乃主张渐加以制裁之说,吴敬恒则左袒退学生,意见各殊,会与学社之争潮遂起。虽经黄宗仰多方调处,卒难复合。癸卯五月二十四日爱国学社忽以社员名义,登载《敬谢教育会》之意见于《苏报》,表示与教育会脱离关系。至闰五月初一日黄宗仰亦以中国教育会会长名义揭《贺爱国学社之独立》一文于《苏报》以答之,由是教育会会员之任职者遂谢去。内潮方急,而满清政府已控告革命党于租界会审公廨,封闭苏报馆,逮捕诸重要分子,蔡元培走青岛,吴敬恒走伦敦,黄宗仰、陈彝范、陈撷芬走日本,章炳麟被逮入狱,爱国学社亦闻风解散。中国教育会在风雨飘摇之中,仍勉强挣扎,迁其机关部于爱国女学校,由武进蒋维乔、吴县王季烈、四明钟宪鬯诸人支持之,后此亦不能有所活动矣,上海革命运动,至此遂受一顿挫。

冯自由著《革命逸史》初集,中华书局 1981 年版,第 115~119 页

蒋维乔《中国教育会之回忆》:

中国教育会本拟自办学校,而南洋公学退学生百余人,无力自组学社,遂推代表请求于中国教育会。会中特开会议,决定接受退学生之请求,予以经济及教员之赞助。推蔡孑民为总理,吴稚晖为学监,于是年十月十七日(《选报》三十五期记录为二十一日,编者),在南京路泥城桥福源里,租屋开办,定名爱国学社。

中国史学会编《中国近代史资料丛刊·辛亥革命》(1),上海人民出版社 1957 年版,第 487 页

附录爱国学社章程:

《爱国学社之章程》

一、宗旨,本社略师日本吉田氏松下讲社、西乡氏鹿儿私学之意,重精神教育,重军事教育。而所授各科学,皆为锻炼精神、激发志气之助。

二、学级,本校学生,分寻常、高等两级,各以两年为卒业限。

三、教科,寻常学级教科之目,第一学年:修身,算学,理科,国文,地理,历史,英文,体操。第二学年同第一学年。高等级教科之目,第一学年:伦理,算学,物理,国文,心理,论理,日文,英文,体操。第二学年:算学,化学,国文,社会,国家,经济,政治,法理,英文,体操。

四、职员,本社公举总理一人,干事一人,学监一人,会计一人,教师若干人。寻常级教师,于高等生中公举任之。高等级教师,于教育会会员中公举,及延名誉教师任之。

五、停课日,年假自十二月十六日起,至次年正月廿日止。暑假,自六月初十日起,至七

月十五日止。清明、端午、中秋三节,各放假三日。万寿、孔子生日,各放假一日。每星期(日)休息。

六、规则,讲堂之规则,由干事管理之。社友寄宿舍规则,用自治制,由学监提调之。

七、经费,讲堂、体育场、社友之寄宿舍,皆由教育会预备。非社友而愿学者,谓之附课生,每月缴学费银三元。其由社中代理膳宿者,增缴膳宿费银五元,月初预缴。

八、考校,本社月终由各教习核稽分数,送于学监。每季、每年,统计分数最殿高下,出给分数单,以便学者父母稽考。学生入寻常级满二学年,超高等级又满二学年,于各学科均已通彻者,由本社给予卒业证书。

《选报》第35期,录自朱有瓛编《中国近代学制史料》第2辑上,华东师范大学出版社1987年版,第695~696页

11月26日(十月二十七日)　爱国学社举行开学仪式。

《选报》第35期:

是日,社门高揭国旗,临风扬曳,令人顿发爱国之思。一句钟,各教师及学生齐莅演说厅,教师南向雁行立,学生皆北向。嗣由教师代表人蔡鹤卿君出位,陈祝词毕,次学生代表人贝季眉君出前列,陈答词毕,行谒师礼,各一折躬而退。少顷,延来宾升堂,列座于前,教师、学生各以次就座。堂后一室,别列女座,以待爱国女学校、务本女学堂各女宾,到者约十余人。时履舄交错,堂为之满,而环户而立者,复不知几许也。二时,由教育会代表人蔡鹤卿君演说,次学社代表人吴稚晖君,次来宾钟大愚君、杜杰峰君、马寅初君、屠敬山君、吴丹初君、戢元丞君,次教师叶浩吾君、虞和钦君互致祝词,继由学生代表者出位,代受祝规毕,均退,诣客厅少憩。嗣齐至寿圣庵前拍照。沿途学生等列队以行,神色皆毅,气象肃穆,无一毫凌杂之习。事毕,会员及来宾各散,学生仍列队而回,已钟鸣五下矣。当诸君演说时,拍掌之声,如八面春雷,途人为之驻足。

高平叔编《蔡元培年谱长编》,人民教育出版社1996年版,第248~249页

蔡元培《爱国学社开校祝词》:

吾中国教育会建立之始,即议先举实事以为本会发达之基本。经营半年,始有此爱国学社,是为本会实现理想之第一步。故学社之前途与本会之前途实有重大之关系,启吾人前途之希望。果如何乎?则精神教育之结果而已。近今,吾国学校日月增设,其所授科学,诚非可一笔抹杀者。然其精神上之腐败、之卑猥,决不能讳。此如人之有官体,而无神经,则土偶傀儡之类耳。

吾辈今既以制造神经为主义,则有三希望焉。一曰:纯粹其质点,则沉浸学理,以成国民之资格是也;二曰:完全其构造,则实践自治,以练督制社会之手段是也;三曰:发达其能力,则吾学社不惟以为雏形,而以为萌芽,以一夫不获之责,尽万物皆备之量,用吾理想普及全国,如神经系之遍布脑筋于全体是也。

呜呼!吾学社果能达此希望乎?则微特学社之光荣,微特吾教育会之关系,吾中国之前途实大被其影响焉!吾以学社同志责任之重,特于开学之日演之,以为祝词。

《选报》第35期,录自《交通大学校史资料选编》第1卷,西安交通大学出版社1986年版,第111~112页

《爱国学社之主人翁》:

爱国学社者,南洋公学退学生诸君所创立也。壬寅冬十月十七日,诸君因公愤退学,共谋建设新学校,五日而议决,十日而功成,上海泥城桥西首之福源里,始有所谓"爱国学社"者矣。当时社员五十五人如左:

贝季美(眉)　裘剑岑　钱伯圭　胡敦复　沈步洲　何梅士　王君宜　吴步云　穆抒斋　裘祝三　孙孟刚　俞子夷　张季源　平海澜　张菊臣　朱搏云　胡漪村　郁少华　夏叔良　谢吉士　杨先筹　陶介如　王遐先　杨颂椒　杨怀谷　宋新伯　程子箴　吴叔田　魏阜瓯　殷次伊　陶仲实　叶拜石　曹梁厦　冯伯始　史三多　张迪周　唐仲希　伍特公　施伯安　陈别公　冯松卿　孙永年　郁子青　曾觉黄　葛仲勋　项廉夫　曾剑夫　蒋文卿　稽洛如　胡洸东　王勇公　范均之　刘钢五　张季传　贝幼汇。

此五十五人者,皆南洋公学退学生,即皆爱国学社之主人翁也。苟与乎此者,则为其团体所放逐,则失其为主人翁。不然者,其主人翁皆与学社相始终者也。其义务,其责任,固不容一日放弃也。故此五十五人者,为永久之主人翁。

《童子世界》第32期,1903年5月

12月1日(十一月初二日)　日本情报机构侦悉孙中山将从日本回国前往上海活动。

《关于孙逸仙回国之报告》:

前已报告孙逸仙计划回国之目的,闻其与平山周共同计划出版之南清全图已经完成,为将该图在清国各地发售,决定于本月四日出发前往上海。此外,为推销该图,孙之部下郑某前些日子周游清国各地推荐预约,据说已达到二万册以上,又闻该地图系由黑龙会出版部印刷。

谨此汇报如上。

警视总监大浦义武

明治35年12月1日

[440675　甲秘第75号　外务省政务局收]

章开沅、罗福惠、严昌洪编《辛亥革命史资料新编》第6册,湖北人民出版社2009年版,第109页

12月2日(十一月初三日)　爱国女学校开校上课。

李纯康《上海学校溯源》:

私立爱国女子中学校,原名爱国女学。初经莲三、林少泉、林宗素拟办女学,中国教育会会长蔡子民赞成之,因邀集诸人,筹议进行办法,议决租赁白克路登贤里房屋,创办爱国女学。公推蒋观云为经理,定于一九〇二年十二月二日(清光绪念八年壬寅十一月初三日)开学,经费由中国教育会会员宗仰(乌目山僧)介绍罗迦陵(哈同夫人)担任。未几,蒋观云赴日本,蔡子民继任为经理。

爱国女学校创办时,因风气闭塞,且其时男女界线尚严,故招生困难,不得已,即以发起人(蒋观云、蔡子民、林少泉、吴彦复、陈梦坡等)之至戚妻女充任学生。惟或以年龄长大,或以家务分心,大都不久退学,故最初之爱国女学校,只学生十余人。

上海通社编《上海研究资料续集》,中华书局1939年版,第357页

蔡元培《爱国女学二十五周年纪念会演说词》载:

这一年的冬季,就由我与蒋(智由)、陈(梦坡)、林(少泉)、吴(彦复)诸先生开办这所女学了。尔时,又由蒋先生介绍乌目山僧,因彼是罗迦陵夫人的代表,愿出点捐款,助我们成功。开办的时候,所有学生,都是发起人的眷属,教员就是发起人,公推蒋先生任校长。不到一个月,蒋先生要到日本游历,把校长的职务卸给我了。到第二年正月,年级大一点的旧学生,都不能来,我们招了几个小学生,只请了一位专任的教员,其余的功课,我与仲玉担任了。

高平叔编《蔡元培年谱长编》,人民教育出版社1996年版,第250～251页

蒋维乔《中国教育会之回忆》:

至于爱国女学校,虽亦为中国教育会所办,其性质与爱国学社完全不同,最初拟办女学者,为上虞经莲三。适林少泉偕其妻及妹林宗素,自福州来沪,亦提倡女学,蔡孑民亦赞成之,因此偕其夫人黄仲玉,在白克路登贤里寓所,邀集诸人,开会讨论。到会者经、林二氏外,尚有吴彦复偕其女亚男、弱男,及其妾夏小正,陈梦坡(范)偕其女撷芬及二妾,复有韦增佩增英两姊妹。闻会时蔡、林、陈三氏,均有演说。会毕,在里外空地摄影。而吴彦复夫人,凭窗望见之,肆口大骂,深不以其女参与此会为然。未几,薛锦琴女士到沪,蒋观云设席欢迎,乃请蔡夫人与林氏姑嫂作陪,而自身不敢入席作主人,盖其时男女界限尚严,避嫌如此。壬寅之冬,即由蒋观云、宗仰提议,设立女校。蔡、林、陈、吴均列名发起,租校舍于登贤里,名曰爱国女学校,推荐蒋观云为经理(当时尚无校长名称),经常费由黄宗仰介绍罗迦陵女士独任之。未几,蒋观云赴日本,蔡孑民继任为经理,所有学生,即发起人家中之妻女,有因年龄长大家务分心不久退学者,故学生只十人左右。

中国史学会编《中国近代史资料丛刊·辛亥革命》(1),上海人民出版社1957年版,第487~488页

1902年12月9日(十一月初十日) 戢元丞在上海创刊《大陆报》。

《上海新闻志》:

《大陆报》于清光绪二十八年十一月初十(1902年12月9日)创刊。初为月刊,册报。第三年起改为半月刊。封面为巨龙围绕地球腾飞,为清末报刊中最早突破单纯题签模式。封面和书脊均题"大陆"二字,版权页和目录前则题为"大陆报"。编辑兼发行者先后署:《大陆报》总发行所,林志其、廖陆庆、江乔。主持《大陆报》者实为光绪二十七年在日本东京发刊《国民报》的戢元丞,主笔有秦力山、杨荫杭、杨廷栋、雷奋、陈冷等人;创刊号以及开始几期都刊出有关作新社的图片,以后还一度声称由作新图书局出版,而作新社正是戢元丞与日人下田歌子合资创设的。该报还多次刊登唐才常的遗诗和对唐的悼念文章。《大陆报》创刊后用相当多的篇幅刊登时事新闻,内容分国内部、国外部以及世界谈片杂录等,多半是客观报道。发刊的第二年,正值日俄战争爆发,该报增辟了《日俄战记》为附录。它当时在"言论"和"时事批评"两栏中鼓吹改革,主张向西方学习,但不排满,对清廷宣布的预备立宪之类较感兴趣,但对康有为、梁启超个人,则进行了一系列不间断的抨击。这些抨击其实并不涉及维新与改良、革命与保皇等原则性问题,往往都是针对康、梁个人。起因是梁启超在《新民丛报》清光绪二十九年正月二十九日(1903年2月26日)出版的第二十六期上,对出版未久的《大陆报》作了评论,认为"《大陆报》差于《新世界学报》,而其文更不逮之,敷衍篇幅者居全册之半,无甚精彩。其目录遍登各日报广告中,然往往一目录之下,其正文不及两三行者,虽铺张扬厉,其价值自为识者所共见也"。《大陆报》编者对此大为恼火,在同年四月初十(5月6日,编者)出版的期刊上,接连刊出5篇反驳文章,不断地对康、梁个人进行人身攻击,极尽丑化诋毁。

该报是较早提出批判我国国民性中的弱点的报刊,但立论消极。出版3年,共47期。停刊于清光绪三十一年十二月二十五日(1906年1月19日)。

贾树枚主编《上海新闻志》,上海社会科学院出版社2000年版,第126页

附录《大陆》发刊辞:

美哉,我支那之大陆乎!气候若是其适也,物产若是其丰也,海岸线若是其缭曲也。以大陆之物力养我大陆,则他大陆不能敌其富;以大陆之人众守我大陆,则他大陆不能敌其强。

今以亚洲言之，印度也、缅甸也、安南也、琉球也，此已亡之国，无足论者也。亚剌伯也、阿富汗也、卑鲁芝也、尼泊尔也、不丹也，此附庸之国，无足论者也。波斯、暹罗号称独立，不足恃也。西伯利亚荒寒不毛，不足恃也。土领亚细亚，游牧之族，不足恃也。故亚洲特出之国，莫如日本三岛，此人所共认也。然吾谓亚洲可望之地，实莫如支那大陆，此吾所敢言也。故吾一思之而未尝不为大陆贺也！

陋哉，我支那之大陆乎！古之大陆，为开明最早之大陆；今之大陆，为暗黑最甚之大陆。他之大陆，为日新月盛之大陆；我之大陆，为老朽腐败之大陆。士抱残缺之故纸，而大陆无学问；工用高曾之规矩，而大陆无技艺；其才智皆沉溺于利禄之中，而大陆无气节；其风俗皆惑于偶象之教，而大陆无教化。其所以然者，盖数千年来，杜大陆之门户，塞大陆之耳目，于大陆以外之事，无所闻见。故其遇外人也，则称之曰洋人，一若君处大洋，寡人处大陆，有若风马牛不相及者。其遇外国也，则称之曰海国，一若支那大陆处地球之中，而英吉利、法兰西各岛，皆环其四周也者。呜呼！大陆之民智，若此其塞，此大陆之变故，所由日亟也。故吾一思之而未尝不为大陆耻也！

殆哉，我支那之大陆乎！何闭关自守之大陆，一变而为开门揖盗之大陆也？结某地不让某国之约，大陆之土地权何在；港湾尽割于外人，大陆之海权何在；外人承办铁路、承办矿山，大陆之路权、矿权何在；而彼之乘长风，驾巨浪，自其他各岛及其他大陆而来者，乃纵横跳梁于我大陆。而支那大陆，遂为白人种角逐之场。忽而倡分割大陆之说，忽而倡保护大陆之说。于是大陆之君臣，乃由此而旰食矣；大陆之百姓，乃由此而大困矣。呜呼，大陆之事尚忍言哉！故吾一思之而未尝不为大陆悲也！

吾尝观于欧罗巴大陆而慕之。夫欧洲当中古黑暗时代，其有异于我支那大陆者几何哉，其民皆苦于政治之专制，则大陆为君主之私邑；其民皆苦于宗教之专制，则大陆为教皇之祭地。而且为贵族者，皆专恣跋扈，则贵族不啻大陆之主权者矣；为僧侣者皆专恣跋扈，则僧侣又不啻大陆之主权者矣。乃何以一转瞬间，而山河重秀，大地再清，旧大陆往矣，新大陆方来。且亚洲大陆，则为之辟其口岸；非洲大陆，则为之剪其荆棘；南美大陆，为罗马种汤沐之邑；北美大陆，为条顿人歌舞之场，何其盛也！呜呼，欧洲之大陆如是，我支那之大陆可以兴矣！

吾尝观于亚非利加大陆而哀之。夫非洲者，固律文斯通所称为最黑暗之大陆者也。其气候不适于人类，其地势有碍于进化，固毒蛇猛兽之窟，而蛮烟瘴雨之地也。可异者，白人以主客之势，而深入其大陆，以刚柔之术，而破裂其大陆。一转瞬间，若者为英人之殖民地，若者为法人、德人之殖民地，若者为意人、葡人之殖民地，而大陆固有之人种，竟无立足地焉。曰黄金海岸，曰象牙海岸，曰米谷海岸，白人所衣于斯食于斯者，皆大陆之膏腴也。杀其父兄，系其子弟，累累相望，不绝于大西洋、地中海之道者，皆大陆之土人也。故吾观于非洲大陆，未尝不流涕也。呜呼，非洲之大陆如是，我支那之大陆可以鉴矣！

今日同人倡为丛报，颜曰“大陆”。“大陆”云者，盖深有痛于大陆之事，而特为大声疾呼，以觉我大陆者也。凡我土著，食大陆之毛，践大陆之土，聚族而居于大陆者，数千年于兹矣，忍弃我大陆，作犹太人之漂泊乎？忍让我大陆，为他种人之安宅乎？吾愿居于大陆者，以欧洲大陆为师，以非洲大陆为戒，则他日支那之大陆，庶有豸乎。

《大陆》第1期，1902年12月9日，录自张枬、王忍之编《辛亥革命前十年间时论选集》第1卷，生活·读书·新知三联书店1960年版，第262～264页

12 月 13 日(十一月十四日) 孙中山乘"印度(Indus)"轮到香港,旋赴越南河内发动华侨成立兴中会,并与法国印支政府官员会晤。

谢缵泰《中华民国革命秘史》:

一九〇二年十二月十三日,孙逸仙博士乘"印度(Indus)"轮到香港,并继续前往西贡。

中国人民政治协商会议广东省委员会编《孙中山与辛亥革命史料专辑》,广东人民出版社 1981 年版,第 316 页

冯自由《华侨革命开国史》:

壬寅年(民前十年)秋冬间,总理因与越南总督韬美有约,遂藉参观是年大博览会之机会,遄赴河内相见。时韬美适因公返国,预嘱其秘书长哈德安善为招待。总理居河内数月,尝致书香港约陈少白往会。有洋服商黄隆生者,粤之台山人,平日喜读香港《中国日报》,逢人必骂满洲政府,一日总理入其店购取饰物,偶与攀谈,欢若平生。旋知为革党领袖,坚求订盟,并次第介绍杨寿彰、罗锌、曾克齐、甄吉廷、张奂池等入党。是为越南创立兴中会之嚆矢。以会员不多,未设会所。每次开会恒假河内保罗巴脱街二十号隆生公司为之,三年后改组为同盟会。

中国社会科学院近代史研究所编《华侨与辛亥革命》,中国社会科学出版社 1981 年版,第 38 页

陈少白《兴中会革命史别录》:

西历一九〇二年冬,安南河内有博览会之举,孙先生因践安南总督韬美氏之约而往河内,于革命事有商榷也。比至,而韬美氏已告假回国,只或见其秘书长哈德安氏。时先生闻予不适,函招予往,予用日本服部二郎之名,登岸时得免苛扰。亦所以避人耳目也。时先生寓一三等法人旅舍,予亦于是舍下榻焉。有安南第一入会会员台山人黄隆生来见予等,称有中国官吏黄中慧其人者,人甚开通,现寓市内一等大旅馆,盍往访之。遂偕予往。及见,予以真姓名告之,其人甚喜,招待弥殷。予尚忆北京拳乱善后时,北京报纸时见其名,询之,果此人。盖曾出力调停于公使团与庆王之间者也。因留予午膳,纵谈甚洽。知其以北京景泰厂代表至此与赛,盖官而商者也。指隔座四中国人谓予曰,此四人乃代表粤督,徇越南政府之请,来此观赛者,君欲识之乎?予以官僚与党人不相容,未便通款曲。无已,则假为日人以相见,亦无不可。遂一一为予介绍。一为惠潮嘉道,湖南人秦秉植;一为知府,苏人庄蕴宽;一为知府,浙人姚绍书;另一则知县,闽人曾某。予操普通语相与周旋,谓居中国久,语言风习解识不少,近则经商于香港也。接谈甚欢,秦意尤殷,每欲造舍访予,予托词坚却之,恐露真面目也。黄中慧告予,谓秦为人方正多礼,惟见解极迂,独庄、姚二人,则皆豁达可谈也。一日,庄、姚突至予寓,适孙先生在座,见客至,取帽覆额而出,二人问谁何,予诡言新加坡之华侨,粤人也。二人颇露疑讶之色,仍欲有言,予乱以他语,遂不复问。自是过从日密,秦待予独挚,观剧游讌,非予在座不欢。而庄、姚碍于僚属,不克纵谈,又每避秦而约予。一日,庄、姚、黄三人与予驾车出游,黄中慧以英语询予曰:"予欲以子真姓名告庄、姚,子意云何?"予颔之。二人闻而恍然,大喜曰:"予二人以子之书法谈吐,不类日人。观子举动,窃疑子为康徒之梁启超也。今乃知为中国报主笔之陈少白。予等日读子报,未尝间断。子之大著,默诵而强识之者,不止一篇矣。"庄复背诵中国报社论一二篇,相与大笑,遂纵谈革命。且言吾二人以官为食,欲罢不能,他日革命军到羊城,吾二人当先引颈受戮,必无悔也。予欲孙先生引见之,先生以其为清廷官吏,且此行甚秘,他日相见可也。乃罢。十二日后,予别先生还船上,复遇秦等四人,黄中慧尚未行,秦始终以予为日人云。

中国史学会编《中国近代史资料丛刊·辛亥革命》(1),上海人民出版社 1957 年版,第 81~83 页

孙中山越南之行的主要目的之一是与法国印支总督韬美氏会谈,争取国际支持。然而孙中山抵达越南时,韬美已回国。法国外交部和新任印支总督保尔·博(Paul Beau)对孙中山领导的革命持审慎态度,未有实质性支持。关于孙中山在越南与法国人的接触,美国学者金姆·曼荷兰德与杰弗里·巴洛据法国外交部档案有所论述,现摘录如下:

应孙中山的要求,印支总督韬美邀请他参观一九〇二至一九〇三年在河内举行的工业博览会,以便会晤他。这显然违反了戴卡赛(时任法国外交部长)的政策,也违反了殖民部的指示。所以,当孙中山到达河内时,韬美已被解职回国。继任总督保尔·博(Paul Beau)指示他的私人秘书会晤孙中山,以便了解孙中山究竟要实现什么样的目标以及成功的可能性。博在给本国政府的报告中说:孙中山的当前目标是利用越南的河内作为向中国南方输入武器的渠道;他自称已得到某些省的清军官员的同情,表示如果孙能得到武器并从印支半岛得到志愿人员,他们将公开站到他一边。孙中山的政治目标仍然是推翻清王朝,至少首先在长江以南建立联邦共和政府。他再次表示,他的新共和国将作出更大的让步,以寻求法国的援助。但是,保尔·博并没有被诱惑,他在报告中明确认为:对孙中山的任何鼓励,都会招致法国在商业利益上的困境,特别是修筑云南铁路,因为一旦清政府怀疑我们有此类活动,法国就得作很大的牺牲。

新总督的上述见解与巴黎的反孙中山的政策完全吻合。外长戴卡赛非常赞赏博的报告,并再次指示法国官员应当避免与孙中山发生直接的接触。

〔美〕金姆·曼荷兰德著,林礼汉、莫振慧译《一九〇〇至一九〇八年的法国与孙中山》,《辛亥革命史丛刊》第4辑,中华书局1982年版,第230~231页

1902年2月下旬,在河内接替韬美担任总督的鲍渥(即保尔·博)向殖民部报告孙中山与阿杜安的多次会谈经过,其中的一份报告提供了添加的情节:

“孙中山本人在河内,1900年他曾经到这里,但是在案卷中我却找不到前任究竟对他采取什么态度的痕迹。……在他此次到达以前,曾经接到我国驻日本公使哈蒙德的一封信。我没有答应接见他,但是内阁总理曾经跟他有过考虑周到的联系,并且得到有关他的行动方案的报告。……他说,1900年惠州起义之役,英国曾向他提供武器的援助。他需要武器,能够策动常备军,提督苏元春准备倒戈,届时孙中山将占有广西,并能在南方建立共和国。……他将要求法国遴选将军,以便训练军队,遴选工程师、官吏,以便安置他们主持各公共行政机关。孙中山在历次会谈中,跟阿杜安谈到此事。……他是能够发挥潜力强大的作用的。我从头就避而不谈允准穿越法国领土输送武器弹药的可能性。即使清帝国政府(他们不消说会获悉情况)不提出正式抗议,我们很容易使我们的工商业,特别是修筑滇越铁路的企事业,陷于搁浅状态。这种政策将会跟我们历来推行的对待中华帝国当局的政策完全背道而驰。由于我们历来的对华政策,我们与清帝国政府和云南居民之间的关系已发生完全的改变。我想更进一步阐述,我深深地相信,我们对中华帝国的遭受肢解或陷于混乱全然不感兴趣。……我希望,我们拒绝对穿越边境引进武器一事熟视无睹的行动,将会使我们赢得清帝国政府对我们的信任,有助于进一步改善关系。

〔美〕杰弗里·巴洛著,黄芷君、张国瑞译,章克生校《一九〇〇至一九〇八年孙中山与法国人》,《辛亥革命史丛刊》第6辑,中华书局1986年版,第233页

编者按,此处时间疑为“1903年”笔误,1902年2月孙中山并未到越南。与孙中山会谈的“阿杜安”,孙中山、冯自由、陈少白等著作均作“哈德安”。

12 月 14 日(十一月十五日) 《游学译编》第二期发布“同人启”,修改简章并刊登“湖南恳亲会草章”。

《本社同人启》:

启者,本编初次开办,专以输入文明,增益民智,本无意推广销路,希图利益。且本社同人大都湘籍,眷怀宗国之外,而于桑梓,尤注意焉。首期时日迫促仓猝,付刊不无未尽完善之处,不意出书以后,谬承海内同志,以本编鼓吹思潮,大有特色,多致函本社相索,且感且惭。兹同人又拟编译政法工艺及各教科书饷我国民,特创设湖南编译社。本编即归并该社编辑部合办。前定简章略有更改,幸垂鉴焉。

本社同人启。

附《游学译编》简章:

第一条　本编以扩充本国见闻、增益国民智识为主。

第二条　游学诸人原有输入文明开通本国之责务,故此书即以游学译编为名,译者各著姓氏于后,既可觇游学者之学识程度,亦可以使阅者知游学诸人所以为此之苦心,且全以译述为宗,则有绍介之劳而无立言之咎,揆之时势,似亦相宜。

第三条　本编所译以学术、教育、军事、理财、时事、历史、地理、外论为主,其余如中外近事及各国现今之风俗习尚、材技艺能,无论书报,择其优者,由同人分译,皆于题下或文后旁注揭明所译原书书名及著者姓氏,或于一书中摘译精华,亦必载明摘译某氏某书报。庶几信而有征。

第四条　本编月出一册,每月廿五日收稿,每月望日发寄,每年共得十二册,俟经费充足再行扩张,或改为月出二篇,或改为月出三篇,皆视力之所及。

第五条　本编现归并湖南编译社,不另集股。凡编译社股东,每股送本译编一份,以一年为限,其有一人入股至五股以上者,谨送本译编三年;十股以上者五年;二十股以上者,永远致送本译编一份,以鸣格外感谢之意。

第六条　本编即以东京小石川区久坚町七十一番地湖南编译社为编辑所,兼封寄发售等事。

第七条　内地各处都会市,有热肠君子愿任代派之劳者,乞函告本社,经本社同人公议认为代派人之后,每期出书按址寄送。

第八条　是编之刊,志在扩充内地见闻。同人任事,概不取资。故定价格外从廉,只冀收回邮寄及印刷赀本。

第九条　定阅诸君于各代派处挂号付银之后,如寄送或有迟误,可函告本社,当为查明。

第十条　本编邮税须由阅者照例增加,不在折扣之内。

前议凡定阅本编者,以首册奉赠。不意出书以来,蒙各同志提携推广,函索甚多。首册已存者无几,非嘱局重印不可。但本社同人皆因课忙,未能从速。且印刷亦多迟缓,恐致延期,无以副内外嘱望。兹议除以前定阅者仍照原寄送外,凡自第二册出书以后定阅者,其首册报价仍一律照收,不得援以前例,阅者谅之。

附录湖南恳亲会草章:

一　定名

本会为旅居日本湖南留学生及同省游历士绅所公立,故名湖南恳亲会。

一　宗旨

本会对于同乡加厚情谊,对于同国联络声气,对于世界研究学术,以此三者为宗旨。

一　会中应办事宜

(甲)平时例会　(乙)临时特会　(丙)自治规则(此专指留学者而言)　(丁)招待事宜　(戊)筹办湖南内地全部公益

一　职员

本会设干事八人,执事一人综理庶务,书记二人综理一切文墨,会计一人综核出入款目,招待员二人主招待湖南东渡人士,弹正员二人纠戒本会同人(不守会场规则及自治规则者)。各职员不举其职,由弹正员当会场纠戒之。违理甚者,公议更选。弹正员不举其职,亦由同人更选。

一　办法

(甲)选举职员

一、各职员于开会日公举,用投票法,满五票者当选。二、各职员每半年更举一次。三、本会置簿籍四份,一登载本会同人姓名住址,执事掌之;一登载本会章程及添附更改之理由,执事掌之;一登载演说大意及平日本会同人集议要件,书记掌之;一登载度支款目,会计掌之。四、干事有故不能莅会,可属本会同人一人暂代,但须将理由宣告各职员。

(乙)集会

一、每月以第三来复日(来复日即星期天,编者)为例会。二、有要事则临时特会。三、凡例会均于会期前三日(特会在会期前一日),由书记函告同人。四、会场规则由同人集议公认。

(丙)自治规则

由同人集议公认。

(丁)招待事宜

同人暂拟简略章程,仍当随时扩张,以图来者便利。

(戊)本会度支

每半年截算刊布(每月例会时会计先应将本月内所收入几何支出几何存者几何,略为报告同人)。

一　经费

本会分月捐临时捐二项。一、月捐,每月每人捐日金二十钱作为会费;二、临时捐,由同人集议公认,但非要事不举。

一　会员应尽之责务

一、《游学译编》现归并湖南编译社,一切费用均由编译社支出。但以后译务,各会员仍当分任,以期进益。二、会员在此或偶遇疾病及困乏难于筹措者,各会员皆当设法救济之。三、会员有病入病院者,除私看外,必日有一人往问而慰之。四、会员如被外界侮谤及遭不测情事,各会员皆当确究事实理由,或持清议,或出死力,期必得其平为限。五、湖南内地无论官绅士商,凡有函来询问某事原委及书籍机器等价目者,必须确切查明详细作复。复书过迟不得过十日。六、湖南内地如有款项寄来,购置书籍机器等类者,应留意选择,不得草率以图了事(凡由内地致函本会者,必将己之姓名住址载明,否则不复)。

一　会所

本会暂以日本东京小石川区久坚町七十一番地湖南编译社为会所。书函往来悉由此处。日后如有迁移,当于本编内申明。

一　会场规则

一、每会期必有二人轮充演说员(演说员先由书记于前次开会时即行知会),轮说毕,由本会同人自由出席演说。二、莅会时由执事出席宣告将演说员出席演说及会员提议要件，划分时限宣告同人。三、本会员不得无故不到会。如真有要事不到者，必将理由先日函告干事，干事临会时宣告同人。四、不得逾时后到。五、会场须整肃，不得忿争喧笑随意出离会场。六、凡有质疑问难者，须俟本人说毕始行出席申辩。若有两人以上俱有所诘难者，亦必俟他人诘难后出席，不得同时搀越。七、如有与本规则相违者，弹正员当出席纠戒。

一　自治规则

本会同人旅居异国，当时时以国耻种祸互相激发。如有犯以下各项禁令者，由同人分则纠戒惩处。一、经同人公认为破坏团体之事；二、经同人公认为妨碍公益之事；三、经同人公认为荒废学业之事；四、经同人公认为损伤公众名誉及损伤个人名誉之事；五、经同人公认为放弃责任之事。其纠戒惩处之法：一、由弹正员面晤及致书相摘发；二、由本会同人致书及在会场当面相摘发；三、本会同人在会场评议轻重，轻则记过以警将来，重则由同人致书其父兄（自费者）或长官（官费者），勒令归国。记过三次者亦照此办法。又凡本会同人，无论其尚在学生界内及已返国出学生界外者，均可随时由本会同人公同纠责。

一　招待事宜

本会因乡人东渡，人地生疏故，特设专员代为招扶一切。凡有函致本会者，本会自当竭力尽其义务。招待地方有二，一在横滨，一在新桥。凡由横滨登岸者，本会招待员当至横滨招扶。由神户登岸乘火车来东京者，本会招待员当至新桥招扶。神户、上海、天津三处留学生会馆旧有赞成员代为经理，其规则摘录于下：

计开神户孙君实甫（神户海岸通清商益源号），又冯君悦甫（神户山下町清国领事馆）。上海戢君元丞（上海新马路作新译书局），又王君培荪（上海大东门内育材学塾）。天津张君亦湘（天津玉皇阁前日日新闻社）。

一　东渡者可于就近本馆赞成员诸处询问购买船票一切情形，于动身前七日先行函告本馆，以便至日前往招扶。

一　天津航路至神户起岸船抵长崎后，可发一信致孙君或冯君，言明乘坐何船，何日何时可到神户，届时二君代为照料。神户易车后可托二君代为电知本馆（电费约二三角）车于何时抵京，本馆干事即至新桥招扶。

一　上海航路至横滨起岸，可由长崎或马关函知本馆，船于何日何时至横滨，届时本馆干事至横滨招扶。

一　东渡之士行李物件，以少带为便。其烟酒绸缎各项，为入口应税者，万勿携带，免致多生枝节。

一　到东京后，入预定学校之寄宿舍或暂寓旅馆，均听本人自便。

一　本馆招待干事一切费用，均由本馆公款支给，至本人一切用费，由本人自理。

以上所录皆留学生会馆现行章程。如我乡人有别函告本会者，本会会员亦当自尽其责。但神户天津两处本会暂无人嘱托，可就会馆旧有赞成员诸处询之。

上海戢王两君外，本会又记武陵赵君月笙（上海新马路梅福里二十五号武陵赵寓）代为招扶一切，到上海后可径访之。

本会又拟在汉口置一招待处，因暂未嘱托，俟觅得人再于本编内申明。

《游学译编》第2册，1902年12月14日

12 月 24 日(十一月二十五日)　《香港日报》编辑艾尔弗雷德·肯宁汉(A. Cunningham)为革命党人秘密印刷独立宣言。

谢缵泰《中华民国革命秘史》:

一九〇二年十二月二十四日,《香港日报》编辑艾尔弗雷德·肯宁汉(A. Cunningham)多秘密印刷我们的独立宣言。为了保密起见,独立宣言用石印石写印。

中国人民政治协商会议广东省委员会编《孙中山与辛亥革命史料专辑》,广东人民出版社 1981 年版,第 316 页

12 月 25 日(十一月二十六日)　谢缵泰委派其弟谢缵叶为自己的代表,从事广州起义准备事宜。

谢缵泰《中华民国革命秘史》:

一九〇二年十二月二十五日,我的兄弟谢子修(即谢缵叶,字子修)从新加坡乘"高丽"轮到港。我派他为我的代表。

中国人民政治协商会议广东省委员会编《孙中山与辛亥革命史料专辑》,广东人民出版社 1981 年版,第 316 页

12 月 26 日(十一月二十七日)　G. E. 摩利逊博士从海防乘"河口"轮抵达香港,与谢缵泰等革命党人密商革命事宜。

谢缵泰《中华民国革命秘史》:

一九〇二年十二月二十六日,G. E. 摩利逊博士从海防乘"河口"轮抵达香港,我们在香港酒店举行秘密协商。两日后,二十八日再次见面。我把我们的独立宣言若干份交给他。

中国人民政治协商会议广东省委员会编《孙中山与辛亥革命史料专辑》,广东人民出版社 1981 年版,第 316 页

12 月 27 日(十一月二十八日)　洪全福、谢子修等到广州召集会党首领,旋在芳村密议革命具体计划。

谢缵泰《中华民国革命秘史》:

一九〇二年十二月二十七日,洪全福和我的兄弟谢子修因特别任务离港往广州……

一九〇二年十二月三十日,我收到我的兄弟谢子修一九〇二年十二月二十九日从广州寄来的信,报告运动的八个重要领导人在芳村(Fong Chaen)举行的秘密会议的结果……

一九〇三年一月一日,洪全福和我的兄弟谢子修从广州执行任务回来。

中国人民政治协商会议广东省委员会编《孙中山与辛亥革命史料专辑》,广东人民出版社 1981 年版,第 316 页

12 月 29 日(十一月三十日)　G. E. 摩利逊博士乘"成都(Chingtu)"轮船自香港前往澳洲,临走前向谢缵泰承诺支持中国的革命事业。

谢缵泰《中华民国革命秘史》:

一九〇二年十二月二十九日,G. E. 摩利逊博士乘"成都(Chingtu)"轮前往澳洲。临别前,他保证给我坚决的支持,同时答应收到我的电报便立即回到中国来。

中国人民政治协商会议广东省委员会编《孙中山与辛亥革命史料专辑》,广东人民出版社 1981 年版,第 316 页

12 月 30 日(十二月初一日)　张之洞致电驻日公使蔡钧、留日学生总监督汪大燮,留日湖北学生监督卞綍昌等,令制止鄂籍留学生发刊《湖北学生界》。

《致东京蔡钦差、总监督汪京堂、湖北监督卞守綍昌》(光绪二十八年十二月初一日子刻发):

顷准湖北端午帅勘(12月27日,编者)电:湖北游学生在东洋开办报章,曰湖北学生略[界],以日京为开办所,湖北为总发行,大致尚无违缪字样。但出自学生私立,设沾染上海新说,漫无别择,流弊亦不可不防,应否加以阻止等语。查游学生职业在安分励学,力行用功,期于学成回国致用。该生等果为爱国起见,课余有暇,尽可繙译东文政治、教育等门有用之书,饷遗宗国,何得不请示本省官师,辄自擅刻报章,作此骛外荒己之事。祈严切诫谕湖北各学生立作罢论,如抗不听命,应即停给学费,知会日本国校长,将违教学生撤回。切祷。仍请电覆。卅。

国家清史编纂委员会·文献丛刊《张之洞全集》(11),武汉出版社2008年版,第50~51页

本年 孙中山与留日学生刘成禺谈话,鼓励其撰写太平天国史。该书于1904年在东京发行,孙中山为之作序。

刘成禺《先总理旧德录》:

一日,先生与犬养(日本进步党领袖犬养毅)在红叶馆闲谈,招予至座,有七十翁海军大佐曾根俊虎,曾参李秀成太平天国军幕,著有《满清纪事》一书,凡三十万言,皆纪当时满清太平十一年战绩,间及逸事。予至,先生曰:"适与犬养先生,论及太平天国一朝,为吾国民族大革命之辉煌史,只有清廷官书,难征文献,曾根先生所著《满清纪事》,专载太平战事,且多目击,吾欲子搜罗遗闻,撰著成书,以《满清纪事》为基本,再参以欧美人所著史籍,发扬先烈,用昭信史,为今日吾党宣传排满好资料,亦犬养先生意也。吾子深明汉学,能著此书,吾党目下尚无他人,故以授子。"于是曾根出《满清纪事》,先生出英人伶俐所著《太平天国》二巨册,图凡百幅。犬养亦出英人著 *TAI PEN REBELLION*。曰:"此吾党不朽之盛业,子宜参考英日各书,中国野史及官书,细大皆录之。"壬寅授书,癸卯书成,凡十六卷,先印行六卷,先生序之,余未出版。辛亥以还,人事纷杂,该稿藏庐山,先生有灵,或不致散失。校印者,但焘、冯自由也。

《国史馆馆刊》1卷1期,1947年

△ 本年,孙中山与刘成禺、冯自由、程家柽、李书城等集议,分途游说鼓动留学生界。

刘成禺《先总理旧德录》:

壬寅年(民国前十年),先生谓中和、兴中(即中和堂与兴中会,编者),皆为海隅下层之雄,中国士大夫,尚无组织,予倡议由留学界入手,来学者多中国知名之士,有志国家者也。由予(即刘成禺,编者)与冯自由、程家柽,连合鄂学生李书城、程明超、吴炳枞、石志泉、刘藩先,开秘会于东京竹枝园饭店,分途游说各省学生,及游历有志人员。先生曰:"此会可谓中国开天大会,历朝成功,谋士功业在战士之上,读书人不赞成,虽太平天国奄有中国大半,终亡于曾国藩等儒生之领兵。士大夫通上级而令下级者也,马上得之,不能以马上治之,况得之者,尚在萧曹陈诸人之定策乎?士大夫以为然,中国革命成矣。"酒阑,先生为谐语曰:"在坐,大半帝王后裔,禺生可名刘汉,小园可名李唐(书城字),友如只好名石晋(志泉字),我则吴大帝也。"后指冯自由曰:"自由不是冯瀛王后裔,其冯野王之苗裔乎?"后湖北学生予用刘汉,书城用李唐名,本先生谐谈也。

《国史馆馆刊》1卷1期,1947年

本年冬　留日学生秦毓鎏、叶澜等在东京组织青年会，提出以民族主义为宗旨，以破坏主义为目的。

冯自由《壬寅东京青年会》：

是年冬，留学界之有志者鉴于励志会日就腐败，遂有叶澜（清漪）、董鸿祎（恂士）、汪荣宝（衮父）、秦毓鎏（效鲁）、张继诸人发起一新团体，明白揭示以民族主义为宗旨，以破坏主义为目的。惟对于团体名称，颇费斟酌。初有人谓意大利独立之前，先有少年意大利，故主张定名少年中国会。后经再三研究，卒以少年中国四字易招满清当局注意，不利进行，乃隐约其词，名曰青年会，实即少年中国之意。发起人有叶澜、董鸿祎、张继、秦毓鎏、汪荣宝、周宏业（伯勋）、谢晓石、张肇桐、蒋方震（百里）、王家驹（伟人）、嵇镜、吴绾章、钮翔青、萨端、熊垓、胡景伊、苏子谷（曼殊）、冯自由、金邦平等二十余人，中以早稻田大学学生为多，是为日本留学界中革命团体之最早者。成立未久，金邦平以不禁章宗祥等明哲保身之劝告，竟正式宣告脱会。

冯自由著《革命逸史》初集，中华书局1981年版，第102页

1903 年(光绪二十九年·癸卯)

1 月 9 日(壬寅年十二月十一日) 清廷谕令广西巡抚王之春统筹全局,早日剿灭蔓延全境的土匪。

《清实录》:

谕军机大臣等电寄王之春:电悉,据称邕郡剿匪,正在吃紧,而宾州、武宣、象州等处,又复匪踞坚巢。该抚遽行亲督四营前往宾州,恐不免顾此失彼。查阅电奏情形,是左右两江各属,土匪到处蔓延,剿办数月之久,尚未大著成效。仍著责成该抚,通筹全局,实力办理,总期早就肃清,以靖地方,毋任四出滋扰,致成流寇,是为至要。

《清实录》第 58 册,中华书局 1987 年版,第 719 页。

1 月 11 日(十二月十三日) 康有为致信梁启超,力戒其革命排满思想,商讨梁前往美洲事宜。

康有为《与任弟书》:

十月居箱根,来书收。知汝痛自克责,悔过至诚。此事关中国之大局,深为喜幸。前事可作浮云过空,皆勿论也。惟汝流质易变,若见定今日国势,处万国窥伺耽逐之时,可合不可分,可和不可争,只有力思抗外,不可无端内讧,抱定此旨而后可发论。至造国民基址,在开民智,求民权,至此为宗,此外不可再生支离矣。

汝对二僧,问吾决定。以今日事势,则楚卿(狄楚青,编者)之言是也。(至于除荣与否,此不待商,别见下)汝发造因之说,其言甚□,盖本根未拔,故触端即发。以今日情势论之,那拉七十,荣禄亦六十余,老弱多病,断非可久。如汝作二十年之说,大约三数年内必有大变,近或一二年耳。汝以开民智、求民权候之,必无误汝年华,若有变事而欲造因,其事甚易,即如云樵(欧榘甲,编者)在美数月而全美华人皆变。若于此一二年内厚蓄财力,将来各省遍设报馆,数年之后,公理日明,游学日众,学堂日开,于时火药已有伏基,乃为报馆作线燃之,吾保一年之后全国必皆变动。计一年之中,中国岂能亡乎?至是乃成求权立宪之事必不误也。到时吾与汝等及同学共鼓之。外间志士亦多,观今年内汝报所鼓动可见,况汝今年极力含蓄未发乎。如肆力大发之,火线之燃必极速。吾可信也,可保也。至汝忧玛志尼之无人,今日岂尚忧无此等人乎?才志之忠烈或不如玛,若以空言动众,百折不移,则即今行者或云樵已劲甚矣。汝虽不言,岂无人言之,即如港之中国报已日日言之矣。未至其时,而种毒于人心,极难挽救。若革事深中于人,恐酿成印祸,到时无论何人,能发不能收也。岂可复虑无人而以身任之乎?即如吾亲到印,日睹印祸,印人又告吾如狗如猫,而吾两夕不寝,为长书以谕汝等。(上海、美洲合言之)先与同璧合,曰如此明白确切哀痛之实证,无论何人见之,必心动无言,须改其辙,不然则是好招名而甘亡国也。不料云、勉(徐勤,编者)及汝等皆置不论,言革如故。(吾至今不解,岂以吾为妄造耶?不然何复忍言革而亡中国。)其余等等各人皆然,于此印亡之大事不以一毫激刺于心,若以欧洲革扑之旧方为万应膏药,无施而不可者。勉及曼(麦仲华,编者)则以人心大变,不可不从众为言。噫!岂知印变之时,举国上下皆变,其中岂无一有识之人?而以从众之故,永奴其国也。我岂为此?而汝等见此文而不变。(云、勉等皆不置一词)除非为名,不顾亡国,岂有他言可解乎?然则风俗已成,深入脑中,岂复可以空言解之乎?汝若欲再种此毒,是力欲亡中国而已。汝言并非决攻满,不过借言之,若此则更谬矣。此毒一种于人人心,即为分兆,既分则必益外人,故吾谓革扑之说万不可信。若欲以挟制伪政府,则全朝政权皆在汉人手。此事但当内转,不可内讧,而内转亦甚易之。因此症如内伤,亦非峻攻所能施也。吾思其消息(楚卿甚知之)甚微甚奇,汝留此信可于三二年后觇此是否。若必用狂医峻攻,徒杀其命而令外人分之而已。孝高曰今日当民族帝国之时,万不可言扑满,真一言中的。自行者及汝等皆以粗材行医,徒读欧美革书,持为独步单方而医此国,则惟有杀之而已。汝试改易其心,将革扑大起大胜、各国如何相待,逐步思之,必有惧然瞿然于昔分立革命之大误者矣。望抱定看定,今日在合大中国以抗外,不可分乱全中国以益外,宜大畅斯旨也。

自汝言革后,人心大变大散,几不可合。盖宗旨不同,则父子亦决裂矣。自唐才质往雪梨后,吾累与该埠书,皆不复,今一年音绝矣。(即广智诸人至不覆我信,尚成何事体!)吾为兹惧,不知汝如何?抑尚以为公私当分,言革可救中国乎?同党因兹分裂,尚何救国之言也。(即如雪梨一埠,未知汝有何术挽回以救汝过。此事必办,可商复。)

荣禄乎?此在中国则为国贼,在我则为不共戴天之仇。(兄弟之仇不反兵,而幼博则以我而死也。)每念幼博(康广仁,编者)辄为心痛,自恨无才无勇,不能刳刃之。如有言不杀之者,吾即以荣禄视之,无论何人,不必言此。雅昔以沈某攻疑,虑在京被累,故颇以此为未可,在雅故可宽也,他人则不可。雅虑办此事人皆疑我,其实亦有他法,今报上不言董遭刺乎?是吾布置耳。除介外我岂无人?昔者我与尔不同道(汝不办此),我亦不告汝其人。树园、孝高亦言汝疏。此非攻汝者,我专心之事,汝岂以目前之人遂论我无人乎?况介即有不检,办此等事亦不必规行矩步者也。

果能去荣,则大事更易,于楚策无碍。然荣岂易去乎?(其难甚多,不待言。)汝一面行雅策,一面暗办荣事,原两不相碍也。此事不必商,亦不告汝。若有言不为者,其人即作为杀六烈士者也。

汝为报馆流,暂可勿攻,以报与楚甚清,接汝书即告勉矣。商会章程因港原稿而稍正之,已令寿寄汝。此会所得,极之不过十余万,然亦不得不办,胜于无也。吾阅外国久,商务可营者甚多,可得大利不患赔息也,但患人不妥耳。李福基甚清,吾先举之,汝与吾同。然彼已有数书来辞,盖自知不富,恐人疑也。此事仍不得不用穗田。

各埠人皆望汝往美,汝前书已言之,吾计汝亦必不能行,(一报,二书局译事,三入美难,四得金无几)他人不知之耳。惟各埠有欲待汝乃开办者,汝若不行,可辞明各埠为要,免迟误也。

箱根风景至今在目,漂流之人,不知何依,今复定居大吉。然荣党有东来驻藏大臣,此为□中孔道,(来往极多)此间恐不有久居,五月后思迁他所,但茫茫大地,不知何之耳。此复,即问任弟动定。

明夷　十二月十三日。

各学之书(如生理、哲学一切)可多买些来,此间寂甚,但盼新书。舍卫英之大会,以力薄不能往视,憾甚。十日客栈,每日百金也,马车亦须百金。

姜义华、张荣华等编校《康有为全集》第7集,中国人民大学出版社2007年版,第189~190页

1月13日(十二月十五日)　署两广总督德寿报告协剿广西土匪情形。

《清实录》:

(德寿)又奏:协剿广西游匪情形。得旨:仍著随时会商,实力剿办,以靖地方。

《清实录》第58册,中华书局1987年版,第721~722页。

1月16日(十二月十八日) 《智群白话报》在上海创刊,月刊。以唐孜叔为经理,由文明编译印书局发行。

陈万雄《清末民初的文学革新运动》:

(《智群白话报》)主要内容有论说、砭俗、教育、生理、舆地、商务、历史、新闻、小说、杂录、唱歌等。目的在"开通下等社会,以新理新事又重衍,庶几扫除腐败社会恶习,于改良风俗或有补焉"。

陈万雄《五四新文化的源流》,三联书店1997年版,第140页

1月28日(十二月三十日) 洪全福、李纪堂、谢缵泰等谋广州举事,建立"大明顺天国",预定容闳为临时政府总统,事泄失败。

陈春生《壬寅洪全福广州举义记》:

壬寅(清光绪二十八年)六月设革命机关于香港中环德忌笠街,名曰和记栈,全福委任梁慕光(慕光后于民国五年谋炸粤都督龙济光失慎毙命)李植生等同志组织革命机关于粤垣,委宋居仁、苏焯南、黄大汉、林海山、曾捷夫、龚超、曾其光、冯通明等联络各地会党于粤垣同兴街,开设信义洋货店,于花埭设立信义公司。植生在珠江南岸之下芳村德国天主堂充国文主任教员,于堂畔建立继业公司,制造肥料厂。植生既受全福委任,即将工人悉数辞退,以为运动机关,即于此贮积枪械军服等军用品。谋发,于城内僦居机关部二十余所,于沙面陶德洋行订购大批军械枪支。向例每逢阴历元旦,城中文武大小官吏于除夕天未明时相率齐集万寿宫行礼,粤垣之万寿宫则设于城南清水壕。约以俟各官齐集万寿宫街,纵火为号,将万寿宫炸毁。一面占据军械局,焚烧火药库,分头占据各衙署,宣布推倒满清,行共和政体。又遣心腹运动惠州同志,同时举义响应,以牵制陆路提督之兵。运动绿林魁杰刘大婶(男性)握[扼]制粤垣北路。定计分本部作五军,一军守粤垣东北门以抵拒清军,一军夺增步制造军械厂顺攻入西门,一军扼守惠爱五约等处以堵御旗满之兵,一军进攻万寿宫诛戮清吏,一军在新城为各路军策应。计划既定,十二月中旬,诸同志纷纷进城。二十六日,全福偕谢子修特雇小轮赴濠镜,入香山,布置一切。留同志三人驻和记栈以资策应。讵是月二十八夕,由粤垣来之汉奸某氏,引香港警察至和记栈搜查,将驻守三人,并童仆二人共五人悉数拘留。汉奸并将搜出之文件抄送粤督德寿。查此事泄漏之由,系因纪堂订购于沙面陶德洋行之枪械,预收去定洋十数万元。不知该洋行殊非殷实,届时不能交货,反向粤吏告密,以期事泄而党人逃遁,不能再向其追货。事机既大暴露,不得已乃电请澳门同志,用舢板二艘,满载枪械以煤炭覆之,运往粤垣。讵驶至香山之百口村,舟人赖某通报该乡人拦截,以致失败。梁慕光复向沙面洋行密购快枪二百杆,欲以小艇运往花埭大通烟雨涌内,讵又事泄,驻沙面捷字营勇追往涌口截缉,梁慕光枪毙捷字营勇一,泅水而逃,枪械尽为所获。晦日,粤吏既侦得党人机关所在,遂向芳村继业公司、花棣信义公司、粤垣西关同兴街信义行等处围捕,搜获旗帜军服刀斧粮食等物甚多。以上店号,悉用梁慕光李植生二人名义开设者。各党人之住宅,凡为粤吏侦悉者,咸被查封。清兵又于港澳轮站捕获梁慕义李伟慈等十余人,分别禁押,而梁慕信等十一人,亦先后于粤垣被逮。并以陶德洋行代党人运军械等物入口,捕其管仓人冼某,监禁数月,其后纳贿三千元乃获省释。

计当时就义者为梁慕信、陈学灵、叶胜、叶昌、刘玉岐、洪达明、何萌、苏居、李棠、李秋帆,及不忆姓名之同志十余人。在狱毙命者,为叶木容。定期监禁二十年者,为李伟慈,即李植生之子李顺,龚超即湖南人苏山(苏被禁于南海县狱,后得赵悦生君运动粤督袁树勋,获省

释),梁纶初即梁平(梁平后为粤都督龙济光所杀)。其在香港被逮者,由香港总督电伦敦殖民部请示,癸卯正月初三日,接殖民部复电,以此乃国事犯,不应拘留,于是在港被逮诸党人立得省释。因谢缵泰与香港孖剌西报记者根宁,咸先向英国当道有所陈议故也。事后,全福由澳门返香港,粤省大吏以是役主动由于全福,必欲杀之而后快。阴悬重赏,于是谋杀假洪全福一案,遂以发生。粤督德寿昏庸老朽,信任一二劣弁谰言,在友邦领土诱捕国事犯,置诸死地,而致死者又非真党人,卒酿成重大交涉,辱国丧权,诚亡清外交史上一大污点,是不可以不纪也。

先是全福隐于香港对岸之九龙,同时有吴六者,向居广州河南鸡鸭滘,状貌与全福逼肖,年事亦相伯仲。有张佐庭者,本粤省缉捕管带李家焯部下,思利用吴之貌似全福,诱伊至香港杀却,以骗取粤吏赏金。事闻于粤督德寿,德本绝无学识之满洲大员,曾受史坚如炸药一震堕地之赐,痛恨革党,以洪全福为太平余党,引为心腹大患。闻张能图全福,大喜,谓事苟有成,当照赏格给领。张佐庭认吴六为谊父,诱至香港德辅道西二百一十一号三楼,设计将其鸩杀,筐盛其尸,作付寄货物状,并预告粤吏,派小兵舰赴香江候命。于是舁筐下兵舰,运赴粤垣,德寿如约给以赏金。厥后宁遇吉与香港绅韦宝山谈及此事,宝山以告港政府,英官乃派侦探孙泰地方警察(俗称四环更练)王耀往查,李纪堂谢缵泰等力助英官缉凶,英官以粤吏越境诱捕国事犯,加以谋杀,且又属赝鼎,大碍香港治安,向粤吏严重交涉。时德寿已去,督粤者为岑春蓂[煊],亟诛张佐庭,褫水师提督何长清职,以谢友邦,其事始寝。洪全福因是役改名为浮萍,避地于星洲,后因喉病返香岛就医于国家医院,药石无灵,未几逝世,年六十九,葬于香港跑马地英国坟场第六千七百八十一号墓,时甲辰(或作庚戌,今照洪全福之子精华所记为甲辰)七月也。

兹将当时报纸记载附录于后:

去腊某会党在香港潜谋到省举事,为港官所闻,派差往查,搜获军械旗帜及会党册籍等件,即电告省,派沙面捷字营同南海缉捕及安勇,往同兴街信义洋货店拿获十六人,在河南芳村搜获面饼九百箱,黄袍旗帜安民告示等件,一并带回县署审究。闻被获者为黄亚祐、张桂兴、苏亚往、苏亚文、刘亚福、苏亚居、梁亚安等共七人,乃花埭信义公司店伴。萧俊生、王亚士、李亚安、卢亚炽、李亚太、区晓东等共六人,乃同兴街信义洋货店伴。刘玉波、周亚生等,乃芳村和记公司店伴。沈子铭一人,乃某洋行买办。又闻缉捕时,在和记公司起出红缎衣一件,黄布大旗一杆,黑布旗十杆,号衣二千一百件,裤二千一百条,洋毡一千一百张,草鞋一千五百对,饼干八百八十五箱,每箱连皮约重一百一十斤。茶叶十八箱,每箱连皮约百斤。咸牛肉七十八箱,每箱连皮约三十七斤。六响洋枪四杆,红洋布二十尺,铁剪刀一百一十把,洋帽二千一百顶。帆布帐棚九架,水火灯绳十八扎,铁刀七十五把,帆布枪子袋一千七百五十条,铁斧头九把,响角三十八个,食盐约三百斤,白硝二缸约百斤,灯笼两个。又闻外间传说该党称洪全福为中国统领,称梁慕光为广东统领,且已联络广西省会党。近以西乱有三省会剿之议,欲扰乱广东一路,以图牵制云。初三日,梁慕光之弟慕义携同养子李顺邓桂华二名,欲搭夜轮往港藏匿,为捷字营杨植生所闻,即将该三人全数拿获,移解南海县审究。初四日,番禺县缉捕复在芳村地方,拿获会党陈龙、刘亚二、刘亚福等三名,现已移解南海县归案。又初五日,广协郑润材将会党苏子山陈文林二名移解南海县。闻该党系于初二早搭日火船往港,为大井头都司罗笙侦悉,知会船主,将二人拿获。查苏系湖南人,陈系惠州人。又初五早广州缉捕勇十余人,在汉口轮船大舱中拿两人,簇拥而去。或谓两人盖梁慕光之党,未知确否。被捕各党多被服华整,或御重裘,梁慕义身披金银肌皮袍,袭以皮褂,闻事发,即思逃避,因携挈二童子，颇难安置，故踌躇未决定。至初二晚始附香港夜船，遂被获。又闻梁预备银纸数万元，以资接济，及去之夕，思挟此款以作川资，乃被获后不闻搜得银纸，或谓其仓皇间未及携带云。又闻起获檄文中多骂满洲政府之语，谓其剥民脂膏浪费无度云。初八晚在南关某屋拘人二名，初九日已将该屋查封。又在大北门外某头篦店拘数人。又广协营勇偕线往河南北城侯庙后某屋拘获八人，归案审讯。连日营勇自塘鱼栏靖远街尾河南等处拘获戴洋帽之人十余名。闻会党册籍中有梁少伯者，名次列在五十名前，经由各营官密查，梁已潜行逃出。并查得梁未出以前，有银二十余万，寄顿某处，于去腊下旬已陆续起去，闻此款系会中交梁带往惠州稔山散放者。又闻前南海裴令，番禺钱令，及管带捷字营杨植生，会同德国领事官等将被拘之人，逐一提讯，梁慕义等供称，并无作奸犯科，此军装乃某公司存贮，为防虞之用，其旗帜乃铁路分站竖插者，号衣洋帽绳鞋乃工人穿用，铁斧剪刀亦铁路用物等语。沈子铭供伊行系货仓，货箱内，有军装与否，吾等概未之知，入口时由税务司验明发给单据，运货进仓，并无犯法之事。德领事以案无确据，请将被拘之人释放，将案注消。党人之四言告示云。大明顺天国南粤兴汉大将军天赐为："安民告示，尔众宜知，清朝无道，官吏贪私，荼毒天下，加税加厘，捐抽重叠，竭尽民脂，爰动公愤，特举义旗，除满兴汉，大公无私，保商保教，立太平基，吊民伐罪，顺天应时，凡尔士庶，相安勿疑。"又告示之上，横书公理既明，汉裔可兴八字。

中国史学会编《中国近代史资料丛刊·辛亥革命》(1)，上海人民出版社1957年版，第316～321页

《起义文告》：

大明顺天国元年南粤兴汉大将军檄

大明顺天国南粤兴汉大将军天赐为声罪致讨事：案查满清者，乃西胡之鄙族而东辽之小邦也。政等虎苛，性同狼毒。当多尔衮渡江之后，乘吴三桂战疲之际，顺据京城，逆戕明裔。托词讨贼，恣志杀民。嘉定则屠戮全城，稂苗尽薙。扬州则惨杀十日，玉石俱焚。迨耿尚之南征，成桂粤之奇祸。五羊城外，十八甫寸草不留，六脉渠中，四万众残生莫保。君臣无罪，骈首受剥洗之刑；妇孺何辜，袒胸任干戈之刺。呜呼！惨已，能勿凄然！乃复外托仁慈，阴恣狼毒，藉口轻徭薄赋，肆意吸髓敲膏。汉民则尺布寸丝，既征厘，复征税；满人则暖衣饱食，女不织，男不耕。晋爵则汉卑而满高，授官则满多而汉少，凡此多偏之政，应为不平之鸣。况今日者，义和拳之乱，乃满官酿之，非我汉人之咎也，而割地尽属汉土，赔款征自汉民。颐和园之建，乃清廷所居，非我汉人所到也，而初筑八百万，复修六百万，款项不足，税厘重征。货物之价既昂，田房之捐继起。民不堪命，已同涸辙之鱼；君尚晏安，无异怡堂之燕。明颁节用之诏，暗恣挥霍之豪。西陕回銮，东陵谒驾，耗费者数百万。北京修殿，南海葺园，拨款者千余万。呜呼！赔款交逼，民悲避债无台；浪费任情，君喜晏游有所。良心何在，苛政频加。是以民怨繁兴，群思拨乱反正。用能天心感应，迭生水旱瘟瘴。此正天亡满清之时，即为天兴我汉之候。本将军应天顺人，吊民伐罪，邀集豪杰之士，爰举义旗，务灭满清之政，重兴汉室。为此檄饬军民人等，须知天命攸归，可见人心所向。无失风云之际遇，各秉精忠；佇看日月之重光，务清妖孽。其各知之。须至檄者。

大明国　元年　月　日

大明顺天国元年南粤兴汉大将军告示

大明顺天国南粤兴汉大将军天赐为出示安民事：照得本将军目睹满清政治残酷刻剥，日日更甚。凡我汉人一丝一粟皆重征税厘，而彼满人依然饱食暖衣，不耕不织。满人则至愚极贱亦可居高位，汉人则奇才硕彦亦屈居下僚。种种抑压，是可忍，孰不可忍！本将军鸣生不

平,爰集同志,特举义旗,扶持汉裔。至于各外国商旅、教士、人民一律保护妥当。军到之处,秋毫无犯,买卖公平,严禁奸淫,不许妄杀。凡尔各堡各村,如能敬恭将顺,本将军固必优予赏赉;即安分守己,本将军亦断不妄行滋扰。倘不明顺逆,妄思拒敌,是自取其祸,断难优予宽容。为此示谕尔绅民人等知悉,尔等须知本将军应天顺人,吊民伐罪,大军到境之时,各人毋容[庸]惊慌,照常安居乐业,即无扰害等情。其各凛遵毋违。特示。

大明国　元年　月　日

大明顺天国元年南粤兴汉大将军申明纪律告示

大明顺天国南粤兴汉大将军天赐为申明纪律事:照得治国以刑政为本,行军以纪律为先。本将军现当义旗初举,天下未定,刑政各事虽迟以有待,但纪律须先订定,俾军民有所遵守。为此示谕官绅兵勇商民人等,各宜凛遵下开各条,毋得违犯,致干法纪。切切,特示

计开:

一、本将军宗旨,系专为新造世界,与往日之败坏世界迥乎不同,而脱我汉人于网罗之中,行欧洲君民共主之政体。天下平后,即立定年限,由民人公举贤能为总统,以理国事。

一、无论官民相待如平等,如有奇才异能之士,条陈政治军务得失,固必优礼相待,即耆老小民有事申诉,亦必以平等之礼接见。

一、无论官军人等不得擅入人家,不得妄取人物,不得强买强卖,不得欺压平民,不得吓诈毁焚,不得毁弃人家器皿物业。如有违犯,准尔绅民到营指控,或被本营访知,均严加审讯,酌予责罚。

一、无论官军人等不得奸淫妇女,不得暗行勒索,不得妄杀无辜。如有违犯,一经访闻或被告发,即按典刑惩办。

一、本军需用粮食器械等物必按照市价公平购买。如有官军经手私肥,不给价值,许尔事主赴营喊禀,除追给原价外,并将该官军严予惩儆。

一、绅民人等于大军到境时,若能箪食壶浆恭顺迎迓,必优予赏赉。

一、绅民人等倘不知顺逆,妄思抗拒,必将为首数人重典惩办,其附和诸人仍酌予责罚,以儆效尤。

一、绅民人等遇本营购物,只许照市价公平交易;如有抬价居奇,必薄予惩儆。

一、本将军政尚仁慈,无论官军绅民犯罪,除奸淫、妄杀、拒敌三罪应斩首以徇外,其余,视其情罪轻重,或罚或责,以示薄惩。

一、本军初到或有误毁教堂教民物业、误伤教士教民性命,定必会同领事官秉公酌议赔偿。

右十条为初议之纪律,如有续议,再行宣示。凡尔等官军绅民,其各凛遵,勿违勿忽。

大明国　元年　月　日发贴　省　府　村晓示

大明顺天国元年南粤兴汉大将军重悬赏格告示

南粤兴汉大将军天赐为重悬赏格以昭奖励事:照得德懋懋官,功懋懋赏,乃朝廷激浊扬清之典。

本将军现在义旗初举,各方英雄风云会合,特用赏信罚必,以资鼓励。兹将赏格榜示于后,仰各官弁军民人等须知此帖是实,决不食言,其各奋勉立功,以图重赏。勿违勿忽。特示。

计开:

一、官弁每战胜小仗一次加　级。

一、兵丁每战胜小仗一次加　级。

一、弁兵人等夺得粮草，归缴大营，按照市上时价折半给赏。

一、弁兵人等夺得枪刀弹药及各项器械军装，归缴大营，按照市上时价折半给赏。

一、弁兵人等生擒敌人一名者赏银　员。

一、弁兵人等斩馘首级一颗者赏银　员。

一、弁兵人等获旗一面者赏银　员，如多照加。

一、弁兵人等获马一匹者赏银　员，如多照加。

一、弁兵人等生擒阵斩妖头一品者赏银　员，二品者　员，三品者　员，四品者　员，五品以下者　员。

一、连获小仗五次者照大仗论赏。

一、攻夺省城一座者，官弁升　级，头队兵丁升哨弁，其余兵丁长夫人等赏银　员，记大功一次。

一、攻夺府州厅县城一座者，官弁升　级，兵丁余夫等赏银　员，记大功一次。

一、攻夺寨城村堡一座者，官弁升　级，兵丁余夫等赏银　员，记功一次。

一、哨弁立小功五次者升　级，兵丁立小功三次者升哨弁，余兵长夫等立小功三次者补亲兵。

一、官弁兵丁长夫等有阵上受伤者，除由营医理痊愈，另给赏银　员。

一、官弁兵丁长夫等如有受伤回营、医理无效以致丧命者，给赏安家银　员，另将其嫡子或继侄授袭荫之职，或入营当兵。

一、官弁兵丁长夫等有阵亡者，由营从丰棺殓，给赏安家银　员，另将其嫡子或继侄授袭荫之职，入营当兵。

中国史学会编《中国近代史资料丛刊·辛亥革命》(1)，上海人民出版社1957年版，第322～327页

△ **当事人谢缵泰对广州起义前后史事有较详尽的回忆。**

陈春生《访问李纪堂先生笔录》：

壬寅，洪全福已联络好西江、北江一带的洪门兄弟，并分遣梁慕义、梁慕光、苏焯南等在花地组织信义公司，作为起义机关。并向沙面陶德洋行定购大批枪械，准备于癸卯年正月初一日在广州万寿宫起义。经交定银约十万元，不料该洋行到时不交货，反向清吏李家焯密报。花地机关遂被破获，洪全福、梁慕光、苏焯南等幸得逃出；但梁慕义、叶胜等同志十余人则被捕牺牲。计自筹划起义以至办理各同志善后等费，我用去五十余万元。此次之事，事先没有和总理商量过，但究系执行总理的革命方略。又因这笔大款只是我一个人担负，不求于人，所以不必多所商量，以免消息泄露。

丘权政、杜春和编《辛亥革命史料选辑》上册，湖南人民出版社1981年版，第40页

谢缵泰《中华民国革命秘史》：

一九〇三年一月一日，洪全福和我的兄弟谢子修从广州执行任务回来。

一九〇三年一月九日，艾尔弗雷德·肯宁汉来访，报告基斯高尼尔(Gascoigne)将军和舰队司令官都支持我们的独立运动。

一九〇三年一月十三日，洪全福来访，报告他打算于一九〇三年一月二十八日晚(中国人的除夕)攻夺广州城。

一九〇三年一月二十日，我和父亲及兄弟谢子修讨论局势。

一九〇三年一月二十五日，洪全福和我的兄弟谢子修经澳门前往广州，领导攻夺广州的

工作。他们刚离开不久,洪全福在德忌笠(D' Agucear)街20号的本部遭到香港警察当局搜查,有一些人被逮捕。

一九〇三年一月二十六日,我火急通知在芳村的柏林教会阿·高力加牧师(Kallecsca),要求他提醒在广州和芳村的全部朋友和同情者注意。我和艾尔弗雷德·肯宁汉、托马斯·哈·黎德讨论了局势,我们密切注意情况的发展。我派了一个专使到澳门去找寻洪全福和我的兄弟谢子修,警告他们,我们的运动泄密了。

一九〇三年一月二十七日,由于泄密和攻夺广州的企图失败,我的父亲因忧虑和担心病倒了。也许这次失败是好事。我一向信赖上帝,他会知道得更清楚。

一九〇三年一月二十七日,我的兄弟谢子修从澳门回来,在广州和芳村的军械军服等,被广州当局搜获,很多人被捕。洪全福把胡子剃掉,化装逃走。伊云士和夏士顿(Ewens & Harston)律师楼的啫·司各脱·夏士顿(G. Scatt. Harston)律师,被聘下密切注意被逮捕和监禁的维新者之案件。一九〇三年一月三十一日,《香港日报》社发表一篇社论,劝告要保护全体维新者和同情者。艾尔弗雷德·肯宁汉和啫·司各脱·夏士顿为他们而出力,全部被监禁者获得释放,这引起了很大的轰动。

一九〇三年二月六日,我和艾尔弗雷德·肯宁汉讨论创办南华早报有限公司,以促进维新和独立的事业。

一九〇三年二月七日,《德臣西报》发表了一篇很长的社论,支持"维新"运动。

一九〇三年二月十四日,我和父亲讨论局势。为了避免无益的流血,我们决定解散国内各种力量。

一九〇三年二月十七日,我的父亲表示担心自己不能活得很久了,他还责备洪全福不听他的忠告。洪全福为人不够审慎,我的父亲怀疑他是个自私的阴谋者。

一九〇三年三月十一日,我的父亲谢日昌在香港逝世,享年七十二。

一九〇三年三月十六日,我与G. E.摩利逊博士在香港酒店会见。我们讨论了中国的政局。他保证坚定不移地支持我。

一九〇三年四月一日,顺利地创办了南华早报有限公司。我被委任为该公司的买办。

鉴于攻夺广州的企图失败和我的父亲逝世,我决定让孙逸仙博士及其追随者自由行动,并通过《南华早报》和其他报纸专心致力于推进维新和独立的事业。现在,《南华早报》被认为是南华的主要报纸。

一九〇三年四月二十八日,《香港日报》登载了我写的署名"愤慨"的信——"俄国和满洲"。

一九〇三年八月七日,《德臣西报》和《香港日报》在我的要求下,发表强硬的社论,坚决支持在上海被捕的《苏报》囚犯。

中国人民政治协商会议广东省委员会编《孙中山与辛亥革命史料专辑》,广东人民出版社1981年版,第316~318页

1月29日(癸卯年正月初一日)　湖北留学生李书城等在东京创设湖北同乡会,并创办机关刊物《湖北学生界》(后改名《汉声》),于是日出版。

《湖北学生界开办章程》:

湖北学生界开办章程

第一条　宗旨

输入东西之学说,唤起国民之精神。

第二条 定名

本报由湖北留学日本同人创办,故名曰湖北学生界。

第三条 体例

一、本报创办之初,暂就同人肄业所及,择门分任,撰译兼行,其目如左:

(一)论说

(二)学说

(三)政法

(四)教育

(五)军事

(六)经济

(七)实业 (甲)农学 (乙)工学 (丙)商学

(八)理科

(九)医学

(十)史学

(十一)地理

(十二)小说

(十三)词薮 (甲)楚风集 (乙)楚言集

(十四)杂组

(十五)时评

(十六)外事

(十七)国闻

(十八)留学纪录 (甲)湖北之部 (乙)各省之部 (丙)日风述闻

(十九)附湖北调查部纪事

一、本报暂在日京出版,用洋式装订,月出一册。每册页数在百页以外,门数在十门以上,各门撰译职员,均载本名,以昭责任。

第四条 经费

一、本报现由湖北游学同人集资百份,先行开办;以日币十元为一份(一人任多份者听),作为基本金,并每月酌出维持费(另有细章),每年终结算一次,由会计报告同人,按股分任;每股常年送本报一份,不取报资。

内地同志愿充本社社员者,须认定本社章程,始行寄与证书。

一、内地官绅如有热心赞成,捐助款项者,即行登载本报,推为本社名誉赞成员,并酌送本报暨本报附刊各书籍,以酬高谊。

第五条 职员

本社设撰译庶务各项职员,均由社员更迭选任,概不给资,按年送本报一份,以作酬劳。

第六条 办法

一、本报以日京为开办处,以湖北省城为总发行所,定于癸卯元旦出第一期,以后按定每月朔日发行。

一、本报为开通风气起见,定价格外从廉,每年全份定价大洋二元,半年一元一角,闰月照加,零售每册大洋二角,通日本邮局者,每册另加寄费三分,不通日本邮局者,另加四分。

一、凡定阅本报者,务先于总发行所或开办处挂号付价,即行按期照寄。

一、凡愿任本社代派处者,乞先函[函]告本社任派若干份,经本社认定后,即行按期汇寄,但报资务于出第一期后,即行惠寄本社,方便续寄。

一、代派各处售报至十份以外者,照定价九折,五十份以外者,照定价八折,邮费按照定章,不得折扣。

第七条　扩充

本社俟经费充足,拟编辑各种书籍暨推广一切公益事件,以确达本社之目的。

(注意)本社开办处暂设日本东京神田区骏河台铃木町十八番地清国留学生会馆内湖北学生界社。

本社总发行所嘱托湖北省城内横街头中东书社。

内地如有定报入股及惠款于本社者,请由以上二处均可。

《湖北学生界》第1期

附张继煦《叙论》:

自民族主义一变而为帝国主义,亚洲以外之天地,一草一石,无不有主人翁矣。鹰瞵虎视者数强国,四顾皇皇,无所用其武,于是风飚电激,席卷而东,集矢于太平洋。亚洲识微之士,莫不深矉蹙额,惊走相告曰:危哉中国,其为各国竞争中心点也。呜呼!夫孰知以中国竞争之局卜之,吾楚尤为中心点之中心点乎?

吾楚昔之为天下重也,不过割据时代以及内乱冲突取其地居上游,足为用兵之孔道而已。若夫外侮纷乘,则皆战之于门户之外,三十年来,海上构兵,沿海诸省首当其冲,吾楚以处堂奥,始终未与其患。岂不以地无常险,随时而异,昔日所视为要地者,不足以言今日之形胜耶!

曰:乌乎然!乌乎然!锁国时代之楚与开通时代之楚异,通商伊始之楚与门户洞开之楚异。今日之楚,乃因各国竞争之局势,而重其价值者也。英人之于扬子江蓄谋最早,以先取特权自居,不欲他国政治上之势力闯入其内。德人妒之,冀步武其后,乃于撤退上海戍兵时一露其意。夫长江五千里而吾楚筦其中枢,英、德二国既联袂并辔,经营于一隅,则必竭其阴悍之手段,以较他日结果之大小。然而趋重上游则失下游,趋重下游则失上游,此又二国熟视而不欲出此者也。势必厚积其力于中央,以为东西兼顾之计,此非独形势应然,用兵之道亦应尔尔。是为势力圈竞争之中心点。吾楚为九省总汇之通衢,江汉殷轸,商贾辐辏,白皙人种,联翩并集。以交易总额计之,则长江商埠除上海外,无一能凌驾汉口者,岂非其位置之善,为腹地所罕有耶?吾闻日本矢津昌永之言曰:"将来铁道四通八达,则滨海繁盛之区,将移于陆地,现为航路、铁路换气之时,故并行而不相让。"呜呼!吾焉知芦汉铁路告成之后,汉口商务不骎骎焉驾上海而上之也。地球资本家之掷资本于是地,以谋吸取吾之子金者,夫岂不十倍百倍于今日也。是为经济上竞争之中心点。上江航路千余里,下江航路二千余里,皆以汉口为起点。吾招商公司下江商轮不过五千八百五十九吨,上江商轮不过一千二百二十九吨。而合英四公司之商轮吨数,俱掩有吾之三倍。德、日最后起,而下江商轮,德已有三千四百五十三吨,日已有四千三百八十七吨,上江商轮,德已有千吨,日已有二千三百三十七吨。闻利共逐,如蚁慕羶,商船增加,日未有艾,近日本大东汽船公司又拟以小轮南达洞庭。是为扬子江航路竞争之中心点。芦汉铁路揽于比,粤汉铁路揽于美,川汉铁路比人又施其诡计,以图干预。将来铁路所及之地,即为我主权所不及之地,而皆以汉口为枢纽,是为铁路竞争之中心点。

甚哉!吾楚之影响于全局者,若斯其大也。吾闻竞争之说,卑陬失色,心颤股栗,弗能自已。夫竞争云者,必其地荒废无主,可以宰割均分者也;非然,则吾之权利,不能自保,外人得乘间捣瑕而入者也。吾楚位全国中心点,为他人演剧之舞台,已若是矣;由中心点而旁引于众方面,则吾全国焉往而不为他人之舞台也。虽然,竞争风潮之所趋,惟甘为傀儡,任客之所为,故权利为人所侵耳;若因机利导,奋起直追,则彼之磨牙吮血,竞争之不遗余力者,夫岂知适以助吾之进化耶?由前而言,吾国最重最要之地,必为竞争最剧最烈之场,吾滋惧焉,惧吾楚之为各国饵也;由后而言,竞争最剧最烈之场,将为文明最盛最著之地,吾亦滋惧焉,惧吾楚无以副天下之望也。

夫极针遇磁石而旋转,磷质遇空气而燃烧,物之有动力者,未有不受外界之激刺者也;窒素实于瓶而火不能侵,水银足于管而水不得入,物之有抵力者,未有不由于内界之充实者也。今外界之激刺,既纠纷并集,迫我以不得不应之势矣;而内界充实,则尚属不可知之数。危乎!危乎!几何而不为天行大圈之所淘汰乎?夫内界之充实,非谓点缀一二新法,遂可支撑扶持,完美而无余恨,有实质焉,有精神焉。何谓实质?则吾灵秀之民族是也;何谓精神?则人人有国民之资格,能自立于生存竞争之世也。

欲养国民之资格,不可不浚国民之知识。东西各国所恃以发达个人之特质者,学校、报纸几有功力平均、缺一不可之势。以吾中国现势衡之,报纸其尤要哉。吾国教育,今始基耳,形式尚未完备,以言精神教育,盖瞠乎其后也。且即使一一完备,乌能强国中之青年而尽使入学?乌能强国中中年以上者而尽使入学?况乎学校之收效,至速当在十年以后,病毒日深,祸机日迫,吾恐时不我待也。若夫报纸则无老无少,无贵无贱,无贫无富,皆可从事于此。阅报多一人,则多一人之热度,而国家多一抵御外侮之人矣。世界开化最盛者,莫如美,其人口七千六百五十余万,阅报者至千五百十万人,平均计之,六人中必有阅报者一人。以此比例,吾楚三千五百余万之民族,应有阅报者五百八十余万。虽然幼稚时代之现象,又乌能遽语乎此也,吾独异夫一省之大而报馆无一二焉。辍学之士,皆待饷于千里之外,此则勺水不足以止渴,西江之水不足救涸辙之鲋。岂惟吾楚之进化凝滞,譬诸饮食吸纳之机关,有物横鲠其中,全体曾受其影响,其关系岂微也哉?此同人等之所深忧大惧,不恤以区区所见所闻,而一涂国人之耳目也。

同人为是学报也,以为今日言兵战,言商战,而不归之于学战,是谓导水不自其本源,必终处于不胜之势。且吾侪学生也,输入文明与有责焉。与其学成归国,濡滞时日而后转述于国人,何如旋得旋输,使游学者不游学者日征月迈,同为平等之进步。呜呼!此其用意,固宜无恶于天下。其始作也,举数义相勖:其第一义曰不尚空谈。日本山路一游之言曰:"东洋旧学,徒托空言,人人均以治平自诩,而于一切有用之学,反不甚讲求,故无由收其效。"呜呼!不可谓非吾学界之第一病根也。吾国当成周之末,为学界大放光彩时代,若儒家、若法家、若农家、若名家,类皆持之有故,言之有物,蔚然成为专门之学,何尝不可见诸实用。自此以后,由实而渐趋于虚,递嬗递降,二千余年,一坏于训诂,再坏于庄老,三坏于词赋,四坏于章句考据,匪惟精神无存,而形式亦不知归于何乡矣。西人之学,由虚而渐趋于实。欧洲中世以前,宗教家以其凭空构造之谬论,风靡一世,其腐败宁有愈于吾之今日。乃歌白尼之天文学出,而学界一变;倍根倡格物之说,而学界一变;笛卡儿倡穷理之说,而学界又一变。迨至今日科学大盛,而宗教几乎息矣。且其实学之阶级,犹有可征者,唯物主义昌则唯心主义微,天然之哲学进而为轨范的科学,人道学派进而为实科学派。吾国开化在欧洲之前,而文明居欧洲之后,此殆其原因耶?今将取他人之长,以补我之短,夫安敢以空渺无裨之谈,误我国人也?虽然,所谓实用,又非偏重物质而遗理想之谓。日人波多野贞之助言之矣,曰:"理想在前,物质在后,理想有进步,而后物质有进步。”欧洲政治人群之进化,何一非斯宾塞、达尔文之精神鼓荡而驱使者乎?蒸汽电气之日益发达,何一非哲学家为其先锋,科学家为其后劲,推阐新理,精益求精,较其功力,莫能轩轾者乎?则又乌敢矫枉过正,取泰西诸哲之学说,尽摒弃而弗择也。

其第二义曰不贵精深。昔顾亭林谓不为无益之文。夫无益之文,岂必词章,岂必帖括,岂必寻常酬答称颂之文字,即吾国著作家殚精疲神,数十年而成一书,斧藻其言,艰深其义,使浅学者不能竟读,读者不能骤解,岂得谓有益之文哉?夫文字者,在以吾之思想传于人之脑筋,在以吾之精神达于人之灵魂,若以奇古渊邃自矜,而不为阅者计,精神思想不能普及于国人,吾知其为一己之名誉计,非为国人谋公共之幸福也。不宁唯是,吾见今之专门名家亦蹈斯蔽,耻为浅近易解之书,而述其高深不可企及之学,甚至以浅近易解之理而亦纡轸其词,故作廋语,使阅者如对大海而叹汪洋,如入五都之市,光怪离陆,不可思议,不可穷诘。噫!此何为者也?夫万事万物之进化,莫不有自然之秩序,百尺之台,不可无基础;千寻之木,必由于萌蘖;学界之由浅而深,由卑而高,夫亦自然之秩序,奚可以是为病也。且吾有理想欲公之于人,则不得不宣之于言,惟口舌之不能普及也,故以文字代之。然已苦其隔膜矣,吾又从而支离焉,隐晦焉,隔膜不滋甚乎?日本福泽谕吉当维新时作通俗书,谓以世俗共解之文体,作文明之先导,虽为文士所讥,而获效则大。呜呼,此其书所以能启锢蔽,开民智,平新旧之争,而为汉学家之所不逮者也。同人等发明他人之学说,本无与于著作之事,今日所学,明日即思饷诸国人,得尺贡尺,得寸贡寸,汲汲顾影,常恐不及,安有暇日从事于文字之末?宁使国人共喻共晓,而鄙其立言之不雅驯,不愿使国人冥思穷索,而忘其命意之所在。福泽谕吉之通俗书,庶乎其近之焉。

其第三义曰专为社会说法。今之轩眉抵掌策时事者,莫不曰官吏之溺职也,吏胥之助虐也。呜呼,所谓官吏、吏胥,非社会之一分子乎?官吏溺职,吏胥助虐,非社会腐败之现象乎?吾社会而果有政治思想、自治能力也,官吏不善,易一官吏而治矣,吏胥不善,摒而弃之而亦治矣。虽然,揆今日之民智、民德、民力,谓于此二事有所改革,遂足崛起自强与白人角逐于大地,吾安敢遽为此快心之论也。夫西人之拓地于海外,岂其政府一二人之功,亦民族膨胀之力所磅礴而扩张之也。英之墟印度也,以七万磅东印度公司,而格来布、耶士津、俄威士律称功首焉;俄人蚕食西伯利亚,骎骎南下,则因哈萨克兵之欲望,而驱以为侵略之用;舍西律自南方侵入非洲,而英之势力张矣;飞多亚以测量为名,深入苏丹地方,而法之殖民地成矣。其亡人之国,或以兵,或以商,或以耕种,或以探险,无非以民族为其主动力,而政府为其后劲。卓然自立之国民,不当如是哉?吾国号称四万万人,外人动骂之曰无团体,曰老大帝国,曰支那人特性。吾恶其言。虽然,吾不能不愧其言。同胞乎!今日之败征,非一二人之所酿,则转旋补救之方,亦岂一手一足之烈?若士、若农、若工、若商,同处覆巢之中,即同有保亡之责。知吾身与国有直接之关系也,则不得不爱国以爱吾身;知外人之协以谋我也,则不得不合群以图抵制;知优胜劣败之必无幸免也,则不得不相竞以学,相角以智。非然者,无奋发独立之心,分离涣散,无复生气,处漏舟而自以为安焉。一旦祸机轰发,徒怨政府之不保护我,外人之鱼肉我,此则为牛马奴隶,万劫不复,波兰、犹太,后患方深。阅赫德中国实测之论,见法人支那变色之图,辄惊心动魄,以为吾民族之孱弱,有以胎祸而召侮,安得不苦口为我国人一道之哉?

其第四义曰专就目前说法。今日者,已往之逆旅,而未来之萌芽也。前此中国乎,则疮溃痈决,症结毕现,稍有识者能言之,吾安敢为历史之县疣附赘,而剌剌不休也?后此中国乎,则一时有一时之现象,一年有一年之变症,吾不知今日之为如何境况,焉知他日之如何结局也。吾尝穆然以思,瞿然以惧,而知中国之存亡关键在于今日。今日欲存中国即中国存矣,今日而欲亡中国即中国亡矣。此时不自振作,冀幸各国连鸡互栖,莫敢发难,图苟延数年之安,岂可得耶？今吾国虽赫然言变法,然主权既失,利权复不自保,一举动辄有他人之干预,一改革辄惧他人之牵制;以视日本乘各国分波兰、割非洲之时,从容改良,步步为营者,难易奚啻什伯耶？且新旧递嬗,如巨蛇蜕蚹,必有一种苦惨之状,令人可惊可愕者,征诸各国之历史,既皆然矣。吾中国而再有蹉跌焉,则前途何堪问也？夫欲图后果,必种前因,耕而卤莽之,则其实亦卤莽而报;芸而灭裂之,则其实亦灭裂而报。今当取法之初,必事事权衡之,偏于甲则乙受其弊,偏于乙则甲受其弊,甲乙俱偏,又将移其弊于丙。日本理化之进步,逊于他学,则归咎当时之注意稍偏矣;风俗颓败,则病当时德育之未甚讲求也。然则吾国政治改革、社会改革诸问题,何一不自今日裁判,而收他时之效果乎？最艰最重之担负,皆于今日任之,盖戛戛乎其难哉,然畏其难而不为,则他日之所谓难,将有甚于今日者矣。吾国之呈此丑态也,孰非今日诿诸明日,明日诿诸后日,悠悠忽忽,万事不举,驯至千疮百孔,不可收拾耶？时乎！时乎！祸患之来,间不容发,无今日则无将来,诿无可诿,避无可避矣。頡德民谓牺牲现在,以利将来,其在此时乎？

其第五义曰陈病症而兼及方法。庚子以后,吾国志士大声疾呼,徇于国曰国亡,曰瓜分。夫当举国鼾睡之际,为此伤心刺耳之谈,以针膏肓而起废疾,吾之所顶礼膜拜,而鉴其苦衷者也。然国亡之声盈吾耳矣,而不闻免于亡者之有何术也;瓜分之言腾于纸矣,而不知免于瓜分者之遵何道也。吾恐始闻其言而大骇者,经一二年而其言不验,则将疑向之欺我而实无是事也,呴呴然自以为无患焉。且尤恐热心之士,谂知中国之无可救药,痛我生之不辰,群厌世而寂处,岂有一人焉出而与闻维新之大事耶？夫医者之疗疾也,以活人为宗旨,虽遇痨瘵重病,奄奄待毙,决无生理,亦必左手调汤,右手和药,苦心焦虑,谋所以活之之方。病者知其尚有霍然之一日也,则将屏除百虑,槁木其心,一听医者之所为。若诊其脉,望其色,却步反走,谢以为不治之症,则适足益病者之疾而速其亡耳。夫危而不能安,亡而不能存,则无为贵智矣。俾士麻克之复普,加富尔之兴意大利,岂尝归诸气数之适然,而自馁其气乎？中国今日之疾,诚医家所谓内伤外感。相触并发,虽有扁鹊,难奏速效。然东西富强之陈迹,无一非吾之医案,其今日之所设施者,无一非吾之药品,吸其精华视吾病症而利用焉,夫岂束手而无如何哉？病在上下壅隔也,则利用消导之品;病在国人痿痹不振也,则利用攻伐之剂;病在元气凿伤,精血已枯也,则利用温补之方。其受病也,不一其道,则治之也,亦不一其途。同人等因病施药,逊谢未能,然而博录医案,采集药品,不敢不勉。西人列吾国于三病夫之列矣。嗟！嗟！同胞其一雪此言哉。

其第六义曰为婉劝而戒嘲骂。佛氏为众生说法,谆谆然以因果报应耸之,以忏悔之说动之。夫以佛氏之无人相,无我相,其视众生坠于恐怖贪恋之苦海,有不嗔其根器浅薄而望望然去之者哉,胡闻慈悲之音,不闻呵谴之声也。若佛氏者真可谓为众生者也。今之爱国者,毋乃异是。外人诟我曰野蛮,亦从而诟之曰野蛮;外人诋我曰聋瞽,亦从而诋之曰聋瞽。若与芸芸蠕蠕之众不能终朝居者。呜呼,人特苦于不知耳,吾国教育未兴,道路不通,报纸不多,其瞢于万国之情状,恝然于本国之危局,夫岂怪其然？动以强盛之民族相绳,何其不近人情之甚也。夫登亡国之墟则人人有忧戚之色,见燎原之火则人人有哀号之音,自非丧心病狂,岂有幸灾乐祸惟恐不速者,则吾安能以此咎我四万万同胞也。吾爱吾国,而不使国人知有当尽之责任,负国人矣;欲使国人知有当尽之责任,不垂涕以道之,而嬉笑怒骂以出之,乌见其为真爱乎？言念及此,则胸中虽有无数悲愤,无数感恨,无数郁结,皆化为一腔血泪,而欲贡之于国人之前，岂敢肆情丑诋，与四万万同胞挑战哉？见人立于岩墙者，则大声呼之，一呼不应，则再呼之，再呼不应，则三呼也。夫岂惮口瘏瘏而音哓哓也。

同人既以六义相约，又虑夫今方输入新学，必有疑孔孟之道将自此而废者，蔽于所习，万喙一词，不可无说以折之。夫以二千余年沁入人心之宗教，而忧其废于一旦，何其鳃鳃过虑也。日本维新之初，燔毁旧书，并力西学，其于汉学摒斥不遗余力矣。乃未几而汉学不可废之问题，笔于书而宣于纸。彼之汉学本非其国所固有，犹以为国粹而保存之，而吾国固有之学，反忧其不保，有是理耶？惟日本有欧化主义乃继以国粹主义，岂不以国粹主义存于先，适足为新学之敌，而阻维新之进步哉？世有排斥新学以保中学者乎？则吾惜其太早计矣。

悲夫！今日而言新学，此吾所忸怩而难于启口者也。日人之言曰：世界非白人所专有。夫学亦岂白人之所得私哉？乃何以他人发明于数百年之前者，而吾国犹罕见多怪焉。则吾不悖他国进化之速，而愧吾学界之无进步如斯其甚也。今之输入也由日本，而日本复贩于泰西，吾安知今日以为新理者，不为泰西之所已弃耶，吾安知今日以为新理而输入者，不旋为日本之所弃耶？则乌敢言新，乌敢言学也？

虽然，今日不得不称新学，过渡时代则然也。中国新旧之界，断断然守之甚严，而所谓新学、旧学，亦遂睹然异其名目焉。夫取他人之学能食而化之，则学即为其人之所自有。日本集各国之长以成一国之学，水乳交融，亦孰能辨何者取诸美，何者取诸欧哉？吾国诚取东西而熔为一治，发挥之，光大之，青青于蓝，冰寒于水，岂非由新、旧二者调和而生耶？今日绍介之劳，是奚可以已乎。

夫吾侪学生也，求学其天职也。学无所成，而为恤纬之虑、漆室之吟，毋乃与求学本意相刺谬乎？曰，待学之成而以济中国之急，岂非其平昔所大愿哉。夫不能待学之成而急为输入之计，则又岂得已也。且同人之意，固欲纳国人于文明轨道，而较其进步之迟速者也。吾侪而无进步，则内地岂待问耶？吾侪有进步，而坐视内地之无进步，岂非放弃责任之甚也？庄生不云乎："臧与获牧羊，而俱亡其羊。问臧奚事，则挟策读书；问获奚事，则博塞以游。操业不同，而失羊则均。"今之闭户自精而漠然于国事之缓急者，几何而不为庄生之所讥也。鸣呼，其乌可以无言。

且同人犹有说焉。以为一岁之中，卒业而归、负笈而来者络绎不绝，而皆有不可逭之义务。归者则国人之所属目以课其成效者也，来者则父兄师长之所勖励，欲其于政治家、教育家占一席者也。自今以后，愿各以学行相励，以实际相程，互为监史，以相纠责，庶几热度高涨，国势日竞。庸知夫中国将来不为地球第一强国？吾楚不为文明之中心点，而斯报不为启山林之筚路蓝缕也。二十世纪之中，或因此而增一纪念物焉。呜呼，其又乌可以无言。

《湖北学生界》第 1 期

同期杂志亦载《湖北同乡会缘起》：

自皇古以迄今，兹凡属含生负气之类，无日不在此天择物竞之中，优者以胜，劣者以败，然其所以致此者，果何道乎？曰：其始以有群者与无群者战，而有群者胜，其继以群之团结力强者与群之团结力弱者战，而群之团结力强者胜。莽莽人群，不知亡种若干，灭国若干。慨古今一丘之貉，徒以供后人凭吊者，皆由此不能合群之恶根性阶之厉也。至于今日，天演之祸，愈演愈烈，群之团结力弱者，几不能稍留残影于地球之上，红人、黑人、棕色人之日促于天演界者，其明鉴矣。我中国民族四万万，可谓众矣；而外人之旅居中国者，不过二万人，即足制中国之死命。华人之商于南洋美洲者，所在以亿计，而随处不免臧获奴隶之惨焉，岂天之爱彼民族而嫉我华人哉？则以群之团结力强与弱之分耳。外人之诋中国也，曰中国人无公共心,如滩头乱石、一盘散沙,故无论商战兵战,一遇外人即如汤沃雪,不能稍存。呜呼,我炎黄之子孙,其以不能合群之故,而为此最惨最酷之天行所淘汰矣乎?同人游学海外,目击世局,知非合群策群力结一大团体,断不能立于生争竞存之恶风潮中。但大团体由小团体相结而成,故爱国必自爱乡始。夫人适异地者,闻乡音尚跫然色喜,而况身处异国,其爱乡人之精神,更有勃发而不可遏抑者乎。吾楚游学日京者近百人,于今岁四月始创立同乡会,约间月会一次,各以专门之学、自治之义相砥砺焉。每聚首时,瞻望中国,痛外患之日丞[亟],而内部腐败之情形又不堪设想,惟有于酒酣拔剑之余,仰天长叹而已。虽然,亡国之祸患不能知之,知之而不思所以救之,是直亡国之魁贼也。同人于同乡会中组织四部,以稍尽吾辈之天职,曰杂志部,各就肄业所及,月出丛报一册,得寸贡寸,得尺贡尺,以为国民之报告焉。曰编辑部,新书新理,日出不穷,不通外国语言文字者,不能知也。同人因取东西书籍之有影响于国民者译之,以增国民之智识焉。虽然内地社会不改良,则万无救亡之策,爰设教育部,而开学堂、设阅报所及一切教务,均属之,以为国民之向导焉。医者必知病之所在,而后可施药为治者;必知弊之所在,而后可兴利,爰设查调部,而地方一切之现状及其利病均详之,以为国民之记录焉。自今以后,留学者既有输入文明之责,回国者亦有革除锢习之任,果能力求进步,使吾楚终有自立之一日者,未始非区区之同乡会为之起点也,抑尤有感焉。日本人口不过四千万,吾楚人口亦三千五百余万,而民德、民智、民力相差之数,判若天渊,岂真民族之不若彼哉?则以吾楚无吉田松阴、西乡隆盛、福泽谕吉其人耳,苟其有之,安见吾楚之不日本若乎?况以时局急矣,日本伊藤博文语吴挚甫京卿云:"贵国今日一年抵外国过十年,十年抵外国过百年,十年之内,其贵国存亡之关键乎?"同人等才力绵薄,虽精卫含冤,何能填海;而愚公有志,终欲移山。一蚊一虻之劳,其力亦在所必尽,即使国亡种灭,而此心可以对天地而告祖宗焉,则是吾同乡会之志也。

《湖北学生界》第1期

附《湖北同乡会章程》:

第一章　定名

本会由湖北留学同人团结而成,名曰湖北同乡会。

第二章　宗旨

敦睦乡谊,砥砺学行,推广一切公益事件。

第三章　会员

一、留学同人,无论在籍在东,凡担任本会义务者为正会员。

二、内地同志,与本会宗旨相合,愿充本会会员者一律看待。

第四章　职员

一、本会除各部另有专员外(详各部专章),设职员如左:

(一)总理一员:总理会中一切事务大纲,为本会之代表。

(二)庶务干事二员:管理本会一切庶务。

(三)会计干事一员:司本会之出纳。

(四)书记干事一员:调查会员姓氏住址,掌理会中书稿及记事,通信各会员。

二、各员由现留东同人投票公举,得多数者充之,半年更选一次,如在任期之中或回国,或有他故去职,由各干事会议嘱托代理。

第五章　事业

留学同人,各有输入文明、匡扶宗国之责任,今先组织四种机关,以达本会之目的。

第一种杂志部(另有专章),每月出杂志一册,以输入学说,唤醒国民为主义。

第二种编辑部(另有专章),编辑各种普通专门书籍,及图书,即由本部集资印行。

第三种教育部(另有专章),凡各种学校、图书、阅览所、内讲习会、活动写真、资助出洋,一切关系教育普及之处,皆是部应尽之责,次第兴行。

第四种调查部(另有专章),先行调查本省,务使全省利病了然于全省人人之心。

第六章　自治(团体上、个人上)

本会会员皆有互相勉励保护之义,分为甲乙丙丁四种,设条如左:

甲、励行各条

(一)实行本会之宗旨。

(二)增长一己之学识。

(三)启发他人之思想。

(四)扶助会员之困乏。分为二种:一临时缺乏,只须个人资助者。一常时缺乏(有志留学应筹善法扶助,不愿留学,亦赠资斧送回)之会员须开临时会决之。

(五)周护会员之疾病。

(六)劝来内地之游学。

能行以上各条者,由本会于开会时,提出布告。

乙、力戒各条

(一)违反本会之宗旨。

(二)放弃本会之责任(在东之会员、回国之会员)。

(三)损伤全体之名誉。

(四)排挤攻击之风。

(五)游堕冥顽之习。

犯以上各条者,经会员及他人检举后,由总理或致函,或面劝,如情较重及屡戒不悛者,于开会时或临时会,提出处罚,一罚锾,一逐出会,一逐回国。

丙、迎送各条:

(一)卒业归国者之饯别。

(二)特别大故仓卒归国者之派[派]员送护。

(三)内地游学或游历来东者之招待,分为二种。一寻常之招待,已有会馆招待员迎之横滨,本会只派人迎之新桥。一特别之招待,或自费生只身来东,或有功本会者之来东,虽经会馆招待,本会仍派人欢迎于横滨,至日京后为之妥备其旅馆学校一切。

丁、交际各条

(一)会员与会员交际。

凡会员无论同处,或异地,均宜各去意见,协和一致,厚其团结之力。

(二)会员与非会员之交际,分为四种:一足资他山之益于我者,本会宜采问,并致感谢。一有损本会或会员之名誉者,本会宜询问,并与理论。一对于各省团体,本会宜互通问询,以致同胞之亲爱。一对于各省团体,不许互相攻击。

第八章　经费(原文缺第七章条目,应为编排错误,编者)

(一)本会各部经费浩繁,皆由各部自行筹集。

(二)本会大会会费一元(先期收缴),寻常会费三角(临时带缴)。

(三)本会除各部外,无需存积,惟送迎,或临时特别事故所需,报告同人公派。

第九章　办法

(一)开会　每年开同乡恳亲大会一次,寻常间月开会一次,如有特别事故,得开临时会。

(二)会期　大会在春季,寻常会在间月之初周日曜,届时由书记将会期会所,通信各员,大会在一周以前,寻常会在三日以前。(离东京远者,由干事酌定早日函告。)

(三)缺席　届时有特别事故,不能到会者,大会在前三日,寻常会在前一日,函覆书记,未经先期函覆,虽不出席,一律收费。

第十章　申明

(一)本会有扩大,无停止,将来留东同人,全数卒业回国,或多数卒业回国,即移本会于内地。

(二)本会总章,既经公认发刊后,凡会员皆宜恪守,有应改良之处须于大会提出。

《湖北学生界》第1期

1月30日(正月初二日)　留日学生千余人在东京举行春节团拜。马君武等在会上发表排满演说。

1903年5月10日《选报》第51期:

新正初二日,东京留学生会馆大集同学,兼请国人到馆演说。时有广西马某在座,众首推之,马登坛力数满人今昔之残暴,窃位之可恶,误国之可恨,应如何仇视,如何看待。座中除三十余名满人外,约有五六百人皆鼓掌。逾刻满人互相语曰:宁送朋友,不与家奴,诚吾人待汉奴不易之策也。马退而湘人樊锥继之,言中国患在外而不在内,满虽外族,仍为黄种,不宜同种相仇,与人以鹬蚌之利。满堂寂然无和之者。最后则汪大燮(监督)续演,略谓诸君皆在学年,正宜肄力学界。语曰:思不出其位,吾敢为诸君劝云。

陈锡祺主编《孙中山年谱长编》,中华书局1991年版,第286~287页

刘成禺《先总理旧德录》:

壬寅、癸卯间,东京学生杂志风行,高谈民族主义,倡言革命,而讳言排满。先生忧之曰:"名不正,则言不顺,匣剑帷灯之宣传无益也。"召成禺及马君武赴横滨曰:"吾朋侪中有勇气毅力,莫如二子,余非依违两可,即临阵脱逃者。民族革命,要在排满,舍排满而言民族,其能唤起国内人民之清醒乎?今有一机会,元旦留学生团拜,欢迎振贝子,公使蔡钧、监督汪大燮皆在,开演说会,禺生与君武,能提出排满二字以救中国,大放其辞,自能震动清廷,风靡全国。"禺生楚人,君武原籍湖北蒲圻,彼亦楚人也,身家性命功名富贵之徒,不足与言亡秦之事矣。元旦日,莅留学生会馆,首由马君武登台演说排满,声泪俱下,予继之。当日全国通电皆言刘成禺,而不言马君武,故予一人获罪。练兵处奏清廷,廷寄不准学陆军入士官学校,抄籍武昌家产,逐出东京。后由汪大燮赔款六千元赴美,与学生会馆干事订立条约,刘成禺一人不入士官,易自费生二十人学陆军,方声焘等,皆条约所交换。办理此案,则蔡锷、蒋百里、胡文澜诸人也。故先生《孙文学说》及《自传》开章,皆书自刘成禺元旦在留学生会馆演说排满,中国始知有革命。排满之说,亦标成禺,而佚君武。特表阙文,用存信史。

《国史馆馆刊》1卷1期,1947年

编者按:《孙中山年谱长编》编者认为,载振赴日在本年4月,孙中山赴越南以前尚无载振访日消息,对集会演说的记述也未见有刘成禺演说之事,故刘成禺的说法并非事实(《孙中山年谱长编》第287页注释)。载振访日主要目的为考察大阪劝业博览会,此前亦可能会有这方面的消息传播,但新年演说会应不会为欢迎载振所开,故此条史料目前只能存疑。

1月31日(正月初三日)　广西提督苏元春奏报广西剿匪情形。

《清实录》:

广西提督苏元春奏,陈明秋冬各处剿匪,及亲赴百色会剿斩获讯办情形。得旨著即会同滇黔各军,认真兜剿,务将游匪悉数歼除,早就肃清。

《清实录》第58册,中华书局1987年版,第738页

本月　广西巡抚王之春遣人与法国东方公司商谈借贷问题,同意将广西省内部分矿山租借给法国公司。

《外交部商务司给法国政务司的通知》:

广西巡抚王大人的一名代表于1903年1月前往上海,商谈一笔三十万两银子的贷款,我驻上海领事帮他联系了东方国际公司的代表鲁法尔先生。

他们已制定了一个合同的草案。东方公司给予贷款一百万法郎,利率7.5%,王的代表则同意把广西省四个地区的所有矿山租借给东方公司。这个区尚未确定。勘探时间为两年,从中国这一地区的骚乱完全平定之日开始算起。就在这些谈判进行期间,上海有两家德国商号先后开业,即阿尔诺·卡尔堡公司和卡劳维奇公司。阿尔诺·卡尔堡商号不愿接受王大人的提议,但根据上海最近获悉的情报称,以柏林德意志银行为名,为德意志银行的下属的卡劳维奇公司已答应借给广西巡抚一笔三十万两白银的款子,这笔款子的一半由现金支付,另一半将用1877型毛瑟枪五千一百枝顶替;每枝枪配一百发子弹,以每千发二十八两计算。全部贷款在广州交付。

商定的借款不必经皇上御批,以盐税的盈余为担保即可。

由于巨籁达先生的急件未提及由卡劳维奇公司缔结的合同中有关矿产特权的租借问题,商务裁判司无法知道在该合同中,关于1897年6月12日法中公约的条款是否得到遵守;根据公约规定,凡在广东、广西和云南三省开矿,中国保证约请法国工程师和实业家前来帮助。此外,商务司则就以前情报与近日来自上海的情报不完全相符的部分向我国驻柏林大使和驻北京公使询问过有关这一消息的财政业务的情况。

章开沅、罗福惠、严昌洪编《辛亥革命史资料新编》第7卷,湖北人民出版社2009年版,第1~2页

2月1日(正月初四日)　德寿等向清廷报告查获洪全福起义人员大概过程,并请求为帮助破获起义的英德两国机构保密。

《军机处收电档·德寿等为洪全福私运军装约期起事事致军机处电》:

上年十二月间,访闻香港有会匪勾结,潜谋不轨,私运军装进口,约期举事,先攻省城。当经分饬水陆各营严密防范,并搜拿军装,以遏乱萌。廿八日,准英总领事函称,香港巡捕已查获会匪窝聚之所,并起出会党簿据等语。次日,又准送交刊就伪示多张,内有"大明顺天国南粤兴汉大将军"字样,语极悖逆;并有匪党与省城其昌街德商佈士兜洋行买办,及同兴街德教民梁慕光所开之信义店往来逆信多件。

查得匪党所运军装,均系托名货物进口,由德商佈士兜洋行代报完税,送至省河附近之芳村德国教堂收藏。当即密派干员并照会德领事会同前往搜查,在教堂通连之和记公司起获旗帜、号衣、裤、窝角铁、斧、刀剪、草鞋、九龙袋及饼干、牛肉,共一千余箱。其梁慕光所开之信义店,亦经饬县查封,并拿获匪党梁平、苏亚居等十余名。讯据供称:在港匪首系洪杏魁,绰号三千岁;省城办运军装,一切均系梁慕光主谋,送交德总教士郭宜坚收藏。等供。

查此次该匪等胆敢分布省港，刊刻伪示，私置军装，勾结谋逆，实属罪大恶极。而洋行、教堂人等复与勾串窝藏，踪迹尤为诡秘。幸经先事觉察，并得英总领事、香港总督不分畛域，协力查拿；德领事亦能破除偏私，实力相助，得使逆谋败露。此皆仰托朝廷福庇，平日办理交涉，遇事和衷，用能使中外一心，不致酿成巨患。

除仍饬水陆各营一体严密防范，查拿匪首洪杏魁、梁慕光等，务获惩办；一面将现获各犯研讯同谋党羽，及搜查军火是否另有寄庋，暨将详细情形另行奏报，并电外务部、军机处外，伏乞酌核代奏，以慰宸廑。德寿、李兴锐。支。

故宫博物院明清档案部编《清代档案史料丛编》第1册，中华书局1978年版，第147~148页

《军机处收电档·德寿为请代英领事保密事致军机处电》：

顷间电奏，均系实情。惟英领事谆嘱，此事虽由香港破获，恐涉德国教士，请将由彼函致一层慎密勿宣，免贻外人口实。谨再电闻。德寿。支。

故宫博物院明清档案部编《清代档案史料丛编》第1册，中华书局1978年版，第148页

《军机处收电档·德寿等为严密防范并访拿洪全福事致外务部电》：

东电敬悉。会匪事前奉电旨，当即钦遵办理。惟匪首洪春魁、梁慕光潜匿香港，骤难弋获。迭商英总领事，转请港督拿解，均称格于英例，未能照办。现仍设法严密访拿，并电致张使转商英外部，将该匪党驱逐。如英国肯不容留，查拿较易。

省城前获梁慕光胞兄梁慕信并伙匪多名，现仍监禁，并未释放。领事亦未干预。惟香港前获数匪已由港督开释，据称因案内字据非由匪身搜获，未能证实其罪之故。

除仍饬水陆各营严密防范并访拿首要，务获惩办外，合电闻。德寿、李兴锐。支。

故宫博物院明清档案部编《清代档案史料丛编》第1册，中华书局1978年版，第149页

△ 广州起义后，清政府多次谕令严惩起义人员，德寿等随后报告称已将洪全福等主要首领处死。

2月3日（正月初六日）《清实录》：

壬戌，谕军机大臣等电寄德寿等：电悉，仍著严密访拿匪首洪杏魁、梁慕光，务获惩办，并随时认真防范，毋稍疏懈。此次英总领事香港总督不分畛域，协力查拿；德领事亦能破除偏私，实力相助，得使逆谋败露，深堪嘉尚，著俟定案时，由德寿等声明请奖。至私藏军火之和记公司，著一并查明究办。

《清实录》第58册，中华书局1987年版，第738页

3月5日（二月初七日）《清实录》：

又谕电寄德寿——电悉，匪首洪春魁、梁慕光，著即设法严密访拿，务获惩办。梁慕信系梁慕光胞兄，如果知情同谋，应与监禁之伙犯多名，速即质讯明确，一并先行正法，勿贻后患。

《清实录》第58册，中华书局1987年版，第756~757页

3月19日（二月二十一日）《清实录》：

谕军机大臣等：有人奏，广东盗匪日炽，官吏漫无警觉，请严切究办一摺。广东匪首洪春魁、梁慕光等，聚众谋逆。前据德寿等电奏各情，业经谕令设法严拿惩办，并将监禁各犯审实，先行正法。兹据奏称该匪勾结谋逆，地方官漫无觉察，并有营勇抢劫，及越狱纵匪等事，似此盗风猖獗，吏治军政，实属废弛已极。著责成德寿、李兴锐：严密查拿匪犯，务获惩治；并将营伍、保甲、巡警一切事宜，认真整顿，务令地方一律清谧，毋得养痈贻患，致干重咎。原摺著钞给阅看，将此谕令知之。

《清实录》第58册，中华书局1987年版，第765页

3月28日(二月三十日)　《军机处收电档·德寿等为已将洪全福格毙等事致军机处电》:

省港会匪勾结谋逆,先将访查破案,起获军装、粮食各情形,于正月初四日电奏。奉旨:仍着严密访拿匪首洪春魁、梁慕光,务获惩办;至私藏军火之和记公司,着一并查明究解。等因钦此。二月初七日,续奉电旨:梁慕信系梁慕光胞兄,如果知情同谋,应与监禁之伙犯多名,速即讯明正法。等因钦此。

查去年腊月搜获逆信内,有赴惠州路程单,各匪亦惠州人居多,诚恐由港赴惠,踞省上游,先经电告惠州文武严查防堵。讵本年元旦,博罗县南门外贴有伪示,与查获刊就伪示相同。数日间,惠城各乡匪徒麇[麇]集,焚杀抢掳,势甚披猖。当经严饬各营分路防剿。获匪供称:均由香港潜来,本与省城各匪约期并举等语。复经添调总兵孔祥达一营赴惠,以厚兵力。先后拿获逆党头目黄谭福、李锦华、林富传、陈东生、钟亚冠、陈亚晚、邱亚发等及伙匪四十余名惩办,匪势略靖。省城先获匪党梁匝、苏亚居等十余人,又获梁慕光胞兄梁慕信,隔别研讯。其谋叛逆首为洪春魁,即洪全福,伪号三千岁,寄迹香港,富有资财。在省招人运械,系梁慕光。纠党办事各匪,为刘玉歧等十余人,各招匪党数百人、数十人不等。约定腊月三十夜,在城内放火为号,齐攻省城。其附省北路之大头目为刘大彪,允招三千人,先攻城外制造局,抢取军火。嗣以逆谋败露,遂各逃窜。当饬司道督同印委各员,复提现获各犯逐一勘讯。据匪兄梁慕信及匪党刘玉歧、苏亚居、叶亚福、陈学林、何亚萌,均各供认听从纠党谋逆不讳。禀经批饬正法枭示。余匪或须研鞫,或讯未同谋,分别监候待质,惩办发落。刘大彪系著名剧盗,曾悬赏银三千圆,久未弋获。因饬营员团绅设法觅线,将刘大彪枪毙,由县验明戮尸枭示。余党亦即解散。

首逆洪春魁等逋逃洋界,前经电致驻英钦使张德彝商之英外部,转达港督,设法处治,毋任容留。现准复电,英外部已允照办。正在密饬水陆各营购线访拿间,适该逆首洪春魁即洪全福,于本月二十六日潜回内地,经营员访明,跟踪围捕,当场格毙。搜获"全福之宝"金牌一面,将尸身运省,由县提犯指证确实,戮尸枭示。

至私藏军火之和记公司及梁慕光所开之信义店,均已由县查封。惟前起军装数千件,粮食千余箱,独无枪枝子码,迭饬营县严查。仅于番禺县大墩头乡起获洋枪百余枝。增城县属新塘河面截获枪码万余粒。讯据匪供:港澳禁运军火,付银定购,一时不能交足。现将起获军装发局存储,干粮等件给营犒赏。仍饬各营县严拿梁慕光及各伙匪等,务获惩办,并将详细情形另行具折奏报外,所有惩办逆匪,地方安靖缘由,陈乞代奏。德寿、李兴锐谨肃。卅。

故宫博物院明清档案部编《清代档案史料丛编》第1册,中华书局1978年版,第149~151页

2月13日(正月十六日)　直隶留日学生在东京创办《直说》月刊。杜羲等为主编,以"输东西文明,开内地风气"为宗旨。

《期刊出版》:

据《创办直说简章》所述,该刊编辑社共有"编辑兼鉴定二人,干事二人,司收发、译稿、印刷及发行等事;书记一人,司社中一切笔墨及内地通信事;会计一人,管理一切出纳款项;校对四人"。职员与作者、译者大多由直隶留日学生充任,"课余之暇,各由所习,分任译事"。直说社实际是部分直隶留日学生的一个群众性团体,"每届半年开会一次,由职员将社中诸事报告同人"。该刊总发行所设于日本东京中国留学生会馆,代售处分设于国内北京、天津、保定、丰润、南京等地。经费主要由同人筹集,"如海内士大夫有提倡资助者,本社认为

名誉赞成员，并送报以志高谊。”该刊公开宣布的宗旨是“输东西文明，开内地风气”。采取的体例是“仿丛编之例略”。内容栏目很广泛，有图画、教育、政治、学术、经济、军事、外交、实业、历史、地理、杂组、中外大事记等。第二期还增加了法律、社会传记、外论、杂谈等栏目。

河北省地方志编纂委员会编《河北省志·出版志》，河北人民出版社1996年版，第184页

2月15日（正月十八日） 中国教育会在上海张园举行首次演说会。

陶英惠《蔡元培年谱》系是日条有注解：

缺是月《苏报》，无法觅得开会时情形，二月六日《苏报》仅载庄忝亦《张园演说稿》，即在该会中报告者。据吴敬恒在《回忆蒋竹庄先生之回忆》中说：“从正月起，由野鸡大王徐敬吾先生接洽了张园安垲第会场，公开演说。一面又正式就《苏报》为机关，即鼓吹罢学，与夹带革命，双方并进。”

陶英惠《蔡元培年谱》，台北“中央研究院”近代史研究所1976年版，第117页

2月17日（正月二十日） 浙江留学生创办《浙江潮》月刊，初由孙翼中、蒋方震等主编。

《发刊词》：

（壬寅）岁十月，浙江人之留学于东京者，百有一人，组织一同乡会。既成，眷念故国，其心恻以动，乃谋集众出一杂志，题曰《浙江潮》，且述其体例而为之辞曰：

我浙江有物焉，其势力大，其气魄大，其声誉大，且带有一段极悲愤极奇异之历史，令人歌，令人泣，令人纪念。至今日，则上而士夫，下而走卒，莫不知之，莫不见之，莫不纪念之。其物奈何？其历史奈何？曰：昔子胥立言，人不用而犹冀人之闻其声而一悟也。乃以其爱国之泪，组织而为浙江潮。至今称天下奇观者，浙江潮也。

秋夜月午，有声激楚，若怨若怒，以触于吾耳者。此何为者也，其醒我梦也欤？临高以望，其气象雄，其声势大，有若万马奔腾，以触于我目者。此何为者也，其壮我气也欤？夫子胥之事，文明之士所勿道。虽然，其历史可念也。呜呼！亡国其痛矣，不知其亡勿痛也，知之而任其亡勿痛也，不忍任其亡，而言之而勿听，而以身殉之，而卒勿听，而国卒以亡。呜呼！忍将冷眼，观亡国于生前，剩有雄魂，发大声于海上，古事往矣，可勿言矣，而独留此一纪念物，挟其无穷之恨，以为吾后人鉴，吾后人可勿念哉？

抑吾闻之，地理与人物，有直接之关系在焉。近于山者，其人质而强；近于水者，其人文以弱。地理之移人，盖如是其甚也。可爱哉！浙江潮。可爱哉！浙江潮。挟其万马奔腾、排山倒海之气力，以日日激刺于吾国民之脑，以发其雄心，以养其气魄。二十世纪之大风潮中，或亦有起陆龙蛇，挟其气魄，以奔入于世界者乎？西望葱龙[茏]，碧天万里，故乡风景，历历心头。我愿我青年之势力，如浙江潮。我青年之气魄，如浙江潮。我青年之声誉，如浙江潮。吾愿吾杂志亦如之。因以名，以为鉴，且以为人鉴，且以自警，且以祝。

兹将其章程之概列如左：

第一章　宗旨

一、近顷各报其善者，类能输入文明，为我国放一层光彩。虽然，国立于世界上，必有其特别之故，以为建国之原质，有万不能杂引他国，以为比例者。本志负杂志之资格，其搜罗不得不广，然必处处着眼于此焉。

一、本志立言，务着眼国民全体之利益，于一人一事之是非，不暇详述。

一、欲争自由，先言自治，然必于其本土之人情、历史、地理、风俗详悉无遗，而后下手之

际,乃游刃而有余,先以浙江一隅为言,此非有所畛域,限于所知也。

第二章　门类

一、社说　发挥本社之宗旨。

二、论说　新理新说杂出不穷,录之以补前所未逮。

三、学术　留学生何事学也?绍介新学术于我国,过渡时代所必负之责任也。其类凡八:

(甲)政法

(乙)实业及经济

(丙)哲理

(丁)教育……女学及儿童教育两种白话演之

(戊)军事

(己)历史地理……传遍附焉

(庚)科学

(辛)文学

四、大势　处今日而不知世界大势之所趋,则深山穷谷其苗猺矣。其类凡四:

(甲)世界一般大势

(乙)各国内情

(丙)国际政局……专论各国之交涉,其关系于中国者在下

(丁)极东经营

五、谈丛　短篇小文,盖有绝精方论焉。

六、记事　越在异国,于本国情事未能说详悉,然举其有关系者言之,或附以说。

(甲)中国近事

(乙)各国近事

七、杂录

(甲)东报时论……中国各报之佳者亦附焉

(乙)来稿杂文

(丙)故老遗闻

(丁)来函及问答

(戊)解颐杂录

(己)绍介新著

(庚)留学界记事

八、小说　小说者,国民之影,而亦其母也。务取其有关系者,或译或著。其类凡三:

(甲)章同[回]体

(乙)传奇体

(丙)杂记体

九、文苑　录诗古文辞,不拘体例,可以验社会全体之状态,可以动国民之感情。

十、日本闻见录　内地之士,不能东游,有欲知东方新国之规模气象乎?兹以绍介焉,其门类随时订定。

十一、新浙江与旧浙江

(甲)历史上之浙江

(乙)兵事上之浙江

(丙)教育上之浙江

(丁)物产经济上之浙江

(戊)浙江之地理

(己)社会一般之风俗

(庚)交通机关

(辛)浙江之统治机关

(壬)农工商业上之浙江

(癸)外人于浙江之势力及其注意

(子)浙江人之海外事业

十二、图画　卷首必附以图画,令读者醉心焉。

第三章　体例

一、本志每册以八万字为率,所载各类及子目,每期未能全登,然一册中至少必在十六门以上。

一、本志月出一册,用洋式装订,每册定价大洋三角,定阅全年十二册三元二角,半年六册一元七角,外埠酌加邮费,概不零售。

一、本志准于癸卯正月二十日发行,嗣后每逢二十日发行,著为例。

一、本志以杭州万安桥白话报馆、上海永记书报代派所为总代派所。

一、有愿为本志代派者,请函告本社,自当按期寄送(函寄日本东京神田区骏河台铃木町十八番支那留学生会馆转交浙江同乡会杂志部收)。

一、欲购本志,预先缴费后寄报。代派所于本志既出第二期后,应将定报费一律收齐,汇寄本社,否则一概停寄,仍追取前费。

第四章　特色

一、本志全体皆由同人撰述编纂,虽不专工于文辞,然务适于我国民之用,说理必明畅,记事必简赅,非如直译剪抄者,令读者昏昏欲睡也。

一、本志有调查部之稿件,按期刊登。读本志可以于浙江全省之事,上自朝政,下逮民俗,无不了如指掌。

一、本志有"日本闻见录"一门,汇集旅居同人之见见闻闻,事无巨细,并蓄兼收,令读者不必游历其地,而得游历之益。

一、东报伟论,日出不穷,同人皆编选,择尤登录,内地志士不能东游及不能读东报者,得读是册,于东方大概形势,即可洞若视火。

一、本志中各科学说,半为各学校著名教师之讲义,间附己意,亦必经历实验,字字皆有根据,非如道听涂说者可比。学者得此,不啻有无数之名师良友环坐讨论,可以自修,可以自进。

一、本志有白话一种,纯以官音演说女学及儿童教育,俾略识之,无之妇孺,皆能通晓,并可学习官音。

一、本志每期至少有插画三四页,凡吾浙之名人胜景,皆竭力搜求,陆续印登,自余各图,非徒供阅者悦目怡魂,要皆切实有用,可以增长智识,激发志气。

《浙江潮》第1期

附录《浙江同乡会简章》如下：

第一章　定名

是会为吾浙留学生及官绅之游历或寄居日本者所组织,故曰浙江同乡会。

第二章　宗旨

以笃厚乡谊为主。

第三章　义务

(甲)对待会内之义务

一、凡会友有疾病事,本会有救助之义务。

一、凡会友有无故为人毁损名誉事,本会有力争之义务。

一、凡会友于私德上有关碍公共名誉事,本会有劝戒之义务。

一、凡会友有困难事,须得公同扶翊者,可由本人或同人报告干事,经干事酌度事宜,开临时会集议,视力所能为竭力赞助。

一、乡人初到海外者,除会馆例应招待外,本会更尽招待之义务(会馆招待章程另有告白)。

(乙)对待会外之义务

一、本会对待内地,有输进文明之义务。

一、本会对待会外之同国人,有互相联络、互相亲爱之义务。

第四章　事业

一、本会出杂志一种,每月一回发行(杂志另有专章)。

一、本会设调查部,专调查浙省事宜(调查另有专章)。

第五章　职员

本会设干事员七人;分掌各项事务。

本会干事员及责任表:

干事	员数	责任
庶务	三	一切庶务兼纠仪
书记	一	纪事及一切往来信件
会计	一	银钱收支并预算一切用费
杂志	一	总理杂志事宜
调查	一	总理调查事宜

另设评议员,参看第六章第二条。

第六章　经费

一、常年捐:会员每年输常年捐银三元六角,按月分收,以充一切公费。其冬夏两次恳亲会席料,仍临时筹集。

一、特别捐:本会因有杂志、调查等事业,招待救助等义务,须宽筹经费,方足敷用。蒙海内外士夫乐助捐金,当储蓄妥实银行,以期推广。其捐数在十元以上者,本会公推为赞助员;五十元以上者,为名誉赞成员;百元以上者,为本会评议员,并将姓氏爵里随时谨登杂志(评议员当本会开会集议时,有提议及修补章程之权)。

一、垫款:是款专备杂志用,先由各会友筹垫,俟杂志销行后,方能支持,视其垫数之多寡,按期陆续派还。

一、会中收捐事宜,由各校自行公举一人管理,统于月终收齐,汇交会计(不入校者径交会计），逾期不缴，会计有催索之权。特别捐当随捐随缴，或定期分缴亦可。

一、杂志用费浩大，遇有支绌时，许支用会中存款。

一、杂志部获有赢余，除提还垫款外，即为会中公积。

一、本会一切支拂预金，阅半年，由会计报告一次，即登本会杂志中。

第七章　会期

一、本会每冬夏二季各开恳亲会一次，会所及日期由干事报告（下二条同）。

一、本会每春秋二季各开茶话会一次。

一、本会有特别事由，许开临时会集议（参看第三章甲之四）。

第八章　规则

（甲）开会规则

一、凡开会前三日，由书记报告，同人不得无故不到，遇有疾病及回国，或游历等情，须先时函告书记，开会时，由书记将会员姓氏，榜示会所。

一、开会次序，首由职员申说开会缘由，次演说，次提议。

一、凡演说员须将演说大旨留稿交书记录存。

一、开会、闭会时间久暂，由职员临时酌定。

一、凡开会、闭会时间既经酌定后，各会员不得逾时不到，亦不得先时出席。

（乙）议事规则

一、本会举人决事，均经公共集议，参用投票举手之法，以多数为准。

一、凡议一事，须俟提出者及反对者各将己意表明，然后公决是非。既经多数决定后，不得再以前事争执。

一、凡演说及议事时，不得杂沓喧哗。

（丙）办事规则

一、凡办事人员既经公举，委以各事，其各事之范围内，均听其人自由处置，有直行开办之权。

一、凡办事人员既经担任各事，不得放弃责任，遇有疾病及回国，或游历等情，许其临时嘱托代理，期内一切责任，仍由本人担当。

一、各会员如有以办事人所办之事为不满意，尽可函知其人，或于开会时提出公议，惟不得于会外訾议是非。

附则

以上各条，本会员须各遵守，俟会事扩充，于此章有未尽合宜处，临时修改刊入。

壬寅冬十月本会同人公拟。

《浙江潮》第1期

2月20日（正月二十三日）　梁启超由日本出发，前往美洲运动华侨建立保皇会，并筹集捐款。

梁启超《新大陆游记》：

……至是始续旧游，实癸卯正月廿三日也。

廿六日为余三十一初度。余频年奔走海内外，未尝有所终三年淹。其尤奇者，则年年今日，必更其地，十年来无一重复。自癸巳在家乡一度生日，诸母犹噢以饴饧枣栗之类。尔后，甲午此日在黄海舟中，乙未此日在京师，丙申此日在上海，丁酉此日在武昌，戊戌此日在洞庭湖舟中,己亥此日在日本东京,庚子此日在夏威夷岛,辛丑此日在澳洲雪梨市,壬寅此日在日本东海道汽车中,今年癸卯今日在太平洋。嘻!此亦一诗料也。成诗一章:

十年十处度初度,颇感劳生未有涯。
日月苦随公碌碌,人天容得某栖栖。
庄严地岳来何暮,刍狗年华住且佳。
一事未成已中岁,海云凝望转低迷。

梁启超《新大陆游记》,《新民丛报临时增刊》1904版,第1~2页

2月21日(正月二十四日)　杨度等人在席少保祠举行宴会并发表演说,为湖南留日学生送行。

杨度《在欢送湖南赴日留学生宴会上的演说》(题目为编者加):

今日大宴会,诸君,诸君!亦知此宴会为寻常之宴会乎?盖特别之宴会也。今日之宴会,为诸君立一纪念碑耳。诸君卒业归国时,湖南无恙,此席少保祠无恙,同席诸君无恙,则中国幸甚。虽然,未敢必也。

自甲申至甲午,十年一大变。自甲午至今日,未十年经三大变,甲午割台湾,赔二百兆;戊戌割胶州湾,割旅顺口、大连湾,割威海卫;庚子之变,京师陷没,两宫西狩,立新约数百条,赔兵费四百五十兆,仅乃回銮。甲午以后,西人日言瓜分中国,绘图设邑,遍传五洲。庚子以来,西人见拳匪尚有国民性质,知中国未易骤亡也,必先亡其政,亡其教,亡其财,然后亡其国。政亡、教亡、财亡,国也随其亡矣。此灭国之新法然也。于是前之瓜分主义,一变而为保全主义。诸君,诸君!亦知保全为无形之瓜分乎?亦知施行瓜分政策无有愈于保全者乎?譬之犬马,其豢养之而保全之者,童仆也;其足以制其死命者,亦童仆也。譬之奴隶,其豢养之而保全之者,主人也;其足以制其死命者,亦主人也。使犬有噬人之凶,马具不羁之性,奴隶能自食其力,则主人与童仆,其势力不足以范围之,何死命之足制焉?夫西人何爱于中国,而欲保全之?中国而听其保全也,则命悬于西人之手矣!羊豕同牢,随时宰割,微夫危夫!中国之亡,甚于累卵。诸君,诸君!独且奈何哉?且粤西势亦警矣!粤西之匪虽不足言革命军,充其力量,亦足以乱中国。彼时西人以剿匪为名,收其土地,实行瓜分政策。诸君,诸君!其谓之何?吾敢为诸君一言以蔽之曰:勉强学问而已矣!昔者法之蹶于普也,毛奇指学生而言曰:"今日之功,学生之力也。"夫以如锦如荼之军,沐日浴月之业,毛奇不自有,不归功于他人,而归功于学生,然则学生之足以左右世界也,明矣。

诸君,诸君!离乡井,辞父母,弃妻子,出国门而东,其富于国民思想也不待问可知也。是仆辈所东望顶礼者也。然则诸君之竭其材力聪明,讲求科学,以新吾中国、救吾中国者,其主义当早自定之,无待仆言。以度之顽愚,更不知所言。然而不能已于言者,以度一得之愚,为人群谋公益,而诸君者,又度所东望顶礼者也,度又何能已于言?科学之中,以自然科学为要。自然科学者,科学之大乘也。夫不能为自然科学,则一切种种皆留声机器耳。度敢为诸君谋,自然科学则个人学问、团体利益是也。无个人,无团体;无团体,无个人。此义诸君自知之,无俟度言。度敢为诸君进一言曰:不为团体谋公益,则个人学问何足贵哉?是则度所东望顶礼不能不有厚望于诸君者耳。

刘晴波主编《杨度集》,湖南人民出版社1986年版,第90~92页

2月25日(正月二十八日)　张之洞致电端方等,询问鄂省留日学生情况,并提醒要预防留学生沾染“坏习气”。

《致武昌端署制台、梁署盐道台》(光绪二十九年正月二十八日丑刻发):

闻鄂省近派学生二十人游学日本,未知拟学何门。近来东游学生习气甚坏,必宜豫防。鄙意不如令该生等分习农、工、商、实业各学,较无流弊。祈卓裁。沁。

国家清史编纂委员会·文献丛刊《张之洞全集》(11),武汉出版社2008年版,第71页

1至2月(正月)　《苏报》逐渐成为爱国学社的机关报。

蒋维乔《中国教育会之回忆》:

民元前九年癸卯,为中国教育会之全盛时期。时爱国学社学生皆入会为会员。社中春季开学,各地闻风来学者甚多,校舍不能容,即添租左邻房屋,又添租右面空地为操场。爱国学社社员,原以南洋公学之五班生沈联、胡炳生、俞子夷等为中坚人物,而推戴特班生贝季眉(寿同)、穆恕斋(湘瑶)为领袖。学社组织,分学生为四班级,与今之中等学校相当。社中自总理学监以下教职员,均自行另谋生计,对于学社,纯尽义务。如蔡孑民则任商务印书馆编译所长,吴稚晖则任文明书局之事;三四年级之国文教员为章太炎(炳麟),一二年级国文教员,则由余任之。章则为人译《妖怪学讲义》,余则为苏报馆译东报,均藉译费自给。历史地理教员吴丹初亦然,理科教员则由科学仪器馆中人分任之;英文教员,除高级请一西洋女教员为有给职外,至普通英文,均由社员分任义务;体育方面,则为何海樵、山渔兄弟二人任义务教员。海樵系海军学生,山渔系浙江陆师学堂学生。学社既由退学风潮而产生,故学生极端自由,内部组织,分全部学生为若干联,每联约二三十人,听学生自行加入某联,公举一联长,凡有兴革,多由学联开会决议,交主持者执行。故自总理、学监以下,社内外人对之,均有媚学生之批评。盖官立学堂,极端压制学生,此则反其所为,不啻听命于学生也。迩时既以退学为美举,各省官立学堂学生之反抗退学风潮,乃相继以起,学社中遇此事,必发电以贺之。

爱国女学校,于是年开始招收外来学生。由吴稚晖提议,亦迁校舍于福源里,并运动学社社员,各劝其姐妹就学;学社之教员,亦多兼女校功课,余之为爱国女校义务教员,亦于是时为始。由是女学校学生亦渐增多。

春季,中国教育会开会,重行选举。稚晖暗示各社员,举宗仰为会长,其意以会中缺乏经费,若选宗仰,则可藉其力,向哈同、罗迦陵方面,捐助巨款。会员多不以为然,以为宗仰是方外人,以长教育会,不甚适宜。稚晖持之甚坚,且会中社员,占绝对多数,皆依稚晖意,宗仰卒当选为会长。然宗仰亦甚乖觉,于经济方面,并未有甚大助力。

中国教育会每周率领学社社员,至张园安恺第开会演说,昌言革命,震动全国。而顽旧之辈,皆极端反对。上海各大报,如《申报》、《新闻报》等,亦持反对论调。吴稚晖提议,必须有机关报,以为对抗,后乃利用《苏报》为机关。

中国史学会编《中国近代史资料丛刊·辛亥革命》(1),上海人民出版社1957年版,第488～489页

2月27日(二月初一日)　上海震旦学院(后改名震旦大学)成立。

1903年3月1日《苏报》载《震旦学院开学记》:

壬寅(此处误,应为癸卯,编者)二月朔,上海震旦学院开学,其师为南徐马相伯先生也。先生尝曰,我国人士谈西学、诵西文数十载矣,能所事皆彼中童幼商工所普习,而非我士大夫

所当及也。鄙人潜思三十余年,非经典之书不读,非名家之作不观。所心得、所置意者,惟此士大夫之学,所乐与好学深思之士,共相讨论也。先生此念,蓄有年矣。然此震旦之设,实东瓯项君渭臣发起之。院设于上海西乡徐家汇,即天主堂古天文旧屋也。先生居于土山湾工艺学堂,相隔约半里许,是日先生临院,诸生皆降阶相迎。先生谦身含笑而入,相与同登演说厅,行师生相见礼。先生西南立,诸生皆北向以对,各三揖而退。于是入课堂,各以次就座。先生曰,西国学堂开课之日,教师必演说,今日我震旦学院开学,鄙人亦演说一短篇,略表宗旨,其文录下。

今日我震旦学院,虽一小小学院。然恢张宏远,前程何限,如一芥之微,撒之艺之,可以遍地,我震旦其奚异哉。然诸君之负笈来游,□集于兹者,非为学乎,兹姑言学。夫学问者,世界所最尊贵者也。彼富贵功名,非不重矣。然卑鄙龌龊、胸无点墨之辈,欲荣誉之,则荣誉之;欲富贵之,则富贵之。此赵孟之所贵,赵孟能贱之也。定如此一点灵犀,父子不能相传授,兄弟不能相取移,朋友不能相提赠,照耀大地,没世不忘之难能而可贵哉。虽然,学问之道,有人己之别也。我国自秦汉以降,皆为人之学也。曰策论则策论矣,曰诗赋则诗赋矣,曰经义则经义矣,降而至于八股则八股矣。我不解奴隶性质之何以若是之深入而难移也。譬之一家之中,其家主虽粟麦之不分,是非之莫辨,然其奴隶必崇拜之,服从之,彼为人之学奚异哉。故为学亦有奴隶与非奴隶两派。我不解中国奴隶之学,何以若是之盛哉。姑无论落第之士,牢骚抑郁,或掩涕一室,长嘘空山,作种种丑态之可笑可怜也。即彼大魁天下,置身通显,峨冠博带,□耀耳目者,试叩其所学,则抑复嗤鼻。凡此奴隶之学,非所乐闻。今兹所讲,为格物穷理之学,求之一己,而无与人者也。故开宗明义,力求自主,夫自主与自由异。自由者,今日欲左则左之,明日欲右则右之。而自主则不然,有坚忍不拔之气,强立不返之志,旦而矢之,则万变不离。所谓三军之帅可夺,而匹夫之志难移,此鄙人所欲与诸君子共勉者也。

2月28日(二月初二日)　《苏报》载《纪湖北学生界》文,称张之洞要求查禁《湖北学生界》,致使其销量大增。

1903年2月28日《苏报》载《纪湖北学生界》:

《湖北学生界》出版后,内地人士目为后生小子之作,阅者甚少。张宫保忽电告学生总监督,严禁其出版,四方闻之,乃大惊异,飞函定阅不下数十,现首期已再版矣。各处办报者安得各有一张宫保为之介绍推广乎?

2至3月(二月)　日本开大阪博览会,西田正俊等人拟在展馆外设立人类馆,展示包括中国在内的落后民族的生活习俗,留日学生知悉后即会商抵制。

《留学界记事》:

阳历二月十日《日本新闻》《博览汇报》:有西田正俊氏等,就本馆正门外百五十坪之地,设立人类馆,雇北海道虾夷、台湾之生蕃、琉球、朝鲜、支那、印度、爪哇等七种人于馆内,演其固有特性及生息之程度阶级,并其恶风蛮习等,以供观览。业经坪井博士协赞,刻下已雇定以上七种人,云云。

阳历二月十一日《国民新闻》:有西田正俊氏发起设立人类馆于会场正门外,约占地三百五十坪,雇虾夷、台湾之生蕃、琉球、朝鲜、支那、印度、爪哇等七种人于馆内,演固有特性及生息之程度阶级,以供观览。其演技次第悉照坪井博士调查世界风俗写真帖办法,云云。当时学生既得此报，会馆干事即日集议，草一文，报告各处。其文曰：

鸣呼支那人！鸣呼支那人!!

“鸣呼支那人！鸣呼支那人！”吾向者不知其地位，而今而后吾知之矣；吾向者不知其品格，而今而后吾知之矣。闻诸西人之言曰：“廉耻者，上帝特赐之品。”又曰：“由小国而进为大国，由弱国而进为强国者，其必自知耻始；由大国而堕为小国，由强国而堕为弱国，其必自不知耻始。”吾国统四百兆民家，拥二千万方里，以与地球各国伟大之国民瑰异之种族相角斗，孰胜孰负，间不容发，知耻与不知耻，其存亡危急之关系哉！鸣呼噫嘻！谓吾国为不知耻耶，则骄者且曰：黄农姚姒，吾之鼻祖也；山酋岛长，吾之世仆也；平原、大泽、山庐、水屋，吾之良室〈聪〉也；聪明特达、秀绝一时者，吾之佳子孙也，吾民何为而不知耻？鸣呼噫嘻！谓吾国之人为知耻耶，则勒英女后之纪功碑，献日本天皇之元旦颂者，吾海外之民也；牵联军总统之辔，揭各国顺民之旗者，吾北方之民也；妻女淫于意兵而不知羞，坟墓抉于法人而不知痛者，吾南方之民也。吾民而何为知耻也？孟子曰：“人必自侮，然后人侮之……国必自伐，而后人伐之。”数百年来，吾国受侮、受伐之事，擢发所不能尽矣，吾不忍道之，吾又不能尽道之。往者已矣，吾姑语其最近者；大者已矣，吾姑语其最小者。大阪之博览会，日本之盛举也，各国冠裳云集，以考察其工艺商业之盛衰进退。有讲人种学者，设人类馆于博览会之门，豢养支那、朝鲜、琉球、印度、虾夷、台湾生蕃、爪哇等七种之民于其间，而演其顽风恶习以为会众观览。鸣呼，甚哉！此举也，吾不知日本人何心也。若印度、琉球已亡之国，而英日之奴隶也；若朝鲜，俄、日之保护国，而吾之旧藩属也；若爪哇、虾夷、台湾之生蕃，世界最卑之人种，与鹿豕相去一间者也。吾支那人虽贱，何至与此六种人骈首并足耶？且印度、台湾、虾夷，何一非亚洲之土产物？又何苦陈此丑秽之状态，以供泰西各国之一笑也？吾又不知支那人之何心也。而高官数十、巨贾数千百，捆载其货物，车辇其金币，而亲览吾同胞之下等者，跻之于六种之族类，而知之而不问之，而且觍然甘之不顾也。夫吾国先哲有言“哀莫大于心死”，吾不解吾国人之心死与否？若犹未也，宁不知今日之事？吾国之地图犹未换颜色，吾国之上下犹未称臣妾，然而，与印度列，此奴隶我也；与朝鲜列，是厮养我也；与爪哇、虾夷列，是明明生蕃我，而野蛮我也。抑吾观日本各处遍设动物水产各馆，今又有人类馆之设，是又明明以动物目我、水族目我也。“鸣呼支那人！”奴隶犹可言也，厮养犹可言也，生蕃而野蛮犹可言也，气即卑，志即陋，灵魂即澌灭净尽，何至自等于禽兽虫介而不知耻耶？抑吾思之自甘于奴隶，故必更降而厮养；自甘于厮养，故必更降而为生蕃、野蛮；自甘于生蕃、野蛮，故必更降而为禽兽虫介。达尔文明进化之论，谓人为猿之进化物。然则，禽兽与虫介安知非吾人之进化物哉？奇哉，奇哉！日本人之有此圈槛也！善哉，善哉！支那人之有此因果也！“鸣呼支那人！”昔时为华屋，今也为山丘；昔时为栾郤，今也为皁隶。其亦有悲之、愤之，起而挽救之者乎？《诗》曰：“父母先祖，胡宁忍予？”先祖维何？黄帝之谓也。又曰：“如彼疾（诗经原文为溯，编者）风，亦孔之唉（诗经原文为僾，编者）。”唉者维何？吾咽哑而不能言之谓也。“鸣呼支那人！鸣呼支那人！”谓其不信，盍观所译之新闻？谓其不耻，盍观所载之图画？同胞，同胞！吾又何言？如是我闻，慎勿造因。

是稿既成，而日本之印刷局又迟迟不能即日出版也。留学生乃商之大阪孙君实甫，孙君初闻此事即愤之，竭力谋此事。其来函有云：“如日人果不撤去，则大阪中国商将于开会第一日举黑旗以志哀，而不作贺礼。”后日人不得已，乃去之。至近顷，又以福建产物问题，留学生全体大哗，现方在力争中，未知其结果。

《浙江潮》第2期

3月12日(二月十四日) 《日本东京游学总监督汪大燮致丞参堂电》:

人类馆已将华人剔除,燮。

故宫博物院编《清光绪朝中日交涉史料》第67册,第3页

△ 大阪博览会陈列中国福建展品于台湾馆,引起留学生抗议。经多方运动,将福建展品移入四川馆。

《崇拜东人者听之》:

今岁,日本举行第五次内国博览会,初以支那人与印度等亡国之余并列,继又改设台湾馆,并将福建运来产物,陈设在内。东京留学生方在力争,未知其结果。

呜呼!我国民其听之,吾欲有所言,吾不成声。

我国人之性质,外人知之久矣。予我以虚设之名词,绝我最重之命脉,使我鼾睡而不觉,此近今灭人国者之长技也。日本今日之举,盖日本秘密手段之缺点也,谓为日本之侮我也可,谓为日本之警我也可。虽然,醒我者,不自日本始,且不自今日始,特我国麻木不仁,人之醒我,而我自不醒耳!嗟嗟!"旧时王谢堂前燕,飞入寻常百姓家。"我述至此,我不成声。

呜呼!吾不知彼骑从联翩,相率东来,看博览会者,翘首一瞻,则见彼"台湾馆"三字之额,巍然一横于其上者,吾不知其作何想?

《浙江潮》第2期

《日本大阪博览会中国福建出品移出台湾馆始末记》:

癸卯春,日本开博览会于大阪天王寺,会中分参考馆、台湾馆、机械馆、美术馆、水产馆、动物馆、农林馆、教育馆、工艺馆、通运馆等。台湾馆者,肖台湾衙署,其中所陈列,或肖像,或图画,皆以描摩台湾风俗者也;参考馆者,陈列外国出品于其中;其他诸馆,皆日本本国物,分门别类,列屋而居,此博览会中陈设大略也。二月十三日,秦君毓鎏、蔡君文森、顾君树屏、侯君鸿鉴、侯君士绾、华君馆、陈君去病、秦君毓钧、秦君岱源、黄君以仁、钱君增十一人等赴大阪。越日游博览会,观参考馆,吾两江两湖四川出品在焉,但物品称劣,不但不能比美西洋,且远出朝鲜下,尤可异日[者],两江鞆湖出品共置一处诸曰"吴材楚宝",四川物别置一处,额曰"大清国四川省出品物",若江楚非属大清国者。盖江楚四川各不相谋,故尔也。历览教育美术各馆,至台湾馆,大门巍然,俨如衙署。进门为庭,□中有绿呢轿一乘,庭非为楼,楼下中间为茶肆,有台湾妇女二人伺客,皆小足,仍台湾故装。左间设木偶数人,男女并列,有翎顶补服者,有盛饰小足者,有丧服者,有常诸者,有作乞丐状者;右间为寝室,床褥毕备;楼上亦茶肆,侍客者皆台湾人,仍旧装垂辫发,欣欣有喜色。呜呼!装束如昨,主人已非,哀我国民,台湾其鉴!悲夫!土非我有,权固属人,惨目伤心,饮恨吞声而已。遍诸各室而出,过大门内右廊,见有陈设品物,牌曰"清国福建省出品",乃大诧异,心知此必日人狡诈,以吾福建为彼势力范围地,故以出品置此;又念福建陈设品物,必派委员经理,委员纵昏瞆,必不至受日人欺如此;又念开会已数日,吾国人来者不一,岂不见此,见之何无一异议?人类馆之事(日本初议人类馆中设中国人二,一小足女子,一吸鸦片者,留学生力争得撤去)尚力争得免,此事关系重大,何无一人置议耶?思之莫得其故。顾必故力争之,须详悉情形乃可。于是秦君毓鎏等数人诣江楚出品事务所,见委员罗君世楷,问以此事缘由。答曰,吾不忍往台湾馆游览,故未见之,特曾闻之人,福建出品在其中云。秦君等问福建有委员否,罗君曰,无,托日本人,江楚虽派委员,亦托日本人栗林经理。秦君等问福建所托日本人何名,罗君曰,不知。秦君等曰,先生知日本人意否?日本素以福建为己势力范围,今以福建物置台湾馆,彼即以福建比台湾也,国耻之大,孰有甚于此者?今博览

会方开,各国人纷至沓来,贻羞各国,孰有甚于是者?是可忍孰不可忍?且各国皆效日本所为,则吾各省出品无一能列参考馆矣。此而不争,则日本谓吾国人可欺,真欲实行其志不难矣。福建为中国土地,吾等为中国人民,断不容膜视。今福建既无委员,先生等当力任其难,学生等为之助。罗君曰,此福建事,江楚委员不宜干预,上司且谓吾辈多事,各省彼此不罗[通?],江楚官不能预闻福建事宜,亦君等所知也。秦君等曰,各省毓[彼?]此不通,先生以为义当若此乎?抑官场恶习乎?如知为恶习,必当速改,吾国之弱正为此,岂宜引以为例?罗君曰,是,是,但木已成舟,为之奈何?吾辈即力争,恐日本人必不为动也。秦君等曰,人类馆权操在彼,然吾力争,彼尚听吾言而撤去;福建物权操在我,我欲留则留之,我欲去则去之,似不难更正。且人类馆形容吾陋俗,吾俗固陋,日人之辱我犹小,吾尚争之。吾国虽弱,福建固犹吾地,日人竟比之台湾,其辱我尤大,是乌可不力争。罗君有难色,秦君等辞出,仍不得其详,议往见日人栗林问之。栗林者,江楚出品物经理人也,顾君树屏、钱君增、秦君毓鎏三人同往参考馆,见栗林,问以福建物何以置台湾馆,经理此事者何人?彼佯为不知,秦君等往复台湾馆,见馆中干事柳本通义,问福建物置台湾馆之故。柳本曰,福建未派委员,托吾等经理,因参考馆无隙地,故置此,已告闽督,闽督许之矣。顾钱秦三君因不善日语,不能与辩,进[退?]归寓,共商办法。拟一面电告东京留学生,令速会议,举善日语者数人来此办理;一面请江楚委员电告闽督及公使、神户领事,如官场不出预闻,则学生自行办理,如日人决不听从,则学生惟有将福建物自己撤去。众以为可,于是致电东京留学生稽君镜云"福建出品置台湾馆,速会议。"并寄一函详告此事缘由,乞善日语者数人来此办理。时已夜九时矣,秦君等十一人复往见江楚委员罗君世楷,以柳本之言告之,并云已电告东京留学生,不日即有人来,如先生等不便预闻,则学生自出力争,如日人不旨听从,则充学生之力,惟有将福建出品撤去,此最后之结果也。罗君曰,总须和平办理,万不宜出以激烈手段,桑观察往神户,俟其日[回],徐商之。桑观察者,名实,江楚出品事务总办也。秦君等曰,和平不了,继以激烈,此万不得已之事。学生等必欲福建出品移出台湾馆而后已,非好事也。办理此事,以速为贵,乞先生往神户领事处,请其一面向日人力争,一面电告公使、闽督,请日本政府更正,罗君许之,允明日往神户见领事,秦君等致谢而出。归寓后,顷之,桑君偕罗君来,允明晨六时令罗君附火车往神户,见领事。十五日,秦君等致公函于神户商董孙君实甫,告以此事,下午六时往江楚事务所,罗君适自神户归,述神户领事蔡勋言之领事位卑,径致电闽督,恐不措意,不如乞公使转电闽督,得其复电,再行商办。罗君又云,领事即日函告公使,福建委员不日来东,君等毋躁。秦君等闻此言,知官场敷衍手段甚妙,罗委员神户一行,蔡领事公使一函,从此可以卸责矣。十六晨秦君等致两电于东京留学生,一致福建人,一致嵇君镜,乞伊等速来。夜接东京覆电,言明日有三人来大阪。十七日下午,林君长民、林君棨、刘君崇杰、李君宣龚自东京来,夜,林、刘三君至蔡、秦等寓询明一切情形,述及十四日得大阪电,嵇君镜即遍告留学诸君。适江南出品委员福建李君龚自阪至东京,亦甚愤激,遂与浙江留学生监督福建高君凤谦,十五日前后入谒蔡公使,力陈闽品陈列台湾馆,大伤国体。公使云:江、鄂、湘、蜀皆有公牍,独福建出品未咨使署,究竟此事,应即详查是否我国出品,抑系东人购办。高君云:现留学生已公举数人前往大阪,详查情形,斟酌办法,苟得迁出,大善;否则请公使径电闽督,设法挽回云云。十八晨,秦君毓鎏偕林君等至台湾馆,见其干事柳本通义,问闽品何以置此,曰此系闽官场托台湾总督为之;问博览会规则,外国出品,宜置参考馆,闽品何以独异,曰福建搜货逾期,参考馆已无余地,时台湾参事官石塚在闽,因向通商局言,闽品既备,不妨东运,我当于台湾馆内设法陈列,闽官场许之,故以置此。问此品何人经手,曰前岛真,今在北区芝田町,距此二十余里。林、秦等四人同往访前岛诘之,前岛言此事闽按察使司杨文鼎与驻闽日领事丰岛及台湾参议官石塚三人商确定议,吾但司搬运。林君棨曰:此事殊未适当,应即迁徙,必无余地,宁撤回不陈列。前岛曰:陈列台湾馆,本不得已,若有适当之地,当即移入;至欲撤回,须电商闽官场乃可。时复有日人作山专告在旁向前岛言,闽官场既已委托台督,君能擅易地否?前岛言,但迁徙无难事,吾当任之。林君曰:闽省出品委员冯君祥光且到。前岛曰:冯君但来视察,非出品代表者,无论如何,现所苦者,无地耳。林君曰:参考馆中四川陈列场尚宽,我等当急商之,一得地决即迁徙。前岛唯唯。秦君等知事可挽回,不至决裂,且福建三君来此,可筹商善后事宜,旅费浩大,不容多人,即于是日归东京。午后李君宣龚、林君长民、刘君崇杰、林君棨同到四川出品委托人岛田定知处,未遇。晚间李君宣龚、林君棨复往商议腾地,岛田云四川出品陈列已毕,亦不甚宽,然闽品陈列非地,有伤国际,吾力所及,当勉为之。但我受川省官场之托,若兼预闽事,非得公使或冯委员一信据,无辞以复四川,至迁移及改制箱架,所需经费,四川恐不担任。李君曰:此两节可无虑,公使当为君证,经费闽省亦不能不担荷。岛田曰:明日当至参考馆相度之,并与商业所、会议所商办法。十九早,刘、林二君往见前岛,告以四川出品陈列所已可腾地,前岛忽更前说曰:参考馆即有余地,苟欲迁动闽品,非有台督之命,不能遽移。林君曰:足下之言,何与昨异。前岛曰:昨所言者,冀望之辞,今乃论事势。林曰:中国出品,中国人欲动移之,何为请命台督。前岛曰:台督实受闽官场之托,台湾馆办事人柳本复受台督之命,柳本自不敢擅移,事之次序如是,非有他意。时李君宣龚、林君棨与岛田在参考馆相候,刘、林遂急与前岛同往,李君见前岛曰:君为福建出品委托人,此事何不商之江楚四川委员,而擅出主意。曰:闽官场许之,我实无干。李曰:闽官场当不至是,纵闽官场许之,今亦不足为据,况四川陈列场已有陈地耶。请同到博览会事务局,声明迁移出品事。前岛曰:我与事务局系间接,不能径往。李君曰:君为闽品委托人,有闽官场委托凭据否?曰:有。曰:既有凭据,何谓间接?前岛不能答,但曰:现已决意迁移,吾当电告闽官场,即柳本亦当电禀台督,一有复电,当即驰告。午后李君宣龚、林君棨同到司务局晤外事课七里恭三郎,历叙情节,请其知会局长织田一,七里旋述织田言,参考馆既可腾地,闽品理应移入,但须四川出品委托人岛田定知来局承诺,便由本局知会台湾馆,此事万无不协。廿日,李、林遂同岛田入见事务局长织田一。织田问岛田曰:君为四川委托人,可以干预闽事否?岛田备述缘由,李君曰:此事系中国人委托岛田,非岛田揽辨[办]。织田曰:现参考馆内工事且毕,倘再调动,恐稽时日。岛田曰:改制箱栏,三日可了。据【织】田曰:既如此,先鸠工为之,候迁移时,台湾馆人亦当到局声明。李、林及岛田复出见七里。七里曰:台督且至神户,柳本当自往请命,此事台督决不敢有异议。二十二日,冯君祥光至,李君宣龚、林君长民与商辩[办]法,冯君曰:台督明日至,吾自赴神户见之。二十三日,冯君赴神户,而柳本先至,台督闻此事中国人愤甚,即缄致事务局,言闽品应听中国人迁移。二十四日,冯、李、刘、林诸君遂同前岛真至台湾馆,悉将闽品移入四川陈列所,四川委员廷夔亦至,李、林、刘诸君〈运〉邀同冯君廷吾并岛田交接一切,日本海关检查员亦至四川陈列所,查取出品目录,盖前岛运送闽品,先输台湾,然后东渡,故进口时海关误闽品为台产,今移四川陈列所,始为更正。

《江苏》第1期

3月2日(二月初四日)　《苏报》发表论说《教育会支部研究会序》。

1903年3月2日《苏报》载《教育会支部研究会序》:

教育何为而需研究也,曰是研究人类之旧特性,而以教育为之方面者也。教育之结果也有二,曰客观之界,曰主观之界。主观具而客观不成而谓之教育之初点可也,谓之教育之弱线不可也。客观成而主观不立谓之教育之平面可也,谓之教育之立体不可也。客观之界,形式也;主观之界则精神也。形式何也?如今日而图海军也,则皇皇焉购枪炮也,置轮舰也,设立海军衙门督办会办诸名目也,是海军之客观也。明日而建商务也,则汲汲焉开银行也,造铁路也,设立通商大臣督办商务诸名目也,是商务之客观也。精神何也?则贯于形式之内者也。今夫集个人而成社会,集社会而成国,集国而成世界。夫世界之发达则人类为之也。人类如初生之婴孩,而教育实为之哺乳,故教育者,人类之普通性也。夫胎内则有教育矣,家庭则有教育矣,学成而选举代议、行政、司法、交战、通商、殖民、领海皆以临时之经验,证夙素之研求,则亦教育矣。彼学堂者,特教育之一部分而为全部发达之中心点,然则进化之理不明,合群之础不立,国家之观念不起,权利之思想不达,其影响至于民族萎缩,国势颓败,而教育实当其冲。此由马父所以知原氏之亡尔。印度为墟,彼婆罗门教典有力焉也。吾闻西国小学教员无不具大学之本领,而□□学生意志之高尚,有过于日本之博士者,无他,教育之精神异耳。日本今日教育为脱幼稚而少年时代,若吾中国则学步之初期也。自奉明诏,京师、各省、府、□、州、县官立私立学堂,一年之间,无虑千百,似欧化非欧化,似国粹非国粹,其守旧也极端,其维新也亦极端,其专制也极端,其放任也亦极端,形式驳杂,精神腐败,朱子曰:"教学者如扶醉人,扶得东来西又倒。"是代表今日之学界,昧乎其□之也,今日南洋公学因事破坏,得溪继之,吾恐此□学界将滞,经近破坏之一刦而成立躲避革命者,立法宪避破坏者,宜何从也?往者□□鹿耳、吉田、松下、福泽、□□皆以精神教育□□志气,发达神识,以为日本文明先进之学校,而今□南学士亦立教育会于海上,分布同志及支部于各区要之地,吴江学业,颇废人材,消索矜缨,择异有才,维举五州,人□之名者,惟尸其咎□,亦教育之腐败有以致之。痛声疾呼众者十数人,特以研究改良、实力运动、解剖结集之,系念客观之成,考察吸引之理,定主观之位,凡诸重要问题无虑□□理想实验令□合释,诸君子有负家庭、乡里教育之责,而兴会者乎?应定章程若干条如左:

一宗旨　本会以改良教育、发达人才为宗旨,提倡国民独立之精神,结集合群之诣力,推演进化高尚之思想。

一义务　各会员有委身从事教育之义务,尤当合群办理一切,赞成游学,分设学堂,推广演说会,编译东西书籍,兴起实业,纠办报务等事。

一目的　本会目的在文明普及,务使学界男女青年各具完全国民之资格,将来地方自治、国民同盟起点于是,亦无不可。

一方法　各会员研究教育,间隔发挥心得,分著书、译书、札记、演说四项,凡经议决新法之件俱当实力遵行。

一会员　会员题名,每年纳金一圆,公积学堂,以为办事之费。

一会期　会期以星房虚昴日,自八点至十二点钟齐集同川学堂,如有别事不能到,须前一日具函告假,以免久待。

一图书仪器　关于教育之图书仪器,例应添购,由会员公决认可,每年同川学堂发出金二百圆,如或溢出,由各员均派□任。

一会规　开会时演说宗旨,一切会中例禁及投票举人之方法,须详细别设规则以厘定之。

一通信　会员住居别地,须时时报告尽力于本会各事,会员于集会时布示同人,如有会外之人函询本会教育各事,亦一律布函具□详会。

一会所　现附苏属同里同川学堂内,各地来函均邮寄是处。

3月4日(二月初六日)　梁启超抵达加拿大,受到当地华侨的热烈欢迎。

梁启超《新大陆游记》:

二月初六……午后一点钟,舟抵域多利,维新会同志李君福基等迎于码头者数十人。停舟十五分钟,即启行。温哥华及二埠之同志叶君恩、刘君章轩、李君佑枢等,亦至域多利相迎。

夕间抵温哥华,同人迎于码头者复百余。

梁启超《新大陆游记》,《新民丛报临时增刊》1904年版,第2~3页

3月8日(二月初十日)　蔡元培等人在上海发起绍兴教育会,并发表演说《绍兴教育会之关系》。

1903年3月12、13日《苏报》蔡元培《绍兴教育会之关系》:

诸君皆绍兴人也,试思绍兴者,何人之绍兴乎? 绍兴一切之事,何人之责任乎? 一家之中,家用之备预,子弟之良否,其为家之人之责任,无可疑也。即使家之人以事远游,其恐家用之不足而补助之,恐子弟之荒嬉而劝勉之,其责任终无可谢也。然则吾辈既为绍兴之人,则绍兴一切之事,非即吾辈之责任乎? 顾吾辈责任,莫大于高绍兴人之人格,而使无为世界上了无关系之人。请诸先言往事,绍兴之农勤而耐久,一府之中,几无隙地,而浙西江南垦荒之民,绍兴人辄占其一部,南至闽粤,西抵卫藏,皆有绍兴人之足迹。酿造之法,冠绝全国焉,是为实业界之势力。自汉以来,儒林、文苑诸传,无不有绍兴人者,而王阳明氏之道学,及今尚为海外哲学之一派,黄梨洲氏且得东方卢骚之目焉,是为学问界之势力。数百年来,以例治国,而吾绍兴人能利用之曰幕友,曰胥吏,此二者在今日既为国人所唾骂为亡国之媒,然其时民权未昌,宪法未立,所谓神圣不可犯者,例而已矣,因而利用之,是亦天演体合之通例焉,是为政事界之势力。虽然,势力无常,与时相嬗,胶柱不变,终以绝灭。

诸君今日之时如何乎? 大地交通,智力相竞,实业家无不本学理,洞国情,联群力,有吸收全世界利权之势。彼闽广人农作异国,钤辖外商,尚不免奴役隶齿之苦,而况绍兴人之局促域中者乎? 学问家无不通古今,赅中外,因性所近,成一家言,而吾绍兴人自营官立数学堂外,无可肄业;游学日本者,不过二十人,欧美则无势[之]。观地方制度同焉,政治家无不乘民族扩张之道,而吾绍兴人以一朝之例,自封者如故焉。呜呼,率此以往,其趋于衰歇、降于卑贱也不远矣! 夫使吾绍兴人诚不知衰歇、卑贱之将至,则亦已耳。

今者,诸君殆皆知之,而卒无以救之者,何焉? 教育不兴故也。夫教育者,非徒一二学堂之谓,若演说,若书报,若统计,若改革风俗,若创立议会,皆教育之所范围也。即以学校而言,非从循例之中、小学校而已,自幼稚园以至于成学之研究,其级若干;自农桑商工以至于政法理哲,其科若干。此尤教育之首要也。

然而,以此烦重之责任,尽委之于家居之绍兴人,风气之未开,交通之不便,即有深识热心者大声而提倡之,殆不足以集事;是非合一切家居、远游之绍兴人而合力以图之不可。上海,全国交通之毂辐也,内之可以输进文化,外之可以联络声气,非于此设一教育会以媒介之尤不可。且上海者,欧化输入之第一步,无论士商,势必多见闻,□比例视内地各省为开通者也,于此而不能有所建立,则亦何怪故乡之无所鼓舞,而流寓各省者之漠视故乡而一无助力乎? 诸君果欲吾绍兴人之与世界进化,而为世界极有关系之人,以无至于衰歇而卑贱也,则

请于今日赞成此绍兴教育会之举，以为合力行事之基地焉。

3月10、11日(二月十二、十三日)　《苏报》发表刘师培的《仪征刘君师培留别扬州士人书》，劝扬州人士留学日本，兴办新式学堂。

1903年3月10、11日《苏报》刘师培《仪征刘君师培留别扬州士人书》：

仆闻文明诸国之盛也，人无不学，学无不成，而野蛮之国则反是。中国数十年来，所习非所用，所用非所习，故列强目为无教之民，而社会无复日新之望。近者诸志士耻为亡国之民，知非学无以立国，于是或游学东京，或私立学塾，务祈广开智识，输入文明，诚盛举也。扬州处江淮之间，乾嘉以来，学术称盛。今处优胜劣败之世，竟无一人焉具超群之识，而与世界学术争一日之长，可耻孰甚焉。今仆将有汴京之行，悯扬州教育之不兴，区区愚愧，敢为诸君言之。

夫中国学术所以不进者，一曰苟安旦夕，二曰墨守旧习。举国皆然，而以吾扬为尤甚。苏省至[自]戊戌以来，留学日本者日众，苏、杭为盛，常、镇次之，通州、淮安又次之，而吾扬则阒然无闻。以扬州如是之大，日本如是之近，而留学者如是之寡，可不为之浩叹乎！夫日本教育，取法欧洲，复能舍短取长，以养成国民之特质，于中国教育之程度，殆有合焉。且中日之际，一水可通，东京学费，亦仅二百余元。况风俗纯朴，不染嚣华。舍礼拜日外，皆为在塾之期，何至招比匪之嫌、致党锢之祸乎？今扬州富室子弟，不乏英俊之才，徒以轻去其乡，不克早图自立。试能以延师课读之资，作留学东京之费，庶苏省同乡会中，得以增吾扬人士之名誉。且朝廷奖励游学，予以出身之阶，学成返国，不患无致用之期。凡吾扬人士所宜共勖者一也。

且学校之设，以蒙学为基。而蒙学之兴，悉视教师之良否。今扬州学校，仅仪董、育才二区，少年子弟仍多受业于塾师。而为塾师者，复率由旧章，讳言新理，使青年之智识，锢塞于无形，不亦大可痛哉！夫师范学校，虽设于金陵，然□乡教师，势难悉入。吾说近日扬州之学界，不患无高等智识之人，转患无普通智识之士。欲兴普通之教育，必宜设师范学会，以补师范学校之穷。至设会之意，务使为塾师，□各增专门学一科。复出其专科之长，以互相教授，互相切磋，以研究学问，□□无植党贯祸之虑。不越数年，而扬州师范之才成矣。若改良教法，一曰依一定之时，二曰依一定之课本，三曰朴责之法悉宜改良，四曰教课书籍略宜储备。此四法，行于过渡时代之教育，庶可舍旧谋新。此吾扬人士所宜共勖者二也。

夫中国学校不能普设者，由于国用不给也。学校不能普设，则教育不能普及。虽日下强迫教育之令，何以使人民悉从哉？考日本小学校之立，一曰建设费，二曰维持费。凡市、町、村之公民，皆有担任学费之义务。而欧美各国，莫不皆然。今吾扬人士，殊乏公德，责以兴学，亦恐公帑之难筹。然以一岁之中统计之，迎神赛会之用，按户抽取，数近万金。诚能以无用之资财，兴便民之实利，设学务委员四人，以征收学费。每岁之中，每户收学费五角。于扬城之中，分划四区，每区之中，各设二校，使阖境贫民，皆受普通之智识。虽下至村镇，亦可本此推行。如仍虑学费之不足，则官立义塾，不下数区，然有学校之虚名，无教育之实效，曷若并入小学校之为愈乎！此吾扬人士所宜共勖者三也。

法皇拿破仑之言曰：幼儿之命运，全关其母之智愚若何。盖教育之道，以家庭教育为基，而妇女实据其本。虽重男轻女之风难于遽挽，而女子教育则为东西各国所行。若中国女教，则以卑弱为人德之门，而今所传之《女四书》、《女孝经》，率迂陋不可卒读。渐摩濡染，迷信以生，故言语、思想之间，多鄙俗不经之说。本此而相夫教子，有不阻文明之进步者乎？今女学校之设，遍于沪渎。广东省会，次第推行。以扬州风气初开，女学固难骤立。然闺秀贤媛，似宜以入务本学塾为宜。此塾规则,以三年为卒业之期,而课程之中,复分高等、寻常二级。入塾数年,庶妇德可以修明,而家庭教育之基立矣。如虑其越礼逾闲,则女塾之中,德育为重,何至生此弊端?此吾扬人士所宜共勖者四也。

呜呼!今日之时,何时乎?今日之势,何势乎?吾观苏省人士,创演说之会,设译书之所,而吾扬之士,置若罔闻。吾今以一言为诸君告,曰建立小学基础,而不必侈言大学也;曰实行欧化主义,而不必托言国粹也;曰保守之习宜革也;曰兼善之念宜生也。诸君行此数言,庶不至局于一隅,而不识全球之大势也。不然,扬子江流域已属英人势力范围,京镇铁路旦夕兴工,则长、淮以南,且尽入英人之掌握,虽欲悔之,亦无及矣。诸君而欲早图,舍教育别无佳策。其共勖之!

3月12日(二月十四日)　袁世凯、张之洞上《请递减科举中额专注学校折》,提出递年减少科举中试名额,将兴办学校,培养新式人才作为急务。

袁世凯、张之洞《请递减科举中额专注学校折》:

奏:为时艰急需人才,科举阻碍学校,谨详陈得失利弊,酌筹变通办法,拟请递减科举中额,专注学校一途,以励真才而济实用,恭折仰祈圣鉴事。

窃惟国无强弱,得人则兴,时无安危,有才斯理。诚以人才者,国家之元气,治道之根本,譬犹饥渴之需食饮,水陆之资舟车,而不可须臾离者也。中国今日贫弱极矣,大难迭乘,外侮日逼,振兴奋发,正在此时。然而诸务未遑,求才为亟;无人才则救贫救弱,徒属空谈,有人才则图富图强,易于反掌。进言者皆曰:天下非无人才也,求之于临时,则不见其多;储之于平日,则不患其少。储之维何,学校是已。在昔三代盛时,庠序之制大备,教育之法綦详,人鲜失学,士多成材;以故俊彦蔚兴,政修事举。近今东、西洋各国,其文明愈著者,其学校必愈多;自通都大邑以逮穷乡僻壤,几于无事无学。国民自七八以逮十二三岁,谓之学龄,有不学者,罚其父母,几于无人而不入诸学。其学有官立者,由公家为之筹经费;有民立者,由民间为之醵资财。举国上下,人人皆以兴学为务,而其造士也于此,其选士也亦必于此。因其所习而试之以事;考其所能而授之以职;事无不治,职无不举;以故贤智辈出,而国家日进于富强。由是观之,致治必赖乎人才,人才必出于学校,古今中外,莫不皆然,夫因人人能知之,亦人人能言之矣。

钦惟我皇太后、皇上宵旰焦劳,求才若渴;诏各行省普立学堂,复申谕以敦促之;并敕政务处明定学生出身,又令新进士悉就学堂肄业。宸谨深远,洞见本原,嘉与海内,敬教劝学,薄海臣庶,固宜仰体圣意,协力同心,奉命承流,争先恐后矣。乃朝廷屡颁明诏以相期,天下亦知当务之为急;而起视各省,大率观望迁延,否则敷衍塞责,或因循而未立,或立矣而未备。推究其故,则曰经费不足也,师范难求也;二者固然,要不足为患也。其患之深切著明,足以为学校之故而阻碍之者,实莫甚于科举。

盖学校所以培才,科举所以抡才;使科举与学校一贯,则学校将不劝自兴;使学校与科举分途,则学校终有名无实。何者?利禄之途,众所争趋;繁重之业,人所畏阻。学校之程期有定,必累年而后成材;科举之诡弊相仍,可侥幸而期获售。虽废去八股试帖,改试策论经义;然文字终凭一日之长,空言究非实诣可比。设有年少薄植之辈,未尝学问,小有聪明,或泛览翻译之新书,或涉猎远近之报纸,亦能侈口而谈经济,挟策以干功名;而宿学耆儒,皓首穷经,笃守旧说者,反不能与之角胜,坐视其速成以去。人见其得之之易也,群相率为剽窃抄袭之学,而不肯身入学堂,备历艰苦,盖谓入学堂,亦不过为得科举地耳。今不入学堂,而亦能得科举；且入学堂反不能如此之骤得科举，又孰肯舍近而图远，避易而求难？不但此也，学校者，虽由国家提倡之，实由士民乐成之也。东西各国公私大小学堂，多者不下数万区，如皆由公家筹款建立，安得如许经费？大抵高等教育之责，国家任之，普通教育之责，士民任之，惟其众擎，是以易举。中国非无忧时之人也，而绅民不闻倡建学堂者，亦以群情注重科举，父兄以是勖子弟，乡党以是望侪偶，但使荣途不失，何暇远虑深谋。故不独不肯倡建学堂，且并向来宾兴、公车等费，亦不能移作学堂之用，其为阻碍，何可胜言！是科举一日不废，即学校一日不能大兴，将士子永远无实在之学问，国家永远无救时之人才，中国永远不能进于富强，即永远不能争衡于各国，臣等诚私心痛之。在臣等亦非不知科目取士垂数百年，一旦废之，士子必多觖望。然时艰至此，稍有人心者，皆当顾念大局。以其迁就庸滥空疏之士子，何如造就明体达用之人才。且朝廷亦尝毅然罢武科矣，停捐纳矣，于人情并无不顺，而天下群颂圣明。况科举之为害，关系尤重，今纵不能骤废，亦当酌量变通，为分科递减之一法。

昔我高宗纯皇帝，右文稽古，雅化作人；然于学政钱陈群之请增添中额，则责其不知政体；于科臣吴炜之请广收录科，则斥其取悦士类。又读乾隆九年八月高宗纯皇帝圣谕："为治之道，贵乎核实，一切因循姑息之习，皆当痛除。近者士风之嚣，一至于此，而好谀之人，尚有国家人文日盛，以此冀开科广额，初不以士习邪正为念。嗣后如有以加科广额为请者，必加以违制之处分，着为令。至于议减中额，则非众所乐闻。或有士子类以寒素，专藉科目进身，或有一习举业，则不能更为农商，谋生无计，甚者有言士心失望，或妄生议论，或别生事端者。以此毫无识见之人，不知为政之体要，国家科目，岂为养老恤贫而设乎？若有造言生事者，是身投宪网，国法具在，何能逃于天壤哉？夫旁求俊乂，本欲量能授官，若一味滥取广收，如何可得真才实济？现在解额已多，壅滞日甚，作何量为裁减之处，着大学士九卿会议具奏，等因，钦此。"圣训煌煌，布在方策，抉摘流弊，义正词严，迄今读之，犹为钦悚。

今宜略师乾隆时减裁中额之法，拟请俟万寿恩科举行后，将各项考试取中之额，预计均分，按年递减。学政岁科试分两科减尽，乡、会试分三科减尽。即以科场递减之额，酌量移作学堂取中之额，俾天下士子，舍学堂一途，别无进身之阶，则学堂指顾而可以普兴，人才接踵而不可胜用。胶庠所讲求者，无非实学；国家所登进者，悉是真才。政教因之昌明，百度从而振举。其成功之速，收效之宏，固有不难如券斯操者。至旧有举、贡、生员，三十岁以下者，易于改业，皆可令入学堂。三十至五十，可入仕学、师范速成两途。其五十至六十，与夫三十以上不能入速成科者，应为宽筹出路：如每科大挑，或拣发一次，或岁贡倍增其额，或多挑誊录，令其入馆，可得议叙；或举人比照孝廉方正，生员比照已满吏，准其考成，三年一次，分别用为知县佐贰杂职，俾免向隅。六十以上者，酌给职衔。其有经生宿儒，文行并美，而不能改习新学者，可为各学堂经书词章之师。现在捐纳既停，寒酸[畯]之士，不患其终无出路，应请敕下政务处，核议施行。

至于递减中额，则请断自宸衷，决然必行，明降诏旨，晓示天下。有阻挠者，予以严谴，务期科举逐渐而尽废，学校栉比而林立，上以革数百年相沿之弊政，下以培亿兆有用之人才，五洲惊服，万世瞻仰，在此举矣。或谓科场年分，例不应条陈科场事务，今当朝廷锐意求治、变通庶政之时，似可不拘成例；或又谓诏举恩科，更不应奏请减额。然臣等所谓减额者，不过预筹办法，固非敢指恩科言之，原以俟夫恩科举行之后。考乾隆九年既奉谕旨，明著禁令，不准以加科广额为请。至乾隆十七年、二十七年、三十七年，迭次恭逢孝圣宪皇后万寿，则又无不纶音特沛，诏举恩科；并格外加恩于下第举子中，拣选引见，量予录用。高宗纯皇帝圣训所谓"国家遇有大庆，则必有殊常之恩"者是也。盖举行恩科者，所以特光盛典，而广敷锡类之宏施;裁减中额者,所以深维治源,而期收得人之实效。仁之至而义之尽,实并行而不相妨,故臣等敢于此时,竭其一得之愚,以冒渎夫宸听也。

臣等实为时艰才难,亟图补救起见,往复商榷,意见相同。是否有当,谨恭折缕晰会奏。伏乞皇太后、皇上圣鉴,训示。谨奏。

光绪二十九年二月十六日奉朱批:政务处会同礼部妥议具奏。钦此。

天津图书馆、天津社科院历史研究所编,廖一中、罗真容整理《袁世凯奏议》下册,天津古籍出版社1987年版,第735~739页

3月15日(二月十七日)　爱国学生在上海张园举行第二次演说会。

1903年3月16日《苏报》载《纪中国教育会第二次演说会》:

本月十七日,中国教育会开第二次演说会于张园安垲第。先是教育会欲设体育部以练国民躯干,故此次开会即以体育为演说之主义。午后二点三十分,先由吴稚晖君登坛表同情于大众,次由蒋竹庄君、穆抒斋君演说军国民之宗趣,复次徐宝姒女士、蒋增炜君演说外祸之酷烈,急望国民自立,蒋君仅六七龄之童子,徐女士仅十余妇,而其言极沉痛。甚矣!智种灵苗之不绝,而支那之前途犹有望也。复次敖梦姜君、马叙伦君、沈步洲君、林子超君、金松岑君、徐镜湖君、董竹香君相继演说,各树一义,而皆哀痛迫切。沈君之言尤为慷慨淋漓,令人生勇猛之念,林君演说兼及大阪博览会之人类馆以支那人列于野蛮种族事,欲我国民急设法阻出[止],否则说赴会者,使之停止,以示相绝之意,而当时举手以表同情者甚多。复次吴稚晖君再演为人奴隶之惨与国民独立之不可缓,语语切挚,如将片片肺肝剖献同胞,环听之人多有泣下数行者。复次华铭初君、马君武君、王蕴章君、祝尔康君、周开基君、朱文驷君、秦景□君、敖梦姜君、许原尹君、蔡民友君、陈春生君相继演说。马君说欧洲革命三大原因:一争多数人之幸福,二纳税如保险费,三民族主义所□,皆确实之学理。蔡君仍发挥教育部主义,陈君为镇江益智演说会会员,陈说工商主义,其言恺恻,且于激烈改革尤具其难、其慎之意。复次吴稚晖君第□番演说,其言多与陈君反对,激昂奋迅,四座感动。复次金陵某君演说,言中国宗教当改革,语简而当。复次何共和君再演军国民主义。复次徐镜开君、蔡民友君论演说为表己意,以决于众,最贵有反对者之攻驳,盖观于两面,图像始见,乃不陷于法执我执,而有生心害事之祸,遂为此次演说会之一收束。复次吴稚晖君演说体育部本题,而令欲体育者题名,斯时已五点三十分矣。于是有百余人题名,题罢乃各散去,此次演说会听者近三百人,天雨涂淖,不因是而阻步,较正月十八日第一次演说会,尤为踊跃。

3月21日(二月二十三日)　清廷电谕广西巡抚王之春尽快肃清广西境内会匪。

《清实录》:

谕军机大臣等,电寄王之春:电悉,闻该省各属匪徒股数甚多,势尚猖獗,该抚一味招抚,旋抚旋叛,到处蔓延,似此情形,必至养痈成患,著责成该抚督饬各军实力剿办,无论边界内地,所有股匪,悉数歼除,务令地方一律肃清,毋得徒顾目前,招安敷衍,致贻后患。

《清实录》第58册,中华书局1987年版,第766页

3月22日(二月二十四日)　给事中潘庆澜上奏反对袁世凯、张之洞削减科举名额的主张。

《清实录》:

给事中潘庆澜奏:科举之法,历代相沿,名臣多出其中,乾隆九年八月不添中额之谕,所

以抑幸进,非欲废科举,乃督臣袁世凯、张之洞会奏,谓为数百年弊政,又牵合乾隆间圣谕,至谓有阻挠者,请予严谴。皆措词失当,恳加惩处。下政务处知之。

《清实录》第58册,中华书局1987年版,第767页

3月27日(二月二十九日) 蔡元培、吴稚晖、陈范、蒋维乔组成"四合会",练习体育。

蒋维乔《退庵日记》手稿:

蔡君鹤庼、吴君稚晖、陈君梦坡与余约成四合会,专办体育部,约礼拜一开会。

高平叔编《蔡元培年谱长编》,人民教育出版社1996年版,第258~259页

3月28日(二月三十日) 清廷命德寿、王之春等查禁外来军火,尽快平定广西"匪患"。

《清实录》:

又谕,电寄德寿等:电悉,据称叠次获胜,歼除匪首,泗城一带已无匪踪。仍著派营穷搜,毋留余孽。闻梧州、百色等处,均有人接济匪徒外洋军火,关系紧要,著德寿、王之春即行严密查禁,俾断来源,力除后患。昨已有旨令黄呈祥署理广西提督,接统苏元春各军,著即责成王之春,督同该署提督认真剿办,务期边界内地,一律肃清,以纾廑念。

《清实录》第58册,中华书局1987年版,第771页

3月29日(三月初一日) 清政府饬令增祺等筹划具体方案,开垦东北边疆,以保东北主权。

《清实录》:

又谕,有人奏:东三省时局日蹙,宜亟筹抵制之法。俄人兴修铁路,三省形势险要皆失。惟有招民实地,力图抵制。并以后按照自设木植公司办法,俾操纵在我,豫防流弊等语。著增祺体察情形,妥筹覆奏。原片著钞给阅看,将此谕令知之。寻奏。俄国铁路业经竣工,此后宜如何坚定章程,不得再行侵占,应请饬下外务部妥议限制,俾有遵循。至称招民实地,及自设木植公司各节,前经续请开放东流水、大凌河荒地,及上年量地添官各举,无非力图抵制。并饬东边道袁大化体察情形,自设木植公司,以保利权。当此时艰孔亟,但有可以补苴之处,应随时相机筹画,以冀稍裨时局。下外务部知之。

《清实录》第58册,中华书局1987年版,772~773页

4月1日(三月初四日) 梁启超致函徐勤,认为对清政府只能采取革命手段。

梁启超《与勉兄书》:

东京学生有大闹事。因满洲鬼良弼(满人派来学兵者)干涉监督,不许送学生学军故也。须开一十八省汉族统一学生会云。中国实舍革命外无别法,惟今勿言耳。

丁文江、赵丰田编《梁启超年谱长编》,上海人民出版社1983年版,第318页

4月3日(三月初六日) 江南陆师学堂爆发退学风潮,部分退学生转入上海爱国学社。《苏报》自4月23日起连续刊出《江南陆师学堂学生退学始末记》。

1903年4月8日《苏报》:

金陵陆师学堂之学生初六日与□□冲突哄堂,而考其原因,乃学生在东京者贻书俞道,谏其办理不善,俞君心甚不平,适有学生八名请派赴东京,装待发。以为派遣非计,遂回禀魏督忽然停派,学生谓其无端阻止游学,遂各散去。

4月6日(三月初九日)　爱国学社在上海创办《童子世界》。

1903年4月5日《苏报》载《童子世界简章》:

一　定名　古今事业,俱为成人所创造,而童子实为成人之基础,居今日之中国,童子位置特为重要,因定名曰童子世界。

二　宗旨　以课业所得印证同侪。

三　报法　每日一次,用石印大字,间以□□纸用五彩色,定阅本报全年者大洋二元二角,半年一元二角,闰月照加,另售每张六文,外埠酌加寄费。

书中内容如左:论说○讲义　历史地理○小说　寓言　笑话　妖怪　传记　战记　海外奇谈○图画○游戏图解○演说○来稿○时事　学界风潮　国事　外国事

本报总发行所在上海英大马路泥城桥福源里爱国学社,分发行所在苏报馆。

四　经济　本报初行倡办,经济不足,有热心赞成助捐者,谨当拜□,列名报端,如有愿附股本者,□函寄总发行所□□,专呈股单为凭(每股不详)。

1903年4月7日《苏报》载《童子世界出版》:

本埠爱国学社蒙学生合创之童子世界昨已出版,议论精当,体制美备,询为有目共赏。将来纸贵洛阳,可预下焉。

4月8日(三月十一日)　留日女学生胡彬夏等在东京成立共爱会,是我国争取男女平权的第一个爱国妇女团体。

《共爱会章程》:

第一节　宗旨

本会以拯救二万万之女子,复其固有之特权,使之各具国家之思想,以得自尽女国民之天职为宗旨。

第二节　办法

(甲)先组织在东留学女子之团体,互相研究女学问题,以渐达其权力于祖国各行省。

(乙)本会会员公认本会为其托命之所,凡本会之成立及其发达,各会员当以女学上之运动为其唯一之责。

(丙)本会公选会员四员,每月各作论说一二篇,交事务长代为登报,以流达于祖国。

第三节　职掌

(甲)公题事务长一员,凡会中一切事务皆属之。

(乙)公选书记一员,掌通信记事之事。

(丙)公选评议员二员,佐事务长,以评议本会种种之办法改良及其发达。

第四节　规则

(甲)职掌会员由投票公题,每三月改选,或连选及他选,皆以投票决之。

(乙)每月题会二次,以月之第一日曜日及第三日曜日为率,下午一时起至三时止。遇有要事可开临时会,日期由事务长择定。

(丙)凡遇举人决事,会员到者须有三分之二,方可议决。

(丁)会员中如有特议之事,得三人之赞或[成],可开临时会。

(戊)题会时,会员均须一律到会,如有要事,须先函知记属会时由书记报告同人。

(己)开会时,首演说,次议会中之事。

(庚)流[演]说以循环法,每次三人,用拾票捡定甲乙。

(辛)会员每月须纳会费一角,于属会时纳之事务长。

(壬)演说议事时,不得谈笑,阻人听闻。

(癸)职员既承公选之后,不得放弃其责任。

阳历四月,留学日本女学生组织共爱会,到者属二十人。吾国女学方霾沉数十层地狱之下,今乃自地心上达,其光炎炎,其势焰焰,要之其有影响于祖国也,必矣。敢豫为吾国女学前途贺。

《江苏》第2期

胡彬夏《祝共爱会之前途》:

岁癸卯,留学日本女学生十数人,课余之暇,团聚谈话,愤女学之衰败,慨女权之摧折,不自量力,欲恃区区热诚,拯救吾二万万同胞于涂炭之中。顾吾国女子,素重女红而轻学问,积习相因,由来已久。吾辈虽有志于著述,其如笔难达意何,虽有志于讲说,其如口难吐衷何,思之思之,遂以年之四月八日有共爱会之组织,联结团体,研究学问,以谋吾女同胞之公益。溯自创始迄今,为时几及四阅月,会员渐增,支会渐立,葱葱郁郁,日就月将,我共爱会之前途,正泱泱未有艾也。振兴我女学,教育我女子,排斥女子无才为德之谬训,脱去古来酒食是仪之习惯,他日东亚女学驾轶欧美,放一灿烂鲜明之奇花,著光辉于世界,我共爱会大有力焉。吾为是祝!女权摧折残败兮,自我复之,自由废弃堕弛兮,自我举之,今而后女与男平等平权,共享安乐,共肩患难,彼男尊女卑之莠言,男重女轻之谬说,将不除而自除,不熄而自熄,我共爱会大有力焉。吾为是祝!我二万万之女同胞,今霾沉于数十层地狱之下,谁实致之?谁则援之?发达其国家之思想,完全吾国民之分子,弃其依赖之性质,养其独立之精神,与男子并存于东亚大陆,演出生龙活虎之大活剧,于二十世纪之舞台,巾帼未必让须眉,以不愧女子之天职,我共爱会大有力焉。吾为是祝!兴我国于已亡,拯斯民于涂炭,他日我开化最早之中国,驾陵欧美,雄飞世界,达文化最高之点,我共爱会大有力焉。吾为是祝!呜呼!吾共爱会今日为无声无臭,仅为十数女学生所组织,安知他日不为全国轰轰烈烈之大团体?今日栖息于异国,养精蓄锐之潜龙,安知他日不为在天之飞龙?不鸣则已,一鸣惊人,不飞则已,一飞冲天,我共爱会荣耶否耶?乐耶否耶?览世界之大势,察中国之内情,吾悲甚。睹共爱会之前途,望中国之转机,吾喜甚。悲耶喜耶?二者交战吾心中,而未知何所定也。总之,吾共爱会苟能抱定目的,百折不回,持之以久,守之以恒,必可转悲为喜也。呜呼!我最亲爱之二万万女同胞,亦有投袂而起者乎?吾馨香而三祝之。

《江苏》第6期

4月11、12日(三月十四、十五日)　蔡元培在《苏报》上发表《释仇满》文,对邹容的《革命军》持不同意见。

1903年4月11、12日《苏报》蔡元培《释仇满》:

吾国人一皆汉族而已,乌有所谓"满洲人"者哉!凡种族之别:一曰血液,二曰风习。彼所谓满洲人者,虽往昔有不与汉族通婚之制,然吾所闻见,彼族以汉人为妻妾而生子者甚多,彼族妇人密通汉人,及业妓而事汉人者尤多。江浙驻防,歼于洪杨之手,其招补者多习与彼族游处之汉人,此皆血液混杂之证据也。彼其语言文字,起居行习,早失其从前朴鸷之气,而为北方稗士莠民之所同化,此其风习消灭之证据也。由是而言,则又乌有所谓"满洲人"者哉!然而"满洲人"之名词,则赫然揭著于吾国,则亦政略上占有特权之一纪号焉耳。其特权有三:世袭君主,而又以少数人专行政官之半额,一也;驻防各省,二也;不治实业,而坐食多数人之所生产,三也。其二其三亦在今日既为贫弱困苦、男盗女娼媒介,而亦适足为诊痴之符,招怨之的。然自一方面观之,要不得不谓之政略上之特权。世界因果之应,不爽毫发,谚所谓"种瓜得瓜,种豆得豆"是也。其因之动力在政略上者,其果之反动亦必在政略上,故近日纷纷"仇满"之论,皆政略之争,而非种族之争也。

夫吾非谓最多数之汉族果无种族之见存也。所谓"生降死不降;老降少不降;男降女不降"者,吾自幼均习闻之。而道、咸之间刻文集者,尚时存仇满洲之微文。粤西三点会以"洴"字为记号,示满清无主之义,持之已二百数十年,一泄于洪杨之事,而至今未已。此皆种族之见之未泯者也。然洪杨之事,应和之者率出于子女玉帛之嗜好;其所残害,无所谓满汉之界;而出死力以抵抗破坏之者,乃实在大多数之汉族。是无足以证其种族之见之薄弱也。且往者暗于生物进化之理,谓中国人种,概由天神感生,而所谓蛮貉夷狄者,乃犬羊狼鹿之遗种,不可同群,故种族之见炽焉。自欧化输入,群知人为动物进化之一境,而初无贵种贱种之别,不过进化程度有差池耳。昔日争种之见宜若为之消释。而"仇满"之论反炽于前者,则以近日政治思想之发达,而为政略上反动之助力也。盖世界进化,已及多数压制少数之时期;风潮所趋,决不使少数特权独留于亚东之社会;此其于政略上,所以有"仇满"之论也。虽然,人之神经甚为复杂,被染于欧化者,非能尽涤其遗传性也,是以其动机虽在政略上,而联想所及不免自混于昔日种族之见。且适闻西方民族主义之说,而触其格致古微孔教大同之故习,则以"仇满"之说附丽之。故虽明揭其并非昔日种族之见而亦不承认也。然吾细剖解之,而见其重心乃全在政略上。何则,果其注重于种族上者,则其术不外两端:一曰暴动,二曰阴谋。暴动者,如义和团之恶洋人也,不问其为教士、为商人,见洋人则杀之。使以此术而仇满也,则今日之所谓"满"人者,自京师及东三省外,已殄芟无遗矣。阴谋者,如周之于殷,越之于吴。闻敌之治焉而忧,闻其乱焉而喜;遣谍者以间之,贻玩好以惑之。循是而论,则彼李莲英之惑溺,王文韶、张之洞辈之贻误;而各省官吏勒索赔款,公行贿赂,以为彼政府敛怨于平民者,皆足以动摇满洲人之基本,而为多数汉族之功臣!如张百熙之流,实心举行新政者,宜斥为助桀之民贼而诛之!至于满洲人中,如所谓光绪、肃王、醇王号圣明者,当行间而杀之!而如刚毅、荣禄则惟恐天去其疾,而图所以保护之!而汉族之稍有权力者,宜遣辨士说以帝王之业,此皆阴谋者之所有事也。要之无满不仇,无汉不亲;事之有利于满人者,虽善亦恶;而事之有害于满人者,虽凶亦吉。此则纯乎种族之见者也。而今之唱仇满者,其所指挥,所褒贬,一以吾前者云云相反。是非真仇满者也。

虽然,今之真仇满者,则有之矣。分为二党:甲党出于少数号为满人之中,袭"汉人强,满人亡"之论,而密图所以压制汉人者也。乙党出于多数汉族之中,欲请行立宪政体,奉今之朝廷为万世一系之天皇,而即满洲人以为贵族议院者也。乙党资章甫以适越,其售否固未可必。甲党之举动多类儿戏,其甚者为禁汉族学陆军于日本,如"杀一人,是一人"。是皆唤起多数汉人使之重入种族之梦者也。而两党相合之一点,在保守少数人固有之特权,此其仇满之策之中心点也。世运所趋,非以多数幸福为目的者,无成立之理;凡少数特权,未有不摧败者。且今日少数满人中,固有一二开化者,然以与多数汉族中之开化者相比例,孰强孰弱,较然易睹。果率两党之策,是树此少数者以为众射之鹄,不使蹈法国贵族之覆辙不止也。

夫民权之趋势,若决江河,沛然莫御。而吾国之官行政界者,猥欲以螳臂当之,以招他日惨杀之祸,此固至可悯叹者也。而甲、乙两党又欲专其祸,以贻少数之满洲人,是岂非仇满之尤者乎?吾所谓仇满,固不在彼,而在此。

4月15日(三月十八日) 梁启超致信徐勤,忏悔以往举措之失当,仍坚持"革命"主张。

梁启超《与勉兄书》:

今夕得砵仑转来佛长书,背人匆匆读之,直至夜阑(今已三点矣)人散,方再出熟诵数次,汗流浃背甚矣。启超根器之浅薄,道心不坚,而乃以此施诸长者也。长者前屡责,得书辄忏悔自省,过后偶触他事,辄又妄疑复起矣。恶根之难拔如此,可畏也。今与兄订约,弟此后难保无起妄念之时,若有之则兄当来责我,曰汝忘三月十八夜在加拿大所发书乎?我必当猛醒矣。今夕已夜深,不能赶此船写信往佛处谢罪,只发数行去耳。明日入奶么天寅米,恐此礼拜内不能发信,望兄先以信往言,启超知罪也。

译局展股事,不意长者怒至此,(弟前书与长者已认此罪,其实我惶恐而认也。今细思之,实不应认。)然弟为此之时,实非欲搀夺商会也。其时与港中意见,并不深也。弟今思其时日,乃始自知。译局展股在何月,弟已忘之,(似在九月)惟记弟发此议后,然后紫珊返港;弟旋入箱根避客。后在箱根得紫珊由港来书,始知港已开办,遍布章程。由箱根返滨两日,章程乃寄到。盖弟发译局展股之议时,尚绝不知港之欲办商会也。(港之办会,乃章程寄到时,有一封照例不写上款之公函来耳,又数日然后有信来我,时我真怒甚矣。)弟当时不知何故,觉得商会或难大成,又欲急办入场书,故忽发此议。时紫珊、慧之亦不甚赞成,而弟力主之,致有此波澜。由今思之,实无谓也。今办译局,真嫌款多耳。至无书与长者,此真我之大谬处,不知何以如是。弟之上长者书,常觉不易,盖一写则必数十纸,常欲得一空闲时日乃写之,遂日延一日,而信反疏。至谓弟欲背长者(港中人屡以背长者三字攻先生,不意莫须有三字竟见于党中也,原初稿批注),弟自问其良心,亦不许尔尔也……而竟于译局事未一提及,则弟今既忘之,果尔是天夺我魄也。大抵一年以来,波澜纷起,弟于[与]长者书或诤论此事,或辨难彼事,及至写完,辄忘言译局,或此之由,然弟知罪矣,甚矣,长者与弟不合并一处之为害也。念及此,不得不痛恨日本政府矣。

长者此函责我各事,我皆敬受矣。惟言革事,则至今未改也。去年十月间,长者来一长函痛骂,云:因我辈言革之故,大病危在旦夕。弟见信惶恐之极,故连发两电往,其一云"悔改",其二云"众痛改,望保摄"。实则问诸本心,能大改乎?弟实未弃其主义也,不过迫于救长者之病耳。今每见新闻,辄勃勃欲动,弟深信中国之万不能不革命。今怀此志,转益深也。即此次到美演说时,因未言革,然与惠伯、章轩谈及,犹不能不主此义也。舍是则我辈日日在外劝捐,有何名目耶?兄想亦谓然,但不可以告长者,再触其怒,致伤生耳。

沈鹏、张品兴等编《梁启超全集》第20卷,北京出版社1999年版,第5942~5943页

4月18日(三月二十一日) 梁启超致函徐勤,报告在美洲组织保皇会情形。

梁启超《与勉兄书》:

长者续来信,心平气和,甚可喜。(今寄上)铁君处长者如此称之,或真有高才亦未可知。将来慧、孝、铁诸人,和衷主持此局,前途有望矣。

港中情形如此,只得依先生法,令其收窄盘,将来所费由商会抵填,作为开办费耳,实亦不能撤局也。

弟现拟保皇会章程,立联卫部、交涉部、劝学部等名目。劝学部现已在二埠开办。盖弟见会所有地方有灯火,而除礼拜晚演说外,皆无所用之,深为可惜。意欲开一夜馆,请人来教英文,每月来读者,收回银八毛耳。此事大助会所之热闹,域多利亦不日照行矣。

沈鹏、张品兴等编《梁启超全集》第20卷,北京出版社1999年版,第5943页

4 月 23 日(三月二十六日) 梁启超为温哥华中国维新会总会兴工奠基。

梁启超《新大陆游记》:

三月廿六日为维新会总会所兴工建筑之期。西例凡有公家建筑,必请一有声望之人,先置一石,且献祝词,名曰树础之典。诸同志以余适至,因固留数日,使行斯礼。当时中西人士,观者如堵。余置石献祝词后,演说一次,鼓掌之声雷动,此亦中国前此未有之举也。

梁启超《新大陆游记》,《新民丛报临时增刊》1904 年版,第 12 页

4 月 24 日(三月二十七日) 日本报纸载广西巡抚王之春拟借法兵平乱,留日学生致电北京政务处、粤督德寿、蜀督岑春煊,要求惩办王之春。

《记电争广西事》:

三月二十七日东报载桂抚王之春拟借法兵平乱,且假款于亨达利洋行,许以事平之后,酬以全省矿路之权。东京留学生闻之大震,会馆干事及各省同乡会干事,毕集会馆,持新闻纸相对视,涕泣不可仰,曰海天万里,鞭长不及,无已,其电争乎?遂拟电稿,分致北京政务处、粤督德及蜀督岑,文曰:

"闻桂抚王之春通款法人,假款乞援,桂省必非我有,各国从此生心,大局立可动摇,乞速代奏,谢绝法人,撤回抚臣,治罪,另筹办法,详函另达。"

又电告上海中国教育会云:

"桂抚假外款外兵,东京已电争,望协应。"

发电事虽出全体学生之公意,行之者仅会馆干事及各同乡会干事数十人。二十八日,因开大会于锦辉馆,报告此事,且议善后法,来会者五百余人,佥议发电之得当,并举数人草详函稿,致政务处及蜀粤二督,遂散会。

《江苏》第 2 期

4 月 25 日(三月二十八日) 广西旅沪人士以广西巡抚王之春借法兵助剿、出卖广西利权,在上海张园召开阻法大会,蔡元培发表演说。

1903 年 4 月 26 日《苏报》载《张园集议粤西事初志》(大意):

此是全国人的事,不是一二省之事。此刻应讲对付王之春之策。当先发电责问王之春□与法国有约,此刻恐岑春煊到后阻止之故,法人要挟以速成此事。现在我等对付王之春,要桂省人民先从本地阻挠此事,上海及各地遥为声援,遍告同志。就今日起,立一团体,专为阻法兵而设,愿与此会者即请签名。(编者原注:蔡元培演说后,佥议先成立一会,名曰"保国会",当场签名参加的人甚多。)

4 月 26 日(三月二十九日) 中国教育会在徐园举行成立一周年大会,改选黄宗仰为会长,蔡元培、吴敬恒、虞洽卿等十一人为评议员。

1903 年 4 月 28 日《苏报》载《记中国教育会徐园大会事》:

三月二十九日,教育会本部支部会员大会于徐园,盖教育会成立一年,以其所经历者修改章程,而一周年中所办各事以及□□各项经济之出入,宣告全体会员也。是日午后一下钟,到会者会员六十余人,旁听者百余人,爱国、务本、自立三女学校生若干人先领入场券,以次入座。会员坐中央,旁听者左右列坐,别设座以待三校女生。二下钟开议,吹军号者三,先由蔡君民友演说开会宗旨,并申言今日宣布报告等事,次由王君小徐对众宣读修改之章程并

本部与支部联络规则，请会员决议，议既决，然后投票选举公举会长一人，则乌目山僧是也。评议员十一人，为蔡君民友、吴君稚晖、王君小徐、贝君季美、穆君抒斋、蒋君竹庄、陈君梦坡、吴君仲旗、吴君丹初、汪君允中、蒋君观云、裘君剑岑、敖君梦姜、虞君和钦、余君桐伯。监察员四人为吴君稚晖、蒋君竹庄、王君小徐、敖君梦姜。此外干事六人、会计二人、书记二人、庶务二人，则由评议会公推选举。即毕，由蔡君民友宣告一年以来所办各种事件，后由吴君稚晖宣告出入款项大宗细目，一一朗诵，俾众周知。此报告即付印，印毕后，则会员尚□各送一分，使晓然于会中所办各事。为□宣告□毕，钟鸣六下，遂亦吹军号者三散会。爱国学社诸君则戎服劲装，列队齐行，步伐整齐，不紊不乱。女学生□徒则着巨履，去华饰，乘车归校。

△ 本日，日本外相告中国驻日公使蔡钧，不可接受俄国对中国七项要求，日本已经约定英、美会同力阻。

《驻日本大臣蔡钧致外务部电》：

昨日外部云，俄要求七款，万勿轻许。日政府已密约英美会同力阻，俄虽恫唱[喝]无碍，务请坚持云。

故宫博物院编《清光绪朝中日交涉史料》第67卷，第6页

△ 本日，成城学校开运动会未悬挂中国国旗，中国学生愤怒，拒绝赴会，校方不得不补悬中国国旗。

《成城学校龙旗事件》：

阳历四月二十六日，成城学校大开运动会。运动场中高悬各国国旗，独中国龙旗无之。吾国留学生大哗，遂有浙人汤某、俞某，闽人翁某，皖人葛某同诣监督处诘问。监督曰："各国国旗随意悬挂，不关紧要，本无一定规则，诸君何喋喋为？"汤曰："不然，今日运动会，乃敝国学生与贵国人合同之事，即敝国未入万国同盟会，亦不应将敝国国旗一笔抹杀。如谓不关紧要，无一定规则，盍补悬龙旗，以示无他意。"监督语塞，以他语乱之，汤某等遂退。大号召同校学生，自费生及湖北四川南北洋官派生，计近二百人，同聚集大讲堂。时校外吾国留学生，来观运动会者，亦近百人。有坐者，有立者，各含一种羞耻心，愤恨心，屏息无一语。汤某首先演说国家之痛，声泪俱下。一言未毕，而同声号哭者数十人，相约共同一致，如不补悬龙旗，本校学生决不赴会。校外来观者，亦大感动，相率不赴会场。少顷，少佐某请汤、俞去，深自引咎曰：失挂龙旗之事，实监督一时忘之。兹监督已知罪，断未敢蔑视贵国。余已发电话遣人速取龙旗至，诸君其毋以前事芥蒂，仍一例赴会。汤某曰："学生等非有怒于监督，亦未有不慊于贵国，特自动国家之感情，无颜赴会耳。敝国国旗之挂否，余等原无俟要求，请君亦毋责备监督也。"语毕退出。而少佐已达知校长，急悬龙旗一于各国国旗之上，又竖黄色青龙大旗一，与日本国旗并立于会场中央。然学生卒以耻辱故，无一赴会者，闻只有满洲籍一人会云。

《浙江潮》第4期

4月27日(四月初一日)　寓沪绅商以东三省新约事，在张园召开拒俄大会，通电反俄。

1903年4月27日《苏报》载《张园会议传单》：

启者：俄人蟠踞东三省，久假不归之意愈益彰著。如我国人不行力争，必立致瓜分之祸，必当公议挽救之法。故本埠同志定于四月初一日午后三下钟至六下钟在味莼园安垲第集

议,凡具有爱国思想者务祈届时贲临,不胜焦盼!

同人公具

再,辛丑春间两次至张园集议之人仍请同临为荷!

《对于俄约之国民运动》:

四月一日,寓沪各省绅商志士等,因俄人以东三省撤兵问题,强我政府签立新约,相与集议味莼园安垲第。到会者千余人,演说者亦数十人。争相捐款,有脱钻石戒指以输集者。公议拒绝不认之办法,先电致各国外务部及我国外务部,申明国民不认俄约之由,原电如左:

致本国外务部电

外务部王大臣钧鉴:

闻俄人立约数款,迫我签允;此约如允,内失国权,外召大衅,我全国人民万难承认。

致各国外务部电

闻俄人强敝国立满洲退兵新约,逼我签允,现我国全国人民为之震愤。即使政府承允,我全国国民万不承认。倘从此民心激变,遍国之中,无论何地,再见仇洋之事,皆系俄国所致,与我无涉。幸垂意焉!

记者曰:此吾中国之独立钟声也,俄人耽耽虎视,思得一逞其席卷之势,宁止一日!乃一再踌躇而不即发者,非有阻于吾外交之强硬,非有怯于吾陆军之精炼,一则以庚子排外暴动之民气有以致之,一则以辛丑电阻密约之民气有以致之。虽其间不无文野之判,而其不可奴隶、不可屠割之一种毅然独立之血诚,则实吾中国前此未有之特色也。兹则又以未死之心,变其鬼面以相尝试,而不图适以为吾国民民气之锻炼。今俄人又貌易其外交政策,示我政府以晏安之可怀。吾警告国民诸君,毋误服其鸩毒也。

《江苏》第2期

1903年4月29日《中外日报》载《录某君张园当日演说文》:

嗟乎!余今日观我同胞之来集会于兹也,余心甚乐;虽然,试一转念间,则又甚悲。因今日我诸同胞所立足之地位,已降阶而至末一级,如再不留意,则一步之降,不识不知,已无我等立足之地。危矣哉我同胞!悲矣哉我同胞!转瞬之间,今日来此集会之人,不知地属何国,身为何属,何有种类之亲,何有血统之属!夫我本一无权无位无力无名之人耳,今日至此,满怀凄怆,言不能竟,亦惟有向我同胞痛泪一洒而已。以过此一步,即我等离散之期至矣。是即中国瓜分之期在即,而瓜分之起点即起于虎狼俄之强踞我东三省,不还牛庄也。

夫俄自大彼得以来,专以吞并为政策,其世世子孙皆守其政策而不改,其居心为世界各国之所共知。惟我国昏昧狂惑之政府,急为新政之反动,欲为仇外之谬举,乃饵其甘,而以为俄国之力足保我满洲之发祥地,以拒他国之凌侮,遂大倚为奥援,许以大利。驯至今日,遂使俄踞东三省为己有,久假不归,居保护之名,而贻瓜分之实,失地、失民、失权、失财。我亦岂能怪俄人之狡诈强横,是实我政府之罪也。虽然,试问国为谁之国,民为何国之民,如此危殆急迫之事,而竟举国无一人焉思及之者,问及此者!是吾不欲罪吾政府,而罪我等之为国民者。

我等中国国民,无参政权,无军国民之精神,无都市自由之组织,居于今日,果有何力能行抗拒俄人非礼要挟之事?然此指造巅之国民而言,我固不敢谓我国同胞可以一蹴即几,但使今日来会之诸同胞,及我全国上下之人等,能一心全力,争留此一步自立之地,则将来步步进行,未尝不可直跻其巅。诸君诸君,请各留意争此一步之立足地,勿再冥冥堕渊也。呜呼!言至于此,我心实痛,不能尽言;我心甚痛,不能尽言。望诸君争此一立足地而力拒俄约。

俄人迫我政府签允之约，明知者已有四款，业已揭示于会所，来会诸君，想已遍行览悉。余请诸君细思此约之结果如何，即我政府如受俄人强迫而签允此约，我国之受内祸者，地剖而属人，民奴而各主，主治之权，我民无望，我生之财，尽供人用。夫如此之惨境苦况，谁实贻之？非我国君，非我政府，实我国全国之民，昏酣罔觉，梦中失足，以致此也。诸君诸君，果愿争此一步之立足地否？内祸之起，实由外缘，此外缘为何？即由俄占东三省激成。各国援利益均沾之利[例]，咸起而仿俄国之举。今日英扩扬子江流域之势力圈，明日德扩由山东至扬子江北岸之殖民地，他日日本由台湾占闽、浙之两省地，又一日，法由云南进兵广西，以代平匪乱为名，而功成不去，占其地，奴其民。余试问我同胞，中国全国地，尚有国民立足之地否？诸君诸君，请各留意争此一步立足地而勿失堕也可！

虽然，余观各国之欲广其势力圈，凡因俄占东三省与其本国有关系者，亦或援据公义，以保护中国土地完全无缺为词，或欲连盟，或欲独立，与俄角逐，逼令退让。然试问我同胞曰：俄人之迫令签约者为谁之国，俄人所强占之土地为谁之国疆，而待他国为我图谋，为我声讨乎？试问诸同胞，谁为我同胞之手足，谁为我同胞保护之恩主，而思求其援助乎？今日之事我不愿我同胞之妄认人为至戚，倚他为主人，而愿我同胞同时大声呼曰：政府即允此约，我国国民决不承认。即令此约已经签允，无可挽回，亦望我等同胞，各坚守此方寸立足地，有日伸其权力，由我国国民以巨灵擘华之掌，打破此约。又请我同胞同时大声疾呼，以告诸外国政府曰：俄人强迫我政府签允之约，我全国国民万不承认此约。属在友国，不敢不告。如是，则我同胞既得尽全国一致，力迫政府以保国而免祸之义务，又免求人救援之耻辱。今敢将拟定之电文宣告于来会诸君曰：余有一至热心、至知立国之道之良友，指导于余，令拟数电，余从其言。今将各电拟就，宣告于诸君。诸君若赞成此议者，请各举手。

今敢再行申告诸君曰：拒俄之会曾立于辛丑春间，今越三年，方再见我同胞集议于此。前之一会，为之起因；今之一会，已及其瓜熟果结之期。试问我同胞，此三年中，谁能侦察强俄之举动？谁能练立敌俄之雄师？坐令至于今日，狡谋之遂，益以横占！余试思之，此实至大至丑之奇辱。今日将此至辱奇丑之事在广会之场当众宣布，试思：岂为求荣福？岂为布名誉？实愿我同胞勿忘此大辱至耻，各醒其目，各留其意，同心协力，即此一步立足地逐渐进步，其必有雪耻之一日也，则庶不负今日举国一致之运动矣乎！

杨天石、王学庄编《拒俄运动》，中国社会科学出版社1979年版，第60～62页

△ 本日，江苏留日学生同乡会创刊《江苏》杂志。

《发刊词》：

《大陆报》之发刊词曰：美哉！大陆。美哉！大陆。《新中国报》之发刊词曰：美哉！中国。美哉！中国。《浙江潮》之发刊词曰：美哉！浙江潮。美哉！浙江潮。于是爱江苏者亦起而题我江苏杂志之发刊词曰：

美哉！我江苏之人民。美哉！我江苏之人民。如我支那。我支那之人民以薄弱闻于世界，我江苏之人民又以薄弱闻于支那。

美哉！我江苏之土地。美哉！我江苏之土地。如我支那。我支那之土地以肥美闻世界，世界盛[咸]得而鱼肉之。我江苏之土地又以肥美闻支那，支那且咸得而鱼肉之。

美哉！我江苏人之性质。美哉！我江苏人之性质。如我支那。我支那人之性质以虚闻，以浮闻，以无实力闻。我江苏人之于支那，亦以虚闻，以浮闻，以无实力闻。

或曰：美哉！我江苏安乐地，或曰：美哉！我江苏文学薮。呜呼！是益咒骂我江苏也，是

益陷溺我江苏也,是犹以我支那之安乐、文学夸示于世界也。我爱支那者,请得而大声呼曰:我支那无所有,所有者惟腐败。我爱江苏者更请得而垂涕道曰:我江苏更无所有,所有者惟腐败。且更纵言以明之曰:我江苏者,我支那之支那。而腐败者,我江苏之特色。

以腐败之人民谈腐败,其谈腐败也必确;居腐败之土地以谈腐败,其谈腐败也必确。具腐败之性质以谈腐败,其谈腐败也必确。然则腐败者,我江苏之特色,而谈腐败者,又我江苏杂志之特征。

请得而谈腐败之方:

处于水者不知水,处于空气者不知空气,处于腐败者不知腐败,时时提撕我江苏人者有:社说一。去其陈,谋其新,腐败既去,输入不腐败。时时灌溉我江苏人者有:学说一。较其腐败之程度与不腐败之程度,时时布告我江苏人者有:记事一。补我江苏人之不足,以助我江苏人者有:记言一,译篇一,时论一。又有为我江苏杂志所必不可少者有:小说一,杂录一,告白一。

《杂志简章》:

壹　本志之命名曰江苏。

贰　本志为本会之机关报。

叁　本志之概目如左:

一、图画

二、社说　发挥本志之本旨,凡社说所针对之方面如左:

(一)对于列国之侵略　(二)对于政府之设施　(三)对于本省官吏之经营　(四)对于苏沪宁镇各租界之治外法权　(五)对于居乡之绅士　(六)对于外出之游宦　(七)对于教育家　(八)对于通商外国之工商家　(九)对于内地之实业家　(十)对于希望之青年壮士　(十一)对于军人　(十二)对于劳动社会　(十三)对于宗教　(十四)对于一般之风俗

三、学说　空论靡有所底,实之以留学所得之学说:政法、教育、军事、科学、卫生、哲理、地理、史传

四、译篇　选择东西名著,门类略同学说。

五、时论

六、小说

七、记言

甲、谈丛

乙、文苑

八、记事

甲、本省时评

乙、内国时评

丙、外国时评

丁、留学界

九、调查录

十、杂录

甲、杂俎

乙、报告

丙、新刊绍介

丁、问答

戊、余录

肆　杂志部之职员为义务职员，分二种：

甲、事务员

总编辑一（公举）　校对二（公举）　发行兼书记二（公举）　会计一（公举）　驻沪经理一（由事〈事〉务员嘱托）

乙、编撰员

社说员四　学说员兼译篇员无定数，每门止少三人　记事员二　时论员二　小说员二　杂录员兼告白员无定数

伍　凡编撰员之草稿，总编辑有斟酌润色之权，杂志之底稿由编撰员分任，每月初一交付总编辑（不得逾期不交）。

甲、社说当有二篇以上。

乙、学说（九门）每期必载五门以上。

丙、记事记言按期登载。

丁、译篇、时论、小说、杂录等按期择尤［优］登载

陆　本志之出版，由事务员分任，月出一册，每册约洋装百页左右，以华历每月一日发行。

柒　本志全年售大洋二元五角，半年大洋一元三角，零售大洋二角五分。

捌　欲购本报者，请向本社及上海总经售所购取代办处代销，十分以上者，提一成为酬劳，三十分以上者，提二成为酬劳。

《江苏》第1期

《江苏同乡会公约》：

第一章　定名

本会名江苏同乡会。

第二章　本旨

本会以厚笃乡谊、培进人格、开发本省之文明事业，以共谋本省之乐利为本旨。

第三章　会员

一　会员以旅居日本之江苏学生及官商组织之；

二　地方会员以内地本省人员与本会间接直接同事者组织之；

三　名誉赞成员以捐助经费之官商士绅组织之。

第四章　会务

甲　义务

（一）救助会员在东遇疾苦者；

（二）救助会员无故受人辱侮及遭不测者（无论已未归国，本会皆当负此责任）；

（三）纠正会员有失德者（别有自治专章）；

（四）招待乡人将到东者；

（五）扶助指导担保会员入学校者；

（六）为年幼会员照料经理（女学生同）；

（七）为内地乡人访事（但以极重要者为限）、购物，但以合乎文明宗旨者为限。

乙　业务

（一）出版部

(子)编译(别有专章)

(丑)杂志(别有专章)

(二)调查部(别有专章)

(三)教育部(别有专章)

(四)实业部(别有专章)

第五章　会员应尽之责

一、各会员有对本会尽各种义务之责;

二、各会员有互相劝勉之责;

三、各会员当勉行多数人议决之事务;

四、各会员当勉从多数人议决之约戒;

五、各会员当勉输多数人议决之捐款;

六、各会员人人有筹款之责;

七、各会员人人有扩张会务之责。

以上三四五各项如诚有为难者,可于会时声明,本会以笃厚乡谊为旨,断不强人所难,但不得因此不到会,驯致隔膜。

第六章　会员应得之权

一、会员均有议事及决举之权;

二、会员均有举人及被举之权;

三、会员均有受会中种种援助之利益;

四、会员均有查究会务、质问职员之权(如职员答问不能满该员之意,可请监察员查问;如监察员所查尚不满该员之意,可于会时提议)。

第七章　职员

本会之职员分三种:

甲　事务员　执行本会之事务,其名目人数如左:

事务长　一人为事务员之代表,由事务员互选。

庶务　二人掌庶务。

书记　二人掌记事及往来信件。

会计　二人掌银钱收支预算本会用费。

出版部　一人总理编译及杂志(以下四部分司各职由各部总理推举公认)。

调查部　一人

教育部　一人

实业部　一人

乙　监察员　监察会员及事务员之行为,俾照公约厉行之,兼会场纠错。

监察员　二人

丙　评豫[议?]员　评满[议?]本会实事务,别立评调会,其名目人数如左:

评议长　总理评议会,由评事员互选。

评议员　无定数,分各府,以十人事一人为率,如一府会员如十数以上有零数或其全数不满十人者,均得举一员。

凡监察员评满[议?]员皆不兼他务职务。

以上职员皆投票公举,半年一改选,连举者连任,但连任职员不得过全体职员之半,又连任者仍不得过两任。

职员于本职内之各事,有自由举办之权。

职员公举之时,不得推诿,如有不得已之故,可会众声明公认后得以改选。

职员公举以兼不得放弃责任,其有不得已故,可临时兼明推举代理人,由职员公认后得以代理。

第八章　经费

本会经费以三种款填充之:

一、常年捐　会员每年各输捐三元六角,按月分纳,每年恳亲会二次别各收费五角。

二、特别捐　会员于常年捐之外,有加捐或海内绅商乐为提倡捐助者,统作为特别捐,不拘多少,应竭力集劝。

三、募公债　本会遇公费不足之时,可募集公债。惟须于会期之前由会计作预算表,经会员公认或临时经评议员认可,方准募集,其债金由本会担保加利偿还。

常年捐,学生由各府自行公举一人管理,一人于月终收齐汇交会计,逾期不缴,会计有催缴之权,特别捐仿此。会计于春期秋期当同各职员作预算表,夏季冬季当会同各职员作报告书,均登本会杂志。

第九章　会期

本会会期分三种:

甲　会员会期分二种

(一)会员经常会期　四时各开大会一次,春秋二时为恳亲会,夏秋二时为谈话会。

(二)会员临时会期　如有特别事故,会员均可提议开临时会,不嫌频烦,但布告之权仍属职员。

乙　职员会期分二种

(一)职员经常会期　于四时会员会期前各开会一次。

(二)职员临时会期

与会员临时会同例　凡职员会必合事务监察员评议员组织之。

丙　评议员会期分二种

(一)评议员经常会期　每月一次,提议各事及演说可以振动本会之事理学理。

(二)评议员时[临]时会期　与会员临时会同例,但布告之权属于评议长。

凡职员会及评议会开会时,无论经常临时各员皆有旁听及质问之权。

第十章　会规

一、凡开会前七日,由书记将会所日期报告同人,临期齐集。遇有特别事故不能到者,须先时函告会[书]记,会时由书记将姓名缘由录示会所,其未经函告而不到者限一周内补函声明,逾时再不告者,依自治约诘问之。

二、开会次序,首由职员报告开【会】缘由,次提议事件,次演说振动本会之事理学理

三、凡演说员有演说稿者,可留交书记录存。

四、举人决事,均参用投票举手之法,以多数为准。

五、凡提议事件及改良章程,须由发起人详具草案,交评议会议定,然后开商榷会公决。

六、议事须俟提出者及反对者各将己意表明,然后公决,是非既经多数决定,即勿争执。

七、议事时倘有疑问者,俟本人说毕,始起伸辩,惟不得有两人以上同时起辩。

八、凡开会时,应临时推举议长一人,如争议不能取决者,由议长决定之。

九、在会时演说及议事均以肃静为旨。

十、开闭会各有定时,各会员须临时必到,至闭会后始散,倘有要事不能久待,必告明职员乃退。

十一、开会时监察员有纠仪之责,特设整理会场章程,由监察员履行之。

十二、开会时书记有记事记言之责,特设记事录由书记掌之。

第十一章　扩张会务

一、本会应与本国同志创立之各会互相连络,以图全体势力之扩张。

二、本会会员应各就其府州县乡人净[建?]立支会,以图分体势力之扩张。

第十二章　附则

本会之各约章以会员商榷公决后为实行之期。

本会之各约章以半年为改订之期。

本会之事务本部在日本东京神田区骏河台铃木町十八番地清国留学生会馆内。

本会之事务分部(未定)。

《江苏》第1期

秦毓鎏《天徒自述》:

余被江苏同乡会公举为《江苏》杂志总编辑,力唱民族主义,销行颇广。时青年会会员多办各省同乡会杂志,流行内地。于是,内地人士之革命思想日益发达矣(《江苏》杂志前二期总编辑为钮惕生、汪衮父)。继余者为赵厚生,出十数期停版。

中国社会科学院近代史研究所编《近代史资料》总第111号,中国社会科学出版社2005年版,第141页

4月28日(四月初二日)　日本《朝日新闻》载俄国向中国要求密约七款,留日学生群情激愤。

《军国民教育会之成立》:

四月初二,日本东京《朝目[日]新闻》载俄罗斯向中政府要求密约七条,谓不允则满洲之兵不退,密约之条文如左:

一　俄政府遵千八[九]百二年四月八日约,撤去东三省兵队,以土地交还中国,中国当永远不以东三省土地租借或割让他国。

二　东三省除营口外,中政府不得开作通商口岸。

三　东三省之行政及军事,不许他国人干涉。

四　营口之税务司,当永任俄国人为之,税关收入,常属华俄道胜银行管理,营口地方之捡[检]疫事务,统归税务司管理。

五　自营口至北京之中国电线上,须允俄人添设一线。

六　东三省及蒙古各部现在治辖之法,不能更改,倘欲更改须经俄人承认。

七　中国从前所许俄华道胜银行及他俄人之特权,以后不可变更。

同日,东京《时事新报》又刊发传单,遍鸣街市。中载代理俄国公使之谈话,有"俄国现在政策,断然取东三省归入俄国版图云云"。并载美公使之反对、英公使之警告等,学生见之,哗然大愤。

《江苏》第2期

△ 清廷令广西巡抚王之春等人迅速镇压广西南丹陆亚发等"游匪"。

《清实录》:

又谕:电寄王之春等,邓华熙电奏:广西南丹地方,游匪陆亚发分股窜扰,土州失陷。已电广西迅即赴援,并饬黔军会同夹击等语。昨据王之春电奏,边界内地,一律肃清,何以南丹尚有股匪窜陷土州之事。著王之春迅速派营扑灭收复,毋稍粉饰。曹鸿勋已接护巡抚,并著严饬黔军,认真会剿,随时据实电奏。

《清实录》第58册,中华书局1987年版,第789页

4月29日(四月初三日)　留日学生五百余人在东京举行大会,声讨沙俄侵占东北罪行。会后组织拒俄义勇队,准备开赴东北抗击沙俄侵略军。

《学生军缘起·留学生会馆干事及评议员拒俄会》:

四月三日午前七时,留学生会馆干事及评议员开会于会馆,到会者四十余人。汤君槱提议电致南北洋,请其主战。钮君永建演说,言中国志士激昂慷慨,徒有空言。近数年间,己亥十二月争立嗣之电,辛丑二月争俄约之电,此次在东留学生争法国干涉广西之电,匪不淬厉奋发,言足动人。然事事不自图担当,徒责望于人,人任其艰,我议其后,断非所以为国民也。留学诸君苟能自行组织义勇队,准备赴敌,然后再致电南、北洋,俾天下晓然于我学生界中无畏死者,亦全国哮嗷之先声也。众皆举手赞成。

《湖北学生界》第4期

《军国民教育会之成立》:

初三日,留学生会馆干事及评议员开会协议,汤君槱谓先宜电致南北洋,请主战。钮君永建曰,徒言无益,学生不自担任,但责望于人,非所以为国民也。宜自行组织义勇队以抗俄,并为国民倡,众赞成。午后,开学生全体大会于锦辉馆,至者五百人。公推汤君槱为临时议长。汤君槱、钮君永建、王君璟芳、叶君澜、蒯君寿枢、周君宏业、张君肇桐、汪君荣宝、程君家柽、李君书城、翁君浩、张君允斌等相继演说。众皆感泣。

汤君演词:

"大丈夫日日言不得死所,今俄人于东三省之举动,日本警报诸君皆已知之,此真吾国之奇垢极耻,亦正我辈堂堂国民流血之好机会。英美日三国仗义执言,【与】俄人反对,彼亦各为其利权耳,何爱中国?今日之势,无待烦言,战亦亡,不战亦亡,均此亡国,则开战之主权,宁操之自我。虽拼命到兵尽矢穷,一败涂地,犹不失为亡国之雄鬼。三国不助我,我固不得不主战;三国助我,我尤不得不先战。东三省一失,内地十八省外人纷树国旗,中国人还有立脚地么?到那时候,求一战而死恐不可得。今日非我堂堂国民流血之好机会么?"(众皆拍掌)

汤君又厉声说曰:"留学生遇重大问题,充类至尽,不过打个电报,发封空信,议论一大篇,谁肯担当半点血海干系?还说是待我学成归国,再议办法。咗!待尔学成归国时,中国已亡了几十年。支吾瞒混,待骗谁来?我看学生中真正敢死不作那空言的人料也不少,故我意今日有不怕死、肯牺牲一身为中国请命的,立刻签名,编成一队,刻日出发,迳投北洋,痛哭流涕,剖陈不战之害,情愿奋身前敌,万死不惧,更立本部,专为后应。我中国自甲午以来,久成为世界三等国,以三等国民而敢与世界第一雄国死抗,我辈虽被大炮炸成飞灰,还不值得么?"(众皆举手赞成)

时某君起而诘问,谓此时既无军粮,又无器械,徒手搏战,势所不能。设投奔北洋,安知

北洋必能录用？又安知政府之必能主战？以学生之力，何能担当此任？虽率全体学生回国，驱而死之，亦不足当俄人之铁骑。轻举妄动，固宜切戒，孤注一掷，尤所不取。

汤君曰："君议极周密。政府主战与否，固非我辈所能逆料，然今日之势，战与不战，亡一耳。据各报所载，政府毅然拒绝俄人，既曰拒绝俄人，岂为空言所吓？此不辩自明。至虑北洋不见信用，亦甚远到。然吾闻申包胥一哭七日，异国且为之感动，何况我辈决心啮齿，可誓天日，但能与俄人战，虽为苍头走卒不辞。北洋方招军，何遽疑虑？至云军火等，学生本不应蓄备，使果队伍整齐，运粮输甲，吾知甫入国门，已遭大辟，又何能为沙场之鬼，达拒俄之目的乎？至云学生无用，则诚无用，吾辈徒以国家大义所激，誓以身殉，为火炮之引线，唤起国民铁血之气节。中国死吾辈数人，如九牛一毛，我国民有知，当亦为之感泣！（言至此厉声呼曰）死生一发之际，还想四面周到，难道还要预备衣食棺椁么？"（众皆愤发，涕泣不能仰）

议决，同时签名者纷纷不绝。汤君复说曰："此举是生死问题，丝毫不容牵强。诸君毋曰为一时大义所激，轻于从事。"声色惨烈，众益悲愤，攘臂书名。汤君又告之曰："此死籍也，宜慎！"签名者咸神色自若。

是日议决各事如左：

一、愿入义勇队赴前敌者，尽两日内签名。

一、未即赴前敌者，别设本部，部署军队各事。

一、致电北洋大臣袁及上海各团体。

一、发电后，更致北洋大臣函，请将义勇队编其麾下。

一、遣特派员至天津与袁订定彼此关系。

一、遣人至本国内地各殷富地方。

一、遣人至南洋各埠。

一、遣人至欧美各国。

《江苏》第2期

冯自由《学生军名单》：

学生军全队分为甲乙丙三区队，每区队分为四分队。其人数如左：

学生军队长一名　蓝天蔚

甲区队长一名　龚光明

甲一分队长　汤　櫆　汤　櫆　夏清馥　陈茹昌　韩永康　韦仲良　袁华植　石　铎
沈　刚　翁　浩　何世准

甲二分队长　郑宪成　郑宪成　胡镇超　吴钦廉　刘景烈　黄润贵　刘钟和　李天锡
方声涛　唐寿祺　卢藉刚

甲三分队长　杨明翼　杨明翼　林肇民　刘志芳　冯启庄　许嘉树　冯廷美　欧阳千
张允斌　高兆奎

甲四分队长　陈秉忠　陈秉忠　罗元熙　苏子谷　吴寿康　何厚倜　李书城　伍嘉杰
周维桢　杨言昌

乙区队长一名　敖正邦

乙一分队长　王渭忱　王渭忱　叶　澜　董鸿祎　甘启元　方舜阶　张　浡　徐家瑞
陆规亮　张殿玺　张景光

乙二分队长　尹援一　尹援一　刘景沂　尚　毅　刘成禺　李宣威　邓官霖　张魁光
陈之骥　许寿裳　严智崇

乙三分队长　钮永建　钮永建　徐秀钧　刘景熊　黄　轸　方声洞　王季绪　黄立猷
　　　　　　秦文铎　华鸿　杨士照

乙四分队长　蒯寿枢　蒯寿枢　胡克猷　周宏业　王兆枏　顾树屏　林先民　秦毓鎏
　　　　　　董　猛　王隽基　吴　雄

丙区队长一名　吴祐贞

丙一分队长　刘　蕃　刘　蕃　江尔鹗　陆龙翔　刘希明　陈芙昌　卢启泰　谢晓石
　　　　　　王明芳　黎勇锡　黄铎

丙二分队长　林　獬　林　獬　高　种　施尔常　李炳章　诸　翔　王学文　鲍应铼
　　　　　　任　责　黄实存　吴治恭

丙三分队长　贝　均　贝　均　朱少穆　施传盛　王永炘　陈去病　蔡世浚　张毓灵
　　　　　　张肇熊　倪寿龄　沈成钧

丙四分队长　王璟芳　王璟芳　胡浚济　张肇桐　宜　桂　龚国元　潘国寿　廖世勷
　　　　　　戴　赞

（《苏报》,1903年5月18日）

冯自由《癸卯留日学生军姓名补述》(节录)：

"女学生参加者十二人,即:林宗素　王莲　曹汝锦　陈懋勰　华桂　胡彬　龚圆常　方君笄　钮勒华　吴英　周佩珍　钱丰保

在本部办事者有：

程家柽　费善机　丁嘉墀　张崧云　俞大纯　陈天华　杨毓麟　余德元　朱祖愉　林长民　蔡文森　王嘉榘　陈福颐　蹇念益　周庆冕　张修爵　濮　祁　李盛衔　周兆熊　陈云五　李　傿　平士衡　朱孔文　彭树滋　夏　斌　杨汝梅　杨廷垣　欧阳启勋　王镇南等数人。

冯自由著《革命逸史》第5集,中华书局1981年版,第35页

冯自由《青年会与拒俄义勇队》：

癸卯春,俄国进兵东三省,且向清廷提出七项新要求,留东学生闻之大愤,各省同乡会纷纷开会研究对策。钮永建(惕生)时在东京,忽发奇想,欲发起拒俄义勇队,走告留学生会馆干事章宗祥、曹汝霖等,请其以会馆名义召集全体学生,组织学生军,以拒俄人侵略。章、曹等以学生手无斧柯,决无所成,且易引起政府之疑忌,拒绝其请。叶澜闻之,乃话同乡秦毓鎏等曰:"青年会揭橥民族主义,留学界中赞成者极为少数,欲图扩张,至为不易,吾人盍赞成惕生组织拒俄义勇队之主张,借此题目结一大团体,以灌输民族主义乎?"青年会员均以为然。惕生既说章、曹等失败,愤懑不胜,一日访秦毓鎏,滔滔述其主张,秦及叶澜等赞成之,且允联名为发起人。永建大喜,即在秦寓草传单,定期开大会于神田锦辉馆,各省学生到者五百余人。有蒯寿枢(若木)、钮永建、叶澜、林长民、王璟芳等演说,激昂慷慨,鼓掌如雷。全体通过组织拒俄义勇队,举陆军士官学生蓝天蔚为队长,日日操练,备赴疆场。先致电于北洋大臣袁世凯,请其拒绝俄人,否则与之决绝,且告以学生军之组织,请隶其麾下,求其援助。

冯自由著《革命逸史》初集,中华书局1981年版,第104~105页

秦毓鎏《天徒自述》：

是年日俄战争(东三省为战场),余与钮惕生、黄廑午(此时名轸,后改名为兴,号克强)诸同志发起留学生拒俄义勇队,号称拒俄,实则藉此名义结一革命团体也。后为江督端方侦知,要求日本政府解散。日警厅传余等同志数人具安分结,计不得逞。于是,约队员中志向

坚定者结为军国民教育会,愈益秘密研究实行之法,分途进行(分鼓吹、暗杀、起兵三部)。于是,始由鼓吹时代进于实行时代矣。清政府通缉主事者十二人,余亦预焉。

《民族之过去及未来》、《发起军国民教育会意见书》均作于是年。是时热心革命,无意留学,遂于七月间归国返沪。后与同志发起国学社,以翻译革命书籍兼为同志机关。

中国社会科学院近代史研究所编《近代史资料》总第111号,中国社会科学出版社2005年版,第141页

△ 留学生致电南北洋和上海爱国学社等,引起全国性的拒俄运动。

《(留学生)致北洋大臣电文》:

北洋袁大臣鉴:

俄祸日迫,分割在即,请速严拒。留学生已编义勇队,准备赴敌。详函续上。

《江苏》第2期

《(留学生)致北洋大臣函》:

致北洋大臣袁缄:

顷阅日报,俄人以东三省撤兵事,横肆要挟,附约七条,剥我主权,辱我国体,视我政府如傀儡,侮我国民如行尸,凡含生之伦、戴天覆地者,无不发指眦裂,欲食其肉。我政府毅然拒绝,不为所怵,群情感动,热心若狂。前日已公呈电信,乞力持抗议,急修战备,言虽冒渎,情实可矜。伏惟明公坐镇兼圻,身负群望,上体宵旰之忧,下对汹汹之愤,必有以坚强不屈,挽国家于将亡,是以不揆疏远,愿贡其愚。

窃惟国家自甲午以来,情现势屈。各国以洪水猛兽之势,抵隙而来,割据要隘,吸引脂膏。甲国进一步,则乙国必求所以抵制之方;乙国获一利,则甲国亦必谋所以均沾之实。故台湾甫割而胶州随亡,旅大既捐而威海亦失。此夺矿山开采之权,彼握铁道交通之柄。难端一发,浸不可制。及庚子之变,丧师弱国,排外之志未伸,而穷蹙之势益显。列强环视,操刀待割。英、日连横于前,俄、法合纵于后。前者以扶持保护为美名,而欲收潜移默化之效;后者以分割迫胁为公理,而恐失兼弱攻昧之机。是以极东问题,日腾于彼国之报纸,而偿金之事,各国且务相窘迫,而未知所终。

夫俄、法既明目张胆,以侵略为事,故法则煽乱于南,欲一举而得全粤,俄则跳梁于北,且南向而窥京师。今广西之势,方岌岌不可终日,而东三省之警报,又沸腾于内外之口矣。顷闻美人已通牒俄都,讼言诘责;日本亦增修军备,上下戒严。中原大陆,行将为列强角逐之场,而我方隐忍依违,人无固志。或怵于积弱新败之余,而禁言兵革;或狃于居间调停之策,而依赖强邻。呜呼!剥肤之灾,已迫眉睫,而犹欲偷安旦夕,侥幸于他人之或我恤者,是虽天下之至愚无耻,亦心知其不可也。

故今日之事,战亦亡,不战亦亡。战而割地,则各国无所借口,暂戢其凶暴之威;不战而自屈,则他人或引以为例,而各逞其无厌之欲。是则战虽亡,而犹有不亡之理存于万一之中;不战则虽欲免亡,而诚速亡之道已迫于终食之顷矣!昔华元有言:"过我而不假道,鄙我也。鄙我,亡也;杀其使者,必伐我,伐我,亦亡也。亡一也。"乃杀楚使。古人于国权存亡之际,兢兢若此,而不惜以孤注一掷之举,为徒手搏虎之计者,诚见夫国耻之不可长,而利害之比较不可不审也。

自警报西来,舆情愤懑,废学忘食,志在授命。数日以来,不期而集者百有余人,咸愿投袂归国,自效行间,刻日待发,以死自誓。呜呼!某等血肉之躯,亦犹群众,而负笈远学,未更训练,既无昏瞀失心之疾,亦知强弱不敌之势,而猥欲弃其所业,以委身于百万虎狼之口者,

固以为亡国之惨，痛于杀身，奴隶之辱，酷于斧钺，生为无国之民，不如死为疆场之鬼。苟得亲握寸铁，剸刃于俄人之腹，虽摩顶放踵，犹有余甘，至于成败利钝，固非所问也。昔波斯王泽耳士以十万之众，图吞希腊，而留尼达士亲率丁壮数百，扼险拒守，突阵死战，全军歼焉。至今德摩比勒之役，荣名震于列国，泰西三尺之童，无不知之。夫以区区半岛之希腊，犹有义不辱国之士，可以吾数百万方里之帝国而无之乎？

吾国与外敌交战之事，有史以来，不可胜纪，而有败无胜，为万国羞。独雅克萨之役（康熙二十四年），彭春以万八千之卒，困俄人于重围，毁其坚垒，毙其骁将托尔布泰，使俄帝彼得不敢逞志于我；而尼布楚之条约，遂逐俄人于外兴安岭以北，不得南逾一步。虽盛衰之势，今昔悬殊，而亦足以见胜负无常，惟所自召。安见斯拉夫之民族必雄长于亚东，而可萨克之兵士果无敌于天下者哉！

凡今所陈，自是明公所洞悉，而顾喋喋不辍，重渎尊严者，冀某等义愤之忱，见谅于左右，不徒以众寡强弱之不敌而怪哂其妄也。顷议公嘱学生二人，即日诣辕，敬陈一切。惧谣诼之言，或已先入，故复肃上一缄，尽布其愚。幸赐容纳，不胜屏营！

《浙江潮》第4期

《军国民教育会之成立·（留学生）致上海教育会爱国学社电》：

俄祸日急，已电北洋主战。留学生编义勇队赴敌，请协力。

《江苏》第2期

附上海教育会复电：

电悉，赞成，余来东面述。

杨天石、王学庄编《拒俄运动》，中国社会科学出版社1979年版，第93页

冯自由《癸卯留日学生军姓名补述》：

癸卯（民前九年）春，俄国进兵东三省，留东学生闻之大愤。壬寅（民前十年）留学界组织之青年会，原以实行民族主义为宗旨，至是该会干事秦毓鎏、叶澜、王嘉榘、程家柽、蒯寿枢等，遂乘机联络钮永建、林獬、张肇桐、李书城诸人号召全体学生开大会商议应付方法。各省同乡会咸踊跃赞成之，遂于是岁四月初三日，在东京神田骏河台铃木町十八番地留学生会馆开干事及评议员会商量对策，有人主张打电南、北洋大臣请主战者。当时钮永建先生起立演说，谓我们留学生应自行组织义勇队，准备赴敌，然后再电告南、北洋。此一提议，得全会一致赞成。

冯自由著《革命逸史》第5集，中华书局1981年版，第30页

△ 中国留日女生也参加义勇队，组织赤十字会。

《军国民教育会之成立·共爱会集议拒俄》：

是时，又有共爱会之事。

共爱会者，留东女学生所立也。闻学生既有义勇队之举，乃商议协助。兹录无锡胡女士彬夏演词于左：

呜呼！我最爱之祖国，将为他族所统辖，我最亲之同胞，将为异种所奴隶，岂不伤哉！岂不耻哉！我等既为中国之国民，中国之安乐既当受之，中国之患难岂不当共之耶？总之，中国之存亡，即我辈生死关头之所在。我同胞姊妹，既皆久学海外，自必深明其理，不待烦言。今俄祸如是其亟，各国将接踵效尤。我等既知亡国之惨伤，奴隶之羞辱，使任其灭亡，任其残害，岂我辈之所宜出此耶？亦岂共爱会之本旨耶？我思现在同志诸姊妹，无不热心爱国，当

必出其所学所能,奋发以救祖国,以援同胞也!

日来留学诸君以东三省问题,急急聚商拯救之道,已公议组织义勇队,愿赴死前敌,其情可哀!其志可钦!然亦四万万国民人人所当负之责任,当尽之义务,无所用其推诿顾忌者也。彼等如此,我辈自问又当如何?岂以女子非人,不宜为此耶?我虽不才,欲以螳臂之微,为国尽力,愿从义勇队北行。事虽无济,即至捐躯囹命,誓无所惜!诸姊妹当必以为然。我想祖国瓜分,同胞奴隶,我辈有何面目更在日本留学!愿诸姊妹图之!

众皆激昂,同声赞成,愿从义勇队行,任军中看护死伤事。帝国妇人协会校长下田歌子闻而尼之,女士咸涕泣曰:"吾侪且无国,安得有身?复安得有学?"议遂决,各签名,并电告上海各女学堂。电文如左:

"国祸急,女生入赤十字社,同义勇队北征。告女学校协助。"

《江苏》第2期

△ **本日,梁启超乘火车由加拿大前往美国。**

梁启超《新大陆游记》:

四月三日,由温哥华首途,乘汽车往纽约,即C.P.R.公司之铁路也。此铁路横贯美洲大陆,长三千余英里,实中国万里矣。当俄国西伯利亚铁路未成以前,此路实世界第一之长线(美国铁路,虽贯大陆者数线,然非全成于一公司之手)。当初议建筑时,资本家多目笑之。募股份,应者寥寥,谓其工程之断难就也,今则利数十倍矣。加拿大联邦之巩固,实自此铁路始。铁路与国政群治之关系,伟矣夫!

梁启超《新大陆游记》,《新民丛报临时增刊》1904年版,第18~19页

4月30日(四月初四日) 上海和北京等地学生、士绅积极响应东京留学生拒俄行动。

1903年5月8日《苏报》载《译西报纪张园会议事》:

《字林西报》云:日前张园连次开会,议论国事,颇足发人爱国之诚。上礼拜四所开者,乃得东京留学生电述广西警报而起,到者千二百人。其间学生社会中人来自爱国学社、育才学堂及爱国、务本女学者最多,而爱国学生尤见踊跃,诚足以代表新中国之前途也。

先由蔡君某演说上海应设国民公会以议论国事,如东三省、广西等之最要问题,继乃分派在座者章程各一纸。次由马君某请在座诸君同唱《爱国歌》,一时爱国之忱随声而起,闻者莫不感发热诚。歌毕,忽得东京电云"俄祸日急,留学生已电北洋主战,结义勇队,愿赴前敌,求协助"云云。闻者皆目瞪。龙君某乃对众宣言曰:"吾辈非中国人耶!闻留学生如此举动而忍坐视以放弃天职耶!有表同情者,请从吾至草地向东鞠躬,以致留学生之爱国心。"言毕,乃首出,向东立,从之者几罄座;乃成列相行礼。此为上海新中国少年庆祝留学日本新中国少年爱国心之第一次也。礼毕,复入座,议编义勇队,以应留学生,临时签名者甚众。乃复电东京,表爱国之忱始散。

夫中国立国以来二千余年,其人民有爱国心者,自此次会议始。尚愿具此心者好自为之,以成真国民。

1903年5月3日《大公报》:

京师大学堂两馆学生因东三省事,商之副总教习,上堂会议,当蒙副总教习允准。即鸣钟上堂。先由范助教演说利害,演说毕,全班鼓掌,有太息者,有流涕者。次由各学生登台议论,思筹力争善策,拟办四事:

一、各省在京官绅告电该省督抚电奏力争;

二、全班学生电致各省督抚,请各督抚电奏力争;

三、全班学生电致各省学堂,由各省学堂禀请该省督抚电奏力争;

四、大学堂全班学生上禀管学代奏力争。

当学生会议时,各教习、各职事员均在座点头叹息。两馆学生,惟有河南进士、现在仕学馆学生靳某独不到堂会议。盖彼尚在寄宿舍习演殿试策子,以便今年补行殿试。真可谓至死不悟云。

《军国民教育会之成立》:

初四日,签名愿入军队者,百三十余人;本部办事者,五十余人。

……………

当东三省问题之起,各省皆开同乡会,研究义勇队,无不赞成。演说之词,不可胜书。其中有数事,尤足以导扬吾国民精神,不可以不纪。

方君声煊,年十五,闽人也。闻俄事,求签名于军队。众以其稚,止之。方君曰:"吾为国死,讵殇耶?"遽奋起签名。翁君浩持之哭曰:"方君,我北征且歼,留汝为吾国义勇种子,死更有光大于我者。吾辈日言报国,今为势所迫,仅以一死塞责,罪且不可逭。汝复轻身殉,胡为者?"举座皆涕,不能仰视。

浙人潘君国寿者,年十六,身殊弱小,亦签名于军队。当同乡会时,众皆止之,不可,又告之曰:"义勇队事,凡吾乡人,皆当任其义务。往者既以死自誓,念子年幼,留之以继其后,不亦愈乎?"潘君大哭曰:"国亡无日,欲求死所,行且不可得;我得从军以死于北边,其为吾乡人荣,不更大乎?"终不可止。

《江苏》第2期

△ 本日,四民总会在上海成立,后改名为"国民总会"。

1903年4月30日《苏报》载《中国四民总会处知启》载:

外辱亟矣!我国民无死所矣!俄人有占据满洲之举,法人有调兵平乱以为割据之举,眈眈逐逐,如虎如狼,瓜分之祸,不日而至。受此祸者非他人,我国民也。欲抵拒外祸,保固内权,亦非可望诸他人,其责任惟在我国民而已。

兹事体大,非结合大群不足以御之,故同人坚欲立一固结公会。凡我国人,谁不当爱国,则谁不当合力捐财,共立此会!各发爱国之血诚,视国事如家事,爱国土如家产,勿任他人妄割取一寸之土,妄侵窃我一毫之权。广西者,非独广西人之广西,而为我全中国人之广西;东三省者,非满洲人之东三省,而为我全中国人之东三省。既入此会之人,福则同享,祸则同受,同生同死,只期勿负国家,勿负国民。兹将简明办法列下,请高明增削斟订焉。

一、此会以保全中国国土国权为目的,凡一切与中国有关系之事,会中人皆当设法干涉之。

一、以后同志须聚议一切与中国有关系之事,而患无一聚议之定所,拟由同志合力建一议事厅于上海,以为各省议事厅之先声。

一、本会团结已固,势力已强,则本会人可与各国政府直接交涉。如俄国欲占据我国东三省,我亦可要挟俄政府曰:圣彼得京城不得让与他人。此言也,我政府不敢言,而我国民敢言之。言之有祸,则我国民任受之;不特任受之,且宜有以善其后。

一、本会定名曰中国四民总会。凡中国人,不限定在上海者,各地方人皆可入会。有力者助赀,无力者签名。既签名后,则皆当担负本会之义务,以达其目的。凡各内地并各省分入会者,可在上海各举代表者□人,以便会时□议,且代表各内地省分之见解言论。

附:

启者:本会既为地方议事厅之先声,上海一埠,为通商最盛之地,商家住居最繁,以各国由多数举代表人之例言之,凡我商人,宜发爱国之热诚,本爱国之天良,届期多来聚议办法,勿失商家体面为要。

议办中国四民总会处公启

1903年4月30日《中外日报》载《设立议事厅启事》:

启者:近日外侮迭乘,同人拟在上海建设一总会,并即设立一议事厅,以为日后随时集会之所。兹定于初四日一点钟在张园集议,乞光临指教办法。幸甚!

杨天石、王学庄编《拒俄运动》,中国社会科学出版社1979年版,第65页

1903年5月1日《苏报》载《张园集议》:

昨日各省寓公议立中国四民总会议事厅,知启传单已登昨报。届时一点钟,皆集张园安垲第大洋房。爱国、育才诸学社学生戎服齐队而来,务本、爱国诸女校学生亦皆入座。先将开会入座次序及提议各事榜于台上及左右墙壁;每省立题名册一本,分处标明,各请一人司之。又将某报附登《爱国歌》四章,印送到会者。计先后一千余人。

开议之后,经众协议,改四民总会为国民总会。集议之始,蔡君民友登台演说开会大意,次马君君武演说,次诵《爱国歌》前二章。千人同声,音节甚壮。既而争先题名,中国万岁之声震屋壁。

正欲举纠议员,提议办法,忽接在日本东京之中国留学生飞电。蔡君民友宣读毕,同人闻之,惊愕欲绝。龙君积之曰:"此电所关至大,开议一事,可暂停。吾上海同志独非中国国民乎?东京学生可结义勇队赴战,吾辈岂可放弃责任耶?"遂偕来会诸君步出大草场,排成军队,向东一鞠躬,以表同情于留学生。操演既毕,列队而入,复入座。严整之气象,盖我国所仅见也。

沈潜《宗仰上人年谱简编》:

上海各界于27日在张园召开拒俄大会,会后改组"四民公会",后改称"国民公会",宗仰和吴稚晖、陈范诸人皆表赞同,并为此主持奔走。

黄宗仰著,沈潜、唐文权编《宗仰上人集》,华中师范大学出版社2000年版,第256页

5月1日(四月初五日)　中国国民总会公开发表议案,就自身职责及实行办法,征询社会各界意见。

1903年5月1日《苏报》载《中国国民总会提议各案》:

一、此会以保全中国国土国权为目的,凡关系于中国之事,本会例得干涉之。惟须商定如何办法,始可实行干涉之?

一、本会须设立一议事厅于上海。惟如何筹款,始能使此议事厅成立?

一、本会有与各国直接交涉之希望,而非固团体、强势力不可。惟所以固之之方针如何?

一、本会名曰中国国民总会,区域甚广,则将来重大义务待办不少,凡我国民,悉宜负此责任。惟如何办法,始能兴起此重大义务之前途,并如何能鼓舞我国民负此责任之实力?

△ 国民总会征求临时评议员。

1903年5月1日《苏报》载《中国国民总会特别提议》：

今日之事急矣！现同人各就所知，公请热心爱国之士充临时评议，得若干员，惟尚有数省阙如者。中国人才繁庶，恐以地势悬隔，无从知名；或即近在上海，而耳目有限，恐难周知。然事关大局，人人负有责任，无容推诿。如各省志士到会集议愿为其本省调查，可设立分会并任其事者，则不嫌毛遂自荐，国民幸甚！

《四民公会》：

吾中国有最可悲可痛之一事，则以士为四民之首，又不能自成一社会，而又与他社会离而绝之，若判天渊而不可合，故日日言社会改革、言社会发达而终无效。

而不料中国旷古未闻之四民公会，竟堂堂成立于今日之海上。近年以来，海上志士，已纷纷散之四方。自去年中国教育会成立，渐露头角，而爱国女学校，而爱国学社，蓬蓬勃勃，驾旧观而上之。迄于今岁，乃有广西电争之役，有东三省电争之役，终以限于士流，力量未充。于是本埠绅商有四民公会之议，一时愿签名者殆二千人。四月四日乃布文启及简单公约数款，继又谋设一议事厅，以为代议部之机关，且又谋设一中学校以为教育部之见习。近闻已租定某地房屋为议事所。其发起及主持者为广东冯镜如君。君素为南洋富商，领袖群流则人易集，振衣千仞则财易聚。国民进步，当于是焉祝之。

比来内政外患之日日冲击于国民之脑中者，殆如电线交错，息息而不得停。兹会之设，则又如电信局之总汇，国民之机关在是矣。而又自士社会以待合于其他种种各社会，以造成一致之精神，与一致之风气，则又所谓国魂也。记者于是乃投笔西向，祝四民公会万岁！

《浙江潮》第5期

5月2日(四月初六日) 义勇队改称学生军。

《军国民教育会纪事》：

初六日，复开大会于锦辉馆，改名义勇队为学生军，商议规则。凡签名诸君咸到会。议毕，呼学生军万岁。

是日，得北京大学堂学生来电，电文录左："俄约危急，宜设法阻。"

复电："留学生已编义勇队，电北洋备赴敌。"

杨天石、王学庄编《拒俄运动》，中国社会科学出版社1979年版，第93页

附录《学生军规则》：

第一、定名：学生军(本名义勇队，后易此名)。

甲、军队。

乙、本部。

第二、目的：拒俄。

第三、性质：

甲、代表国民公愤。

乙、担荷主战责任。

第四、体制：在政府统治之下。

第五、组织：

甲、队中职员：队长一人(军法会议其议长即队长)、区队长三人、参谋长一人、分队长十二人。

(队中看护员由女学生组织之)

乙、本部职员:部长一人、运动科长一人、经理科长一人、会计科长一人、书记科长一人、参议科长一人。(其余运动员、经理员、会计员、书记、参议,均无定员。)

第六、会议:为全军之总机关。议员以二种人组织之:

甲、队中队长及区队长、参谋长。

乙、本部部长及诸科长。临时议员凡在队人员有意见者为之。会议时应立议长一人(临时)。

第七、军纪:

甲、谨守秩序。

乙、服从号令。

第八、筹款:

甲、出发款项(预先运动,临时取款)。

乙、寻常款项(即学生义务捐及特别捐)。

义务捐:一等二元,二等一元,三等五角。

第九、讲习:

甲、操习。

乙、讲课。

(每日约各一时以上,另有表。)

第十、出发:俟特派员复信后。

第十一、解队:

甲、目的已达。

乙、目的消灭。

第十二、附则:

甲、编队次序(每日照常在校上课,课余轮班至讲习所讲习)。

乙、退校次序(出发定期后,即当报告监督及各学校长退学)。

《湖北学生界》第4期

△ 本日,国民总会开会设立事务所,预定次日投票推举职员。

1903年5月2日《苏报》:

启者:昨日在张园集议,专为设议事厅事,并预约初七礼拜日再集会投票,公举各项职员,以便酌订办事章程。兹议先行设立事务所,方有归宿。俟择定何地,再行登报布告。各省志士欲入会者,仍照原议,随时到四马路《新民丛报》支店及福源里爱国学校报名为望。

中国国民总会公启

5月3日(四月初七日) 爱国学社公布新修订的爱国女学校章程。

《选报》第50期《爱国女校章程》:

甲 宗旨

本校以教育女子,增进其普通知识,激发其权利义务之观念为宗旨。

乙 办法

一、本校所赁校舍轩敞清洁,甚合通光卫生之法。俟经费充裕,再议营建。

二、本校定学生额二十名,年十二岁以上二十五岁以下者。

三、本校经费由罗迦陵女士担任,倘有同志慨捐巨款,当再图扩大规模之办法。

四、学生每月缴学费银三元。于年假后、暑假后开学日各预缴半年。如半年中自请退学,学费概不退还。

五、学生膳宿者,每月增缴费银四元,其止留午膳者,每月一元五角,均由月朔先缴。

六、本校延经理一人,教习五人,监督一人,名誉赞成员若干人。

丙 学级及教科

一、本校分为三学级:初级曰预备科,为普通科之预备,专为初学者设,一年毕业。其教科之目如下:国文、数学、历史、地理、理科浅说、绘图、体操、唱歌。

二、二级曰普通科,凡预备毕业生及考验而与预备科毕业生有相等之学历者入之,二年毕业。其教科之目如下:第一年,国文、数学、历史、地理、博物(含地质)、卫生(含生理)、绘图、体操、唱歌、日本文(专教看书法)、英文。第二年,国文、数学、历史、地理、物理(含地文)、化学、伦理、体操、唱歌、英文。

三、三级曰特别科,授高等学大意,以养成国家思想。凡普通科毕业生及考验而与普通科毕业生有相等之学历者入之,一年毕业。其教科之目如下:文明史、心理学、社会学、国家学、政治学、法理学、经济学、教育学、体操、英文。

上各教科虽皆专门之业,然女子教育惟授概略。如日本中学校之法制经济而已,故一年可以毕业。外国女学多有家政、美术、裁缝、中馈等目。今本校宗旨归宿爱国,故易以政法社会诸科。人各有能,急于当务,窃冀览者无河汉焉。

丁 停课日

一、年假自十二月十六日起至次年正月二十日止。

二、暑假自六月初十起至七月十五日止。

三、清明、端午、中秋三节各三日。

四、万寿日及于孔子生日各一日。

五、每七日中之日曜日放假。

戊 规则

一、讲堂之规则,教习管理之。

二、自修室、阅览室、寄宿舍之规则,监督管理之。

三、学生进校后,有一定之服式,略如下:衣用浅蓝色竹布大衫障之,裙裤无色。履圆头,虽素非天足者亦仿其式。褥障白布套子,被里缀白单,帐白色。

四、学生寄宿者,除教习监督携同游散外,平时非请假不得出校。

五、学生亲属来观,必先通刺于门者,导至客座,乃由女仆通知监督,由监督通知学生出见。

六、女子来观学校者,由监督导引。男子来观学校者,由经理导引,必先于一日函约。

七、凡男子,不得至寄宿舍,虽经理及教习亦不得破此例。

己 考校

一、学生功课行仪,每日由教习监督核记分数,历七日汇送经理。历四十九日为一学期,分科考试。历三学期为半年,又有特别考试。均以平时积分及考期分数,折衷比较,殿最高下,酌奖数名。

二、学生特别科毕业,由本校给予证书。

庚　附则

一、本校癸卯年暂赁市滨桥泰德里房屋为校舍。

二、愿学者先报名。

黄宗仰著,沈潜、唐文权编《宗仰上人集》,华中师范大学出版社2000年版,第21~23页

△ 本日,学生军在留学生会馆集会编队,并推蓝天蔚等人为队长及区队长,准备开始训练。

《军国民教育会纪事》:

初七日,学生军人员咸于午前十时至会馆。胡君景伊、龚君光明、蓝君天蔚等验体格高下,编制军队。全队分甲乙丙三区队,每区队为四分队,公推蓝君天蔚为学生军队长,龚君光明、吴君祐贞、敖君正邦为区队长。分队长由队长指定。

蓝君天蔚演说:"中国贱武右文,从古如斯,近今数百年更甚。挟二万万方里之土地,集四万万同胞之种族,苟稍具尚武精神,亦何至有今日。今者同志诸君子,仗大义,发公愤,怵于亡国之祸,欲以至贵至重之躯,捐之沙场,以拒强虏,以争国权,诚中国有史以来未有之光彩,亦诚中国有史以来未有之惨剧也。仆虽忝事陆军,究有何才何学,敢受此重大之任,恳诸同志更推能者。"同人均言曰:非蓝君不胜其任。蓝君复言曰:"诸君子不以仆为不肖,推为学生军队长,则不得不以军队事与诸君子约。军队与社会,大相径庭。社会贵平等,军队尚专制,盖非专制则不能以一人统御百人,乃至十万、百万人,出入于枪林弹雨之中,相忘死生也。兵家之言曰,无军纪则不成为军队。服从而外,别无军纪。今既定名曰学生军矣,举止动作,必守严正之纪律。同志诸君子始事军伍,恐有未娴者,苟有破坏纪律之事,仆不敢不以法律相绳。仆之执法,仆之义务也;同志诸君子之服从,亦诸君子之义务也。至若遇同人,敬以军礼,未出发,毋荒学业,操必守时,多劳而乐,诚中国全国民族之表的也。同志诸君子以为何如?"众皆举手赞成。

杨天石、王学庄编《拒俄运动》,中国社会科学出版社1979年版,第93~94页

△ 本日,林懿均、章士钊等江南陆师学堂退学学生致函已毕业学生,希望学生中"热心爱国"者帮助训练上海义勇队。

1903年5月3日《苏报》载《陆师退学生与陆师毕业诸君函》:

同学诸君公鉴:

窃以外患迭乘,逼我太甚,王之春让广西于法,而俄人今又决意不还牛庄,一波未平,一波又起。凡我国民,谅生义愤。东京留学生已电请政府与俄宣战,而自结成义勇队,愿为前驱;又电上海教育会,请为协应。而教育会全体会员与爱国学社全体学生,闻之不胜奋迅,立集各省志士,大会于张园,拟开一国民总会,且即在沪上编一义勇队,与东京遥遥相应。一时鼓掌欢呼,气象万千,规模粗立,不日即可成军矣。

夫军人者,国民之负责也。当国家存亡危急之秋,而不提出一军人之精神,竭力奔赴,真可谓之无心肝也。故国民总会之立,人人有入会之责;义勇队之成,人人有当兵之责。此普通之义也。特别言之,则素负军人之资格,讲军人之学问者,果当何如慷慨涕泣,万死不顾,以担国民之义务,以救国民之危亡者乎?此仆等不得不为诸君言之者也。

中国之有武备学堂也,自二十年以来也,而成效差著者,以南北洋、湖北为最,近今毕业者已四五期、二三期不等。此毕业诸君,操法非不整齐也,战术非不精熟也,而试猝语一人

曰:“操法何以须整齐?战法何以须精熟?其目的何在?其义务何在?”黠者必嗒然不知其所对,朴者必徐徐曰:“唤口令耳!求薪水耳!”呜呼,吾为此言,非敢以诸君全体皆为如是,然岂无其半如是者哉!此犹文言之也,而腐败之甚者,竟至难于笔述,五尺羞言,学生之前途其何可言!国家之前途其何可言!

今幸东瀛学界中放出异常光彩,而内地之应之者,不在官费十数年、成材数百辈之学生,而在上海初立不完备之一会、之一学社未练操法、不谙战术之数十百人,此吾不能不为□□□也。诸君!诸君!非皆第一等资格之军人者乎?非常自命为拿破仑、华盛顿者乎?吾闻豪杰不待时,勇者不留决。今何时乎?不于此决而谁决乎?国家之造人才,岂只望其唤口令、求薪水,而危而不挽、颠而不扶乎?诸君!诸君!其熟思之!

仆为此言,盖欲为全国学界中人鉴,而尤不能不有望于吾陆师诸君,以诸君者,与仆等有密切之关系者也。仆等同学既一年,稔知诸君中有热心爱国者,言论举动皆足令人矜式,仆诚诚私心慕之。去冬毕业诸君皆学成,而仆等以后进仍留学,仆等以聚处之日长而磨荡之仍有自也。乃者事有所激,群动公愤,仆等相率退学,有所组织而不成,乃与海上诸君子筹商善后,此仆等与诸君聚散之历史,而仆等之出学,亦颇承诸君赞成者也。

今危机日逼,警报迭至,海内外志士,无不以国仇为重,欲雪此耻。义旗所指,志在勤王,与从前各省团练之兵殆无二致。既有人人可表之宗旨,即有人人必担之责任。仆等与奔走国事诸君子同心击楫,誓复中原,杀身成仁,义不反顾。窃思诸君中表同情者必多多也。仆等学而未成,毫无把握,此间之人,武备教科亦皆未尝从事。诸君既已学成,则为先觉。仆所愿望于诸君者,于南洋学界中邀集同志,结成团体,请于当道,练劲兵,可东则东,可西则西,庶足争学界之特色,而不愧东京留学生之发起。而所要求于诸君者,则此间规模草创,难言纪律;诸君中热心国事者有数人,惠然肯来,试验军器、教以速成战法,则义勇队顷刻可成。诸君!诸君!其许我否?如某某君者,素为仆等之所崇拜、所期望,今正祷其切勿言行【二】致也。

各陆师中在成城者近三十人,则东京之义勇队此三十人必与有力;行者如此,而居者岂得让彼以专美乎?吾知诸君竞争之心不至如此之消耗也。且此次游学十八人者归,东邦之气象必多渲染。此义勇队之起,距十八人之归,时未一月耳!倘十八人之仍在东京也,则此义勇队者,吾知十八人亦必昂然为其领袖。且东京之情形既如是,今虽回国,诸君又何至稍换其面目也!且东京之义勇队,东京岂有用武之地,誓[势]必返国运用而后可;则诸君之在内地,较东京犹少一番周折。诸君!诸君!倘愿为之乎?

夫学生者,方今在社会上占无上之名誉,而确为中国之主人翁者也;诸君岂得妄自菲薄,而置国家于弁髦乎?诸君中之佼佼者吾又何言,全体中万望勿以唤口令、求薪水为陆军最大之能事、最大之目的也。是则学生之荣誉,亦即中国之荣誉也。

祷之祝之,跂予望之!

林懿均　黄宗郊　杨国弼
黄福绵　章士钊　邵恩绶　同顿首
吴　荦　胡　塍　陶懋榛
徐大纯　吴锡芬　周维瀚

△ **本日,张之洞致电袁世凯,询问有关俄国东北撤兵事宜。**

《致天津袁宫保》(光绪二十九年四月初七日巳刻在郑州发):

支电所云俄请不许东三省添开口岸,可忧已极。想系外务部所告。其详如何,务恳飞速密示。必知俄情,发议方能对题。拜祷。虞。

附《袁宫保来[回]电》(光绪二十九年四月初九日未刻到):

虞电悉。上月在南苑,俄有文要我七款,当即向邸、枢详陈利害,一字不可许,并在两宫前力陈。回津后,闻由外部再三坚拒,又由凯暗嗾英、日协力诘俄,现可作罢。俄文大概如下:一、营口及辽河一带,无论如何不能让给他国,或租或买。二、中国之政,在蒙古地方不能改换,免民教扰累。三、中国若不预先知照俄国政府,不得立意开新商埠,在东三省及在新埠口驻外国领事官。四、若中国必欲请外国人管理吏治各事,其权限不能干预中国北方各事,因其在北方利益以俄居首。若遇请外国人管理北方之事,应在北方分设公司,须托俄人经理。五、营口、旅顺、盛京一带电线,俄挂线必须接续。六、营口交还后,此口海关款项,当仍归道胜银行接办。七、俄属人及商号在东三省占据时自然所得之权,俄军撤退后应仍照旧行。在该处该设查疫局,应以海关税务司及海关医士系用俄人,不得要请他国人办此事云。凯。庚。

国家清史编纂委员会·文献丛刊《张之洞全集》(11),武汉出版社2008年版,第82页

△ **本日,张之洞复电吕海寰、伍廷芳,询问美国在东三省问题上的立场。**

《致上海吕大臣、伍大臣》(光绪二十九年四月初七日午刻发):

江、支、豪各电均悉。江电云美使密告,奉其政府命,索盛京省为他国一国独占数语,字句似有脱误,想系索盛京省为通商口岸,不准他国一国独占。祈查原电稿速示覆。至询外务部,以俄国要挟,是否另有专约,此层最为吃紧。美索开东三省口岸,并欲在沪议结,具有深意。惟此时俄兵未撤,内意恐未肯遽许。再,美约十六款,华文稿敝处遍检未得,务祈即日另钞一份,邮寄京都,切盼。虞。

附《吕大臣、伍大臣来电(并致外务部、袁宫保)》(光绪二十九年四月初四日卯刻到):

本日美使密告,奉其政府命,索盛京省为他国一国独占。当覆以曾奉外务部电示,须俟东三省俄兵全退,布置大定,由我自行酌办,此时未便遽议,力与驳辩。美使云,美政府之意甚坚,势不可缓。康使亦电嘱其来商,切请速为电部商办,不能再延云云。连日外洋来电,刻诸新报及沪上各报,均以俄未交还牛庄,各国议论滋多。美之坚索甚迫,或由于此。海、廷观其词气,意在藉此牵制俄人延缓交还东三省之阴谋,恐非空言所能谢绝。究竟俄之要挟是否另有专约,如有专约可否录示,以为辩论之资。俄若不肯撤兵,不交还牛庄,必启各国争端,思之曷胜焦愤。探美使之意,我若准其所请,彼尚不照自开章程办理,并言东三省若实成口岸,各国均可出面抗争,其用意亦自有在。惟俄能否就范,殊难预料。此事关系重大,望祈通筹全局,酌核并将连日情形密示为盼。海、廷。江。

《吕大臣、伍大臣来电(并致外务部、袁宫保)》(光绪二十九年四月初六日卯刻在新郑接到):

江电想达览。本日美使面送照会,内开:照得本大臣等现奉敝国政府训条,谓敝国前所请开通商口岸之事,必须与贵大臣等在沪议结。敝国之所以欲此事在沪商议者,缘贵大臣等与本大臣等均系派为议约大臣故也等语。并嘱速为照覆。应如何酌覆之处,乞统核示遵,为盼。海、廷。支。

国家清史编纂委员会·文献丛刊《张之洞全集》(11),武汉出版社2008年版,第82~83页

△ 本日，张之洞再次致电外务部、袁世凯、吕海寰、伍廷芳及盛宣怀，主张借英日美三国之力对俄交涉。

《致外务部、天津袁宫保、上海吕大臣、伍大臣、京盛大臣》（光绪二十九年四月初七日午刻在郑州发）：

沪江、支电，津江电，均悉。此时俄未交还东省，我尚无权添开口岸，固不可遽然明许他国。然俄人要我东省不许添口岸，是东三省利益永为俄独占，各国必不甘心。美、日已有明言，英国必更不肯旁观，是俄人所请尤断不可允。慰帅电谓宜坚拒，极是。盖俄人不肯退兵，尚冀各国助我理论，傥遽徇俄请，各国定然纷纷诘责，效尤要挟，各择便利，必致俄人袖手，我独受害，不可不慎也。俄人情形外间不知其详，慰帅既有俄请不许添开口岸之说，当必确有所闻，务祈慎重熟虑为祷。闻英领事言，俄尚未照约交还牛庄，日领事言俄移扎铁路凤凰城一带之兵甚多。窃谓此时宜趁美、日索开东三省之便，即恳美、日、英三国代我劝俄，照约按期退兵还地。东三省既还，口岸如何开法，自易酌办。遇。

附《吕大臣、伍大臣来电》（光绪二十九年四月初十日卯刻到）：

虞、遇电悉。沪江电系美使索开盛京省城及大东沟口岸，坚请入约，并言刻下时局紧要，美廷不欲东三省为他国一国独占等语，不知电局何以落去廿六字，现已饬查。昨奉外务部歌电云，俄索七款，内有中国不得在东三省开新埠之条，当经本部驳覆。昨柏使复申前说。当告以将来商务兴旺，由中国自行酌办，现东三省俄军尚未全撤，若将开埠列入美、日商约，恐投其所忌，更生枝节。希切告美使，东三省开埠一事，应由中国随时自行酌办云云。当即遵告美使。彼云事关重大，须电美政府核酌，并云阅报所载，俄声言并无不许他国在东三省通商之意，观外务部所驳，则俄殊不可信。本日小田切来密告，北京俄使曾询日使，有无索开东三省口岸之事，日使但答以此议约专使办理，未答以有无，并言日本现惟不动声色，总望中国重臣合力奏请坚拒俄请方好。观其词气，似日本已暗为预备。美约稿系三月初四由沪寄鄂，刻又赶缮寄京。海、廷。庚。

国家清史编纂委员会·文献丛刊《张之洞全集》(11)，武汉出版社 2008 年版，第 84 页

5 月 4 日（四月初八日） 军国民教育会各部开始履职。

《军国民教育会纪事》：

（学生军）本部各员皆分科任事。

杨天石、王学庄编《拒俄运动》，中国社会科学出版社 1979 年版，第 94 页

△ 黄宗仰代罗迦陵复浙江大学堂退学生信，勉励学生继续求学。

1903 年 5 月 4 日《苏报》乌目山僧《代罗迦陵女士复浙江退学生书》：

敬复者：辱承损书，推崇过当，如迦陵者非所敢荷。然迦陵也，少历艰难，长亦险巇，浮尘世界，幻境胥尝。又旷观中外，一一对照。每叹我国之中芸芸学子，沉睡于奴隶界，二千年曾莫之醒，近始放一线光明，有诸君子之组织自治教育，前者方镇，后者继起，其腾踔奋励之志气，有足令人起敬者，是不啻于四万万奴隶之中，突然降生国民也。迦陵之平素节衣损食，未敢妄费。而遇诸君之举动，关系中国前途，故竭其绵薄，量力赞助。夫迦陵之赞助诸君子，岂赞助诸君子哉？乃赞助国民也。诸君子之受此赞助，奚必感恩于余一人哉？余亦国民一分子，诸君子实受【国】民之惠也。诸君子其务固结团体，勉为国民，荣则俱荣，辱则俱辱，贫则俱贫，苦则俱苦，饿则俱饿，死则俱死。昔我佛释迦牟尼与其徒千二百五十人乞食城中，食已

收钵,趺坐树下,对众说法,欲普渡世界众生。尝曰:"我不入地狱,谁入地狱?"观世音大士寻声救苦,亦尝发誓言:"我若向刀山,刀山自摧折;我若向火汤,火汤自枯竭;我若向地狱,地狱自消灭。"其地藏仁者发愿云:"地狱未空,誓不成佛!"此何等愿力!何等慈悲!何等气象!何等庄严!余虽不敢以释迦牟尼望诸君,未尝不以观世音、地藏望诸君,而祷祝其发慈悲,施大愿力,以救中国也。诸君子之代价綦贵哉!诸君子之责任綦重哉!若夫立志不坚,乘一时□气,时过境迁,□傀出傀入,忝然复入奴隶之界;又或以新学为阶梯,粗有所得,藉以干禄,学界之中若斯类者,海外海内比比皆然,是岂迦陵之所望于诸君哉?此岂迦陵之所以赞助诸君子之意哉?诸君子勉之矣!宗旨不可不定,必立其足于民党一点,然后可以为完全之大国民,而后不背今日退学之志也。诸君异日学成而后,庶几毋忘予言,庶几毋忘予言!

《童子世界》第21期《浙江大学堂退学生致爱国学社诸君书》:

爱国学社诸君子公鉴:某等鼓箧浙学,侧闻诸君子奋发踔厉,甘拜下风。我国学界晦茫,能组成自治教育者,厥惟公等,公等固我学界之阁龙也。某等肄业浙江大学,已历有年,讵奈当事者营私压制,虽罄南山之竹,亦不足叙其端倪。某等忍无可忍,逼而有退学之举,停辛贮苦,无可奈何,铤而走险,急何能择?公等闻之,得毋南瞩西泠,而洒一掬同情之泪乎?现拟聊借一椽,再张旗鼓,冀步公等之后尘。幸群谊未漓,志坚金石,但来日方远,后顾茫茫,孤掌难鸣,苦衷谁告?虽精卫愿填千寻之海,然巧妇难为无米之炊,我同情诸君子,将何以教之?

黄宗仰著,沈潜、唐文权编《宗仰上人集》,华中师范大学出版社2000年版,第24~25页

5月5日(四月初九日)　学生军拟定军事训练课表。

《军国民教育会纪事》:

揭示学生军课程表。

杨天石、王学庄编《拒俄运动》,中国社会科学出版社1979年版,第94页

5月6日(四月初十日)　学生军开始军事训练。

《军国民教育会纪事》:

学生军齐集会馆开操。

杨天石、王学庄编《拒俄运动》,中国社会科学出版社1979年版,第95页

△ 本日,张之洞两次致电袁世凯,就俄国占据东三省问题提出外交策略。

《致天津袁宫保》(光绪二十九年四月初十日酉刻在卫辉发):

英人屡言京城人多为俄人所愚,误认为亲厚可信,盖俄人欺诈乃其惯技。俄处肘腋,固不可不加羁縻,然实不可偏重。总之,各国皆不可偏重也。公常到辇下,此等情形必已深悉,望密示。似须先将此病根疏通,方易措手,不然恐有已许而京外不及知、不及阻者矣。药。

《致天津袁宫保》(光绪二十九年四月初十日酉刻发):

庚、佳两电悉。俄要七款,竟欲永据权利,还如不还,万不可许,赖公力陈坚拒,得以作罢,佩甚慰甚。惟沪电云前柏使复申说恐俄人断不肯拱手交还,听我将来开口。此时遽允美、日开口,固办不到,然必须外务部对俄人亦不可丝毫松劲,致类默许也。将来仍须英、美、日三国着力,势必小有波澜,必须内意坚定,不为其所动摇,方能有济,全赖公仰赞宸衷矣。再,日已备兵储粮,想已知。卦。

国家清史编纂委员会·文献丛刊《张之洞全集》(11),武汉出版社2008年版,第85页

△ 本日，张之洞复电吕海寰、伍廷芳，指示对美日等谈判方针。

《致上海吕大臣、伍大臣》(光绪二十九年四月初十日戌刻发)：

庚电悉。叠接津电，俄索七款，已向两宫及邸枢详陈力拒，可作罢论等语。窃恐俄人断不肯默然还地，敝处已屡电慰帅坚持，俟到京当沥陈，并与慰帅切商。此事枢纽，惟望两公力劝英、日、美三国合力诘俄，为我外务部壮气，方不致轻许俄以不开，将门关断，不然京城断不能坚拒也。药。

国家清史编纂委员会·文献丛刊《张之洞全集》(11)，武汉出版社2008年版，第85页

△ 本日，《苏报》载《海上热力史》文，概述拒法、拒俄等运动的积极反响。

1903年5月6日《苏报》载《海上热力史》：

昨日海上同人又得东京女学生来电，谓东京支那女学生已共舍身于赤十字社，俟男学生义勇队北征有日，即共偕行。乌呼！癸卯年万岁！何其民气之奋、进步之速如是其惊人！倘海内应和者能愈接愈厉，岂非我中国得见天日之日正不在远？此次上海女界当张园屡会之后，本跃跃欲奋，及闻此电，表同情者甚多。适以绍兴黄夫人以忧愤国事，咯血正殷，诸女杰未能传书大会，仅协议办法，得东京入社章程，再图集议。

上海自前月念八广西同人龙积之君等发起阻法会，中国教育会之爱国学社诸君于此会最表同情，故其日张园会费五十元即由教育会独捐。然发电阻止之事皆龙君自与两粤商绅担任，因教育会诸君不愿与政府通讯，故仅发浔州一电，就问亲友以探法约之成立与否，其电费十二元，尚为某书局所代垫，并未募捐一钱也。是日签名者共三百余人，皆指名愿与阻法会者。是日另有上海商董周公、胡公颇感诸君之热心爱国，愿开商会协争，嗣某公持重，以为广帮商董多顽固者，今日无一人临场，恐我等发起商会反召广董之冲突，宜斟酌缓办，既而果如周、胡诸公之料，大约如某商之徒阻尤力也。今日之官已全无心肝，即如与官人往返者亦无非卖国贼也。

二十九日，两粤人又集议于广肇公所，中国教育会适举行一年大会于徐园，故教育会同人未能与议于广肇会馆。是日粤士绅集者甚众，惟顽固之董事皆不至，且有庞某者黏匿名帖于议所，谓公所当议商务，不当谈国是。众争唾之，几肇事，经冯镜如君、龙积之君等以文明议规调和之，卒成议，且书捐者近千金，是即阻法会之中坚。

四月一日，汪穰卿君以俄索新约甚急，继开拒俄会于张园。是日之会费、电费，皆汪君自捐及捐之于来会者。是日中国教育会同人虽临会者甚众，皆不过与汪君表同情，其如何集会，如何电争，皆汪君苦心主持。自阻法会倡始，而拒俄会继起，而国民爱国排外之感情势力陡增，然其排外之法，壹皆出于文明之举动，毫无无意识之行为。当议成演说，偶有因宗旨不合，相对驳诘，哄然走散之事，然同人皆侃侃责其粗暴，海上各报亦作论纠之，则足见我国士大夫文明之进步，又有非常之效果矣！

是月五日(5月1日)，冯镜如君、易季服君等喜海上群谊之发达，欲建设四民总会，造议事厅，为民会之基础，且谋于议事厅所在之处，辟绿草如茵之广场，建高矗云霄之钟塔，为海上文明士女别创公园，以适于卫生诸事，以养其高尚品性。故冯君近日达极度之热诚，虽与阻法、阻俄等会联结而生，然四民总会自是久远事业，实与阻法、阻俄诸会之因事而立者不同，命之曰四民总会者，欲合农、工、士、商全国之民共为一大团体也。故括而言之，又曰国民会。当日几无一人不赞成，龙积之君尤力参冯、易诸君之间，期其必成。龙君，中国教育会中之表表者，日与其事，故人疑国民会即为教育会之改设。其实教育会中人赞成国民会者不止龙君一人，

如叶浩吾君、蔡民友君、乌目山僧、王小徐君、吴稚晖君皆表同情。若以为国民会即教育会所发起,则小舛矣。发起国民会者,实为冯、易二君,故开会之费皆给自《新民报》支店,而租地建设等事亦二君日夜焦虑之。此会关系甚大,甚愿我同胞竭力襄助,以尽国民之义务。

开国民会之一日,中国教育会得东京留学生公电,谓日俄如启衅,留学诸君愿编义勇队赴辽东决战。教育会同人借国民会议事余晷,宣示其电于同胞诸君,诸君闻电,人人感奋,故有愿应东学诸君为义勇队者出站草地之举。其实此事又与国民会截然为二也。义勇队之结果,以未得东京详细章程,且日俄之开战亦止传闻,尚无确议。惟教育会之体育部及爱国学校、育才学堂经此激刺,军国民之精神大奋,人人皆注重于陆军教育,日日颇重视体操诸事,一洗文弱书生之腐败气象云。

阻俄会但邀人赞助议论,未欲签名。国民会则签名者近五六百人,嗣续签名者又千人。义勇队则仅张园草地一站队,既无章程,亦未有实在发起之人,尚持续会也。

此即旬日间海上民党之历史。我所注意者:阻法、阻俄皆不可稍却;国民会之议事厅必当建设;万一法、俄有事,义勇队尤为必要;即女子舍身赤十字会,以与男子共祈战死,亦当集一大会以提倡之,不可默默,负东京之盼望。如是,男女国民相戮力,庶不愧四万万人数最多之大国矣!

5月7日(四月十一日)　学生军因日本外务部干涉,决定改名军事讲习会。

《军国民教育会之成立》:

十一日,众复集议学生军事。王君渭忱报告:"微闻日本外务部干预此事,言于国际上有碍云云。诸人乃议办理之法,咸拟去学生军名目,更组织军事讲习会。须先研究办法,另行组织。我意精神之组织在先,形式之解队在后。"遂议决,推举叶君澜为军事讲习会起草员,钮君永建、王君璟芳为参议。

《江苏》第2期

△ 本日,日本情报机构侦悉旅居印度的康有为已乘船回国。

日本外务省藏档案《关于康有为返回清国之报告》:

外务大臣小村寿太郎伯爵阁下:

自去年夏天在印度大吉岭逃难之清国改革派领袖康有为,因为前些日子接到促使他回国的电信,所以毅然于几日前去加尔各答,本月四日乘船从该地前往香港,此消息报刊登在昨天(六日)发行的本地《时代》报纸上。此人之回国,对于清国的施政方针会引起多少影响难以预料,故立刻致电汇报,以资参考。

驻孟买领事林曾登吉

明治36年5月7日

[440678　明治36年6月5日收到　公第62号]

章开沅、罗福惠、严昌洪编《辛亥革命史资料新编》第6册,湖北人民出版社2009年版,第109页

5月8日(四月十二日)　日本政府应清政府请求,勒令解散东京拒俄义勇队,留学生决定改换名义,但维持旧组织。

《留学界记事》:

军队成立仅五日,神田警察即来干涉,请王君嘉榘、钮君永建、张君肇桐、林君长民四人

往警察署。时钮、张二人不在会馆，即由王、林二君往见。其问答之词如左：

问：闻贵国留学生因满洲问题有义勇队之设，确否？

王答：有之。

问：闻队中规则及组织，有队长，有军曹等名目，是与军队无别。此事于日本外交上颇有阻碍。

林答：此事虽名为队，其内容不过练习体操，并无军械、军服，不能成为军队。

问：留学生监督知之否？

王答：知之，昨日已有命嘱吾等废止。但此次创立此举时，本因俄国七条条约，并俄使宣言欲收东三省入俄版图而起。据目下情形，七条之约已经取消，此事照原定规则已议停止。

问：体操时有用铁铳否？

王答：无之。但会馆中本有体操器械，即不关满洲问题，留学生亦时至练习。

问：练习时人数过多，邻舍闻之，亦颇张皇。

林答：教育的体操亦与乱暴举动不同。

警察长言：教育的体操尚无妨害，若组成军队，则日本有主权，不能不干涉。

林答：并非军队。此事当俄使宣言号外发行时，本度即日开战，则留学生等当即日返国。彼时成军与否，系在敝国国境，并不在贵国也。若今日情形，则在贵国一日，便为一日学生，与军队实不相类。

警察长言：君等爱国之心实在可敬。

林答：此为有生所同具，无所别于众。

警察长言：自表面视之，实有军队形成，务望速解。

林答：照规则办理，自当解队，但体操为体育起见，仍时常练习。此于外交主权等问题似不相关，今晚当有复信。

是晚，开谈话会于会馆，先由王君嘉榘报告与神田警察长问答情形。次钮君永建云：俄国问题，午后号外又加紧急，但现在办事，内外皆困，只得照昨晚议论，解散形式，不解散精神，改作军事讲习会，请众公决。盖昨晚因日本外务部以义勇队事，招汪监督往，言此事于国际上有碍，故蓝君天蔚、钮君永建、蒯君寿枢、叶君澜、谢君晓石曾于此研究过也。是以今晚之会，多主张改变面目，而精神断不能解散云。

其覆警察署信稿录于左：

“义勇队已照队中规则解队，惟教育的体操此后仍时时讲习，不同军队形式。特此奉告。”

《浙江潮》第4期

《军国民教育会之成立》：

十二日，日本新闻刊发号外，载“日人遣兵增舰，中俄情势，现更危迫”云云。午后，同人乃开谈话会于会馆，王君渭忱报告神田警察署干涉事件。先是警察署以电话招王君渭忱、钮君永建、张君肇桐、林君长民往，钮、张二君以他事未往，王君、林君遂至警察署，与警察长问答。久之，遂辞出。后议作短缄覆之。（已见上）

是日，众集议，钮君永建云：今有问题三：（一）对日本政府当如何？（二）对俄罗斯当如何？（三）对本国政府当如何？

张君肇桐云：欲办实事，宜去牵制。今可分二法行之：（一）各尽心量力，往各地运动。（二）组织军事会。中分二法：甲、回国联络内地之团体。乙、留东同人维持旧组织。此外论说尚多,略之。

《江苏》第2期

《军国民教育会纪事》:

是日,上海教育会特派员汪君德渊、朱君莲溪至东京。晚六时,本部军队各职员集议。王君嘉榘报告警察问答情形。林君长民提议,谓此事既有军队名目,无论内容如何,必不能勾留他人国境,致伤国际。俄事急,则学生军宜即日归国。否则一日未遽出发,一日当更军队之名。或改为军事讲习会,其精神与军队实无所异。丁君嘉稚曰:"俄国之祸,终至决裂,凡吾国人,皆宜奋战。若但恃百余留学生在此组织团体,不足以抗强敌,宜回国分途运动。"蒯君寿枢曰:"归国运动,团体即散,散则无可图矣。"张君肇桐曰:"群力任事,当去牵掣,欲归运动者,宜听其便;其在东者,团体组织,当日巩之。"王君季绪曰:"俄国远略,庸有悔心?宜先遣人满洲,探其军情。"王君嘉榘曰:"吾国人向无体育,仓卒训练,亦属无济。今日办法,已结之团体,当速赴袁军痛哭,请其力拒俄人;其能运动者,速归运动。"蒯君寿枢曰:"出发之事,不得政府许可,则军火粮饷,无一可借,不宜遽行。"叶君澜曰:"我辈来东,志在求学,为我国民任事之基。俄事警急,欲一致死,此至不获已之事,非谓一死遂足以塞责。今逆料俄事未必即决裂,我辈趁此暇日,又得吾同胞士官诸君相与讲求战术,养成军人资格,一旦有变,更赴前敌,不独一虎狼俄,即他国侮我,亦足相抗,不庸愈于今日耶?上海同志组织军队,苦无教习,尚至东求之。我辈幸在日本,讲习较易,而反舍之归国,国内多我辈一人,有何用处,徒自涣耳。"顾君次英、蹇君念益、叶君基桢咸提议先改军队名目,练习体操。钮君永建曰:"诸君之说,皆可行也。日本干涉,关于国际,军队之名,不可仍也。拒俄之策,求与一战,训练不先,何以致果?军事讲习,不容缓也。内地谣喙,谓我乱民,性质不明,何以要信?陈情政府,宜遣员也。私议未足为据,明日当公决之。"

是晚决议明日招集同人开临时大会,提议更学生军名称,及组织讲习会事。

杨天石、王学庄编《拒俄运动》,中国社会科学出版社1979年版,第97~99页

△ 本日,《苏报》刊发温州留学生告同乡书,呼吁同乡积极参与拒俄运动。

1903年5月8日《苏报》载《在日本东京之温州留学生函稿照录》:

温州留学生全体敬告乡之士者、农者、商者、工者、女者曰:

诸君!诸君!亦知数日内有极痛苦、极惨烈之东三省一事乎!中历二月之杪,俄国以七条约要我政府,俨然独踞东三省一部。英、美、日怒俄侵权利,群起而反对之。我等居留之日本,当鸣锣传警之日,全国国民,上而政府、贵族,下至车夫、下女,亦莫不鼓手加额,扬眉狂喝曰:击俄!击俄!我知一周日间,东北一片肥土地,必变为群鲸竞吼、赤潮怒涌之大血海。

诸君!诸君!亦知斯举也,非独东北偏部之关系,而我国通部之关系乎?四国胜负无论,已而东省必不我有可决。则长江流域必入于英,山东必入于德,两广必入于法,福建必入于日,而我最敬爱、最亲切之产区,独安然磐石乎?诸君!诸君!曷不披览瓜分支那之图乎?焕然眩目三大红字出现于南部,而冠踞于我浙之黑字上者,非意大利乎?呜呼噫嘻!诸君!诸君!毋藐作名山佳水奇花怪禽之一幅油画观。

留学生闻警,奋然集合全部九百余人,开临时大会于东京锦辉馆,痛哭流涕,大声疾呼,以留学生编成一愤火卷浪、热血炼铁之义勇队。判两大部:一部北行,径造袁门,乞师抗俄;袁不出兵,亦以死战。一部分往内地及新加坡、夏威夷、美洲、日本沿岸,运动华商,以结其成。议既决,签名者百余人,而女学生林宗素与焉。伟矣哉斯举!壮矣哉斯行!我国留学生

于是组织第二次之流血案。

虽然，以百余人之义勇队，撄千百万貔貅之可萨克兵，螳臂拒车，微虫撼石，曷不撕[澌]灭？诸君！诸君！试一思之，蓬蓬勃勃之义勇队，非一寻死、就死之队乎？明知万死而乐就之、乐赴之，以表我通国尚武之精神，以煽我同胞尚武之勇气。蓬勃哉！百余人之憨火，卷黑风而倒浪。

虽然，留学日本九百余人，胡列名入队者仅此少数乎？诸君！诸君！试一思之!！等生也，有公生，有私生；等死也，有公死，有私死。义勇队既公死，公死即公生；非义勇队既公生，公生即公死。不有死者，孰铸国魂？不有生者，孰孕国葩？彼为程婴，我为杵臼。烈矣哉！百余人之勇气；重矣哉！百余人之责任。

瓯人留学十八人矣，而挺身不顾，为民从命于死不复还之义勇队者，独一乐清之石宗素铎。诸君！诸君！岂我等之畏死遁死哉！我十七人公任其第二义务，俟开战期决，束装返里，誓与诸君出死力，鼓我瓯人尚武之精神，造就军国民之本领，组织一独立军，以待死期之至。左手搴旗，右手悬首，同就流血之场，与碧眼红髯儿决一撼地震天之大战于数百里瓯江之滨。宁藏尸江心，葬身鱼腹，誓不认作一刻之奴隶，一时之牛马，则我瓯民为支那之史上放一缕之光线，而留一大纪念。

诸君！诸君！不闻印度、波兰灭亡，旅、大、胶、台分割之不可说、不忍说之惨状乎？苟非禽兽，曷能勿哭？曷能勿哭？呜呼！印、波之惨，旅、大、台、胶之惨，人人痛哭，人人声哑；而今万倍印、波，亿倍旅、大、胶、台之惨况，吾悲其痛哭无人，哑声无人！诸君！诸君！勿谓朝廷去而我国家尚存，勿谓东部割而南部尚全，勿谓吾浙分而我瓯尚保，勿谓我瓯亡而我家妻子财产依然无恙，此我支那数万万通种绝命之日也。诸君！诸君！试忍思之，瓜分以后，异族烈喷其歼此朝食之毒念，演出牛马不能忍之辣手，乱锋闪天，山水变色，我财我产，歉餍异族之枵腹，我母我妻，必为异族之淫器。际斯时，立斯境，争则死，忍亦死，洋洋万里，腥血战风，茫茫四顾，跬步死地。吾知黄河、扬江之水，将为吾数万万同胞之藏尸穴，而我最切最亲之数万瓯民，亦将饮瓯江之一勺水！异日披图临风而吊古于河之梁、江之干者，岂尚是我支那之人乎？我述至此，哭无泪，哭无声。

悲哉痛哉！我等何忍述是书！我述是书，一字一泪，一泪一血滴笔管，而沾尽一幅江户川笺。发竦背裂，余哀绕梁。然我等焉敢不忍述是书，与我诸君、我少年、我同胞，公哭之，公奋之！

5月9日（四月十三日）　东京学生军准备召开大会，商议更名问题。

《军国民教育会纪事》：

由本部军队各职员缄招签名诸君，明日大会。

杨天石、王学庄编《拒俄运动》，中国社会科学出版社1979年版，第99页

5月10日（四月十四日）　东京学生军召开大会，决定派遣特派员回国，改学生军为体育会，并推举特派员。

《军国民教育会之成立》：

开临时会于会馆，签名者皆至。汤君槱述开会词。汪君德渊（教育会员，特自上海来）报告上海各事，并云“现在教育会亦编有义勇队，爱国学社学生百余人皆入军队，志在主战。故今无论俄事如何，军队暂不可解散。务望同志竭力维持”云云。胡君文澜云：“我有简单的数

语，所谓目的已达者，当在中国独立以后，非至彼时，万不能说目的已达，万不能将军队解散。”当时，汤君槱、叶君澜、胡君克猷、谢君晓石等，往复辩论，其辞甚多，略之。

既提议各事：（一）速遣特派员；（二）改学生军名目；（三）共事诸人皆入体育会。众皆赞成。乃投票选举特派员。当选者为钮君永建、汤君槱。众咸质问特派员之方针、手段如何。钮君曰：“方针则请北洋主战，手段则用种种方法，凡可达我目的者，皆竭力为之。”汤君又曰：“全体诸君之目的如何，则特派员之目的亦当如何。”既复提议特派员之权限。当推举代表者数人，议立简章数条。乃推举叶君澜、秦君毓鎏等八人，拟特派员权限草章。（议至此，众少息。）草既成，众皆许可。复议学生军名目既改，则已定之规则亦须修改。乃属特派员推举数人公议章程。钮君推蓝君天蔚、秦君毓鎏，汤君推举谢君晓石、张君肇桐，众皆赞成。相约于明日更开大会于锦辉馆集议，遂闭会。

《江苏》第 2 期

《军国民教育会纪事》：

（是日）开会会馆，签名者咸至。汤君槱述开会词，汪君德渊报告上海教育会亦编立义勇队，爱国学社学生百余人，皆愿赴敌。胡君景伊、谢君晓石因激励众人曰，上海得吾辈一电，奋发猋起，乃至于此。吾辈军队设立，几及十日，出发既无定期，特派员不行，运动员未遣，更经旬日，云散烟消，其何以对天下志士？俄国凶焰，虽日稍戢，阴谋诡计，究竟若何？袁军有无斗志？政府是否拒绝？皆吾同志今日所当诇探者。特派员之行，万无容缓。叶君澜提议改学生军名目，及组织军事讲习会，众咸赞成。选举特派员，当选者：

钮君永建（八十一票）

汤君槱（七十二票）

同时举叶君澜、秦君毓鎏、张君肇桐、董君鸿袆、林君长民、王君璟芳、周君宏业、谢君晓石与特派员定北行公约七章：

一、特派员出发，以本周为限。

二、专注北洋大臣袁，要求主战，允许学生军出发。

三、袁允，合目的，电告本会。

四、袁不允，往北京运动政府；政府不允，则电告本会。

五、持定此宗旨，有全权运动北洋以外事。如与宗旨不合，电告本会，再图。

六、倘或袁、政府竟不能直见，电告本会。

七、俄事消灭，则回东京。

复由特派员推举蓝君天蔚、秦君毓鎏、谢君晓石、张君肇桐为改订章程起草员，众赞成，乃更约于明日大会锦辉馆议之。

杨天石、王学庄编《拒俄运动》，中国社会科学出版社 1979 年版，第 100 ~ 101 页

5 月 11 日（四月十五日）　因拒俄义勇队被迫解散，钮永建、秦毓鎏等发起成立军国民教育会，宗旨为“革命排满”。同月，上海的拒俄义勇队亦更名为军国民教育会。

《军国民教育会纪事》：

十五日，会于锦辉馆，改学生军为军国民教育会，议定章程及临时公约，推谢君晓石为议长，董君鸿袆、蒯君寿枢、贝君均为纠议员。

军国民教育会公约（另见）

右议案既通过，乃投票公举事务员及执法员，姓氏如下：

叶君澜(书记)

林君长民(书记)

蔡君文森(书记)

陈君福颐(会计)

张君肇桐(会计)

蹇君念益(会计)本举黄君轸,因自认运动员,乃举蹇君自代

王君璟芳(经理)

周君宏业(经理)

王君嘉榘(经理)

谢君晓石(经理)

秦君毓鎏(执法)

蒯君寿枢(执法)

董君鸿祎(执法)

运动员姓氏如下:

程君家柽 (运动南洋各岛)

张君嵩云(横滨、神户、大坂[阪]、长崎)

费君善机(西浙一带)

丁君嘉墀(浙江)

俞君大纯(南京一带)

黄君轸(湖南及湖北、南京)

杨君毓麐(江南)

陈君天华(湖南)

以上自认,自费

黄君铎(长江一带)

余君德元(湖北)

朱君祖愉(美洲)

以上推举,自费

黄君润贵(横滨、神户、大坂、长崎)

以上推举,公费

上海机关托教育会为之,由蒯君寿枢交接。

议毕,皆呼军国民教育会万岁。是夕,职员集议会馆,分任事务,公举叶君澜为职员长。

杨天石、王学庄编《拒俄运动》,中国社会科学出版社1979年版,第106~107页

1903年5月25日《苏报》载《东京军国民教育会之成就》:

中国留学生在日本东京者因俄人图占我东三省,各省同时开同乡会,结成义勇队,嗣复改为军国民教育会,编名者一百二十人,另设本部事务所,兹由友人录寄会中公约及临时约,以次录列于后:

军国民教育会公约

第一章 定名 本会名军国民教育会。

第二章 宗旨 养成尚武精神,实行爱国主义。

第三章 会员

一、会员以留学生中同志者组织之。

二、名誉赞成员以援助(或为本会尽力,或助本会经费)本会之官绅组织之。

第四章　职员及选举法

本会职员分平时、临时二种:

一、平时职员如左:

甲、教员　无定员。

乙、事务员　经理员四人,书记员三人,会计员三人,运动员无定数。

丙、执法员四人。

丁、职员长一人。

二、临时职员如左:

甲、特派员　无定员,临时酌定。

乙、教员　临时教员亦无定数,惟得变通其名称,如队长、区队长之属。

丙、事务员　种类如平时,惟得随事之大小酌量添举。

丁、执法员　临时酌定其员数。

教员不限会员,由会中公请。

特派员由众投票,于会员中公举。

事务员及执法员皆由众公举,惟运动员用推举、公认、自认三法。职员任期以半年为率,连举连任。

第五章　会员之责任

一、会员当确守本会宗旨,扩张本会事业,负保全国土、扶植国权之责。

二、会员遇国事危急之时,有遵依宗旨担任军务之责。

三、会员有互相教学、互相规劝之责。

四、会员有调查内地军情及联络他种同志团体之责。

第六章　会员之权利

一、会员皆有议事、决事、选人、被举之权。

二、会员皆有查究会务及质问职员之权。

三、会员皆有受会中保护援助之权。

第七章　入会、请假、除名

一、有志入会者须由会员介绍,开会时经众公认,方得入会。

二、会员如有不得已之事故,可申明理由,向书记请假。

三、会员有犯本会公约者,可由执法员提议除名,由众公决。

第八章　课程

另有表。

第九章　经费

一、义务捐:会员月输义务捐　角。

二、特别捐:会员于月捐外有加捐,或海内外绅商有乐为提倡捐助者,统作为特别捐。义务捐于每月终由本人交会计处。

募集特别捐为会计及运动员之专责,惟会员亦各有劝集之义务。

第十章　会议

一、会期:本会会期分二种:

甲、经常会期：会员大会每月一次，职员会半月一次。

乙、临时会期：遇有要事，得开临时大会或临时职员会。

二、会规：

甲、会期由书记先时函告，或由通信员函告。（事急时添举书记，专司报告，即名通信员。）

乙、开会时应公推议长一人，如议事时赞成、反对者其数适均，议长得决定之。又辩论时妄用意气、节外生枝者，议长得劝止之。

丙、开会时设纠仪员三人，即以执法员当之。

丁、举人、决事均参用投票、举手之法，少数必服从多数，既决，不得争执。

戊、开会、闭会均有定时，不得后时而到，先时自散，违者议长及纠仪员均有诘问及阻止之责。

己、在会场时不得任意谈笑，不得作种种轻薄之态。

庚、开会时书记有记言记事之责。

第十一章　附则

一、本公约以会员公决后为实行之期。

二、本会各约章以半年为改订之期，但遇有要事，随时公议修改，或另订临时公约。

三、本会事务所暂设日本东京神田区骏河台铃木町十八番地清国留学生会馆内。

《军国民教育会纪事》：

附：本章第九章经费改正之部

第九章　经费

一、义务捐：会员月输义务捐四角。

改正：会员义务捐内分会费与射击费。射击费二角，于每月例会时交纳。会费每月二角，每年作两季分交。交满五年后不再收会费。愿总交者，一次交十元以上，不再收费。

二、特别捐：会员于月捐外有加捐，或海内外绅商有乐为提倡捐助者，统作为特别捐。

改正：会员及会外绅商有提倡捐助本会特别捐者，即由本会赠呈特别徽章。

特别徽章计分三等：

捐款十元以上者赠送三等徽章；

捐款百元以上者赠送二等徽章；

捐款五百元以上者赠送头等徽章。

杨天石、王学庄编《拒俄运动》，中国社会科学出版社 1979 年版，第 120 页

1903 年 5 月 25 日《苏报》载《（军国民教育会）临时公约》：

一、此公约之目的在拒俄。

二、本会会员当服从公约，犯者由执法员提议，公议处罚。

三、本会会员当振作精神，力尽义务，依所定时刻（如会员操演及职员治事时刻等）到会，违者由执法员提议，公议处罚。

四、本会会员当互相亲爱，见同人有过失，可随时当面规劝，不得漠视，亦不得腹诽、背后讥诮。

五、本会会员遇有患难，当竭力互相保护，不得坐视不救。

六、本会会员当有事时，不得无故喧扰，宜有整齐严肃之气象。

七、本会会员遇危急时，不得意存退避，故意巧言阻挠，致惑人心；犯者公议处罚。

八、本会会员当坚守宗旨,勿为他人淆乱本意。

九、未出发之前,当时时警戒严肃,不可以时优势延,意存怠忽。

十、有出发之期,当一致勇于前进,不得意存畏葸,贻误大局。

十一、自此约公认后,执法员依此执行,当严行查究,不得忽视。

《军国民教育会会员名单》:

钮永建 汤 槱 程家柽 费善机 丁嘉墀 张崧云 黄润贵 黄 轸 俞大纯
陈天华 廖世勷 杨毓麐 黄 铎 佘德元 朱祖愉 叶 澜 林长民 蔡文森
周宏业 王璟芳 谢晓石 王嘉榘 陈福颐 张肇桐 蹇念益 董鸿祎 蒯寿枢
秦毓鎏 贝 均 方声洞 高 种 董 猛 华 鸿 张允斌 陈去病 任 责
黄立猷 徐家瑞 徐秀钧 沈成均 何世准 刘文福 周庆冕 吴 雄 陈茹昌
朱少穆 李天锡 刘成禺 唐寿棋 胡镇超 卢藉刚 刘志芳 冯启庄 伍嘉杰
陈芙昌 张修爵 濮 祁 方舜阶 刘 蕃 李盛衔 周兆熊 陈云五 李 儁
林先民 平士衡 王嵩基 朱孔文 倪永龄 彭树滋 夏 斌 陆规亮 陆龙翔
杨汝梅 杨廷垣 欧阳启勋 王镇南 张 浡 张魁先 尹援一 王明芳 胡铮
杨毓苹 何厚倜 黄瑞兰 张兆熊 龚国元 陈荣镜 韩永康 李书城 许寿裳
宜 桂 钟 音 陈 介 严智崇 张书诏 张殿玺 张景光 诸 翔 李炳章
蔡世俊 胡浚济 黄实存 韦仲良 邓官霖 欧阳干 陈与年 甘启元 潘国寿
杨言倡 李寿康 刘景沂 秦文铎 冯廷美 胡克猷 萨 端 赵世瑄 王学文
王永炘 涂 永 乔世臣 郑宪成 施传盛 林 獬 王章祜 张小冲 陈之骥
李宣威 刘景熊 顾次英 屈德泽 林楷青 鲍应镤 戴 赞 戴 麒 邢之襄
陈定保 张 灵 李士熙 石 铎 袁华植 沈 刚 吴钦廉 刘景烈 叶基勤
刘钟和 方声涛 杨明翼 许嘉树 林肇民 叶基桢 王学来 王兆柟 卢启泰
濮元龙 王鸣皋 经家龄 曾天宇 江尔鹗 钟 杰 贝镛礼 林蔚章 萨君陆
吴治恭 夏清馥 王孝缜 尚 毅 高兆奎 陈秉忠 罗元熙 苏子谷 辛 汉
长 福 额勒精阿 梁孟刚 周维帧 黎勇锡 胡景伊 周道刚 朱廷禄 王孝绚
廖 蕃 许 翔 吴传绂 徐孝刚 方声煊 洪 范 李锡青 区金钧 桂少伟
卢牟泰

以下女学生:林宗素 王 莲 曹汝锦 陈懋勰 华 桂 胡 彬 龚圆常
方君笄 钮勤华 吴 芙 周佩珍 钱丰保

杨天石、王学庄编《拒俄运动》,中国社会科学出版社1979年版,第127~128页

《军国民教育会捐款清单》:

截至现在止,已题捐者均列入,以后续集续登。

直说编辑社 捐二百圆

新民丛报社 朱祖愉 陈定保

以上各捐一百圆

李寿康 捐三十圆

蹇念益 黎 渊 黎 迈 刘子明 蹇先聪 毛邦伟 王志恕 李萼芬 陈治恭
刘昌明 李倍元 李燮元 邵光年 钱良骏 由宗龙 吴锡忠

以上共捐三十圆

马卷钟 吴钦廉 冯心支

以上各捐二十圓

许　翔　孙翼中　魏声和　汤爱理　杨昌济　邓官霖　尹援一　刘颂虞　邓孝可
刘成禺　钟　铣　王干臣

以上各捐十圓

梁耀汉　捐六圓

俞大纯　刘毓槃　潘无觉　费善机　王儁基　甘启元　欧阳干　徐家瑞　阮明新
阮福田　胡浚济　汪　梁　施德南　牛　曜　汪　希　季新益　任　责　刘维焘
饶景华　王国梁　廖仲恺　伍嘉杰　黄润贵　黎勇锡　陈芙昌　金曾澄　黄圣清
叶基勤　叶基桢　沈艺舫

以上各捐五圓

张　玮　邹永誉　以上各捐四圓

倪寿龄　叶于兰　欧阳启勋　杨霆垣　黄瑞兰　鲍应铼　何香凝　韦仲良　邓弁华
梁焕彝　胡成章　邹致铨　周庆冕

以上各捐三圓

唐玉书　唐寿棋

以上各捐二圓五角

方时简　杨　昆　林长民　林先民　高凤谦　萨　端　苏子谷　孙　培　方家耀
陆世芬　李瑞萱　汪与准　汪以钟　董绍棋　任克成　夏爽夫　高尔翰　张邦华
许寿裳　陈去病　顾次英　朱祖怡　朱祖恂　伍崇学　蒋凤梧　徐家瑞　吴钦廉
陈天华　严智崇　陈志梁　冯挺之　黄实存　萧宝镛　甘炽先　梁慈灏　刘学诚
陈茹昌　王体端　林汝魁　陈同纪　欧阳干　胡镇超　朱少穆　冯启庄　邓瑞槃
谭学徐　谭学夔　李天锡　萧思鹤　杨言倡　沈仪琳　沈仪镕　徐土修　陶思曾
曾继梧　成风韶　石陶钧　吴家驹　周家纯　钱方度　曹腾芳　邓致权　曹汝霖
刘鸿逵　春　梁　赵建熙　张　梧　辛　汉　江华本　易恩侯　屈德泽　汪步扬
黄联元　黄恺元　黄宗曾　黄恭辅　陈应龙　张孝移　关乾甫

以上各捐二圓

钱稻孙　捐一圓五角

陈云五　王荣树　祝长庆　胡　铮　张鸿藻　权　量　陈庆飏　李　儁　张魁先
周兆熊　王璟芳　张　彬　卢启泰　黄立猷　刘　蕃　王保恒　邓贤才　方景勋
戚运机　王镇南　徐天叙　何万福　张义新　李书城　周维桢　杨金榜　周　霖
陈福颐　秦存仁　王履康　陈秉忠　叶秉甲　张　烺　蓝天蔚　龚光明　万云松
胡景伊　曾天宇　刘文福　范鸿泰　韦德周　何鸿翼　涂　永　张天培　杨占春
毛席丰　刘景烈　刘景熊　施时本　霍颖西　冯廷美　方声洞　方声涛　林蔚章
林志钧　王兆枬　方君笄　高　种　方声煊　陈与年　林楷青　林　棨　刘崇杰
刘崇伦　王永炘　江尔鹗　李景圻　梁训勤　张肇桐　秦毓鎏　秦文铎　徐秀钧
张肇熊　何厚倜　杨汝梅　嵇　镜　汪镐基　陈　蔚　林调元　陈鸿球　王儁基
苏耕春　丁拜尧　屠篆丹　陈公猛　陈公侠　潘国寿　张　嘈　高　平　经亨颐
经亨淦　经亨权　经亨杰　陶成章　程于青　赵伯冲　陈其善　濮元龙　黄　德
黄曾延　黄曾铭　林大闾　许　鞭　王凯成　孙　任　林文潜　林大同　周承德
张竞仁　沈玉桢　袁　翼　施　霖　杨毓苹　陈之骥　陆梦熊　朱庭禄　屠　宽

屠彦琦　卜纶章　嵇岑孙　顾　琅　陆家鼐　经家龄　吴志恭　陈懋修　夏　斌
廖世勷　许家澍　胡克猷　蔡文森　范绍洛　金庆章　吴　超　杨士照　周培孙
沈成钧　顾树屏　王建善　汪德林　贝镛礼　袁希洛　孙　铭　吴　晋　王光照
张景光　华　鸿　彭树滋　杨　照　顾　琪　罗元熙　张修爵　顾沛然　丁　衡
贝　均　于　瓒　黄　铎　高兆奎　汪荣宝　汪　果　濮　祁　张毓灵　冯贡世
刘希明　苏子谷　钟卓京　周家彦　刘邦瀚　黄世芳　陈荣镜　沈明道　马毓福
纪　鸿　余德元　解鸿顺　陈文哲　向同超　蒯寿枢　龚圆常　陈尔锡　朱德裳
陈家瓒　杨子玉　梁焕钧　廖名瑨　王阁宪　仇式匡　舒和钧　张伯良　樊时中
杨　政　廖楚璜　朱树藩　周召期　王季绪

以上各捐一圆

曾继焘　戴哲文　周元承　杨毓麐

以上共捐二圆一角

钟体乾　任　铎　吴永锟　刘　镜　王明芳　杨克刚　吴永珊　胡光普　胡光旭
丁文江　黄　松　程理权　陈　瑄　马正乾　姚永元　洪　范　王琨芳　王　莲
翁　浩　林　獬　林肇民　刘崇绳　萨君陆　郑宪成　林宗素　施传盛　程树德
蔡世俊　王孝缜　沈　纲　王孝细　陈灿华　李宣威　王学来　王学文　夏清馥
谢晓石　韩永康　钟　杰　钱家沅　叶　澜　董鸿祎　王鸿年　游寿宸　黄　瓒
张正邦　朱慈夫　张云甫　王为诚　寿拜康　祝　谦　吴壁华　董瑞熙　严恩榜
严思棫　顾　倬　黄以仁　侯鸿鉴　秦毓钧　陆规亮　陆龙翔　李伯雄　苏　谦
汪郁年　程宗泗　厉家福　韩清泉　钱家治　袁华植　秦岱源　卢藉刚　周承菼
李炳章　彭世俊　张振曦　吴家骏　吴友炎　吴友松　戴修礼　周大备　胡荣迈
李　傥　罗宜照　张藻六　许崇周　谭献侯　黄本铣　黄本璞　张学济　黄笃鉴
贺家焜　李云龙　陈璩章　刘棣茂　诸　翔　成　蓁

以上各捐五角

军国民教育会捐款　续收之部

何子霄　林　森　敬修家塾　叶庆余堂

以上各捐一百圆

约翰书院备馆生　捐八十圆又一百角

钱观察　广万泰　以上各捐五十圆

汤拙存　华学涑　陈平斋

以上各捐十圆

朱谔臣　捐六圆

汤铭三　罗昌　林慧儒　周寄梅

以上各捐三圆

张问停　杨　冰　方时翮　金家爵　石德纯　洪　杰　齐国璜　程尧章　孙方尚
金邦平　洪　熔　戴　麒　戴　赞　刘遹弼　程家柽　以上各捐二圆
方　枢　方彦恂　罗会坦　徐惠仍　张家甫　尤惜阴　严侣琴　范麟公　吴聿怀

以上各捐一圆

杨天石、王学庄编《拒俄运动》，中国社会科学出版社1979年版，第129~133页

秦毓鎏《发起军国民教育会意见书》:

论题:不可不表明宗旨。

哀哉义勇队,自成立至今,降心下气,仰人鼻息而不辞,受人唾骂而不惜,果何为也哉?为吾民族图独立欤?抑为彼满族保私产欤?此不辩而明。凡吾同胞当无不曰:满洲杀我祖宗,夺我财产,已二百余年,今且迫我同胞,割我土地,遗之外人,致吾有灭种之惨。满洲吾之世仇也,吾覆之亡之且不暇,乌乎言为彼保产也。

然则拒俄胡为欤?曰俄据东三省,各国必与之争,争必出于战,无论孰胜孰败,吾之土地终非吾有矣。东三省亡,不足忧,东三省亡,而吾之土地皆随东三省而俱亡矣。一俄不足忧,各国皆随俄而瓜分我矣。呜呼!吾族亡于野蛮满洲,犹有独立之希望,若亡于文明各强国,真为万劫不复之奴隶地矣。与其坐以待毙,不如奋斗而死,此吾军国民教育会之所以起,凡吾同人当无不知也。

然则运动满洲政府又胡为哉?曰组织学生军必求出发,欲求出发,必先除阻力,满洲政府在今日犹是为吾之阻力也明甚。苟使吾军能至北方,则凡合吾宗旨之举动无不可为,有此机缘,不可坐失,此所以不得不用手段,而希达我目的于万一也。上海志士之讥我毁我,岂为知我者哉。

故第一次开大会商议组织学生军,叶澜等即表明宗旨,演说之末,大声问曰:"吾辈此举为国民乎?为满洲乎?"钮君永建曰:"为国民。"叶澜曰:"是矣。"遂退。诸君皆鼓掌。吾会宗旨固已表明,人人心中无不了然,徽章制黄帝之像,宗旨所在,不言而喻。特欲达目的,不可不用手段,故先时章程中措词含浑,未将民族二字大书特书以揭明宗旨者,职是之故。

然宗旨不明,其害不可胜言,吾会成立后,国中响应者甚多,故吾会之举动大为国人所注意,若误以手段为宗旨,互相仿效,势将率吾四百兆同胞为效力异族之奴隶,此大有害于中国前途者也。且欲举大事,必立一正大之名,使会外同志闻风兴起,为我辅助。使会内同人心目所注,并攻一途,而后事克有济。今吾会以宗旨不明之故,致贻人以口实,在清廷早洞见吾肺肝,于国民反助长其奴性,必至两无所得,而本会之基础,终无以自固,本会之发达,亦终无可望。借令发达矣,此会之于中国前途果有何影响也?

因是之故,某等拟于今日开会,定本会之宗旨,曰:"养成尚武精神,实行民族主义。"宗旨既定之后,皆当坚守此旨,以维持本会于无穷,鼓吹此旨以唤醒国人之迷梦。祖父世仇则报复之,文明大敌则抗拒之,事成为独立之国民,不成则为独立之雄鬼。凡吾同志,谅有同心!

或者曰:宗旨表明,则满洲政府必多方摧残,懦弱国民必从此退沮,不如养晦以待时机。此訾言也。吾辈之举动,无论如何顺从,吾会之宗旨,无论如何腐败,彼终不信也;思所以防我贼我者,固未尝一日间也。吾国民奴隶根性深,习惯于满洲政府压制之下,忘其杀父之仇,将遭灭种之惨,吾辈日夜唤醒之,犹恐不及,今复设一奴隶之模型悬于国民之前,吾恐满洲政府不受吾欺,而吾四百兆同胞已远至绝地,无复生机矣。故或者之言,不足欺人,适足以自欺耳。

然则宗旨之不可不表明也,既如此,而某等之所以默而不言者,徒以特派员未回,此旨畅明,恐遭不测。今则事异曩昔,较量利害,计之已熟,用敢布其愚见,以俟公决。谨述刍议,伏希钧鉴。

军国民教育会会员秦毓鎏、萨端、周宏业、贝镛礼、叶澜、张肇桐、华鸿、陈秉忠、董鸿祎、翁浩、陈定保、胡景伊、程家柽、王家驹、郑宪成提议。

冯自由著《革命逸史》初集,中华书局1981年版,第109~112页

△ 本日,谢健于《苏报》发表《四川诸君公鉴》文,呼吁四川同乡积极参与救亡运动。

1903年5月11日《苏报》载谢健《四川诸君公鉴》:

荣昌谢健敬告我四川寓沪诸君,今日之事迫矣!法人干预我广西乱事,俄人据我东三省悍不交还,累卵之形已见,瓜分之祸即来。海上爱国之士特开议会于张园,初会议拒法事,再会议拒俄事,三会则议联合中国国民总会,设义勇队以拒外侮为目的。三次到者均不下数百人,中以广东、江苏为最多,而我蜀则一二人而已。联合国民会时,各省分簿签名。鄙人签名之时,不禁陨涕,盖我四川簿中,除健而外,仅巴县邹君一人而已。乌乎!我蜀人其尚鼾睡未醒乎?以我四川疆域之大,出产之多,其地足称也,哥老诸会革命先声,登高一呼,应者云集,其民气足称也,沪上商务,指不胜屈,故以川土一项而论,已逾巨万,如此之地,如此之民,如此之财,而于三次议会中无人与会,无人捐财,岂芸芸谋其身家,而于切肤之痛反不暇注意乎?呜呼!愚哉!诸君,试思我蜀被张献忠之乱时,其财产性命完全者几何人?被石达开、燕大顺之乱时,其身家性命完全者几何人?同种之蹂躏已如是,外族之蹂躏当如何邪?诸君,诸君,何以处此?

诸君,其以为此会不足与邪?中国魂之失而复得,在此一举,慎勿小视之也,其以为此士人事,非商人之事邪?同为中国国民,同有国民责任,谁不当担荷此任也?其以为数百人不能成事邪?人人各奋其志,则四百兆皆合为一体,此不过起点邪。其恐政府压制,因而得祸邪?革命自主各国,均有为民流血,千古不死,又何惧也?其恐出捐需款,畏而不来邪?外人入主,身且不保,早倾产以保国,犹有几希之望,否则徒滋他族耳。以上种种,皆无可虑,既诸事之不惧,则何为而不?

吾敢大声疾呼以告我蜀人曰:二十世纪,中国过渡之时代也。国民总会,中国自强之起点也。成则存,否则亡。死生争,阴阳荡,覆巢之下无完卵,亡国之民无孑遗。诸君念之!鸡既鸣矣,天将曙矣,我蜀人其将醒矣!

我蜀人其既醒邪,即可补行签名,富者出资,贫者效死,合力以赴之,舍生命以争之,使后世历史载之曰:中国之强,由于蜀人之财,蜀人之力,岂不盛哉?岂不快哉?苟其鼾睡不醒,执迷罔觉,或固守其锱铢,或荡心于花月。大祸既至,张皇无措,生作异种之奴,死无埋骨之所,然后悔当时之计左也,岂不晚哉?呜呼!岂不晚哉!

5月12日(四月十六日) 梁启超抵达纽约,维新会举行欢迎会。

梁启超《新大陆游记》:

四月十六日 由满地可抵纽约,以午后九点钟至。维新会同人迎于车站者数百,华人市皆罢工,观者如堵。余直至华人戏院,演说片刻,表谢意。座中西人亦多,并以英语谢其欢迎。

居纽约凡两月余,其间由纽约而适波士顿,而适华盛顿,而适哈佛,而适费尔特费,而皆复返于纽约。实居纽约者不过一月,其间接见邦人,接见报馆访事,演说,赴宴,费时日十之八九,殆无余晷以及游览调查之事。

梁启超《新大陆游记》,《新民丛报临时增刊》1904年版,第23页

5月13日(四月十七日) 东京留学生为特派员钮永建、汤槱开送行会。

《最近支那革命运动》(1903年10月29日):

十七日,江苏、浙江同乡会,各开送别会,送钮、汤二君。午后(军国民教育会会员)咸集会馆,全体公送特派员,(叶君澜)致送别词曰:

吾中国大国民大豪杰军国民教育会特派员钮永建、汤槱鉴此：

呜呼！二君之行，为吾国四万万同胞表忠愤，树义声，不独为吾百余人。吾百余人之送二君，亦送吾国四万万人代表爱国敢死脑沙尸革之豪杰，亦不敢独为吾二君。

俄为虎狼，剥我国权，戕我民族。庚子以后，东北居民，杀戮俎醢于可萨克之悍将骄兵者，何啻十万。岂独强俄，若英、若德、若法、若美、【若】日、若意大利等，其于我黄人，何爱何择，禽狝草薙，惟所欲为。东三省苟失，则山东、闽、粤、滇、蜀、扬子江久为各国范围地，有不宰割立尽者乎？今日中国之存亡，在乎满洲之存亡；满洲之存亡，在乎吾国人争与不争而已。西伯利亚铁道未成，英、美、日邦交方睦，乘时势急与力争，俄人亦必未遽敢逞志。且即出于战，战而不免于亡，亦孰愈坐而待毙？故二君之行，实为吾全国国民之先声，吾知二君之必有以表之，且必有以胜之也。

虽然，吾留学生愤世嫉俗，动作不平，彼悠悠之口，忌我怨我者，不知其如何议论，如何中伤？二君之行，其或不获致死于敌人，转冤于其所忠者。吾亦甚愿吾言之不中矣。肩重任，蹈万死，我知二君必无怵也。

二君行，我百余人之巩固策励，如临二君也。同志自涣，负二君，负四万万人也；训练不勤，负二君，负四万万人也；百数十人，日二十四时，有一时忘国、忘耻、忘危、忘死者，负二君，负四万万人也。敢送二君，敢告同志。

杨天石、王学庄编《拒俄运动》，中国社会科学出版社 1979 年版，第 107 ~ 109 页

《军国民教育会纪事》：

次王君璟芳、张君肇桐、蒯君寿枢、蹇君念益、陈君福颐咸致词为别。汤君槱答辞曰："槱以藐然之身，得蒙诸君举此重任相委托，敢为中国数千年历史未有之趆材捍壮国民之代表。槱与钮君虽肝脑涂地，无论其死于锋镝，与死于斧钺，皆属深幸。况以槱料之，方今外患之亟，与吾学生效国之忱，人所共鉴。彼袁军亦断非愦愦者，致果有日，钮君与槱即死，亦必从诸君子之后，为疆场之鬼，无所旋踵。至若子胥鸱夷，晁错东市，此必无之事，不烦过计。昨日乃有某君致书本会，鳃鳃然虑患测祸，言之覼缕，其所以为吾二人计者，固极周挚，然无乃为姑息之爱。钮君与槱敢受人姑息者乎？望诸君勿为所动，巩固策励。叶君之言，槱愿与诸君共勉之。"

钮君永建曰："汤君之言，足表永建肝肠，永建可以无言。顾有前途希望之事，不敢不为诸君告者。吾中国向无尚武精神，蓄缩畏事，浸为性尚，自此辈人眼中视之，吾今日所为事皆足惊怪。学生军之立，其初有非笑吾辈者，益以日本政府之干涉，势亦颇殆。惟我同志有此团结力，有此爱国心，乃克排议任谤，成此绝大光彩之团体。上海教育会受此影响，亦有所成立；京师学堂复有来电，内地各处咸起响应。可见吾国人爱国之心，排外之力，敢死之气，非绝无根性，断断不沦为奴隶。从此益加奋迅，益加扩充，大有全国皆兵之望，在诸君力为之而已。天下事欲有所希望，有不为其难，不任人非笑，而能成者乎？愿诸君忍之贞之也。"

是日，既散会，得留学生总监督汪公来缄，转致管学大臣张尚书电，录如下：

"请转告学生，庚电悉。俄约政府方坚拒，诸生宜壹意科学，报国之日方长，断不可轻于一试。百熙铣。"

杨天石、王学庄编《拒俄运动》，中国社会科学出版社 1979 年版，第 109 ~ 110 页

5 月 14 日（四月十八日） 留学生特派员出发。

《军国民教育会纪事》：

十八日(5月14日),特派员钮君永建、汤君櫆出发。

杨天石、王学庄编《拒俄运动》,中国社会科学出版社1979年版,第110页

△ 本日,云南周云祥发动会党起义,旋占领临安。

冯自由《癸卯周云祥临安之役》:

保滇会与周云祥

云南五金诸矿,遍地皆是,西通缅甸,邻于英,南接越南,逼于法。自清政府与法立约,许不将云南让与他人,于是滇省遂为法兰西之势力范围,滇人之有志者耻之,恨清政府以土地许人,因而有逐满自立,以保土地主权之志,一切预备已有年矣。自保滇会设立后,讲求实学,士气日昌,自立党首领周云祥,年二十有四,深通韬略,尤讲求体育,身躯雄伟,膂力过人。其先世以矿业起家,基业既富,云祥复善于经业,豪侠好义,有志之士多归之。其所营锡矿,平时多购军械,设义勇,以为捍卫,云祥阴蓄大志,久思利用之,故防卫颇称巩固。

清吏之激变

蒙自县令孙某者,贪残之民贼也,前曾掳富商杨士元,勒赎不遂,杀之。继又欲逮捕周云祥,以填其欲壑。癸卯(清光绪二十九年)四月十八日,会同防营督带麦四率队三百余人赴锡厂,以缴军械为名,思得云祥而甘心,讵云祥预得消息,设伏以待,孙麦甫到,义勇四起,轰毙清兵二百余名,哨弁二名,麦四为飞弹所中,受伤甚重,云祥获其快枪百余杆。孙见势不佳,急命军士焚烧良民庐舍,乘势鼠窜回县,闭城坚守,旋电请蛮耗续备左翼军黄凤图移兵赴援,复被义勇中途邀击,毙清兵数十名。孙羞怒,乃电建水县羁押周云祥之母以泄愤。

临安之占领

云祥矢念复仇,更号召志士,共图大举。本拟先取蒙自,以其地多外人居留,恐伤之,乃率所部义勇,用声东击西之法,名攻蒙自,暗袭临安,陷之,知府党蒙仓皇失措,自戕以徇。该府为著名白铜矿地,党军与矿工联络一气,即以矿山为大营,以矿产为饷源,云祥令其戚黄显忠袭石屏州,清吏无备,垂手而得,即分兵攻取阿迷州、宁州各城,皆下之。党军乃向东进直达广西边境,所过秋毫无犯,四民乐业,商旅不惊,以故有某清军开队往攻,沿路良民数万为之呼冤,清军竟不得行。时滇督丁振铎有电请清廷,谓临安府最占地利,曩日苗匪马如伦率众二十万人围攻,犹未被陷,今竟为土匪渠魁周云祥率众攻陷,其势之猖獗,从可推知等语。然义军究因势力薄弱,又孤立无援,以致终败于清军,城池次第收复,云祥遂匿迹乡城,韬晦以终。

冯自由著《中华民国开国前革命史》上,中国文化服务社1946年版,第130~131页

5月15日(四月十九日)　中国教育会将章程修改草案发表于《苏报》,征求意见。

1903年5月15、16日《苏报》载《中国教育会第一次修改章程草稿》:

启者,本会章程已于三月二十九日徐园大会时,提议修改,因时间不继,未经逐款详议。兹定于本月二十八日于张园安垲第开月会时重行决议,今先将评议会拟改之章程登报,请本会会员按报中所登,逐款详察。如有意见,应行提改者,即请开明于二十七日午前十二点钟以前函送本会事务所,以便至期在安垲第公同决议,□启。

中国教育会第一年改良章程

第一章　总则

第一条　本会以教育中国国民,高其人格,以为恢复国权之基础为目的。

第二条　本会置本部于上海，设支部于各区要之地。

第三条　本会因第一条之目的，而分设各部如左：一学校教育部，二社会教育部。

第四条　学校教育部主输灌学理，开发智识。凡设立学堂，编辑教科书等事，隶之。

第五条　社会教育部主提倡政论，改良风俗。凡书报演说等事，隶之。

第六条　本会因推广志愿，又预设一实业部，如于中国区要之地，量地方之情状，以兴起财源，开设工厂、公司、出版印刷所之类，于经费充裕时行之。

第七条　关于本会各部之事业及执行之方法，别设细则以规定之。

第二章　会员

第八条　欲为本会会员者，须有会员介绍，送志愿书于本会，给以证书，始为入会之证。

第九条　会员如有宗旨不合，自愿出会者，可送意见书（陈明其所以出会之意见一于评议会，即为出会之证）

第十条　会员如有不守会章，或放弃责任，或毁损全会名誉之事，曾经监察员规劝而不从者，即于评议会提出决议除名。

第三章　赞成及名誉会员

第十一条　有热心赞成本会，不能委身于本会之事业，而捐与金资及物品等或于相宜之处以间接直接协助本会之事业者，为赞成员。

第十二条　本会延请有学问名誉之人为名誉会员。

第四章　事务员

第十三条　本会所置事务员如左：一　会长一员，一　评议员十一员，一　检查二员，一　监察二员，一　会计二员，一　书记二员，一　内庶务一员，一　外庶务一员。

第十四条　于投票选举事务员之后，设次补员数员。

第十五条　事务员办理事务及其执行之方法，另行设定细则。

第十六条　会长为评议会议员之议长，以议决之结果指挥事务员及会员从事于本会各种之事业。

第十七条　由评议会中公推副会长一人，以备会长或有事故不在会时，临时摄会长之职。

第十八条　会长、检查、监察、评议等员，由全体会员公举，其会计、书记、庶务等员由评议会于全体会员中选推。

第十九条　本会事务员每一年改举一次，有连举者均可连任。

第二十条　事务员或有事，在本埠或会中事务增冗，可由评议员察议情形，另选充补。

第二十一条　评议会可由全体会员中公推特别干事员，以运动各支部。

第二十二条　每年一次由书记作报告书，会计作支出收入表，以报告于会员。

第五章　会员之责任

第二十三条　会员或办事或筹款，各为其力所能为，各尽其责所当尽，不得互相推诿，置会事于不问。

第二十四条　会员每月纳墨银一圆，以充各项公费，按月交付，有愿多捐者听。

第二十五条　会员皆有遵守会章之责。

第二十六条　会员皆有保全本会体面及名誉之责。

第二十七条　会员皆有推广本会之责。

第六章　会员之权利

第二十八条　会员一律平等,无厚薄高下之别。

第二十九条　会员皆有享受本会利益之权。

第三十条　会员皆有被举为会中职员之权。

第三十一条　会员皆有质问职员之权。

第三十二条　会员当本会一年大会时,皆有提议修改会章之权。

第三十三条　会员于开会时,皆有议决可否之权。

第三十四条　赞成员、名誉员除二十九条、三十一条、三十二条外,皆得与本会会员同享以上之权利。

第七章　事务员办事之则

第三十五条　凡修改章程,由各事务员会议拟稿,拟定后再以开会时公议,由众许可,方可作为定例。

第三十六条　本会干事有远往各处运动者,由本会授以干事印章,以昭慎重。

第三十七条　凡干事所至地方,离本部甚远者,一切事宜统由该地干事便宜办理,惟须将办事情形随时报告,以免隔膜。

第三十八条　会员有不满于事务员办事之处,虽无阻止之权,亦可将其意见表白于众。

第八章　会期

第三十九条　每月开月会一次,每年以春秋定期开大会二次,届期由事务员酌定会期及时刻,由书记预先布告各地会员,在议会之前有重大紧要之事,须由会中全体公议者可开临时会,其期亦由事务员酌定。

第四十条　凡举人决事须在开会时公议,参用投票举手之法,以多数为准,如其数相等,即由会长裁定。

第四十一条　凡提议一事,须有二人赞成,方可开议。

第四十二条　凡议一事,须提出及反驳者,务将其机宜讲明,然后公决可否。

第四十三条　凡举人决事之时,如有新来会员未知详细者,尽可临时说明,不必投票举手。

第十章　开会规则

第四十四条　开会时各会员到者须有三分之二,方可举人决事。

第四十五条　开会时先由干事申说开会缘由,次演说,次议事。

第四十六条　演说议事如有反驳,须俟一人词毕,然后申说,不得任意喧哗。

第四十七条　演说议事时不得互相谈笑扰人听闻。

第四十八条　开会之日,各会员须一律于所布告开会时刻以前齐集会所。

第四十九条　开会时会员不得故意推托不到,或真有要事不能到者,须先日函知书记处,开会时由书记榜示同人。

第五十条　赞成员、名誉员既得依三十三条有与本会会员同享权利之处,于开会时特设客席,并得于演说时表其所见,惟议决之权仍在会员。

第五十一条　届开会时如有欲入本会未知会中规则,先观察而后入会者,须有本会会员介绍乃得入会观听,惟只能就旁听席,不得干预会事。

附则

第五十二条　本会总事务所暂置于上海英大马路泥城桥西福源里二十一号。

5月16日(四月二十日)　军国民教育会分发自治公约草案。

《军国民教育会纪事》:

发军国民教育会会员射击分班表,及自治公约草案,期于次日集议。

杨天石、王学庄编《拒俄运动》,中国社会科学出版社1979年版,第110页

《军国民教育会自治公约》:

第一章　赏罚法

一、赏法分四等:

第一、头等徽章,

第二、二等徽章,

第三、表揭善行(存记),

第四、当众嘉奖(存记)。

上(原文为"右",下同,原编者)四等法皆临时审度善行之大小,处以相当之赏。得三次以上者应加一等赏之,例如得第四等至三次时,即以第三等赏之。惟第一等赏,非得特别重大之善行者不轻用。

二、罚法分四等:

第一、除名,

第二、停止公权(期限临时公议酌定),

第三、当众劝戒(存记),

第四、执法员会同书记员通函诘问。

上罚法执行时准前赏法之例,功过相当可以抵销,惟除名不在此例。

第二章　赏罚之纲目

赏纲目:

一、事功卓著:

(甲)凡会员能巩固本会基础、扩充本会事业者,

(乙)凡会员能极力运动经费者,

(丙)凡会员能特别捐款补助本会者,

(丁)凡会员能独力倡立支会者,

(戊)凡会员为本会当特别之责任者。

二、品行足法:

(甲)力谋公益,足资矜式者,

(乙)按时办事,谨守规则者(每半年行赏一次)。

三、学业优长:

(甲)演说著论,鼓吹本会宗旨者,

(乙)功课成绩,屡列前茅者。

会员有为公捐躯,或毁伤身体者,本会当合众力,行最大优恤,不在赏法之内。

罚纲目:

一、破坏团体:

(甲)中途改变宗旨,有意规避者,

(乙)对外之时,不能一致者,

(丙)信口雌黄,有伤本会名誉者,

(丁)擅自妄为,未经公认之事者,

(戊)违背公定之一切规约者,

(己)造谣及一切欺害、攻讦等情事者,

(庚)意见冲突,不合公理,互相争斗,致伤感情者。

二、放弃责任:

(甲)已负责任,半途翻悔,思避难者,

(乙)作事因循,潦草塞责者,

(丙)临时遇事,不尽应为之义务,有意推诿者,

(丁)讲习开会时,不先告假,无故缺席者。

三、妨害公益:

(甲)凡会员妄言妄动,毁坏本会名誉及本会公物者,

(乙)在课堂、在操场、在会议时,任意喧扰者。

第三章 赏罚执行之权限

一、行赏罚时,执法员须会同全体会员处置。

二、如执法员有应赏之功,应罚之过,凡会员皆可提出公议,处以相当之赏罚。

三、凡会员如有应赏应罚之事件,当即报告执法员查明,同全体会员处置。

四、如诬告他人,应反坐以应得之处置。

五、执法员如轻听人言,妄行报告,凡会员可提议公诀,处以相当之罚。

第四章 附则

一、自治公约既经全体会员商榷公决后,即为实行之期。

二、自治公约得随时提议,公决修改。

自治公约既议决,乃商定课程如左:

(甲)射击科:

凡会员皆入体育会射击部,打靶每人每周一次,由职员与日本体育会订定章程。

(乙)体操科:

此科为随意科,其有校中本有体操功课者不更入体育会。

(丙)讲习科:

请本国留学生见习士官四人,轮日讲演。

杨天石、王学庄编《拒俄运动》,中国社会科学出版社1979年版,第122~125页

△ 本日,《大公报》报道留学生拒俄通电。

1903年5月16日《大公报》:

《北清新报》云:日本留学生张某等二百余名,近日电致管学大臣,略谓:满州问题,中国一步不能退让,加以有日、英、美三国之后援,更无容踌躇。宜速照会俄国,迫其撤兵。吾等在海外聊尽国民之义务。祈贵大臣鉴谅云云。

5月17日(四月二十一日) 东京留学生开会,议决自治公约。

《军国民教育会纪事》:

开会清风亭,推举叶君澜为临时议长。是日议决自治公约,并上书载振。

是晚上书载振贝子,语与上北洋大臣袁世凯书略同。

杨天石、王学庄编《拒俄运动》,中国社会科学出版社1979年版,第110页

5月18日(四月二十二日)　学生开始射击训练,载振劝告学生专心向学。

《军国民教育会纪事》:

射击开习。

午后,汪监督来述贝子言:“诸生爱国之忱,实可嘉尚。但俄约政府已决计拒之。庆邸才德虽薄,亦断不至受俄人笼络,致失国权。诸生以求学来此,切勿因是旷业。”于是职员等复上一书,具陈“学生等以效国为宗旨,以敌忾为精神,军国民教育会之设,特于各校功课之外,多习体操射击战术诸科,以待效死而已,并不因是旷业”。

是日订运动员公约十三章。

杨天石、王学庄编《拒俄运动》,中国社会科学出版社1979年版,第110页

《军国民教育会运动员公约》如下:

一、筹集经费须随时汇寄本会。

二、联络同志之团体须随时通知本会。

三、运动员遇有疑难事件,不能擅决,须随时函商本会。

四、运动期间之短长,听本人自定。事毕之后,或欲回家,或欲来东,均须报告本会,将经手事件交代清楚。

五、运动员与本会通信,分直接间接二种:间接者,以上海教育会为代收寄信件处;直接者,径寄日本东京本会事务所。

六、运动员与本会往来信件以勤为贵(约以一周为率,无邮便局之地不在此例)。

七、来往信件当编号次并盖印章(运动员用自己印章,本会用职员长印章)。

八、运动员寄信本会,可寄与职员长(现在职员长为叶君澜)。本会寄信亦由职员长具名盖印。

九、各运动员须时时通信,互相联络。

十、运动员所得之款满五十元,即寄本会。

十一、寄款亦分直接间接二种,如寄信例。

十二、运动员到上海时,当会同与教育会商议,专托一人代办收寄信款事。

十三、此约各运动员与本会事务所各存一纸,当各遵守。

杨天石、王学庄编《拒俄运动》,中国社会科学出版社1979年版,第125~126页

5月19日(四月二十三日)　清廷电令丁振铎等立即镇压云南周云祥起义,保护滇越铁路洋员与路工。

《清实录》:

丁未,谕军机大臣等:电寄丁振铎等,据电称临安匪徒周云祥勾结个旧厂匪肆行烧抢等语。著即迅饬该镇道等,严督各军,赶紧扑灭,捕拿首要,务获惩办。并将路工及洋员人等,切实保护,毋稍疏虞。

《清实录》第58册,中华书局1987年版,第795页

5月21日(四月二十五日)　军国民教育会部分运动员出发回国。

《军国民教育会纪事》:

二十五日(5月21日),运动员费君善机、朱君祖愉、丁君嘉墀、杨君毓麐、黄君铎出发。

杨天石、王学庄编《拒俄运动》,中国社会科学出版社1979年版,第110页

△ 本日，清廷电谕惩处“剿匪”不力的云南地方官员。

《清实录》：

己酉，谕内阁：丁振铎等电奏称匪徒周云祥抢占个旧厂，当经调营往剿，正在兼程前进，忽据报安府城被匪窜陷等语。该道魏景桐等，事前既失于防范，临时又未能堵御，咎实难辞。临安开广道魏景桐著即革职留任，分统营官魏荣斌、管带逢家相、马朝柱、麦贵安、马子贤、均著革职，拔去翎枝，效力赎罪。知府厅县等员，查明严参。著饬按察使刘春霖迅即添募防营，出省堵剿，会同该镇道等，迅将府城克复，赶紧捕拿首要，尽法惩治。如仍不知振奋立功，即行奏明从严参办。丁振铎、林绍年，均著交部议处，务即督饬各军，认真防剿，迅速扑灭。并将路工及洋员人等，切实保护，毋稍疏虞，如再贻误，惟该督抚是问。

《清实录》第58册，中华书局1987年版，第796页

5月22日（四月二十六日） 《苏报》报道上海教会为东三省祈祷。

1903年5月22日《苏报》载《教会集议》：

探闻本埠各教会中人因俄国在东三省用欺诈之术要挟政府，居心叵测，殊害中国与各国和平之交际，深恐将来酿成瓜分，因此各公会约于二十八日晚八下钟，在英界慕尔堂聚会，先为东三省祈祷，并议抵制之策。又闻同日四下半钟，美华书馆亦集众为东三省事祈祷。

△ 本日，梁启超赴美国亚细亚协会宴会，并发表演说。

梁启超《新大陆游记》：

廿六日，赴亚细亚协会之宴。座中美国人二十三，日本人二，中国人并余而六。其美国人，类皆纽约市中实业家之有力者也。此会之目的，全在生计上，于政治上毫无关系。然东方稍知名之人至者，必飨宴焉。前公使伍，现公使梁，皆尝到演说。宴梁后半月而余至。席间总干事赫钦士先起演说，极言美国无利中国土地之意，惟愿保和平、兴商务。余亦照例述感谢之词，并言中国若不得良政府，则世界之平和，终不可得望。列强狃于现政府一日之安，欲在此乱机满地之市场殖其产业，非预备数倍之保险费不可。或又欲利用现政府之昏弱，而因以攫特别之权利，吾信其将来之或失，必不偿现在之所得云云。余约演四十五分之久，此后继演者尚十数人，率皆照例附和余言。

次日访赫钦士于其家，赫氏复极言中国之平和扰乱，其影响于美国者甚大。即如拳匪之变，美国南方业棉花者，已倒闭三之一，失业之劳佣数千云云。

梁启超《新大陆游记》，《新民丛报临时增刊》1904年版，第38～39页

5月24日（四月二十八日） 中国教育会召开月会，通过修改后的章程。

《纪事》：

四月二十八日，中国教育会开四月月会于张园之安垲第，会员到者约百名，午后二时，鸣号开会，会员王君首登台，宣读本年修改章程草案，经众议决，毕，某君继之，语不可辨，惟中涉爱国学社，谓学社即教育会之一部分，不通之语令人欲呕。四时，议事毕，举行演说，吴君稚晖新编《上海码头》一曲，邹君蔚丹论改革中国现时大势。五时，鸣号散会。

《童子世界》32期

△ 本日，上海教会继续为东三省祈祷，有爱国者前往联络教会加入拒俄团体。

1903年5月25日《苏报》载《教会祈祷》：

昨日教会中热心之士于午后四下半钟，聚集于美华书馆，又于八下钟聚于三马路慕尔堂，皆为东三省之事祈祷。在美华书馆演说者以宋君耀如为最著，大旨谓耶教救国有自由之权，今俄人夺我之地，我欲自保，并非夺人之地也。教友能结团体，如日方新，有臻臻[蒸蒸]直上之势云云。在慕尔堂者亦以爱国爱民同致祈祷。

1903年5月26日《苏报》载《教会善举》：

前晚教会中人在三马路慕尔堂祈祷东三省事，已略志昨报。兹有教会中人来述较详，据云：有钱倪二君，因东三省事关重大，欲以爱国保教联合团体，曾发传单，宣明此意。是晚二君到会略晚，已在祈祷之时，未及演说。昨早十点钟，钱因此事往晤教堂牧师方某及西牧师某，谈及传单一节，嘱西牧师勿阻教友爱国之美举。西牧师甚以为然，并云：将来建设体操场，无论何人皆可入习，牧师并无阻止之意云。

△ 本日，《苏报》发表陈天华著《敬告湖南人》。

1903年5月24日《苏报》陈天华《敬告湖南人》(节录)：

某敬告于所至亲、至爱、至敬、至慕之湖南人：

呜呼！我湖南人岂非于十八省中最有价值之人格耶？何以当此灭亡之风潮而无所动作也？吾思之，吾重视之，而不能为诸君解也。谓将有所待乎？则台湾、胶州、旅顺、威海、广州之割，亦曰将有待也，何以惟闻日蹙百里，投袂而起者不闻有人也。人之断吾手足也，吾不之较；直待断吾首然后起而与抗，不已晚乎？东三省、广西之失，不特手足也，直断吾首；而犹曰有待，不知如何而始无所待也。

试思东三省归俄，广西归法，英、日、美、德能甘心乎？瓜分实策，数月间事也。斯时诸君怅怅乎何之？欲图抵抗乎？抵抗，死也。欲作顺民乎？杀顺民者，亦有人也。死一也。死于今日，或可侥幸于万一；死于异时，徒死无补。且为同种人而死，虽死犹荣；为异种人戕同种人而死，则万死不足以偿其罪。诸君纵生，不过数十寒暑；此数十寒暑何事？则极悲之惨剧也。印度、波兰、非洲之故事，将于我中国演之；台湾、胶州、旅顺、威海、广州之民，先睹一出，已有欲观不耐、欲罢不能之概。诸君其何乐留此七尺之躯以观此惨剧也。曷若轩轩昂昂，排去此等惨剧以奏我和平之曲，讵非大丈夫之所为乎？

…………

民族帝国主义渐推渐广，初以我为奴隶，继将以我为牛马，终则等诸草芥。……故今日中国之亡，岂仅亡国？实亡种也。国亡诸君何托？种亡诸君何存？……今日欧美列强，对于内者文明，对于外者野蛮。如英人，最言自由平等者也，而印人不能与英之齐民齿，英人之幸福，印人不与焉。英国尚然，况虎狼之俄、德、法哉！

昔者法灭于英，全国皆靡，一呼而法国复者，非一女子耶？今中国尚未至如法国之地步也，诸君之位置又不仅一女子也。苟万众一心，舍死向前，吾恐外人食之不得下咽也。中国之存亡系于诸君，诸君而以为中国亡则中国亡矣；诸君而以为中国不亡，则孰能亡之？

△ 本日，清廷令两江总督魏光焘速派得力将领统带军队前往云南，协助镇压周云祥起义。

《清实录》：

谕军机大臣等:电寄魏光焘,昨据丁振铎等电奏,匪徒周云祥抢占个旧厂。正在派营往剿。忽据报临安府城被匪窜陷等语。业经降旨严饬赶紧克复。该省兵力单薄,临时召募,恐不可恃。著魏光焘速即遴派得力将领统带数营,由西贡海道驰往会剿,务令迅扫匪氛,使地方一律平靖,并将路工及洋员人等,认真保护,免生枝节。毋稍延缓。

《清实录》第58册,中华书局1987年版,第797页

5月25日(四月二十九日)　上海义勇队致函东京军国民教育会,歌颂其民族精神。

《上海热血动物类候补军国民教育会同人公颂》:

军国民教育会万岁!万岁!万岁!呜呼!义勇队止一时感激之事耳,诸同胞大豪杰亦颇感情于临渴掘井,早知今日,何不当初乎?然当初无尽,今日正多,今日即后日之当初,后日即后日之今日。欢呼!欢呼!欢呼!自军国民教育会成立,而"后日"有"当初"矣。发起由拒俄,结局直与普世界外族异种战死而止。

"活矣!活矣!活矣!"流涕欢呼!军国民教育会矣,"悠矣久矣!"欢呼!军国民有教育会矣,"悠矣久矣!"欢呼!军国民有教育会矣,"悠矣久矣!"欢呼!

上海义勇队之支部四方来颂者日纷沓,亦将敬谨改为军国民教育会。

东京虽散,永远不散!

东京虽散,上海不散!

肢体虽散,灵魂不散!

并将采法诸大豪杰之手订章程,加以严重之自治法。

天长地久,永远遵守!

天长地久,永远遵守!

天长地久,永远遵守!

军国民教育会暨支部、红十字会诸大豪杰乎,尔姓尔氏,我目我耳,闻之见之,尔其永矣。执事不敌,毋宁遄死!虎头蛇尾,如何归里?〔五月三日,浙江乌青镇小学堂全体学生来函深表同情于军国民教育会(长函不具采),愿举全体为支部会员,任运动一切事宜。〕

《湖北学生界》第5期

△ 本日,纽约社会主义丛报总撰述哈利逊访梁启超,梁启超访摩尔根。

梁启超《新大陆游记》:

廿九日,纽约社会主义丛报总撰述哈利逊氏来访。余在美洲,社会党员来谒者凡四次:一在域多利,一在纽约,一在气连拿,一在碧架雪地。其来意皆甚殷殷,大率相劝以中国若行改革,必须从社会主义着手云云。余谢以进步有等级,不能一蹴而就。彼等皆云:均之改革也,均之与旧社会之现状战也,均之艰难也;大改革所费之力,与小改革所费之力,相去不相上下,毋宁径取其大者焉,所谓狮子搏兔与搏虎之喻也。余以其太不达于中国之内情,不能与之深辩,但多询其党中条理及现势而已。大抵极端之社会主义,微特今日之中国不可行,即欧美亦不可行,行之其流弊将不可胜言。若近来所谓国家社会主义者,其思想日趋于健全,中国可采用者甚多,且行之亦有较欧美更易者。盖国家社会主义,以极专制之组织,行极平等之精神,于中国历史上性质,颇有奇异之契合也。以土地尽归于国家,其说虽万不可行;若夫各种大事业如铁路、矿务、各种制造之类,其大部分归于国有,若中国有人,则办此真较易于欧美。特惜今日言之,非其时耳。社会主义为今日全世界一最大问题,吾将别著论研

究之。

吾所见社会主义党员，其热诚苦心，真有令人起敬者。墨子所谓强聒不舍，庶乎近之矣。其于麦克士（德国人，社会主义之泰斗）之著书，崇拜之，信奉之，如耶稣教人之崇信新旧约然。其汲汲谋所以播殖其主义，亦与彼传教者相类。盖社会主义者，一种之迷信也。天下惟迷信力为最强，社会主义之蔓延于全世界也，亦宜。

哈利逊为余言，现在全地球社会党之投票权，合各国计之，已共有九百余万。而近一两年来，其党员以几何级数增加，不及十年，将为全地球政治界第一大势力云。此其言虽不无太过，然其盛大之情况，固在意计中也。近来国际社会党最发达，此亦人类统一之一征兆。哈氏言日本人入党者已有九百余人，而中国尚无一。（以余所闻，在美洲有余君表进者，社会主义党员之一人也，余君亲为余言之，特未能为该党有所尽力耳。想曾入其党者，尚不止此数，哈氏或未确知耳。）哈氏极欲与吾党联络，拓殖此主义于我国，且欲得内地或海外之华文报数家为其机关报。余以中国人现在之程度未足语于是，婉谢之，期以异日而已。哈氏以其党之主义纲领等小册子及其丛报凡数十册见赠，余深谢之。

是日下午往访摩尔根。摩尔根者，世所称托辣斯大王，又称现今生计界之拿破仑者也。余本无事与彼交涉，特以全美国最大魔力之人，以好奇心欲一见之耳。彼生平未尝往访人，惟待客之来访，虽以大统领及国务大臣，或关于一国财政上求助于彼，亦惟就咨之，不敢望其枉驾也。又闻彼之会客，以一分钟至五分钟为度，虽绝大之问题，只以此最短时刻决断之，而曾无失误，其精力真千古无两。余于前两日以书道来意，求五分钟之晤谈，且约期。至是诣彼窝尔街之事务室访之，则应接所之客数十，以次引见，真未有过五分钟以外者。余本无所求，且不欲耗彼贵重之时刻，故入谈仅三分余钟而毕。彼赠余一言云：凡事业之求成，全在未着手开办以前；一开办而成败之局已决定，不可复变矣，云云。此语殆可为彼一生成功之不二法门，余深佩之。

梁启超《新大陆游记》，《新民丛报临时增刊》1904 年版，第 60 ~ 63 页

5 月 26 日（四月三十日）　上海抗俄义勇队改名军国民教育会。

蒋维乔《中国教育会之回忆》：

是年三月，忽得东京留学生电：桂抚王之春，借法兵法款，以平内乱。应揭其阴谋，公同阻止。教育会乃开临时大会，公电攻击王之春。嗣得东京续电，留学界已组成义勇队，从事训练，养成军国民资格，国家有事，即准备赴前敌效命，希望海上响应。由是爱国学社社员，亦拟组织义勇队，但缺乏教练之人，无从积极进行。

时各省官立学堂久受压制之学生，反抗风潮之最为激荡者，应推是年四月南京陆师学堂之退学风潮。稚晖抚掌曰："我们之义勇队不患无教练之人矣。"发电贺之。而陆师退学生亦推代表林力山、章行严二人来沪接洽。会中表示欢迎，增租房屋以容纳之，且一切费皆免收。代表归后，全体学生四十余人皆来沪，编入爱国学社学籍。

于是由林力山、章行严等，合社中原有体育教员，分任教练，改正名称为军国民教育会。自蔡孑民、吴稚晖、宗仰等重要会员，及年龄较长之社员，志愿入会者共九十六人，分为八小队，早晚训练。余亦加入小队，又兼任初级之教练员。

中国史学会编《中国近代史资料丛刊·辛亥革命》（1），上海人民出版社 1957 年版，第 489 ~ 490 页

编者按：据袁景华《章士钊先生年谱》吉林人民出版社 2001 年版，第 17 页，学生数应为三十多人。

5月27日（五月初一日） 《苏报》开始鼓吹革命，章士钊于该日入馆。

章士钊《与黄克强相交始末》：

又明年癸卯，余率陆师退学生趋上海，蚁附爱国学社，公言革命；而克强以日本弘文师范生，毕业返国，稍滞于沪。吾二人握手道故，而形势大变。

吾于是年五月一日，正式入苏报馆主笔政，距是以前，亦为《苏报》撰文。吾忆访克强于洋泾滨客栈。是日，《苏报》论文为诋讥江南陆师学堂退学事，克强询退学情形甚悉，可见克强由东抵沪，时在初夏。自五月以至闰五月，吾迫于报务，与克强见面不多。

中国人民政治协商会议全国委员会文史资料研究委员会编《辛亥革命回忆录》第2集，文史资料出版社1962年版，第138页

5月30日（五月初四日） 邹容在《苏报》发文倡仪成立中国学生同盟会。

1903年5月30日《苏报》邹容《论中国学生同盟会之发起》：

呜呼！吾中国其真亡矣！吾中国其真亡矣！不亡于顽固政府，不亡于婪毒疆吏，不亡于列强之瓜分，不亡于各级社会之无知识，吾敢一言以断之曰：中国之亡，亡于学生。

何言乎学生亡中国也？盖凡事有为其主人者。孤军困于围城之中，主帅出降，何论士卒；倾卖祖宗之遗产，家长画诺，何言子弟！夫学生者，非被举世之推崇，而目之为主人者乎？如其为主人也，则必尽其主人之天职，毫无失放。内而政府，外而疆吏，皆受庸于主人者也。而顽固，而婪毒，主人得以扑责之，推倒之。列强者，对主人而立于客位者也。客欲喧宾夺主，主人得以排击之。各级社会，皆吾主人之兄弟亲戚也。而知识缺乏，主人得以提携之、输贯之。由斯以谭，通国之人皆对于亡国之宣告不知所署，一惟主人之马首是瞻。主人欲亡，则吾国亡；主人不欲亡吾国，果谁得以亡吾国者！今学生者，既主人矣，主人则有不得亡吾国之义务矣，而漫曰亡中国者学生也，学生也，何吾言之矛盾若是？呜呼！为中国学生者其思之，其重视之！

中国之有学生也，自二十年以来也。近岁之顷，成就尤多。东京留学生之程度最高，而南、北洋及湖北、浙江各省大学堂之成材，亦千余辈，而方兴未艾，方轨并进。如水陆军、师范、农工业、大学、中学、蒙学、女学、公学、私学等，统计之殆数万人。试问此数万人者，成立者何事？影响者何事？其中岂无志士魁杰坚忍不拔，见义敢为，慨然以新中国自负者？乃出而任事，累起累蹶。以留学生之资格，犹不能无憾，而内地无论焉。吾为此言，非谓留学生之性质有以优于内地也，以留居东京，多生无穷之感情，多受外界之刺激，故苟非凉血类之动物，殆无不有国家二字浮于脑海者。而内地则毫无闻见，瞢焉瞶焉，故尔不如留学生之感觉灵而发达早也。

然则学生之所以不能成立者何以故？曰：无一完全无缺颠扑不破之大团体故。以学生之位置、学生之目的、学生之性质无不相同，而仍不能结一团体，其他更何所望！近者东京学生有人类馆、台湾馆之争，政府公使所无可如何者，学生敢争执之。而东三省问题出现，义勇队之编，尤足以震动全国。内地如上海爱国学社之协应，北京大学堂之上书，湖北学生五百余人之演说堂（闻改两湖【经】正学堂为演说堂，梁鼎芬无如何），安徽学生三百余人之爱国会，到处风发，气象特佳，不可谓学生之无势力也。然吾恐其不能持久，组织未终而目的消灭，则所谓完全无缺、颠扑不破之大团体者，终成画饼，而不可以见诸实行也。蜀邹容者，东京退学生也。愤中国学生团体之不坚，毅然创一中国学生同盟会。海内外全体学生皆要求入会，各省各设总部，各府、县各设分部，权利义务，分条揭载（会章另登）。其目的在于学界

成一绝大合法团体,以鏖战于中国前途竞争逼拶之中者也。呜呼!中国学生同盟会者,此何事,而顾一邹容发起之?邹容不过学生中一分子耳。吾中国全体学生闻之,其感情何如?其对于同盟会之责任何如?

学生者,中国之学生也。亦既知之,则当求其合于中国之适用。是故中国学生者,非能如各国学生于国权巩固、人格完美之中而循序以求学者也。学之外,盖大有事在。所谓事者,亦求其毋致中国之亡已耳。政府之顽固也而学生不顽固,疆吏之荾毒也而学生不荾毒,列强之欲瓜分也而学生不欲瓜分,各级社会之无知识也而学生非无知识。然则中国存亡之关键不属于学生而谁属?如学生终不求所以结团体之故,藉学堂为阶梯,为官场作傀儡,对本部自命为旁观,对外界不能受冲突,得一毕业证书,不啻得一奴才证书,逢迎唱诺,去社会惟恐不远者,则中国国亡无日。列强既实行其瓜分,而政府、疆吏或侥幸隶属小朝廷之下,各级社会又任可为何国之顺民。斯时之学生,自负其高尚之人格、新中国之学问,将如之何?计惟有死而已。夫一死岂足以塞责,一死而中国亡,则吾国之亡,确亡于学生。吾诚不幸谈言之微中也。

若夫学生能组织一理想团体,中国前途又如之何?是得下一转语曰:中国之兴,兴于学生。子不见奥大利之逐梅特涅乎?谁逐之?学生逐之也。意大利之退德军乎?谁退之?学生退之也。充学生之势力,无论内忧,无论外患,殆无不可摧陷而廓清之!俄罗斯学生之风潮披靡全国,以俄皇之专制,至不能不降心以从之;岂有生息于专制政体之下,而竟一无展布,无所求其施演之舞台者乎?呜呼!时势惟人所造,若必待时势而为之,吾恐波兰、印度之人今有求学而不可得者也。学生乎!学生乎!吾今谓国亡于学生,公等其承认之耶?其奋怒之耶?若奋怒之,则同盟会其成立矣,而中国兴矣。惟兴惟亡,是在汝!是在汝!

5月31日(五月初五日)　黄兴自日本启程返国,策动反清革命。

《军国民教育会纪事》:

五日(5月31日),运动员黄君轸、余君德元出发。

杨天石、王学庄编《拒俄运动》,中国社会科学出版社1979年版,第111页

刘揆一《黄兴传记》:

临行之前,垂询揆一方略,答言种族革命,固非运动军界学界不为功,而欲收发难速效,则宜采用哥老会党,以彼辈本为反对满清,而早有团结,且其执法好义,多可赞叹。比如湖南会党有戴某者,违犯会规,其头目马福益,星夜开堂,判处死刑。当其泣送河间自剖胸腹时,路过山阿狭隘处,死者犹回顾马福益曰,大哥走好,须防失足跌下坑去。马福益呜咽应而慰之。由此可见其不肯枉法,与视死如归,足为吾辈革命所取法。公谓闻马昔遭危难,君曾救济之,联络似较易易,故望君及早归国,共图之耳。遂相约越三月会于长沙。

中国史学会编《中国近代史资料丛刊·辛亥革命》(4),上海人民出版社1957年版,第276页

△ 本日,清廷命令魏光焘派张春发统带四营,由内地前往云南驰援"剿匪"。

《清实录》:

谕军机大臣等:电寄魏光焘,据电称红河炎瘴,军士冒险远征,恐难得力等语。著饬张春发统带四营,即由内地赶紧兼程驰往援剿,毋稍迟缓。

《清实录》第58册,中华书局1987年版,第801页

5月(四月)　邹容的《革命军》在上海出版,章太炎为之作序。

邹容《〈革命军〉自叙》:

不文以生,居于蜀十有六年,以辛丑出扬子江,旅上海;以壬寅游海外,留经年。录达人名家言印于脑中者,及思想间所不平者,列为编次,以报我同胞。其亦附于文明国中言论自由思想自由出版自由者欤?虽然,中国人,奴隶也。奴隶无自由,无思想。然不文不嫌此区区微意,自以为以是报我四万万同胞之恩我,父母之恩我,朋友兄弟姊妹之爱我。其有责我为大逆不道者,其有信我为光明正大者,吾不计。吾但信卢骚、华盛顿、威曼诸大哲于地下有灵,必哂曰:"孺子有知,吾道其东。"吾但信郑成功、张煌言诸先生于地下有灵,必笑曰:"后起有人,吾其瞑目。"文字收功日,全球革命潮。吾言已,吾心不已。

皇汉民族亡国后之二百六十年岁次癸卯三月　曰革命军中马前卒邹容记。

陈天华、邹容著,郅志选注《猛回头——陈天华、邹容集》,辽宁人民出版社1994年版,第181页

△ 本月,章太炎撰《驳康有为论革命书》,对改良派展开论战。

章太炎《驳康有为论革命书》:

长素足下:

读《与南北美洲诸华商书》,谓中国只可立宪,不能革命,援引今古,洒洒万言。呜呼长素,何乐而为是耶?热中于复辟以后之赐环,而先为是龃龉不了之语,以耸东胡群兽之听,冀万一可以解免。非致书商人,致书于满人也。夫以一时之富贵,冒万亿不韪而不辞,舞词弄札,眩惑天下,使贱儒元恶为之则已矣。尊称圣人,自谓教主,而犹为是妄言,在己则脂韦突梯以佞满人已耳,而天下之受其蛊惑者,乃较诸出于贱儒元恶之口为尤甚。吾可无一言以是正之乎?

谨案长素大旨,不论种族异同,惟计情伪得失以立说。虽然,民族主义,自太古原人之世,其根性固已潜在,远至今日,乃始发达,此生民之良知本能也。长素亦知种族之必不可破,于是依违迁就以成其说,援引《匈奴列传》,以为上系淳维,出自禹后。夫满洲种族,是曰东胡,西方谓之通古斯种,固与匈奴殊类。虽以匈奴言之,彼既大去华夏,永滞不毛,言语政教,饮食居处,一切自异于域内,犹得谓之同种也耶?智果自别为辅氏,管氏变族为阴家,名号不同,谱牒自异。况于戕虐祖国,职为寇仇,而犹傅以兄弟急难之义,示以周亲肺腑之恩,巨缪极戾,莫此为甚。近世种族之辨,以历史民族为界,不以天然民族为界。藉言天然,则谛袷海藻,享祧猿蜼,六洲之氓,五色之种,谁非出于一本,而何必为是聒聒者耶?

长素又曰:"氐、羌、鲜卑等族,以至元魏所改九十六姓,大江以南,骆越、闽、广;今皆与中夏相杂,恐无从检阅姓谱而攘除之。"不知骆越、闽、广,皆归化汉人,而非陵制汉人者也。五胡代北,始尝宰制中华,逮乎隋、唐统一,汉族自主,则亦著土傅籍,同为编氓,未尝自别一族,以与汉人相抗,是则同于醇化而已。日本定法,夙有蕃别;欧、美近制,亦许归化。此皆以己族为主人,而使彼受吾统治,故一切可无异视。今彼满洲者,其为归化汉人乎?其为陵制汉人乎?堂子妖神,非郊丘之教;辫发璎珞,非弁冕之服;清书国语,非斯、邈之文。徒以尊事孔子,奉行儒术,崇饰观听,斯乃不得已而为之,而即以便其南面之术,愚民之计。若言同种,则非使满人为汉种,乃适使汉人为满种也。长素固言大同公理,非今日即可全行,然则今日固为民族主义之时代,而可溷[溷]殽满、汉,以同薰莸于一器哉!时方据乱,而言太平,何自悖其三世之说也?

长素二说,自知非持之有故,言之成理,不得已复援引《春秋》,谓其始外吴、楚,终则等

视。不悟荆、扬二域,《禹贡》既列于九州,国土种类,素非异实。徒以王化陵夷,自守千里,远方隔阂,沦为要荒。而文化语言,无大殊绝,《世本》谱系,犹在史官,一日自通于上国,则自复其故名,岂满洲之可与共论者乎?

至谓衣服辫发,汉人已化而同之,虽复改为宋、明之服,反觉不安。抑不知此辫发胡服者,将强迫以成之耶?将安之若性也?禹入裸国,被发文身;墨子入楚,锦衣吹笙。非乐而为此也,强迫既久,习与性成,斯固不足以定是非者。吾闻洪、杨之世,人皆蓄发,不及十年,而曾、左之师摧陷洪氏,复从髡剃。是时朋侪相对,但觉纤首锐颠,形状噩异。然则蓄发之久,则以蓄发为安;辫发之久,则以辫发为安。向使满洲制服,涅齿以黛,穿鼻以金,刺体以龙,涂面以垩,恢诡殊形,有若魑魅,行之二百有六十年,而人亦安之,无所怪矣!不问其是非然否,而惟问其所安,则所谓祖宗成法不可轻变者,长素亦何以驳之乎?野蛮人有自去其板齿,而反讥有齿类为犬类,长素之说,得无近于是耶?

种种缪戾,由其高官厚禄之性,素已养成,由是引犬羊为同种,奉豭尾为鸿宝。向之崇拜《公羊》,诵法《繁露》,以为一字一句,皆神圣不可侵犯者,今则并复九世之仇,而亦议之。其言曰:"扬州十日之事,与白起坑赵,项羽坑秦无异。"岂不曰秦、赵之裔,未有报白、项之裔者,则满洲亦当同例也!岂知秦、赵、白、项,本非殊种,一旦战胜而击坑之者,出于白、项二人之指麾,非出于士卒全部之合意。若满洲者,固人人欲尽汉种而屠戮之,其非为豫酋一人之志可知也,是故秦、赵之仇白、项,不过仇其一人;汉族之仇满洲,则当仇其全部。且今之握图籍,操政柄者,岂犹是白、项之胤胄乎?三后之姓,降为舆台,宗支荒忽,莫可究诘,虽欲报复,乌从而报复之,至于满洲,则不必问其宗支,而全部自在也;不必稽其姓名,而政府自在也。此则枕戈剚刃之事,秦、赵已不能施于白、项,而汉族犹可施于满洲,章章明矣。明知其可报复,犹复饰为喑聋,甘与同壤,受其豢养,供其驱使,宁使汉族无自立之日,而必为满洲谋其帝王万世、祈天永命之计,何长素之无人心,一至于是也。

长素又曰:"所谓奴隶者,若波兰之属于俄,印度之属于英,南洋之属于荷,吕宋之属于西班牙,人民但供租税,绝无政权,是则不能不愤求自立耳。若国朝之制,满、汉平等,汉人有才者,匹夫可以为宰相。自同治年来,沈、李、翁、孙,迭相柄政,曾、左及李,倚为外相,恭、醇二邸,但拱手待成耳。即今除荣禄、庆邸外,何一非汉人为政?若夫政治不善,则全由汉、唐、宋、明之旧,而非满洲特制也。然且举明世廷杖、镇盗、大户加税、开矿之酷政,而尽除之。圣祖立一条鞭法,纳丁于地,永复差徭,此唐、虞至明之所无,大地万国所未有。他日移变,吾四万万人必有政权自由,可不待革命而得之也。"夫所谓奴隶者,岂徒以形式言耶?曾、左诸将,倚畀虽重,位在藩镇,蕞尔弹丸,未参内政。且福康安一破台湾,而遂有贝子、郡王之赏;曾、左反噬洪氏,挈大圭九鼎以付满洲,爵不过通侯,位不过虚名之内阁。曾氏在日,犹必谄事官文,始得保全首领。较其轻重,计其利害,岂可同日而道?近世军机首领,必在宗藩。夫大君无为,而百度自治,为首领者,亦以众员供其策使,彼恭、醇二邸之仰成,而沈、李、翁、孙之有事,乃适见此为奴隶,而彼为主人也。阶位虽高,犹之阉宦仆竖,而赐爵仪同者,彼固仰承风旨云尔,曷能独行其意哉!一条鞭法,名为永不加赋,而耗羡平余,犹在正供之外。徭役既免,民无恶声,而舟车工匠,遇事未尝获免。彼既以南米供给驻防,亦知民志不怡,而不得不藉美名以媚悦之。玄烨、弘历,数次南巡,强勒报效,数若恒沙。己居尧、舜、汤、文之美名,而使佞幸小人间接以行其聚敛,其酷有甚于加税开矿者。观唐甄之《潜书》与袁枚之《致黄廷桂书》则可知矣。庄生有云:"狙公赋芧,曰朝三而暮四,众狙皆怒,曰,然则朝四而暮三,众狙皆悦,名实未亏,而喜怒为用。"此正满洲行政之实相也。况于廷杖虽除,诗案、史祸,较诸廷杖,毒螫百倍。康熙以来,名世之狱,嗣庭之狱,景祺之狱,周华之狱,中藻之狱,锡侯之狱,务以摧折汉人,使之噤不发语。虽李绂、孙嘉淦之无过,犹一切被赭贯木,以挫辱之。至于近世,戊戌之变,长素所身受,而犹谓满洲政治,为大地万国所未有,呜呼!斯诚大地万国所未有矣!李陵有言:"子为汉臣,安得不云尔乎?"

夫长素所以不认奴隶,力主立宪以摧革命之萌芽者,彼固终日屈心忍志以处奴隶之地者尔。欲言立宪,不得不以皇帝为圣明,举其诏旨有云:"一夫失职,自以为罪"者,而谓亟亟欲开议院,使国民咸操选举之权以公天下,其仁如天,至公如地,视天位如敝屣,然后可以言皇帝复辟,而宪政必无不行之虑。则吾向者为《正仇满论》既驳之矣。盖自乙未以后,彼圣主所长虑却顾,坐席不暖者,独太后之废置我耳。殷忧内结,智计外发,知非变法,无以交通外人,得其欢心;非交通外人,得其欢心,无以挟持重势,而排沮太后之权力。载湉小丑,未辨菽麦,铤而走险,固不为满洲全部计。长素乘之,投间抵隙,其言获用,故戊戌百日之政,足以书于盘盂,勒于钟鼎,其迹则公,而其心则只以保吾权位也。曩令制度未定,太后夭殂,南面听治,知天下之莫予毒,则所谓新政者,亦任其迁延堕坏而已。非直堕坏,长素所谓拿破仑第三新为民主,力行利民,已而夜晏伏兵,擒议员百数,及知名士千数,尽置于狱者,又将见诸今日。何也?满、汉两族,固莫能两大也。

今以满洲五百万人,临制汉族四万万人而有余者,独以腐败之成法愚弄之,锢塞之耳。使汉人一日开通,则满人固不能晏处于域内,如奥之抚匈牙利,土之御东罗马也。人情谁不爱其种类而怀其利禄,夫所谓圣明之主者,亦非远于人情者也。果能敝屣其黄屋,而弃捐所有以利汉人耶?藉曰其出于至公,非有满、汉畛域之见,然而新法犹不能行也。何者?满人虽顽钝无计,而其怵惕于汉人,知不可以重器假之,亦人人有是心矣。顽钝愈甚,团体愈结,五百万人同德戮力,如生番之有社寮。是故汉人无民权,而满州有民权,且有贵族之权者也。虽无太后,而掣肘者什伯于太后,虽无荣禄,而掣肘者什伯于荣禄。今夫建立一政,登用一人,而肺腑昵近之地,群相讙哓,朋疑众难,杂沓而至,自非雄杰独断,如俄之大彼得者,固弗能胜是也!共、驩四子,于尧皆葭莩姻娅也,靖言庸回,而尧亦不得不任用之。今其所谓圣明之主者,其聪明文思,果有以愈于尧耶?其雄杰独断,果有以侪于俄之大彼得者耶?往者戊戌变政,去五寺、三巡抚如拉枯,独驻防则不敢撤,彼圣主之力,与满洲全部之力,果孰优孰绌也?由是言之,彼其为私,则不欲变法矣;彼其为公,则亦不能变法矣。长素徒以诏旨美谈,视为实事,以此诳耀天下,独不读刘知几《载文》之篇乎?谓魏、晋以后,诏敕皆责成群下,藻饰既工,事无不可。故观其政令,则辛、癸不如;读其诏诰,则勋、华再出。此足以知戊戌行事之虚实矣。

且所谓立宪者,固将有上下两院,而下院议定之案,上院犹得以可否之。今上院之法定议员,谁为之耶?其曰皇族,则亲王贝子是已;其曰贵族,则八家与内外蒙古是已;其曰高僧,则卫藏之达赖、班禅是已。是数者,皆汉族之所无,而异种之所特有,是议权仍不在汉人也。所谓满、汉平等者,必如奥、匈二国并建政府,而统治于一皇,为双立君主制而后可。使东三省尚在,而满洲大长得以兼统汉人,吾民犹勉自抑制以事之。今者满洲故土,既攘夺于俄人,失地当诛,并不认为满洲君主,而何双立君主之有?夫戴此失地之天囚,以为汉族之元首,是何异取罪人于囹圄,而奉之为大君也?乃曰:"朋友之交,犹贵久要不忘,安有君臣之际,受人之知遇,因人之危难,中道变弃,乃反戈倒攻者!"诚如是,则载湉者,固长素之私友,而汉族之公仇也。况满洲全部之蠢如鹿豕者,而可以不革者哉?

虽然,如右所言,大抵关于种类,而于情伪得失未暇论也,则将复陈斯旨,为吾汉族筹之可乎？长素以为革命之惨，流血成河，死人如麻，而其事卒不可就。然则立宪可不以兵刃得之耶？既知英、奥、德、意诸国，数经民变，始得自由议政之权。民变者，其徒以口舌变乎？抑将以长戟劲弩，飞丸发熗变也？近观日本，立宪之始，虽徒以口舌成之，而攘夷覆幕之师在其前矣。使前日无此血战，则后之立宪亦不能成。故知流血成河，死人如麻，为立宪所无可幸免者。长素亦知其无可幸免，于是迁就其说以自文，谓以君权变法，则欧、美之政术器艺，可数年而尽举之。夫如是，则固君权专制也，非立宪也。阔普通武之请立宪，天下尽笑其愚，岂有立宪而可上书奏请者？立宪可请，则革命亦可请乎？以一人之诏旨立宪，宪其所宪，非大地万国所谓宪也！长素虽与载湉久处，然而人心之不相知，犹挃一体而他体不知其痛也。载湉亟言立宪，而长素信其必能立宪，然则今有一人执长素而告之曰："我当酿四大海水以为酒。"长素亦信其必能酿四大海水以为酒乎？夫事之成否，不独视其志愿，亦视其才略何如。长素之皇帝圣仁英武如彼，而何以刚毅能挟后力以尼新法，荣禄能造谣诼以耸人心，各督抚累经严旨，皆观望而不辨，甚至章京受戮，己亦幽废于瀛台也？君人者，善恶自专，其威大矣。虽以文母之抑制，佞人之谗嗾，而秦始皇之在位，能取太后、嫪毐、不韦而踣覆之，今载湉何以不能也？幽废之时，犹曰爪牙不具。乃至庚子西幸，日在道涂，已脱幽居之轭，尚不能转移俄顷，以一身逃窜于南方，与太后分地而处。其孱弱少用如此，是则仁柔寡断之主，汉献、唐昭之俦耳！太史公曰："为人君父而不知《春秋》之义者，必蒙首恶之名。"是故志士之任天下者，本无实权，不得以成败论之，而皇帝则不得不以成败论之。何者？有实权而不能用，则不得窃皇帝之虚名也。夫一身之不能保，而欲其与天下共忧，督抚之不能制，而欲其使万姓守法，庸有几乎？

事既无可奈何矣，其明效大验已众著于天下矣，长素则为之解曰："幽居而不失位，西幸而不被弑，是有天命存焉。王者不死，可以为他日必能立宪之征。"呜呼！王莽渐台之语曰："天生德于予，汉兵其如予何！"今之载湉，何幸有长素以代为王莽也。必若图录有征，符命可信，则吾亦尝略读纬书矣。纬书尚繁，《中庸》一篇，固为赞圣之颂。往时魏源、宋翔凤辈，皆尝附之三统三世，谓可以前知未来，虽长素亦或笃信者也。然而《中庸》以"天命"始，以"上天之载，无声无臭"终。天命者，满洲建元之始也；上天之载者，载湉为满洲末造之亡君也。此则建夷之运，终于光绪，奴儿哈赤之祚，尽于二百八十八年，语虽无稽，其彰明较著，不犹愈于长素之谈天命者乎？

要之，拨乱反正，不在天命之有无，而在人力之难易。今以革命比之立宪，革命犹易，立宪犹难。何者？立宪之举，自上言之，则不独专恃一人之才略，而兼恃万姓之合意；自下言之，则不独专恃万姓之合意，而兼恃一人之才略；人我相待，所倚赖者为多。而革命则既有其合意矣，所不敢证明者，其才略耳。然则立宪有二难，而革命独有一难，均之难也，难易相较，则无宁取其少难而差易者矣。虽然，载湉一人之才略，则天下信其最绌矣。而谓革命党中必无有才略如华盛顿、拿破仑者，吾所不敢必也。虽华盛顿、拿破仑之微时，天下亦岂知有华盛顿、拿破仑者？而长素徒以阿坤鸦度一蹶不振相校。今天下四万万人之材性，长素岂尝为其九品中正，而一切检察差第之乎？藉曰此魁梧绝特之彦，非中国今日所能有，尧、舜固中国人矣，中国亦望有尧、舜之主出而革命，使本种不亡已耳。何必望其极点如华盛顿、拿破仑者乎？

长素以为中国今日之人心，公理未明，旧俗俱在，革命以后，必将日寻干戈，偷生不暇，何能变法救民，整顿内治！夫公理未明，旧俗俱在之民，不可革命，而独可立宪，此又何也？岂有立宪之世，一人独圣于上，而天下皆生番野蛮者哉？虽然，以此讥长素，则为反唇相稽，校轸无已。吾曰不可立宪,长素犹曰不可革命也。则应之曰:“人心之智慧,自竞争而后发生,今日之民智,不必恃他事以开之,而但恃革命以开之。”且勿举华、拿二圣,而举明末之李自成。李自成者,迫于饥寒,揭竿而起,固无革命观念,尚非今日广西会党之侪也。然自声势稍增,而革命之念起;革命之念起,而剿兵救民、赈饥济困之事兴。岂李自成生而有是志哉?竞争既久,知此事之不可已也。虽然,在李自成之世,则赈饥济困为不可已,在今之世,则合众共和为不可已。是故以赈饥济困结人心者,事成之后,或为枭雄;以合众共和结人心者,事成之后,必为民主。民主之兴,实由时势迫之,而亦由竞争以生此智慧者也。征之今日,义和团初起时,惟言扶清灭洋,而景廷宾之师,则知扫清灭洋矣。今日广西会党,则知不必开衅于西人,而先以扑灭满洲、剿除官吏为能事矣。唐才常初起时,深信英人,密约漏情,乃卒为其所卖。今日广西会党,则知己为主体,而西人为客体矣。人心进化,孟晋不已。以名号言,以方略言,经一竞争,必有胜于前者。今之广西会党,其成败虽不可知,要之继此而起者,必视广西会党为尤胜,可豫言也。然则公理之未明,即以革命明之;旧俗之俱在,即以革命去之。革命非天雄、大黄之猛剂,而实补泻兼备之良药矣!

长素以为今之言革命者,或托外人运械,请外国练军,或与外国立约,或向外国乞师,卒之堂堂大国,谁肯与乱党结盟,可取则取之耳。吾以为今日革命,不能不与外国委蛇,虽极委蛇,犹不能不使外人干涉,此固革命党所已知,而非革命党所未知也。日本之覆幕也,法人尝通情于大将军,欲为代平内乱。大将军之从之与否,此固非覆幕党所能豫知。然以人情自利言之,则从之为多数,而不从为少数;幸而不从,是亦覆幕党所不料也。而当其歃血举义之时,固未尝以其必从而少沮。今者人知恢复略有萌芽,而长素何忍以逆料未中之言,沮其方新之气乎?乌呼!生二十世纪难,知种界难,新学发见难,直人心奋厉时难。前世圣哲,或不遇时,今我国民,幸睹精色,哀哀汉种,系此刹那,谁无父母,谁无心肝,何其天阏之不遗余力,幸同种之为奴隶,以必信其言之中也!且运械之事,势不可无,而乞师之举,不必果有。今者西方数省,外稍负海,而内有险阻之形势,可以利用外人而不为外人所干涉者,亦未尝无其地也。略得数道,为之建立政府,百度维新,庶政具举,彼外人者,亦视势利所趋耳。未成则欲取之,小成则未有不认为与国者,而何必沾沾多虑为乎?

世有谈革命者,知大事之难举,而言割据自立,此固局于一隅,所谓井底之蛙不知东海者,而长素以印度成事戒之。虽然,吾固不主割据,犹有辩护割据之说在,则以割据犹贤于立宪也。夫印度背蒙古之莫卧尔朝,以成各省分立之势,卒为英人蚕食,此长素所引为成鉴者。然使莫卧尔朝不亡,遂能止英人之蚕食耶?当莫卧尔一统时,印度已归于异种矣,为蒙古所有,与为英人所有,二者何异?使非各省分立,则前者为蒙古时代,后者为英吉利时代,而印度本种,并无此数十年之国权。夫终古不能得国权,与暂得国权而复失之,其利害相越,岂不远哉!语曰:“不自由,无宁死!”然则暂有自由之一日,而明日自刎其喉,犹所愿也,况绵延至于三四十年乎?且以印度情状比之中国,则固有绝异者。长素《论印度亡国书》,谓其文学工艺,远过中国,历举书籍见闻以为证。不知热带之地,不忧冻饿,故人多慵惰,物易坏烂,故薄于所有观念。是故婆罗、释迦之教,必见于印度,而不见于异地。惟其无所有观念,而视万物为无常,不可执着故。此社会学家所证明,势无可遁者也。夫薄于所有观念,则国土之得丧,种族之盛衰,固未尝概然于胸中。当释迦出世时,印度诸国已为波斯属州,今观内典,徒举比邻诸王而未见波斯皇帝,若并不知己国之属于波斯者。厥有愤发其所能自树立者,独阿育王一家耳。近世各省分立之举,亦其出于偶尔,而非出于本怀,志既不坚,是故迁延数世,国以沦丧。夫欲自强其国种者,不恃文学工艺,而惟视所有之精神。中国之地势人情,少流散而多执着，其贤于印度远矣！自甲申沦陷，以至今日，愤愤于腥羶贱种者，何地蔑有！其志坚于印度，其成事亦必胜于印度，此宁待蓍蔡而知乎？

若夫今之汉人，判涣无群，人自为私，独甚于汉、唐、宋、明之季，是则然矣。抑谁致之而谁迫之耶？吾以为今人虽不尽以逐满为职志，或有其志而不敢讼言于畴人，然其轻视鞑靼以为异种贱族者，此其种性根于二百年之遗传，是固至今未去者也。往者陈名夏、钱谦益辈，以北面降虏，贵至阁部，而未尝建白一言，有所补助，如魏徵之于太宗，范质之于艺祖者。彼固曰异种贱族，非吾中夏神明之胄，所为立于其朝者，特曰冠貂蝉、袭青紫而已。其存听之，其亡听之，若曰为之驰驱效而有所补助于其一姓之永存者，非吾之志也。理学诸儒，如熊赐履、魏象枢、陆陇其、朱轼辈，时有献替，而其所因革，未有关于至计者。虽曾、胡、左、李之所为，亦曰建殊勋、博高爵耳，功成而后，于其政治之盛衰，宗稷之安危，未尝有所筹画焉。是并拥护一姓而亦非其志也。其他朝士，入则弹劾权贵，出则搏击豪强，为难能可贵矣。次即束身自好，优游卒岁，以自处于朝隐。而下之贪墨无艺、怯懦忘耻者，所在皆是。三者虽殊科，要其大者不知会计之盈绌，小者不知断狱之多寡，苟得禀禄以全吾室家妻子，是其普通之术矣。无他，本陈名夏、钱谦益之心以为心者，固二百年而不变也。明之末世，五遭倾覆，一命之士，文学之儒，无不建义旗以抗仇敌者，下至贩夫乞子，儿童走卒，执志不屈，而仰药剚刃以死者，不可胜计也。今者北京之破，民则愿为外国之顺民，官则愿为外国之总办，食其俸禄，资其保护，尽顺天城之中，无不牵羊把茅，甘为贰臣者。若其不事异姓，躬自引决，缙绅之士，殆无一人焉，无他，亦曰异种贱族，非吾中夏神明之胄，所为立于其朝者，特曰冠貂蝉、袭青紫而已，其为满洲之主则听之，其为欧、美之主则听之，本陈名夏、钱谦益之心以为心者，亦二百年而不变也。然则满洲弗逐，而欲士之争自濯磨，民之敌忾效死，以期至乎独立不羁之域，此必不可得之数也。浸微浸衰，亦终为欧、美之奴隶而已矣！非种不锄，良种不滋，败群不除，善群不殖，自非躬执大彗，以扫除其故家污俗，而望禹域之自完也，岂可得乎？

夫以种族异同，明白如此，情伪得失，彰较如彼，而长素犹偷言立宪而力排革命者，宁智不足，识不逮耶？吾观长素二十年中，变易多矣。始孙文倡义于广州，长素尝遣陈千秋、林奎往，密与通情。及建设保国会，亦言保中国，不保大清，斯固志在革命者。未几，瞑瞒于富贵利禄，而欲与素志调和，于是戊戌柄政，始有变法之议。事败亡命，作衣带诏，立保皇会，以结人心。然庚子汉口之役，犹以借遵皇权，密约唐才常等，卒为张之洞所发。当是时，素志尚在，未尽澌灭也。唐氏既亡，保皇会亦渐溃散，长素自知革命之不成，则又瞑瞒于富贵利禄，而今之得此，非若畴昔之易，于是宣布是书。其志岂果在保皇立宪耶？亦使满人闻之，而曰长素固忠贞不贰，竭力致死以保我满洲者，而向之所传，借遵皇权、保中国不保大清诸语，是皆人之所以诬长素者，而非长素故有是言也。荣禄既死，那拉亦耄，载湉春秋方壮，他日复辟，必有其期，而满洲之新起柄政者，其势力权藉，或不如荣禄诸奸，则工部主事可以起复，虽内阁军机之位，亦可以觊觎矣。长素固云："穷达一节，不变塞焉。"盖有之矣，我未之见也！

抑吾有为长素忧者，向日革命之议，哗传于人间，至今未艾。陈千秋虽死，孙文、林奎尚在；唐才常虽死，张之洞尚在；保国会之微言不著竹帛，而入会诸公尚在；其足以证明长素之有志革命者，不可件举，虽满人之愚蒙，亦未必遽为长素欺也。呜呼，哀哉！南海圣人，多方善疗，而梧鼠之技，不过于五，亦有时而穷矣。满人既不可欺，富贵既不可复，而反使炎、黄遗胄，受其蒙蔽，而缓于自立之图。惜乎！己既自迷，又使他人沦陷，岂直二缶钟惑而已乎？此吾所以不得不为之辨也。

若长素能跃然祇悔，奋厉朝气，内量资望，外审时势，以长素魁垒耆硕之誉闻于禹域，而弟子亦多言革命者,少一转移,不失为素王玄圣。后王有作,宣昭国光,则长素之像,屹立于星雾;长素之书,尊藏于石室;长素之迹,葆覆于金塔;长素之器,配崇于铜柱;抑亦可以尉荐矣。藉曰死权之念,过于殉名,少安无躁,以待新皇,虽长素已槁项黄馘,卓茂之尊荣,许靖之优养,犹可无操左契而获之。以视名实俱丧,为天下笑者,何如哉!书此,敬问起居不具。章炳麟白。

汤志钧编《章太炎政论选集》上册,中华书局1977年版,第194~208页

△ **本月,吕海寰密电要求查办拒法、拒俄运动领袖。**

《吕海寰乃敢与国民宣战耶》:

广西满洲之事起,各省皆驰电力争,天下汹汹,咸动公愤,中朝达官,类多不快,然无敢婴众怒以阻压之也。吕海寰方在上海,乃令上海道袁观海查办某某六人,袁姑诺之而不发,吕乃告苏抚恩寿督促之。于是请命于领事,许其逮人于租界,既得请矣,工部局不许,赫赫尚书之势力,遂不能于五里以内,然彼方日肆,鬼蜮事恐尚未已也。呜呼,今日之号称洋务能员、外交高手者,类皆有二大政策,一则鬻权卖地以献媚外人,一则联络洋官以摧刈志士,而要其唯一之宗旨,则曰外媚异族,内仇同种而已。吕某不知其何许人,但知其曾使欧洲,又知其会议商约,碌碌无所短长,曾无一事之表建,惟见其数年之间,骤躐通显而已。今忽欲逮捕志士,奋其大外交家之手段,崭然独露头角,然后知彼固外媚异族、内仇同种之一洋务能员、外交高手,其骤躐通显,固有由也。呜呼,欧洲民权之如何发达,诸国民敌之如何失败,度非彼大外交家所能知。然中国数年来之历史,彼固不能独无闻见,戊戌一摧压而有庚子,庚子一摧压而有今日,民心愈抑而愈奋,民气愈压而愈张,风潮之来,岂人力所能抵抗。吕某以一区区尚书之力,顾欲从荣禄、张之洞之后为国民之公敌。吕某宁知为国计,然自为计无矣太左耶,且外人要我利权,疆吏鬻我土地,我国民不能复忍,请政府拒勿许诺,其义至正,其词至顺,不知所谓罪也。若拒俄拒法而有罪,则鬻权卖地者固有功矣。或曰:"吕海寰与王之春同一主义。"今日此举固王之春所授意,将示威以箝天下之口者也,然则卖国者宁独一王之春乎哉?

《新民丛报》第32期

6月1日(五月初六日) 《苏报》正式宣布报纸改良。

1903年6月1日《苏报》载《本报大改良》:

本报发行之趣意,谅为阅者诸公所谬许,今后特于发论精当时议绝要之处,夹印二号字样,以发明本报之特色,而冀速感阅者之神经。

△ **本日,《苏报》发表论说《康有为》。**

1903年6月1日《苏报》载《康有为》:

日来有政府召逋臣康有为返国之一说,传闻于海上,是说也,余疑之。

甲说曰:康有为高官厚禄之思想,弥漫于脑筋,骤不可爬搔,而又惕息于戊戌之危机;奉数行之密诏,感泣至今,思得当以报于汉也。其所以谆谆于南洋士商,表政见于天下人士者,亦岂无病之呻吟哉?实欲间接以乞怜于满清政府耳,以为革命风潮日甚一日,而逋臣有为不敢幸恩,有用我者,决能打消全国之激徒而保圣清子孙万世之业,或满清政府闻而信之,故有是召。

乙说曰：康圣之号出，一切维新，皆目之曰康党，政府以为今日之风潮乃戊戌支流余裔。少年喜事，必康有为为之主动无疑，其所有之辨革命最近政见种种可怜之书，并未得一达满清政府之钧鉴，政府以为诛一有为，保可以解散革命之徒，而行所无事，遂欲谝之回国而杀之，故有是召。

二说也，皆能言之成理矣，然则孰为近，曰甲说于康有为之用心为近，乙说于满清之行政为近，二说余皆有取焉。要之康有为者开中国维新之幕，其功不可没，而近年之顷，则康有为于中国之前途，绝无影响，可断言也。何也？新水非故水，前沤续后沤，戊戌之保皇，不能行于庚子之勤王，庚子之勤王不能行于今后之革命，革命之宣告，殆已为全国之所公认，如铁案之不可移。而康有为偏奋其胡汉一家之辨，作天王明圣之谈，自负其开幕之功，欲强掣后生之动。呜呼，独不念今日之新社会，已少康有为立锥之地，必欲悍然不顾，抗如荼如火万颗之头颅，而崇奉无色无光一家之剑玺，吾诚不解其何心，倘政府不体谅其苦心，不以为德，而以为仇诳而屠之，则康有为摇尾于宰夫之前，殊不值通人一笑。若政府真援而用之，而康有为之或有所改革，以增进社会之幸福，亦未可知。而天下大势之所趋，其必经过一躺[趟]之革命，殆为中国前途万无可逃之例，康有为必欲为革命之反动力，则当今蚩蚩之辈，何所增减于一有为，特恐天下之激徒，将援先生所说春秋，责备贤者之法，欲得剸刃先生之腹而甘心焉。方今暗杀之风，正在萌芽，乃一试其锋者，不在反对婪毒之政府疆吏，而在为德不卒，认贼作子，维新首功之康有为，此亦无可奈何之事。夫政府之欲杀之也，在今日之召。革命党之欲杀之也，在异日之用。总之，康有为之生死问题，必为将来革命史之大注意，无疑也。虽然，政府之果召之与否，不可知，康有为之果应召与否，亦不可知，则吾今日之哓舌，其殆多事也欤？

6月2日(五月初七日)　《苏报》刊载《本报大注意》。

1903年6月2日《苏报》载《本报大注意》：

本报近来详于学界，颇承海内外君子之不弃，投函无虚日，愧无以荷。今特将"学界风潮"异常注重。论说之下，首隶此门，用以酬诸君子之雅望。又增列"舆论商榷"一种。凡诸君子以有关于学界、政界各条件，愿以己见藉本报公诸天下者，本报当恪守报馆为发表舆论之天职，敬与诸君子从长商榷，间亦忘其固陋，附有所陈，诸君子其匡我不逮，幸甚。本馆特白。

△ 本日，《苏报》发表论说《哀哉无国之民》。

1903年6月2日《苏报》载《哀哉无国之民》：

哀哉无国之民！印度人之羁勒于英也，犹太人之见逐于俄也，波兰人之被虐于俄若德也，其惨酷不可以笔尽。哀哉无国之民，亚洲之东有支那人焉。自昔而无国，其人非自相残杀，则任人残杀；非自相践踏，则任人残踏。乌呼，若历史，若新闻纸，岂不历历见此等事哉。然而其人也，方且自以为"吾大国"，其稍有知识者，则曰："吾国将亡。"其知识较多者，则曰："吾国之亡，已二百五十年矣。"如此类者，非糊涂则强颜，非谬误则假冒，要皆以非国为国者也。国者，有机体也，非徒人民之集合体，必其民一一有权利、有义务，无愧为有机体之一质点，而与其国之强弱荣辱，无几微不有密切之关系者也。问支那人有如是之一境乎？而猥曰"吾国吾国"。问支那历史中曾有如是之一说乎？而猥曰"吾二百五十年以前之国"。本自无国，何所谓亡？而乃蚩蚩然相与争亡不亡之目。哀哉无国之民，虽然支那人之不国信矣，而彼其“吾国吾国”云云者,不可谓非国之理想之端倪也。吾固不敢断其必不能以此理想见之实事,而突于二十世纪现一新建设之国于地球,然而吾必先考验所以建设此国材料如何,而后可以下断语也。请言支那人之材料:崇拜外人、为虎作伥,局促生计、不闻外事,彼方惨杀、此焉歌舞,此个人主义之凑于极端者也,其材料可以为禽兽;研究学业,簧鼓变法,而依赖根性,若出天赋,一则曰政府,再则曰政府,此个人主义之一变相也,其材料可以为奴隶;穿穴哲理,解剥世故,人类万变,无足逃其非难,而以矛刺盾,殆有甚焉,和光同尘,别有天地,此个人主义之又一变相也,其材料可以为倡优。排除此三类。而他求之尚有其人乎?曰:“有!若域内志士之一部分,若留学界志士之一部分,是已。”虽然吾尚惧其有热情无实力,有刚胆无手段也。吾不必远证,请言近日之现象,自广西之警,东三省之警,各地集议者数数,其结果,有所谓义勇队焉,有所谓军国民教育会焉。民族之关系,领土之关系,无一不触其感情。而将以见诸实事者,然而如石火如电光,即以广西之警,而论彼顽固之官吏,且以是为谣言。而所谓志士者,亦若以谣言,言而置之。求所谓身入虎穴,临机应变,如各国教士、日本黑龙会之举动者,无有焉。而近日外国报且言,法兵已入广西,而支那人毫无举动,且其报馆亦若其事已经无足置喙,置之谣言之列者,是何也?留学界联队之事,其初固个人交涉也,为刘某者,不能以个人与之致死。而既已付之公论矣。彼成城校长之冷语,参谋部之风说,是固不以人类视支那人者。返而思人类馆之事,返而思袒护蔡钧斥逐志士之事,彼固何尝以人类视支那人者?而乃伣伣伈伈以千人之社会,以一年数十万之学费,若不能回国自立学校者,若不能互相挹注以往欧美者,而甘受此呼尔蹴尔之教科,是何也?乌呼,岂其果所谓无实力、无手段者耶?抑其社会固自有实力、有手段,而非吾之浅识所能窥者耶?虽然,固不能禁吾之以思想自由、言论自由,而为之致疑也。嗟乎,犹太人之亡国也,尚以计学名于世界,二十世纪或占势力焉。印度之亡国也,割据自立者尚各数十年。波兰人之亡国也,尚有志士自立,而至今尚于虚无党之中,占一部焉。支那人日日言将为犹太、将为印度、将为波兰,吾览其可以胜国民之材料者,而不可得;仅仅得之,而犹不能使吾无惑焉。乌呼,其果能为犹太印度波兰之续也欤?哀哉!无国之民!

△ **本日,《苏报》“舆论商榷”栏登载来函,劝告爱国志士以大局为重,团结救国。**

1903年6月2日《苏报》载《自署方生者之致函》:

诸君主持清议,设立议会,开演说,究教育,以报国为宗旨,以拒外为义务,以振厉少年之精神为精神,固诸君所同然者也。稍有知识者,亦以为诸君所同然者也。惟是平和之与急进、破坏之与成全,则诸君不无稍异,我固知其舍此而外,别无意见者。然主义不同,尽可彼此晤谈,或一再函商,以期终归尽美,勿遽著论刊报,诋諆讪讽,攻击不已,则与报复,报复不已,则为仇敌外寇未入,而内讧先起,勿谓亡我国者欧人也。诸君诸君,凡百腐败,皆由吾党,戊戌政变,反噬者谁?静言思之,心痛骨悲,今日何日?国祸然眉,凡我国民,宜如何团结?非我父兄,则为子弟。略其形迹,去其意见,犹惧人心涣散,难于取拾。矧文明如诸君,热心爱国,同一目的如诸君,中外责望为先知先觉如诸君,岂可于小小团体中激烈竞争?诒守旧者重为口实,专以深闭固拒为事,以维新为大厉,国会未成,而党祸爆烈,勿谓亡我国者,政府也。诸君诸君,我非不知诸君之将来万不至此,诸君之所龂龂然不相下者,皆为大局起见,未必故意敲朴[扑],有意气存乎其间。然我莅申三日,尝闻有无稽之言曰:新党中某某与某某争权,某某与某某不睦,某某或中立,某某或首鼠,及见十八、十九中外日报及贵报,之传闻虽不尽实,其言要非无因。诸君诸君,今日何日,以素有名誉之人,一日互相抵牾,恐申报馆黄某扬波狂吠，内地人见之，则进化必多一阻力。何为重，不自量也。夫诸君，固我尸祝之社稷之者也，视为活佛者也，急切待命，故忘其言词之戆，敢布区区。

6月3日（五月初八日）《苏报》刊载清政府缉拿上海新党之相关评论。

1903年6月3日《苏报》载《查拿新党》：

昨日本报载有苏州官场文件及商约大臣吕海寰日前曾函告苏抚谓：数日前，上海租界中曾有所谓热心少年者，在张园聚众议事。请即设法将为首之人密拿严办云云。又载工部局近因各国驻沪领袖领事，已允上海道之照会，业经签名，拟将聚众会议为首之人拿办一节，今闻领袖领事虽已签字，而工部局未允许拿人，吾辈心窃喜之。盖一经工部局允许则中国官场将派差役纷来租界，查拿清白无罪之人。其过，不过在热心阻止外人之侵犯，而极图救其祖国之瓜分者耳。吾辈甚怪乎中国官场之愚鲁，与夫其自毙之政策，卒见使于久驻外邦无所表见之一吕海寰也。自本报访闻此事后，又得北京密电上海道严拿蔡吴汤钮新党四人。闻此亦吕海寰之所指名，即聚从会议之首领是也。吾辈逆料此辈清洁之人，必居租界之中，深愿此后善为保护之，而毋使中国官场有所暗算于彼等耳。总之，此皆侵犯个人自由之事，其生命必不能久居于文明发布之时代也（字林西报）

按：官场误会王之春之虚报肃清，深信借寇之确无其举，遂罪肇议之人为造谣生事，欲得而甘心。乌呼，彼特以此事之有无为斯人之罪状耳，万一果有其事，法兵已得广西，王之春无可捏之虚报，则官场又将持何主名以蔽罪志士？殆不可知。总之，官场者，皆自愿为三等奴隶，决不愿人稍不奴隶，有以别异于己。乌呼，何独一吕海寰，举国皆奴隶，举国皆盲哑，而乃一闻清议于西人之新闻记者，予欲无言，予欲无言！

△ 本日，《苏报》登载《本报大沙汰》，专注革命宣传。

1903年6月3日《苏报》载《本报大沙汰》：

本报务以单纯之议论，作时局之机关。所有各省及本埠之琐屑新闻，概不合本报之格，严从沙汰，以一旨归。其"时事要闻"中惟择其确有关系者罗列一二。另设"特别要闻"一门，亦不常置，如获紧要军报，于中国绝大关系等事，则尽前登列，间加按语，以质高明。阅者诸公或有以采录不备责本报者，本报当谨谢不敏。

6月4日（五月初九日）《苏报》刊载《西报论工部局保护新党事》，希望工部局保护"新党"。

1903年6月4日《苏报》载《西报论工部局保护新党事》：

近日闻中国政府又欲查拿新党，阻遏维新之机，此事本无足怪。盖三年前北京满族虽经历许多艰巨，蒙尘之耻，为时未远，然其恶根性□本未当少改，可断言也。近日之事实，吾等固已深知而熟悉，数礼拜前，因王之春欲借法兵法款，及其在广西种种腐败之政，数百辈最热心爱国最有进步之中国人住居租界者，尝屡次在张园集会演说，宣布王之春之劣迹。如彼等所称，乱匪者，业已扰乱数月，王抚非特不能荡平，且从而任匪劫掠；此等罪案，本昭昭然无可隐匿者。按王之春之为此，实因得贿，故意迁延，任匪猖獗，乃政府不加诘责，反听彼贿通吕海寰，从中袒护，现闻上海道得政府电谕，密拿在张园演说为首诸人严办等。□领袖领事不察实情，遽尔赞成上海道此举，且于该道所欲贴布租界之告示遽行签名，幸工部局尚能顾全中国一线之希望，坚拒此举。吾辈可信任工部局断不为物议所惑，而致改变其保护新党之初志也,吾辈望工部局暗中指明此事,使指嗾中国官场之吕海寰不能干涉。要之满清若辈老大顽固之人,断不能以情理折服,必用强硬手段,使之有所惧,而后可耳。吾辈更可信任工部局,苟万不得已,亦将求助于总领事。务使中国官场不能施其酷毒手段。而若辈可敬可爱之诸首领,不致遭官场之密拿,而受种种野蛮无礼之惨祸也。吾辈筹思已久,彼等可敬之住居租界诸人,必有一番表白之辞,能使之得特别之护照,及专在会审公堂询问之权利。如是庶可有欧人在场,亲观其判断之公正与否。静观此事,则将来终必出于此策。而上海工部局之名,更足增其公正清白之光荣也。

△ 本日,《苏报》报道康有为到达香港后南返。

1903年6月4日《苏报》载《康有为不返国》:

字林西报得香港号电云:康有为自得中国皇上召回之电,已于礼拜日由印度起程,乘法国书信船抵港,当由本港维新党中人告以此电系伪造,而康即乘轮南遁。

△ 本日,《苏报》转载《军国民教育会集捐启》。

1903年6月4日《苏报》载《军国民教育会集捐启》:

号天一恸,泪断肠绝,我中国其榛夷矣!虎狼强俄,不顾国际!甘为戎首,要求无厌,脔割任意,我中国其无人矣!旬日以来,警报纷至,众言确凿,万目怒张,属在同胞,孰不见之眦裂,闻而心痛乎?夫我中国自庚子以来,所以苟延残喘不即瓜分者,徒以列强势力相持,莫敢先发。今者炸弹爆矣,平和破矣。人之言曰:引绳而绝之,其绝必有处,东三省固其比例也。仆等自闻警信以来,废学弃业,寸心如割,女生童子,无不饮血投袂,甘为鬼雄,乃聚吾留学生而相与谋曰:俄人所以俎肉我者,固谓我必不能战耳。呜呼!我中国诚不能战。然我中国之所以不能战者,亦恐其战败亡国耳!又孰知今日之势,不战适足以促其速亡也。我苟不战,俄人必不容我不战;即俄人不与我战,英、美、日不得不与俄人战。俄人战胜,我固亡;英、美、日战而胜,我亦亡。亡一也,不战而亡,诚亡国之尤惨者,将并印度、波兰之不若矣。且东三省,固我之土地也,邻邦之仗执大义、拔刀相向者,果为我御灾捍患乎?抑有何德于我而出此乎?即不然,以我土地故,而听他人公然在我地开战,其主人乃缩鼻无一策,莫敢左右袒。呜呼!所谓主权者何在矣!吾不知四强开衅之后,我中国将视为对岸之火灾乎?抑引为剥肤之大痛乎?吾知其时,必不能不牵率而出于一战也。夫以强暴夺我之土地,我不先出死力以争之,其卒也,终为他人所牵率。而出于一战,则无论战胜战败,主动力固不在我,其结果仍不免于亡。故论今日之势,战与不战,亡一也,不如先战。且今日不战,终必不能不战,不如早战。抑今日不战,后且无从一战,尤不如急战。虽逆料至兵穷矢尽,一败涂地,犹不失为亡国之雄。而况英、美、日三国或不利我之亡。英、美于我腹地布置尚未周备,日本则有唇亡齿寒之虑。大厦一倾,孤木难支,日本知之甚审。夫此三国者,既不利我之亡,则又何能袖手旁观,一任俄人之独张其焰乎?凡兹大端,众谋划然,并于一辙。爰结敢死之士,为国民代表,而不惜牺牲此身。业已请于北洋大臣,又虑电文简略,不能尽抒所见也,公举同学二人,即日径发,驰赴天津,痛陈不战之危,而冀当路之听。苟宣战有日,则会员即分别出发,甘为前敌,万戮不辞。夫以我留学生之赤手空拳,一无凭藉,而谓可与最大之强国奋首一决,其不为世界所哄笑者几希!昔王蠋一布衣孤身耳,而沟渎自经,齐人且为之骇退;何况我留学生溃热血,冒白刃,岸然挟万死不返之心。即孱弱不能执戈,而效吴人之死士,自刭于军前,亦足为我母国之光,而见先人于地下矣。惟是出发期迫,需款孔繁,内外绅商大夫倘闻而哀之,悟身家之危急,谅祈死之苦衷,则毋吝援手,匡其不逮。今特遣同学赍书投前,不尽之忱,统由同学剖心沥肝,面达左右。谨启。

军国民教育会同人公启

△ **本日,东京军国民教育会女生开始学习救护课程。**

《记留学女生拟创赤十字社之缘起》(节录):

阴历五月初九日,女学生七人赤十字社笃志看护妇会功课开始,日本皇族、贵族甚欢迎之。其功课每月例课二次(四时),特别演习一次。虽皆乘学课之隙以从事,然甚踊跃,甚郑重也。并上书于贝子载振,请极力提倡。其书录如左:

日前晋谒,得领教言,以弱质爱国之忱,荷朱邸优湛之赐,感极而奋,不知所云。迩者在东留学生,以俄约日迫,一时忠愤,誓为鬼雄,已设立军国民教育会,练习体操,讲求战术,一有战事,志在效国。某等亦吾国之民,宇宙一苍赤,无一业之建树,是自外于生成,安怪数千年来女权之摧残凌迟,以至于今日也。当俄约警报达于东京,留学生等曼忱过虑,以为北方即有血战,佥欲克日归国,自效戎行。某等侘傺无诉,为母国垂亡,同胞且歼,弱质女子,生复何益!故亦公议随军北征,军中之事,虽不克任,而裹伤收死,缝纴具食,或能为之;即不得已,邂逅死所,附于国殇,亦足以塞天下女子之责。矢心若此,未敢少渝。日来各报所载,俄国以我政府之拒,稍稍自戢。吾国或藉此得乘旦夕之安,奋发淬厉,以图自振;学生等尤当因是以蓄七年之艾,力学积健,以期有为。此留学生等军国民教育会设立之旨,而女学生等赤十字社看护妇与会之因也。

《浙江潮》第5期

6月5日(五月初十日) 《苏报》报道清政府密令捉拿宣传革命人士和留学生。

1903年6月5日《苏报》:

字林西报载"本馆得有确实消息。王之春因被在沪绅商告发借法兵法款,且于张园集议抵议一节,特请政府密拿严办为首造谣煽动租界群众人。所欲捕拿者共六人,其中一系翰林,二系举人,一系商人,一系沙门,一系已辞职之某员,皆热心爱国之士也。吾辈访知有某大员在沪嗾使上海道,于彼等在张园演说时,即行禁止,并拿办诸首领等情;该道当时犹豫未决。迭经苏抚恩寿札饬该道查办,该道不得已遂出此策,惟推其祸原,实始于吕海寰也。"

1903年6月5日《苏报》:

蔡钧致端方电:"东京留学生结义勇队,计有二百余人,名为拒俄,实则革命。现已奔赴内地,务饬各州县严密查拿。"端即电告各督抚及海关税务司查拿,苏抚得电后拍案大叫曰:"此等举动明明又是一班富有会匪,拿获后务必正法,决不宽贷。"

1903年6月5日《苏报》:

密谕严拿留学生:顷由密友访来严拿留学生之密谕,略云前据御史参奏:东京留学生已尽化为革命党,不可不加防备。又云有一尚书某等奏亦略同,又云驻日本公使蔡钧来奏"此间革命党,业已组成军队,将托拒俄一事,分奔各地。前岁汉口唐才常一事,则托于勤王以谋革命,此则托拒俄以谋革命,其用意与唐才常相似,而党羽较密,训练尤严"各语,不胜诧异,国家养士二百载,自祖宗以来,深仁厚泽,姑置勿论。即如近年各直省地方,遇有水旱偏灾,无不立沛恩施,普行赈济。顷者乱离虽构,而乡会试亦不忍遽停。况本年于复试以后,又创行经济特科。国家待士既优,予以进身,又欲广其登庸之路。凡在食毛践土,具有天良,而乃不思报称,反言革命。似此则国家果何所负于该革命党?前已饬蔡钧、汪大燮,于在日本东京留学生举动,务加详察。各直省地方官,于日本游学生之返国者,亦暗为防堵,遍布耳目。昨据袁世凯密摺,内言东京留学生蓝天蔚等若干人,编辑数军,希图革命,其电该督臣之意,则又诡言俄患日深,求该督助其军火,在日本东京各学生,便可至东三省与俄人决战,情形叵测。就使本为忠义,然距义和团之日未久,亦深虞其有碍邦交。朕以为该学生等既反叛朝廷,朝廷亦不得妄为姑息。蔡钧、汪大燮,于在日本东京留学生,即可时侦动静。地方督抚,于各学生回国者,遇有行踪诡秘、访闻有革命本心者,即可随时获到,就地正法。然亦须分别首从,不得诬陷善良。此为朕万不得已,保全国本以固邦交至意,将此密谕蔡钧、汪大燮,及各省地方督抚咸共凛遵。钦此。

6月6日(五月十一日)　叶澜致信上海方面,说明军国民教育会特派员回国运动之原因和目的。

叶澜《军国民教育会致费善机(公直)函》:

公直先生惠鉴:

六月三号得阴历五月二日公函,读悉一是,谨将应属各事条具如左。

爱国学社前日寄来一祝词,极表同意,今虽闻特派员演说有不满意之处,但宗旨本同,所异在手段方法耳。盖本会之所以设特派员者,本为军队出发起见。若不疏通政府,则军队先不能出发,更有何目的之可达?后因俄事暂缓,且日人干预颇剧,故改名为军国民教育会,而同人心目中固无日不悬一出发之目的。今日宰割吾土者,岂止一强俄?虎狼环伺,祸至无日。幸遇无事,则可偷数日之生以实习军事上之知识;一旦有警,亦可直行无阻,以遂为国民牺牲之志愿。此特派员一事原出于万不得已,而非好为运动政府也。此中消息在诸君固已昭然,而内地诸公或有未明者,倘有举此相诘,务请将此意告之,则格阂自当冰释矣。

且不但此也,吾辈先日所作《集捐启》,亦注重拒俄、出发二事,而今日情形则又不同。难保内地同志不以此致疑,全仗运动诸君善为譬解,即以前言明白宣告,去其□怀,最为紧要。此层在诸君无烦嘱托,惟办事不嫌详细,故附赘于此。

吴、蔡两公事,得诸君信后,始知实在情形。现工部局既出头保护,似可无虑;且两江处已由湘中同人发公电为吴、蔡辨诬,请其慎重办理。本会以吴、蔡两公既为政府所深忌,则本会诸人亦同一辙,若与彼昏辩论,不但无益,而反触其忌,惟有坚忍不挠,始终与彼相持耳。吴君稚晖所属望于本会之言,恳切周挚,本会同人敢不努力!惟东京情形与沪上亦稍有不同:各人分居一也;学校功课不能荒弃二也;聚数百人排队操演,惊动日人耳目三也。故欲如爱国学社之整齐,势必有所不能,只可竭同人之心力,多劝人习体操,而不能行强迫之法也。至讲习一科,现已开始,所到人数亦不多,拟设法改为普通科,或易办耳。

内地志士于此事表同情者必多,此间亦接乌青镇学堂来函,嘱遍联内地学堂。故目下动机已发,诸君所到之处,必受人欢迎,且易联结。惟内地入会章程,前规则内未加注意,今思会员愈多愈妙,而内地会员又与此地不同,盖彼负义务而不能行本会之权利(如射击、讲习等),则待之必稍优异。今拟为内地会员第定一章程,俟拟好即行寄呈。诸君遇有热心志士,望先联络,不孤其望。

初四日续寄上三联单,由爱国学社转送,谅可詧收。此次已如数寄足,以后再将章程(已印就,因待内地入会章程,尚须迟数日呈上)、记事(即印一万册)续行寄呈。余俟后布,敬请台安!

军国民教育会职员公启

六月六日

杨天石、王学庄编《拒俄运动》,中国社会科学出版社 1979 年版,第 114 页

6 月 7 日(五月十二日)　军国民教育会开例会,报告回国运动情况,并通过部分章程。

《军国民教育会纪事》:

十二日(6 月 7 日),开例会于清风亭,宣告各特派员、运动员缄件,添举许君寿裳为书记员,定内地、外埠入会章程,改正会费章程。

杨天石、王学庄编《拒俄运动》,中国社会科学出版社 1979 年版,第 111 页

《军国民教育会内地及外埠入会章程》如下:

(一)凡入会者须认定本会宗旨。

(二)凡入会者须担当本会责任。

(三)入会之时,须由本会会员绍介。

(四)凡人数多至十人以上,得组织为本会支部;所拟支部规则与本部不相背谬者,本会得承认之。

(五)既为本会支部,凡关于课程一节,本部有代为经理并绍介教员之责。

(六)内地及外埠会员,均由本会寄与本会之各种出版物(如讲义报告等类)。

(七)凡关于会员之权利,与本部会员一体。

(八)会员会费用分交、总交二法:分交者,年二元四角,作两季分交。收处由本部指定。交满五年后,不再收会费。总交者,一次交十元以上,不再收费。

(九)既为会员,即由本会赠送徽章一枚。

(十)入会以后,如有违背本会宗旨,不合本会规则者,令其除名,并须缴回徽章。

杨天石、王学庄编《拒俄运动》,中国社会科学出版社 1979 年版,第 126 ~ 127 页

6 月 7、8 日(五月十二、十三日)　《苏报》刊发论说《论中国当道者皆革命党》。

1903 年 6 月 7、8 日《苏报》韩天民《论中国当道者皆革命党》:

公等亦知革命之为何作用乎?革命之说,中国则始于汤武。公等以为汤武之能革命乎?毋亦飞廉恶来之徒,自革其命也。

公等日日忧民党之谋革命,而公等日日筹商于密勿,序论于堂皇者,无在非革命之言,无件非革命之事,而猥谓人曰革命革命,是何异己对于死刑期之宣告,自署其名,而反谓人之将杀己也耶!公等勿以此言为骇怪也,请言公等之所为。

公等之所以嫁祸民党之所谓革命,抑知革命之界说乎?非中国人者,吾不论,若以为吾中国人凡有害中国之治安者,皆谓之革命,则中国命之已革也,已二百五十余年矣。公等皆为亡国之大夫,岂犹不知。如其知之,则吾所上公等之徽号,当必莫逆于心。若其不知,则自忘其所由来,而认贼作子,以自戕其同种,而取灭亡,公等亦何所用其悔,即前言自革其命者也。

今暂不与言革命之界说如何,而即事论之,则今革命党之确为公等无疑。前所报搜获军械,一由金山出口,一由上海入口,一在粤省内地者,报纸纷传,以为皆中国顽固官党所购之物。公等购办此种军械胡为者?

荣禄者,革命之党魁也。其门生走狗遍天下,一呼而百应,其篡夺之谋,至今日已毕露。

当时荣禄所据之兵,武术、虎神及神拳义民,号数十万,而为列强之所干涉,不遑而西窜,遂空送京津无辜之民及所谓神拳义民者数十万之头而已,仍据高位而无所于事。以公等拥一大学士之头目,手持数十万之军符,而竟不得实行其革命,而今日乃嗾及于二百人之留学生,何其长顾而却虑也。

留学生以只身远涉重洋,较之公等护卫之众,果何如者;寒苦而求学,较之公等挥霍国帑,果何如者;无权无力,较之公等王公疆吏,果何如者;且托德人输运军器,交通德政府,税务司赫德不敢言,公等得不知之乎?公等自为之,而反乘隙以媒孽学生,将谁欺?

王之春者,亦革命党中之魁桀,而公等之所袒护者也。已欲有所为而不能,乃假手于外人。留学生不过以王之春之将革命,大不利于中国,数人相与聚语而已,不料竟扰公等之清梦。语云,秀才造反,三年不成,公等抑何多虑如是之甚也。

呜呼!公等其无少见而多怪,患留学生真有革命之心则亦已矣。公等何必以己之所欲为,而奉敬于他人,得毋己将行其实,而使他人受其名乎?吾知之矣,公等以为不杀留学生,必将有妨吾之革命。不知此非计也,人本无杀人之心,而尔必授以刀,则或一启狼戾之心,而蔽刃于尔,则今日公等之大索留学生于海内处,正所谓庸人自扰之,而公等自失其头之日将不远也。

德寿之杀杨衢云也,自以为得计矣,而第二德寿之李桂芬,越岁而乃首其罪,今将刑矣。吾知德寿闻之,其神魂之震荡也,固已久矣。俞廉三在湖南,有人戏以某日将摘尔首,俞廉三惧甚,乃调卫队防夜无虚日,偶闻大堂之有声也,惊而索之,得一狗,乃曰,此狗亦革命党,立屠之。呜呼!德寿、俞廉三,皆公等之代表,而欲将来做番惊天动地之事业,而至如是之心虚而胆亏,是亦不可以已乎?

吾今一言以蔽之,革命者非他人之所能为也,其操纵纯在公等。公等今日欲革命则革命,明日欲革命则革命,不观之酿酒乎?酒为米所酿成也,果米自酿成乎?抑有所以酿成之药料乎?试问今日公等之所为,贪戾狠毒,横敛暴征,何在非酿成革命之药料。公等自备此药料,日施此药料,而乃归咎于此米之不应化为酒也,是何说也?

公等之欲严拿留学生也,是则实施此药料之手段也。其米之性质之或腐败不胜此药料,而不能造一种甘味之酒,或亦未可知。然公等皆贪生畏死之人也,留学生几次之聚语,已劳公等之飞电天下,中外互相知照,必欲得而甘心。则公等之胆肝如见,无论将来之结果如何,而公等今日必欲革命可知也。公等之欲革命,夫复何尤?公等之欲自革其命,夫复何尤?二百五十年前,中国之命已革,公等欲重革其命,夫复何尤?吾故号公等曰革命党。

公等亦知俄国有所谓虚无党者乎?公等不读世界史,固无从而知之,吾今言之,公等谅未有不心悬而胆吊者。盖虚无党之性质,专以暗杀为事,一杀不得而再杀、再杀不得而三杀,以第一专制之俄国,第一专制皇帝之亚历山第二,卒以八次而刺死于车中,其他俄国政府以及外任大小之贪官婪吏,几于无日不摘其头数颗,而虚无党之势力亦浸盛。

虚无党之所以盛者,非虚无党之自能盛也,有所以盛之者也。所以盛之者,即在俄国专制政府日捕虚无党而杀之之故。

何以知其然也?虚无党员,有时亦要求政府某种某种之自由权,政府若许诺之,吾辈决不为粗暴之举,而政府不听,转行其专制,是政府不啻制造虚无党也。制造虚无党,即不啻自为虚无党,亦犹公等今日之制造革命党,即不啻自为革命党也。公等之所谓革命党,吾亦保无虚无党之手段之能力也,公等不必不释于怀,不过以公等制造之手段之能力,难保俄国虚无党之影片,不一放照于支那帝国之民间也,公等当熟思之。公等果何必为革命党之元勋,效死以开其幕，而妄欲享坐其第一交椅也耶？

俄国虚无党既弥漫于全国，官吏中有知其不免，遂入党籍以自保者，故今谓俄国官场皆虚无党，非妄言也。公等不忆庚子之役，两湖后党所搜勤王党之名册，有某某尚、侍，某某道、府，后党惧株累其同官而付之一炬乎？故公等实不得不谓之革命党，亦无容深讳者也。

虽然，吾谓公等之革命，乃复杂之革命，非单纯之革命，有依附荣禄行其篡弑而革一人之命者；有依附汉人强满人亡之主义，而欲革汉人之命者；有依附宁与外人不与家奴之主义，而欲革中国之命者，种种革命，皆公等之所欲拿之革命党之反对。呜呼！吾今痛告公等，公等不欲为此之革命，民党亦断不为彼之革命。公等必欲为此之革命，则好自为之，吾决反对党之手段之能力，不如公等。不过，公等之手段之能力，未始不足为反对党之手段之能力之一助。如得公等之此一助，而有反对党所谓革命之实行，则公等确为革命党效死之元勋，为群革命党之所崇拜，此所以号公等为革命党者也。

6月8日(五月十三日)　张之洞致电梁鼎芬，要其劝谕鄂籍学生"守法率教，专心力学"，免贻顽固派口实。

《致武昌梁太守》(光绪二十九年五月十三日子刻发)：

鄙人入对时，屡经面奏，并与当道诸公力言学生须优予进身之阶，方足以鼓舞人才，广兴学校。现正筹议办法，而东洋、上海学生狂澜大起，京城大学堂亦复嚣然不靖，致京朝官交口诟病，多方阻挠。鄙人竭力与诸人辩论，不可因噎废食，不知究能胜否。务望剀切劝谕诸学生守法率教，专心力学，万勿为浮言所动，循学堂本分，尽学堂实功，保全湖北学生声名，俾鄙人得以有辞于排阻学堂诸人，至为跂望。若诸生稍有不谨，流播日广，则顽固者益得逞其阻力，恐天下学堂永无振兴之望，中国永无自强之机矣，岂不可痛。请转达午帅，并告胜之、悔轩诸君。文。

国家清史编纂委员会·文献丛刊《张之洞全集》(11)，武汉出版社2008年版，第91页

6月9日(五月十四日)　《苏报》刊载论说《读〈革命军〉》。

1903年6月9日《苏报》爱读《革命军》者(章士钊)《读〈革命军〉》：

今日之有心人，虑无不言教育普及。教育普及诚善矣，虽然，吾不知其所欲普及之教育，其内容果奚若？将曰求知识耶？练技能耶？非普通之人所不可缺者耶？顾其不可缺也，犹之目之视、耳之听、口之言、手之执，为器械之运动，受动者而非主动者也。主动之权，在乎其脑。其脑而野蛮与其耳目手口与之为野蛮之举动；其脑而文明与其耳目手口亦与之为文明之举动。知识技能之于主义也亦然。奴隶主义者，以其知识技能尽奴隶之职；国民主义者，以其知识技能尽国民之职。夫以奴隶主义之人，而增其知识，练其技能，则适足以保守其奴隶之范围，完全其奴隶之伎俩，将使奴隶根性，永不可拔。是岂非教育界之罪人，而我国民之公敌哉！居今日我国而言教育普及，惟在导之脱奴隶就国民。脱奴隶就国民如何？曰革命。

虽然，革命者，欧洲前世纪之产物，而近十年来，始稍稍输灌其思想于我国者也。求之我国历史，自汤武以来，一切惨剧，或成或败，无不始于盗贼之计，持以噢咻之术，要以奴隶人为目的，无一足以当今之所谓革命者。以此奴隶根性深固之人，而骤更其地位，如戒鸦片，如劝不缠足，殆无不扞格者。呜呼，此其所以待教育也！

教育之术，在因其所已知，而进以所未知，因其潜势力，而导之以发达。吾国乡曲之间，妇孺之口，莫不有"男降女不降"、"老降少不降"、"生降死不降"之谚。而见满人者，无不呼

为"鞑子",与呼西洋人为"鬼子"者同。是仇满之见,固普通之人所知也。而今日世袭君主者,满人;占贵族之特权者,满人;驻防各省以压制奴隶者,满人。夫革命之事,亦岂有外乎去世袭君主、排贵族特权、复一切压制之策者乎?是以排满之见,实足为革命之潜势力,而今日革命者,所必不能不经之一途也。居今日而言教育普及,又孰有外于导普通仇满之思想者乎?然使仅仅以仇满为目的,而不输灌以国民主义,则风潮所及,将使人人有自命秦政、朱元璋之志,而侥幸集事,自相奴畜,非酿成第二革命不止。又使艰深其文,微隐其旨,以供成学治国闻者之循玩,则亦与普及之义相背驰矣。

卓哉!邹氏之《革命军》也,以国民主义为干,以仇满为用,捋撦往事,根极公理,驱以犀利之笔,达以浅直之词。虽顽懦之夫,目睹其字,耳闻其语,则罔不面赤耳热心跳肺张,作拔剑砍地、奋身入海之状。呜呼,此诚今日国民教育之第一教科书也。李商隐于韩碑,愿书万本诵万遍,吾于此书亦云。

△ 本日,《苏报》在《新书介绍》栏刊登《革命军》广告。

1903年6月9日《苏报》:

《革命军》凡七章,首绪论,次革命之原因,次革命之教育,次革命必剖清人种,次革命必先去奴隶之根性,次革命独立之大义,次结论,约二万言,章炳麟为之序。其宗旨专在驱除满族,光复中国。笔极犀利,文极沉痛,稍有种族思想者,读之当无不拔剑起舞,发冲眉竖。若能以此书普及四万万人之脑海,中国当兴也勃焉。是所望于读《革命军》者。

6月10日(五月十五日) 《苏报》发表章太炎《序〈革命军〉》文。

1903年6月10日《苏报》余杭章炳麟《序〈革命军〉》:

蜀邹容为《革命军》方二万言,示余曰:欲以立懦夫,定民志,故辞多恣肆,无所回避,然得无恶其不文耶?余曰:凡事之败,在有其唱者而莫与为和,其攻击者且千百辈,故仇敌之空言,足以堕[隳]吾实事。

夫中国吞噬于逆胡已二百六十年矣,宰割之酷,诈暴之工,人人所身受,当无不昌言革命。然自乾隆以往,尚有吕留良、曾静、齐周华等持正议以振聋俗,自尔遂寂泊无所闻,吾观洪氏之举义师,起而与为敌者,曾、李则柔煦小人,左宗棠喜功名乐战事,徒欲为人策使,顾勿问其韪非枉直,斯固无足论者。乃如罗、彭、邵、刘之伦,皆笃行有道士也,其所操持,不洛、闽而金溪、余姚。衡阳之《黄书》,日在几阁,孝弟之行,华戎之辨,仇国之痛,作乱犯上之戒,宜一切习闻之。卒其行事,乃相紾戾如彼!材者,张其角牙以覆宗国;其次即以身家殉满洲,乐文采者,则相与鼓吹之。无他,悖德逆伦,并为一谈,牢不可破,故虽有衡阳之书,而视之若无见也。然则洪氏之败,不尽由计画失所,正以空言足与为难耳!

今者风俗臭味少变更矣,然其痛心疾首,恳恳必以逐满为职志者,虑不数人。数人者,文墨议论,又往往务为温藉,不欲以跳踉搏跃言之,虽余亦不免是也。

嗟乎!世皆嚚昧而不知话言,主文讽切,勿为动容,不震以雷霆之声,其能化者几何?异时义师再举,其必堕于众口之不俚,既可知矣。今容为是书,壹以叫咷恣言,发其慚恚,虽嚚昧若罗、彭诸子,诵之犹当流汗祗悔,以是为义师先声,庶几民无异志,而材士亦知所返乎!若夫屠沽负贩之徒,利其径直易知而能恢发智识,则其所化远矣。藉非不文,何以致是也!抑吾闻之,同族相代,谓之革命;异族攘窃,谓之灭亡。改制同族,谓之革命;驱除异族,谓之光复。今中国既灭亡于逆胡,所当谋者光复也,非革命云尔。容之署斯名,何哉?谅以其所规画,不仅驱除异族而已,虽政教学术、礼俗材性,犹有当革者焉,故大言之曰革命也。

共和二千七百四十四年四月余杭章炳麟序

6月11日(五月十六日)　安徽官场传出清廷将查禁革命书刊。

1903年6月11日《申报》:

安庆访事人云:迩闻官场中人,传述日前安徽巡抚诚果泉中丞接奉京师政府来电,内开:近时市中所出《革命军马前卒》及《浙江潮》等书,谤毁宫廷,大逆不道,着即严拿究办等因。遵即发出四百里排单,通饬各属一体查禁,以除反侧,而正人心。

△ 本日,梁启超访问美国国务卿海约翰。

梁启超《新大陆游记》:

十六日访外务大臣约翰海氏于其家,谈两点余钟。语以中国朝局真相,及一二年来民间之思潮,海氏皆若不胜其骇者,劝著一书以谂欧美人。许之,病未能也。海氏号称美国第一政治家,任国务卿兼外务大臣者将十年,近年美国对外政策多由彼主持。彼又为余言,彼向持中国可以扶植之论,虽同僚亦多非笑之者,今见余,且闻余言,益自信其所见之不谬。余闻之,深为我祖国悲惭,唯唯而已。濒行,殷殷以常通信相嘱,亦有心人也。其人沉默廉悍,一望而知为外交老手。

梁启超《新大陆游记》,《新民丛报临时增刊》1904年版,第86~87页

6月12、13日(五月十七、十八日)　《苏报》连续登载《驳〈革命驳议〉》,反驳康有为《革命驳议》。

1903年6月12、13日《苏报》汉种之中一汉种《驳〈革命驳议〉》:

昨读某报《革命驳议》,自谓主张维新,而不主张革命,大致以今日革命之难,一在外界干涉,一在内容腐败,故不如降心壹志,研究实学,以为异日辅佐君国,兴起宗邦之用。语多鹘突,未能分析明了,不知异日获用,将以立宪政体,辅佐君国、兴起宗邦乎?抑将小小变法,补苴罅漏,而遂可以辅佐君国、兴起宗邦乎?若仅变法而已,康有为戊戌之事,成鉴未远,诚使胡雏就戮,明辟当阳,百日新政,延至百岁,而外人之侵犯国权,要求割地,果能御之与否?若言立宪,其报既知人心腐败,以凿井耕田为本分,输租纳税为常识,初不知何者为自由,何者为不自由矣,而欲其决议税则,规复权利,此又必不可得之数也。夫小小变法,不过欺饰观听,而无救于中国之亡。立宪足以救中国之亡,又非不知自由者所能就。然则研究实学果安所用耶?

然而维新之极点,则必以立宪为归矣。彼所以侈陈维新,讳言革命者,非谓革命之举,必伏尸百万,流血千里,大蹂大抟,以与凶顽争命,而维新可从容晏坐以得之耶?夫各国新政,无不从革命而成。意大利、匈牙利之轰轰烈烈,百折不回,放万丈光芒于历史者,无论矣。英伦三岛,非以不成文宪章与宪政祖国之名,自豪于大地者乎?然一千二百十五年之革命何如?一千四百八十五年之革命何如?一千八百三十二年之革命又何如?使英人而不革命,则一土耳其耳!东睨日本,非以皇统绵绵,万世一系,贡媚言于其君主者乎?然萨、长二蕃,尊王覆幕之革命何如?西乡、南洲、鹿儿岛之革命又何如?使日本而不革命,则一朝鲜耳。然则革命与维新,又何择焉?

某报言论,洋洒万千,而莠言荧听,最足破众庶之胆,而短英雄之气者,则曰外人干涉而

已。夫干涉亦何足惧？使革命思想能普及全国，人人挟一不自由毋宁死之主义，以自立于抟搏大地之上，与文明公敌相周旋，而炎、黄之胄，冠带之伦，遗裔犹多，虽举扬州十日、嘉定万家之惨剧，重演于二十世纪之舞台，未必能尽歼我种族。不然，逆天演物竞之风潮，处不适宜之位置，奴隶唯命，牛马唯命，亦终蹈红夷棕蛮之覆辙而已！菲立宾前事，尤吾党所捶胸泣血、饮恨终夕者也。虽然，以阿圭拿度之英杰，菲国国民之义愤，今虽茹辛含苦，暂为强敌所屈伏，而仰视天，俯视地，咄咄书空之情态，殆不可以一日已。黄河伏流，一泻千里，大地风云，朝不谋夕。吾敢昌言曰：十年以后，太平洋中，无复美利坚人之殖民政略矣。即不然，而当日义旗一指，千里从风。西班牙九世之仇，亦既扫荡无余，不犹愈于伈伈伣伣，长为奴隶者乎？

彼谓乡村富户，值群盗在门之时，其主人与仆从，唯有齐心协力，抵御外侮。若两造同室操戈，先已筋疲力尽，迨至群盗破门而入，即更不复能抵御，此固一定之理矣。吾不知彼之所谓主人与奴隶者，将何所指乎？夫中国国民同为全国之主人翁，若今之政府，不能尽公仆之天责，而反摧夷辱戮我民以为快，直群盗之尤无赖者耳。内盗不去，盘堂踞奥，而嚣嚣然曰："拒外盗，拒外盗！"缚手足而与人斗，乌可胜乎？

且彼既排革命而主张维新矣，而维新终未可从容晏坐以得之，则仍不得不望诸民党之崛起。彼政府之仇视我也，见我民之稍有气节，稍有举动者，莫不欲得而甘心。又岂知革命与维新之有别哉？唐才常昌言勤王，而伏尸鄂市；日本留学生以服从政府为主义，而下诏大索海内；况维新、革命，相去不能以寸乎？吾知一旦宪政党出现于中国，而政府之追讨，外人之干涉，犹如故也。夫低首下心，以求所谓维新者而终不成，何如昌言革命，反有万一之希冀哉！

彼谓中国之民未有怨政府之心，不可以言革命。夫我国民岂生而具奴隶之性质、牛马之资格，任政府之食吾毛、践我土而不动于心哉？毋亦智识未开，浸淫于四千年来之邪说，而号称提倡民权如某报者，复从而益之，上天下泽，名分等严，虽有怨尤，莫如之何耳！使有人决此藩篱，昌明大义，二十世纪之中国，何讵不如十九世纪之欧洲乎？然则彼所谓"明目张胆，于稠人广众之中，公言不讳，并登诸报章，以期千人之共见"者，正以中国国民未知革命，而求所以知之之道耳。

彼谓联络会党，殊不足恃，而引拳匪为鉴。夫拳匪之事，岂可与革命党同日语哉！彼挟一"扶清灭洋"之宗旨，既可以皇汉之贵种，而靦然自称大清之顺民，帖耳俯首，受治异族，无复廉耻矣。又何不可以为大英、大法、大日本之顺民乎？能为张氏奴，亦必能为李氏奴，性质如此，无足怪者。而遽以区区少数，并多数之未必如是者，而同类并讥之，亦謷言而已。

抑今日之主张革命者，虽词严义正，不必如某报所谓彼亦一是非，此亦一是非，而阳和之韵，不入里耳，逞臆为谈，犹多歧路。无已，请比较革命立宪之难易，还以商榷之义，与海内外人士质之，可乎？革命之举，虽事体重大，然诚得数千百铮铮之民党，遍置中外，而有一聪明睿知之大人，率而用之，攘臂一呼，四海响应，推倒政府，驱除异族。及大功告成，天下已定，而后实行其共和主义之政策，恢复我完全无缺之金瓯，则所革者，政治之命耳，而社会之命，未始不随之而革也。若夫维新，则必以立宪为始基；立宪则必以人人能守自治之法律，人人能有担任宪政之资格，然后得以公布宪法，为举国所同认。今以数千年遗下懦弱疲玩之社会性质，俯首屏息于专制政体之下，一旦欲其勃焉而兴，胥人人而革之，以进于光明伟大立宪国之国民，吾恐迟之十年、数十年后，仍不能睹效于万一，而中国之亡，已亟不能待。况满清政府之初无立宪思想乎？

夫对此扞格不谋之敌[政]体，出此迂远无补之希望，如醉如痴，如梦如寐，外人乃朝换一约，暮索一款，伺我内情之懈弛，徐行其扩张权利之计，使我膏涸血竭，财穷智绌，遍国人无能为抵御之策，而彼乃印度我、波兰我，支那大陆，永永陆沉，吾不知行立宪主义者，尚足以救波兰、印度之亡耶？无奋雷之猛迅，则万蛰不苏，无蒲牢之怒吼，则晨梦不醒。无掀天揭地之革命军，则民族主义不伸。民族主义不伸，而欲吾四万万同胞，一其耳目，齐其手足，群其心力，以与眈眈列强竞争于二十世纪之大舞台，吾未闻举国以从也。

彼又谓中国一隅之地，往往彼焉怨咨，此焉讴歌，至证以科举之丑态，厘金亩捐之弊政，是真大惑不解者矣。科举者，愚民之术，有志之士，不入其彀中。即以常人言之，获者不过少数，而不获者仍是多数，是固讴歌少而怨咨多也。厘金亩捐，凿损元气，举国皆蒙其害。况于生物成物运物之农工商，随在有密切之关系，吾未闻工商受厘金之酷虐，而农者讴歌于野；而农者受亩捐之勒派，而工商讴歌于市。虽有讴歌，亦如哭泣痛苦之中，暂而饮酒以慰无聊而已！及其既醒，则怨咨如故也。此何足为独倡寡和，不能革命之证哉！

总之，国民与政府，立于对待之地者也。革命之权，国民操之。欲革命竟革命。维新之权，非国民操之，不操其权，而强聒于政府，亦终难躐此革命之一大阶级也。悲夫！放弃国民之天职，而率其四万万神明之同胞，以仰一异种胡儿之鼻息，是又昌言维新者所挟以自豪乎？无量头颅无量血，即造成我新中国前途之资料。畏闻革命者，请先饮汝以一卮血酒，以壮君之胆，毋再饶舌，徒乱乃公意。

编者按：此文作者说法有异，柳亚子在《五十七年》中说："《苏报》的社论，以锋利出名。记得我也曾写过小半篇，题目是《驳〈革命驳议〉》。原来这时候上海的老牌报纸《新闻报》，是反对革命的，发表了一篇《革命驳议》。太炎先生见了，主张还敬他们一下。于是他老先生起了一个头，叫我和蔡姑丈接下去。最后的收梢，却是蔚丹的。"（柳亚子著，郭长海、金菊贞编《柳亚子文集补编》，社科文献出版社2004年版，第5页）此说似较接近事实。

△ 本日，梁启超访问美国总统罗斯福。

梁启超《新大陆游记》：

十七日访大统领卢斯福于白宫。时卢氏巡行国内初归，坐客阗溢。导余别室，会晤约两刻。无甚深谈，惟言常接我会电报，且见章程，深佩其宗旨及其热诚。祝此会将来有转移中国之势力，且祝其现在有转移美国华侨之势力云云。又言，深以未得见康南海为憾事，嘱余代致意。且嘱有欲陈之言，悉告海氏，与彼无异云。

梁启超《新大陆游记》，《新民丛报临时增刊》1904年版，第87页

6月13日（五月十八日） 中国教育会开评议会，正式讨论与爱国学社主次关系问题，遂终导致会社分立。

蔡元培《蔡元培口述传略》：

方爱国学社之初设也，经费极支绌。其后名誉大起，捐款者渐多，而其中高材生，别招小学生徒，授以英、算，所收学费，亦足充社费之一部。于是学社勉可支持，而其款皆由中国教育会经理，社员有以是为不便者，为学社独立之计划，布其意见于学社之月刊。是时会中已改举乌目山僧为会长，而孑民为副会长与评议长，于是开评议会议之。孑民主张听学社独立，谓鉴于梁卓如与汪穰卿争《时务报》，卒之两方面均无结果，而徒授反对党以口实。乌目山僧赞成之，揭一文于《苏报》，贺爱国学社独立，而社员亦布《敬谢中国教育会》一文以答之。此问题已解决矣。而章太炎君不以为然，以前次评议会为少数者之意见，则以函电招离沪之评议员来，重行提议，多数反对学社独立。孑民以是辞副会长及评议长，而会员即举章君以代之。于是孑民不与闻爱国学社事矣。

蔡建国编《蔡元培先生纪念集》，中华书局1984年版，第253页

吴稚晖《回忆蒋竹庄先生之回忆》:

据我所知,癸卯三月以前,会与社同心一致对外。三月以后,社员便添印《童子世界》,稍稍语侵会员。据说因为章太炎无事,终日在账房聚二三会员闲谈,有所批评,其有力分子,即金松岑与某某等。金松岑者,有天在张园演说方罢,朱葆三欲与余谈话,适蒋先生介金相晤,余忙迫,仅一点首,当时即见其怫然。是晚知金系名士,竭意补救,彼终落落。故毕等剧谈于账房,余从未参加。止觉账房与《童子世界》,颇有暗潮而已。

……

(13日)夜八时,据说要开评议会。到的人是,会方有蔡孑民、王小绪、汪允宗、宗仰、章太炎、张溥泉等。社方有穆杼斋、贝季眉、敖梦姜、胡敦复、曹惠群、沈步洲、何梅士等。余亦当然出席。坐定,溥泉即出一纸传观,所说的,便是确定主体。于是双方发言,或说会是主体,社是附属品;或说号召皆用社,会是附属品。余恃其滑稽态度,久久无言。心念此时房钱已欠两月,外款不再有,官场刻刻捕人,尚争主属,真是可笑。大约尚存数百元之校具,即为可争之目的物(即蒋先生朋友告诉他,章太炎要骂吴稚晖阴谋篡夺者)。各人支吾已久,余不耐,即出其尖刻之语曰:"大家争什么,其内容不过一副校具而已。"语甫毕,蔡先生变其向来和平之态度,鄙余言之无聊,忿然曰:"何至于此呢?"立即起去曰:"我本要上德国留学去,我辞去会事社事。"语罢,即出。余却颇怀惭,遂各散。

《东方杂志》第33卷第1期

《爱国学社之主人翁》(节录):

四月二十八日,中国教育会开月会于张园,来宾某君演说,有"教育会立爱国学社"等语。噫,人也,何其冥顽不灵一至此耶?去岁南洋公学之破坏,稍有脑筋者当能知之;爱国学社之建设,稍有脑筋者亦有能知之。诸此惊天动地,空前绝后之奇剧,而不一问其演剧之主人,人纵无心,曷至于此?虽然,吾知彼必当所藉口也,吾将辨之使彼无所置喙。

一　教育会捐助经费也,爱国学社初成立,一时同志慨助财力者,颇不乏人,而教育会诸君尤热心赞助,学社之得持久,吾不敢不归功若辈。虽然,学社果教育会所立乎?如其然也,则教育会所捐助之款与他人之款,有何殊异?教育会既可为学社之主人,则凡赞成学社成立者皆将为其主人。何怪乎某某之侄以"我立爱国学社"一语自骄于日本也(某某曾允捐助洋二千元)。

一　学社社员多兼教育会会员也。学社与教育会诸君宗旨相同,臭味相亲,其乐为会员也,固宜。然学社自学社,教育会自教育会,二者各有界限,不可混而一之也。使因学社诸君多兼为会员,而即以学社为教育会所有,则教育会会员,学社诸君占其多数,何独不可以教育会为学社所有乎?彼不知情势者,竟昧然而出此言矣,而学社诸君固明于公理,不肯出此也。总而言之,爱国学社与教育会者,平等之二团体也。同声相应,同气相求,有密切之关系,教育会赞助学社,学社亦未始不赞助教育会也。学社之成立,为中国学界前途放一线之光明,凡我国民皆有赞助之义务;而况乎同心同德之教育会?教育会诸君并未居功,而某君肆口妄议,出此大谬不通之语,是重诬教育会也。吾知教育会诸君多明于权限,若蔡君鹤钦,若吴君稚晖,若蒋君观云等,更以侵人权限为大耻,闻某君之言,其亦有以一雪此耻乎?

《童子世界》第32期

1903年6月19日《苏报》爱国学社社员《敬谢教育会》:

爱国学社之历史,人所共知也。公学退学生组织之力不足,求助于教育会。开校后,教育会慨然任经济无难色,自冬徂夏,苛赀经营,今者学社独立矣!敢布数言,以志谢忱,并以释全国学界之疑虑。

教育会与学社固无畛域之可分也，其精神同，其宗旨同，其所以为祖国谋者无不同。就现在情势论之，全国社会腐败不可究诘，所恃为前途之光线者，惟此教育会，惟此学社，使通力合作，得尺进尺，得寸进寸，以笔书，以舌唤，以泪零，靳为我国民下一针砭，异日联合大团发达目的，而利用其精神，他人之目视而手指者，固已馨香祝我，英雄拟我，而此团方将有加靡，既扶植社会，培养魂魄，□券可待。今乃离而为二□，固非教育会诸君赞助学社时所能悬料，而亦非学社同人所敢自必也。而旁观者闻是则不瞿[惧]然惊，必涣然笑，否则诧然疑。惊□[者]将曰：是乌为者夫？岂宗旨不相合耶？笑者将曰：有始无终，吾固早料及此矣。疑者则搔首踟躇，不知底蕴。总之，有心人固未有不以救国大问题相询者也。噫！同人自负，男士志在四方，宁肯出此，使意灰心撒手，无复留恋，则奚必有此爱国学社？奚必有此教育会？同人行事，或有招致物议之处，诚不敢自讳，诚不敢自信，惟冀此心此志，皎如天日，自问可告无罪于社会而已。然更有进焉者，形式不能无殊异，情实不能无彼此，同人与教育会何敢有芥蒂？何敢判主客？且同人非无入教育会者，何敢畸轻畸重？惟自外人观之，则传讹衍误，真相悉掩，谅莫不谓同人依赖教育会，非社员之教育会。诸君又复热心沸血，以与同人朝夕谋进步。人非木石，宁不知感奋？虽诸君成功不居，同人又曷敢恝然无介于怀耶？使竟长此享受焉。教育会诸君之心力容不至殚竭，而此依赖之恶名誉，将永为同人所肩荷而顶负矣。顾此七尺躯，岂不欲于盘涡中分任艰巨？乃并此小病而不能洗刷，其乌能更有所事？在建此学社之初，同人志不在依赖教育会，亦何尝乐为人所依赖？此退学生皆入教育会，□泯□界限，今竟如此，则依赖之形式之足贻人口实，又何怪无言者？然则此依赖之名词，同人于无意中自召之，曷敢辜负苦心人长令璧瑕圭玷显然呈露耶？总之，谓前日之事为依赖，同人所不任受；即以今日之事为独立，同人更不敢以不受人怜之言自号于众也。知我者惟今日罪我者，惟今日慨此苦心孤诣，识者早窥见，愚者不察，而以破坏团体相责，同人有泪不敢弹，有涕不敢零，有言不敢告，苦也！茹之辛也！吞之已耳！海内外有与我同情者乎？愿剖心见肺，一自表白矣。此一分也，非分其精神也，分其形式也。就表面观之，则会自会，学社自学社，即使有兼立于会与社之两点，有固不能强合。然就精神上计之，则教育会固不欲忘情于学社，学社又曷敢自外于教育会？睹此风驰雨骤，涛高波急，国魂沉沉，国脉奄奄之时局，责任弥重，心力憔瘁。然同人不揣菲薄，尚欲于东亚大陆建立一无上之法团，而又安忍听大团之涣如云烟耶？往者不悔，来者可追，我同志其毋自暇自逸，我同志其毋狐疑犹豫，幸毋令行所无事之同人，为同声一哭之同人也。异日在外之教育会诸君，勉为外界谋成立，同人入则为奥援，出则为臂助，愿我同志拭目以俟，同人敢三呼以对教育会曰：敬谢！敬谢！敬谢！

1903年6月25日《苏报》乌目山僧《贺爱国学社之独立》：

仆花贡优昙，歌唱爱国。午忭鼓掌，以敬贺吾爱国学社独立之诸君，以崇拜吾中国未来主人翁之诸君。顷读诸君《敬谢教育会》之文，仆始而疑，继自释，然未敢自必，仍以质之诸君。夫诸君子之树独立帜，岂今日始为高矗于亚陆，招飏于云表耶？岂诸君已忘其在公学时，挝涂毒鼓，击自由钟，坚心忍性，毅然决然，脱奴隶之羁轭，为学界革命军之先锋？于去冬月之十七日，创建爱国学社，轰轰烈烈，影响普及全国之一大纪念耶？仆知诸君非忘之也。其以退公学时，惟完具独立之资格，尚困难于独立之经济，如哥仑布之脑中，虽印一亚美利加，而未遇西班牙之女王，未由发见其脑中所印之新大陆也。于是诸君曾求助于教育会，均其财力，共相组织，以发见[起]此爱国学社。以是因缘，故曰今者学社独立矣，敬谢教育会。然教育会奚敢受此敬谢之名词哉？夫教育会岂遽产铜山，育金矿，富有四海，而为此慷慨之美举,以助诸君所能?赞成诸君者,惟荷教育会之责任,与夫尽教育会之义务。全体之会员耳,以一双赤手,方寸血忱,而运动吾同胞之资财,以尽其国民一分子之义务而已。诸君奚必感情于教育会,而致此谢忱?借曰谢教育会,即谢全体之赞成员。然则诸君皆教育会之会员,俱肩发达教育会之责任,与委身于教育会之义务,而作此敬谢之名词,兀岂非自成其功而自谢之乎?然而诸君今日曰独立,仆亦胡为而作此贺耶?此仆之贺吾爱国学社独立者,即贺吾中国教育会之发达也。总之教育会与学社犹形式之分手足,名虽有殊,而捉奔运转同一体也,况诸君所谓精神同,宗旨同,其所以为祖国谋者无不同乎?仆更有进者,诸君今日曰独立,非立于亚洲之东,亡国之陆,愁云惨雾,奄昧沉昏,不见天日之一时局乎?非立于同胞破败,道德堕落,朋党倾轧,任人残杀,无有机体之一质点乎?嗟嗟!龙潜雨晦,狮睡陆沉,洪水横溢,安得夏禹?仆尝脑为之酸,心为之恸,欲痛哭而热血沸塞喉际,不能成声;方呕之无力,咽之不忍,死生于呼吸之间,何幸天予幸福,特降生诸君,豁开幽暗,透现一线之光明,照耀于二十世纪之新舞台,演出可敬可悲空前之骇剧,兴起学界风潮,倡言独立,经多数魔[磨]折多数困难而组织成此爱国学社?仆知诸君亲当其冲,躬历其境者,不止倍蓰于仆前之所悲痛也。夫独立岂空言哉?岂无学哉?必涵养其独立之精神,圆满其独立之资格。曩美利坚之脱英压制,尔能独立者,恃有其精神也;普鲁士之破法而不敢灭其国者,畏其有独立之资格也;土国之萎靡不振,见侵于俄,印度之分省自立,见灭于英,是皆无学也。无学则无精神,无精神则不能完全其资格。吾未见夫无精神之人而能自立与立国也,诸君皆热心爱国之士,抱高尚理想之学识,其圆满独立之精神,有感于美法,有鉴于印土者,而中国前途之强弱、荣耻,无几微不与诸君有密切之关系,异日扑满族,恢国权,舞黄龙独立之旗,落碧眼胡髯之胆,仆即瞩望于诸君也。诸君之代价昂于须弥,诸君之责任重于岱岳。毋少挫其志,毋忧难其资,不以简单之性质为独立,务集团体之精神为独立,使全国学界皆以诸君之独立以相勖勉,使人人皆知尽国民之义务,成世界完全之独立之国,为世界文明之大国民。庶不负诸君今日光放陆离之殊彩,帜表天汉之独立。仆拜手山呼,敬贺吾爱国学社独立万岁!诸君子万岁!中国万岁!

6月14日(五月十九日)　军国民教育会制订徽章办法。

《军国民教育会纪事》:

十九日(6月14日),职员会议,定徽章制式,正面镌黄帝像,横书军国民教育会。背面赞曰:"帝作五兵,挥斥百族,时惟我祖,我膺是服。"头等纯金,二等银镀金,以赠有功;三等白铜镀银,普通佩用。特别徽章用牡丹花形,亦分三等,赠与特别捐款者。

杨天石、王学庄编《拒俄运动》,中国社会科学出版社1979年版,第111页

△ 本日,陈天华在《苏报》发表《复湖南同学诸君书》。

1903年6月14日《苏报》陈天华《复湖南同学诸君书》:

同学诸兄鉴:

接函具悉。华等以瓜分祸迫,拟以血肉之躯,亲御强俄,为国民倡。后以俄事渐缓,改为军国民教育会,至日本体育会学习体操,以备有事之秋,稍尽义务,自谓于意无恶。不谓内地当道,不谅其心,反加以多事之名。不思学生军设立之初,报告监督,通电政府,名正言顺,别无他意,以此为罪,将谓俄不可拒乎?俄国于远东之义勇舰队,日本于对俄之社会,则奖励之,中国则严禁之,何其相反之甚也?至于体育会,日本几遍地皆是,留学生一入其会,则遂

大惊小怪，屡索而不得其解。我政府之识见如此，我国民之程度如此，此诚可为痛哭流涕者矣。

若以弟言为不可信，则请将学生军之章程，及弟所做之《敬告湖南人》观之，有一字违悖否？弟签名之时，已置死生于度外，徒以川资无出，故尔稽迟，实深抱歉。倘有机会，仍当归梓，设遇不测，亦只先诸君一步耳！乞勿代为过虑。

此事发起者为江、浙，湖南人应之者甚少，新化除华一人外，别无他人。万勿惊疑。东京现在异常平靖，而内地如此慌张，风声鹤唳，几于草木皆兵，岂非怪事？乍闻之下，殊觉其可怜可笑！各国聚数十万之精兵图谋我，当道诸人，熟视无睹，若不足介意者；独于区区数学生，全国戒严，如临大敌，其重视我留学生过于英、俄、德、法，留学生万万不配也。

然以留学生之举动，归之于康、梁之党，则失实已甚。夫康、梁何人也？则留学生所最轻最贱而日骂之人也。今以为是康、梁之党，则此冤枉真真不能受也。国之亡也，必有党祸。吾非欲解免此名也，独奈何加我所不足之人乎？今使曰康、梁是留学生之党，尚且不可，况曰是康、梁之党！康、梁何幸而得此名也？留学生何不幸而得此名也？

今政府于留学生之一举一动而疑忌之，夫留学生则何求？欲求富贵乎？举人、进士之上谕固已降矣，毕业之后数千[十]百金之馆地固无忧也。岂有于至安至稳者不之求，而求侥幸不可必得之数乎？恐虽下愚，亦不出此。其所以然者，保国急于一人之富贵也。国不保，则一人之富贵将焉取之？故我等当以保国为第一义，一人之富贵为第二等义。政府诸公果能以保国为心，而不以吾侪割送与人，则吾等岂有不为其易者，而为其难者？否则吾等又安能甘作亡国之民也！彼亡国不恤，而惟一人之富贵是急者，亦不过于各国多一顺民也，于政府何益？此日之志士多杀一人，则他日捍国难者少一人，此无异自戕其手足也，于志士何损？盖志士迟早一死，不死于政府，必死于外敌。死一也，又何择焉！华萎靡不振，深恐有所牵染而不果死，致贻口实；若真有死之一日，则弟之万幸也。可为弟贺，何悲之有？

海天万里，各自勉旃！诸君其幸留有用之身，以担任异日艰难。是为至盼！书不尽言，伏乞珍重。天华白。

△ 本日，清廷严令王之春剿办南丹州会党。

《清实录》：

谕军机大臣等：电寄王之春等，曹鸿勋电奏，黔军进驻粤之多平芒场，于五月初十日，行至湾村，猝与匪遇，相持轰击，互有伤亡。现在南丹地方，为匪所踞，肆行蹂躏，逼勒焚掠，受害甚惨，粤中援军久未见到，黔军势难深入等语。南丹土州，被匪窜踞，至今尚未克复。前于四月初三日电旨，谕令王之春迅速派营扑灭收复，并饬黔军认真会剿，何以一月有余，广西援军，尚复迁延不进？似此因循松懈，地方受害何堪？著严饬王之春迅即督催各军，驰赴剿办，赶紧将南丹州收复。如再延玩，试问能当此重咎否，贵州派出援军，仍著曹鸿勋饬令会同夹击，立扫匪氛，毋任蔓延。

《清实录》第58册，中华书局1987年版，第809页

6月15日(五月二十日)　蔡元培离开上海赴青岛，学习德语，为赴德国留学作准备。

吴稚晖《致蔡元培》：

五月二十日，公去青岛。

中南地区辛亥革命史研究会、武昌辛亥革命研究中心编《辛亥革命史丛刊》第10辑，湖北人民出版社1999年版，第39页

6月16日(五月二十一日)　清廷命令丁振铎迅速克复临安、石屏。

《清实录》:

谕军机大臣等:电寄丁振铎等,电悉,临安、石屏,尚未克复,著即严饬各军,从速剿办,克期收复,以靖地方,毋稍迁延。所请指拨的款,及免解认款,著户部迅速议奏,所需枪械,著江南湖北四川各省,酌量拨给。

《清实录》第58册,中华书局1987年版,第810页

6月20日(五月二十五日)　《苏报·新书介绍》栏介绍章太炎《驳康有为论革命书》。

1903年6月20日《苏报》载《新书介绍》:

康有为《最近政见书》力主立宪,议论荒谬,余杭章炳麟移书驳之,持矛刺盾,义正词严,非特康氏无可置辩,亦足以破满人之胆矣。凡我汉种,允宜家置一编,以作警钟棒喝,定价一角。

6月21日(五月二十六日)　清廷电沿江沿海督抚,严查革命言论及当事人。

《光绪二十九年五月二十六日外务部发沿江沿海各省督抚电旨》:

天津制台、南京制台、福州制台、广东制台、武昌制台、成都制台、苏州抚台、南昌抚台、杭州抚台、安庆抚台、长沙抚台、武昌抚台、济南抚台、广东抚台、桂林抚台:奉旨:外务部呈递魏光焘电。据称:查有上海创立爱国会社,招集群不逞之徒,倡演革命诸邪说,已饬查禁密拿等语。朝廷锐意兴学,方期造就通才,储为国用。乃近来各省学生,潜心肄业者固不乏人,而沾染习气肆行无忌者正复不免。似此猖狂悖谬,形同叛逆,将为风俗人心之害。著沿海沿江各省督抚,务将此等败类严密查拿,随时惩办。所有学堂条规,并著督饬认真整顿,力挽浇风。以期经正民兴,勿误歧趣,是为至要。钦此。宥,印。二十八日戌刻到。(端方档)

中国史学会编《中国近代史资料丛刊·辛亥革命》(1),上海人民出版社1957年版,第408页

6月22日(五月二十七日)　《苏报》发表论说《杀人主义》,鼓吹排满革命。

1903年6月22日《苏报》载《杀人主义》:

吾闻一世纪必有一新主义出现于世,今吾哓哓于众曰:杀人主义,得非二十世纪之新主义乎?嘻!杀人者,中国之习惯也,何新尔?

向来杀人之范围,曰惟士师足以杀人,曰杀人者死。今吾欲唱道杀人之说,保天下之能响应乎?曰不然。吾之所谓杀人者,非犹是个人与个人之交涉,乃万众一心、万口一声之主义,非杀人也,实生人也。

杀人果得谓之生人乎?曰然。夫不见夫背水阵乎?进则敌氛有甚恶之虞,退则英雄无用武之地,情急势迫,不得不拔剑狂呼,奋勇直前,出其九死一生之抵力以冲开血径矣。今日之杀人,一背水阵之法也。

又不见夫入地狱救众生乎?当其孑身独赴,万鬼环瞰,不有无量法力,斩尽妖魔,又何能使枉死城水火坑中之冤鬼孤魂,普沾杨枝甘露乎?今日之杀人——入地狱救众生之意也。

困处重围,四面铁骑,一身是胆之子龙,横刀勒马,裂目四顾,大呼一声,直前冲突者,岂非以曹阿瞒为目的耶?今日我等之公敌,亦滋众矣。祭纛之头,洗剑之血,伊何人?伊何人?盍不示我以目的,告我以方针。

呜呼噫嘻,目的乎?方针乎?今有二百六十年四万万同胞不共戴天之大仇敌,公等皆熟

视而无睹乎？

此仇敌也，以五百万之么魔小丑，盘踞我土地，衣食我租税，杀戮我祖宗，殄灭我同胞，蹂躏我文化，束缚我自由。既丁末运，沐猴而冠，己不能守，又复将我兄弟亲戚之身家性命财产，双手奉献于碧眼紫髯之膝下，奴颜向外，鬼脸向内。呜呼，借花献佛，一身媚骨是天成；斩草除根，四海人心应不死！今日杀人主义，即复仇主义也，公等其念之！

英雄出而万人俯首，多数决则少数服从，何则公理足以制人也？彼仇人者，根性浮薄，骄奢淫逸，无赖之丑态，不堪复问。即合其全体之游牧贱族，例我汉种，亦不过八十分之一耳。以最多数而屈伏于最少数，此固通古今万国所绝无者也。

吾于是以杀人主义正告我国民曰：生存竞争，强主弱奴之时代，必无异种人侧足之地。时乎时乎不再来，春秋复九世之仇，其即实施此主义之切线哉！勿谓秦无人，陈涉之锄满地；须知汉有主，宾王之檄纷飞。以八十人杀一人（普通），有何眨眼？以四万万人杀一人（特别），奚啻摧枯？语曰：千人所指，无病而死。又曰：一夫作难，万众却步。何则？公愤所在，莫能抗也。而况今日之风潮已一泻千里耶！

读《法兰西革命史》，见夫杀气腾天，悲声匝地，霜寒月白，鸡犬夜惊。悬想当日独夫民贼之末路，英雄志士之手段，未尝不豪兴勃发，不可复遏。今者断头台上，黄旗已招飐矣。借君颈血，购我文明，不斩楼兰死不休。壮哉杀人！

读《扬州十日记》，见夫肆意屠戮，血溢成渠，百里之内，人烟断绝。回想当日男啼女号之惨状，羯胡蛮虏之狠毒，未尝不咬牙切齿，长呼恨恨。今者物各有主，冤各有头，百喙同声，群欲冲仇人之胸而甘心焉。数世沉冤，一旦昭雪，将来幸福，试问刀环。杀尽胡儿方罢手，快哉杀人！

则且为之语曰：路易死，法乃强。英靰去，美乃昌。毋馁尔气，毋韬尔错。插义旗于大地，覆政府于中央。扫除妖孽，还我冠裳，时则独立厅建，自由钟撞，率我四百兆共和国民，开杀人之大纪念会，以示来者于弗忘。

△ 本日，《苏报》发表刘师培《论留学生之非叛逆》文，为拒法、拒俄运动和排满革命辩护。

1903年6月22日《苏报》刘师培《论留学生之非叛逆》：

今之论留学生及各省学堂学生者当［皆］曰畔逆畔逆。所谓畔逆者，畔同种之谓也，畔祖国之谓也。今当道诸公无一非畔同种叛祖国之人，故遇一不叛同种不叛祖国者即称之曰叛。呜呼□矣。

同种者何？即吾汉族是也。祖国者何？即吾中国是也。学生者，欲排异种而保同种者也，于此而谓之叛，则希脑之离土亦将以叛目之乎？意人之排奥，亦将以叛目之乎？诸君！诸君！直未知顺逆之理耳，吾何责焉。

且所谓叛逆者，如汉之中行说，宋之张元、吴昊、刘豫，明之洪承畴、吴三桂是也。助异种以锄同种，此罪之所以不容己于诛也。若今之以叛逆目学生者，非助满清即助俄法，孰非蹈中行说诸人之故智者乎？于此而不自知，可谓无廉耻无羞恶之人矣。孟子谓无是非之心非人也，由今观之，何无是非之心者之多耶？

吾观近今学生之所倡者，不过排俄排法二端耳。学生倡之，而政府禁之，是政府即为学生之公敌。抚我则后，虐我则仇，今政府甘为公敌而不辞，于学生乎何尤？

吾今以一语告诸公曰：中国者，汉族之中国也。叛汉族之人即为叛中国之人，保汉族之人即为存中国之人。诸公!诸公!其愿为存中国之人耶,亦愿为叛汉族之人耶?惟诸公自探之可耳。惟以保汉族为叛逆,则大悖于公理,故特辨之。

6月23日(五月二十八日) 端方力促中枢查办爱国学社诸人。

《光绪二十九年五月二十八日兼湖广总督端方致军机处电》:

北京军机处钧鉴:洪密,廿六日承准外务部宥电,奉旨:外务部呈递,魏光焘电称,上海爱国会倡演革命诸邪说等语。着各督抚务将此等败类严密查拿惩办。所有学堂条规,并着督饬认真整顿,力挽浇风。等因。钦此。查四月初间,方闻上海有爱国会社诸生,借俄事为名,在张园演说,议论狂悖,即经密电江宁查禁拿办。续在日本有各省游学生亦借俄事为名,编集义勇队运动部名目,欲入长江勾引票匪为乱,复经方于五月初一日密电沿江海各省,严防密拿。各在案。现仍督饬文武各员严密查拿,未敢稍涉松劲。至湖北各学堂,平时具有条规,约束学生尚为严谨,方复随时亲往学堂考察规矩功课,务使学生咸知尊亲大义,不为邪说动摇。如有浮嚣悖妄之徒,立即黜革惩办。以期仰副朝廷兴学育才至意。请代奏。端方叩。勘。(端方档)

中国史学会编《中国近代史资料丛刊·辛亥革命》(1),上海人民出版社1957年版,第443~444页

《光绪二十九年五月二十八日兼湖广总督端方致两江总督魏光焘电》:

江宁魏制台钧鉴:洪,沪社奉旨拿办,仰佩为国扶教盛心。但闻此辈党羽众多,阴有巨魁在内主持,必须责成沪道知会上海领事及工部局密行设法诱拿数人,自易解散。但操之过急,必图反噬,惟公深筹密计之。再此间汉报多逆说,已收回官办。上海《苏报》系衡山陈编修鼎胞兄所开,悍谬横肆,为患非小,能设法收回自开至妙。否则,我办一事,彼发一议,害政惑人,终无了时。其他各报能联络之更好。尽筹想都计及。恃爱渎陈。方。俭。(端方档)

中国史学会编《中国近代史资料丛刊·辛亥革命》(1),上海人民出版社1957年版,第444页

魏光焘复电(6月24日):

武昌端午帅鉴:洪密,俭电敬悉。社首已饬设法密拿,并查禁《苏报》,均嘱沪道婉商工部局妥慎办理。承注感谢。焘。印。二十九戌刻到。(端方档)

中国史学会编《中国近代史资料丛刊·辛亥革命》(1),上海人民出版社1957年版,第408~409页

6月25日(闰五月初一日) 《苏报》报端刊《本报重改良》。

1903年6月25日《苏报》载《本报重改良》:

本报自五月初六改良以来,仍有未臻完善之处,无以副读者诸君之望,心窃歉然。兹于本日闰月一日起,重加一次改良,将目次分作十界:一、论说界(来稿,选论,译件);二、机关界,内设调查部,凡国内近今趋势极有关系各要件,或由本馆专员访得,或诸同志之寄稿,均隶此界(即特别要闻);三、教育界(即学界风潮);四、政事界;五、新闻界,分中国之部、外国之部(即时事要闻、世界要闻);六、评论界(即舆论商榷);七、通信界;八、纪言界,分文苑、丛谈;九、纪实界(即专件择要);十、余录界。此十界者,不过略为区分,将来或有扩充,随时改订。惟此时限于篇幅,不能全登,当视其报料之倾向,疏密间出。又首次改良,以二号字夹用,今以其占篇幅过多,仍一律用四号字,而于发议精当处,加以圈识。惟机关界则间用二号字,以醒眉目。

6月27日(闰五月初三日) 爱国女学社登载招生广告。

1903年6月27日《苏报》刊登《爱国女学社广告》:

本社现规定六月十六日开校,尚有空额,如欲报名,请至泥城桥福源里廿二号教育会事务所,前校所窄隘,今另觅宽厂[敞]适宜之房屋,俟赁定后,再行登报。

△ 本日,清廷令张之洞会同张百熙商订大学堂章程及各省学堂章程。

《清实录》:

谕内阁:张百熙等奏:请添派重臣,会商学务一摺。京师大学堂为学术人才根本,关系重要,著即派张之洞会同张百熙、荣庆,将现办大学堂章程一切事宜,再行切实商订。并将各省学堂章程一律厘定,详晰具奏。务期推行无弊,造就通才,俾朝廷收得人之效。是为至要。

《清实录》第58册,中华书局1987年版,第821页

6月29日(闰五月初五日) 《苏报》以《康有为与觉罗君之关系》为题,刊登章太炎《驳康有为论革命书》主要部分。查禁爱国学社风声日急。

1903年6月29日《申报》:

迩者各处匪人,啸聚沪江,潜谋作乱,有结为排满党者,有称为革命派者,有联为指头会者。其稍通文墨者,更著书立说,日以倾变朝廷诸妄说煽诱愚民。狂悖少年,被其所惑,无知妄作,恣意猖狂。事为两江总督魏午帅访闻,封章入奏。上月某日,兼署湖广总督湖北巡抚端午帅,钦奉廷寄外务部逞递魏光焘电。据称:查有上海创立爱国会社,招集群不逞之徒,倡演革命诸邪说,已饬查禁密拿等语。朝廷锐意兴学,方期造就通才,储为国用。乃近来各省学生,潜心肄业者固不乏人,而沾染习气,肆行无忌者,正复不免。似此猖狂悖谬,形同叛逆,将为风俗人心之害。着沿海沿江各省督抚,务将此等败类严密查拿,随时惩办。所有学堂条规,并着督饬以认真整顿,力挽浇风,以期经正民兴,勿误歧趋。是为至要,钦此。

6月30日(闰五月初六日) 湖广总督端方密电江苏巡抚恩寿,商议拿捕爱国学社诸人、控制《苏报》办法。

《光绪二十九年闰五月初六日兼湖广总督端方致江苏巡抚恩寿电》:

苏州恩抚台鉴:洪密,上海爱国会社奉旨严密拿办。闻其党羽众多,阴有巨魁主持,须责成沪道知会领事及工部局密行设法诱拿数人,余自解散,不宜操之过急,以防反噬。想尽筹必早计及。上海《苏报》悍谬横肆,已电致魏午帅,请照此间汉报设法收回官办,并宜联络他报。敢质鄙见,统惟卓裁。方。鱼。(端方档)

中国史学会编《中国近代史资料丛刊·辛亥革命》(1),上海人民出版社1957年版,第444页

《光绪二十九年闰五月初八日江苏巡抚恩寿致兼湖广总督端方电》:

武昌端午帅鉴:洪密,敬奉鱼电,钦佩良深。初五致沪道函云:奉旨查禁会社,密拿悖谬主持之人,闻领事已签押,工部局阻止。请与领袖及夙敦睦谊之领事剀切密商,现在中国锐意兴学,极重西律,似此败坏宪法,实为学堂大害,扰及地方,必致延累商务,关系至重。若谓无此权力,倘该会社任意诋诬西教,亦不过问乎?请将此义切实密商,务令工部局会同签押照办,等因。照录奉闻。余如尊电照商次第办理。艺。庚,印。初九日丑刻到。(端方档)

中国史学会编《中国近代史资料丛刊·辛亥革命》(1),上海人民出版社1957年版,第409~410页

△ **本日苏报案发,章太炎等人被捕入狱。**

1903年7月2日《申报》:

前日,英、美租界公廨谳员孙建臣直刺接奉上宪密札,饬拿私立国民会专讲排满灭清之党。首陈叔畴,即陈范,又即陈梦坡,钱允生,即钱锡舟,及章炳鳞,龙积之,陈吉甫,周容等人。因饬差役李元持票投租界领袖美总领事署,禀请签字。随请捕头派出中西探捕偕往三马路苏报馆,将陈等五人一并禽获,暂押捕房,惟周容闻风逃逸。

本月　军国民教育会发起的拒俄运动成为全国性的革命运动。

1903年6月14日《大公报》:

闻张香帅看视京师大学堂时,在座中所论,深以学界风潮为忧,谓庚子时此风尚不过汉沪一隅,乃不过三年,已遍大陆,可怕也。又闻,尝将此意告之枢府,谓此时消弭之法,惟有拔擢一二人,以塞喁喁者之望,尚可挽回万一,否则真无术压制也。枢府大不谓然。

《〈军国民教育会纪事〉序》:

同人既编次《军国民教育会纪事》,因为数言以弁其端曰:

呜呼!吾国凌夷至此,致弱之故,千端万绪,莫大于吾国民蓄缩选耎,甘为仆隶臣妾而不自振。而蓄缩选耎、仆隶臣妾积为性尚,数千年间所以胎之养之者,亦千端万绪,又莫大于偏崇文教。军旅之事,壮�之习,言教育者,无一注视。故中外有战,吾国民鲜不败衄降伏。即有一二健者,义不辱国,甘蹈锋刃,而教之无素,养之不豫,殒身授命,舍沟渎自经,遂无死所。披历朝殉国诸臣录,其能免于此,有亲握寸铁以与仇敌争一日之命者,几人也?

脱兰斯哇以非洲一小国,久隶英属,一旦发愤,与英国战,相持至二年之久,死亡相藉,犹不少挫。英人以全力抵之,乃克制胜。脱国虽败,欧洲人言之犹为心栗。日本变法悉取欧制,而嘉永之间,外舶一至,致动全国公愤。尊攘论起,长门萨摩之士,类皆以书生称兵,卒平大难。虽其固蔽木强,不达世变,以语今世之士,有足嗤者;而敢死之气,爱国之心,与夫大和魂、武士道之教养习俗,固有以立强国之基,以与人竞矣。

庚子之祸,义和团敢犯众怒,鸱张狂狡,自取殃咎,为世界羞。有识之士,无不罪之,而其用心犹有足矜者。苟有以教之,贞其力,养其锐,不轻于一发,冀得当以报,未始不可以为用。独至联军入京,罪魁逮捕,顺民之旗,遍树闾巷。平日自称忠孝,为义民魁首,排斥通达之士为乱贼为间谍者,乃转哀号乞怜于所仇雠,以苟一日之生,与其富贵。今日衮衮朝右,号为外交官,其为是曹耦者有人矣。是真所谓蓄缩选耎、仆隶臣妾者矣。团匪不足以亡国,团匪之后,变而为媚外,乃真亡矣。此本会同人之所深痛也。

本会发起于拒俄,初称为义勇队。当俄约警时,众情愤激,女生童子,咸誓死愿与虎狼国一争命。是二百人者,固自料其早为黑江、辽阳之鬼,又安得此暇日编次是书,忍涕疾呼,以为吾全国同胞告也?今日难端少戢,其或得缓须斯之死,俾有所训练,有所警备,以为效国之用,他日虽败,其为脱兰斯哇也。矧以吾土地之大,人民之众,人人敌忾,人人自强,安见其不能雄飞于世界,又岂仅救亡而已!是当于本会之盛衰卜之。燕云十六,其有闻风而奋者乎?锋扞特起,诚壮士矣。

杨天石、王学庄编《拒俄运动》,中国社会科学出版社1979年版,第133～135页

7月1日(闰五月初七日)　《苏报》案第一次公开审讯当事人。

1903年7月2日《申报》:

昨日,捕头特遣包探赵银河押解公廨,陈等咸植立案。前英总领事署迪翻译官喝令跪

下，诸人不服，相率蹲踞于地。迪君嗤之以鼻，令屈双膝。诸人知不能再售其奸，乃始帖耳而伏。旋有律师博易者投案，声称陈等已延本律师声辩，请订讯案，直刺商之迪君，着仍还押捕房，听候定期推鞫。随命驾诣上海县署，向县主汪瑶庭大令缅[面]陈一切情由，然后偕赴道辕，谒见苏松太兵备道袁海观观察，禀请示下遵行。

《光绪二十九年闰五月初七日福开森致兼湖广总督端方电》：

武昌兼督端制台钧鉴：祓密，苏报悖逆，革命党猖狂，已设法由沪道商美总领事会同各领签押，工部局即允协拿，计六人，现拿五人，苏报馆主在内。俟讯定，即发封。余党案情后达。刻正审度机宜。开森。阳。（端方档）

中国史学会编《中国近代史资料丛刊·辛亥革命》(1)，上海人民出版社1957年版，第409页

端方复电(7月2日)：

上海新闻报馆转福君开森：祓密，阳电欣悉。此事深倚大才，为国出力，拿获逆党。金令世和，竭力相助。均深感佩。现拿五人是何姓名？余党案情如何？审度机宜如何？即盼电告。一切全仗大力。再巴县邹容最为凶险，非拿办不可，现已电请魏制军饬拿，千万协助。方。庚。（端方档）

中国史学会编《中国近代史资料丛刊·辛亥革命》(1)，上海人民出版社1957年版，第444~445页

△ 本日，丁振铎等奏已攻克临安府城，并将周云祥抓获就地正法。

《清实录》：

又谕：丁振铎等电奏，克复临安府城，擒获匪首等语。此次匪徒抢占个旧厂，并窜陷城池，经臬司刘春霖统率各军，节节扫荡，先后收复石屏州及临安府城，将匪首周逆等擒获正法。办理尚为迅速。丁振铎、林绍年，著加恩开复处分，刘春霖着赏给头品顶戴，其余在事出力员弁，俟奏报到日，再行降旨。著即将善后事宜，妥为筹办，以靖边疆。谕军机大臣等：电寄魏光焘，据丁振铎等电奏，临安府城，业经克复，毋庸派兵援剿等语。张春发一军，无论行抵何处，著魏光焘电知，即行折回。

《清实录》第58册，中华书局1987年版，第823页

7月2日(闰五月初八日)　邹容投案自首，端方等人急欲封闭《苏报》馆。

1903年7月3日《申报》：

陈叔畴，即陈范，又即陈梦坡，在英界开设苏报馆，日与钱允生即钱锡舟及章炳麟、龙积之、陈吉甫，周容等人屈聚。其中结为国民会社，专以排满、革命诸缪说，煽惑各处学生，事为两江总督魏午帅所闻，奏奉谕旨饬拿惩治，因札由苏松太兵备道转行英、美租界公廨。前日，谳员孙建臣直刺出票饬差禀请租界领袖美总领事古君签字钤印，会同中西探捕将二陈及钱、章、龙五人拘获，略加讯究，发押老巡捕房。尚有周容一名乘间逃逸，昨日续经探捕罗获，一并管押，传闻日内即须由道宪袁海观观察亲行推鞫，以便申报上游矣。

1903年7月4日《申报》：

昨报纪周镕拘入捕房一节，兹悉周镕系邹镕之误。当龙、章诸人被拘后，邹即至四马路老捕房自行投到，捕头以真假未辨，未遽允收。邹乃自称："我非邹镛，岂肯自投罗网？"捕头因准收押，于昨日饬七十二号西探密司依的协同华探赵银河，将邹容解送公堂，邹供："年十九岁，四川人。"谳员孙建臣直刺商之英总领事署翻译迪比南君，判还押捕房，候订期会同英领事讯供核夺。

《光绪二十九年闰五月初八日探员志赞希赵竹君致兼湖广总督端方电》:

武昌署督宪端鉴:密,遵查《苏报》初办,挂日本牌,沪道询小田,不认,即无外人保护。刻已拿到主笔三人,两陈姓、一钱姓。又革命党内龙积之章炳麟现均押捕房。候过堂后,该报即可封闭。同叩。再闻西官不肯交中官办,意只禁西牢三载。惟中以章为最要,公宜速设法加图除之。坚又白。初八日未刻到。(端方档)

中国史学会编《中国近代史资料丛刊·辛亥革命》(1),上海人民出版社1957年版,第409页

《光绪二十九年闰五月初八日兼湖广总督端方致上海道袁树勋电》:

上海袁道台:前接来电,知乱党事刻正设法办理。顷接福开森电,知由阁下商同美总领会同各领签字,工部局已拿乱党五人,尚有一人漏网。具见忠勇奋发,应机立断。五犯何名?在何处管押?能速解江宁为要。弟已电魏恩两帅矣。一切望随时知照。方。庚。(端方档)

中国史学会编《中国近代史资料丛刊·辛亥革命》(1),上海人民出版社1957年版,第445页

袁树勋复电(7月3日):

急,武昌督宪钧鉴:宙密,庚电敬悉。已获之陈仲彝,即陈范之子,钱允生、陈吉夫均苏报馆主笔,又新党章炳麟、龙积之,共五人,由廨管押,有律师到堂代为声辩,须会讯明确,方能拟办。惟对闭苏报馆一节,诸领意讯明再封。刻属福开森切商各领等,务将该馆立即封闭。余详禀。谨闻。树勋。佳,印。初九日未刻到(按袁树勋原电均译作勲)(端方档)

中国史学会编《中国近代史资料丛刊·辛亥革命》(1),上海人民出版社1957年版,第410页

《光绪二十九年闰五月初八日兼湖广总督端方致两江总督魏光焘江苏巡抚恩寿电》:

急,江宁魏制台、江苏恩抚台:顷得沪电,所拿者《苏报》主笔两陈姓、一钱姓,又革命党内龙积之、章炳麟,共五人,现均押捕房。候过堂后,该报馆即可封闭。盖此馆初办时挂日本牌,沪道询小田,不认,即无外人保护,所以可封闭也。此时请密饬沪道将此五犯设法解宁为第一义。将来惩办轻重由我,又吴眺是乱党头目,望并严饬沪道与邹容一体严拿务获,不可轻纵。至要,至望。方。庚。(端方档)

中国史学会编《中国近代史资料丛刊·辛亥革命》(1),上海人民出版社1957年版,第445页

《光绪二十九年闰五月初八日兼湖广总督端方致两江总督魏光焘电》:

江宁魏制台钧鉴:顷接湖北委员福开森来电,革命党已拿获五人,苏报馆主笔在内。惟尚有一人漏网,必须速拿,不可松劲。又查著革命军逆书,系四川巴县邹容所为,浙江余杭章炳麟作序,此书逆乱,从古所无,竟敢谤及列祖列宗,且敢直书庙讳,劝动天下造反,皆非臣子所忍闻,尤非拿办不可。已拿之五人,应请电饬沪道速行设法妥密解宁,一面尽法惩治,一面奏闻。事机紧密,万望速断。电奏请会敝衔。一切事机随时电示。方。庚。(端方档)

中国史学会编《中国近代史资料丛刊·辛亥革命》(1),上海人民出版社1957年版,第445~446页

《光绪二十九年闰五月初八日兼湖广总督端方致内阁大学士张之洞电》:

急,北京张宫保钧鉴:诚密,上海逆党凶悍已极。《苏报》专主杀满。四川巴县邹容所著《革命军》一册,章炳麟为之序,竟敢直书列圣庙讳,其悖逆语言不可胜计,为臣子者所不忍闻。因电致默深密速查拿,并告梁守鼎芬、金守鼎密致福开森、金世和暗中设法。顷据福开森电云:《苏报》悖通革命党,遵已设法由沪道商美总领事会同各领签字,工部局即允协拿,计六人,现拿五人,苏报馆主笔在内。俟讯定即发封。审讯案情后达。刻正审度机宜。等语。复经电致魏、恩、沪道迅速将所拿各逆犯妥速解宁惩办,余犯并属严拿。此事关系太巨,非立正典刑,不能定国是而遏乱萌。请公密商政府,速加断定,务令逆徒授首,不使死灰复然,大局幸甚。方。庚。(端方档)

中国史学会编《中国近代史资料丛刊·辛亥革命》(1),上海人民出版社1957年版,第446页

《光绪二十九年闰五月初八日兼湖广总督端方致上海道袁树勋电》：

上海袁道台：顷得沪电，知所拿者有苏报馆主笔二陈姓、一钱姓、革命党龙积之、章炳麟五人。现在如何办法？务望随时电告。陈、钱姓何名？有无功名？并复。此事关系大局，总以设法婉商解宁惩办为第一义。除电魏、恩两帅外，特密闻。方。庚。（端方档）

中国史学会编《中国近代史资料丛刊·辛亥革命》(1)，上海人民出版社1957年版，第446～447页

《光绪二十九年闰五月初八日知府梁鼎芬致道员赵滨彦电》：

上海制造局赵道台：闻逆党龙积之、章炳麟已拿，《苏报》主笔二陈亦拿。陈何名？有功名否？速密复。此事关系甚大，陶公日盼兄电，未有，何也？后望随时探实电告。芬。庚。（端方档）

中国史学会编《中国近代史资料丛刊·辛亥革命》(1)，上海人民出版社1957年版，第447页

《光绪二十九年闰五月初八日兼湖广总督端方致内阁大学士张之洞电》：

北京张宫保钧鉴：顷得沪电，所拿者《苏报》主笔二陈姓、一钱姓，又革命党内龙积之、章炳麟二人，现均押捕房。候过堂后，该馆即可封闭。近闻《苏报》初办，挂日本牌，沪道询小田，不认，逆无人保护，故我能封闭也。现已电请默深电饬沪道解宁惩办，想可办到。并拿吴眺、邹容。日内默深当会敝衔电奏。请先向政府密陈，务请旨责成两江尽法惩治，勿稍轻纵，致贻后患。方。庚。（端方档）

中国史学会编《中国近代史资料丛刊·辛亥革命》(1)，上海人民出版社1957年版，第447页

7月3日（闰五月初九日）　爱国学社成员殷次伊愤而自杀。

初我《常熟殷次伊传（名崇亮一字潜溪）》：

呜呼！今日之国民死亦死，不死亦死，死如山，死如毛，等死焉，死异焉。而有牺牲一身，唱道社会，为一乡社会死，为一国社会死，一死以振厉颓俗，鼓吹义风，鞭醒全国国魂而苏之者，兴为国流血赴义成仁诸英雄诸烈士，何轻重，何等差焉。呜呼，死者已矣，生者奚如，黯黯亚云，沉沉大陆，奇哉，惨哉！两阅月而得两志士，曰侯官仇满生，曰常熟殷次伊。

美丽哉！吾虞方百里锦峰琴水明媚之山川。瑰玮哉！吾虞三千年南方文学秀灵之历史。学界风潮日簸荡，自由钟声日震撼，一跃而登二十世纪之新舞台，演四万万同胞悲壮义愤之活剧，生为人豪，死为国雄，以振起一乡之社会，感奋全国之社会者，有之自殷次伊始。次伊之为人，伉爽有大志，少负独立不羁之人格，黑暗社会中，常以革新学界、发达人智、增进群德为己任，以普及教育为目的。甲午乙未，游学燕蓟间，刿怵国耻，恸心刺骨，发奋力学，谋以救国。丁戊旋里门，与邑人士组织学社（即今公立小学校），首开风气，为吾虞社会一线光明之起点。旋受学于海上东文社，继入南洋公学，学益富，志益坚，愿力益宏大，爱国之精神思想，益磅礴而发达，次伊复疏私财，急公益，所得译资，悉投学界恐不足，人戏之曰："子之施债，无还期乎？"曰："否，吾国独立之日，即吾债偿还之日也。"此一时之戏词，而爱国之感情有如是。留公学者年有半，运动教习组合学生，始建演说会，学生得有自由权，故辛壬间之公学为重见天日之时代，次伊之力为多。壬寅冬，退学事起，为全校学生代表，首鸣之于总理，事决裂，建议于张园，集退学生而吸合其团体，与之组织爱国学社，苦志筹划，不日成立，为今日吾国唯一完全之私校，学界主人翁之荣名，如次伊者殆无愧。校成，迫于家庭命，旋里修业，次伊盖至孝性成私德，粹然周旋骨肉又有无量苦衷者。虞士气质，保守性成，文弱之名，久著苏省，其公德心之缺乏，社会上堕落之现象，日夕可悲，次伊欲以地方自治制度改革之，而当群疑众难之旋涡，不得不从教育主义，实行其社会主义，与邑中同志谋，创立教学同盟会

(今改教育支部),组织学界同盟,为国民同盟之基础,会律井井,秩序巩固,俨然一国会之具体。次伊极力运动之,不数月建设城西小学校,为普及教育之起点,又谋改良公立小学校之规则,实施其国民教育,吾虞学界,新机怒发,同时有开智会、通学会、体育会之建设,一隙曙光,得照耀于虞山峰顶者,次伊影响学界之功,至大且伟也。呜呼!次伊爱乡之感情,如是深切而恳挚,其愤时爱国之观念,盖勃郁而不可制,今夏复至沪,与爱国学社诸同志谋扩强改进之业。居无何,革命党狱起,社会大骚动,次伊愤然曰:"牺牲一身,保社会,伟男子事也。"即谋东渡,投身义勇队。由汽船归里,请命于家庭。舟中孤愤勃发,热血坌涌,筹思苦迫,以为不自由,毋宁死。舟甫发,纵身跃入江,湍流急下,群力施救,逾时获其尸,次伊之国魂已随江流而逝矣。

次伊生之年,二十六;次伊死之日,癸卯闰五月九日之夕。

《江苏》第4期

△ 本日,端方等人通过电讯逐渐了解苏报案发过程及被捕人员详细情况。

《光绪二十九年闰五月初九日两江总督魏光焘致兼湖广总督端方电》:

急,武昌端午帅鉴:秦密,顷据袁道树勋、俞道明震会禀:拿人事,经切商英日各领,旋又备文照会领袖签字,已获陈仲彝,即陈范之子,钱允生、陈吉夫,以上三犯,苏报馆主笔人,章炳麟、龙积之等五人,由廨管押,有律师到堂代为声辩,须会讯明确方能拟办。惟对闭苏报馆一节,诸领意讯明再封。刻属福开森切商各领等,务将该馆立即封闭。余另陈报。等因,前来。特此奉闻,焘。佳,印。初十日酉刻到。(端方档)

中国史学会编《中国近代史资料丛刊·辛亥革命》(1),上海人民出版社1957年版,第410~411页

《光绪二十九年闰五月初九日两江总督魏光焘致兼湖广总督端方电》:

急,武昌端午帅鉴:秦密,顷据沪道等会禀:所获五犯由廨管押,有律师到堂代为声辩,须会讯明确方能拟办,等语。解宁一策,已转饬沪道设法。至会奏一节,似应俟其讯确拟办,并将报馆封定后,再行办理,较妥。尊见以为何如?焘。泰,印。初十日戌刻到。(端方档)

中国史学会编《中国近代史资料丛刊·辛亥革命》(1),上海人民出版社1957年版,第411页

《光绪二十九年闰五月初九日上海制造局道员赵滨彦致湖广总督端方电》:

武昌兼宪钧鉴:渭电悉。昨报有拿获逆首陈叔畴,即陈范,又名陈梦坡,钱允生即钱锡舟,及章炳麟、龙积之、陈吉甫等五名,惟周容一名逃逸,现押捕房等语。今日报又有周容已获之说。当即函询袁道,俟复再禀。职道滨彦禀。青。初九日未刻到。(按周容即邹容,原电码误)(端方档)

中国史学会编《中国近代史资料丛刊·辛亥革命》(1),上海人民出版社1957年版,第410页

《光绪二十九年闰五月初九日福开森致兼湖广总督端方电》:

武昌兼督端制台钧鉴:祓密,庚电敬悉。初七晨解送龙积之、章炳麟、陈仲彝、陈吉夫、钱锡尊到公堂,诸党不跪,经会审英副领翟璧兰呵斥始跪。是晚先问姓名,仍押候审。因该党延博易律师到堂,是以沪道遂照章派律法官丹文到堂声明实据。刻俟将逆案查齐,即订期会讯。章著逆书,邹著革命军,结苏报主陈范为一党,皆紧要逆犯。现陈范卧病后可到喊[案?],陈仲彝系其子,钱锡尊系其伙,陈吉夫系账房,自应以陈范为首。邹容密拿未获,风闻先逃。此案沪道先事经营,魏制台并委俞道明震来沪同办。惟各领签字时,告明沪道,照章凡在租界犯案者,应在公堂定罪,在租界受罪,等情。是以此案当以按部就班为宗旨。随后有紧要情节,即当电达。覆电请寄商约会议公所。开森。青。十一日巳刻到。

(端方档)

中国史学会编《中国近代史资料丛刊·辛亥革命》(1),上海人民出版社1957年版,第411～412页

《光绪二十九年闰五月初九日福开森致兼湖广总督端方电》:

武昌兼督端制台钧鉴:祓密,邹容顷已拿获。开森。青二。十一日午刻到。(端方档)

中国史学会编《中国近代史资料丛刊·辛亥革命》(1),上海人民出版社1957年版,第412页

7月4日(闰五月初十日)　端方等人催促上海地方官迅速交涉,将苏报案涉案人员转解南京。

《光绪二十九年闰五月初十日道员赵滨彦致兼湖广总督端方电》:

武昌兼宪钧鉴:袁道函复,陈仲彝即陈范子,陈范系已革沿[铅]山县。钱允生、陈吉甫皆主笔。章炳麟举人,著宄[馗]书者。龙积之富有票犯。邹容尚未获。伊等现有律师,须二三日内过堂。余容探明再禀。职道滨彦禀。青二。十一日巳刻到。(按馗书原电误作宄书,铅山亦误作沿)(端方档)

中国史学会编《中国近代史资料丛刊·辛亥革命》(1),上海人民出版社1957年版,第412页

《光绪二十九年闰五月初十日兼湖广总督端方致上海道袁树勋电》:

急,上海袁道台:洪密,佳电悉。逆党既有律师代为曲辩,亟应由尊处速延律师如担文者与之抗辩,务将该犯解宁,归中国自行办理。总期轻重由我。律师所费,统由鄂任。逆书逆报传播京师,外间办理稍松,必滋物论,关系太巨,不可不慎。何福满事费神并谢。方。卦。(端方档)

中国史学会编《中国近代史资料丛刊·辛亥革命》(1),上海人民出版社1957年版,第448页

《光绪二十九年闰五月初十日兼湖广总督端方致内阁大学士张之洞电》:

急,北京张宫保钧鉴:诚密,庚电为沪拿获革命党五人事,计早尘览,未奉电复,敬念之至。顷接两江暨沪道来电,所获陈仲彝,即陈范之子,钱允生、陈吉夫、章炳麟、龙积之等五人,由斤管押,有律师到堂代为声辩,须会讯明确,方能拟办。苏报馆,属福开森切商各领,立即封闭。两江电并云,解宁一策,已饬沪道设法,应俟讯确拟办,将报馆封定后再行电奏等语。该逆案情太重,宁沪办法似嫌太松,仅予监禁,终当出而作乱。况徒党众盛,不办首要,祸焰更炽。除电致宁沪,速觅律师,如担文之类与之抗辩,务令解宁离沪,由中国自行惩办外,仍请密商政府,电致宁沪,加以责成,使竭全力筹办,万不可稍涉松劲,致贻社稷苍生隐患。盼覆。方。卦。(端方档)

中国史学会编《中国近代史资料丛刊·辛亥革命》(1),上海人民出版社1957年版,第447～448页

《光绪二十九年闰五月初十日内阁大学士张之洞致兼湖广总督端方电》:

万急,武昌端署制台:诚密,两电已送枢阅。已由枢电江速提严惩。此事枢纽全赖福开森,请公飞电该洋员,务须设法即日将五人点交上海道解宁,勿稍迟缓,致令狡脱,并缉两魁,如事成,必有优奖。此遵枢嘱转达。洞。卦,印。(端方档)

中国史学会编《中国近代史资料丛刊·辛亥革命》(1),上海人民出版社1957年版,第412页

《光绪二十九年闰五月初十日兼湖广总督端方致江苏巡抚恩寿电》:

急,苏州恩抚台鉴:洪密,沪道来电,逆党虽已就获,现有律师代为曲辩。拟请电饬该道,速觅律师如担文者与之抗辩,务将该犯解宁,归中国自行办理。总期轻重由我。沪道缜密精细,必能办到。逆书逆报传播京师,外间办理稍松,必腾物议,祈公留意。陈仲彝等所出之苏报,章炳麟邹容所著之《革命军》一书,请索观。方。卦。(端方档)

中国史学会编《中国近代史资料丛刊·辛亥革命》(1),上海人民出版社1957年版,第448页

7月5日(闰五月十一日)　端方、张之洞等催捕吴稚晖等人,并命上海地方官继续交涉转解涉案人员。

《光绪二十九年闰五月十一日兼湖广总督端方致两江总督魏光焘电》:

万急,江宁魏制台钧鉴:洪密,顷接香帅复电,鄂两电已送枢阅,已由枢电江,速提严惩。此事枢纽全赖福开森,请公飞电该洋员,务须设法,即日将五人点交上海道解宁,勿稍迟缓,致令狡脱,并缉两魁。枢意如各犯解归宁办,必有优奖,等语。特转达。两魁一邹容、一吴眺。香帅发电时,尚未知邹逆就获也。吴眺,案内渠魁,情罪重大,请飞电责成沪道、俞道明震严密访拿,勿任漏网。方。真二。(端方档)

中国史学会编《中国近代史资料丛刊·辛亥革命》(1),上海人民出版社1957年版,第449页

《光绪二十九年闰五月十一日兼湖广总督端方致福开森电》:

急,上海商约会议公所福开森:祓密,顷接张宫保复电:鄂两电已送枢阅,已由枢电江,速提严惩。此事枢纽全赖福开森,请公飞电该洋员,务须设法,即日将五人点交上海道解宁,勿稍迟缓,致令狡脱,并缉两魁。枢意如各犯解归宁办,必有优奖等语。此事务望阁下以全副精神,妥密办成,为中国除此巨患,以荷优奖。所云两魁,一邹容、一吴眺,发电时尚未知邹逆就获也。方。真二。(端方档)

中国史学会编《中国近代史资料丛刊·辛亥革命》(1),上海人民出版社1957年版,第450页

《光绪二十九年闰五月十一日兼湖广总督端方致两江总督魏光焘电》:

万急,江宁魏制台钧鉴:洪密,顷福开森来电,各领事签字时,曾告明沪道,照章凡在租界犯案者,应在公堂定罪、在租界受罪等语。查各逆系中国著名痞匪,竟敢造言污谤皇室,妨害国家安宁,与国事犯绝不相同,按之西律亦应解归中国办理。已将此义电告福开森,转致担文律师,明晰辨论。务望电饬沪道、俞道,切勿放松。方。真三。(端方档)

中国史学会编《中国近代史资料丛刊·辛亥革命》(1),上海人民出版社1957年版,第450页

《光绪二十九年闰五月十一日兼湖广总督端方致两江总督魏光焘电》:

万急,江宁魏制台钧鉴:秦密,陶道森甲与沪党往来甚密,所有往还密电,勿令闻知,至望。方。真四。(端方档)

中国史学会编《中国近代史资料丛刊·辛亥革命》(1),上海人民出版社1957年版,第450页

《光绪二十九年闰五月十一日兼湖广总督端方致内阁大学士张之洞电》:

万急,北京张宫保钧鉴:顷接福开森电称:解送龙积之、章炳麟、陈仲彝、陈吉夫、钱锡尊到公堂,经会审先问姓名,仍押候审。该党延博易律师到堂。沪道派律法官丹文(即担文,编者)到堂,声明实据。刻将逆案查齐,即订期会讯。此案沪道先事经营,魏制台并委俞道明震来沪同办。惟各领签字时告明沪道,照章凡在租界犯案者,应在公堂定罪,在租界受罪,等情。是以此案当以按部就班为宗旨。随后有紧要情节,即当电达。邹容顷已拿获,并闻。特转。方。真。(端方档)

中国史学会编《中国近代史资料丛刊·辛亥革命》(1),上海人民出版社1957年版,第451页

《光绪二十九年闰五月十一日兼湖广总督端方致内阁大学士张之洞电》:

万急,北京张宫保钧鉴:诚密,此事仅恃沪道办理,力量较薄,非由外务部商诸公使主持,恐仅在上海监禁,多则三年,少仅数月,限满释放,逆焰更凶,大局不可问矣。惟公赤手挽回,功在社稷。方。真三。(端方档)

中国史学会编《中国近代史资料丛刊·辛亥革命》(1),上海人民出版社1957年版,第451~452页

《光绪二十九年闰五月十一日兼湖广总督端方致两江总督魏光焘电》:

急,江宁魏制台钧鉴:洪密,佳、泰两电敬悉。逆党既有律师代为曲辩。拟请电饬沪道,

速觅律师如担文者与之抗辩，务将该犯解宁，归中国自行办理。总期轻重由我。沪道缜密精细，必能办到。逆书逆报传播京师，外间办理稍松，必腾物议，祈公留意。方。真。（端方档）

中国史学会编《中国近代史资料丛刊·辛亥革命》(1)，上海人民出版社1957年版，第448～449页

《光绪二十九年闰五月十一日兼湖广总督端方致福开森电》：

急，上海商约会议公所福君开森：祓密，青两电均悉。六犯确系中国著名痞匪，意敢造言毁谤皇室，妨害国家安宁，与国事犯绝不相同，不应照在租界犯案在租界受罪之例办理。请将此意密告担文律师，坚持到底，务令交犯，由沪道解归江宁，听中国办理。邹容拿获，昨据沪道电告。惟尚有吴眺一名，情罪尤重，务望设法拿获，以竟全功。立候电复。方。真。（端方档）

中国史学会编《中国近代史资料丛刊·辛亥革命》(1)，上海人民出版社1957年版，第449页

《光绪二十九年闰五月十一日兼湖广总督端方致内阁大学士张之洞电》：

万急，北京张宫保钧鉴：诚，卦电敬悉。已转电福开森，饬令密商担文，设法将先后拿获六犯即日点交沪道解宁。吴眺一犯亦饬严拿，事成必有优奖。并饬切嘱担文，声明各逆系中国著名痞匪，竟敢造言污谤皇室，妨害国家安宁，与国事犯绝不相同，按之西律均应解归中国办理。沪道、俞道明震同办此事，若能坚持此义，庶期办到。此事曾经电魏由两江会鄂衔电奏，魏覆须俟讯确拟办并将报馆封定后再奏。事机甚紧，能有电旨责成，当更得力。顷已再电两江，约其将现办情形先行会奏矣。福开森电并转。方。真二。（端方档）

中国史学会编《中国近代史资料丛刊·辛亥革命》(1)，上海人民出版社1957年版，第451页

《光绪二十九年闰五月十一日兼湖广总督端方致上海道袁树勋电》：

万急，上海袁道台：洪密，顷接张宫保复电：鄂两电已送枢阅，已由枢电江，速提严惩。此事枢纽全赖福开森，请公飞电该洋员，务须设法即日将五人点交沪道解宁，勿稍延缓，致令狡脱，并缉两魁。枢意如各犯解归宁办，必有优奖，等语。枢意严切，望与俞观察速商担、福两君，妥速照办。此六犯确系中国著名痞匪，意敢造言毁谤皇室，妨害国家安宁，与国事犯绝不相同，不应照在租界犯案在租界受罪之例办理。至逆犯陈范定是托病在外，勾串党羽，营谋免脱，尤应严密速拿，万勿大意。方。真。（端方档）

中国史学会编《中国近代史资料丛刊·辛亥革命》(1)，上海人民出版社1957年版，第452页

《光绪二十九年闰五月十一日上海道袁树勋致兼湖广总督端方电》：

武昌督宪钧鉴：奉真电，指示周详，敬佩感佩。逆犯章炳麟等大逆不道，世所不容，自惟解宁惩办为正义。惟其中委曲甚多，俟将各逆据翻译，订期决讯，方定办法。惟报馆一节已问，定十二日由担文之代办律师古柏持报上堂，宣明逆报，即据发封。古柏代律法官办事本有公费，即别项经费，自应由沪自筹。事关重大，惟力是视，决不惜费畏难，有负宪意。余详禀。勋。真，印。十二日已刻到。（端方档）

中国史学会编《中国近代史资料丛刊·辛亥革命》(1)，上海人民出版社1957年版，第412～413页

《光绪二十九年闰五月十一日兼湖广总督端方致探员志赞希赵竹君电》：

上海坚读同鉴：六犯就获。若照沪领所云，凡在租界犯案者，应在公堂定案，在租界受罪。如此办法，拿如不拿，办如不办，逆焰必更凶炽。查该犯确系中国著名痞匪，意敢造言污谤皇室，妨害国家安宁，与国事犯绝不相同，按之西律亦应归本国办理。望将此义告文八弟，切实著论数首，登之报端，以为证据。《申报》及《中外日报》，能为运动，使之助力尤好。千万速办。陶。真。（端方档）

中国史学会编《中国近代史资料丛刊·辛亥革命》(1)，上海人民出版社1957年版，第452页

7月6日(闰五月十二日) 《苏报》载章太炎《狱中答新闻报》。

1903年7月6日《苏报》章太炎《狱中答新闻报》:

读《新闻报·论革命党》一篇,保皇拒俄阻法,义勇队国民会诸事,不知何人发端,而吾章炳麟未尝与焉。自十六七岁时读蒋氏《东华录》、《明季稗史》,见夫扬州、嘉定、戴名世、曾静之事,仇满之念固已勃然在胸。中岁主《时务报》,与康、梁诸子委蛇,亦尝言及变法。当是时,固以为民气获伸,则满洲五百万人必不能自立于汉土。其言虽与今异,其旨则与今同。昔为间接之革命,今为直接之革命,何有所谓始欲维新,终创革命者哉?《訄书》之作,与康、梁保皇同时。巴县邹容肄业日本,元旦演说,已大倡排满主义。此皆在拒俄阻法、义勇队国民会之先,孰云始为大清国民,无端而不认大清者?夫民族主义炽盛于二十世纪,逆胡羶虏,非我族类,不能变法当革,能变法亦当革;不能救民当革,能救民亦当革。吾之序《革命军》,以为革命、光复,名实大异。从俗言之,则曰革命;从吾辈之主观言之,则曰光复。会朝清明,异于汤、武,攘除贵族,异于山岳党。其为希腊、意大利之中兴则是矣,其为英、法之革命则犹有小差也。

逆胡挑衅,兴此大狱,盗憎主人,固亦其所。吾辈书生,未有寸刃尺匕足与抗衡,相延入狱,志在流血,性分所定,上可以质皇天后土,下可以对四万万人矣。而租界权利为外人所必争,坚持此狱,不令陷入内地。此自各行其志,与吾辈宗旨不同。既以租界为大罗,而欲轶出界外以求流血,此必不可得之数也。谁为吾辈请律师、筹讼费者?下狱之日,神气激扬,宁暇谋及此事!而以四万万人之公心,激于义愤,而相率奔走驰逐以图之。吾以致命遂志为心,彼以公理战胜为的,亦任其从旁规画而已!愚者不察,辄以始勇终怯,妄相诋诮,岂非见夏峰之营救,而讥左、魏之贪生耶?且今日狱事起于满洲政府,以满洲政府与汉种四万万人构此大讼,江督关道则满洲政府之代表,吾辈数人则汉种四万万人之代表。为四万万人者固欲本种之获伸,而不欲其为异种所胜,况乎满、汉争讼,则裁判之权自非满洲官吏所能有。以英、美诸国中立而判此狱,于法则宜,宁能听其阑出租界,使裁判之权悉归于诉讼人之手乎?此因四万万人之公心,而非吾辈所能阻止,亦非吾辈所当阻止者也。

去矣,新闻记者!同是汉种,同是四万万人之一分子,亡国覆宗,祀逾二百,奴隶牛马,躬受其辱。不思祀夏配天,光复旧物,而惟以维新革命,锱铢相较,大勇小怯,秒忽相衡,斥鷃井蛙,安足与知鲲鹏之志哉!去矣,新闻记者!浊醪夕引,素琴晨张,郁素霞之奇意,入修夜之不旸。天命方新,来复不远,请看五十年后,铜像巍巍立于云表者,为我为尔,坐以待之,无多聒聒可也。

△ 本日,端方等人函电往还,继续筹划转解苏报案涉案人员。

《光绪二十九年闰五月十二日兼湖广总督端方致两江总督魏光焘电》:

万急,江宁魏制台钧鉴:秦密,俞道明震之子大纯,现游学日本甫回,闻大纯在日剪辫入革命军,悖逆无人理,俞道深恶其子,然不可不防,请密饬沪道一电,随时留心。俞道办事认真,方之所言,近于过虑,但事体重大,既有所见,不敢不陈。方。文。(端方档)

中国史学会编《中国近代史资料丛刊·辛亥革命》(1),上海人民出版社1957年版,第453页

《光绪二十九年闰五月十二日兼湖广总督端方致两江总督魏光焘电》:

万急,江宁魏制台钧鉴:秦密,此次所获龙泽厚一犯,是康有为之徒,广西优贡,潜住上海,与康梁暗为声援,时通消息,煽动诸报馆主张逆说,摇惑人心,力量最大,流毒最深。此是真康党,自戊戌以来,未曾拿获一人,今幸就获,万万不可放手。应请严饬沪道,与诸犯一并

解宁，务期办到。至祷。方。文二。（端方档）

中国史学会编《中国近代史资料丛刊·辛亥革命》(1)，上海人民出版社1957年版，第453页

《光绪二十九年闰五月十二日两江总督魏光焘致兼湖广总督端方江苏巡抚恩寿电》：

急，武昌端午帅、苏州恩艺帅鉴：洪密，来电已饬沪道照办。顷奉枢电，闻上海有革命逆党，竟敢妄肆悖逆语言登诸《苏报》，务即设法严拿，务获尽法惩办，勿稍疏纵，并将拿办情形电复，云云。当复：卦电敬悉。此事前已将筹办情形电陈。嗣又一再电令相机拿办。昨据袁道同派往之俞道会电：切商英日各领，旋又备文照领袖签字，遂获陈仲彝、即陈范之子，钱允生、陈吉夫皆《苏报》主笔，并章炳麟、龙积之共五名，由廨管押，有律师到堂代为声辩，须会讯明确，方能拟办，该报馆，诸领意亦须讯明再封。现设法切商等情。当令尽力商办，得能解省，轻重由我惩办为妥。盖界内拿犯，最为棘手，此次允为签拿，已属难得。惟彼既须会讯明确，方能拟办，中外律法不同，办法即难遽定。倘我操之过急，彼转持之益坚。昔年拿办黄遵宪可谓前鉴。此时总宜先使讯后，勿复干预，方可由我惩办。顷又据袁道电，邹容已获，讯后再禀。已将钧电饬令该道等遵照商办。应俟禀复据办情形到日，再行电商尊处，请旨办理。谨复云云。并闻。焘。文，印。十二日巳刻到。（端方档）

中国史学会编《中国近代史资料丛刊·辛亥革命》(1)，上海人民出版社1957年版，第413页

《光绪二十九年闰五月十二日两江总督魏光焘致兼湖广总督端方电》：

武昌端午帅鉴：秦密，两真电悉。此等逆犯，岂有稍予放松之理。敝处节次严电该道等，皆责令尽力商办。现据电，再四商各领，已允将该报馆封闭，定十二由律师持苏报到堂，宣明各节，即据以发封。现又电令与国事犯绝不相同，务须力筹辩明，并照尊电意，切属福开森设法，总期解归我办，并严拿吴眺并办为要。惟交涉之事，领事无不秉命公使，务望尊处电香帅，切商英日美各使，俾内外协力商办，使各领不致推诿刁难。不胜盼切。焘。文，印。十三日巳刻到。（端方档）

中国史学会编《中国近代史资料丛刊·辛亥革命》(1)，上海人民出版社1957年版，第414页

《光绪二十九年闰五月十二日兼湖广总督端方致福开森转金煦生电》：

急，上海商约会议公所福君开森：祓密，转金煦生：六犯皆系中国著名痞匪，竟敢造言污毁皇室，妨害国家安宁，与国事犯绝不相同，务将此义著为论说，登诸报端。该犯已干众怒，此报一出，众论翕然，不必游移。峙生今日赴沪，一切面谈。兼院。文。（端方档）

中国史学会编《中国近代史资料丛刊·辛亥革命》(1)，上海人民出版社1957年版，第453页

《光绪二十九年闰五月十二日兼湖广总督端方致探员志赞希赵竹君电》：

万急，上海坚读：六犯获后，其党何人暗中与之谋划？何人出钱？在何处聚议？各报馆议论如何？沪道心思手段如何？俞道举动如何？各领事办法主意如何？速密示。陶。文。（端方档）

中国史学会编《中国近代史资料丛刊·辛亥革命》(1)，上海人民出版社1957年版，第453～454页

《光绪二十九年闰五月十二日兼湖广总督端方致内阁大学士张之洞电》：

北京张宫保钧鉴：诚密，顷得沪道电，苏报馆今日封闭，六犯尚未讯定。闻曲折甚多，且有逆党暗中运动，交犯一层甚难着手。请密商政府，于宁沪严以责成，庶期办到。现密委金守鼎即日赴沪，与福开森及其弟世和妥密布置，将六犯解宁最为要义。此事办成，绝非容易，已面告金守并转告其弟，如将解宁办到，劳绩甚巨，必不相负。其龙积之一犯，名泽厚，广西优贡，康逆之徒，与梁启超相伯仲，而资格较超为深。自康梁逃遁后，惟泽厚一人在沪，煽动各报馆，主持逆论，号为中国提调，其罪不亚于章邹二犯，非一并伏法，不足以快人心。此方是真康党，与冒充康党及众人混指为康党者不同。自戊戌以来，未曾拿到一真康党，如此渠

魁,万万不可放手。若将龙泽厚处治,逆党在中国无援矣。近二十余日之苏报及《革命军》一册,已见否?诸望速示。方。文。(端方档)

中国史学会编《中国近代史资料丛刊·辛亥革命》(1),上海人民出版社1957年版,第454页

《光绪二十九年闰五月十二日兼湖广总督端方致探员赵竹君电》:

上海读:请即觅《革命军》数册,并近日苏报逆论数纸,速由沪飞寄抱冰。至要。方。文。(端方档)

中国史学会编《中国近代史资料丛刊·辛亥革命》(1),上海人民出版社1957年版,第454页

7月7日(闰五月十三日) 《苏报》被封,租界方面反对将涉案人员转解中国官方审判。

《光绪二十九年闰五月十三日兼湖广总督端方致"椿"、"正"、"暗"电》:

北京椿、正、暗同览:上海逆首邹容著《革命军》,章炳麟作序,诋毁列圣,直斥庙讳,劝天下造反。近日《苏报》亦昌言灭满诛清。迭次由鄂电致江督,沪道,幸将邹容及龙泽厚、章炳麟、陈仲彝、陈吉夫、钱锡尊六人先后拿获。龙为康逆死党,资较梁逆尤深,最为凶险。惟案在租界,恐不能尽法惩办。昨电抱冰转告枢府,枢已电魏帅设法解宁,外吴眺一名首倡革命,并饬严拿,据领事云,逆在租界拿获,应在租界办理。查该犯皆著名痞匪,造言污谤皇室,妨害国家安宁,与国事犯绝不相同,应归中国办理。刻派律师担文力与抗辩,务令交犯。恐发题涉及此事。特闻。(端方档)

中国史学会编《中国近代史资料丛刊·辛亥革命》(1),上海人民出版社1957年版,第454~455页

《光绪二十九年闰五月十三日兼湖广总督端方复两江总督魏光焘电》:

江宁魏制台钧鉴:秦密,文两电均敬悉。复枢一电,深筹密计,至为佩仰。各领允封报馆,并切嘱设法解归我办,及严拿吴眺,均极周密,切商公使一节,前已电致香帅,请与外务部商诸公使,电致各领及工部局,务将各犯归我自办。兹得尊电,当经转照。俟得复电,再当奉闻。方。元。(端方档)

中国史学会编《中国近代史资料丛刊·辛亥革命》(1),上海人民出版社1957年版,第455页

《光绪二十九年闰五月十三日兼湖广总督端方致内阁大学士张之洞电》:

北京张宫保钧鉴:诚密,顷接魏午帅转来枢电,及复枢电。并云:节次严电沪道等,责令尽力商办。现各领已允将苏报馆封闭,十二,律师持报到堂宣明,即据以发封。又电令辩明与国事犯绝不相同。切嘱设法解归我办,并严拿吴眺。惟交涉之事,各领无不秉命公使。望电香师切商英日美各使,内外协力商办,使各领不致推诿刁难,等语。切商公使一节,前已电请公与外务部商办,想尽筹亦早计及。兹得魏电,所见相同。请密筹妥商。务请各使速电各领及工部局,务将各犯解交中国自行惩办。邹著《革命军》,已电沪寄上,并闻。方。元。(端方档)

中国史学会编《中国近代史资料丛刊·辛亥革命》(1),上海人民出版社1957年版,第455~456页

《光绪二十九年闰五月十三日道员俞明震上海道袁树勋致兼湖广总督端方等电》:

武昌南京督宪、苏州抚宪钧鉴:真电敬悉。各犯解宁,自是正办,非分别次第,步步逼紧,恐难合拍,未敢激切,转误事机。现同福开森筹思婉商,徐图解宁办法,虽无把握,竭力维持,事关大局,不敢稍松。沪上刑出多门,异常棘手。即以封闭苏报馆一节,职道等与诸领商定办法,昨由公堂判定,堂谕先行封闭,英美两领签字,工部局忽尔把持。工部局既不遵堂谕,惟有停讯以持之,如此办法,不遵封闭则不开堂,想工部局终难违抗。一面添请哈华托律师帮同古柏办理,较为得劲。宁文电、苏元电亦谨悉。明震、树勋。元,印。十三日亥刻到。(端方档)

中国史学会编《中国近代史资料丛刊·辛亥革命》(1),上海人民出版社1957年版,第415页

《光绪二十九年闰五月十三日上海道袁树勋道员俞明震致兼湖广总督端方等电》:

至急,武昌南京督宪、苏州抚宪钧鉴:元电定邀垂鉴。察报馆事,经职道商允停办,公堂工部局知难抗违,始派捕协同封闭。容再婉商,将各犯解宁。另报。明震、树勋。覃,印。十三日亥刻到。(端方档)

中国史学会编《中国近代史资料丛刊·辛亥革命》(1),上海人民出版社1957年版,第414~415页

《光绪二十九年闰五月十三日上海"徽"致兼湖广总督端方电》:

武昌兼宪钧鉴:苏报馆未刻封。徽。元。十四日未刻到。(端方档)

中国史学会编《中国近代史资料丛刊·辛亥革命》(1),上海人民出版社1957年版,第416页

《光绪二十九年闰五月十三日福开森致兼湖广总督端方电》:

武昌兼督端制台钧鉴:祓密,真两电奉悉。昨发封苏报,会审员翟翻译签字后,值年领及英领加签,乃工部局竟搁起。今晨沪道以该局不从堂谕,即饬会审孙令停堂勿讯别案。嗣该局自知失理,遂于今午将该馆照封,中多曲折情形。此案沪道极费苦心。先是拿人为难,沪道屡请吕盛伍各大臣授示机宜。又迭往商领事。据领事云,不按租界章程,万难到手。沪道答以拿人照章,然各犯逆案讯明后,应请上宪定夺办法,等语。当时虽各领有租界犯案租界受罪一层办法,而沪道语气之间已预备解省地步,不过其时人未拿到,非参用机宜不可,颇属为难。宪电各节,沪道今已加请哈华托律师会同担文同事古柏审慎办理,以备候讯。欣闻宪派金太守来沪,群策群力,尤为妥当,请将各节转电张宫保。再金令世和未奉文电之先,已著革命党论讽激,合代附禀。开森。元。十四日午刻到。(端方档)

中国史学会编《中国近代史资料丛刊·辛亥革命》(1),上海人民出版社1957年版,第415~416页

《光绪二十九年闰五月十三日探员志赞希赵竹君致兼湖广总督端方电》:

武昌署督宪端鉴:密,奉三谕,遵探沪道与各领屡议,讵坚执租界章程,犯案在界外可解归官办,犯案在界内仍归公堂讯办。现案尚在租界,空言煽惑,不允解官,若依西律恐不重办。报馆已允封闭,然今尚出报。并探日内会审,得供再电。文论即嘱办。申报持论甚正,新闻(报)亦然,中外报不易化导。党谋亦无著名之人。聚议仍在爱国社,闻无力延订律师,出钱恐乏巨款。容探续电。俞恐不肯深求,而于此案未见格外才力。各领坚执,须与切论利害。南洋着力或可得手。同叩,窃为公计,暗中加紧,不宜着迹。坚。印。十三日未刻到。(端方档)

中国史学会编《中国近代史资料丛刊·辛亥革命》(1),上海人民出版社1957年版,第414页

《光绪二十九年闰五月十三日兼湖广总督端方致道员梁松生电》:

急,北京化石槁梁松生观察:宁密,上海拿犯情形,想已尽知,各领意以在租界犯事即在租界受罪,不愿解宁。探悉此事非英日美公使主持,不能办到。祈速与鸿铭密商,向三使密陈,各逆乃系痞匪,与国事犯绝不相同,解归宁办,方昭睦谊,且合公法。事如办成,厥功甚伟。重托重托。盼复。方。元。(端方档)

中国史学会编《中国近代史资料丛刊·辛亥革命》(1),上海人民出版社1957年版,第456页

《光绪二十九年闰五月十七日梁敦彦复兼湖广总督端方电》:

武昌兼宪钧鉴:宁密,寒电谨悉。英使以未知此案详细情节,此时不敢遥断,俟接沪总领事详禀再定云。敦彦禀。印。十七日戌刻到。(端方档)

中国史学会编《中国近代史资料丛刊·辛亥革命》(1),上海人民出版社1957年版,第420页

7月8日(闰五月十四日) 军机处催促端方、魏光焘等人设法自行审理苏报案涉案人员。

《光绪二十九年闰五月十四日兼湖广总督端方致上海道袁树勋道员俞明震电》:

上海袁道台、俞道台:洪密,元、覃电均悉。此案办法,分别次第,步步逼紧,极见精密。

封闭报馆,工部局不遵堂谕,以停办公堂相持,始派捕协同封闭,办法尤为妥速。解宁一节,尤望竭力维持,以期办到。至要。方。寒。(端方档)

中国史学会编《中国近代史资料丛刊·辛亥革命》(1),上海人民出版社1957年版,第456~457页

《光绪二十九年闰五月十四日道员赵滨彦致兼湖广总督端方电》:

武昌兼宪钧鉴:邹容已获。苏报馆已封,惟各犯仍押未讯。职道滨禀。愿。十四日申刻到。(端方档)

中国史学会编《中国近代史资料丛刊·辛亥革命》(1),上海人民出版社1957年版,第416页

《光绪二十九年闰五月十四日军机处致兼湖广总督端方两江总督魏光焘电》:

武昌总督、南京总督:真电悉。顷接端署鄂督电称:已获逆犯六名,沪上各领事称,在租界犯案当在租界定罪、受罪,深虑袒护轻纵,逆焰愈炽,后患更大。务属南洋设法催交,此系中国痞匪,诬谤皇室,妨害国家不安,与国事犯绝不相同。已电嘱律师担文照此切实辩论,务交中国自办。等语。希饬袁道俞道一体坚持此义。总期办到方妥。仍随时电商端署督,力筹妥办。并将拿办此案情形电奏。望速复。枢。愿,印。十四日亥刻到。(端方档)

中国史学会编《中国近代史资料丛刊·辛亥革命》(1),上海人民出版社1957年版,第416~417页

7月9日(闰五月十五日)　端方电商张之洞转解苏报案人员办法,并继续催促上海地方加紧交涉。

《光绪二十九年闰五月十五日兼湖广总督端方致内阁大学士张之洞电》:

北京张宫保钧鉴:元、覃两电敬悉。将案照准,胥出栽培,各员同深感叩。沪案已请外部商公使,最好。公使如何电沪领,乞密示。冯会办军务,桂事必有起色。方。咸三。(端方档)

中国史学会编《中国近代史资料丛刊·辛亥革命》(1),上海人民出版社1957年版,第457~458页

《光绪二十九年闰五月十五日兼湖广总督端方致福开森电》:

急,上海商约公所福君开森:祓密,元电悉。报馆封闭,极见经营。沪道于拿人时语气已预备解宁地步,尤协机宜。望嘱担文与哈华托及古柏明辩坚持,务期解归宁办。元电已转电张宫保,并闻。方。咸。(端方档)

中国史学会编《中国近代史资料丛刊·辛亥革命》(1),上海人民出版社1957年版,第458页

《光绪二十九年闰五月十五日兼湖广总督端方致军机处电》:

北京军机处钧鉴:洪密,愿电敬悉。此次上海拿获逆犯六人,沪道及福开森甚为出力。拿办情形业经南洋详报,并由方先后电告张总督转陈。封闭苏报馆一节,工部局意欲迟延,经沪道参用机宜,始于十三日封闭。各领虽有租界犯案应在租界受罪之语,幸沪道于拿犯时预与各领婉言,已留解宁自办地步。现又添派律师哈华托会同担文同事古柏协力办理。再得公使电致沪领允准交犯,更为得力。闻各犯亦请律师,财力甚薄,党羽解体,不能持久。但不速办,深恐康梁孙文诸逆暗中接济,致难措手。现由方密派湖北知府金鼎赴沪与福开森哈华托等妥为商办。嗣后一切情形,当遵钧示随时由南洋会商电奏。谨闻。方叩。咸。(端方档)

中国史学会编《中国近代史资料丛刊·辛亥革命》(1),上海人民出版社1957年版,第458~459页

《光绪二十九年闰五月十五日兼湖广总督端方致知府金鼎电》:

上海登贤里上元金寓:筌密,咸电知安抵沪。昨得枢电,此事已责成南洋力筹妥办。枢意总以六犯解宁为主。并属南洋随时电鄂商办,将拿办情形电奏。顷电复枢云:现已密派金守赴沪与福开森密商妥办。望阁下细心尽力,妥速办理,以竟全功。日盼电来。陶。咸。(端方档)

中国史学会编《中国近代史资料丛刊·辛亥革命》(1),上海人民出版社1957年版,第459页

《光绪二十九年闰五月十五日兼湖广总督端方复两江总督魏光焘电》：

急，江宁魏制台钧鉴：秦密，咸电敬悉。月余以来，尽画周挚，为难度苦衷，深所仰佩。沪道禀承指示，力任其难，业已屡电称许。尊意俟案定再行入告，自系慎重办法。惟枢电属将拿办情形先行电奏。盖因以前各电，系自行商酌之辞，未便据以上达。兹事颠末，尊处电牍为详，自应由公主稿，今承命拟，深用悚息，容即拟稿呈诲。方。删。（端方档）

中国史学会编《中国近代史资料丛刊·辛亥革命》(1)，上海人民出版社1957年版，第459页

《光绪二十九年闰五月十五日兼湖广总督端方致内阁大学士张之洞电》：

北京张宫保钧鉴：诚密，顷接福开森电：发封苏报，工部局不从堂谕，沪道饬会审停堂，勿讯别案，该局始将该馆照封。解宁一层，当拿人时，沪道屡请示吕盛伍各大臣，又迭商领事，以各犯逆案讯明后，应请上宪定夺办理，语气间已预备解省地步，今已添委哈华托律师会同担文同事古柏审慎办理，以备候讯，等语。敬以奉闻。方。咸一。（端方档）

中国史学会编《中国近代史资料丛刊·辛亥革命》(1)，上海人民出版社1957年版，第457页

《光绪二十九年闰五月十五日兼湖广总督端方致内阁大学士张之洞电》：

北京张宫保钧鉴：诚密，顷接枢致江鄂愿电，属魏随时电商，力筹妥办，并将拿办此案情形电奏，望速复，等语。此事赖公主持正论，尽画周详，外间办事有所适从，大局之幸。金守今日定可到沪，有闻即当飞报。方。咸二。（端方档）

中国史学会编《中国近代史资料丛刊·辛亥革命》(1)，上海人民出版社1957年版，第457页

《光绪二十九年闰五月十五日兼湖广总督端方致两江总督魏光焘电》：

江宁魏制台钧鉴：秦密，昨夜自金口履勘堤工回署，接枢愿电。未知沪道近两日内办理情形如何，望随时示悉。闻沪道于拿人时语气之间已预备解宁地步，可谓胆识兼优。现在逆犯延请律师，探悉其财务甚绌，不能持久。若趁此时迅速办定，不惟逆党解体，即附和邪说各学生亦可望渐就范围。我公砥柱中流，功在社稷，无任佩仰祈祷之至。会奏电稿，请速示。方。咸。（端方档）

中国史学会编《中国近代史资料丛刊·辛亥革命》(1)，上海人民出版社1957年版，第458页

《光绪二十九年闰五月十五日兼湖广总督端方致内阁大学士张之洞电》：

北京张宫保钧鉴：诚密，顷得汪伯唐函云：承屡电询学生界事，因召官费生来，而询之，据称不敢与闻。并询有无改名楚魂之事，则谓似未改名，不甚深悉云云。查款，临行时坚嘱到日设法停止，俟得信再奉闻。方。咸。（端方档）

中国史学会编《中国近代史资料丛刊·辛亥革命》(1)，上海人民出版社1957年版，第459～460页

《光绪二十九年闰五月十五日兼湖广总督端方致探员志赞希赵竹君电》：

急，上海坚读同鉴：中外日报谓章、龙、邹皆自投到，非拿获。确否？《苏报》、《革命军》已寄冰堂否？近日审讯情形如何？均盼速复。方。咸。（端方档）

中国史学会编《中国近代史资料丛刊·辛亥革命》(1)，上海人民出版社1957年版，第460页

《光绪二十九年闰五月十五日两江总督魏光焘致兼湖广总督端方电》：

急，武昌端午帅鉴：秦密，仝奉枢愿电，饬将拿办情形电奏，等因。查此案前据沪道禀办，当饬密商各领事转达工部局。往返磋商，月余始得签字获犯。旧章华人犯案，徒罪以上，会审后，即应交上海县管押。嗣工部局又听告唆，变不肯交犯。即封报一节，英美两领签字，工部忽尔把持，经沪道商允停讯公堂，始允协同封闭。此中窒碍情形，已可概见，而沪道办事不遗余力，极有步骤，亦当在洞鉴之中。顷据电称，须候过堂后，方能力争解宁云云。枢电再三催促，颇虑外间放松，似未明办事苦衷。弟初意未即会衔具奏者，诚以令出自上，倘外间办理稍有不符，未免有伤国体。拟俟尽力办到地步，再行奏明，非抗[？]他也。应如何电奏，仍恳

代拟一稿寄阅。凡沪道寄宁之电,均已分电尊处,其情形亦同。焘。咸,印。十五日申刻到。(端方档)

中国史学会编《中国近代史资料丛刊·辛亥革命》(1),上海人民出版社1957年版,第417页

《光绪二十九年闰五月十五日知府金鼎致兼湖广总督端方电》:

武昌兼督宪钧鉴:筌密,顷抵沪。福踊跃且细密,事尚有条理,其详电禀。覆示请寄登贤里上元金寓。鼎禀。咸。十五日申刻到。(端方档)

中国史学会编《中国近代史资料丛刊·辛亥革命》(1),上海人民出版社1957年版,第417页

7月10日(闰五月十六日)　北京各公使同意中国外务部要求,命各领事引渡苏报涉案人员,遭工部局抵制。

《光绪二十九年闰五月十六日兼湖广总督端方致福开森电》:

上海商约公所福君开森:祓密,谏电悉。此事虽经京使来电,然终赖大才办理,以竟全功。近日情形,尚希随时电示。方。谏。(端方档)

中国史学会编《中国近代史资料丛刊·辛亥革命》(1),上海人民出版社1957年版,第460页

《光绪二十九年闰五月十六日兼湖广总督端方致知府金鼎电》:

上海登贤里上元金寓:谏电悉。已电沪道速商各领,即日集讯。余党看松,所见极是,可与福君及令弟酌度办理。方。谏。(端方档)

中国史学会编《中国近代史资料丛刊·辛亥革命》(1),上海人民出版社1957年版,第461页

《光绪二十九年闰五月十六日兼湖广总督端方致两江总督魏光焘电》:

江宁魏制台钧鉴:顷得沪电,闻各领接北京公使来电,饬沪领将六犯迅速解宁,听从中国办理,等语。谨闻。方。谏。(端方档)

中国史学会编《中国近代史资料丛刊·辛亥革命》(1),上海人民出版社1957年版,第460页

《光绪二十九年闰五月十六日兼湖广总督端方致两江总督魏光焘军机处电》:

万急,江宁魏制台钧鉴:秦密,北京军机处钧鉴:洪密,上海革命党章炳麟、邹容、龙泽厚、陈范等在爱国社会倡为逆说,在苏报馆屡出逆报,并著《革命军》逆书,人人骇恨。焘闻信即电饬上海道袁树勋、候补道俞明震往商各领事,转达工部局,设法拿办各犯,封闭苏报馆。并经与方电商,密饬委员福开森商美总领签押,工部局即允协拿。先后拿获章炳麟、邹容、龙泽厚、陈范之子陈仲彝、钱锡尊、陈吉甫等六人,由廨管押。初七日到公堂审讯,均不跪,经会审英副领事翟璧兰呵斥,始跪。是晚先问姓名,仍押候审。上海道选派律师哈华托及代丹文办律法官之古柏到堂,逆党亦延博易律师到堂声辩。各领谓凡在租界犯案,即应在租界受罪。焘方因屡电上海道等,以各犯系中国著名痞匪,竟敢造言污谤皇室,妨害国家不安,与国事犯绝不相同,按之西律亦应解归中国办理。封报一节,诸领意欲讯明再封,上海道再四商辩,始于十三日封闭。案情重大,逆焰鸱张,非解宁惩办,不足以弭后患。焘方往复电商,坚持此义。但租界讯案与中国情形不同,操之过急,反生波折。闻公使已有电致沪领,将已获六犯迅速解宁,听从中国办理。此事当易就范。谨将先后拿犯情形,先行电闻。俟堂讯如何,再行具陈。请代奏。焘方叩。此稿仓卒拟就,未臻妥协,请删改裁定,拍发。至叩。方。谏。(端方档)

中国史学会编《中国近代史资料丛刊·辛亥革命》(1),上海人民出版社1957年版,第460~461页

《光绪二十九年闰五月十六日兼湖广总督端方致上海道袁树勋电》:

上海袁道台:此案近日情形如何?念甚。总以速行会讯,俾早定案为要义。望商各领即日集讯。盼复。方。谏。(端方档)

中国史学会编《中国近代史资料丛刊·辛亥革命》(1),上海人民出版社1957年版,第462页

《光绪二十九年闰五月十七日上海道袁树勋复兼湖广总督端方电》：

武昌督宪钧鉴：谏电敬悉。叠蒙训示，俾极周详，得有遵循，敬佩不已。职道以此间事出多门，异常棘手，幸各领事大局商定，次第办法。今公使电商解省审办，各领均甚为难。日来督律师将苏报悖逆语译成西文，订廿会审，以便证实罪迹，然后切商解省自办。刻工部局实欲续请启封苏报，正与领事律师福开森设法坚持。余党须俟此案办定，再会商拿办。余续禀闻。树勋。筱，印。十七日戌刻到。（端方档）

中国史学会编《中国近代史资料丛刊·辛亥革命》(1)，上海人民出版社1957年版，第420～421页

《光绪二十九年闰五月十六日福开森致兼湖广总督端方电》：

火急，武昌兼督宪钧鉴：祓密，咸电敬悉。此案难办情形，幸邀明鉴。昨晚忽闻沪领接京使来电云，外务部顷照会各国公使，务饬沪领将已获六犯迅速解宁，听从中国办理，等语。京使此等办法，于大局实有窒碍。该犯既在租界拿获，须先在租界会讯，得其实供，中外折服，然后始能设法解宁。此时未审之先，外务部万不可稍涉孟浪，转滋贻误。此次获犯封馆，根据已稳，步步渐进，乃为至计。千祈宪台将此中艰难情形，切实速达外务部及张宫保，无须再向京使催托。俟沪讯后，再请京使为力。开森。谏，印。十六日巳刻到。（端方档）

中国史学会编《中国近代史资料丛刊·辛亥革命》(1)，上海人民出版社1957年版，第417～418页

《光绪二十九年闰五月十六日知府金鼎致兼湖广总督端方电》：

武昌兼督宪钧鉴：筌密，昨晤福君袁俞道并访察情形，悉此案得法，全在美英领接洽。而拿犯封馆又为中国在租界创行之事，颇费周章，乃就范围。必俟讯供，情真罪当，众论翕然，则解宁可免制肘。鼎密察事势，以速会讯为第一要义。乞宪台急电江督，饬沪即日集讯，俾早分别案情，禀请核办。至查拿案外各党，福袁皆以同时并举，恐外人藉口株连，反将本案看松，合并附陈。正缮电间，奉咸电，敬悉。容续禀。鼎。谏。十六日酉刻到。（端方档）

中国史学会编《中国近代史资料丛刊·辛亥革命》(1)，上海人民出版社1957年版，第418页

《光绪二十九年闰五月十六日探员志赞希致兼湖广总督端方电》：

武昌署督端鉴：密，六犯均是捉获。竹已将报书寄抱冰。刻尚未会审。容探明续禀。坚。十六日亥刻到。（端方档）

中国史学会编《中国近代史资料丛刊·辛亥革命》(1)，上海人民出版社1957年版，第418页

《光绪二十九年闰五月十六日知府金鼎致兼湖广总督端方电》：

武昌兼督宪钧鉴：筌密，美领昨夜得京使电，饬将犯解宁。各领以未讯起解，恐工部局迫而释放，蹈孙、康、龚、超之辙。福开森大惧，遂电请转达外部。顷又闻美领已请吕、伍两大臣将办理情形电致京使，仍归沪讯后，设法解宁办法。至龙逆罪犯确据，请查鄂案速覆。鼎。谏二。十七日辰刻到。（端方档）

中国史学会编《中国近代史资料丛刊·辛亥革命》(1)，上海人民出版社1957年版，第419页

《光绪二十九年闰五月十六日两江总督魏光焘致兼湖广总督端方电》：

急，武昌端午帅鉴：洪密，顷据沪道等咸电禀复，照转于下。电曰：邹容等屡奉各宪严电饬拿。管见以租界拿人向来棘手，余升道设法在租界外拿获龚超，尚被工部局耸各领索回纵释。况今日局董权势较重，各领多视其意旨为转移，万一出票而各领因工部局保护甚力之故不允签字，后更难以措手。职道之罪益大。因与各领切商，辩论逾二钟，彼此坚持，均形词色。正在为难，各领旋泛论如租界之案在租界审办尚可酌行，意欲藉转圜为抵拒，职道迎机而导，即因其审办之说而实之，各领不便遽易其说，勉允签字，在租界拿人封馆。迨次日各领

会商,仍仅允签字拿人。其报馆必俟审后再封。复又屡次走商,先令公堂判定堂谕,继逮英美签封馆之字,工部局忽仍把持,续又饬公堂停讯,以制工部局之抗违,不知几费唇舌,而报馆始封。以职道陋劣,勉强办到此地步,私愧抵懦。刻下担文之伙柏翻译方举苏馆及《革命军》诸语译成英文,上之《字林西报》,俾众人共知,再行上堂辩驳。彼久视租界为其主权,非内地办案可比,犹虑未极密速。刻又添派哈华托与柏会商,现筹略有头绪,过堂后即进商解省一层。所以未便先行说破者,实职道等步步逼紧之计,并不放松,入手一急,工部局以主权激动各领,更恐并已办到者翻去。尔时职道为难不足惜,如后此交涉何?如朝廷大体何?分居臣子,有可尽之力而不尽,职道将何以自解。我急彼缓,职道之咎奚辞。职道之才已竭,福开森亦已竭力矣。伏祈宪台鉴其下忱,酌据所禀转奏,言已严饬职道设法解省,暂慰宸廑,临电不胜屏营待命之至。再戌刻美古领特嘱白翻译来署,言顷奉康大臣密电,言外部商请将各犯解宁,属将各情禀复,并请美外部示云,犯未过堂即出解宁审办,虑出变故,云云。职道奉谕承办此案,筹商至再,次第举行,外部未悉此间棘手情形,恐职道等放松,怜愚相助,深为感激。张宫保前职道等已经电禀,请电饬职道等将犯解宁,如此立意,为好收束起见。职道等天良未昧,如此重大案件,岂肯含糊将就。今既与公使说明,且看各领宗旨与工部局意见,随时因应,禀请示遵。现据美领所言,谨暂电商。此层应否转达外部,乞钧裁云云。焘。铣,印。十七日申刻到。(端方档)

中国史学会编《中国近代史资料丛刊·辛亥革命》(1),上海人民出版社1957年版,第419~420页

7月11日(闰五月十七日)　刘师培作《黄帝纪年论》,主张弃用君主年号纪年,使用黄帝纪年法。

刘师培《黄帝纪年论》:

民族者,国民特立之性质也。凡一民族,不得不溯其起原。为吾四百兆汉种之鼻祖者谁乎?是为黄帝轩辕氏。是则黄帝者,乃制造文明之第一人,而开四千年之化者也。故欲继黄帝之业,当自用黄帝降生为纪年始。

吾观泰西各国,莫不用耶稣降世纪年;回教各国,亦以穆汗漠德纪年;而吾中国之纪年,则全用君主之年号。近世以降,若康梁辈,渐知中国纪年之非,思以孔子纪年代之。吾谓不然。盖康梁以保教为宗旨,故用孔子降生为纪年;吾辈以保种为宗旨,故用黄帝降生为纪年。夫用黄帝纪年,其善有三。黄帝以前,历史事实少,孔子以前,历史之事实多,故以黄帝纪年,则纪事一归于简便,而无由后溯前之难,其善一。日本立国,以神武天皇纪年,所以溯立国之始也。中国帝王,虽屡易姓,与日本万世不易之君统不同。然由古迄今,凡汉族之主中国者,孰非黄帝之苗裔乎。故中国之有黄帝,犹日本之有神武天皇也。取法日本,择善而从,其善二。中国政体,达于专制极点,皆由于以天下为君主私有也。今纪年用黄帝,则君主年号,徒属空文,当王者贵之说,将不击而自破矣,其善三。

呜呼!北敌蹈隙,入主中华,谓非古今来一大变迁耶?故当汉族不绝如线之状,欲保汉族之生存,必以尊黄帝为急。黄帝者,汉族之黄帝也。以之纪年,可以发汉族民族之感觉。伟哉,黄帝之功!美哉,汉族之民!黄帝降生四千六百一十四年闰五月十七日书。

《国民日日报汇编》第1集,东大陆图书译印局1904年版,《来文》第9~11页

编者按:此文尚有大事年表附后,见《国民日日报汇编》第1集,第11~13页。《国民日日报》创刊后,作者虽将本文投往《国民日日报》报社,但未在此报正式发表(参见本年8月21日条),文稿后被收入《国民日日报汇编》及《黄帝魂》。

△ 端方、魏光焘等函电往还，在苏报案问题上态度有所松动，决定等待租界方面审判后再行转解。

《光绪二十九年闰五月十七日兼湖广总督端方复上海道袁树勋电》：

上海袁道台：洪密，筱电悉。此事全仗大才，苦心经营，具已深悉。顷由南洋转到咸电，委曲详尽，步步不肯放松，无任佩慰。现惟有早日堂讯，于工部局把持意见力为疏通，定案时当易就范。解宁一层，朝论甚为着意，而其中为难情节，未易周知，得公力任其难，庶望全功可竟。廿日堂讯后情形如何？望速示。方。筱。（端方档）

中国史学会编《中国近代史资料丛刊·辛亥革命》(1)，上海人民出版社1957年版，第462～463页

《光绪二十九年闰五月十七日兼湖广总督端方致知府金鼎电》：

急，上海登贤里上元金寓：筌密，谏二电悉。工部局虽欲阻挠此事，赖福君一力维持，必可就范。龙逆广西优贡，富有票案内唐才常曾经供其主谋，敛钱作乱，当时查拿漏网。查唐才常一案，系经领事签字，在汉口租界拿获，解归武昌省城讯办，龙逆确是票匪案内应行归案审办之犯，请告福君。香帅阅特科卷，十九出场，附闻。方。筱。（端方档）

中国史学会编《中国近代史资料丛刊·辛亥革命》(1)，上海人民出版社1957年版，第463页

《光绪二十九年闰五月十七日兼湖广总督端方致两江总督魏光焘电》：

急，江宁魏制台钧鉴：秦密，顷接福开森电云：美领得京使电，外部照会各使，务饬沪领将各犯迅速解宁，听从中国办理。各领以在租界获犯，须讯得实供，始能设法解宁，未审之先，不可孟浪。请达外部，勿再催托。俟沪讯后，再请京使为力。金守鼎来电略同。并云：未讯先解，恐工部局迫而释放。闻美领已请吕伍两公电致京使，仍归沪讯后，设法解宁，等语。此事福开森意欲独居其功，故所言如此。其实得公使致沪领，最为有益。惟用人之际，不能不参用权宜，俾得尽力。请电沪道，速行会讯，庶期讯后即可解宁。至福所云，由外再电外部勿再催托一节，尽可置之不理。外间办事宜有一定方针，不便出尔反尔也。钧意如何？尚乞诲示。方。筱。（端方档）

中国史学会编《中国近代史资料丛刊·辛亥革命》(1)，上海人民出版社1957年版，第462页

《光绪二十九年闰五月十七日两江总督魏光焘致兼湖广总督端方江苏巡抚恩寿电》：

急，武昌端午帅鉴，苏州恩艺帅鉴：洪密，拿办案奉枢催，已会尊衔电奏矣。兹将稿录呈。其文曰：窃光焘于五月二十五日电陈查禁上海爱国会演说一节，经外务部恭呈御览，奉旨饬将此等败类严密查拿，随时严办，当即钦遵查禁拿办。旋因上海爱国会演说虽禁，复有设在上海租界之苏报馆刊布谬说，而四川邹容所作《革命军》一书，章炳麟为之序，尤肆无忌惮。因饬一并查禁密拿，派员前往会办。并于拿获各犯后，与方寿[焘]往返电商，叠饬沪道等设法迅速解宁审办。兹据沪道袁树勲及委员俞明震先后电禀：此等败类均托身租界，封报拿犯，须由工部局签字协同办理。该道等先因拿犯，约会各国领事向工部局一再切商辩论，始允签票。陆续拿获邹容、章炳麟、龙泽厚、陈仲彝、钱锡尊、陈吉甫等六犯。竟有律师到堂为之申辩。而封报时工部局仍复把持，复经该道等停讯公堂抵制，始于本月十三日将该馆发封停报。刻下犯未过堂，已令律师担文之伙古柏翻译将《苏报》及《革命军》诸谬说译成英文，登于《字林西报》，俾众咸知其谬，复添延律师哈华托会商，妥筹上堂辩驳办法。若辈久视租界为护符，办理甚形棘手，操之过急，窃恐招动全局。拟俟会讯后，设法解宁审办，总当步步逼紧，不敢稍涉轻纵。等情，前来。除仍严饬赶速会讯，设法解宁惩办，并将爱国社余党分别查办外。所有拿办情形，相应合词陈明，以纾宸廑。乞代奏。魏光焘、端方、恩寿全叩。洽。云云。焘。筱，印。十八日巳刻到。（端方档）

中国史学会编《中国近代史资料丛刊·辛亥革命》(1)，上海人民出版社1957年版，第421～422页

△ **本日,金鼎致函梁鼎芬,详细报告处理苏报案经过。**

《金鼎致梁鼎芬书》:

光绪二十九年闰五月十七日上海上书节师尊右:

十五日抵沪,当电禀兼宪。嗣晤福参赞,袁、俞二观察,借悉沪办各情。舍弟世和并详告一切。昨两谏电,复禀兼宪,正缮电时,奉兼宪咸电,以枢意责成江督,总以解犯宁办为主,并嘱随时电鄂商办,枢垣规画深远,实具精意。兼宪谕鼎细心尽力等因,一切自当领会。今才又奉兼宪谏电,饬与福君、世和酌度办理。鼎连日晤商福君,颇以解宁为正办,而又以解宁为不易办。惟十五夜京使致美领电,促解宁讯办一节,阅福上兼宪电禀请电外部云云,语近急切,而原情度理,亦见苦心。盖美领之意,因工部局现正与各领为难,若不将案情分别讯明,遽匆匆解宁,伊必不肯交付,且恐迫而释放,蹈孙文、康有为、龚超之复[覆]辙。是以福参赞闻美领议论及察工部局之权力,诚恐果有释放之事,则咎在何人?急切之电,尚系福君血性之语也。美领虽承京使来电,而亦处以镇静,总望审讯后,得其实在案情,则一切浮议谰语,自然消弭,昨美领已请吕伍两大臣电达外部矣(以上大致已于电禀陈明)。至党类、党势及办法各详情有非电文所能尽者,谨分别撮要为我公缕晰陈之。

一党类　章逆《訄书》最早,版与浙江官书局所刊子书相仿佛,纸章亦类似,非在上海所刊书,有超逆署名,必是戊戌从前所作。闰五月十二日,《苏报》刊章逆在狱中《答新闻报》一首,自谓著《訄书》在康梁保皇之时,是革命宗旨,超逆知情,可见章与康梁异途同谋,情节最重。恪士观察亦称其为昔年知交,而叹其执迷不悟。该逆今日又反噬康梁,因康逆近《政见书》力驳革命一层也。该逆自日东回沪,寄居爱国学社,自居为社长。吴眺敬其才而畏其焰,以致内讧之事,时传笑柄。该逆无父母兄弟妻子,孑然一身,谋生愈艰,思想愈妄,乃勾结《苏报》为一党。有谓该逆著论不取《苏报》笔资者;有谓章陈约同分利者;有谓爱国学生买通《苏报》以闹学堂排满洲为主义,给《苏报》二千两者。究之总系传说。其实爱国学生之经费,全是教育会事务所挹注。今年该社暑假放学,该会与该社且生嫌隙,因社欠会六百元互相攻击,则该社无资助办《苏报》,理或然也。所有与《苏报》如何密谋,一讯即可得其大略。该逆《答新闻报》一首,有"不变法当革,变法亦当革。不救民当革,救民亦当革",又云"十六七岁时已怀排满之念"等语。是其穷凶极恶,已预备在租界以外谋反,将来可为解宁之据。(签字拿犯时,有租界犯罪,租界受罪之议。现有租界以外之罪,即可在租界以外定罪矣。)邹逆附和章逆,多拾唾余。然《訄书》之作,传布尚少,且书肆尚不肯代售。而《革命军》之书,有《新民丛报》支店代销,较《訄书》尤显逆状。狱中《答新闻报》有邹逆在日本元旦演说,已倡言革命。代招口供,毫无遁饰。是近来留学生之宗旨变坏,应推邹逆为祸首。该逆在日本且有剪姚监督发辫笑谈,无章逆之狂才,而荒谬绝伦则又过之。陈范系已革铅山县知县,以贪婪及强纳民间妇女为妾革职。该逆为衡山人,颇著维新之名,湘人多信之。交游甚广,乡谊尤亲。该逆数年来为日本留学生传递书信,除《苏报》外又办《女学报》,其妾其女出名,而该逆主稿。又办湖南编译社事务所,大抵该逆为好名最甚之人。报纸之逆,相传所刊论说,章居其六,邹陈各居其二。以该报之为章邹播扬革命,意在煽动全国人心,犹之为虎添翼,其罪恶又何容置辩。陈仲彝并无学识,但承其父陈范宗旨办报。陈吉夫乃程吉甫,系该报办告白者,月薪不过六元,文笔不通,并不预闻主笔事。钱锡尊系帮改寻常新闻,今春甫为《苏报》所聘,亦不予以主笔之权,以致外间颇为程、钱二人含冤,故腾株连之说。将来必宜分别拟办,庶免正犯借口。龙积之即泽厚,于革命党不见议论,当归富有票案内办理。然必查出确据,交公堂照办。俾逆党律师无可置辩,昨已电请兼宪饬查速复矣。

一党势 相传教育会为冯镜如资助最多，冯为前《清议报》及今之《新民丛报》广智书局之股东。有人谓已入葡籍，助逆党者此人最著名。然助龙不助章邹。盖国民会党与革命党又有分别。现在章邹无人资助，可虑者龙逆，陈范实久病，不敢必其不暗助。该报未封之先三日，挂英人罗姓号，及发封后，罗向英领罗唣，英领置不理，罗亦计窘。传闻该报机器、铅字尚在，有欲再改开《国民日报》之说，亦尚未举动。诸逆律师系工部局代请，该局自谓泰西律法，从不冤人，凡有穷迫不能雇请律师者，国家代雇等语。究竟工部局是何居心，事后方知。诸逆本借演说为名，在唐家巷国民总会聚集，甚为秘密。然上海所为编译社甚多，藏垢纳污，出入靡定。总之，若辈借维新之名而潜图不轨，由来已久。外人只知为维新，岂知革命。若非章邹自在《苏报》署名及《革命军》出售，即各领亦不肯下手。西人不明党派类如此。其是非既不明，故必审讯明白，而后使混冒维新者无可隐饰。自拿获逆党后，爱国学社散学，学生多出租界，有装假辫而逸者，有隐入乡村而蓄发者，为情虚，为畏罪。此系将来另案密查办法，此时尚宜镇静，各报馆议论皆无附和《苏报》者，上海舆论以中外、新闻两报为归，《新闻报》论革命党用讽激之法，逆党果中计，有闰五月十二日《答说》一篇亲供，宛然自认。《中外报》不论不议，但即西报之或是或非译而录之，自以为守局外之例。《同文沪》凡《新闻报》先一日议论，次日即随之。《申报》虽议论切实，然素以守旧，为人所恶，故其言亦不足重。此外零星小报，无敢妄言。《文汇西报》视福君开森为宗旨，视美领为宗旨（本系美商），上海《泰晤士报》、《捷报》皆西报之最劣者，议论此事偶有反对，然非正经报纸，尚不足牵动人心。法文报、德文报尚正经。《字林西报》则时讽领事，因该报视工部局为转移者，故议论间有意见。此各党势力之大概情形也。

一办法 此次湖北举动，上海报馆无知之者。鼎之来沪，报馆亦无知之者。惟解宁一节，枢电江转沪则吕、吴、盛、伍各大臣皆知湖北不肯将此案放松，遂亦钦佩宁苏看案之分际与湖北看案之分际伸缩不同。譬之洪钟一震，而举国皆惊者，湖北之力也。现在解宁二字，凡承办此案者，已印在脑筋，当不致怠忽。（外部央美使所来之电，实有警动承办中西诸人之大力，彼等未讯之先，虽以此电为激切，而将来正名定罪，则知此电之有劲。）袁观察与各领尚接洽，两面联络自是福参赞为之左右。担文律师外出，代理者系古柏，不甚开展，盛荐哈华托帮办，哈为人尚明白，然皆福君主持大半也。工部局代诸逆所延博易律师，亦不甚著名，俟开讯后，可以观动静也。刻定十九日礼拜一，英公堂之期，各领会讯此案。拿犯是第一层；封馆是第二层；沪讯是第三层；解宁是第四层；江、鄂会奏请旨是第五层。第一层之得手，因与各领接洽。第二层之得手，因拿犯后不疾不徐，先讯一堂，然后发封，俾杜嚣嚣之口。现正从第三层经营，鼎当微窥之，随时电鄂。工部局之专擅也，各领衔之，即英领亦然。该局向章只管工程，与天津、宁波、汉口、九江、镇江办法本同，除工程之外，本不应预闻刑名。继而因查验马路，遂有拘获作践马路者之权。由是凡拘犯之事，廨差见西捕得力，央其协拿，久之成例，而由公堂派捕协拿矣。又久之，西捕因解犯，亦可直到公堂矣。历年愈久，权势愈大。凡该局董事皆系洋行巨贾，领事有保商之责，遂无不畏众商之势。濮蓝德者英国爱尔兰人，爱尔兰人性多戆烈，其人在工部局办文案多年，英政府信任之。驻沪英领屡易人，故权反落在局董之下，而濮以多年文案，自命为总办，其权力能操全界，理财最糟，侵权最辣。前者，吴淞放康逆另乘英舰逃往外洋者，即其人也。能释放康逆在先，则其心其权皆可想。英国租界系十四国公共之界，非专界也。（惟法租界是一国专界。）然英势为盛，故英人主权，局内用英人多，故势力大，其藐视美领，亦即其由来也。而美领与濮之嫌隙亦非一日，以嫌隙之中而以办今日之巨案，亦机会也。福参赞开森停堂之办法，正以抑工部局之权，将来可为公堂争回权力不少。沪领以美领资格最深,能领袖多年不有调迁,则中国办租界事顺手多矣。《訄书》由舍弟设法购得二本,一送道署,一存福君处。此书近已全藏匿矣,再觅颇难。《革命军》自拿获邹逆后亦觅不得。鼎于福君处阅过,现正托人寻觅也。

以上三节皆举大略,其中曲折非面谈不澈。大抵逆党混入维新,希图外人保护。现在情罪昭著,无可躲闪。论排满革命,凡日本译说及各报为留学生所著者,已率见不鲜。公案株连,殊难净尽。将来留学生学成而归者固多,为逆党所诱者亦必不少。而似革命非革命,如国民会、义勇队一类,亦不可胜计。按图索骥,党祸必兴。诛渠魁而散余党,以教育陶镕之,则戾气潜消,和气普溢,士之福,朝廷之福也。鼎与舍弟连日因此案办理之难,见租界权势在人,我国实非从农工商事业做起不可,学生者最可宝贵,恨为逆党扰乱,以致数年维新之机,一暴十寒,求进反退,真可恨,尤可惜也。除俟密察情形,再行随时分别电函布达外,肃请台安不备!鼎上。舍弟世和同叩。

兼宪前代言叩安!舍弟叩兼宪钧安!

闰五月十七日

中国社会科学院近代史研究所编《近代史资料》第3期,1956年版,第1~6页

7月12日(闰五月十八日) 工部局方面坚持在租界内审判苏报案,端方等为审讯准备证据。

《光绪二十九年闰五月十八日探员志赞希赵竹君致兼湖广总督端方电》:

武昌署督宪端鉴:密,电探沪道前商英日两领非在公廨讯不肯签字,嗣诸领会议始允拿人。报馆须讯定再封。又经切商多日,始经封闭。本拟俟供词讯定再商解省,恐诸领谓中国有成见,非重办不可,未便即与明言。工部局日来与英美两领龃龉。昨诸领得北京公使电,言外部商饬解宁,诸领难之,已密探其宗旨。刻嘱各律师将逆语译出,以便廿日上堂。此沪道连日议办情形。坚读同叩。印。十九日未刻到。(端方档)

中国史学会编《中国近代史资料丛刊·辛亥革命》(1),上海人民出版社1957年版,第422页

《光绪二十九年闰五月十八日两江总督魏光焘致兼湖广总督端方电》:

急,武昌端制台:秦密,筱电悉。论福,深佩卓识。惟此事阻力全在工局,其局董权势远过领事,皆由重商之故。所以敝处但求事之有济,不欲操之过急,即此意也。昨曾据沪道等电,谓美领遣白翻译来,言奉康大臣密电,言外部商请将各犯解宁,嘱将各情禀覆,并请美外部示云,犯未过堂即说出解宁审办,虑出变故云云。该道现察看各领宗旨,工局意见,随进因应等语。福言似非虚假,或由尊处告知香帅,姑从缓催,以免枝节。仍乞裁夺。焘。巧,印。十九日申刻到。(端方档)

中国史学会编《中国近代史资料丛刊·辛亥革命》(1),上海人民出版社1957年版,第422页

《光绪二十九年闰五月十八日知府金鼎致兼湖广总督端方电》:

武昌兼督宪钧鉴:筌密,谏筱电均敬悉。讯期未触,乞寄电江督催询。陈范虽病,责成沪道毋令狡脱。龙逆一案,仍请将某年月日某犯供招及查拿漏网详情电饬沪道,务令律师据此质证,以为讯明后解鄂地步。并将犯罪状录供电详江督,由江鄂会电请旨施行。以上各节,乞宪台分电时不必据鼎电称,庶免疑忌。鼎。巧。二十日申刻到。(端方档)

中国史学会编《中国近代史资料丛刊·辛亥革命》(1),上海人民出版社1957年版,第423页

《光绪二十九年闰五月十八日上海道袁树勋致兼湖广总督端方电》:

武昌督宪钧鉴:连日督催古、哈两律师分办各犯供证,据称报馆各主笔证供已具,二十一日当可会讯。现赶办章邹两供。惟以龙积之一犯,职道发去原卷,只有张前宪饬拿电谕,别无

供证，恐其狡辩，请为转禀，饬检是案首要叛匪姓名总簿，交下核办，等语。伏乞宪台鉴核，迅赐饬检簿据供证，并派委带沪转交赶办，电示祗遵。勋。巧，印。十九日申刻到。（端方档）

中国史学会编《中国近代史资料丛刊·辛亥革命》(1)，上海人民出版社1957年版，第423页

7月13日（闰五月十九日） 清廷仍坚持将苏报涉案人员转解南京。

《光绪二十九年闰五月十九日军机处发两江总督魏光焘兼湖广总督端方江苏巡抚恩寿电旨》：

南京制台、武昌署制台、苏州抚台：奉旨：魏光焘等电奏悉。邹容等六犯业经拿获，仍著严饬速筹解宁惩办，勿任狡脱，以儆狂悖。钦此。皓，印。二十日辰刻到。（端方档）

中国史学会编《中国近代史资料丛刊·辛亥革命》(1)，上海人民出版社1957年版，第423页

7月14日（闰五月二十日） 端方等人被迫接受租界审判苏报案，积极准备龙积之案卷。

《光绪二十九年闰五月二十日兼湖广总督端方复两江总督魏光焘电》：

江宁魏制台钧鉴：秦密，皓电悉。已转致香帅。廿一日会讯后，情形如何，望电示。方。号。（端方档）

中国史学会编《中国近代史资料丛刊·辛亥革命》(1)，上海人民出版社1957年版，第463~464页

《光绪二十九年闰五月二十日兼湖广总督端方致内阁大学士张之洞电》：

北京张宫保钧鉴：诚密，特科旷典，特派旷恩，为天下贺。日来因公进场，沪事都未电闻。迭据沪道、金守、福开森来电，六犯廿一日会审。沪领意在步步逼紧，惟不能操之过急。魏午帅意亦相同。江鄂苏会衔电奏已发，由魏主稿，发后始寄阅。业经奉旨：魏光焘等电奏悉。邹容等六犯业经拿获，仍著严饬速筹解宁惩办，勿任狡脱，以儆狂悖，等因。钦此。谨奉闻。赵竹君前寄《革命军》及《苏报》，想已收到。方。号。（端方档）

中国史学会编《中国近代史资料丛刊·辛亥革命》(1)，上海人民出版社1957年版，第463页

《光绪二十九年闰五月二十日兼湖广总督端方致上海道袁树勋电》：

上海袁道台：洪密，龙泽厚一犯，唐才常在营务处曾供其主谋，敛钱作乱。当时查拿漏网。现检唐才常案卷，因密要不能外寄，拟即日照出寄沪，交金守鼎呈上。廿一日审讯后情形如何，乞示。方。号。（端方档）

中国史学会编《中国近代史资料丛刊·辛亥革命》(1)，上海人民出版社1957年版，第464页

《光绪二十九年闰五月二十日兼湖广总督端方致知府金鼎电》：

上海登贤里上元金寓：筌密，龙泽厚一犯，唐才常在营务处曾供其主谋，敛钱作乱。当时查拿漏网。现检案卷，因密要不能外寄，拟即日照出，寄交转致沪道。廿一日讯后情形，望电告。福君及令弟同阅。方。号。（端方档）

中国史学会编《中国近代史资料丛刊·辛亥革命》(1)，上海人民出版社1957年版，第464页

《光绪二十九年闰五月二十日知府金鼎致兼湖广总督端方电》：

武昌兼督宪钧鉴：筌，准订明午新廨会讯。容续禀。鼎，号。二十日酉刻到。（端方档）

中国史学会编《中国近代史资料丛刊·辛亥革命》(1)，上海人民出版社1957年版，第424页

7月15日（闰五月二十一日） 会审公廨将章太炎、邹容、程吉甫、钱允生、陈仲彝、龙积之提往审讯。

1903年7月16日《申报》载《初讯革命党》：

昨晨，有印度巡捕数十名，骑马持械，督以捕头，储某某诸号西捕，拥护马车二辆，风驰云

卷,由四马路老巡捕房迤逦过浙江路大桥,以抵英、美租界会审公廨。异而询之,则解:奉旨拘拿之在沪创设爱国学社,妄谈革命灭清,并刊行《苏报》及《革命军》,倡议背叛朝廷之章炳麟、邹容、程吉甫、龙积之、钱允生及陈范之子陈仲彝请讯也。钟鸣十下,谳员孙建臣直刺会同英总领事署迪翻译官升堂研鞫。政府律师古柏及哈华托带同舌人到案,邹等亦延博易及高易公馆律师琼司之伙雷满上堂声辩。先由古律师声称:"本律师上次到堂,尚未问明各节,现在各人所犯缘由,已逐一稽查清楚,苏报馆主陈范,即陈叔畴,为现到案之陈仲彝生父,实主持该报笔政,程吉甫系司帐人。该报污蔑朝廷,大逆不道,其中有'与满人九世深仇',及'保护中国不保护满人'之语。甚至本月初五日报中,直呼今上之名,指为'小丑'。初十日论说,有'四万万之同胞,不共戴天,仇杀满人,及杀尽胡人方罢手,快哉'等悖逆之词。某日,更谓'以四万万人杀一人'。其余,如'排满'、'灭清'、'贼清'、'胡牝'之类,种种逆说,不可枚举,容再查出续呈。兹陈范未到,应请补提。龙犯系汉口富有票案中要犯,应归另案惩办,余人请即一律办理。"程吉甫供:"原籍苏州,向在苏报馆专管告白,并不与闻主笔之事,其经理银钱者为李志园,尚求明察。"陈仲彝供:"苏报乃公司,由父亲陈范经理,总主笔为吴稚晖。父亲于事发之前,避赴东洋。"直刺与迪君问曰:"尔能代父受罪否?"答称:"不能。"钱允生供:"本名宝仁,在新马路女学报馆被获,有入教之教会执照可凭。"龙积之供:"职员,年四十四岁,广西临桂县人,某科优贡,以知县分发四川,曾领凭到省。光绪二十六年,汉口唐才常富有票案,职员并不在内,伏求鉴察。"章炳麟供:"年三十六岁,浙江余杭县人。《革命军》序文系我所作。"邹容供:"四川巴县人,《革命军》一书,乃我所作。"直刺商之迪君,饬一并还押,候补提陈范及吴、李三人到案,于下礼拜二午后两点半钟再讯。遂仍由捕头督同某君诸号西捕,及骑马持械之印度捕,风驰云卷,簇拥回老巡捕房。有见者谓章长发毵毵然披两肩,其衣不东不西,颇似僧人袈裟之状。邹剪辫,易西服。余人则仍用华装。既至堂下,即一律长跽,不复如前之倔强不驯。直刺知章曾中式,问得自何科?章顾邹微笑曰:"我本满天飞,何窠之有?"盖故意误科名窠也,殊不知满天飞类于强盗浑[诨]名,章奈何竟当堂自认乎?嘻。

《光绪二十九年闰五月二十一日探员志赞希致兼湖广总督端方电》:

武昌署督宪端鉴,密,昨未会讯,改明日下午。坚。印。二十一日戌刻到。(端方档)

中国史学会编《中国近代史资料丛刊·辛亥革命》(1),上海人民出版社1957年版,第424页

《光绪二十九年闰五月二十一日上海道袁树勋道员俞明震致两江总督魏光焘兼湖广总督端方江苏巡抚恩寿电》:

南京武昌苏州督抚宪钧鉴:今早堂由哈柏两律师宣明苏报馆逆词。陈仲彝供馆系公开,父亲陈范是馆总,主笔人是吴稚辉,父亲外出,李志园代为料理,小的专心读书,不管报事。钱允生供名宝仁,实非钱允生,苏报各情不知。陈吉甫供系报馆告白账房,余概不管。章炳麟邹容供认所著之书不讳。龙积之供桂林人,优贡,庚子之事概不知情。均仍还押。今日律师所指不过大致。因陈仲彝等律师博易续请高易律师相助,到堂未发一语,闻明哈柏所指,次堂伸辩,邹容章炳麟既经供认,容易着手。龙积之鄂省有案亦不难办。刻又加探捕差役,会拿陈范、吴稚辉、李志园质讯矣。复讯约定下次礼拜二,因博、高两律师赶办不及。明今晚旋宁。余续电禀。勋、明。马,印。二十二日巳刻到。(端方档)

中国史学会编《中国近代史资料丛刊·辛亥革命》(1),上海人民出版社1957年版,第424页

《光绪二十九年闰五月二十一日知府金鼎致兼湖广总督端方电》:

武昌兼督宪钧鉴:筌,古哈二律师代控苏报悖逆,邹作《革命军》,章序,陈仲彝、钱锡尊、

陈吉夫皆主笔,请并提陈范到案。次控龙系富有票案,请归汉口案内办理,并声明以上各案如复查有逆据,再行加控等情。经会审官按讯。据邹供认作《革命军》,章认序,并供不认野蛮政府。陈仲彝供不问报事,皆吴稚晖主笔,其父范为苏报经理,事前已往东洋。钱供系教民钱宝仁,非锡尊,由镇江来沪办矿,不知苏报事。陈吉甫供管告白,另有账房李志园料理馆事。龙供不在富有票案内,庚子五月二十三已在沪丁艰,不知唐案。各等语。中西官将原告全案发被告两律师博易、高易,下次公堂再办。一面票拿陈范、李志园、吴稚晖即眺诸犯。遂退堂。查龙逆矫[狡]辩,奉号电敬悉鄂案寄沪,自有把握。章邹直认革命。陈狡,应俟范、眺等逆拿获再讯。余续禀。鼎。马。二十二日午刻到。(端方档)

中国史学会编《中国近代史资料丛刊·辛亥革命》(1),上海人民出版社1957年版,第425页

《光绪二十九年闰五月二十一日兼湖广总督端方致上海道袁树勋道员俞明震电》:

万急,上海袁道台、俞道台:洪密,闻讯期在今午,盼极。庚子七月二十八日,逆犯唐才常供,龙泽厚号积之,广西优贡,常常与我们商量主意,并接济我们银两为军饷之用。此供详在营务处审讯唐才常卷内,现已拍照,专差寄沪,四日方到,故先电闻。方。马。(端方档)

中国史学会编《中国近代史资料丛刊·辛亥革命》(1),上海人民出版社1957年版,第465页

《光绪二十九年闰五月二十一日兼湖广总督端方致两江总督魏光焘电》:

江宁魏制台钧鉴:巧电敬悉。工局虽有阻力,然得各领持正。沪道料理此事轻重得宜,当可无虑。尊意暂从缓催,甚佩。已电香帅。方。马。(端方档)

中国史学会编《中国近代史资料丛刊·辛亥革命》(1),上海人民出版社1957年版,第464页

《光绪二十九年闰五月二十一日兼湖广总督端方致知府金鼎电》:

万急,上海登贤里上元金寓:筌密,巧号电悉。分发各电,不说出处,可放心。至龙逆讯明后解鄂一节,万万不可。此次逆犯必应全数解宁,切勿添出解鄂二字,以生枝节。密记唐才常供龙逆等情,今日已电沪道矣。陶。马。(端方档)

中国史学会编《中国近代史资料丛刊·辛亥革命》(1),上海人民出版社1957年版,第465页

7月16日(闰五月二十二日) 苏报案加捕吴稚晖等人,约定下周二续审,知府金鼎建议由伍廷芳担任清方律师。

《光绪二十九年闰五月二十二日知府金鼎致兼湖广总督端方电》:

武昌兼督宪钧鉴:筌,马电指示机宜,敬悉。龙逆候鄂件,苏报俟获范眺等逆到案,均再讯。惟章邹革命一案,罪案重大,惜公堂不能尽言,沪道精力不能到,谳员孙令才力不足,福一人支撑甚不易,古愞,哈尚用心。现在解宁主义,拟请饬沪道属律师将革命二字解说,是明明欲在租界外犯叛逆之罪,租界内无命可革,则此案与租界内何涉。案关钦犯,深防公堂擅定罪名,拟请宪台会南洋奏派大员同讯办。窃闻伍大臣廷芳西律最熟,曾充香港律师,为西人所重,如蒙奏派,当可接洽。是否有当?伏请钧裁。俞道昨回宁,亦同此见。再范逆避匿,福云已属律师向捕房理论。余续禀。鼎。养。二十二日亥刻到。(端方档)

中国史学会编《中国近代史资料丛刊·辛亥革命》(1),上海人民出版社1957年版,第425~426页

《光绪二十九年闰五月二十三日兼湖广总督端方致知府金鼎电》:

上海登贤里上元金寓:筌密,养电悉。所见极为周密。已转致南洋及香帅矣。得京宁复电,再奉闻。福君于此事苦心经营,不胜佩慰。方。漾。(端方档)

中国史学会编《中国近代史资料丛刊·辛亥革命》(1),上海人民出版社1957年版,第467页

《光绪二十九年闰五月二十二日道员赵滨彦致兼湖广总督端方电》:

武昌兼宪钧鉴:报载,昨讯章炳麟自认作《革命军》序。邹容自认作《革命军》书。陈仲

彝供陈范赴东洋,总主笔为吴稚晖。程吉甫供管告白,李志园管银钱。钱允生供本名宝仁,在女学馆。龙积之供优贡,四川知县,不在富有票。现仍押俟陈范等到,再讯。职道滨彦禀。养。二十三日子刻到。(端方档)

中国史学会编《中国近代史资料丛刊·辛亥革命》(1),上海人民出版社1957年版,第426页

《光绪二十九年闰五月二十二日兼湖广总督端方致内阁大学士张之洞电》:

急,北京张宫保钧鉴:诚密,顷沪道马电:会审邹、章供认所著书不讳。陈仲彝供,报馆系公开,吴稚晖主笔,即眺,其父陈范外出,李志园代理,小的不管报事。钱允生供,名宝仁,非钱允生,苏报各情不知。陈吉甫供,管告白账房,余概不管。龙积之供,庚子事概不知情。均仍还押。今日哈柏两律师所指,不过大致。陈仲彝等律师博易续请高易律师次堂伸辩,约定下次礼拜二复讯。刻已加票拿陈范、吴稚晖、李志园诸犯。金守鼎来电略同。并云:章、邹同供,不认野蛮政府。龙供,庚子五月在沪丁艰,不知唐案。各等语。又接金守筱函云:章逆狱中答新闻报书,有十六七岁时已怀排满革命之念。邹逆在日本早倡言革命,不变法当革,变法亦当革,不救民当革,救民亦当革,等语。陈范办《苏报》,为章、邹播扬革命,意在煽惑人心。所刊论说,章居六,邹、陈居二。陈仲彝不过承父宗旨。陈吉夫乃程吉甫,系办告白,不预主笔事。钱锡尊系帮政新闻,亦非主笔。冯镜如为清议报、新民丛报、广智书局股东,暗助逆党,然助龙不助章邹,盖国民会与革命党又有别。闻各犯律师系工部局代请,不知何心。工部局濮蓝德曾放康梁,权力最大,每与各领为难,非将案情分别讯明,伊必不肯交付。此次京使致电各领最有力,中西官皆警动。解宁二字,承办此案者皆不敢放松云云。谨奉闻。方。养。(端方档)

中国史学会编《中国近代史资料丛刊·辛亥革命》(1),上海人民出版社1957年版,第465~466页

7月17日(闰五月二十三日)　金鼎致电端方建议苏报案只拿"革命渠魁",并照常优待"维新之士"。

《光绪二十九年闰五月二十三日知府金鼎致兼湖广总督端方电》:

武昌兼督宪钧鉴:筌,范竟遁,眺未获。拟请电南洋严饬沪道勒仲彝交范,密查眺兄弟勒交眺。章邹一案,必须候旨。第不知南洋能协力否?再此间新党近避往日本不少,可否会江电枢,请明降谕旨,此次是拿革命渠魁,其维新之士仍照常优待,以服外人而免浮动。鼎。漾。二十三日戌刻到。(端方档)

中国史学会编《中国近代史资料丛刊·辛亥革命》(1),上海人民出版社1957年版,第426页

《光绪二十九年闰五月二十四日兼湖广总督端方致知府金鼎电》:

上海登贤里上元金寓:筌,漾电悉。明旨此时不便电请。已将此意电致蔡钦使、汪监督矣。范逃,眺未获,皆极要事。即电南洋。方。敬。(端方档)

中国史学会编《中国近代史资料丛刊·辛亥革命》(1),上海人民出版社1957年版,第467页

△ 本日,端方致电魏光焘、张之洞,提议由伍廷芳担任苏报案律师。

《光绪二十九年闰五月二十三日兼湖广总督端方致两江总督魏光焘电》:

江宁魏制台钧鉴:秦密,顷接沪电:章邹革命,罪案重大,请饬沪道属律师解说,租界内无命可革,是明欲在租界外犯叛逆之罪,以坚明此案之必须解宁。沪道力量不足,恐由公堂定罪。拟请奏派大员会讯,伍大臣西律最熟,曾充香港律师,为西人所重。等语。谨以奉商。应否会奏?尚希裁酌。方。漾。(端方档)

中国史学会编《中国近代史资料丛刊·辛亥革命》(1),上海人民出版社1957年版,第466页

《光绪二十九年闰五月二十三日兼湖广总督端方致内阁大学士张之洞电》：

北京张宫保钧鉴：诚密，昨将讯后情形详告，计已尘览。顷金守来电：章邹革命，罪案重大，沪道力量不足，恐由公堂擅定罪名。拟请会南洋奏派大员会讯，伍大臣曾充香港律师，西律最熟，为西人所重。等语。已将此意电致默深，商量会奏。谨闻。方。漾。（端方档）

中国史学会编《中国近代史资料丛刊·辛亥革命》（1），上海人民出版社1957年版，第466～467页

7月18日（闰五月二十四日） 清政府继续为苏报案审判和转解积极活动。

《光绪二十九年闰五月二十四日兼湖广总督端方致两江总督魏光焘电》：

江宁魏制台钧鉴：秦密，顷接沪电，陈范已遁，吴眺未获。请饬沪道，勒令仲彝交范，密查眺兄弟勒交眺，至要。俞道已回沪否？乞示。方。敬。（端方档）

中国史学会编《中国近代史资料丛刊·辛亥革命》（1），上海人民出版社1957年版，第467页

《光绪二十九年闰五月二十四日知府金鼎致兼湖广总督端方电》：

武昌兼督宪钧鉴：筌，漾电敬悉。王弁至，奉谕及袁、俞函。照出案件，已面交沪道，并曲达一切。解宁一义，袁、福今日颇上紧筹议。运筹决胜，惟公神明。鼎。敬。二十五日辰刻到。（端方档）

中国史学会编《中国近代史资料丛刊·辛亥革命》（1），上海人民出版社1957年版，第426页

《光绪二十九年闰五月二十四日兼湖广总督端方致驻日公使蔡钧监督汪伯唐电》：

日本东京蔡钦差、汪监督查收：洪，现闻上海学生纷纷东渡。想是听有谣言。此次查拿各人，系为逆书逆报，得罪天下。外人深不谓然。于学堂学生毫不干涉。朝廷看学生甚重，现方议给予出身，储为国用。望将此意遍告学生，来学者一意用功，欲归者安心回国。至托，至要。方。敬。（端方档）

中国史学会编《中国近代史资料丛刊·辛亥革命》（1），上海人民出版社1957年版，第467～468页

△ 本日，沈荩在北京被捕。

《肃亲王善耆奏折》：

奏为拿获人犯，解交刑部讯办，恭折奏闻，仰祈圣鉴事：窃奴才于本月二十三日，据内务府即补员外郎庆宽面见奴才，声称奉有密旨，着庆宽严拿要犯，并着肃亲王善耆选派巡捕，交庆宽差遣。一俟获犯，即行解交刑部，一面奏闻勿得延续泄漏。于二十四日，据庆宽等禀称，本日卯刻，在东单牌楼三条胡同，拿获沈荩要犯一名，当即解交刑部看管。相应请旨饬下刑部照例审讯办理。为此谨奏。

中国人民政治协商会议北京市委员会文史资料研究委员会编《文史资料选编》第46辑，北京出版社1993年版，第167页

1903年7月21日《大公报》：

肃亲王于二十三日奉旨交拿人犯三名，于虎坊桥地方拿获，至其被拿之故及所拿者何人，俟访明再布。

1903年7月23日《大公报》：

前日本报纪肃亲王奉旨交拿人犯一节，兹探悉被拿者为沈某，系经某大员面奏并牵涉戊戌之事云。

1903年7月24日《大公报》：

沈某在北京被拿已纪，兹得北京来函云：沈荩系江苏太湖洞庭山人。此次被拿之故，因无赖倪某在樱桃斜街小马神庙一带及韩家潭菉华堂等处赌博大败，向沈借银三百两，沈未允，倪遂衔恨，故诬告被拿云。

《刑部奏折》：

刑部谨奏，为审明交拿会匪，照章定拟，恭折仰祈圣鉴事。准管理巡捕事务肃亲王奏，拿获要犯沈姓交部审办一折，于光绪二十九年闰五月二十五日奉旨，着交刑部严行审讯。钦此。当据抄录原奏，并据内务府员外郎庆宽，将沈姓及荣厚、姜生等押解到部。查据庆宽呈称：奉旨访得富有票会匪沈姓即沈荩，委系沈克诚改名，有已革检讨吴式钊可以证实。吴式钊令其戚倪世仪，引导伊率捕亲往拿获。又传已革检讨吴式钊呈递亲供，内称已获之沈愚溪，又号虞希，改名沈荩，委系沈克诚正身，沈克诚近日常到福公司闲谈，伊因此与之认识，伊令倪世仪作眼线，将沈克诚指获各等语。臣等以沈克诚系湖北富有票内漏网之犯，今奉密旨交拿，案情重大，当即遴派章京司员详加审讯。据沈荩即沈克诚，又名沈虞希供称：原籍江苏，寄籍湖南善化县，由监生报捐府经历分发湖北。于光绪二十一年到省当差，与在逃之梁启超及在湖北正法的唐才常均相认识。二十四年春间，伊告假赴上海遇见梁启超、唐才常，往来甚密。八月间梁启超在京犯罪，逃往日本。二十五年间，伊航海往日本东京与梁启超见面，梁启超久蓄异谋，意欲勾结会匪希图起事，向伊商量，伊应允。随着伊回中国，到北京探听消息。二十六年正月间，伊到京。旋因拳匪滋事，回至天津。六月间康有为、梁启超乘中外开战，在上海设立国会总会，各省设立国会分会，名为自立会。又设有自立军，纠约多人，散放“富有票”，互为声援。唐才常系督办各省总会头目。梁启超、唐才常等与伊往来函商，派伊为干事员。唐才常等在湖北放票约期举事，被湖北总督访拿，将唐才常等正法。是年洋兵进城，后伊由天津来京，恐被缉拿，改名沈荩，在报馆充当访事，得钱度日。去[今]年闰五月二十四日，经庆宽带同吴式钊亲戚倪世仪将伊拿获送部等供。臣等查阅该犯所供，听纠入会各节历历如绘，其为沈克诚正身毫无疑义。唯该犯胆敢潜逃来京，诚恐另有煽惑扰害情事，复饬严行讯鞫。据供来京后变易名字，惟恐人知，并无为匪不法之事。再三穷诘，矢口不易。片查军机处，抄出湖广总督奏拿获富有票原折，核与所供亦复相符。提讯姜生，据供雇给沈姓当厨役；荣厚供称，雇给沈姓写字，均不知沈姓从前为匪情事案，经讯明应即拟结。查奏定章程，拿获会匪，或在会中名目较大，虽未放票，而有勾通煽惑扰害者，一经审实，就地正法等语。此案该犯沈克诚，听从梁启超等私设自立会，散放富有票，乘机煽乱，该犯虽未放票，惟既充当干事员，即属会匪头目，不法已极。应将沈荩即沈克诚，照章拟斩立决。现属六月，例应停刑。惟该犯情罪重大，应请旨即日正法，以昭炯戒而快人心。姜生受雇充当厨役，荣厚受雇写字，均讯不知沈克诚从前为匪情事，惟雇给匪类服役，毫无知觉，亦属不合。应将姜生、荣厚酌办，不应轻律，笞四十；时逢热审，照例宽免。倪世仪讯无不合，应勿庸议。所有臣等审明，定拟缘由，谨恭折具奏请旨。

光绪二十九年六月　日

中国人民政治协商会议北京市委员会文史资料研究委员会编《文史资料选编》第46辑，北京出版社1993年版，第168～170页

《庆宽奏片》：

再，该逆与福公司之已革道员刘鹗，时常往来，故与寄居该公司之已革检讨吴式钊认识。式钊闻其向人夸说本领，谓“庚子唐逆案发后，被拿紧急，以跳匿渔船而免，后自岳州复归汉口，尚在唐逆首级之下徘徊半晌始去，前日遇张之洞于琉璃厂，我并不回避，且走近他车旁看他把我怎样”等语。式钊愤其凶肆，适奴才所派之邵夔，遇于客栈，偶尔谈及。式钊忠愤勃发，历述前情，以为此害不去，后患未已。奴才遂密招其来家，计议商令其戚倪世仪作线导，奴才往拿。又访知该逆与工巡总局多有交结，故奴才见肃亲王及诸委员，始终未说出该犯姓名，始能出众人之所不意，一拿便获，此办理迅密之实在缘由也。又闻该逆羽党大多，恐其知

系吴式钊通线，暗加陷害，故当场将作线之倪世仪一并拿交刑部，以泯痕迹。现在该线尚管押在部，其同押之写字人荣厚，讯系委因家贫，不知逆情，受雇抄写，别无同谋情节，自应于讯明后一并释放。唯吴式钊因诸臣意在回护，急欲挺身作证，奴才虑其或遭不测，故嘱其暂候，倘若承审不实后再行露面。唯奴才前已允其不担此名，今既露面，则为权贵及诸新党所忌，势必设法阻其上进，甚至害其性命。果如此，则后来引此为戒，恐无敢办此等案者。所关似非浅鲜，此不得不预陈于仁圣之前者也。

孔祥吉《晚清佚闻丛考》，巴蜀书社 1998 年版，第 54 ~ 55 页

7 月 19 日（闰五月二十五日）　两江总督魏光焘致电湖广总督端方，商议暂缓派员会审，及抓捕陈范、吴稚晖等人事宜。

《光绪二十九年闰五月二十五日探员志赞希赵竹君致兼湖广总督端方电》：

武昌署督宪端鉴：密，初讯情形，探询沪道已经电禀钧座。俟续讯如何，沪道仍必详禀，即不复禀。闻西人近亦有可归中国自办之说。吴稚辉闻已往东洋。俞道回宁，闻南洋另委员来沪会办。同叩。印。二十五日未刻到。（端方档）

中国史学会编《中国近代史资料丛刊·辛亥革命》(1)，上海人民出版社 1957 年版，第 427 页

《光绪二十九年闰五月二十五日两江总督魏光焘致兼湖广总督端方电》：

急，武昌端午帅鉴：秦密，迭电均悉。承示商派员会审一节，衡量事机，似宜稍缓一二日，俟二次过堂后，如不得已，再行商办。陈范潜赴日本，吴眺潜赴胶州，现即照会日德两使，分别转电密拿矣。焘。有，印。二十五日亥刻到。（端方档）

中国史学会编《中国近代史资料丛刊·辛亥革命》(1)，上海人民出版社 1957 年版，第 427 页

《光绪二十九年闰五月二十六日兼湖广总督端方复两江总督魏光焘电》：

江宁魏制台钧鉴：秦密，有电敬悉。会审缓商，卓裁甚佩。范眺潜逃，照会分电密拿，当能就获。方。宥。（端方档）

中国史学会编《中国近代史资料丛刊·辛亥革命》(1)，上海人民出版社 1957 年版，第 468 页

7 月 20 日（闰五月二十六日）　《中外日报》报道清政府指控邹容罪名及证据。

1903 年 7 月 20 日《中外日报》：

中国政府控告邹容条款

中国政府控邹容以该犯曾著《革命军》书，任意污蔑今上，排诋政府，大逆不道，欲使国民仇视今上，痛恨政府，心怀叵测，谋为不轨，其书内污蔑、排诋各节，摘录如左：

计开：

《革命军》

第一章　绪论　国制蜀人邹容泣述

扫除数千年种种之专制政体，脱去数千年种种之奴隶性质，诛绝五百万有奇披毛戴角之满洲种，洗尽二百六十年残惨虐酷之大耻辱，使中国大陆成干净土，黄帝子孙皆华盛顿，则有起死回生，还魂返魄，出十八层地狱，升三十三天堂，郁郁勃勃，莽莽苍苍，至尊极高，独一无二、唯[伟]大绝伦之一目的，曰革命。巍巍哉革命也！皇皇哉革命也！

第二章　革命之原因

革命，革命，我四万万同胞，今日何为而革命？吾先叫绝曰：不平哉！不平哉！中国最不平，伤心惨目之事，莫过于戴狼子野心，游牧贱族，贼满洲入而为君，而我方求富求贵，摇尾乞

怜,三跪九叩首,酣嬉浓浸于其下,不知自耻,不知自悟。哀哉!我同胞无主性。哀哉!我同胞无国性。哀哉!我同胞无种性,无自立之性。

世界只有少数人服从多数人之理,愚顽人服从聪明人之理,使贼满人而多数也,则仅五百万人,尚不及一州县之众;使贼满人而聪明也,则有目不识丁之亲王大臣,唱京调二簧[黄]之将军都统。三百年中,虽有一二聪明特达之人,要必为吾教化所陶镕。

周永林编《邹容文集》,重庆出版社1983年版,第98页

7月21日(闰五月二十七日)　因无法达成转解协议,苏报案第二次审讯推迟。

《光绪二十九年闰五月二十七日内阁大学士张之洞致兼湖广总督端方电》:

武昌端署制台:诚密,养漾等电均悉。按中英条约,中国罪犯逃至香港,经中国官知照洋官拘拿,须先在港审明,果系罪犯,然后交中国审办,等语。此系在外国境内,故须过审然后交犯,若在中国境内,虽系租界,其中国人民仍应归中国管辖,故遍查条约并无租界交犯章程。诚以租界仍属中国地方,其有中国罪犯,本可由华官自拿自审,后洋人虑中国差役入界骚扰,亦只有先行知照领事签票之章,并无会审交犯之条。庚子年秋,在汉口租界内捕拿票匪,亦但由领事签字,并未会审,其明征也。查上海公堂章程,有华人涉讼其案情与洋人无涉者,领事不得干预等语。此次上海各领事尚知大体,顾全大局,而工部局硬欲干预此案,竟欲以上海租界作为外国之地,显系有意占权,万难迁就。查历年以来,上海租界工部局遇事侵我主权,不遵条约,不有公理,视为固然。闻此次上海洋人私议,深虑此案中国必向其公使及其外部理争,一经揭破,恐将工部局历年攘夺之权从此减削,可见外人亦自知理屈。我能趁此次极力争回此项治权,将来再有缉拿匪犯之事,便易措手。利害所关甚巨,所包甚广,其有益尚不仅此六犯一案也。务望飞电金守等,格外重托所延律师,据理申辩,事成后逾格酬谢,亦所不惜,务将六犯索归中国自行审办,以符约章本意。并一面电宁转饬沪道遵照,竭力筹办,至要。洞。感,印。二十七日亥刻到。(端方档)

中国史学会编《中国近代史资料丛刊·辛亥革命》(1),上海人民出版社1957年版,第427~428页

《光绪二十九年闰五月二十八日兼湖广总督端方复内阁大学士张之洞电》:

北京张宫保钧鉴:诚密,感电敬悉。即转宁沪。此电深中窾要,不惟六犯可望解宁,并可收回中国治权,所关甚巨。现据沪道来电,已电南洋,转请外务部援洋泾浜设官章程,与公使力商。内外主持,似可就范。云阶电调武建八营,情词迫切。并云业已入奏。公处亦必电陈。桂事糜烂至此,势不能不赴援。想公亦同此意也。钟麟同刘承恩偏裨之才,难当一面。已电云帅,必以苏禽为此军统率,庶期得力。公意如何?方。勘。(端方档)

中国史学会编《中国近代史资料丛刊·辛亥革命》(1),上海人民出版社1957年版,第468页

《光绪二十九年闰五月二十七日上海道袁树勋致兼湖广总督端方电》:

武昌督宪钧鉴:龙积之原案供词已奉到。本拟今日复讯,因职道正与各领商交解宁自办,又奉南洋切实照会,今日四点钟并赴美署与各领再三辩论。英领谓此事本可商办,惟既奉公使电询,必得再行请示,现由领袖主稿,公电公使,可望转机矣。然职道仍恐公使执定租界审办之词,复电禀南洋转请外务部援洋泾浜设官章程,与公使力商。内外主持,似可立就范围。现暂将全案停讯。以后情形再禀慰。树勋。感,印。二十八日午刻到。(端方档)

中国史学会编《中国近代史资料丛刊·辛亥革命》(1),上海人民出版社1957年版,第428页

《光绪二十九年闰五月二十八日兼湖广总督端方复上海道袁树勋电》:

急,上海袁道台:洪密,咸电悉。所引洋泾浜设官章程,深中窾要。已电香帅。顷有长电

由金守转致。方。勘。(端方档)

中国史学会编《中国近代史资料丛刊·辛亥革命》(1),上海人民出版社1957年版,第468页

7月22日(闰五月二十八日) 孙中山自越南回到日本横滨。

日本外务省藏档案《孙逸仙乘船抵横滨》:

外务大臣小村寿太郎伯爵阁下:

清国流亡人士孙逸仙,搭乘于二十二日入横滨港的法国邮船亚拉号由西贡抵达。宿于从前的居所山下町一百二十一号。

谨此报告如上。

神奈川县知事周布公平

明治36年7月31日

[440682 明治36年8月1日收到 秘受第254号]

章开沅、罗福惠、严昌洪主编《辛亥革命史资料新编》第6册,湖北人民出版社2009年版,第110页

△ 本日,清政府仍试图将苏报案涉事人员解宁。

《光绪二十九年闰五月二十八日知府金鼎致兼湖广总督端方电》:

武昌兼督宪钧鉴:筌,昨复讯。律师声明案关国务,应遵候政府指示。被告律师强辩,谓应仍在公堂判定。会审西官饬再候讯。各领昨将沪道商请解宁一节已请示京使。想大部必与京使接洽。盼示。鼎。俭。二十九日子刻到。(端方档)

中国史学会编《中国近代史资料丛刊·辛亥革命》(1),上海人民出版社1957年版,第428~429页

《光绪二十九年闰五月二十八日兼湖广总督端方致两江总督魏光焘电》:

急,江宁魏制台钧鉴:秦密,顷接香帅来电:中英条约,中国罪犯逃至香港,经中国官知照洋官拘拿,须在港审明,果系罪犯,然后交中国审办。此系在外国境内,故须过审然后交犯。若中国境内,虽系租界,其中国人民仍归中国管辖,遍查条约并无租界交犯章程。中国罪犯本可由华官自拿自审,洋人虑差役骚扰,亦只先行知照领事签票,并无会审交犯之条。庚子在汉口租界捕拿票匪,亦但由领事签字,并未会审。查上海公堂章程,华人涉讼案情与洋人无涉者,领事不得干预。此次上海各领知大体、顾大局,而工部局硬欲干预此案,竟欲以上海租界作为外国之地,有意占权,万难迁就。历年工部局遇事侵我主权,不遵条约。闻此次洋人私议,虑中国向公使及其外部理争,一经揭破,恐工部局攘夺之权,从此减削。可见外人亦自知理屈,能趁此次争回此项治权,将来再有缉拿匪犯之事,便易措手。利害所关甚巨,所包甚广,其有益不仅此一案。望电魏午帅转饬沪道遵照,竭力筹办。并重托所延律师,据理申辩,事成逾格酬谢。务将六犯索归中国自行审办,以符约章本意。等语。谨以奉闻。方。勘。(端方档)

中国史学会编《中国近代史资料丛刊·辛亥革命》(1),上海人民出版社1957年版,第469页

《光绪二十九年闰五月二十八日兼湖广总督端方致知府金鼎并转上海道袁树勋福开森电》:

急,上海登贤里上元金寓:筌密,并转袁观察,兼致福君。顷接香帅来电:中英条约,中国罪犯照上江宁稿内云云至不仅此一案。望电金守等格外重托,照上稿录至以符约章,等语。务即遵照竭力筹办,至要。方。勘。(端方档)

中国史学会编《中国近代史资料丛刊·辛亥革命》(1),上海人民出版社1957年版,第469~470页

7 月 23 日(闰五月二十九日)　外国领事在苏报案人员转解问题上立场稍有松动,仍坚持在租界先行审判。

《光绪二十九年闰五月二十九日两江总督魏光焘致兼湖广总督端方电》:

武昌端午帅鉴:洪,顷据袁道电称:照会领袖文,今日奉到,转送。四点钟职道在美署与各领会议,辩论至再。美领差担文宣读一过。英领谓本可商办,惟既奉公使电询,必得请示。法领言可由各领公电,诸领谓然,美领主稿。事有转机。现在商办交犯之际,已将全案暂行停讯。等语。俟公使如何回复,再与尊处相机商办。俞道明震现回省,另委杜道俞就近会同袁道办理,知注并告。此次粤购鄂枪,已否缴价?何日起程来宁?并祈示复。焘。艳,印。二十九日申刻到。(端方档)

中国史学会编《中国近代史资料丛刊·辛亥革命》(1),上海人民出版社 1957 年版,第 429 页

《光绪二十九年闰五月二十九日上海道袁树勋致兼湖广总督端方电》:

武昌督宪钧鉴:金守密示宪电并勘电,均敬悉。香帅指示详明,瞻言百里,钦佩曷任。惟案经各领公电各使请示。职道亦将商办详细情形电禀南洋达外务部。此案关系全局,惟有仰求宪台主持。并乞电恳香帅与外务部主持补救。如香帅所言,理直言顺。事机已迫,全赖香帅龙象大力。职道感祷无既。树勋。艳,印。六月初一日巳刻到。(端方档)

中国史学会编《中国近代史资料丛刊·辛亥革命》(1),上海人民出版社 1957 年版,第 429 页

《光绪二十九年闰五月二十九日兼湖广总督端方致内阁大学士张之洞电》:

北京张宫保钧鉴:诚密,金守俭电云:昨复讯,律师声明,案关国务,应遵候政府指示。被告律师强辩,谓应仍在公堂判定。会审西官饬再候讯。各领昨将沪道商请解宁一节,已请示京使。想大部必与京使接洽,等语。特闻。方。艳。(端方档)

中国史学会编《中国近代史资料丛刊·辛亥革命》(1),上海人民出版社 1957 年版,第 470 页

《光绪二十九年闰五月二十九日兼湖广总督端方致内阁大学士张之洞电》:

北京张宫保钧鉴:诚密,顷接两江电:解宁一节,袁道与各领辩论至再。英领谓可商办,惟既奉公使电询,必得请示。法领谓可由各领公电,诸领谓然,美领主稿。现将全案暂行停讯,俟公使如何回复,再相机商办。俞道回宁,另委杜道俞会同袁道办理。等语。谨以奉闻。方。艳。(端方档)

中国史学会编《中国近代史资料丛刊·辛亥革命》(1),上海人民出版社 1957 年版,第 470 页

《光绪二十九年闰五月二十九日兼湖广总督端方致内阁大学士张之洞电》:

北京张宫保钧鉴:诚密,顷接汪监督书云:此回学生编立义勇队,名曰拒俄,继改为学生军,又改为军国民教育会,若有若无,迁延两月。其中稍知自爱者多不到会,有名会中者约二百余人。月初钮自北洋回,将以十日开会,密告日政府防范。是日有劣生十余人出意见书,专主排满。鄂生王璟芳厉声骂之,相率出会者百余人。并将意见书交来。其原印本已交日外部查办。蓝天蔚初意到会,自经劝谕,并经福岛告诫,遂不复往。沪匪书招,蓝书拒之,苏报诬陷为此。谨闻。东游鄂生消息稍好,足慰尽怀。方。艳。(端方档)

中国史学会编《中国近代史资料丛刊·辛亥革命》(1),上海人民出版社 1957 年版,第 470~471 页

7 月 24 日(六月初一日)　金鼎致函湖广总督端方,建议外务部与驻京公使协商解决苏报案。

《光绪二十九年六月初一日知府金鼎致兼湖广总督端方电》:

武昌兼督宪钧鉴:筌,勘电敬悉。袁道谓内恃宫保在京主持。福云须视外部与京使接洽消息等语。窃维宫保宪持论至周,尽谋宏远。无如工部局违约占权,跋扈已久,势非律师申

辩所能就范。反覆以观,必得外部与京使切实妥商,始易措办。自复讯后,刻专候京电。鼎。东。初二日已刻到。(端方档)

中国史学会编《中国近代史资料丛刊·辛亥革命》(1),上海人民出版社1957年版,第430页

7月27日(六月初四日) 魏光焘致电端方商议苏报案涉案人员转解事宜。

《光绪二十九年六月初四日两江总督魏光焘致兼湖广总督端方电》:

武昌端午帅:秦密,顷奉外部支电内开:冬电并沪道东电均悉。此事本处已迭向英日美三使商令将各犯交归中国自办,彼谓尚须详核案情与各使会议,意在推诿延宕。除再切催外,一面仍由贵处转饬沪道抱定租界设官章程,与领事切实商办,务令迅速交办。是为至要,云云。谨以奉闻。焘。支,印。初五日子刻到。(端方档)

中国史学会编《中国近代史资料丛刊·辛亥革命》(1),上海人民出版社1957年版,第430页

7月28日(六月初五日) 外务部、端方催促工部局按既有条约、章程转解《苏报》涉案人员。

《光绪二十九年六月初五日两江总督魏光焘致兼湖广总督端方电》:

武昌端制台:洪密,顷致部电曰:支电当饬沪道遵办。旋即据该道电各领及工部局,至今未将各犯交出。该犯等若得迅速惩办,此风当可渐息。倘外人强为干预,必至该党等益无顾忌,行其鬼蜮,败坏公家大局。查英美条约均载有通商各口有中国犯罪人民潜匿各该国船中房屋,一经中国官员照会领事官,即行交出,不得袒庇。是匿在船房之内尚应交出,岂有在口岸地方,转行干预。况洋泾浜设官章程,又复详载明确。此等重犯与洋人无干,应交中国地方官审办。两国交涉惟凭条约,虽公法亦为所限,今该犯等按照条约、章程,均应交归中国自办,领事工部局实不应违背约章干预。约载既只交犯,各使亦无庸详核案情。除再严电沪道恪遵约章向领袖领事索犯外。务乞钧处切商各使,电令各领转饬工局遵照约章,将犯交出,不再干预。各国共敦睦谊,休戚相关,必能顾全大局也,云。祈电香帅一体商外部,为祷。焘。微,印。初六日巳刻到。(端方档)

中国史学会编《中国近代史资料丛刊·辛亥革命》(1),上海人民出版社1957年版,第430~431页

《光绪二十九年六月初五日兼湖广总督端方致知府金鼎电》:

上海登贤里上元金寓:筌密,顷接两江来电,奉外部支电内开:冬电并沪道东电均悉。此事本处已迭向英日美三使商令将各犯交归中国自办,彼谓尚须详核案情,与各使会议,意在推诿延宕。除再切催外,一面仍由尊处转饬沪道,抱定租界设官章程,与领事切实商办,务即迅速交办。是为至要。等语。近日情形与沪道议论如何?盼复。方。歌。(端方档)

中国史学会编《中国近代史资料丛刊·辛亥革命》(1),上海人民出版社1957年版,第471页

7月29日(六月初六日) 端方致电张之洞,催促与各公使交涉,转令工部局将涉案人员转交。

《光绪二十九年六月初六日兼湖广总督端方致内阁大学士张之洞电》:

北京张宫保钧鉴:诚密,顷得两江微电:外部电曰,支电当饬沪道遵办。旋据该道电,各领及工部局至今未将各犯交出。该犯等若迅速惩办,此风当可渐息。倘外人强为干预,该党必致益无顾忌,败坏大局。查英美条约均载有通商各口有中国犯罪人民潜匿各该国船中房屋,一经中国官员照会,领事官即行交出,不得袒庇。是匿在船房之内尚应交出,岂有在口岸

地方转行干预。况洋泾浜设官章程,又复详载明确。此等重犯,与洋人无干,应交中国地方官审办。两国交涉,惟凭约章,虽公法亦为所限。今领事工部局实不应违背约章干预,约载既只交犯,各使亦无庸详核案情。除再严电沪道恪遵约章,向领袖领事索犯外,乞钧处切商各使,电令各领工局遵照约章,将犯交出,不再干预。各国共敦睦谊,必能顾全大局,云云。特此转达,祈与外部筹商,务期各使允令交犯,大局幸甚。方。鱼。(端方档)

中国史学会编《中国近代史资料丛刊·辛亥革命》(1),上海人民出版社1957年版,第471~472页

7月31日(六月初八日)　清政府仍据条约、章程与驻沪领事交涉苏报案转解事宜。

《光绪二十九年六月初八日知府金鼎致兼湖广总督端方电》:

武昌兼督宪钧鉴:筌,歌电敬悉。遵示仍执约章与各领切商,各领须候京使复电。昨袁道电请外部分电出使大臣,执美约十八条、英约廿一条、并租界设官章程,向彼政府再商等语。闻工部局则电告京使须仍在公堂核办。现此间必恃外部为力,幸章法未乱。卑府接梁守阳电,遵示今日回鄂。已切托福君并与袁道妥议。容面呈一切,再请机宜。鼎。庚。初八日未刻到。(端方档)

中国史学会编《中国近代史资料丛刊·辛亥革命》(1),上海人民出版社1957年版,第431页

《光绪二十九年六月初八日福开森致兼湖广总督端方电》:

武昌兼督钧鉴:祓,金太守今日回鄂。嗣后沪上情形,仍当随时电禀。森。庚。初八日亥到。(端方档)

中国史学会编《中国近代史资料丛刊·辛亥革命》(1),上海人民出版社1957年版,第431页

△ 本日,沈荩被清政府杖毙于刑部。

《光绪朝上谕档》:

交刑部。本日贵部审明会匪沈荩即沈克诚,照章定拟一摺,军机大臣面奉谕旨:万寿月内例不行刑,著即日立毙杖下,钦此。相应传知贵部钦遵办理可也。此交。

六月初八日

中国第一历史档案馆编《光绪朝上谕档》第29册,广西师范大学出版社1996年版,第190页

1903年8月2日《大公报》:

前北京拘拿之沈荩已于初八日被刑,今得其绝命词四章,照录如下:

狱中铁锁出郎当,宣武门前感北堂,菜市故人流血地,五忠六士共翱翔。

谁把辽东今断送,中朝从此失陪都,瓜分已是目前事,执政曾观图说无。

五洲公道未全绝,为我伤心谍诔章,验疫管关新密约,祸端小庆与钟郎。

今年三十有一岁,赢得浮名不值钱,从此兴亡都不管,灵魂归去乐诸天。

1903年8月4日《大公报》:

拿来刑部沈荩于初八日被刑已志本报,兹闻是日入奏请斩立决,因本月系万寿月,向不杀人,奉皇太后懿旨改为立毙杖下。惟刑部因不行杖,故此次特造一大木板,而行杖之法又素不谙习,故打至二百余下,血肉飞裂犹未至死,后不得已,始用绳系其颈,勒之而死。

1903年9月14日《大公报·时事要闻》:

探闻政府自杖毙沈荩以后,各国公使夫人觐见皇太后时谈及沈之冤抑,皇太后亦颇有悔意,已面谕廷臣会党要严拿,万不可株连良善,致离人心等语。近日政府十分和平,决无不合公理之举,盖恐驻京各国公使啧有烦言也。

1903年9月16日《大公报》：

探闻刑部司官自杖毙沈荩后，托故告假者颇多，皆以杖毙之惨，不忍过其地。出而述其始末，照录于后，以补各报之缺。“当杖毙时，先派壮差二名打以八十大板，骨已如粉，始终未出一声，及打毕，堂司均以为毙矣，不意沈于阶下发声曰‘何以还不死，速用绳绞我！’堂司无法，如其言，两绞而死。”又闻发旨之先，有政务处其君面奏于皇太后云：“万寿在迩，行刑似不吉祥，宜轻其罪。”皇太后遂改旨速杖。政务处其君原为保全沈荩，见皇太后改旨，亦不敢再抗奏，又闻刑部某司员有感于沈荩、苏子熙、赛金花三人之事戏成一语，惜无对偶，云“儿女英雄流血党”，下联无人配成，兹录之，以待将来。

8月1日（六月初九日）　孙中山致信宫崎寅藏，述及在日本逗留之后，将前往夏威夷。

孙中山《致宫崎寅藏函》：

宫崎先生大人足下：

弟到横滨十日矣。乘佛船Yarra来。此船直往神户，不寄泊长崎。前日接先生来电询，已托黎君电复。弟本欲早致书问候，因初到各事纷坛，无片刻之暇，故迟至今日。弟游南洋各地，尚无甚大作，故欲往布哇以省亲旧，顺道经过日本也。

先生近状何似？极为念念。在东京只见得吞宇君一人，余皆四散，真不禁大有今昔之感也。欲拟于本月八日发横滨向布哇，若不及则后一渡必行矣。此致，即候

大安不一

诸故人统此问安。

弟中山樵启　八月一日

广东省社会科学院历史研究室等编《孙中山全集》第1卷，中华书局1981年版，第218页

8月4日（六月十二日）　章太炎听闻沈荩被杖毙，赋《狱中闻沈禹希见杀》。

章太炎《狱中闻沈禹希见杀》：

不见沈生久，江湖知隐沦。萧萧悲壮士，今在易京门，魑魅羞争焰，文章总断魂。中阴当待我，南北几新坟。

《浙江潮》第7期

8月7日（六月十五日）　章士钊、张继等创刊《国民日日报》于上海。

1903年8月7日《国民日日报·发刊词》：

“国民”二字之名义与范围，东方民族之所不解也；今若易言之曰“蚁民”，则其所顺受者也；更易言之曰“乡民”，则其所尸祝者也。何也？驯伏专制政体之下既久，一切横敛惨杀之毒，亦已司空见惯，以为吾侪小人，侥幸寝馈于黑甜之乡，而老死于黄馘槁项，不见兵戎，亦即了此一生，安问所谓国民，安问国之属于谁氏。

咄！国何物，而顾以民支配之？岂不以国者，民之集合体也？大凡机体之能集合者，中以含有无数胶粘之质点；即以无意识非官品之金一类，亦岂各原质之不相爱而能化合者？况庞然机体绝大之一国，而以若干不相联属蠕蠕蜴蜴之动物阑骈于其内，如豕之圈于笠，如马之系于槛，而谓豕视笠，马视槛，有若何密切之感情，岂可以训？毋亦视牧儿之恶作剧而已！今以蚁民之名义，定乡民之范围，则国一笠也，一槛也，无怪乎三千年来，独夫民贼，以国为牧场，以民为畜类，其所以圈之系之之术，任凭作弄，而不见有一毫之反动！嘻！东方民族之历

史，可以此两端尽之者(蚁民与乡民)。世界陆沉，人道涡劵。即循此两端旧由之轨道，亦足以经行于小天地之内。何哉？近世纪之间，有随欧风美雨，新发现于东大陆之名词，曰国民，曰国民云云者。

今之自命为先导者，其发议畴不曰国民哉？而吾强聒之为国民者，彼且不解国民为何物。则欲以吾理想之国民，组织国民之事业，是不啻无椎轮而求大辂也。虽然，有果也，必有因。有良果也，必有良因。舆论者，造因之无上乘也，一切事业之母也。故将图国民之事业，不可不造国民之舆论。舆论谁尸之？此亦不难解决之问题也。夫贵族与平民之界既分，则不在贵族而在平民无疑。然平民之质点甚殽乱，言庞而论驳无当也。益舆论者，必具有转移社会，左右世界之力者也。大凡一国家之成立，当无不有一种无名之舆论，隐据于工规师谏之颠，而政治之发见，亦间受其影响。不过公理之未著明。民党之无势力，凡文明上之事业，皆甚幼稚，则此称舆论，亦遂旁皇而无所著。自十九世纪欧洲有所谓第四种族之新产儿出世，而舆论乃大定。第四种族者，以对于贵族、教徒、平民三大种族之外，而另成一绝大种族者也。此种族者何物也？乃为一切言论之出发地，所放于社会之影光，所占于社会之位置，至于如是。盖即由平民之趋势，迤逦而来；以平民之志望，组织而成；对待贵族而为其监督，专以代表平民为职志，所为新闻记者是也。新闻学之与国民之关切为何如，故记者既据最高之地位，代表国民，国民而亦即承认为其代表者。一纸之出，可以收全国之观听；一议之发，可以挽全国之倾势。如林肯为记者，而后有释黑奴之战争，格兰斯顿为记者，而后有爱尔兰自治案之通过。言论为一切事实之母，是岂不然。

虽然，言论者必立于民党之一点而发者也。有足为事实之母之言论，必先有为言论之母之观念。所为民族之观念是也。故欧洲之有第四种族，必平民得与于三大种族之列，而后平民多数之志望，并合发表而为第四种族，乃足以抵抗贵族教会而立于平等之地位。嘻！尚已！哀哀我同胞。谁非民族，而吾民族之观念何在？

中国民族之历史，言之实可丑也。其上有僭窃盗贼之习惯；其下有奴隶牛马之习惯。两点相并，其僭窃盗贼也，不可思议；其奴隶牛马也，愈不可思议。至于今日，羁勒于非种人之下，内奴外奴之重重胶结而不可解。国展转其已亡，人嬉游以待死。号称数万万，宁可当欧洲第三种族之一指趾哉？第三种族于沉沦，至于此极；而望第四种族之间起而勃兴，胡可也！然第三种族之沉沦，至于此极，而不升高以望第四种族之间起而勃兴，又胡可也！

中国之业新闻者，亦既三十年，其于社会有一毫之影响与否，此可验之今日而知之者也。有取媚权贵焉者；有求悦市人焉者；甚有混淆种界，折辱同胞焉者。求一注定宗旨，大声疾呼，必达其目的地而后已者，慨乎无闻。有之，则又玉碎而不能瓦全也。呜呼！中国报业之沿革如是，国民之程度如是，而欲蔚成一种族，吸取民族之暗潮，改造全国之现势，其殆不能乎？其殆不能乎？故以吾《国民日日报》区区之组织，詹詹之小言，而谓将解说“国民”二字，以饷我同胞，则非能如裁判官，能如救世主(松本君平之所颂新闻记者)，诚未之敢望。亦以当今狼豕纵横，主人失其故居，窃愿作彼公仆，为警钟木铎，日聒于我主人之侧，敢以附诸无忘越人之杀而父之义。更发狂呓，以此报出世之期，为国民重生之日。哀哀吾同胞，傥愿闻之。

登高一呼，振响千里，匪曰宗风，实凭种智，录社说第一；

日无停晷，探讨学说，风义师友，精神家国，录讲坛第二；

举世皆雄，言论飚发，何当铸错，可以攻玉，录外论第三；

虎狼奔突，龙蛇惊扰，一夕数起，是天将老，录中国警闻第四；

守府足云，不无组织，文明政见，用以间执，录正海第五；
呜呼少阳，作用綦小，学生军起，何仇不扫，录学风第六；
世界竞争，生计最烈，世有亚当，钩深探赜，录实业第七；
鬼蜮穿穴，狐鼠凭城，举世皆秽，吾舌多棱，录短批评第八；
欧风墨雨，疾卷东陆，鉴外箴内，吾命其促，录世界要事第九；
谈俗鼻嗤，观政心冷，市府分治，此为张本，录地方新闻第十；
出版自由，文明之母，能汗万牛，终输一管，录新书评骘第十一；
尺书千里，疑义与析，脑海相通，江山铁笔，录南鸿北雁第十二；
齐谐不怪，张华宁博，探险掘地，时振吾颚，录世界之奇奇怪怪第十三；
大奸大雄，小蟊小贼，有一于此，其视吾舌，录个人行为第十四；
雕龙季思，扪虱景略，逸史异闻，言者凿凿，录谈苑第十五；
谁为文界，革命健卒，不平则鸣，其曰可读，录文苑第十六；
社会改良，偌在个中，吾书逮下，岂啬福翁，录小说第十七；
街谈巷议，亦关家国，岂曰茶余，琐闻数则，录本埠日记第十八。

8 月 8 日（六月十六日）　《国民日日报》发表佚名的《沈荩死刑之暗昧》，抨击清政府昏庸无道。

1903 年 8 月 8 日《国民日日报》载《沈荩死刑之暗昧》：

生命之至贱者，未有如中国人者也。文明国凡一人之被死刑，必踊现于新闻纸至数十次。司法官之裁判，非证见之确凿，犯者之供吐，不能定罪；即定罪矣，而必于社会个人之间，公心衡度，从未有以国事而妄入人罪者也。今北京之警报，沈荩于初八日被刑于菜市。以堂堂政府而杀一区区之沈荩，较之戊戌、庚子两大狱，此何足云？

惟沈荩之被捕，以一赌徒之私计，庆宽乃请于步军统领，兵以取之。张之洞组织其狱，则牵涉于庚子汉口之暴动，贿属一与沈有宿嫌之同乡某员，指以为证，而沈荩遂上断头机矣。吾闻沈荩之在湘中，以避仇而他出，今竟死于仇人之口。其同乡某员之评判，吾不屑齿及之。独张之洞以汉口之举为大不利于己，凡人之稍涉形似者，无不捕杀之，此情之可言者也。而汉口党人组织，必为秘密结社无疑，非迥同盟者，何能悉其隐情？则其同乡某员者。张既可使之为干证，即可坐之以同谋；既非同谋，张何以使之为干证？此中情伪，不辨而明。虽然政府者，久怀杀民党之渴想，今忽得之，不过借张为一傀儡。即无张，不讯而刑之，政府非无此手段也。纵若何之暗昧？以中国今日人命之贱，将如之何，将如之何？

又闻沈荩者，日本某报馆之采访员也。以侦探清俄密约，先机披露，大触联俄党之怒，必欲致之死地。夫政府之联俄，所以自速其亡也。民间之志士，痛其亡而谋所以阻止，此忠于政府者也。视沈荩绝命词，犹眷眷于中朝陪都之失，此与政府所渴欲杀之之民党，其宗主或有出入。而政府不能利用之，而摧陷之，此亦政府之失计也。今政府之成败，吾将以是卜之。

8 月 10 日（六月十八日）　福开森报告端方，英国政府反对向中国移交苏报案案犯。

《光绪二十九年六月十八日福开森致兼湖广总督端方电》：

武昌兼督宪钧鉴：密，咸电敬悉。交犯一节，他国先后可允，惟英政府云不应交。英萨使由英回华，后日到沪，英领候萨使到再酌办法。开森。巧。十九日子刻到。（端方档）

中国史学会编《中国近代史资料丛刊·辛亥革命》(1)，上海人民出版社 1957 年版，第 431～432 页

8 月 11 日(六月十九日)　端方致电张之洞述福开森前一日报告内容。

《光绪二十九年六月十九日兼湖广总督端方致内阁大学士张之洞电》:

北京张宫保钧鉴:诚密,顷得福开森巧电云:交犯一节,他国先后可允,惟英政府云不应交。英萨使由英回华,后日到沪,英领候萨使到再酌办法。等语。萨使入都必见面,请商辨,庶望速交。方。效。(端方档)

中国史学会编《中国近代史资料丛刊·辛亥革命》(1),上海人民出版社1957年版,第472页

8 月 12 日(六月二十日)　秦力山在《国民日日报》上发表《为沈荩辨诬函》。

1903 年 8 月 12 日《国民日日报》秦力山《为沈荩辨诬函》:

贵报第二号短批评中谓:"沈尽[荩]绝命词,犹眷眷于中朝陪都之失,此与政府所渴欲杀之之民党,其宗主或有出入,而政府不能利用之,而摧陷之,此亦政府之失计也"云云。夫沈君既为日本某报之通信员,则凡于东洋外交上稍有关系者,皆可探访之,此固为其职务。若谓沈某痛其亡而谋所以阻之,则沈君必不能承认。何也?今日稍有普通知识之人,无不知异种不能任其宰制吾土之理,而况沈君之为老革命家者耶?

沈之绝命词,仆未及见。然沈生平最不喜执笔为文,必好事者为之,决非沈之所为。仆与沈为总角交,为患难友,知沈最深,逆料沈断不出此,故不得不为沈一辨。以解沈之冤,以尽情于死友。

呜呼!沈之死,无所谓冤。沈之友,先沈而死者,已不下千数百人。沈之友,继沈而延颈待死者,不知其尚有若干人。惟沈既死,而人犹不知其所以致死,一若视为吾民族之罪魁,如俗语之所谓汉奸也者。此则鄙人不得不为沈君呼冤者也。沈君殆不瞑矣。愿贵报为沈一正,庶几吾同胞中有继沈君之志而奋起乎。巩黄谨白。

8 月 18 日(六月二十六日)　英国参赞公开表示不应将苏报案涉案人员转交中国政府,日本附和。

《中外日报》:

近在北京地方各公使因上海苏报馆一案,英国参赞之意,以为诸人不应交与华官,日本公使以为未尝拘人。以前上海道既与各国领事立有约章,现在即应照约办理。惟俄、法两国则欲助中国政府,将诸人交于华官,故其中彼等之意见各不相同。美公使之意以为莫妙于仍交上海领事办理此事也。本馆以为现在惟英领可决言其不允将诸人交于华官,惟闻工部局已有函与各领事,以后须设法使华人所开之馆不许在租界上于报中发抗拒政府之议论。惟本馆则以为工部局虽有此意,倘使华馆有洋商出面,则虽有此意,恐工部局亦难于照办也。

《苏报案始末》,《上海研究资料续集》,中华书局1939年版,第80页

8 月 21 日(六月二十九日)　《国民日日报》登载《来文之感情》,将部分未刊来稿题目及作者姓名揭出。

1903 年 8 月 21 日《国民日日报》载《来文之感情》:

本报发行以来,新增来文一门,颇承同志诸君子之不弃,时以金玉相投。本社同人不胜感荷,惟限于篇幅,不能一时登刊,恐作者诸君以为简亵,除已登刊者外,特将诸君之大号及其制题一二披露时检登,庶乎不漏,即以答作者之盛意。本社尤盼□尔音音不吝也,诗词尤夥,并此致谢。

中国之国民无魂——觉佛君

英雄不怕死,怕死不英雄——觉佛君

文明野蛮辩——徐茂均君

死国民——顾灵石君

新闻报论《苏报》事件驳义——仁父君

敬告汉种质同胞——杨可法君

敬告日本广东留学生——苏子谷君

敬告同胞醒梦革命——谢有道君

黄帝纪念论——无畏君

8月22日(六月三十日)　张之洞指示端方,可将不判死刑作为转交苏报案犯的条件。

《光绪二十九年六月三十日内阁大学士张之洞致兼湖广总督端方电》:

武昌端兼院:诚密,上海六犯英人独不愿交。近因沈克诚[诚]杖毙,各国皆不以为然,决不肯交。望饬福开森与各国婉商,此六犯若交出,皆只以监禁了事,决不办死罪,或可望允。此节已与政府商明,断不失信。望将近日上海情形速示复。洞。卅,印。七月初一日丑刻到。(端方档)

中国史学会编《中国近代史资料丛刊·辛亥革命》(1),上海人民出版社1957年版,第432页

8月23日(七月初一日)　上海愚园举行沈荩追悼会,章太炎狱中作《祭沈禹希文》。

章太炎《祭沈禹希文》:

黄帝四千三百九十四年秋七月,□□等谨以清酌庶羞祭国士沈君之灵曰:乌呼哀哉!前不见古人,后不见来者。纷建虏之横行,菹子遗而为鲊。昔扬灵于洞庭,有而农与曾生。建《黄书》而为律,植攘夷以作经。粤洪氏之天德,挞汉武于胡清。列缺辟历下击埃□(瞀)兮,霸七十二峰而清明。旻天罔极,为反为侧。破镜群翔,国藩、林翼,系荆楚与珠申,覆黄炎以深墨。沧三翮六翼使填泗水兮,缨香木青珠而为繁勒。悼南土之不灵,藉国仇而骋力。乌呼哀哉!

荒荒衡岳泯无卉木兮,帝赤熛怒下监而悲伤。闪尸元气死以分离兮,铄镔镇镠银以成光。六种震动师子夜垢兮,曰圣沈荩初度于沅湘。亮不读书而击剑兮,资三户以毙秦。块抱关于大别兮,龙蛇虎豹坌沓而鱼鳞。遭夏口之涂地兮,吾将驰乎析木之津。津方冥冥兮,欧满交捽。单于西跳兮,蜩螗群沸。假太阿于暂人兮,烹千胡而啖其肺。何大功之不卒成兮,阘丛怨于群憝。虹蜺旬始氛兹黄天兮,直北辰之方醉。嗟博进之不偿兮,愆干糇而犴狴。悲夫!丈夫固烹五鼎兮,况牺牲于胤族。却外援于大东兮,漆吾身以待三木。盲风暴雨汩集若卢兮,果天民乎是椓。苍鹰击殿雅乌头白兮,群马悲鸣而生角。乌呼哀哉!

政变之狱,实陨谭、林。媚于天囚,厥死非禄。勤王之败,唐、傅是罹。为满干城,刬类则宜。今钧天百神之忘震旦兮,方授人以金版。资赤棒于膻胡兮,独芟夷兹姬汉。惟夫子之一瞑兮,泰皇、女娲之魂长往而不返。乌呼哀哉!

不有死者,谁申民气?不有生者,谁复九世?哀我遗黎,不绝如系。大波相续,云谁亡继?重曰:支那有人兮君千万岁。像写良金兮云之外。魂归来兮淞江介。蜺为旌兮翠为盖。径路刀兮绵蕝位。犁清廷兮神哉沛。黄帝归兮,鼎湖返兮,汉土曼兮度无界。呜呼哀哉!尚飨。

《浙江潮》第9期

编者按：本文见于《浙江潮》第9期；亦见于《国民日日报汇编》第4集，题为《上海公祭沈愚溪国士文》；又见于《沈荩》一书，题为《祭沈荩文》，署名“西狩”；收入《太炎文录》初编《文录》卷二，该题为《沈荩哀辞》。据汤志钧先生考证，此文应为1903年8月23日公祭沈荩而作。（见汤志钧编：《章太炎政论选集》上册，中华书局1977年版，第246～247页）

△ 本日，端方与经办苏报案官员电商与英方交涉移交苏报案案犯办法。

《光绪二十九年七月初一日兼湖广总督端方致内阁大学士张之洞电》：

北京张宫保钧鉴：诚密，沈事大碍，外间物论亦如此。金令世和来函，谓德美领甚帮忙，惟英领作梗，加以沈事，益难着手。福开森于此事毫未松劲，并云无论轻重，总以解归中国自办为主。萨使过沪，议论如何，已属福开森确探，尚未电复。来电即转福及沪道。尊处如能设法向萨使婉商，或令松生密为运动，尤妙。鲜渡江未回。容续复。方。东二。（端方档）

中国史学会编《中国近代史资料丛刊・辛亥革命》(1)，上海人民出版社1957年版，第472页

《光绪二十九年七月初一日兼湖广总督端方致参赞福开森电》：

上海商约公所福参赞：祓密，香帅来电云：沪领若将六犯交出，皆只以监禁了事，决不办死罪，已与政府商明，断不失言等语。政府于此事颇望阁下出力，从前议将重惩，恐难办到，现可从轻监禁，自易置辞。情形如何？望速复。并告煦生。兼院。东。（端方档）

中国史学会编《中国近代史资料丛刊・辛亥革命》(1)，上海人民出版社1957年版，第472～473页

《光绪二十九年七月初一日兼湖广总督端方致上海道袁树勋电》：

上海袁道台：洪密，香帅来电云：沪领若将六犯交出，皆只以监禁了事，决不办死罪，已与政府商明，断不失信。请密告速办。近日情形如何？望详示。方。东。（端方档）

中国史学会编《中国近代史资料丛刊・辛亥革命》(1)，上海人民出版社1957年版，第473页

《光绪二十九年七月初一日兼湖广总督端方致福开森电》：

上海福君开森：祓密，英政府不愿交犯，英使至沪与之切商，有无转机，至盼。望将近日情形，详细电告。方。东。（端方档）

中国史学会编《中国近代史资料丛刊・辛亥革命》(1)，上海人民出版社1957年版，第473页

《光绪二十九年七月初一日兼湖广总督端方致两江总督魏光焘电》：

江宁魏制台钧鉴：诚密，香帅来电云：沪领若将六犯交出，皆只以监禁了事，决不办死罪，已与政府商明，断不失信，等语。从前拟将重惩，恐难办到，现已从轻监禁，自易着手。请饬沪道设法速办。如何情形，望电示。方。东。（端方档）

中国史学会编《中国近代史资料丛刊・辛亥革命》(1)，上海人民出版社1957年版，第473页

8月24日（七月初二日）　魏光焘、袁树勋等电商端方，不愿以免除死刑作为苏报案谈判条件。

《光绪二十九年七月初二日上海道袁树勋致兼湖广总督端方电》：

武昌督宪钧鉴：东电敬悉。六犯延命，有稽宪典。职道奉职不才，负惭无地。此案美俄法德西洋各使均允交犯，独阻于英与日本，殊所不料。英萨使过沪，再三争辩，彼谓沈荩办之太过，宜在新廨审办，冀保全各犯首领。职道不得已特嘱古柏密电担文，就近在英向外部抗论，并添延议员数人主议。职道并电请张大臣协助筹商，尚未得复。良以主权所系，不得不以全力争之。今蒙香帅俯鉴商办为难，允以监禁贷其一死，适如外人所欲，不难即就范围。日昨职道曾与福古各洋员密筹，究以事关重大，总须无碍主权，非禀奉核准，万不敢遽行宣露。订于今晚赴宁面商。适奉前因，似易措手。感佩何如。惩前毖后，窃拟补救主权办法两条：一、拟由地方官审讯，仍照律定罪，请旨办理，俾知朝廷法外之仁；二、由外部照会各公使，

申明和约及会审交犯章程,嗣后不得援以为例。俟面禀商宪核定办法,再行电禀。是否有当?伏求训示。勋。冬,印。初二日戌刻到。(端方档)

中国史学会编《中国近代史资料丛刊·辛亥革命》(1),上海人民出版社1957年版,第432~433页

《光绪二十九年七月初二日两江总督魏光焘致兼湖广总督端方电》:

武昌端制台:秦,东电悉。月余以来,敝处内则电部,外则电驻使,并饬沪道执约分投商办,美法俄比皆允交,惟英不允,实出于工局之意。日前复由道属古律电担文在英设法,复由敝处电张使切商外部。明知严办为难,所以未敢遽许从轻,盖彼系争界内之权,非实惜各犯之命,我退一步,虑彼即进一步,不得不稍予相持,徐图转圜之法。今既由香帅商明政府,但监禁不办死罪,自当电道设法商办。惟初商之际,仍当与之执约筹议,未可骤露监禁不办之意。恐一经揭明,彼欲监禁界内。我公智珠在握,当早鉴及。尚乞将不办死罪一节姑秘勿宣,为祷。仍俟沪道将商办情形电复,再达。焘。冬,印。初二日亥刻到。(端方档)

中国史学会编《中国近代史资料丛刊·辛亥革命》(1),上海人民出版社1957年版,第433页

《光绪二十九年七月初二日上海道袁树勋致兼湖广总督端方电》:

武昌兼督宪钧鉴:复电禀陈,亮邀慈鉴。所拟办法,似宜高一层着手,以免我退彼坚,仍拟执约力争,使彼就范。职道才识庸愚,当竭诚筹办,以期无负高厚。今晚赴宁。余另详禀。树勋。冬,印。初三日午刻到(端方档)

中国史学会编《中国近代史资料丛刊·辛亥革命》(1),上海人民出版社1957年版,第433页

8月25日(七月初三日)　端方将两江意图电告张之洞等,认为苏报案交涉主要障碍在于沈荩案办理不当。

《光绪二十九年七月初三日兼湖广总督端方复两江总督魏光焘电》:

江宁魏制台钧鉴:秦密,冬电敬悉。智虑周深,敬佩。前电自以不宣为是。闻沪道朔赴宁,想已密授机宜,用臻妥善。袁道于此事忠恳精详,心力交瘁,事如办成,愿与公会衔保奏,以奖其劳。方。江。(端方档)

中国史学会编《中国近代史资料丛刊·辛亥革命》(1),上海人民出版社1957年版,第473~474页

《光绪二十九年七月初三日兼湖广总督端方致内阁大学士张之洞电》:

北京张宫保钧鉴:诚密,魏冬电:此次六犯,美法俄比皆允交犯,惟英不允,实出于工局之意。复由沪道嘱古律电担文在英设法,复由敝处电张使切商外部。明知严办为难,所以未敢遽许从轻,盖彼系争界内之权,非实惜各犯之命,我退一步,虑彼即进一步,不得不稍予相持,徐图转圜之法。今既由香帅商明政府,但监禁,不办死罪,自当电道设法商办。惟切商之际,仍当与之执约筹议,未可遽露监禁不办之意。恐一经揭明,彼欲监禁界内。尚乞将不办死罪一节,姑秘勿宣,等语。方。江二。(端方档)

中国史学会编《中国近代史资料丛刊·辛亥革命》(1),上海人民出版社1957年版,第474页

《光绪二十九年七月初三日福开森致兼湖广总督端方电》:

武昌兼督宪钧鉴:祓密,东两电敬悉。沪领纷歧,我急彼缓。英使来,沪道执条约争,英使不驳,但引西国报馆毁谤政府之例,谓交出正法,有伤公理。沪道谓若辈意在造反,岂可惜两三人性命,害千万人性命。英使语沮,谓回京详阅公文再酌。查英政府公文系英代理钦使奉行,英使途中仅阅西报,既回京再酌,亦难相强。英使未到京之先,京使意见参差,有公电致沪领,饬仍就沪拟办。沪道往商领袖,各领以训条未一律奉到,致多推辞。正切商间,复以英相及西报议论繁多,加之沈荩一事,更致伊等莫衷一是。而沪道虽叠商领袖会同各领设法交人,无如各领不能同心,故近日多议少成,未据电禀也。读电示香帅与政府所商一节。深

知此间为难情形。英使本以交犯正法为词,今定监禁,则交犯当无异说。此香帅与英使接洽之力,万分敬佩。沪道昨已赴宁禀商一切。森意仍请宪台电致外部及香帅,将交出监禁办法与英使说明,饬沪领照办。俾此间语有根据,以杜推诿。因京使出场在先,则非京使知照沪领,恐伊等仍不专主。谨禀。金令附叩。森。江。初四日午刻到。(端方档)

中国史学会编《中国近代史资料丛刊 · 辛亥革命》(1),上海人民出版社 1957 年版,第 433 ~434 页

《光绪二十九年七月初三日兼湖广总督端方致内阁大学士张之洞电》:

北京张宫保钧鉴:诚密,沪道电:此案美俄法德均允交犯,独阻于英日。英萨使过沪,再三争办,彼为沈荩办之太过,宜在新廨审办,冀保全各犯首领。职道不得已,特嘱古柏密电担文,就近在英向外部抗论,并添延议员数人主议。又电请张大臣协助筹商,尚未得复。主权所系,不得不以全力争之。今蒙香帅俯鉴商办为难,允以监禁贷其一死,适如外人所欲,不难即就范围。昨与福古各洋员密筹,究以事关重大,总须无碍主权,非禀奉核准,不敢遽行宣露。今晚赴宁面商。窃拟补救主权办法两条:一、拟由地方官审讯,仍照律定罪,请旨办理,俾知朝廷法外施仁;二、由外部照会各公使,申明和约及照会交犯章程,嗣后不得援以为例。等语。方。江三。(端方档)

中国史学会编《中国近代史资料丛刊 · 辛亥革命》(1),上海人民出版社 1957 年版,第 474 ~475 页

《光绪二十九年七月初三日兼湖广总督端方致内阁大学士张之洞电》:

北京张宫保钧鉴:诚密,金令世和来函,萨使过沪,吕盛伍不肯与商。英领请办法,萨云:英相不交犯之言甚是。外间公论,以此案当分别轻重办理,章邹龙断宜从严,余三犯应讯明省释。如此定案,外人当不致始终坚持。松生运动如何?并示。方。江四。(端方档)

中国史学会编《中国近代史资料丛刊 · 辛亥革命》(1),上海人民出版社 1957 年版,第 475 页

《光绪二十九年七月初三日兼湖广总督端方致参赞福开森电》:

急,上海商约公所福参赞:祓密,前转香帅一电,万勿宣露。此事办法,仍以高一着下手为是,若做不到,再议贷其一死,此时万不宜放松。并告煦生。兼院。江。(端方档)

中国史学会编《中国近代史资料丛刊 · 辛亥革命》(1),上海人民出版社 1957 年版,第 475 页

《光绪二十九年七月初三日兼湖广总督端方复上海道袁树勋电》:

南京电局探呈上海袁道台:宙密,东冬均悉。闳议深识,忠于国家,敬佩。此案正在得手,忽有沈荩之事,致生阻力。公力为维持,从高一层着手,冀复主权,最得要领。顷得邵阳电,意亦相同。即请力办,以竟全功。何日回沪?至盼。方。江。(端方档)

中国史学会编《中国近代史资料丛刊 · 辛亥革命》(1),上海人民出版社 1957 年版,第 475 页

8 月 26 日(七月初四日)　福开森致电端方,称苏报案须候张之洞与英国公使会商结果。

《光绪二十九年七月初四日福开森致兼湖广总督端方电》:

武昌兼督宪钧鉴:祓密,江电敬悉。香帅转电一字未露。此等办法,关系甚重。因英领早有不肯专主,必候英使之命等语。是以先行秘密。须候香帅与英使商明后,沪道始往与各领结办。森。豪。初四日酉刻到。(端方档)

中国史学会编《中国近代史资料丛刊 · 辛亥革命》(1),上海人民出版社 1957 年版,第 434 页

8 月 27 日(七月初五日)　张之洞致电端方,对魏光焘、袁树勋表示不满,不愿承担此案责任。

《光绪二十九年七月初五日内阁大学士张之洞致兼湖广总督端方电》:

急,武昌端兼宪:江二、三、四等电,均悉。屡接尊电,以上海索交六犯,商办为难,属敝处

商诸政府,在京设法。嗣探各使口气,皆虑交出后仍置重典,故不肯放松。万不得已,拟以监禁免死之法,商令务令六犯交出,由我自办。此正专为争回主权计,非鄙意不欲重办此六犯也。今南洋、沪道皆以坚持勿松口气为主。但使能将六犯索交,听我如何办法,岂不更好。请速电致宁沪,此事悉听南洋主持商办,万勿以鄙言为轻重。勿使将来谓六犯本可允交,而贷死出自鄙意,致失主权。弟敢当此重咎耶?务祈切实代为辨明,至祷。洞。歌,印。初六日已刻到。(端方档)

中国史学会编《中国近代史资料丛刊·辛亥革命》(1),上海人民出版社1957年版,第435页

《光绪二十九年七月初五日兼湖广总督端方致内阁大学士张之洞电》:

北京张宫保钧鉴:诚密,福开森电:沪领纷纭,我急彼缓。英使来,沪道执条约争,英使不驳,但引西国报馆毁谤政府之例,谓交出正法,有伤公理。沪道谓若辈意在造反,岂可惜两三性命,害千万人性命。英使语沮,谓回京详阅公文再酌。查英政府公文,系英代理钦使奉行,英使途中仅阅西报,既云回京再酌,亦难相强。英使未到京之前,京使意见参差,有公电致沪领,饬仍就沪拟办。沪道往商领袖,各领以训条未一律奉到,致多推辞。正切商间,复以英相及西报议论繁多,加之沈荩一事,更致伊等莫衷一是。而沪道虽迭商领袖,会同各领设法交人。无如各领不同心,故近日多议少成,等语。窃计此时情形,加以沈事,较前为难数倍。尊电云云,办到已佳。魏袁皆欲高一着,固甚好,恐做不到。待有来电,即转。方。歌。(端方档)

中国史学会编《中国近代史资料丛刊·辛亥革命》(1),上海人民出版社1957年版,第476页

8月29日(七月初七日)　端方将张之洞电文转至两江,为魏等向张缓颊。

《光绪二十九年七月初七日兼湖广总督端方致两江总督魏光焘电》:

急,江宁魏制台钧鉴:秦密,顷得香帅歌电云:屡接尊电,以上海索交六犯,商办为难,属敝处商诸政府,在京设法。兹探各使口气,皆虑交出后仍置重典,故不肯放松。万不得已,拟以监禁免死之法,商令务令六犯交出,由我自办。今南洋、沪道皆以坚持勿松口气为主。但使能将六犯索交,听我如何办法,于事更为有济。请速电致宁沪设法速办。能进一分,即争回一分主权,尤所深佩。特转陈,乞鉴察。方。虞。(端方档)

中国史学会编《中国近代史资料丛刊·辛亥革命》(1),上海人民出版社1957年版,第476页

《光绪二十九年七月初七日兼湖广总督端方致内阁大学士张之洞电》:

急,北京张宫保钧鉴:诚密,南洋、沪道前电,颇似梦呓。方亦笑之。顷奉歌电,已将尊意剀切电告。此时此案若能照尊电办理,现正可争回主权。务望始终主持,保全大局。此辈大话,不足较也。俄约有所闻否?乞密示。方。虞。(端方档)

中国史学会编《中国近代史资料丛刊·辛亥革命》(1),上海人民出版社1957年版,第477页

本月　孙中山结交日本军事学家日野熊藏,于东京青山练兵场附近秘密创办革命军事学校,以日野为校长。

冯自由《兴中会组织史》:

癸卯(民前九年)夏,总理自越南抵日本,时距上海苏报案未久,各省旅日同志至横滨总理寓所访问者,踵趾相接,而总理亦未与商谈组党问题。惟当日私费学生之有志入陆军初级的振武学校者,常因清使馆严厉禁阻,不能入学,咸怀缺[觖]望。同志李自重、黎勇锡等以此向总理求助,总理乃与日本同志武官日野熊藏少佐商设军事学校,以收容有志青年,是为兴中会特设之军事教育机关。日野为有名之新军事专家,曾发明日本式之盒子炮及木炮,因与

总理互相研究南非洲波亚人战术,遂成知己。是校设于东京青山,日野自任校长,陆军上尉小室健次郎为助教,均属义务性质。是校仅收容学生李自重、黎勇锡、胡毅生、桂廷銮、区金钧、卢少岐、刘维焘、雍浩、郑宪成、饶景华、卢牟泰、伍嘉杰、郭健霄、李锡青等十四人,除雍浩、郑宪成二人属闽籍外,余皆粤人。开学之前,各生均须向总理前当天宣读誓辞,辞曰:驱除鞑虏,恢复中华,创立民国,平均地权。是为兴中会变更誓辞之第一次,亦即后二年同盟会成立时之誓辞也。学期规定八个月,学科有普通兵事学及制造盒子炮木炮各种火药等门,尤注重波亚式散兵战法,及以寡敌众之夜袭法,校章规定严守秘密。诸生各能孜孜向学,颇为日教员所嘉许。开课一月总理旋有美洲之游,校外事务概托冯自由管理。无何,校内各树派别,意见纷歧,四阅月后,内哄愈甚,经日方教员多方调解无效,不得已宣布解散。时总理方游美国,得冯自由详报该校解散经过,为之慨叹不置。是校解散后,雍浩、郑宪成回闽设教。刘维焘、饶景华设法改入振武学校。卢少岐留学英伦。桂廷銮、卢牟泰、伍嘉杰、李锡青返粤。牟泰旋病故。李自重、黎勇锡(仲实)、胡毅生奔走革命。区金钧、郭健霄仍留日入学。

冯自由著《革命逸史》第4集,中华书局1981年版,第18~19页

9月初(七月中旬)　蔡元培离青岛返沪。

蔡元培《自写年谱》:

(在青岛)不到两个月,我的长兄来一电报,说"家中有事速归"。我即回沪,始知家兄并无何等特殊之事。汤、徐诸君以爱国学社既停办,我无甚危险,遂取消集款助学之约,而属我长兄留我于上海,谋生计。于是我不能再往青岛,而德语亦中辍。

高平叔编《蔡元培年谱长编》,人民教育出版社1996年版,第272页

9月1日(七月初十日)　袁树勋致电端方,报告苏报案交涉进展。

《光绪二十九年七月初十日上海道袁树勋致兼湖广总督端方电》:

武昌督宪钧鉴:泰电敬悉。职道办理未能得手,负疚实深,转蒙鉴原,未加严斥,惭悚无地。初九回沪,即函约美法德各领十二日会议。如何情形,容另禀慰。树勋。蒸,印。十二日辰刻到。(端方档)

中国史学会编《中国近代史资料丛刊·辛亥革命》(1),上海人民出版社1957年版,第435页

9月2日(七月十一日)　张之洞致信瞿鸿禨、鹿传霖,述及与日本公使交涉《约束鼓励出洋游学生章程》经过。

张之洞《致瞿子玖、鹿滋轩》:

前奉旨与日本政府商订约束留学生一事,尊指最重者,以不安分学生必须驱逐回国,私学奖励应与官学有别两端。随即与内田公使晤商,辨论多次,现经彼政府覆电允许,无可再争矣。两条分列如左:

一、不安分留学生宜遣回一条。此条彼甚不愿,告以如不安分学生不肯遣逐,则安分学生之奖励不能从优,始勉允商之彼国政府,添此一条。惟驱逐、押送、勒令等字,彼坚执不肯,现改为如察其无悛改之望者,即行饬令回国,不准稍有逗遛。虽不明言驱逐,其语意似已切实。

一、奖励私设学【堂】毕业生宜示区别一条。内田谓私设学堂,必其教育管理确实可信,与官学堂毫无差别,方能认可。现在约束章程,私设学堂既与官学堂一体照办,若奖励显分

区别，即不能使其照章认真约束。当嘱其切商彼政府，其政府覆电，仍坚执不可两歧之说。因与商云，如此则以后官学多送，私学少送。内田云保送学生之权在使臣、监督。私设学堂如实不放心，尽可少送入学，将来毕业回国，尚须钦差大臣察核考验。如私学堂之学生，其品行科学实不如官学堂，届时中国自可斟酌办理，日本可不过问等语。所言亦尚有理。窃思此条只可由我自加权度，默为限制，将来保送时先尽官学，其私学不得过三分之一，至多不得过半。如实不妥，尽可不送。其回国奖励时，私学较官学格外慎重，可不必再与日本商也。

以上两条，系新与增议之款。此外各条，间有经日本政府商酌增损字句者，核与原拟无甚出入。此事一切俱已议妥，谨另录清稿，计照会日本约束鼓励章程一件计十六条，中国自行酌办立案章程一件计三条，分别签注，送请鉴裁，即请转陈邸座、夔相裁定示覆后，即作为定议。敝处当一面知照内田，一面具奏请旨，发交外务部，由部照会日使，并由部咨行出使大臣、总监督遵照办理。（光绪二十九年七月十一日）

国家清史编纂委员会·文献丛刊《张之洞全集》(12)，武汉出版社2008年版，第101页

9月4日（七月十三日）　袁树勋致电端方，告以苏报案交涉未果原因；张之洞命端方将其电文转发魏光焘、袁树勋。

《光绪二十九年七月十三日上海道袁树勋致兼湖广总督端方江苏巡抚恩寿电》：

武昌督宪、苏州抚宪钧鉴：昨今晤商各领。据云：英日义欲在京与外部商办，其余各公使拟在上海商议，意见不同。刻力怂诸领，免英擅权。咸谓沈荩严惩，各国均有违言。从前之允交者，今则意见不同，以后能否商交，实无把握。职道惟有尽力筹办，以副宪廑。但交涉全责审机，能无失国体，即可定议。伏求训示。树勋。元，印。十四日戌刻到。（端方档）

中国史学会编《中国近代史资料丛刊·辛亥革命》(1)，上海人民出版社1957年版，第435～436页

《光绪二十九年七月十三日内阁大学士张之洞致兼湖广总督端方电》：

武昌端署制台：上海交犯事，前因虑各国不肯交还，致永失主权，故拟退让一步商办，冀易就范。宁沪既不以为然，即请作为罢论。务望将敝处歌电照转南洋、沪道，至祷。转后并祈电复。洞。元，印。十四日亥刻到。（端方档）

中国史学会编《中国近代史资料丛刊·辛亥革命》(1)，上海人民出版社1957年版，第436页

9月6日（七月十五日）　端方致电袁树勋，转达张之洞电，勉其继续努力办理，并劝告张之洞以大局为重。

《光绪二十九年七月十五日兼湖广总督端方致上海道袁树勋电》：

上海袁道台：洪密，元电悉。前接香帅歌电云：屡接尊电，以上海索交六犯，商办为难，属敝处商诸政府，在京设法。嗣探各使口气，皆虑交出后仍置重典，故不肯放松。万不得已，拟以监禁免死之法，商令务令六犯交出，由我自办。此正专为争回主权计，非鄙意不欲重办此六犯也。今南洋、沪道皆以坚持勿松口气为主。但使能将六犯索交，听我如何办法，岂不更好。请速电致宁沪，此事悉听南洋主持商办，万勿以鄙言为轻重。勿使将来谓六犯本可允交，而贷死出自鄙意，致失主权。弟敢当此重咎耶？等语。属即照转宁沪。尊处办理此事，不遗余力，欲高一层，极为有益。香帅因虑各国不肯交犯致失主权，拟退一步，冀易就范，亦深知办事之难。仍望审机筹办，勿因香帅一电，致涉迟疑。至为盼祷。方。翰。（端方档）

中国史学会编《中国近代史资料丛刊·辛亥革命》(1)，上海人民出版社1957年版，第477页

《光绪二十九年七月十五日兼湖广总督端方致内阁大学士张之洞电》:

北京张宫保钧鉴:诚密,元电敬悉。歌电已照转宁沪,并将尊意切实辨明。顷接沪道元电:昨今晤商各领。据云:英日义欲在京与外部商办,其余各公使拟在上海商议,意见不同。刻力怂诸领,免英擅权。咸为沈荩严惩,各国均有违言。从前之允交者,今则意见不同,以后能否商交,实无把握,惟有尽力筹办。但交涉全责审机,能无失国体,即可定议。等语。沪道所言,仍不出尽虑所筹之外。从前高一层着想,特悚于邵阳意旨,姑为此大言耳。大局要紧,仍望随时设法,使交犯事早日办成,实为天下国家之幸。梦呓之谈,不足介意。方。咸。(端方档)

中国史学会编《中国近代史资料丛刊·辛亥革命》(1),上海人民出版社1957年版,第477~478页

△ **本日,张之洞致函瞿鸿禨、鹿传霖,商议《约束留学生章程》修改问题。**

张之洞《致瞿子玖、鹿滋轩》:

奉函示邸意,以约束留学生章程内第一条保送学生、第七条斥退学生末数语声明日本官、私学堂不遵章照办者,学生毕业后概不给奖两节,应行删去。又,鼓励章程内所拟各学堂毕业学生出身毋庸明叙,应改为从优奖励等因。遵即订晤内田公使,商令删改约束章程内所删数语,彼已照删。至奖励学生出身一节,内田一闻即怫然,曰如此是全翻了,且云前因中国欲商定约束留学生章程,此事本系极难办之事,日本官设学堂规矩虽好,然出学堂以后岂能处处防察,且私设学堂甚多,敝国政府实难代为料理。嗣后言明毕业生有实在优奖,则各学生各有希冀功名之念,自不致放纵为非,而私设诸学堂,愿其堂内学生成材显达,自觉有光,必亦乐于约束裁成,顾此名誉。我政府责其约束,各学堂方肯实力遵行,是以允定约束各章,事事极为严密。今若但言从优奖励,殊不足以坚学生之信,岂能坚其励品勤学不染恶习之心,则约束章程我政府即无从相助为理。况回国后,中国仍须派大员察核考验,其权仍在中国。且此系中国自订章程,并非两国条约,不过照会日本借此以惩劝学生耳。我政府此次允为相助,原是格外帮忙之事,并非有必须担承约束之责。设我政府敬谢不敏,则私设学堂日多,私往学生日杂,将来无论留学生流弊如何,中国亦不能责我等语。告以政府之意,并非靳留学生出身,只因此是中国自主之权,可自行酌办,毋须于照会贵国章程内叙明而已。内田云既可定学生出身,何不可使日本知之,且此系从前上谕已有之奖,坚不允改。再四与商,内田谓当自见邸座面谈,敝处无从再说,谨将商办情形驰陈清听,敢祈转陈邸座,敬候会晤后速赐裁夺示知,再与设法商办。(光绪二十九年七月十五日)

国家清史编纂委员会·文献丛刊《张之洞全集》(12),武汉出版社2008年版,第101~102页

9月7日(七月十六日)　袁树勋致电端方,表示将按张之洞主张办理苏报案。

《光绪二十九年七月十六日上海道袁树勋致兼湖广总督端方电》:

武昌督宪钧鉴:奉翰电,祇诵香宪严谕,并蒙宪慈优加勉策,悚感莫名。查六犯免死,系外人最切意之着。职道争交无术,负疚万分。前蒙香宪承授机宜,此真日夕祷企以求而未敢出诸口者。在宁禀商督帅,亦深佩远谟。是以职道日来正感激图奋,以期迅赴事机。惟鉴于入手筹商未能周密,致被藉口阻挠,此时不敢不踌躇审慎。昨曾密嘱福开森将从宽监禁一节条陈美领,切商公会,作为出自古(指美领事古纳,编者)意。倘公会允即照转公使核示,职道即可乘机续议后不援例,以保主权,较易措手。断不敢捏饰讳过,自外生成。惟是香宪既请宪台饬知,不愿与闻,职道获戾更重。万求宪台转恳香帅,略迹原情,总求惟天下为重,始终一力

主持,俾得仰仗德威,磋磨就范,曷胜叩祷之至。树勋。铣,印。十七日亥刻到。(端方档)

中国史学会编《中国近代史资料丛刊·辛亥革命》(1),上海人民出版社1957年版,第436页

9月9日(七月十八日) 端方将袁树勋之意转达张之洞。

《光绪二十九年七月十八日兼湖广总督端方致内阁大学士张之洞电》:

北京张宫保钧鉴:诚密,袁道电云:奉到张宫保严谕,悚感莫名。查六犯免死,系外人最切意之着。职道争交无术,负疚万分。前蒙宫保指授机宜,此真日夕祷求,无任佩仰。在宁禀商督帅,亦深佩远谟。现密嘱福开森将从宽监禁一节条陈美领,切商公会,作为出自古意。倘公会允即照转公使核示,职道即可乘机续议,后不援例,以保主权。惟是宫保既请宪台饬知不愿与闻,职道获戾更重。万求宪台转恳宫保,略迹原情,以天下为重,始终一力主持,俾得仰仗德威,磋磨就范。曷胜叩祷。等语。方。啸。(端方档)

中国史学会编《中国近代史资料丛刊·辛亥革命》(1),上海人民出版社1957年版,第478页

9月10日(七月十九日) 张之洞致函瞿鸿禨,对俄国在东北扩张势力表示担忧。

张之洞《致瞿子玖》:

顷奉手函,并承钞示俄使照会稿译文,敬悉一是。查松花江一带广辟马头,自设卫队,并于铁路所经暂设站所,此实为永远屯兵之计,万难照允,日使注意亦必在此,恐未便与陆路货税一条,同推归将来缓议。敢请将俄使法文照会稿,迅速饬录原文见示,以便与译文详细磨对,审其词意有无参差之处,再与内田妥商。昨陶道大均续往劝解,未知内田口气如何,并祈示悉,俾晤商时可以接头。幸甚。(光绪二十九年七月十九日)

国家清史编纂委员会·文献丛刊《张之洞全集》(12),武汉出版社2008年版,第94页

9月14日(七月二十三日) 张之洞致函瞿鸿禨,继续探讨俄占东北问题。

张之洞《致瞿子玖》:

昨奉手函祇悉。弟因连日右臂掣痛异常,肿及手指,不能出门,特派梁道敦彦等,以鄙意往商内田公使,讨论此事利害,并虑内田偏执,令兼往英美两馆询商此事。兹据梁道等覆述内田之言如左。

撤兵一事,两国订有成约,彼此经朝廷批准,俄尚如此留难要索,今若允其缓至四月或一年后再撤,则俄兵备布置益为完密,到彼时俄仍不撤,中国更无奈之何,此兵便成永踞。批准之约尚不遵,一照会何足为据乎,其害一。

俄于东三省铁路已遍布守兵,今若于松花江沿岸及齐齐哈尔等处允其广辟马头,久驻卫队,分设站所,所设站所即是屯兵,设卫队更不待言。果尔,则英于长江,德于山东,法于云南、广西,以及各国承造之各省铁路,必皆仿照办理,水陆任便屯兵,是中国仅以东三省许俄,即不啻以十八省许各国,试问中国何以自存,其害二。

通商开埠,必须租地开设行栈。今必令中国于满洲声明不论土地多寡,或租或押及用他项名目,皆不让出,是将来东三省开埠之所,各国商民租地造屋,贸易居住,彼皆可以出阻,是有意使各国不能通商,侵害各国权利,各国必纷向中国诘责,其害三。

商税一事,英约订明凡经陆路边界运入中国十八省及东三省之货,与海路运入中国之货一律征收此项加税。今若允俄铁路运入东三省之货不加重税,各国援海、陆一律之明文,皆不肯加税,商约便成画饼,其害四。

派兵保护华俄银行,由彼给饷,却仍扣中国应得之利息。夫饷权彼主,即兵权彼操,是不啻以中国之饷,代俄国养兵,其害五。

俄欲防疫,尽可于其边界辖境自行防卫。今必令中国于牛庄验疫局所永有俄医一人,各国援例,恐上海、天津等处章程,皆将变乱,徒滋纷扰,其害六。

以上各条,无一可允。我已奉本国政府训条,将其中利害,切实面达庆邸,望再恳切劝阻,勿稍游移等语。内田所言如此。(所云索福建铁路者,意在于铁路屯兵也,若仅造路,尚非大害矣。)

至英馆,适萨使他出,晤其参赞戈颁,谓英国所见与日使相同,萨大臣亦已向庆邸切劝力阻,勿允俄请等语。美康使则谓俄索各款允之,则东三省仍遍是俄兵,与不撤何异。然允之而俄得留兵,其咎全在中国,不允而俄不撤兵,其咎全在俄国,各国不致效尤。又密告曰俄果逾期不撤,中国尚可敦请各国出与理论,或尚有挽回之理,否则不可救药矣等语。.

参观英、美、日本三使议论,实皆利害显然,尚非故意作梗。其害仍以水、陆多处永远设兵两条为最大,尤以各国效尤为最险。前日鄙函业已上陈,且不独关东利害,实关全局安危。不允俄请,不过东三省暂不交还,将来尚有恳求他国理论助力之望。若允俄请,则东三省还如不还,永无补救,且必致各国效尤,十八省水、陆皆有各国屯兵,中国治权、兵权全为人占夺矣,言之可为寒心。不如静候英、美、日三国消息,商定一万全之策。此时万勿率允,即使俄人至第三期仍不还,不过与今日情形一样,我尚可与之羁縻勿绝,相机催还,庶不致自召各国效尤之急患巨患也。敬祈转陈邸座裁察。日、英两使之言既已面达邸座,谋国老成,宏远精详,必能坚持勿允。如尚有疑虑之处,务恳公详切剖解,想执事公忠明达,必能尽力赞助,曷胜跂祷。夔相及滋翁处,并希转达为幸。

再,日本政府训条,有中国傥不顾虑日本政府劝阻,允俄索款,则将来中国所受之累,实为深巨,至其结局,中国当独任其责等语,是明言我若允俄,彼必迁怒于我,势将决裂,断不甘心。此实不可不防,合并陈及。

再,外务部送来俄文照会稿,仅有声明满洲不让给他国及保护银行两条,此外紧要各款,未曾交下,不解其故。敢请再饬检齐各件,封送敝处一阅,至祷。(光绪二十九年七月二十三日)

国家清史编纂委员会,文献丛刊《张之洞全集》(12),武汉出版社2008年版,第94~96页

9月21日(八月初一日)　《江苏》发表孙中山《支那保全分割合论》。

孙中山《支那保全分割合论》:

今天下之大事,无过于支那之问题矣。东西洋政家筹东亚之策者,其所倡皆有保全、分割之二说。西洋之倡分割者曰:"支那人口繁盛,其数居人类三分之一。其人坚忍耐劳,勤工作,善经商,守律法,听号令。今其国衰弱至此,而其人民于生存争竞之场,犹非白种之所能及。若行新法,革旧蔽,发奋为雄,势必至凌白种而臣欧洲,则铁木真、汉拿比之祸必复见于异日也。维持文明之福,防塞黄毒之祸,宜分割支那,隶之为列强殖民之地。"倡保全者曰:"支那为地球上最老之文明国,与巴比伦、加利地诸古国同时比美,而诸国者已成坵墟,只留残碑遗址,为学古者考据之资;惟支那岿然独存,经数千年,至今犹巍乎一大帝国,其文明道德自必有胜人者矣。且其人民为地球上最和平之种族,当最强盛之时,亦鲜有穷兵黩武,逞威力以服人者,其附近小邦多感文德而向化。今虽积弱不振,难以自保,然皆清廷失措有以致之,其汉民之勤忍和平,亘古如斯,未尝失德也。凡望世界和平、维持人道、奖进文明者,不可不保全此老大帝国。助之变法维新,为之开门户,辟宝藏,以通商而惠工,则地球列国岂不

实蒙其福也哉。"

东人之倡保全者曰:"支那为日本辅车唇齿之邦,同种同文之国,若割裂而入于列强,则卧榻之侧,他人鼾睡,将来列强各施其保护税法之政策,如佛之于安南,米之于飞岛,必将今日自由争竞之极大商场,尽行圈锁。日本位于亚东,环海而国,仿如英国之于欧西,已有地狭人稠之患,他日赖以立国者,亦必如英国以工业商务为根本,设使支那分割,岂啻唇亡齿寒,是直锄吾根本、伤吾命脉,支那一裂,日本其必继之。为日本计,是宜保全支那,而保全支那即自保也。若他国有怀并吞之心、肆分割之志者,吾日本当出全力以抗之。"倡分割者曰:"清国政治颓败,官吏贪污,上下相蒙,人不爱国。故有数百万里之土地,四万万之人民,开禁通商,数十年于兹,得接欧米文明先于日本,然犹不能取法自强,而独顽固因循,虚张自大,至今一败再败,形见势绌。其国运如失舵之舟,其执政若丧家之狗,而其满朝举动,则倒行逆施,弃地贿俄,投虎自甘。我虽欲保全之,而分割势成,祸由自取,虽有贤达,莫如之何者也。今列强已尽划其国土为势力圈,分割之局已定,保全之机已去。为日本计,莫若因时顺势与俄结盟,让之东并满蒙,西据伊藏,我得北收朝鲜、南领闽淅[浙]以扩我版图,张我国势,则大陆分割,我犹获得一隅,病夫遗产,我亦均沾一分。若暗于时机,昧夫形势,徒托保全之名,适见其迂远而无当也。"

西洋政家之言,其得失是非,姑置勿辩;今请将东洋政家之说,推而论之。二说各有所见:言保全者,若衷于事理;言分割者,似顺于时势。然以鄙意衡之,两无适可。今欲穷源竟委,推求其所以然,则不能不分别国势、民情两原因而详考之。就国势而论,无可保全之理也;就民情而论,无可分割之理也。何以言之?支那国制,自秦政灭六国,废封建而为郡县,焚书坑儒,务愚黔首,以行专制。历代因之,视国家为一人之产业,制度立法多在防范人民,以保全此私产;而民生庶务与一姓之存亡无关者,政府置而不问,人民亦从无监督政府之措施者。故国自为国,民自为民,国政庶事,俨分两途,大有风马牛不相及之别。政府与人民之交涉,只有收纳赋税之一事,如地主之于佃人,惟其租税无欠,则两不过问矣。至满胡以异种入主中原,则政府与人民之隔膜尤甚。当入寇之初,屠戮动以全城,搜杀常称旬日,汉族蒙祸之大,自古未有若斯之酷也。山泽遗民,仍有余恨;复仇之念,至今未灰。而虏朝常图自保,以安反侧,防民之法加密,汉满之界尤严。其施政之策,务以灭绝汉种爱国之心,涣散汉种合群之志,事事以刀锯绳忠义,以利禄诱奸邪。凡今汉人之所谓士大夫甘为虏朝之臣妾者,大都入此利禄之牢中,蹈于奸邪而不自觉者也。间有聪明才智之士,其识未尝不足以窥破之,而犹死心于虏朝者,则其人必忘本性、昧天良者也。今之枢府重臣、封疆大吏殆其流亚,而支那爱国之士、忠义之民则多以汉奸目之者也。策保全支那者,若欲藉此种忘本性、昧天良之汉奸而图之,是缘木求鱼也。而何以知其然哉?试观今日汉人之为封疆大吏如已死之刘、李者,非所谓通达治体、力图自强者乎?然湖广总督治内,土地十四万余哩,人民五千五百万有奇,两江总督治内,土地十五万七千余哩,人民六千五百万有奇,两总督于治内有无限之权,税可自征,兵可自练,已俨然一专制之君主矣。且其土地、人民已有为列强中多所不及者,而日本则以十四万哩之土地,四千三百万之人民,称雄于亚东矣。若以李、刘图强之心,凭江湖有为之具,固未尝不可以发奋为雄,齐驱列国,乃救亡防乱之不给,功业相反者,抑又何也?以民心之不附,治效之无期也。刘、李固汉人大吏中之铮铮者,已如是矣,若今之以待就木者、乳臭未蠲者,则更无足齿也。而谓汉人大吏中有可为保全之资者,其足信哉!

至于满人则更无望矣,非彼之不欲自全也,以其势有所必不能也。凡国之所以能存者,必朝野一心,上下一德,方可图治。而满人则曰:"变法维新,汉人之利,满人之害。"又曰:

"宁赠之强邻,不愿失之家贼。"是犹曰,支那土地宁奉之他人,不甘返于汉族也。满人忌汉人之深如此矣,又何能期之同心协力,以共济此时艰哉!况夫清廷屡下变法维新之诏矣,然审其言行,有符合者否?无有也。不察者徒见其小有举动,如遣数十学生而来游学,聘十余武员以为教习,便相庆以为清国之转机在此,变法在此。而殊不知二三十年以来,其遣学生、聘武员者不屡行之乎,其成效顾安在哉?而今又有此举者,不过甫受再创之余,徒摭拾以为粉饰,是犹病瘫痪之人震之以电气,稍致其手足之辗动耳,断不能从此复原也。策亚东时局者,慎毋以此而惑其观世之智,而以虏朝尚有转图之望也。况北京破后,和议告成,满洲一地已非鞑靼之游牧场矣。虽日本出而抗争,露人佯为一时之迁就,然密约旋废旋立,将有抗不胜抗之时也。不观乎昔年东清铁道之密约乎,初传之日,天下莫不骇异,欲兴抗议者奚只一国?无何露人旋变其手腕,而收旅顺、据大连,而列国则以为固然,无复有异议者矣。今之要求何异于昔之密约?不独此也,将来露之收蒙古、举新疆,天下亦若视为固然矣。甘于弃地,日就削亡者,清国之趋势也。所谓以国势而论,无可保全之理者此也。

然则就支那民情而论,有无可分割之理者,此又何说?夫汉人失国二百六十年于兹矣,图恢复之举,不止一次,最彰彰在人耳目者,莫如洪秀全之事。洪以一介书生,贫无立锥,毫无势位,然一以除虏朝、复汉国提倡汉人,则登高一呼,万谷皆应,云集雾涌,裹粮竞从。一年之内,连举数省,破武昌,取金陵,雄据十余年。后以英人助满,为之供给军器,为之教领士卒,遂为所败。不然则当时虏之为虏,未可知也。支那人民,自外人观之似甚涣散之群,似无爱国之性,因其临阵则未战先逃,办事则互相推避,以为无可振作也,不知其处于虏朝之下则然耳。吾有一言断之曰:若非利禄之所使,势力之所迫,汉人断无有为虏朝出死力者。非止此也,特达之士多有以清廷兵败而喜者。往年日清之战,曾亲见有海陬父老闻旅顺已失、奉天不保,雀跃欢呼者。问以其故,则曰:"我汉人遭虏朝涂毒二百余年,无由一雪,今得日本为我大张挞伐,犁其庭扫其穴,老夫死得瞑目矣。"夫支那人爱国之心、忠义之气,固别有所在也,此父老之事即然矣,此岂外人之所能窥者哉!满朝以杀戮威汉人,至今此风不少息。各省定制,衙门之外又有所谓营务处者,可以不照刑律而杀人。又有所谓清积案之官,可以任意枉杀。屠戮之惨,波及妇孺;洗剿之广,常连数村。汉人含恨已深,敢怒不敢言,郁勃之气积久待伸。今正幸其削弱,恶迹昭彰,邻国离心,天下共弃。爱国之士,忠义之民,方当誓心天地,鼓武国人,磨励待时,以图恢复。则汉人者,失国二百余年犹不忘恢复之心,思脱异种之厄,况今天下交通,文明渐启,光气大开,各国人民唱自由之义、讲民权之风以日而盛,而谓支那人独无观感奋发、思图独立者乎!既如是矣,而谓其肯甘受列强之分割,再负他族之新轭,而不出死力以抗者,恐无是理也。

且支那国土统一已数千年矣,中间虽有离折[析]分崩之变,然为时不久复合为一。近世五六百年,十八省土地几如金瓯之固,从无分裂之虞。以其幅员之广,人口之多,只闽、粤两省言语与中原有别,其余各地虽乡音稍异,大致相若,而文字俗尚则举国同风。往昔无外人交涉之时,则各省人民犹有畛域之见;今则此风渐灭,同情关切之感,国人兄弟之亲,以日加深。是支那民族有统一之形,无分割之势。若以一国逞盖世威武,托吊民罚[伐]罪之名,入而废易其朝主,厚抚其人民,并吞而独有之,以宪法而统治之,或有可行之理也。虽然,得失其能偿乎,于人道文明为有功乎,未敢言也。若要合列国分割此风俗齐一、性质相同之种族,是无异毁破人之家室,离散人之母子,不独有伤天和,实大拂乎支那人之性,吾知支那人虽柔弱不武,亦必以死抗之矣。何也?支那人民为虏朝用命,虽亦有之,然自卫其乡族,自保其身家,则必有出万死而不辞者矣。观于义和团民,以惑于莫须有之分割,致激成排外之心而出狂妄之举，已有视死如归，以求幸中者矣。然彼者特愚蒙之质，不知铳炮之利用，而只持白刃以交锋。设使肯弃粗呆之器械，而易以精锐之快枪，则联军之功，恐未能就效如是之速也。然义和团尚仅直隶一隅之民也，若其举国一心，则又岂义和团之可比哉！自保身家之谋，则支那人同仇敌忾之气，当有不让于杜国人民也，然四万万之众又非二十万人之可比也。分割之日，非将支那人屠戮过半，则恐列强无安枕之时矣。此势所必至，理有固然也，杜国、飞岛可为殷鉴。所谓以民情而论，无可分割之理，非以此哉。

或曰："诚如卓论，以支那之现势而观，保全既无其道，分割又实难行，然则欲筹东亚治安之策，以何而可？"曰："惟有听之支那国民，因其势、顺其情而自立之，再造一新支那而已。其策维何？则姑且秘之。吾党不尚空谈，以俟异时之见诸实事，子其少安待之。"

《江苏》第6期

△ 本日，《江苏》发表黄宗仰纪念沈荩诗。

中央《书感》：

鹰瞵虎跳鸣饥吻，吾党何处泄悲愤？
疾心痛叫好兄弟，要御外侮先革命。
山可拔兮虎可擒，海怪焉敢抗国民？
霜风飒飒打寒更，宝杵金刚跃有声。
血纷汗肉杖下毙，雪花六出三字飞。
此是野朝第一之，恩典勿斩帝党正。
龙头深仁厚泽可知矣。

《江苏》第6期

△ 本日，《江苏》刊发《共爱会同人劝留学启》，希望更多妇女接受教育，参加社会活动。

《共爱会同人劝留学启》：

教育者，国之本也，必男女皆受教育，而后国可以立，故国之兴亡盛衰，恒视女学为转移，纵观古今中外，未有不若是者也。夫男女既皆受教育，则莫不有其所以自立之具，女无依赖于男，男亦无依赖于女，国必强，非然者国即随之而弱。然则男女皆当有学，非天经地义万古不磨之论欤？譬之一家之中，兄弟姊妹，伯仲妯娌，皆能自事其事，自业其业，家鲜有不兴者。苟兄弟姊妹相依赖，伯仲妯娌相依赖，彼此交诿，长幼互累，则其家运之衰，不待智者而决矣。一家尚然，何况一国？远稽古代，近征欧美，明证昭然，不可诬也。我国人民四万万，而女子居其半。女子犹是人也，顾女学已废，女权已摧，驯致二万万女子，皆学浅才薄，不克自立于世界，遂不得不以其千金之身，依赖二万万之男子。噫！是可恨，亦可悲矣！虽然，彼男子者，果足恃耶？使其足恃，则不劳吾心，不殚吾力，饱食安寝，或亦后顾无虑；无如彼男子且狃于旧俗，习于游惰，躬则不阅，遑能恤人？夫使男子而即可恃，吾辈犹不宜心存依赖，而况彼等又不足恃若此。不宁惟是，今日吾国缠足穿耳，惨酷无比，而吾同胞不以为苦，反以为美，非女子无学为之厉阶耶？吾于是不得不振袂大呼曰：中国盍急兴女学？中国盍急兴女学？

虽然，中国如今日，又乌足与言女学乎？彼二万万之女子，其耳目久已锢蔽，其手足久已束缚，其聪明久已封锁，其智慧久已茅塞，非鹿豕则木石耳，非牛马则玩具耳，固陋自安，习非成是，殆不齿于人类矣。一旦欲起而翻四千余年之铁案，而改造之，而教育之，其责任将使男子尽之乎？抑必女子自尽之耶？尝闻欧、美二洲，其幼童之学习，皆以妇女充之。何以故？以其沉静缜密，能顺儿童之性而利之。故今我中国女子，其程度且不啻幼童。以幼童之资格,而欲养成其沉静缜密之能力,则教育女子之任,又非女子自肩之不为功。顾以吾国素无学问之女子,而谓其能肩斯重任,吾且弗之信。然则女学将遂已乎?曰是可已,孰不可已?无已,其借材于异地乎?以彼所长,济我所短,得寸则寸,得尺则尺,迟以岁月,必有可观。且人之性质,其变化也至易,与众善共处,则恶者可化为善,与众恶共处,则善者亦可化为恶,男女皆然,莫能违此成例也。吾国锢蔽已久,女子皆目不识丁,灵光如豆,其最高等者,亦惟春花秋月,咏诗作赋以自遣而已。当今国家沦亡,恢复无日,印度、波兰,殷鉴不远,有识者众口一声曰兴学堂、兴学堂,然此语传播全国,已十年矣,试问吾国果有一完备之学校否?校之不立,学于何有?男子之不教,女子更无论矣。瞻我祖国不可久居,学业无成,徒染锢习耳,则何如肄业他邦,开新耳目,拓其心思,张其能力。他日兴国救民,免为奴隶之惨,谁谓女子不能扬眉吐气为我祖国兴耶?孰得孰失,其相去非可以道里计矣!

考今日之女学,首推欧美,以日本较之,渺乎微矣。然如吾国女子之程度,则留学欧美,不如留学于日本。非崇拜日本也,日本女子之程度,与吾华相去不远,吾国女子聪明才智之所能及也。且留学日本,又有二便:一、壤地紧接,便于往复;二、学费节省,便于苦学。我同胞姊妹,其亦有意于此乎?某等二十余人,去夏来东,迄今已逾一载。长者二十余,幼者八九岁,或进女子大学校,或进高等女学校,或进美术女学校,或进小学校,或进幼稚园。初到之时,先学言语,略有端倪,即可考察学问。自问一载以来,虽于一切学问苦无寸进,然自觉陋俗稍除,见闻略广,亦未始未游学之益也。吾二万万同胞姊妹,试一为东海之行,当知某言之不谬。某等负笈他邦,萦思祖国,每一念及,神驰涕零,草草数行,聊以奉告。某裣衽。

《江苏》第6期

9月23日(八月初三日)　《申报》报道审理苏报案之中外人员情况。

1903年9月23日《申报》:

革命党章炳麟、邹容等六人,拘押捕房迄已多日。日前两江督宪魏午庄制军札饬苏松太兵备道袁海观观察亲赴租界会讯,供词详报核办。观察因即照会租界领袖美总领事古纳君,订期在洋务局会讯。刻已议定由观察及上海县主汪瑶庭大令、英美租界谳员孙建臣直刺,会同古纳君及英、日两国总领事馆推鞫情由,惟日期则尚未商订也。

9月25日(八月初五日)　梁启超抵达旧金山,受到当地热烈欢迎。

梁启超《新大陆游记》:

旧金山本名三藩兰斯士哥,日本人通译作桑港,华人呼以今名,属加罅宽尼省,美国现今第九大都会,而华人最多之地也。人口三十四万二千七百八十二人,华人约二万七八千之间。维新会成立最早,注籍会员者约万人。余至时,以军乐欢迎,盛况更过纽约,感谢无量。

梁启超《新大陆游记》,《新民丛报临时增刊》1904年版,第163页

本年夏秋　孙中山在东京接待来访的留日学生廖仲恺、何香凝等,畅论革命救国的道理和方法。

何香凝《对中山先生的片段回忆》:

1903年春天的一个晚上,我和廖仲恺到神田神保町的中国留学生会馆参加留学生的聚会,在会场上初次看见了知名的革命家——孙中山先生,真是喜出望外。但是,当时留日学生的思想十分分歧,参加那次会议的有革命青年,有保皇党,也有清政府的暗探和忠实走狗,

鱼龙混杂,什么人都有。孙先生在那次聚会上谈得并不多,只泛泛地谈到了中国积弱太甚了,应该发愤图强,彻底革命。我们都听得入了神,不知不觉就到了散会的时候。我们抓住这个偶然的机会,打听到孙先生寓所的地址,预备以后再去拜访,听他多谈些革命道理。

几天以后,我和仲恺,还有另一个留日青年学生黎仲实,三个人一起按地址到小石川的一间"下宿屋"拜访孙先生。在一个面积不大、陈设简朴的小房间里,孙先生亲切地接见了我们。正象一般年青人之间的会面一样,我们没有客套,话题马上从中国政治问题上开始了。这一次孙先生谈得很多,从鸦片战争谈到太平天国,谈到戊戌政变,谈到义和团,谈到清政府腐败无能,所以一定要进行反清革命。我们听他说到推翻清廷、建立民国的道理,十分佩服,十分赞成。后来,我和仲恺又再到那"下宿屋"去见孙先生两次,对他表示我们也想参加革命工作,愿效微力。孙先生指示我们先在留学生中物色有志之士,广为结交。此后,我们积极参加"革命同盟"的各项活动,在留日同学中展开广泛接触,进行联络宣传工作。

何香凝《回忆孙中山和廖仲恺》,三联书店1978年版,第2~3页

编者按:时间有误,孙中山7月自越南返归日本,春季不可能出现于东京,故廖仲恺夫妇"初次看见"孙中山,应是同年夏末秋初,孙中山赴美之前,下则材料孙中山的回忆对此可证。

孙中山《有志竟成》:

河内博览会告终之后,予再作环球漫游,取道日本、檀岛而赴美欧。过日本时,有廖仲恺夫妇、马君武、胡毅生、黎仲实等多人来会,表示赞成革命。予乃托以在东物识有志学生,结为团体,以任国事,后同盟会之成立多有力焉。

黄彦编《孙文选集》上册,广东人民出版社2006年版,第92~93页

9月26日(八月初六日)　孙中山离日本赴檀香山。

9月29日(八月初九日)　张之洞致函瞿鸿禨,寻求对递减科举名额主张的支持。

张之洞《致瞿子玖》:

试办科举减额一节,前闻邸意尚不以为非,当有可商之机。惟夔相夙有成见,窃恐不无挑剔。查科举为外人诟病已久,方今时势艰危,此时欲各省广兴学堂,急储有用人材,若非变通科举办法,稍示归重学堂之意,各省学堂安得大兴。在不肯停减科举者,不过云学堂规矩未善,兴办未广,未必遽有人材,故不肯遽停科举。然现拟各学堂章程,注重中学根本,于防弊之法似已周密。兹拟递减之法,不过试办,拟请暂减一科。计自今至己酉年第二科应减之时,尚需六年,如六年后学堂之流弊仍然不除,人才并不能多,即尽复科举原额,停办学堂,亦有词以谢天下。伏维执事卓识宏谟,深明大局,于此中利病早已烛照无遗。务恳鼎力主持,于邸座前力赞其成,则此后人材蔚兴,胥出大钧转移之力,曷胜迫切感祷之至。(光绪二十九年八月初九日)

国家清史编纂委员会·文献丛刊《张之洞全集》(12),武汉出版社2008年版,第96页

本月　章士钊出版《沈荩》,章炳麟为之作序。

章炳麟《〈沈荩〉序》:

沈荩之杖死于宛平也,余在狱震恸,因以思唐才常、林圭等皆树勤王为职志,以丧要领,而荩死独异。荩之进化,速乎哉!当唐氏建国会时,荩与其议,余方以勤王、光复,议论不合,退而毁弃毛发以自表。唐氏败,荩则杖马箠走天津,与联军诸将士往来,伪庄王、启秀等,皆死其笔札间,其志将锄满人,使无遗育,以建设支那政府。功不卒就,其过勤王什伯。荩之进

化,速乎哉!

勤王之党,今犹未艾,不镜于沈荩以自鞭策,是终身沦于幽谷,故余弟中黄辑其事状,以谏往者,而告邦人士大夫伯叔弟兄。

共和二千七百四十四年,西狩序。

汤志钧编《章太炎政论选集》上,中华书局1977年版,第248页

△ 本月,金天翮《女界钟》出版,鼓吹妇女解放与社会革命,黄钧、林宗素、杨纫兰等为之作序。

黄钧《黄菱舫女士序》:

癸卯夏,钧索处江滨,溽暑满天,炎瘴蔽日,晚风飒至,微观沉思。嗟夫!人有学识斯有权力,有权力斯可抵御外侮,此固强权学者发明之公理。近士夫所谓物竞主义,上九天下九渊、前千年后万祀,神圣豪强、颛蒙衰弱所莫或犯、莫或异者也。为今日女界卑贱、鄙污、奴隶、玩物种种惨恶之现象,岂男子举手投足区区压制之能为力哉?毋亦我二万万同胞不学无术,自放弃其权利也。屏息低首,宛转依附,深闭幽锢,二千年矣。纵有不甘于奴隶、玩物,大声疾呼,起而抗之,则举世之人莫不戮之辱之摧之梏之,非独男子然也,女子亦目为怪物。悍者肆口诋毁,弱者腹诽远走,相戒不敢信。岂竟土木之形骸、囚虏之根性然哉?嗟乎!吾女子且莫自轻视也。

凡世界人群知识学业之进步,其事万端,而其元素有二:曰社会,曰教育。言社会,则妇女为丈夫之顾问;言教育,则妇女尤为幼稚之导师。是以全国之民智、民气,妇女可以转移之。吾人亦知欧美之所以强盛乎?虽然,以欧美人类同等、男女平权之说,矫良妇女风俗之会、妇女参与政权之议及妇女关系于人群社会之理,一旦移之于东土,无论二千年废学之女子,即今对于女子有莫大权利之男子,舌敝唇焦,涕泣而道之,吾恐为顽石之点头者,百无二三焉。欲卑之无甚高论,又恐近于筐箧之谈,则无宁噌吰镗鞳以警醒其梦寐,庄严璀烂立一放大之撮影,或者取法乎上仅得乎中也。

翌日,杨千里书来,示其友金君所著《女界钟》之宗旨,及其开导之方针,窃喜予言之有暗合焉,遂书以报之,俾芟削其繁辞以为叙。乌乎!钧亦二万万女子社会之一分子也,夫岂敢高视吴言,以为是狂激之语乎?世之览者,当亦省予言之悲也。六月望日,清江黄钧书于镇江北蓝葭庄之江洲。

金天翮著,陈雁编校《女界钟》,上海古籍出版社2003年版,"序言"1~2页

林宗素《侯官林女士叙》:

处二十世纪权利竞争之世界,苟不先归重于学问,而徒昌言民权、女权,无当也。以路易十四世为之君,梅特涅为之相,犹不能使澳、法平民终受羁轭,况夫犬羊贱族,讵可以终长于华胄;荼脆须眉,又岂足以作威于裙钗。若是乎民权、女权举不必忧不复,较然矣。中国女权之衰于今为极,虽然,苟丧失权利者仅我二万万女子,而彼男子者举凡参政、选举、代议、请愿、言论、出版各自由权皆完全无缺,则吾国今日犹不失为日本,而试问今此权之果奚属也?由前之说,权既不必忧不复;由后之说,则举吾全国之民,无论男女悉堕于奴隶境界,同病相怜,不能自拔。斯何以故?曰:是惟无学之故。

夫太初之民思虑最短,舍饥食渴饮处几无所求,渐次乃知有权利,渐次乃知有竞争;而今则优胜劣败已成公例。人则高尚而我鄙偻,人则德慧而我晦盲。吾见其虽畀以权犹且不能自护终日,况尚待于争竞而后得耶?女子者,诞育国民之母。今吾国之亡既二百六十年,覥

颜事仇,恬然不怪,所谓国民者安在?吾痛夫吾国女子之不育矣。北美之独立,人第知有华盛顿,而不知彼十三州之民人人皆有独立之资格,而华盛顿乃克代表之以成其功。今之卖国者,人亦只知一女子耳,而不知我二万万之女子,若人人皆能为贞德、罗兰,人人皆不肯卖国,则彼媪者又何能为?舍多数主人而不责,但日怨群盗之不我卫,毋亦见笑于盗矣。故今亡国不必怨异种,而惟责我四万万黄帝之子孙;黄帝子孙不足恃,吾责夫不能诞育国民之女子。虽然,遽以是责,则凡为女子者必不服,盖未尝从事于学,无怪其不克胜任也。

江苏金君,出所著《女界钟》以示余,余观其书为女子辩护者甚力,其所以代谋兴复权利者亦首以学为归,金君诚我中国女界之卢骚也!虽然,权也者乃夺得也,非让与也,今使为我女子辩护而代谋者第出于金君,其与不流血、不颠覆而希冀政府之平和立宪也何以异?夫金君之意吾何敢不佩,而吾之为此言者,特欲以自鞭策我二万万之女子,使之由学问竞争,进而为权利竞争,先具其资格,而后奋起夺得之,乃能保护享受于永久。若其柔弱如故,愚暗如故,则金君此书虽一旦大动于世,彼辈男子慨然尽举畴昔所占据之权利,一一让与而还付之于我女人,此固非吾之所愿,抑金君之志殆亦非然也欤!癸卯六月,侯官林宗素叙于沪渎《女学报》馆。

金天翮著,陈雁编校《女界钟》,上海古籍出版社2003年版,"序言"3~5页

杨纫兰《同邑杨女士序》:

溺于社会之人不知世界,溺于现在社会之人非独不知未来世界,并不知已往世界。男子且然,而况于女子哉?女子者居社会之半部分,以平权之理论之,女子亦居国民之半部分。国民者何也?有国家思想、政治思想者也。悲哉,我女子乃闺闼之外无思想乎!悲哉,中国男子乃功名富贵之外无思想乎!虽然,男子我不论,我论女子:方今女权堕地,女学不昌,顺从以外无道德,脂粉以外无品性,井臼以外无能力,针绣以外无教育,筐筥以外无权利,胶蔽耳目,束缚形骸。无论未来之新国民如罗兰夫人、批茶女士、苏菲亚、若安之流,言之适遭怪异,即我中国已往人物如班昭、谢韫、木兰、冯夫人、梁红玉、聂隐娘之辈,亦不过低头咋舌,以为"不可及,不可及"。而如其历奋发投袂,起而效之,则一以为魔怪,一以为风狂,群聚而哗,不见容于社会。宜乎蠢蠢须眉、尘尘巾帼两俱沦于黑暗世界,以有今日之时局也。

同邑金君,著《女界钟》约三万言,掊击现在之社会,而提倡新中国、新国民,将以警醒我同胞,出之于奴隶之阱,而登之于平权自由之乐土。其文章则流丽芬芳,语长心重;读之犹且感动,何况世不乏聪明才智之姊妹,苟开卷熟复,其必有奋发投袂而起,以逐诸女杰之后尘者,则我谓此书为美利坚之自由钟可也,为批茶之九月花亦可也。外子璞安述金君之意,命为叙,忘其固陋,书数行以归之。癸卯杨锡纶纫兰书于群雅女塾。

金天翮著,陈雁编校《女界钟》,上海古籍出版社2003年版,"序言"6~7页

金天翮《〈女界钟〉小引》:

梅雨蒸人,荷风拂暑,长林寂寂,远山沉沉。立于不自由之亚东大陆国,局处不自由之小阁中,呼吸困倦,思潮不来。欲接引欧洲文明新鲜之天空气,以补益吾身。因而梦想欧洲白色子,当此时日,口烟卷,手榔杖,肩随细君,挈带稚子,昂头掉臂于伦敦、巴黎、华盛顿之大道间,何等快乐,何等自在!吾恨不能往,吾惟以间接法知之。当十八十九两世纪之间,击屠毒之鼓,撞自由之钟,张独立之旗,建纪念之塔,以组成绝爽心、绝快意之十数革命大活剧,于是人人有自由权,人人归于平等,此今日欧洲庄严璀烂荼火锦绣之新世界出也。推其原因,则卢梭、福禄特尔、黑智尔、约翰弥勒、赫胥黎、斯宾塞之徒之所赐也。今者天旋地转,风起云行,数子之学说,汽船满载,掠太平洋而东至于中国。我中国二万万同胞兄弟沉睡于黑暗世

界,觉一线之阳光入牖,熨眼起视,刺鼻达脑,万声一嚏。起步庭心,摩挲自由之树,灌溉文明之花,曰"天赋人权",曰"不自由无宁死",曰"最大多数之最大幸福",盖日养养于心,而昌昌于口也。独我二百兆同胞姊妹,犹然前旒纩纩,桎梏疏属,冬釭诉梦,春篋言愁,绝不知文明国自由民有所谓男女平权、女子参与政治之说也。苟知之,必且以为怪也。吾是以三熏三沐,缥笔礼天,渡苦海以慈航,照漆室之一灯,婆心说法,苦口陈辞,而著此《女界钟》。

金天翮著,陈雁编校《女界钟》,上海古籍出版社2003年版,第1~2页

10月3日(八月十三日)　浙江留日学生召开特别同乡会,声讨高尔伊暗中出卖利权。

《记吾浙江特别同乡会》:

阴历八月十三日上午,吾浙开同乡特别会于上野三宜亭,凡寓东京横滨之同乡者咸至焉。及时,先由干事报告开会原因,并请公议办法。次会员相继演说。略云:高尔伊以个人资格,盗卖吾浙矿产,兼为意人作招牌,致吾全浙之人于死地而已,则分一杯羹以自肥,妄行逆设,为罪孰甚,此事结果尚忍言乎?遂各陈方法,互相研究至十一时,经众可决,其方法之最普通者有二(其余特别者不宣)。(一)致书绅士,请责问高某,令其废约,并另筹善策,收回利权。(二)揭告日报,声高某盗卖之罪,明吾辈不认之意。其日报之告白,兹不赘。至上绅士书,以郑重故,本志特立警告一门,而以此实之。越数日,又上一书于绅士。附录于左:

敬启者:前因矿事,略陈菲见,亮虮左右。今欲再吁下怀,冀尘清听,可乎?八月杪,乡音驿络,佥谓高某之陷阱果成,势必激成巨变。群怨矢集,百啄雷沸。而子恒又胶执己见,未克引嫌自退。他日祸之横决,或大或小,孰胜孰负,未忍预言。要之均我浙人受之而已。夫以目前论之,在子恒可得巨万之利,在浙人未形尺寸之害。且华洋合股,若银行,若路矿,习惯不为骇闻,某等哓哓不已,几似妖乌。然试一披览东西各国史,自印度公司、埃及尼罗河股票外,使再有以己国资本不足,而准外人设立商会,或招外人合股,可援为比例者,某等言之,洵狂且也,浮议也。不然,则亦续印埃之惨梦已矣。思我国今日,海权既丧,寝逼腹地。庚子以还,要害尽撤,何有于矿?东三省、蒙古、西藏金矿,次第落于外人之手,何有于浙?虽然,谓此后竟以亡国自分,绝无几希之余望乎?然则某等虽身羁海外,亦何颜以处人间社会也。往者不追,来者可谏。诸先达于今日挽一寸之利权,即为国家延一日福祚,一转移间耳。十九世纪中曰金属开明,曰铁世界。英格兰之铁,墨西哥之银,竟充全世界之用,妇孺知之。然据近时调查,美利坚矿物产富甲全球:若铁,于西历二千年推世界第一,若煤,于二千零一年推世界第一,若石油,又号巨擘焉。世称美利坚之富,虽有巧智,勿能计算。若我国矿脉宏厚,安知他日不一跃而居其上。国力之强,可预决也。然使尽如子恒所为,亦等于南非之角,塙拉尼之金湾,南墺西多尼之金山,徒为覆亡之煤[媒]孽已矣。能自采取固富强之基,赠之他族即覆亡之基,一彼一此,两言可决,固在诸先达洞鉴中也。浙矿据光绪廿三年虽令调查后报告,金衢严处一带为煤铁矿脉之中心点。今乃以个人私利,而举全浙菁华,抵押于意。不问其为国有产私有产,恣意毁卖,上罔政府,下毒民生。他日意人索铁路,索驻兵,事变接踵,靡可补救。虽彼碎骨灰身,亦难赎罪万一。某等与子恒,非有纤芥之夙嫌,而子恒亦非等之魑魅魍魉,以食人为快乐。第俟具[其]自悟,恐变态曲生,事已无及。伏愿诸先达请之中丞,速撤高顾二人路矿局襄办之权,再图善策,以保全浙人命脉,即以保全子恒之身家。今湖南山西,已更正前约,挽回利权,岂浙人而必不彼若?诸先达为之,必有重一言于九鼎,回融风于寒谷者。不胜急迫待命之至。

《浙江潮》第8期

10月4日(八月十四日) 梁启超发表《政治学大家伯伦知理之学说》后半部分,表明自己不再“醉心”于共和政体。

中国之新民《政治学大家伯伦知理之学说》:

译者曰:吾心醉共和政体也有年。国中爱国踸踔之士之一部分,其与吾相印契而心醉共和政体者,亦既有年。乃吾今读伯、波两博士之所论,不禁冷水浇背。一旦尽失其所据,皇皇然不知何途之从而可也。如两博士所述,共和国民应有之资格,我同胞虽一不具,且历史上遗传性习,适与彼成反比例,此吾党所不能为讳者也。今吾强欲行之,无论其行而不至也;即至矣,吾将学法兰西乎?吾将学南美诸国乎?彼历史之告我者,抑何其森严而可畏也!岂惟历史,即理论,吾其能逃难耶?吾党之醉共和、梦共和、歌舞共和、尸祝共和,岂有他哉?为幸福耳,为自由耳。而孰意稽之历史,乃将不得幸福而得乱亡;征诸理论,乃将不得自由而得专制。然则吾于共和何求哉,何乐哉?吾乃自解曰:牺牲现在,以利方来,社会进化之大经也。吾尽吾对于吾子孙之义务,吾今之苦痛,能无忍焉。而彼历史与理论之两巨灵,又从而难余曰:南美诸邦,人之子孙,藏其自由铁券于数十层僵石之下,谁敢定其出世之当在何日也?曰:法兰西自一七九三年献纳牺牲以后,直至一八七〇年,始获飨焉。而所飨者,犹非其所期也。今以无量苦痛之代价,而市七十年以后未可必得之自由;即幸得矣,而汝祖国更何在也?呜呼痛哉!吾十年来所醉所梦所歌舞所尸祝之共和,竟绝我耶!吾与君别,吾涕滂沱!吾见吾之亲友,昔为君之亲友者,而或将亦与君别,吾涕滂沱!吾见吾之亲友,昔为君之亲友,而遂颠倒失恋,不肯与君别者,吾涕滂沱!呜呼!共和,共和,吾爱汝也,然不如其爱祖国!吾爱汝也,然不如其爱自由!吾祖国吾自由其终不能由他途以回复也,则天也;吾祖国吾自由而断送于汝之手也,则人也。呜呼!共和,共和,吾不忍再污点汝之美名,使后之论政体者,复添一左[佐]证焉,以诅咒汝。吾与汝长别矣!问者曰:然则子主张君主立宪者矣?答曰:不然。吾之思想退步,不可思议,吾亦不自知其何以锐退如此其疾也!吾自美国来,而梦俄罗斯者也。吾知昔之与吾同友共和者,其将唾余。虽然,若语于实际上预备,则不在多言,顾力行何如耳?若夫理论,则吾生平最惯与舆论挑战,且不惮以今日之我与昔日之我挑战者也。吾布热诚,以俟君子。

《新民丛报》第38、39号合刊

10月5日(八月十五日) 孙中山抵达檀香山,旋应兴中会会员毛文明等所请,前往希炉重建革命组织。

冯自由《兴中会组织史》:

癸卯年(民前九年)秋九月,总理自日本乘西伯利亚轮船重游檀岛,该岛原为兴中会发源地,亲朋故旧,为数极众,计自丙申离此以迄癸卯重来,相距已有八载,党员寥落,面目全非,诚不禁今昔之感矣。先是总理曾于己亥年(民前十三年)与梁启超有合创新党之计划,以康有为从中作梗而致搁浅。是冬启超奉有为命赴檀香山创办保皇会,濒行求总理作书介见檀中同志,矢言诚意皈依革命真理,誓必合作到底。总理信以为实,竟介绍乃兄德彰及兴中会员李昌、黄亮、卓海、李禄、郑金、何宽、钟木贤诸人共助进行。讵启超抵檀后,高唱“名为保皇实则革命”之说,谓双方殊途同归,曾预得总理同意等语。德彰及李昌等不知其诈,皆为所愚,各捐巨金助之,德彰与李多马且托子于启超,使携往日本留学。及后为总理所知,急移书劝阻,则兴中会员多已中毒无能为矣(事详余著《中华民国开国前革命史》上编)。时檀埠有保皇会所设机关报名《新中国报》,其主笔为康徒陈继俨(仪侃),闻总理之来,深恐该党基础为之动摇,乃于报上丑诋总理为假革命,且及个人私德。旧兴中会员李昌、何宽、程蔚南、许直臣、黄亮、林鉴泉等咸为愤激。蔚南与总理原有戚谊,时方主办一毫无宗旨之旧式报纸,名《檀山新报》,俗称隆记报,总理遂使改组为党报,以笔政乏人,特亲自撰文与《新中国报》大开笔战,就中以《驳保皇文》及《敬告同乡书》二篇最为透辟。同时致书横滨冯自由,使代聘前中国报记者陈诗仲主持笔政,夏威夷各岛侨胞自有此报鼓吹革命,耳目为之一新。前之误投保皇会者,至是纷纷登报脱党。李昌、何宽等先后假座荷梯厘街戏院及利利霞街华人戏院请总理演讲革命真理,到者座为之满,希炉埠华侨毛文明等亦电邀总理前往演讲,假座耶稣教堂,听者二三千人即日成立兴中会。计檀埠新会员最得力者为黄旭升、曾长福等数十人。希炉埠最得力者为毛文明、黎协、黄振、卢球、李华根、刘安、古贺、唐安、黄义、郑鎏等数十人。惟此次入会誓辞与乙未兴中会稍异其辞曰"驱除鞑虏,恢复中华,创立民国,平均地权,如有反悔,任众处罚"等语。会名不用兴中会原名,而用"中华革命军"五字,与是年七八月间新创设之东京革命军事学校誓辞完全相同。总理此时已蓄意扩大兴中会之宗旨及组织,而改订团体名称矣。是年十二月下旬总理始乘高丽船离檀渡美,其后《檀山新报》以所聘记者陈诗仲因驻香港美领事拒发入美护照不克成行,遂改聘香山人张泽黎(孺伯)承乏,仍与保皇报继续文战,数年不止。其后《檀山新报》先后改组为《民生日报》及《自由新报》。乙巳东京同盟会成立后,此地兴中会至庚戌(民前二年)春始改组为同盟会。

冯自由著《革命逸史》第4集,中华书局1981年版,第20~21页

10月6日(八月十六日)　清政府准张之洞奏,拟定出洋学生约束章程十款,奖励章程十款及自行酌办立案章程七款。

《筹议约束鼓励游学生章程摺(并清单)》(光绪二十九年八月十六日):

窃臣前于四月间面奉皇太后懿旨,以出洋学生流弊甚多,饬筹防范之法。当经面奏,学生在外国境内,中国法令难行,必须先商彼国政府允为协助,事始有济。仰蒙慈允,遵即晤商驻京日本使臣内田康哉,与筹办法。该使臣以两国法律不同,办理动多窒碍,谈次颇有难色。继经剀切开譬,告以出洋学生如不妥筹约束,听其浮游废学,任性妄为,犯义干名,陷于罪戾,则此后有志之士,不复敢远游就学,往取师资。其先已在洋笃志力学者,亦且惧为牵累,废然思返,永无成就通才之日,为害不可胜言。该使臣审思至再,始谓如有妥善办法,亦愿电彼政府赞成此举,唯必须中国于安分用功学成回国之学生,予以确实奖励,使各学生有歆羡之心,并使彼国学堂确见中国有劝学求才之实意,始于不安分学生有助我约束之法。属先酌议章程,再为商办。臣业于闰五月二十九日召对时,面奏大略在案。伏查游学日本学生,年少无识,惑于邪说、言动嚣张者固属不少,其循理守法,潜心向学者亦颇不乏人。自应明定章程分别惩劝,庶足以杜流弊而励真才。当即酌拟约束游学生、鼓励毕业学生章程各一通,迭次与日本使臣往返商推,复由该使臣转达其政府与各校校长,公同会议,期于中国学生有裨而于彼国法权无碍。斟酌至于再四,日来始克议成。计拟定约束章程十款,鼓励章程十款,又另拟自行酌办立案章程七款。凡所以严防范考察之方,广鼓舞裁成之道,纲领粗具于是,从此切实施行,则以后游学生护符逃薮失所凭依,已往者当知敛戢,续往者亦有范围。上以示朝廷彰瘅之公,下以昭学术邪正之辨,庶足挽横流而宏造就。

至鼓励章程中拟给学生举人、进士出身,系遵光绪二十七年八月初四日上谕办理。其拟奖翰林出身并翰林升阶者,系于大学堂专科及大学院研究科毕业之生,学业精深,在彼国亦视为上选,计其绩学年分已逾十五六年,较之新进士馆选,其难已加数倍,且须俟回国后由钦

派大臣详加察覈,果系品行端谨,毫无过犯,并按照所学科目切实考验,确与所得学堂文凭相符,始行奏请给奖,似尚不致冒滥。以上各节,均经随时与外务部王大臣详加商酌覈定,始与日使定议。谨分缮清单恭呈御览。如蒙俞允,拟请旨敕下外务部,将前项约束鼓励章程照送日本使臣内田康哉转达彼国政府,分饬各学堂一律照办。一面由外务部连同自行酌办立案章程刊印成册,飞咨出使日本大臣、出洋学生总监督,照章认真举办。并通咨各直省暨京师管学大臣一体遵照办理。

旨:著照所请。外务部、管学大臣知道。钦此。

谨将拟议约束游学生章程,缮具清单,恭呈御览:

一、此次章程奏定后,以后续往日本游学学生,无论官费生、私费生,并无论日本官设学堂、私设学堂,均非出使大臣、总监督公文保送,不准收学。

一、总监督保送学生入私设学堂,须经文部省认可,其教育程度与官学堂相等者方为合格。惟经文部省认可之专为中国学生设立之豫备学堂(如宏文书院等),其章程虽多变通,亦可保送。其奖励年限,应归普通高等各学堂核计。

一、游学生在学堂中品行应归学校考察。其在外言动举止,如有不轨于正之据,经中国出使大臣、总监督察访得实,随时知会该学堂商酌,务必减其品行分数。

一、游学生在各学堂非实有病证,概不准其轻易请假出外。及虽在学堂而托故不上讲堂,应请与日本学生一律督责,勿稍宽假。

一、学生在学堂时,应以所修学业为本分当为之事,如妄发议论,刊布干预政治之报章,无论所言是否,均属背其本分,应由学堂随时考察防范,不准犯此禁令。如经中国出使大臣、总监督察访留学生中有犯此禁之人,随时知会该学堂,应即剀切诫谕学生,立即停辍。如有不遵,即行退学。

一、凡现在已留学堂学生,无论官费生、私费生,查有过犯及品行不端者,经中国出使大臣、总监督知会该学堂请为斥退者,日本学堂应即照办。

一、各省所派官费生及私费生往日本游学者,经本省督抚查有不安本分、品行不端之人,随时咨明中国出使大臣、总监督转达日本各学堂请为斥退者,日本各学堂亦应照办。

一、学生于功课之暇,如有编辑教科书及译录所习科学之讲义,及缮译有裨实用之书,自不在禁例。此外无论何等著作,但有妄为矫激之说,紊纲纪、害治安之字句者,请各学堂从严禁阻。或经中国出使大臣、总监督查有凭据,确系在日本国境内刊刷翻印者,随时知会日本应管官署,商酌办法,实力查禁。其污蔑人名节者,经本人或本人委托之人,按律在日本应管官署指控查实后,仍行惩办。

一、中国游学生会馆办事有紊纲纪害治安若不安分之事者,应由出使大臣、总监督咨会日本应管官署,随时查禁,严加裁制,务期杜绝流弊。

一、凡现在日本各学校及已经退校之中国留学生,如确有紊纲纪害治安若不安分之事者,应由当该官员严加约束。如察其无悛改之望者,即行饬令回国,不准稍有逗留。

谨将拟议奖励游学毕业生章程,缮具清单,恭呈御览。

一、中国游学生在日本各学堂毕业者,视所学等差,给以奖励。但须由中国出使大臣、总监督查明该学生品行端谨,并无过犯,出具切实考语,咨送归国。由钦派大臣详加察核,果系品行端谨,毫无过犯,并按照所学科目切实详细考验。果系所学等差确与所得学堂文凭相符者,再行奏请奖励。

一、在普通中学堂五年毕业,得有优等文凭者,给以拔贡出身,分别录用。

一、在文部省直辖高等各学堂暨程度相等之各项实业学堂三年毕业,得有优等文凭者(在学前后通计八年),给以举人出身,分别录用。

一、在大学堂专学某一科或数科,毕业后得有选科及变通选科毕业文凭者(在学前后通计或十一年或十年),给以进士出身,分别录用。其由中学堂毕业径入大学堂学习选科,未经高等学堂毕业者(在学前后通计七年或八年),其奖励应比照高等学堂毕业生办理。

一、在日本国家大学堂暨程度相当之官设学堂三年毕业,得有学士文凭者(在学前后通计十年,较选科学问尤为全备),给以翰林出身。

一、在日本国家大学院五年毕业,得有博士文凭者(在学前后通计十六年),除给以翰林出身外,并予以翰林升阶。

以上所列之外,在文部大臣所指准之私立学堂毕业者,视其所学程度,一体酌给举人出身或拔贡出身。

一、游学生原有翰林、进士、举人、拔贡出身者,各视所学程度,给以相当官职。

一、凡毕业学生,首以品行为贵。应请各学堂注重学生品行,与各科学一律比较分数,必所定品行分数满足,乃为及格。

一、游学生于各学堂毕业年限,须与日本学堂原定本科毕业年限毫无短减,不得别自为班,希冀速成。

一、此次定章以前已经毕业回国之各省官派学生,均照此次章程由各省督抚考察其品行心术。如实系谨端无过者,考验其所学程度,查验文凭,实系相符者,即照新章给以出身。已有出身者,给以相当官职。其学速成科毕业、减短学科年限者,应查明所短年限,令以回国后当差劳绩之年资补之,扣足年限,亦一体给以出身或相当官职。凡定章以前之毕业回国学生,其中如有请赏举人者,俟奏准后应咨送京城,由管学大臣覆试。惟中国留学生非在照办约束留学生章程之日本学堂毕业者,概不给本章程所定奖励。

谨将另拟自行酌办立案章程,缮具清单,恭呈御览:

一、现在已入日本官私学堂之中国游学生,章程内已订明,无论官费生、私费生,均由出使大臣、总监督查有过犯及品行不端者,知会该学堂请为斥退。应即责成出使大臣、总监督将现在日本之各省游学生确加考核,择其言行端谨、安分用功之学生,从前未有公文保送者,饬传各该学生报明三代、籍贯、年岁、出身,取具遵守约束甘结,汇列各该生姓名、籍贯,补具公文,分别保送各该学堂,准其留学。其素不安分、有据可凭之各学生,亦即开列姓名,备文知会各该学堂,请其即行斥退。仍将留学、退学各该学生姓名、籍贯,咨明外务部并管学大臣暨该学生原籍省分督抚查考。

一、将来游学日本之各省学生,章程内已订明非出使大臣、总监督公文保送,不准收学。并订明私设学堂须经文部省认可其教育程度与官学堂相等者,方为合格。应即责成出使大臣、总监督,嗣后游学生入学,须先尽官学堂保送。一面确切访查文部省认可之各私设学堂,其一切教育管理之法是否认真,其程度是否果与官学堂无异。细为比较,择其名誉最优、确实可信之私学堂,始准保送学生入学。仍酌定限制,每年保送留学生入日本私设学堂者,其人数至多不得过官学堂之半,以昭慎重。

一、此次定章以后,各省自备资斧出洋之游学生,应先由其父兄或亲族呈报本籍或流寓所在地方官,查明本生实系性质驯良、文理明顺者,准其申送该省学务处详加考验,禀请督抚覆核,给发咨文,转给该学生领赍出洋各衙门,办理出洋学生文件,不准书吏需索分文。

一、凡不遵约束、不安本分之学生,商明日本各学堂斥退后,应由出使大臣、总监督随时严密稽察。其无悛改之望者,务须查照现定章程,商请日本该管官署,勒令该学生附船回国。一面分别所犯轻重详细事由,咨明该学生原籍督抚酌量办理,并咨明外务部、管学大臣查考。

一、保送学生入日本各学堂,除农、工、商各项实业学堂及文科、理科、医科各专门不限人数外,其政治、法律、武备三门宜分别限定名数,每年只准保送若干名。武备一门,非官派学生不准保送。政治、法律两门亦先尽官派学生保送。如自费学生本系职官请咨前往者,不在限数之列。

一、在日本私设学堂毕业回国之学生,除由出使大臣、总监督确查其平日品行果系端谨,科学果系优娴,始准保送进京候考外,应请钦派大臣考察试验时格外认真查核。其品学兼优者,自应与官学堂毕业生一律给奖,勿庸加以区别。如品行实有可议,科学程度实有不符,即酌量减其奖励,以示区别。

一、凡各省选派官费学生出洋游学,俟毕业回国后,无论得何奖励,均须在本省当差五年,以尽义务。五年期内,概不准另就他省差使,他省亦不得遽请调往差委。

以上各条,应请旨饬下外务部、管学大臣立案,咨行各直省及出使大臣暨总监督遵照办理。

国家清史编纂委员会·文献丛刊《张之洞全集》(4),武汉出版社2008年版,162~165页

10月8日(八月十八日) 留日学生程明超等函寄端方,反驳留日学生巧立名目要钱等说法。

《程明超等函》:

尚书夫子大人阁下:

负笈海外,不沐教化久矣。昨由查监督处传致帅令:有弘文学生巧立名目要钱,实属可鄙,要教他们学着吃苦等语。抑查之装鬼面以吓人耶?抑台端之误听而过致其怒耶?生等惭惧。窃自思维,节帅之平日立论,所以对待吾辈学生者,固若是其文明也,何一旦遽出此?或监督大人先生等饱食酣寝,神出鬼没,骂人自解,亦未可知。然事关阿堵,不得不自洗濯,当为麾下一略陈之:

夫鄙之云者,不当要而要者之谓也。春季之旅行费,书籍费,只是照例请求,且经电谕允准。暑假旅行支费,历岁如之,各学堂有之。弘文照去年旧例案,只支二十元,若作旅行费,只可支十余日耳。补以院内伏假所还学费,竭蹶敷衍,始克够用。至于吃苦之云,则自去年与双监督东来,戾止之初,贸然送入,彼并不问弘文为何物,何处为若干人寝室,何处为若干人讲堂,湫隘嚣尘,尝之已悉,衣服粗恶,被褥均无。草创之初,诸事扣减,零用每月不过五元,日用之费,消耗之品,无不取给。学生之苦,我辈自谓受之不少矣。去年张宫保尚知体恤,不媚外人以压制学生,功课等类,令学生直接与学堂交涉,故今年改良之处亦略有一二。学费一项,由学生与学院交涉,监督不得干涉,以免抑制,亦经宫保面允,非诬言也。谓中国人应信学生,不应崇拜外人,当如是耳。乃今年萧监督有嘉纳不肯之说,废除前令。夫均之交学费也,由学生由监督皆中国人也,即此即彼,皆中国之主权也,乃一旦悉举而听命于外人,外人若曰此钱尔政府与我者也,喜为尔辈用几个则用几个,于是学生之苦日益苦矣。夫学堂监督直接,生等犹免受监督之官派,然而犹有叹息痛恨于萧者,诚痛其弃同而即异也!

近观监督办事方针,皆欲授亲密之意于外人,以肆手段于学生。然学生至愚,何至出于彼行尸走肉者之下?彼口未开,早知彼意所属矣。如此待人,而欲得人才以为国家,诚所谓燔黍以播种而望其繁殖也。呜呼!岂不大可怜哉!西望故乡,民生憔悴,生等纵欲挥霍行乐海外,夫亦安忍国步日艰?

各衷厥心,冀挽危局,言词之激,庶或见原。敬候节安。不庄。

受业 程明超 谈锡恩 陈荣镜 陈文哲谨察

八月十八日

中国第一历史档案馆编《清代档案史料丛编》第14辑,中华书局1990年版,第245~246页

10月12日(八月二十二日) 秦力山为章士钊所编革命宣传小册子《孙逸仙》作序。

秦力山《〈孙逸仙〉序》:

四年前,吾人意中之孙文,不过广州湾之一海贼也,而岂知有如宫崎之所云云者。吾东洋人最好标榜,彼得毋又蹈此病。巩黄阅人多矣,吾父理刑名,少小随侍往来官场中,继又访吾国之逋臣于东南群岛,复求草泽无名之英雄于南部各省,粪瑟人曰:"乌睹所谓奇虬巨鲸、大珠空青者耶?"我行仆仆,亦若是则已矣。大盗移国,公私涂炭,秦失其鹿,丧乱弘多,而孙君乃于吾国腐败尚未暴露之甲午、乙未以前,不惜其头颅性命,而虎啸于东南重立之都会广州府,在当时莫不以为狂。而自今思之,举国熙熙皞皞,醉生梦死,彼独以一人图祖国之光复,担人种之竞争,且欲发现人权公理于东洋专制世界,得非天诱其衷,天赐其勇者乎?吾曾欲著此书,而以三年来与孙君有识,人将以我为标榜也,复罢之。今读中黄之书,与吾眼中耳中之孙逸仙,其神靡不毕肖,喜而为之序。

巩黄又曰:热心家初出门任事时,其进诚锐,意若曰以齐王犹反手,而不知前途有无限之荆天棘地;至一旦失败,则又倘[徜]徉于歧路,是以朝秦暮楚,比比皆是。此则孙君之所以异乎寻常之志士,读者之所当注意,吾辈之极宜自励者。中国独立以前不知若干年即西历一千九百三年十月十二号,同种巩黄识。

彭国兴、刘晴波编《秦力山集》,中华书局1987年版,第91页

10月20日(九月初一日) 福开森告知端方,苏报案各公使已经决定办法。

《光绪二十九年九月初一日福开森致兼湖广总督端方电》:

武昌兼督宪钧鉴:祓密,苏报案,闻前晚镇[?]使电镇[?]领,今各使已会议办法,详函念四寄沪。如何办法,俟该函到沪,得讯即电禀。开森。东。九月初一日未刻到。(端方档)

中国史学会编《中国近代史资料丛刊·辛亥革命》(1),上海人民出版社1957年版,第437页

10月29日(九月初十日) 梁启超抵达洛杉矶,受到当地市民隆重欢迎。

梁启超《新大陆游记》:

……随往罗省技利,初十日至焉。

罗省者,美国第三十六大都会,而加罅宽尼省之第二大都会也。人口十万二千五百五十五,华人约四千余,维新会成立已数年,至是大扩张。各埠欢迎之盛,以此为最。盖西人特别相敬礼,余未至时,市会长预备行市民欢迎之典,以马兵一队,军乐一队,迎于驿站,市会长陪乘,先绕市一周。所至沿途,西人观者如堵,咸拍掌挥巾致敬。余亦不解其何故,惟一路脱帽还礼不迭而已。

华人之热诚，尤至可敬。以无合式之演说场，特赶盖一采楼于街心，以供演说之用。

十三日，罗省技利市举行市民欢迎典。结采于市会堂，全市名誉绅商咸集。市会长演说，言两年前一欢迎前大统领麦坚尼，一欢迎现大统领卢斯福，此为第三次云。余演说一时许，复有继续演说者。礼毕，乃赴茶会。

梁启超《新大陆游记》，《新民丛报临时增刊》1904 年版，第 202～203 页

秋冬间　陈天华著《猛回头》、《警世钟》两书在东京相继出版。

陈天华《〈猛回头〉序》：

俺也曾，洒了几点国民泪；俺也曾，受了几日文明气；俺也曾，拔了一段杀人机，代同胞愿把头颅碎。俺本是如来座下现身说法的金光游戏，为甚么有这儿女妻奴迷？俺真三昧，到于今始悟通灵地。走遍天涯，哭遍天涯，愿寻着一个同声气。拿鼓板儿，弦索儿，在亚洲大陆清凉山下，唱几曲文明戏。

纪元二千四百五十五年，群学会主人书

陈天华著，刘晴波、彭国兴编，饶怀民补订《陈天华集》，湖南人民出版社 2008 年版，第 18 页

11 月 4 日（九月十六日）　黄兴、刘揆一、章士钊、宋教仁、周震麟等在长沙发起组织革命团体华兴会（正式成立是 1904 年）。

黄兴《在华兴会成立会上的讲话》：

本会皆实行革命之同志，自当讨论发难之地点与方法以何为适宜？一种为倾覆北京首都，建瓴以临海内，有如法国大革命发难于巴黎，英国大革命发难于伦敦。然英、法为市民革命，而非国民革命。市民生殖于本市，身受专制痛苦，奋臂可以集事，故能扼其吭而拊其背。若吾辈革命，既不能借北京偷安无识之市民得以扑灭虏廷，又非可与异族之禁卫军同谋合作，则是吾人发难，只宜采取雄据一省，与各省纷起之法。今就湘省而论，军学界革命思想日见发达，市民亦潜濡默化，且同一排满宗旨之洪会党人久已蔓延固结，惟相顾而莫敢先发。正如炸药既实，待吾辈引火线而后燃，使能联络一体，审势度时，或由会党发难，或由军学界发难，互为声援，不难取湘省为根据地。然使湘省首义，他省无起而应之者，则是以一隅敌天下，仍难直捣幽燕，驱除鞑虏。故望诸同志对于本省、外省各界与有机缘者分途运动，俟有成效，再议发难与应援之策。

湖南省社会科学院编《黄兴集》，中华书局 1981 年版，第 1～2 页

黄一鸥《黄兴与明德学堂》：

一九〇三年十一月四日（农历九月十六），先君三十初度，朋友们在保甲局巷彭希明（渊恂）家备了两桌酒菜，到周震鳞、陈天华、张舶、宋教仁、谭人凤、苏玄瑛、柳聘农、秦效鲁、陆鸿逵等二十多人。在这次借祝寿名义举行的秘密会议上，决定成立华兴会，从事反清革命运动；对外用办矿名义，取名华兴公司，发行华兴票。

中国人民政治协商会议全国委员会文史资料研究委员会编《辛亥革命回忆录》第 2 集，文史资料出版社 1962 年版，第 134 页

章士钊《与黄克强相交始末》：

洎《苏报》被封，吾从事实际革命工作，开始与克强计划如何筹款。第一步，吾二人同赴泰兴，访龙砚仙；又同赴南京，访魏肇文（江督魏光焘第三子，新由东京返国）。旋折回沪，部署略定，乃同返长沙，始筹备华兴会。

华兴会开第一次会议于长沙，地点在彭渊恂宅，到会者共十二人。十人湘籍，余二人为

侯官翁巩、无锡秦毓鎏。湘籍十人，除克强与吾及彭渊恂外，刘揆一、胡瑛、柳大任叔侄咸在。时癸卯七八月间。

中国人民政治协商会议全国委员会文史资料研究委员会编《辛亥革命回忆录》第2集，文史资料出版社1962年版，第138～139页

11月6日（九月十八日）　孙中山致函平山周，询问局势变化情况以及日本政府能否帮助其在华南发动起义。

孙中山《致平山周函》：

平山仁兄足下：

昨日接到横滨友转寄足下一函到此地，始知足下之所在地。弟于七月尾从安南到日本，在滨、京滞留约二月之久。至九月廿六日，始发程来布哇岛。到此以来，已足一个月矣。

弟到东京时，遍觅旧同志，无一见者，心殊怅怅。故有一走九州之意，又以资不足，不果。临行之前，曾发数信于宫崎君，未见答。未知他近况如何？诸同志在九州如何？殊为念念。

弟在此间，近闻日、露之风云甚急，将不免于一战乎？果出于战，公等未知能否运动政府兼图南局，一助吾人之事也？弟在此间无甚所事，然以经济困难，退守此以待时机耳。东亚局面究竟如何，望为时时示悉，俾知各情为望。此致，即候

大安不一。

各同人祈为问好。

弟中山启　十一月六日

广东省社会科学院历史研究室等编《孙中山全集》第1卷，中华书局1981年版，第224～225页

11月13日（九月二十五日）　觉民社主办《觉民》月刊，在江苏金山创刊，高旭、高燮、黄节等为主笔。

《觉民》简章：

一　本报以开通内地民智为宗旨，故立说不尚高远，以期蹈实。

一　本报月出一册，每二十五日发行。

一　本报志在广开民智，故格外从廉出售，仅取还印费，不图谋利。

一　本报自第一期至第五期每册钱三十文。

一　本报自第六期起，增添材料，改定价目，定阅全年十二册者，钱五百文，半年六册者，钱二百七十五文。零售每册五十文。

一　定阅本报者请先惠报资。空函定报，恕不作复。外埠邮费亦请自给。

一　如有愿作本报代派处，能销五份以上者，概提二成作酬劳。惟报资邮费均请先付。

一　如蒙海内同志惠寄函稿，刊出与否，原稿恕不寄还。邮费概归自给。

觉民社同人谨启

《觉民》第1期

《觉民》发刊辞：

试游于欧美之乡，吸自由之空气，撞独立之警钟，吊华盛顿克林威尔与夫玛志尼加富尔诸英雄，莫不豪兴勃勃，又试游于印埃之故墟，则但见恒河之滔滔，云藏之高耸，以及尼罗河金字塔之空存，则不禁索然思返，发黍离麦秀之悲。无他。国之兴，即国民之荣，亡即国民之辱。而其所以或兴或亡者，非国民之责而谁责之？

夫积民而成国。断无昏昏沉醉之民,而能立国于竞争之世。欧美之所以雄长地球者,人人有觉民之责任,若士若农若工若商皆有主人翁之资格。不宁惟是,学生攻书之暇,出一杂志,以写种种事情,若者良,若者不良,内而己国之事情,外而全球之大势,无不登诸报端,以输入文明。其计至深远也。我侪堂堂男儿,觉民之责任不容放弃。放弃己之责任,而诿之于人,是为自弃之人。处化日光天之下则安之,即处盲云毒雾之境亦安之。我侪小民,焉知大计,各人自扫门前雪,莫管他家瓦上霜。固几几乎尽人而守此好秘诀,盲人瞎马,黑夜临池,天下之可危,莫过于此。

吾今有一言告诸君曰:亡羊补牢,犹未为晚。果能涣然冰释,则犹可挽回。顾救国之责任,我与诸君共之。伊尹曰:"余天民之先觉者也,余将以斯道觉斯民也,非余觉之而谁也?"加里波的亦曰:"余誓复我古罗马。"自来非常之士,莫不由于自信之坚,而加之以数年之学力。士不可以不弘毅,任重而道远。国民不当如是耶?舜何人,予何人,有为者,亦若是。我侪果能持此志而力行而无间乎终始,所谓天下无难事,独怕有心人也。

况乎欲扫数千年之蛮风,不可不觉民!欲刺激国民之神经,使知合群爱国之理,不可不觉民!欲登我国于乐土,不可不觉民!欲为将来行地方自治之制,不可不觉民!欲破大一统之幻想,不可不觉民!欲尊人格,以尊全国,不可不觉民!觉民哉,觉民哉,我侪其交尽之。山非不可移,独患无愚公之志;海非不可填,独患无精卫之诚。精神一到,何事不成,嗟嗟!五胡乱华,泣铜驼于荆棘,六朝浮靡,慨祖国之沧桑,苟有热血人,安忍坐视祖国之沦亡而不为援手,使重见天日也!

《觉民》第1期

11月18日(九月三十日) 梁启超致函康有为,报告在美运动会事的种种艰难情形。

梁启超《与夫子大人书》(节录):

…………

办事之难,万方同慨。先生前来书,以南洋人易摇动不可恃,谓弟子好运气,处处得意。孰知其中之曲折,固一辙耶。以表面言,则先生之受欢迎,或尚过于弟子;至其内情甘苦,此间殆亦不让南中也。即如款项一事,弟子等方指望尊处可大得手,而岂意尊处反日待此区区之款,为荆聂计耶。

弟子等在此间日日下气,柔色怡声,以敷衍种种社会之人,真有如所谓公共之奴隶者。然问其有益于办内地实事者几何?又有益于该本埠之社会改良者几何?清夜自思,真觉不值,厌倦久矣。徒以既来此地,岂能舍去,而既做焉,又不能不用狮子搏兔之全力,穷精敝神于此间,至可痛亦可怜也。不宁惟是,且担受一虚名,如近日港沪各报纸,谓保记款若干十万,尽为某某吞噬者,日日以"吸国民之血,吮国民之膏"相诟詈。虽自问不愧,无恤人言,而所谓各埠之同志者,亦日相与窃窃私议,议之久而心滋冷矣。而我辈亦实未能做成一二实事,足以间执其口者,则诟詈之来,亦安得不直受之。故弟子往往清夜自思,恨不得速求一死所,轰轰烈烈做一鬼雄,以雪此耻,但今未得其地耳。弟子革论所以时时出没于胸中者,皆此之由。先生责其流质,斯固然也,又乌知乎外界之刺激,往往有迫之于铤而走险之路者耶?昔唐绂丞之死,死于是,弟子自计将来其亦必死于是而已。阅世既多,厌世念自起。畴昔常以此责人,今亦不自知其何以与此途日相接近也。

革义难行,先生之言固也。然樱田之事,弟子以为舍钱买侠士者,其人必不可用,故力不主张,非谓此事之不宜行也。如现在所谓林侠者,弟子未见之,不能断其人,而何以数月不往,惟日日挥金如土,致使先生苦于供养。然则此等人供养之,果能为用乎,非弟子所敢言矣。数年来供养豪杰之苦况,岂犹未尝透耶?日日下气柔声,若孝子之事父母,稍拂其意,立刻可以反面无情。故弟子常与勉、云等言,今之供养豪杰,若狎客之奉承妓女然,数年之山盟海誓,一旦床头金尽,又抱琵琶过别船矣。故用钱以购人之死力,此最险、最拙之谋也。今先生所供养之人,或与前此不同,而弟子则入世愈深,机心愈甚,真有不期然而然者。故弟子之沮是议,非沮其宗旨也,沮其手段也。虚无党之为此也,皆党魁自为之。今党魁既不能为,欲仰仗于下等社会之人,以数万金冀饱其溪壑,弟子所不敢附和矣。

先生之非坐待复辟,弟子等宁不知之?特此亦不过偶尔有激而言耳。然尝细思之,即那拉死矣,苟非有兵力,亦安所得行其志?而今日求得兵力又如此其难,外国侵压之祸又如此其亟,国内种种社会又如此其腐败,静言思之,觉中国万无不亡之理。每一读新闻纸,则厌世之念,自不觉油然而生,真欲瞑目不复视之也。先生于意云何?

今会款若先生移以办秘密,弟子亦不能强争,但弟子等真益无面目见人耳。先生责弟子及勉专擅行事,特又未知其间之苦况何如耳。日劝人入会,人问会款作何用,无以名之,秘密之事非可尽人而语也。而新开会之埠,新入会之人为尤甚。革义既不复言,则不得不言和平;言和平又安得不言教育,故不得不提倡公学;且欲为将来地步,亦非此不可也。先生以此相责,乌知乎非用此名,将此区区数千金之会款,恐亦难收集耶!先生观各处汇款来之书,可以知其概矣。夫先生在南洋各处如此欢迎,其人又皆如此大力,而先生运动彼等亦只能以学校报馆等事,而秘密费一无所得。人情不甚相远,先生亦可以会此间甘苦矣。今公学事由公使领事及各会馆提倡,或亦可得多少,若先生南洋兴学之款,果有实际能移若干于广东,则会款移为他用,似尚易为,不然恐无以对人耳。但此区区之款,无论作何用,亦不能成多大气脉,又奈之何?念此真令人气结。

沈鹏、张品兴等编《梁启超全集》,北京出版社 1999 年版,第 5940 ~ 5941 页

11 月 25 日(十月初七日)　李书城禀端方,申明参加义勇队实受人蛊惑,希望前往比利时留学。

《李书城函》:

兼宪夫子大人钧鉴:

敬禀者:外患日逼,时事多艰,受业具有天良,岂忍坐视?惟是才具庸劣,学业谫陋,去岁蒙恩派至日本留学,未能专心致志,期底于成,而妄发议论,淆乱是非,受业即今思之,惭愧良多,誓此后切实向学,辞辟一切邪说,储为有用之器,以报效朝廷,未尝不可以涤前此之污,而图将来之效也。

比者闻夫子派学生至比利时留学,受业窃不揣冒昧之罪,敢以是请,然受业前此之过失太深,谅难邀夫子之允准。受业敢剖明心迹以陈之:当留学生编义勇队时,受业本与其列。受业此时之心,惟知外患之可惧,有一俄国,恐即有他国起而效之,瓜分之祸遽见诸施行,且东三省为国朝发祥之地,彼且攘而夺之,其他更何所顾虑而不占据之乎?受业之心,真可以明天地、告鬼神者也。后因心怀叵测者多滥列其中,受业乃当场辨驳,即时出会,其演说之辞,与湖北学生退会之文,皆确实可据者也。受业之心迹盖如是矣。若受业呈纪师一禀,语多不逊,此盖受业拙于措词之所致,如谓有所要挟,则受业万无此意也。至若受业归国时索费过多,此实受业冒昧之罪,不敢不任受者。若夫子准派受业至比国留学,受业学成归国尽义务之时,罚受业一年薪金以赎此过,亦无不可,均惟夫子裁度。受业至比国后,自宜仰体朝

廷求才之意，暨夫子造就人才之心，黾勉求学，以图报答，万不敢妄发议论，以重其罪戾而终无昭雪过失之一日也。肃此。恭请钧安。

受业李书城敬禀

十月初六日

故宫博物院明清档案部编《清代档案史料丛编》第14辑，中华书局1978年版，第247页

11月26日（十月初八日） 上海道袁树勋拟苏报案处理办法四条，致电端方。

《光绪二十九年十月初八日上海道袁树勋致兼湖广总督端方电》：

武昌督宪钧鉴：革命党犯，政府与英萨使订明，可免死罪，仍会讯定断。旋由租界领袖领事催请督宪派员，并声明各驻京使极愿设法，免将来再有此等案件。委上海县汪令，订期十四日与英官会同审判。并经职道拟就办法四条，禀蒙督宪核准，密授汪令妥筹办理。办法录呈：一、邹章两犯已经供认，照中律应科斩决，恭逢万寿，拟改监禁；龙积之系湖北富有票内之犯，或解鄂审，或由鄂派员会讯。二、钱陈两犯乃报馆所雇之伙，既非主笔，又非馆主，已押四月，似可从宽保释；陈仲彝到案时自认为陈范之子，仍暂管押，俟陈范到案，再行保释。三、讯结后，详禀到院，请一面申斥沪道，一面照会领袖，此案在沪讯结，本属不合，以后不能援例；租界不准容留不法之徒，共保和平大局，咨请外部转照各国公使，存此公文，为将来办事地步。四、公廨虽在租界，本国家所设，即此监禁，虽与内地有别，亦足示租界滋事之儆云。此案转折过多，悉难尽述，皆由职道才庸识陋，有负宪怀。然时局艰难，不得已出此下策，屡蒙垂注，感深知遇，镂骨不忘。谨先禀闻，会讯定案后再禀。勋。庚。（端方档）

中国史学会编《中国近代史资料丛刊·辛亥革命》(1)，上海人民出版社1957年版，第437页。

11月29日（十月十一日） 原定第二天开庭的苏报案审判因故推迟。

1903年11月29日《申报》：

革命党渠魁邹容、章炳麟等人，拘押英界捕房已经数月，大宪本订于下礼拜一，即本月十二日，饬上海县主汪瑶庭大令莅英、美等国公共租界公堂，会同谳员邓鸣谦司马，及英总领事署迪翻译官推鞫。兹因是日别有要公，已改迟至下礼拜四，即本月十五日，提案讯供矣。

本月 孙中山前往希炉，在希炉侨胞欢迎会上发表演说，其后在希炉组织中华革命军。

杨刚存《革命党在檀小史》：

余频年奔走革命，到处均有演说，有公然开欢迎会者，自贵埠始。贵埠侨胞热心革命，诚可谓加人一等。吾民族在海外为革命事业公开演说，实为自希炉始，即吾对侨胞第一次之演说也。

《檀山华侨》，转录自陈锡祺编《孙中山年谱长编》，中华书局1991年版，第297页

冯自由《同盟会四大纲领及三民主义溯源》：

总理于癸卯年秋冬间重游夏威夷群岛，曾召集有志者复兴兴中会之组织。在檀香山入会者，有黄旭升、曾长福等。在希炉埠入会者，有毛文明、黎协、黄振、卢球等。其兴中会誓辞，改用“驱除鞑虏、恢复中华、创立民国、平均地权”之十六字，与甲午年始创兴中会之誓截然不同，是为兴中会更改誓辞句语之第一次。

冯自由著《革命逸史》第3集，中华书局1981年版，第199~200页

△ 本月,刘师培作《中国民族志》,署名光汉子,是书为其革命宣言。

刘师培《〈中国民族志〉序》:

意人马志尼之言曰:“凡同一人种、风俗、语言者,即可组织一国。”斯语也,殆民族主义之定论乎!民族者,由同血统之家族化合不同血统之异族而成一团体者也。人群之初,无不因天性之发达,而谋团结之方。始也,谋一族之安宁;继也,谋一群之幸福。至于谋一群之幸福,则群力之扩张益广,不得不有害于他群,此民族竞争所由起也。有民族之竞争,然后有排外之思想。吾中国之排外,何如乎?士大夫之所倡者,不曰明华夏之防,则曰定中外之界。其民族思想,岂他国所能及哉!然自吾观之,中国之强,非中国之自强也,曰惟民族思想。故中国之弱,亦非中国之自弱也,曰惟民族思想。当三代之时,异族杂居,故圣贤垂训,以攘狄为不世之功。后世渐摩濡染,攘外之说,深中民心。而君上之雄鹜者,遂因此而张其挞伐。于秦,则有长城之筑;于汉,则有朔方之城;于唐,别有四镇之建。因权力之扩张,而行开边之政略,谓非民族思想启之哉?及承平日久,外患渐消,骄慢之志成,自尊之心启。不曰王者无外,则曰一统之尊。称己国别曰中华,称邻国则曰夷狄。一以启轻敌之心,一以阻交通之进步,此欧人东渐以来中国所以不振也。呜呼!三代以还,岂无异族侵凌之祸?然定鼎中原以后,则又讳其本原之旧族,以自托于中华,而转目邻邦为夷狄,不可谓非压制汉族之策也。因汉族排外之思想而善用之,其阴贼为何如哉!此吾所以为汉族悲也。吾观欧洲当十九世纪之时,为民族主义时代。希腊离土而建邦,意人排奥而立国。即爱尔兰之属英者,今且起而争自治之权矣。吾汉族之民,其亦知之否耶?作《民族志》。

光汉子《中国民族志》,中国青年会1903年版

12月2日(十月十四日) 《新民丛报》发表杨度的《湖南少年歌》,此诗的传诵,激励了全国尤其是湖南读书人的爱国情感。

杨度《湖南少年歌》:

我本湖南人,唱作湖南歌。湖南少年好身手,时危却奈湖南何?湖南自古称山国,连山积翠何重叠。五岭横云一片青,衡山积雪终年白。沅湘两水清且浅,林花夹岸滩声激。洞庭浩渺通长江,春来水涨连天碧。天生水战昆明沼,惜无军舰相冲击。北渚伤心二女啼,湖边斑竹泪痕滋。不悲当日苍梧死,为哭将来民主稀。空将一片君山石,留作千年纪念碑。后有灵均遭放逐,曾向江潭葬鱼腹。世界相争国已危,国民长醉人空哭。宋玉招魂空已矣,贾生作吊还相渎。亡国游魂何处归,故都捐去将谁属?爱国心长身已死,泊[汨]罗流水长呜咽。当时猿鸟学哀吟,至今夜半啼空谷。此后悠悠秋复春,湖南历史遂无人。中间濂溪倡哲学,印度文明相接触。心性徒开道学门,空谈未救金元辱。惟有船山一片心,哀号匍匐向空林。林中痛哭悲遗族,林外杀人闻血腥。留兹万古伤心事,说与湖南子弟听。于今世事翻前案,湘军将相遭诃讪。谓彼当年起义师,不助同胞助胡满。夺地攻城十余载,竟看结局何奇幻。长毛死尽辫发留,满洲翎顶遍湘州。捧兹百万同胞血,献与今时印度酋。英狮俄鹫方争跃,满汉问题又挑拨。外忧内患无已时,祸根推是湘人作。我闻此事心惨焦,赧颜无语谢同胞。还将一段同乡话,说与湘人一解嘲。洪、杨当日聚群少,天父天兄假西号。湖南排外性最强,曾侯以此相呼召。尽募民间侠少年,誓翦妖民屏西教。蚌鹬相持渔子利,湘粤纷争满人笑。粤误耶稣湘误孔,此中曲直谁能校?一自西船向东驶,民教相仇从此起。此后纷纭数十春,割土赔金常坐此。北地终招八国兵,金城坐被联军毁。拳民思想一朝熄,又换奴颜事洋鬼。国事伤心不可知,曾洪曲直谁当理。莫道当年起事时,竟无一二可为师。罗山乡塾教兵法,

数十门生皆壮儿。朝来跨马冲坚阵,日暮谈经下讲帷。今时教育贵武勇,罗公此意从何知?江彭游侠时惟耦,不解忠君惟救友。意气常看匣里刀,肝肠共矢杯中酒。江公为护死友骨,道路三千自奔走。曾侯昔困南昌城,敌垒如云绕前后。彭公千里往救之,乞食孤行无伴偶。芒鞋踏入十重围,大笑群儿复何有!桂阳陈公慕罴述,湘乡王公兵反侧。大势难将只手回,英雄卒令吞声没。更有湘潭王先生,少年击剑学纵横。游说诸侯成割据,东南带甲为连衡。曾胡却顾成相谢,先生笑起披衣下。北入燕京肃顺家,自请轮船探欧亚。事变谋空返湘渚,专注《春秋》说民主。廖康诸氏更推波,学界张皇树旗鼓。呜呼吾师志不平,强收豪杰作才人。常言湘将皆伧父,使我闻之重抚膺。吁嗟往事那堪说,但言当日田间杰。父兄子弟争荷戈,义气相扶团体结。谁肯孤生匹马还,誓将共死沙场穴。一奏军歌出湖外,推锋直进无人敌。水师喷起长江波,陆军踏过阴山雪。东西南北十余省,何方不睹湘军帜。一自前人血战归,后人不叹《无家别》。城中一下招兵令,乡间共道从军乐。万幕连屯数日齐,一村传唤千夫诺。农夫释耒只操戈,独子辞亲去流血。父死无尸儿更往,弟魂未返兄逾烈。但闻嫁女向母啼,不见当兵与妻诀。十年断信无人吊,一旦还家谁与诘?今日初归明日行,今年未计明年活。军官归为灶下养,秀才出作谈兵客。只今海内水陆军,无营无队无湘人。独从中国四民外,结此军人社会群。茫茫回部几千里,十人九是湘人子。左公战胜祁连山,得此湖南殖民地。欲返将来祖国魂,凭兹敢战英雄气。人生壮略当一挥,昆仑策马瞻东西。东看浩浩太平海,西望诸洲光陆离。欲倾亚陆江河水,一洗西方碧眼儿。于今世界无公理,口说爱人心利己。天演开成大竞争,强权压倒诸洋水。公法何如一门炮,工商尽是图中匕。外交断在军人口,内政修成武装体。民族精神何自生,人身血肉拼将死。毕相拿翁尽野蛮,腐儒误解文明字。欧洲古国斯巴达,强者充兵弱者杀。雅典文柔不足称,希腊诸邦谁与敌?区区小国普鲁士,倏忽成为德意志。儿童女子尽知兵,一战巴黎遂称帝。内合诸省成联邦,外与群雄争领地。中国如今是希腊,湖南当作斯巴达,中国将为德意志,湖南当作普鲁士。诸君诸君慎如此,莫言事急空流涕。若道中华国果亡,除是湖南人尽死。尽掷头颅不足痛,丝毫权利人休取。莫问家邦运短长,但观意气能终始。埃及波兰岂足论,慈悲印度非吾比。我家数世皆武夫,只知霸道不知儒。家人仗剑东西去,或死或生无一居。我年十八游京甸,上书请与倭奴战。归来师事王先生,学剑学书相杂半。十载优游湘水滨,射堂西畔事躬耕。陇头日午停锄叹,大泽中宵带剑行。窃从三五少年说,今日中国无主人。每思天下战争事,当风一啸心纵横。地球道里凭空缩,铁道轮船竞相逐。五洲四入白人囊,复执长鞭趋亚陆。探马惟摇教士钟,先锋只着商人服。邮航电线工兵队,工厂矿山辎重续。执此东方一病夫,任教数十军人辱。人心已死国魂亡,士气先摧军势蹙。救世谁为华盛翁,每忧同种一书空。群雄此日争追鹿,大地何年起卧龙。天风海潮昏白日,楚歌犹与笳声疾。惟恃同胞赤血鲜,染将十丈龙旗色。凭兹百战英雄气,先救湖南后全国。破釜沉舟期一战,求生死地成孤掷。诸君尽作国民兵,小子当为旗下卒。

《新民丛报》第42、43合刊号

编者按:梁启超为此诗作引言称:"湘潭杨皙子度,王壬秋先生大弟子也。昔卢斯福演说,谓欲见纯粹之亚美利加人,请视格兰德;吾谓欲见纯粹之湖南人,请视杨皙子。顷皙子以新作《湖南少年歌》见示,亟录之,以证余言之当否也……"

△ 本日,杨度赠梁启超诗一首,发表于《新民丛报》上诗之后。

杨度《赠梁启超》(该诗在此处并无正式题目,此题为本书编者所加):

志远学不逮,名高实难副。古来学者心,栗栗惟兹惧。噫吾新会子,夙昔传嘉誉。德义期往贤,流风起顽锢。曩余初邂逅,讲学微相忤。希圣虽一途,称师乃殊趣(戊戌春,在长沙论《春秋公羊传》,各主师说,有异同)。杨朱重权利,墨子尊义务。大道无异同,纷争实俱误(余尝谓湘潭王先生援庄入孔,南海康先生援墨入孔,实为今世之杨墨,而皆托于孔者也)。茫茫国事急,恻恻忧情著。当凭卫道心,用觉斯民寤。古人济物情,反身先自诉。功名岂足宝,贵克全予素。君子但求己,小人常外骛。愿以宣圣训,长与相攻错。

诗末附一小札,文曰:

近以国中青年子弟道德堕落,非有国粹保存之教育,不足以挽狂流,如前数次所面论者。因时取旧书温阅,思欲有所编述。乃每一开卷,则责人之心顿减,责己之念顿增。时一反省,常觉天地之大,竟无可以立足之地。自治之道,其难如此。因思古今社会风俗,其能致一时之醇美者,必由于二三君子,以道相规,以学相厉,流风所及,天下效之,以躬行为之倡,而因以挽一世之颓欲。此必非口舌论说之功所能比较者。古圣贤之为学,必求其返躬自省,而无丝毫不歉于心,乃为有得。若夫名满天下,功满天下,曾于吾身无一毫之增损者,常人道之,君子不计焉,以其无关于求己之道也。今同处异国,于众人之中,而求可以匡吾过而救吾失者,无如足下,辄以其意成诗一首。知足下亦无取乎便佞,故自附于直谅之末,亦以托于先施而求诲迪,特录以奉呈。诗中追述往事者,欲以纪实,著其离合之迹,君子之道,不贵苟同也。而又必称师者,薄俗忘本,非度等所当出。足下担任一世之教化者,倘以予言为信乎?若能俯赐酬答,而无辜我嘤鸣,是所幸也。

《新民丛报》第42、43合刊号

△ **本日,梁启超发表《答和事人》,表示自己对于保皇、革命两党争端采取尽量克制的态度,并申明赞成改良。**

梁启超《答和事人》:

顷有自署和事人者,颇以近日《新民丛报》主义相诘责,兹录而答之。

"阅《新民丛报》卅八、九号,得读大作,知从美洲回来,宗旨顿改,标明保王,力辟革命,且声言当与异己者宣战。吾知足下素来强辩,未易与言,但不言而仍不能止者,正以于心有所不安耳。(中略)足下力辟革命,亦自成其说,吾不能与之深辩,但试问命则不能革,而王则可以保乎?大抵保王与革命,两党之手段不同,其目的未尝有异也。今日新学中人,由革命而生出排满,蓬蓬勃勃,一发而不可制,推原其始,亦由救国来也。痛宗国之沦衰,而在上者仍不振,于是思所以革命;革命之说一起,而思满人平日待我之寡恩,而排满之念又起焉。事本相因而又相成。何者?一朝起事,势必有谓为无父无君之邪说,以摇惑人心,中立者必将解体,盖排满所以补革命之不足也。故排满有二义:以民族主义感动上流社会,以复仇主义感动下流社会。庶使旧政府解散,而新政府易于建立也。而足下力辟其非,天下之人,将尽信其非矣,于足下有济乎,抑无济乎?古来英雄办事,未有强人使与己意相同,更无有剔人之非而成己之名也。况两党之人,互相水火,互相唾骂,互相攻讦,则旧人得所藉口,而天下大事何日能成乎?今日者祸机愈迫矣,瓜分渐至矣,命固不能革,而王亦不能保矣。他日白人主我中原,制我死命,两党人合力而思挽回之术,亦不可得矣。必有彷徨瞻顾,痛哭流泪,归咎于今日兴讼者,悔之无及矣。子其思之,忍以天下为儿戏耶?"

答曰:"和事人不知其为何许人,读其言,则必为一热诚爱国之士,无可疑也。其所谓命则不能革,而王亦非易保,此诚今日我四万万人最盘根错节之大问题也。此问题甚长,非此短篇所能毕其词,愿以异日。至其末节所云云,谓强人使与己意相同,谓剔人之非以成己之名,此实非鄙人所敢受也。凡言论者,发表一己之意见者也。言者与听者,各有其自由,断未有能强之使与己同者。吾尝论中国人之性质,最易为一议论所转移,有百犬吠声之观,有水母目虾之性,虽其所论如何高尚,如何磅礴,而所谓奴隶之本质终不免。吾方以是为一大缺点而深疚之,而岂有强人使与己意相同之理?至其谓剔人之非,是固然也。顾所剔者不特人之非也,即我之非,亦岂敢隐?夫鄙人之与破坏主义,其非无丝毫之关系,当亦天下所同认矣。然则吾岂与异己者为敌哉?至谓以成己之名,则更失之远矣。反抗于舆论之最高潮,其必受多数之唾骂,此真意中事;使鄙人而好名也,则更安肯出此?吾向年鼓吹破坏主义,而师友多谓为好名,今者反对破坏主义,而论者或又谓为好名,顾吾行吾心之所安而已。吾生性之长短,吾最自知之,吾亦与天下人共见之。要之,鄙人之言其心中之所怀抱而不能一毫有所自隐蔽(非直不欲,实不能也),此则其一贯者也。辛壬之间,师友所以督责之者甚至,而吾终不能改;及一旦霍然自见其非,虽欲自无言焉,亦不可得。吾亦不知其何以如是也。故自认为真理者,则舍己以从,自认为谬误者,则不远而复,如恶恶臭,如好好色,此吾生之所长也。若其见理不定,屡变屡迁,此吾生之所最短也。南海先生十年前,即以'流质'相戒,诸畏友中,亦频以为规焉,此性质实为吾生进德修业之大魔障。吾之所以不能抗希古人,弊皆坐是,此决不敢自讳,且日思自克而竟无一进者。生平遗憾,莫此为甚。若云好名,则鄙人自信,此关尚看得破也。至立信者必思以其言易天下,不然,则言之奚为者?故鄙人每一意见,辄欲淋漓尽致以发挥之,使无余蕴,则亦受性然也,以是为对于社会一责任而已。至云两党之人,互相水火,互相唾骂,互相攻讦云云,此诚最可痛心之事。若鄙人之尚知自重而不肯蹈此恶习,此亦当为一国所共谅者。试观去年春夏间,报界之所以相诬攻者若何,吾党曾一置辩否?又如香港某报,每三日照例必有相攻之文一篇,认列强为第三敌,认满政府为第二敌,认民间异己之党派为第一敌,其所以相唾骂、相攻讦者,亦云至矣。夫使以笔墨挑战也,则吾辈亦何患无辞?试观鄙人及我亲友,曾为一应敌之师否?非直不屑为,亦以义固不可也。且如顷者章、邹最后之供词,各报馆之啧有言者亦众矣,而本报并其原语亦不肯录入,诚以敬其初志也。吾谓和事人以此相虑,则可虑者其必不在吾辈矣。若夫吾发表吾现在之所信而不能自已,则吾既言之矣,吾今后更将大有所发表焉,然此非唾骂之谓也,非攻讦之谓也。吾所谓与舆论挑战者,自今以往,有以主义相辨难者,苟持之有故,言之成理,吾乐相与赏之析之;若夫轧轹嫚骂之言,吾固断不以加诸人,其有加诸我者,亦直受之而已。寄语和事人,可无虑此,抑吾亦欲遍国中志士,皆率和事人之教也。至吾之所以不能已于言者,则本报前号中鄙著《论俄罗斯虚无党》、《答飞生》两篇,亦可略见其用意之所存,毋亦如和事人所谓欲两党合力以思挽回之术云尔。愿和事人平心静气一省览焉,而更有以辱教,固所望也。匆匆不具。”

《新民丛报》第42、43合刊号

12月3日(十月十五日) 上海县令会同英国总领事署副翻译官迪比南再次审讯章太炎、邹容等苏报案当事人,未当日宣判。

1903年12月4日《申报》载《会讯革命党案》:

昨日礼拜四,为会审苏报馆革命党之期。午前钟鸣九下,捕头派令西捕戎服佩刀,将章炳麟、邹容、龙积之、陈吉甫、钱允生、陈仲彝六名装入马车,解至英、美等国公共租界公廨。俄而,上海县主汪瑶庭大令、英总领事署翻译官迪比南君先后莅止,会同谳员邓鸣谦司马升堂推鞫。中国政府律师古柏声称:此案现奉驻京钦使允在公共会审公堂讯办,所谓额外公堂也。查所控悖逆各书均有证据,犯者系华人,又在中国,租界自应照华例究办。按照中外条约,华人在租界犯罪亦照华例办理,故此罪名应归地方知县核办。至在押之陈仲彝、钱允生、陈吉甫等三人前已讯过,有案可查。既在苏报馆营生,岂有不知悖逆之事?然禁押至今,亦已足蔽其罪,应请堂上先将陈、钱两人开释。其陈仲彝系代其父陈藩[范]管押,其父逃避无踪,应请暂准保释。汪大令曰:可着将陈仲彝交保,如奉饬传,即须投到。古君又曰:章炳麟大逆不道,其办法中外一律:第一层,凡国人有谋反悖逆重大各情,西律究办此种人罪名最重;第二层,聚众闹事;第三层,扰乱人心。以上三项罪名,按之各西国律例,皆应科以最重之罪。查章、邹等人登报著书,扰乱人心,在寻常罪名上,作书人岂有不知国人必因此作乱者?料想作书者必知利害,如一国皆思蠢动,则作书者罪名更大。现中国各处不平,如在英国印售此种书籍,固决无闹事情形,倘在印度,则即闹事矣。总之,无论何国,均须禁止究办,而德国办理此事尤严。今章等所著之《驳康有为书》,公堂上有否?大令曰:有。古君又曰:书中最利害之语,前已声明。兹又经本律师一一标注,请堂上披阅。其最重要者,系仇视今上,及直呼今上之名,指为"小丑"各节,本律师惟引其大概而已。大令曰:只要写今上一字,罪名足矣。古君又将闰五月十二日之《苏报》呈上曰:章等扰乱人心之处请阅之,其意欲将满人驱逐,此种重大之事,如华人尽听其语,天下岂不大乱?或言章等系患疯狂,然仇视今上,辱及太后,岂非大逆不道?况伊等均系读书人,似此狂乱行为,想早已料知其后。前堂确经供认,有案卷供单可考,如何究办,请堂上讯断可也。章等所延律师琼师起而言曰:古律师说不出两陈与钱允生之事,虽将此三人从宽开释,然已属牵涉无辜,时逾三月矣。博易之伙爱立师律师曰:前堂各供不能作据。大令曰:安能不作据?乃叱章退下,提邹容至案,喝令下跪。古君曰:邹所著《革命军》各节,兹已标明签记罪名与章相同,况前堂邹已供认作书刊印,无须再讯。琼律师驳曰:刊印与否,邹未供认,本律师有日记,各事均载其内,即国家坏事亦在簿中。如果有人将其书刊印,与作书人无涉,今应请华政府指出真凭实据,方能究办,查华政府控单,并无以上之事。大令曰:此书虽系邹送人刊印,实邹所作,定应究办。古君曰:今堂上有讯办之权,可将章、邹究办,不能以书上无刊印人姓名为之开脱。况查《烟台条约》,西官有观审之权,无讯断之权;华官则有管理华民之权,如何讯办,在何处审断,其权均属之华官。大令曰,前堂章、邹业已供认,此案自应即照华例办理。高律师称:凡有教化之国,案须得有真凭实据,方可定谳。若无凭据,即无罪名。古君称:邹等业已供认,不得谓之无凭。高称:章、邹只认著书,未认印书,今已在押数月,应请堂上开释。古君称:邹等所著之书有披毛戴角及教堂满人等语,并非维新,实系悖逆。兹又翻供不认,实属荒谬。讯至此,时已正午,大令与司马商之迪君,饬还押捕房,俟翌日午前十点钟时复讯。

《光绪二十九年十月十五日上海道袁树勋致两江总督魏光焘兼湖广总督端方江苏巡抚恩寿电》如下:

南京武昌苏州督抚宪钧鉴:今早汪令至公廨提六犯,会同邓丞、英翟副领,讯明陈钱非主笔馆主,不过司账,既押四月,已经当堂开释,以昭大公。陈仲彝仍押。龙积之另案办。邹章两犯已审实,明日早堂定拟罪名,宣示堂谕。余再禀。勋。删,印。十月十五日戌刻到。(端方档)

中国史学会编《中国近代史资料丛刊·辛亥革命》(1),上海人民出版社1957年版,第438页

12月4日(十月十六日)　苏报案继续审理,章炳麟、邹容等人从容答辩,因中外方面对量刑意见相差太远,难以判决。

1903年12月5日《申报》载《续讯革命党案》:

昨晨十点钟时,上海县主汪瑶庭大令、会审公廨谳员邓鸣谦司马,会同英署翻译迪比南

君莅英、美各国公共租界公廨,会讯革命党章炳麟、邹容诸人。既升坐,先据被告所延律师爱立司声称:原告控章、邹等人著书与印书,只能作一事办理,不能以二罪究办。古律师称:既控准公堂会讯,必得分晰究办。爱律师又称:书中只言满人,与中国汉人毫不相干,邹、章二人所作之书,并非欲扰乱人心。且此书系章、邹等私著,并非出而问世,倘果有意刊布,亦不肯如此立言。今书中既无刷印之人,即无真实凭据。又说书中所指各节,并不利害,华人文士甚多,本律师尚可令被告将书中各情逐一分辩。总之,无论何国,均不能禁止平民作书,即章、邹等人作此书,亦实非有杀害人之心,请堂上从宽办理。古律师复称:邹、章等所作所印之书,将来国人见之如何肇乱,前已伸明,况此书经识者指出,纰谬甚多,若直书今上名字,尤大逆不道,况再加以"小丑"二字,更使民人无亲上之心,此即在俄、德两国亦须究办。若谓并非谋叛,究竟作此书者,其意何居?况邹容书内更甚于章,不但革命,而且欲杀尽满人。另一段写满人,为君主各国亦然拿办,以德、俄为最重。总之,此等书籍并非维新,不过欲杀尽满族而已,其肇乱情形,实与从前发逆之事无异。及提讯章炳麟,供:杭州人,先曾读书,后至报馆。七年即至台湾,由日本回上海,在《西[亚]东时报》馆为主笔。复至诚正学堂当汉文教习,未及数月,又至苏州东吴大学堂。至前年,又赴日本,去年航海回华。今年二月来沪,在爱国学社教习,常见康有为致信与某商人、某学生,经我折阅,当即驳其不能流血,只能革命,此信甚长,系托广东人沙耳公带至香港,转寄新加坡交康,未得回信。至于"小丑"两字,本作"类"字,或作"小孩子"解,并不毁谤,至今上圣讳,以西律不避,故而直书。古律师谓:尔在纯正学堂教学生时,是否敬避圣讳?答言:教学生之书,皆无圣讳。大令谓:只须一字,照中律罪名甚大,况康有为亦是华人,亦不应不避圣讳。再三驳诘,章不能答。迪君曰:如不能答,即行定罪。章始称:我实不明回避之理,请查清例。讯至此时,已过午,大令与司马商之迪君,着还押,俟午后二点钟再讯。追钟鸣两点半,大令与司马会同迪君,复行升座传讯邹容,供:年十九岁,四川人,在家读书,嗣来上海广方言馆,后至日本东京留学生学堂读书,因披阅各西国诸书,即作《革命军》书,底稿放在行李内。今年四五月间,请假来沪,在马路上看见卖日报人手内持有《革命军》书出售,我未及查问何人所刷印,亦不知其书价若干。至章炳麟,系在东京留学生学堂内认识,无甚交情。嗣闻人言公堂出票拘我,我即至捕房查询。见提牌上第一名钱允生,二名陈仲彝,三名陈吉甫,四名章炳麟,五名龙积之,六名邹容,下注小字,"以上作《革命军》书匪人"。当即操英语告之,捕头即将我收押,古律师诘以书中意思,尔现在仍记得否?邹称:不然。现在,我意欲改作《均平赋》一书,今天下人无甚贫富,至前作之《革命军》已弃而不问,市上所售系被人所窃,将来至东京时,尚须查究。古律师问:知《革命军》书不好,何不废弃?既被人窃印出售,何不出而禁止?邹答:即非巡捕房,又非上海县,实无此势力能禁止人收书出售。古律师又问:当尔作此书时,是否心怀叵测?答称:不然。现在我心中意思总要作《均平赋》耳。高易律师问曰:尔作此书,是否有谋辄之心?答:并无此心。我意总想学法兰西第二鲁素之事,此外,并无谋叛扰乱人心之意。讯至此,已日堕崦嵫,大令与司马商之迪君,将邹等还押,明晨十点钟莅堂复讯。

《光绪二十九年十月十六日兼湖广总督端方致福开森电》:

上海商约公所福君开森:祓密,陈龙邹章罪名如何定拟?堂判速电告。督院。谏。(端方档)

中国史学会编《中国近代史资料丛刊·辛亥革命》(1),上海人民出版社1957年版,第478页

次日福开森复电《光绪二十九年十月十七日福开森致兼湖广总督端方电》:

武昌兼督抚宪钧鉴:祓密,谏电敬悉。案讯三日,程、钱因已禁数月,堂断开释。陈仲彝候案结再饬取保。龙案尚未讯及。章邹案,原告律师极称逆书谋反。被告律师狡称非其亲

自印卖,不足为谋反之据,该稿为人私窃,于彼无干。原驳只问著书,不管印卖,况印卖彼必知情。被辩印卖罪重,著书罪轻。原复声请按中律办理,不能任被告欺诳等语。现候十九再讯。开森。洽。十八日巳刻到。(端方档)

中国史学会编《中国近代史资料丛刊·辛亥革命》(1),上海人民出版社1957年版,第438页

《光绪二十九年十月十六日上海道袁树勋致兼湖广总督端方电》:

苏报案,今日县委会英副领自九点钟讯至四点钟止,其中周折甚多,律法官述彼族意,以监禁不出三年,职道饬县力持,倘过宽纵,当硬断。余俟明日会讯再禀。合先电报。树勋。铣。十七日子刻到。(端方档)

中国史学会编《中国近代史资料丛刊·辛亥革命》(1),上海人民出版社1957年版,第438页

12月5日(十月十七日)　苏报案因中外意见相左,无法判决,袁树勋等人致电端方请示应对方案,端方亦请示张之洞。

1903年12月6日《申报》载《三讯革命党案》:

苏报馆革命党渠魁邹容、章炳麟及龙积之一案,前已解由上海县主汪瑶庭大令在英、美等国公共租界公堂,偕谳员邓鸣谦司马、英总领事署翻译官迪比南君会讯两次。昨晨,总巡捕头仍派西捕两名,戎服佩刀,高乘怒马,将章、邹、龙三人装入马车,解至公廨,俄而,迪君命驾戾止,大令随与司马会同升座。先由章、邹等所延律师琼师声称:上次本律师言有能解《革命军》意义之人,今已来案,请问讯之。政府律师古柏曰:此书本系华文,华人皆能解说,并非西文,安用西人来解?今堂上汪大老爷,赐进士出身,书中文义岂不能知?大令谓:此书何得由西人来案解识,本县万难允从。迪君谓:且视到案之西人立得儿,所解意义有理无理,不妨姑妄听之。大令颔之。古君随将《革命军》中所标要语,令立得儿解说。立得儿茫然声称:此书多征引史事,鄙人惟知寻常华文而已。古君将《革命军》后页所有章程八条内"驱逐满人、杀尽满人"各语向[问]立得儿,立称:此虽华文,我固略知,章、邹罪名单,我亦阅过,惟此章程八条中,有数条不便写出,然前本《驳康有为书》,似无甚悖逆,观著书人于此颇有深意,如使华人阅之,谅无扰乱之事。大令谓:并无扰乱语,章、邹所延律师前、昨两日业经言及,毋庸尔来案作解人。查书中诋今上为"小丑"者,即戏剧中小丑之类也。立得儿又称:此书如平常人见之决不至于扰乱,惟著书者一时鲁莽,遂未瞩前顾后,实则于时局并无大坏。大令挥之使退。琼师又称:《革命军》与《苏报》毫无牵涉,况与政府所开罪名单不符,要之:第一、所行之事;第二、何人刷印,此系最要关键,请政府律师指出刷印真凭,方可谓章、邹实有扰乱人心之意。此案东西各国均已知之,现在定案时,各国亦莫不留意,须请堂上照公法判断,不能凭政府之意。况章、邹所著之书,实系被人窃印,政府所延律师并未指出在何处刷印,并何人所印之实据,即欲究办,亦须按照公正刑律,方合华律中所谓疑维轻之意。今政府律师既指不出刷印实据,又与罪名单不符,应请将章、邹开释。政府律师哈华托起而言曰:查章、邹所犯各节,业经古律师辩明,有罪无罪显而易见,况章驳康有为之信,昨已直认不讳。伊所称书稿放在字【纸】篓中被人窃去付印,堂上可信否?此案欲由立得儿出为解说否?本律师观此书两本,实在不法已极,想著书者当时实欲使通国之人皆无尊君亲上之心,扰乱国事,莫此为甚。今琼师为章、邹声辩,安冀开脱罪名,要知若何定罪,堂上自有权衡。琼师称:章、邹二人系年轻学生,出于爱国之忱,并无谋叛之意。古律师谓:章、邹既图扰乱人心,即系国之乱民,各国皆知。此案关系重大,即章、邹二人所供各情,谅堂上亦必不信。察其举动乖谬,藐视公室,本律师深服英领事赫然震怒,斥为应严行究办。今日公堂非寻常讯案之公堂可比,英领

事会讯此案,系代各国会讯,应请堂上将章、邹二人从重惩办,以儆将来。且《革命军》一书,目下市中仍有出售者,每本收小银钱一枚。方今广西乱事未平,安知非此书实阶之厉,请即定断可也。讯至此,日已过午。大令与司马商之迪君,着将章、邹、龙还押捕房,候礼拜一解案定断。陈仲彝亦着暂行管押,候定案时核夺。

《光绪二十九年十月十七日上海道袁树勋致兼湖广总督端方电》:

武昌督宪钧鉴:删、铣两电想邀垂察。此案本可随时拟结,因英领及工部局暗中力任庇护,被告律师代邹章折辩,希图开脱,经汪令暨古柏律师据理驳诘,今被告律师以罪疑惟轻,陈请公断矣。陈仲彝系陈范之子,无实在证据可以议罪,职道意仍暂押,俟陈范到案再办,法尚平,而英领不以为然,力请释放。又龙积之本富有票犯,前奉前宪台饬拿,此间无实据足以定拟,意解鄂,而英坚执,谓无据证,亦请释放。职道承办此案,始愿未偿,以沈荩事出,变故丛生,无可补救,悚欷莫名。明日礼拜停审。拟十九无论如何,宣示堂谕,将邹章两犯令永远监禁,龙积之仍归另案办理,陈仲彝暂押。倘英领不允,竟当堂将龙、陈释放,是不遵堂谕,则即禀请将公堂暂停,与彼持抗。是否有当?伏求训示。勋。筱,印。十月十八日午刻到。(端方档)

中国史学会编《中国近代史资料丛刊·辛亥革命》(1),上海人民出版社1957年版,第439页

《光绪二十九年十月十七日兼湖广总督端方致内阁大学士张之洞电》:

北京张宫保钧鉴:诚密,沪道铣电:苏报案,今日县委会英副领,自九点钟讯至四点钟止。其中周折甚多。律法官述彼族意。监禁不出三年。职道饬县力持,倘过宽纵,当硬断。余俟明日会讯再禀。等语。特闻。方。筱。(端方档)

中国史学会编《中国近代史资料丛刊·辛亥革命》(1),上海人民出版社1957年版,第479页

12月7日(十月十九日)　上海外领反对判处章、邹等人重刑,中方坚持判处永远监禁,故未能宣布判决结果。

《光绪二十九年十月十九日福开森致兼湖广总督端方电》:

武昌兼督宪鉴:龙案昨问翟领,以鄂寄照出案证难以凭准,颇有开释之意,嗣因诰解始罢。今日堂讯,汪令坚谓请示,候再另办。章邹案监禁期限互议未定。开森。效。二十日巳刻到。(端方档)

中国史学会编《中国近代史资料丛刊·辛亥革命》(1),上海人民出版社1957年版,第439页

次日端方复电,《光绪二十九年十月二十日兼湖广总督端方致福开森电》:

上海商约公所福君开森:效电悉。章邹必应永远监禁。趁此互议未定,务望设法妥办。能在华界监禁最好。余犯可从末减也。方。号。(端方档)

中国史学会编《中国近代史资料丛刊·辛亥革命》(1),上海人民出版社1957年版,第479页

《光绪二十九年十月十九日上海道袁树勋致兼湖广总督端方电》如下:

武昌督宪鉴:啸电敬悉。感悚。苏报案三次会讯情形,已电禀在案。一面密饬汪令,遵照约章华人案犯由华官审判、洋员观审之例,预拟堂谕,于今晨到堂宣示。乃翟领以未与商定,当将堂谕阻留,率请将章邹监禁三年,否则未便照允。查章邹所犯极重,照律不但当处极刑,且须缘坐家属,今堂谕声明恭逢万寿恩科,减等办理,实属国恩宽大。况领袖前奉各公使复文,曾声明倘审得果有罪名,按照中国法律予以应得之罪。虽为该犯求贷一死,立论尚属和平。今章邹所犯供证确凿,被告律师已理屈辞穷,且所延精通华文之西人上堂作证,亦谓实有应得之罪。可见公道难昧。既派汪令审讯,邹章的有罪名,所拟又属减轻,翟领仍不遵

行,强欲干预,改少监禁年期,不独不守约章,而且显违公使原议。案经审定,汪令所拟又极公平,彼复不以为然,殊出情理之外。职道因审判是案是华官自有之权,断难迁就,虽当堂阻未下判,汪令仍将堂谕抄发原被律师及翟副领作为完结。除电请南洋商宪迅电外部,备驳诘商办,内外坚持,以便归束外,惟龙积之一犯,苏报案概无实据,即谓系富有票匪,亦早奉旨案外免予株连,必应开释,现仍押候禀办。伏祈饬查原案,除唐才常供有无确凭,有则驰寄,仍饬汪令审办。若无切实凭据,拟由汪令复讯开释,以免藉口。伏候示遵行。勋。皓。二十日午刻到。(端方档)

中国史学会编《中国近代史资料丛刊·辛亥革命》(1),上海人民出版社1957年版,第439~440页

次日端方复电《光绪二十九年十月二十日兼湖广总督端方致上海道袁树勋电》:

上海袁道台:洪密,皓电悉。持议正大,翟领当可受范。切盼续电。至商龙积之办法,唐才常供甚为确凿。惟章邹皆不加以极刑,余犯不能不变通办理。即请就近禀承邵阳指示办结,鄙处无不遵教也。章邹必应永远监禁。未知监禁何所?盼复。方。哿。(端方档)

中国史学会编《中国近代史资料丛刊·辛亥革命》(1),上海人民出版社1957年版,第479页

12月9日(十月二十一日)　孙中山致信夏威夷华裔美国人麦格雷戈夫人,希望她能帮助中国发展儿童教育事业。

孙中山《致麦格雷戈夫人函》:

亲爱的欧克:

在我启程来夏威夷之前,曾寄上有关中国和中国人的书籍一册,谅已收到无误。对此世界上人口最多、历史最悠久的帝国,你有何感想?每一精明的观察者,都认为它是一个前程远大的国家;倘能使中国人民认识到自己的力量和资源并对其加以适当利用,则中国将来定能成为最大的强国。

承蒙告知你身具中国血统并引以为荣,则你自当参与唤醒中国民众的工作,将其由酣睡中引入现代进步时代。

对于作为儿童教育工作者的你来说,中国较之这个岛屿乃是更为广阔的天地。你是否有意在中国为中国儿童担任英语教师?我以为,你在中国服务会受到更大的尊重,成就将不可估量。

未知你何时抵达火奴鲁鲁?我将非常乐意会见你。你有什么事情见教?我将乐于听到你的回音。

忠实于你的孙逸仙

一九○三年十二月九日于火奴鲁鲁

再者:我现住杨格旅馆(Young Hotel)三楼二十四号,当你抵本埠时请来相晤。

广东省社会科学院历史研究室等编《孙中山全集》第1卷,中华书局1981年版,第225~226页

△ 本日,围绕苏报案涉案人员之量刑轻重问题,袁树勋、端方、福开森等函电交驰。

《光绪二十九年十月二十一日上海道袁树勋致兼湖广总督端方电》:

武昌兼督宪钧鉴:宙密,皓电禀陈苏报案讯拟各情形,定邀垂察。顷据廨员禀称:据翟副领函:所判永远监禁,未能应允,应行会商,不合专主,堂谕作废,除函上海县外,堂谕送还,等因。查英约十六款,中国人欺凌扰害英民,皆由中国地方官按照华例核办,别国未便干预,条约甚明。况此案邹章所犯叛逆不法,并未牵涉外人,洋官更不应问。今特立额外公堂,本属

通融办理。照各国大臣公会复文，亦只声明会讯。至于按律如何定断，其权仍属之南洋特派之员。乃翟副领以监禁不出三年，今又以堂谕未先商定，退还作废，违约越俎，殊属无理取闹。案经断定，并禀请商宪转达外务部，职道未便再行擅改。除嘱汪令等妥商律法官执约驳复外，谨先电陈。勋。马。二十一日亥刻到。（端方档）

中国史学会编《中国近代史资料丛刊·辛亥革命》(1)，上海人民出版社1957年版，第440～441页

《光绪二十九年十月二十一日福开森致兼湖广总督端方电》：

武昌兼督宪钧鉴：祓密，号电敬悉。龙案，英领以鄂案证不足为治罪之据，拟径释。窃思由沪解鄂，领事不允；如或派员来沪会讯，亦恐越例难行；径自释放，则不成政体。倘遵照末减，出具改过自新甘结，较好收场，且免决裂。章邹案应办永远监禁，现正争执。开森禀。马。二十二日丑刻到。（端方档）

中国史学会编《中国近代史资料丛刊·辛亥革命》(1)，上海人民出版社1957年版，第441页

次日端方复电《光绪二十九年十月二十二日兼湖广总督端方致福开森电》：

上海商约公所福君开森：马电悉。章邹永远监禁，龙出甘结最要。务望办成。并转煦生，三函均悉。兼院。养。（端方档）

中国史学会编《中国近代史资料丛刊·辛亥革命》(1)，上海人民出版社1957年版，第479页

12月11日（十月二十三日）　袁树勋致电端方，希望苏报案审判结果在形式上做到权利不失。

《光绪二十九年十月二十三日上海道袁树勋致兼湖广总督端方电》：

武昌督宪鉴：养电敬悉。龙已转禀商宪，复示与宪同，拟饬汪令定期复讯，由我省释，权不外遗，正案亦免牵涉。苏报全案窍要，宪台明同日月，照澈无遗。职道得能勉力支持，宪恩所植，感深肌髓。外部尚无复示。余另禀。勋。漾。二十四丑刻到。（端方档）

中国史学会编《中国近代史资料丛刊·辛亥革命》(1)，上海人民出版社1957年版，第441页

12月12日（十月二十四日）　张之洞致函瞿鸿禨，询问中枢对递减科举的意见。

张之洞《致瞿子久》：

昨送上七件，想已分送察阅。闻递减科举一事，同列中尚有意见参差之处，不知邸意如何。如必不肯，则或改为四科递减。如再不肯，则拟将此摺提出，俟学堂章程奏上后再递此件，邀允与否，听之而已。惟学堂章程，总望邸枢核定后，方可入告。其请奖章程如嫌过优，尽可核减，即请枢府诸公酌改，弟毫无成见。此外如有不以为然之处，均可更改。总之，弟系遵旨与政务处商酌，不商妥不敢率尔上陈也。再，其中有言及电报、铁路、矿务各学堂一节，系谓此各事亦须设普通学堂，并声明其所办之事，仍归该管衙门办理，并非学堂干预其事，总纲内言之甚详，请检阅转陈为要。七稿送到一节，不审已蒙上达否，并祈示知为幸。（光绪二十九年十月二十四日）

国家清史编纂委员会·文献丛刊《张之洞全集》(12)，武汉出版社2008年版，第98页

12月13日（十月二十五日）　孙中山在檀香山正埠荷梯厘街戏院发表演说，宣传革命。

孙中山《在檀香山正埠荷梯厘街戏院的演说》大意：

革命为唯一法门，可以拯救中国出于国际交涉之现时危惨地位。甚望华侨赞助革命党。

首事革命者，如汤武之伐罪吊民，故今人称之为圣人。今日之中国何以必须革命？因中国之积弱已见之于义和团一役，二万洋兵攻破北京。若吾辈四万万人一齐奋起，其将奈我

何？我们必要倾覆满洲政府，建设民国。革命成功之日，效法美国选举总统，废除专制，实行共和。

广东省社会科学院历史研究室等编《孙中山全集》第1卷，中华书局1981年版，第226页

△ 本日，孙中山在檀香山正埠利利霞街戏院再次发表演说，进行革命宣传。

孙中山《在檀香山正埠利利霞街戏院的演说》大意：

汉人之失国，乃由不肖汉奸助满人入关，征服全国。深信不久汉人即能驱逐满人，恢复河山。

中国人分党太多，非如日本人之能一致爱国。中国政府派出日本留学生千名，多属汉人；惟少数之满洲人结一会党，窥探其同学，若谈国政者，指为冒犯，随时禀告朝廷，不准学生入武备学堂及所忌之大学。驻外之中国钦差又不准中国人谈论国事。我等如无国之民，若在外国被人殴打，置之不理。今日所拖辫发乃表示尊敬满洲，若有违令，即被残杀。观于昏昧之清朝，断难行其君主立宪政体，故非实行革命、建立共和国家不可也。

广东省社会科学院历史研究室等编《孙中山全集》第1卷，中华书局1981年版，第226～227页

12月15日(十月二十七日)《俄事警闻》创刊。

《俄事警闻》广告如下：

同人因俄占东省，关系重大，特设警闻，以唤起国民，使共注意于抵制此事之策。社员见闻浅隘，不足为全国耳目。阅报诸君如有要闻，迅请寄示，俾待刊入报端，普告全国。

《俄事警闻》，1903年12月15日

《对俄同志会广告》：

同人拟组织对俄同志会，以研究对付东三省问题之法。阅报诸君表同情者，请开姓名住址，投函上海新马路华安里七百零三号俄事警闻社报名，以便议事时函请出席。

《俄事警闻》，1903年12月15日

首日社说《普告国民》：

呜呼！国亡矣！国亡矣！我同胞犹酣睡而不觉耶？印度之亡也，分据独立者数十年；波兰之亡也，起义抗拒者三四次。我同胞日日悲印度、悲波兰，而竟印度、波兰之不若耶。诚使我四万万同胞俱已断头绝迹，质灭势尽，而以此二万万方里之旷土为白人增一新世界，则亦已耳。而乃蠕蠕蠢蠢，惜生命如故，贪富贵如故，弋名誉如故，争意气如故，寻仇隙如故，独于生命、富贵、名誉之泉原，意气仇隙之至重至要者，乃夷然听之耶。不观东三省耶？俄人驻兵以来，被虐杀者几何？被劫夺者几何？被侮辱者几何？我同胞乃夷然若无所睹耶，其必待身受之而后知痛知耻。呜呼！各国实行瓜分之条约，英人瓜洲总督之派遣，身受之日至矣。我同胞其遂夷然以待尽耶，其必将群起而抵抗之。然祸患既至，则敌聚而我分，必无幸矣。而吾今日尚不敢决，我同胞将慑于力分敌聚之故，而必不抵抗。然他日祸已剥肤，始起抵抗，我决其事之无成也。事机之会，间不容发，方今强俄首难，尚在各国协约乍定未发之一瞬间，吾尚得竭全国之力以抵抗一俄。而顾乃迁延观望，若坐待各国合力并进之时，而始为将死之一鸣者。何耶？瓜分之闻，传之殆十年矣，势力范围既已明著于条约，但以各国慎于发难，又知我同胞排外之热力尚盛，而彼立宪之国民命至重，不肯轻于一掷，于是以商战，以教战，以路矿政策战，以治外法权战，务以培养我同胞之奴性，使极深不可拔，而后取之如拾芥焉。然苟

如此其事,尚迂我同胞或一觉焉,尚得乘间以养抵抗之力。乃彼俄人者,本先代遗训专行侵略主义,又怵于内乱,则欲启外衅以泄之,而我国外交之软弱,贿赂之公行,又为其所素悉,而其力又不惮于实行,于是始于密约,终以强占,而东三省非复我有矣。求取不暇,骎骎焉有侵入他国势力范围之惧,彼各国为各保其条约已有之权利起见,而又实验于我同胞抵抗力之销灭,自非大愚,恶有不按图而索取者,是故各国实行瓜分之举,非各国效尤之咎,而俄实迫之,非俄人专其咎,而实我同胞之无抵抗力,有以速之也。乌呼!亡国以后我四万万同胞身受奴隶牛马草薙禽狝之祸,见果求因,无可挽回,其痛苦当何如耶?乌呼!往者已矣,危亡绝续,尚有此协约未定之一瞬间,以容同胞乘此机会并力拒俄,以遏群虎之野心而返,虞渊之落日,而我同胞尚漠视而空弃之,必欲沽奴隶马牛草薙禽狝之痛苦而后已,是宁非亡国贱种历劫不可忏悔者耶?迩者,朝野上下稍知此事者,亦既痛悔前日联俄之非,而注意于宣战,然此仅如石火之一见,厉风之众济,结眉束手,毫不见有实行抵拒之准备,夫岂不曰兵无用耶,饷无着耶?虽然英德之练华兵,俄人之抚马贼,吾兵果不可用耶?暮夜之苞苴,有司之中,饱纷华靡丽之消费,以置械充饷而尚不足耶?乌呼!我同胞以奴隶马牛草薙禽狝之祸为乐则已耳,果其以此为痛苦而欲消灭之者,则胡不及今大祸未临之时,尽四万万人之力屏除一切以图之。有身可委则委于此,有产可破则破于此。直接之力,无弗竭焉。有舌可言言此,有笔可书书此,有身能运动运动此,间接之力,亦无弗竭焉。极至垂死之人,有一分之力可尽必尽之,赤贫之户有一文之钱可捐亦捐之,尽四万万人转瞬必灭之身以委之,竭四万万人转瞬必尽之财以捐之,积土成山,莫之移焉,滥觞成注,莫之御焉,况其有官体有神智有黄帝以来四千年之历史者耶。以此摧敌,何敌不当;以此举事,何事不良。况彼俄人内有虚无党之窥伺,外有英日各国之猜忌者耶?乌呼!一瞬之误,万劫不复,我同胞尚不反观而深省耶?吾将为我同胞各就其平日之地位之宗派,而以所见代揭一瞬间能尽之义务,以促进我同胞之反省而先痛哭流涕,为此四万万同胞之普通言。乌呼!愿我同胞不以其不文而一览之,并各自就其地位若宗派而猛省之,他日举以相证,恐其本社各篇所言之义务不能尽其十一,而我同胞身受之祸,自怨自艾,将有十百于吾今日所言者。乌呼,奈之何尚酣睡不觉耶!

《俄事警闻》,1903年12月15日

12月17日(十月二十九日) 孙中山函复某友人,告知自己社会革命主张和在檀革命活动。

《复某友人函》:

□□先生足下:

九月初六日来书已照收到。读悉各节。

所询社会主义,乃弟所极思不能须臾忘者。弟所主张在于平均地权,此为吾国今日可以切实施行之事。近来欧美已有试行之者,然彼国势已为积重难返,其地主之权直与国家相埒,未易一蹴改革。若吾国,既未以机器施于地,作生财之力尚恃人功,而不尽操于业主之手,故贫富之悬隔,不似欧美之富者富可敌国,贫者贫无立锥,则我之措施当较彼为易也。夫欧美演此悬绝之惨境,他日必有大冲突,以图实剂于平。盖天下万事万物无不为平均而设,如教育所以平均知识,宫室衣服所以平均身体之热度,推之万事,莫不皆然。则欧美今日之不平均,他时必有大冲突,以趋剂于平均,可断言也。然则今日吾国言改革,何故不为贫富不均计,而留此一重罪业,以待他日更衍惨境乎?此固仁者所不忍出也。故弟欲于革命时一齐做起,吾誓词中已列此为四大事之一。今将誓词录鉴,以见一斑。

词曰:“联盟革命人□□□,当天发誓,同心协力,驱除建虏,恢复中华,创立国民,平均地权。矢信矢忠,如有异心,任众罪罚。”(原编者按:此十六字与孙中山在别处使用的不同,一是“驱除建虏”,本作“驱除鞑虏”;二是“创立国民”,本作“创立民国”。这可能是由于笔误或排错,也可能是上海《警钟日报》编者出于当时环境的考虑而故意改动的。)

行誓之仪,发誓者举右手,向天当众宣读誓词;施誓之人,面发誓者立,亦举右手为仪。若发誓者不识字,则施誓者宣读誓词,而发誓者随之读。公等既为同志,自可不拘形式。但其余有志者,愿协力相助,即请以此形式收为吾党。

弟今在檀香山,已将向时“党”字改为“军”字。今后同志当自称为军,所以记□□(原编者注:指邹容。那时邹容被囚于上海租界牢中,当是《警钟日报》编者有意将名字略去)之功也。去[今]岁来檀时携有一书,此书感动皆捷,其功效真不可胜量。近者求索纷纷,而行箧已罄。欢迎如此,旅檀之人心可知。即昔日无国家种界观念者,亦因之而激动历史上民族之感慨矣。

顷保皇党出大阻力,以搵弟之行事。彼所用之术,不言保皇,乃言欲革命,名实乖舛,可为僇笑。惟彼辈头领,多施诈术以愚人,谓保皇不过借名,实亦革命,故深中康毒者多盲从之。弟今与彼辈在此作战,所持以为战具者,即用康之政见书以证其名实之离。康尚有坦白处,梁甚狡诈,彼见风潮已动,亦满口革命,故金山之保皇党俨然革命党,且以此竞称于人前。吁!真奇幻而莫测其端倪矣。弟以今日之计,必先破其戾谬,方有下手。梁闻弟在檀,即不敢过此,而于暗中授意此地之《新中国报》及金山《文兴日报》,以肆排击。但人一见,皆能明其隐慝,知其为妒弟而发。故弟于檀香山,四岛已肃清二岛,其余二岛不日亦当收服。书此,即候
大安。

弟中山谨启　西历十二月十七日

广东省社会科学院历史研究室等编《孙中山全集》第1卷,中华书局1981年版,第227～229页

12月(十月)　张之洞致函瞿鸿禨,对俄国的侵略野心深感“可骇”。

张之洞《致瞿子玖》:

顷由日本内田公使译录俄廷宣谕全文,函送前来。查所称黑龙江、关东等处地方,定为特别省分,又云授极东总督以平靖东省铁路等势力所及地方之权等语。现我东三省皆有俄国铁路,何得径定为俄国省分,且势力所及之地方何有限制。似此语太含混,实为可骇。似应电属驻俄胡使照会俄国,询明所指黑龙江、关东等处系何地方,是否能将中国之东三省界限划清,抑竟笼统包括在内。第三条云该省地方与邻邦有所交涉者,专归极东总督办理,岂俄外部及俄公使皆不问耶,我将来东三省交涉事件,究竟向何处商办。务将俄国之主意问明,以便我急筹妥善办法。至高加索本波斯属地,所谓照初设高加索律例办理者,不过占人之地据为己有之成案,尤属可骇,不可不预筹布置。谨将日使送到译文原稿附呈台览,并请转陈邸座暨夔相、滋翁为祷。(光绪二十九年十月)

国家清史编纂委员会·文献丛刊《张之洞全集》(12),武汉出版社2008年版,第98～99页

12月19日(十一月初一日)　林獬在上海创办《中国白话报》。

白话道人《发刊词》:

天气冷啊!你看西北风乌乌的响,挟着一大片黑云在那天空上飞来飞去,把太阳都遮住了。上了年纪的这时候皮袍子都上身了,躺在家里,把两扇窗门紧紧关住,喝喝酒,叉叉麻

将,吃吃大烟,到也十分自在。唉!倘使你们列位,都看见这几天的中外日报、新闻报中间所载的什么“东省警闻”、“俄事要电”,知道奉天已经失守,旅顺口一带兵船几十只往来不断,日本、俄罗斯一旦开了仗,我们中国怎么危险,想到此地,只怕你远年花雕也喝不上口,清一色双台和也忘记碰下来,就是那清陈宿膏广州烟也吃得没有味道哩!

我们中国人,向来是很有良心,很爱国家的,为什么到了这时候,动也不动,响都不响呢?这个原因,都是为着大家不识字罢了!不识字便不会看报,不会看报便不晓得外头的事情,就是大家都有爱国心,也无从发泄出来了。我的话刚刚说到这里,有一人驳我道:“现在各种的日报也出得很多了,就是那种月报、旬报,岂不是刮刮叫的读书人办的吗?看这报的人也很多,为什么风气还是不开?明白的人还是这样少?中国还是不能够自强呢?”我白话道人索性把这个道理说给列位听听罢。我们中国最不中用的是读书人。那般读书人,不要说他没有宗旨,没有才干,没有学问,就是宗旨、才干、学问件件都好,也不过嘴里头说一两句空话,笔底下写一两篇空文,除了这两件,还能够干什么大事呢?如今这种月报、日报,全是给读书人看的,任你说得怎样痛哭流涕,总是“对牛弹琴”,一点益处没有的。读书人既然无用,我们这几位种田的、做手艺的、做买卖的以及那当兵的兄弟们,又因为着从小苦得很,没有本钱读书,一天到晚在外跑,干的各种实实在在正正当当的事业,所以见了那种之乎也者、诗云子曰,也不大喜欢去看他。到后来要想看时,却又为着那种奇离古怪的文章,奇离古怪的字眼,不要说各位兄弟们不懂,就是我们,却也觉得麻麻胡胡哩!

他们外国人把文字分做两种:一种是古文,就是希腊拉丁的文;一种是国文,就是他本国的文字了。本国文字没有一人不通的,因他那种文字和说话一样。懂了说话,便懂文法,所以随便各种的书报,无论什么人都会看了。那种古文,不一定个个要学他,所以平常的人就是不懂古文也不要紧。我们中国既没有什么古文、国文的分别,也没有字母拼音。乱七八糟的文字,本来不大好懂的,更兼言语文字分做两途,又要学说话,又要学文法,怪不得列位兄弟们那里有许多工夫去学他呢!还有笑话哩,就是那说话也没有一定的,湖南人说的是湖南话,湖北人说的是湖北话。傥使在上海开一个顶大的演说厅,请了十八省男男女女都来听演说,我白话道人跑上去说起福建话来,恐怕你们都听不懂哩。唉!深的文法,列位们又看不懂;就是说把你听,列位们又是听不来的。而且我在上海说话,哪能够叫十八省的人都听得着,我又没有加响的喉咙。我为着这事,足足和朋友们商量了十几天,大家都道没有别的法子,只好做白话报罢,内中用那刮刮叫的官话,一句一句说出来,明明白白,要好玩些,又要叫人容易懂些。倘使这报馆一直开下去,不上三年包管各位种田的、做手艺的、做买卖的、当兵的,以及孩子们、妇女们,个个明白,个个增进学问,增进识见,那中国自强就着实有望了。呀!这话真正说得不错哩。当时有个最热心的朋友听了这话十分有理,就不慌不忙独自一人拿出几千块洋钱来开办这报馆,又吩咐我白话道人替他做几篇白话,每月印出两期,给列位看看,我这白话是顶通行的,包管你看一句懂一句。

唉呀!现在中国的读书人,没有什么可望了!可望的都在我们几位种田的、做手艺的、做买卖的、当兵的,以及那十几岁小孩子阿哥、姑娘们。我们这一辈子的人,不知便罢,倘然知道了天下的大势,看透了中国的时局,见得到便做得到,断断不像那般读书人口是心非,光会说大话做大文章,还要天天骂人哩。你看汉高祖、明太祖是不是读书人做的?关老爷、张飞是不是书呆子做的?可见我们不读书的这辈英雄,倘然一天明白起来,着实利害可怕得很。我并不是说读书人没有用帐,但是现在的读书人比不得从前罢了。我也不是说不读书的都是英雄。书虽然来不及去读,报却是天天要看的,倘然书也不读,报也不看,就是很有良心,很爱国家,做了义和团瞎闹一泡子,到底有什么用呢?

我从前在杭州的时候,也同着朋友们办一种杭州白话报。那时候我做的白话也很多,都登在杭州白话报里面,所以不上一年,那报居然一期卖了好几千份;如今还是我几个好朋友在里面办哩。近来住在上海也常常替人家做几篇白话的论说,大家都道我的说话还中听的。我白话道人被人家恭维得高兴起来,所以越发喜欢说话了。现在白话报也出了好几种,除了杭州白话报是个老牌子,其余的还有绍兴白话报、宁波白话报,我不曾看见,也不好去恭维他,我只管我的账罢。你们列位请看,我后头分的门类,便晓得我这中国白话报,是个极好看的东西哩……

《中国白话报》第1期

12月21日(十一月初三日)　张百熙奏请派学生出洋留学,以培养大学堂教员。

《奏派学生前赴东西洋各国游学摺》:

张百熙等奏:上年臣百熙于召对时,曾蒙懿训,深以教习乏才为念。当经奏陈京师大学堂,宜派学生出洋,分习专门,以备教习之选。计自开学以来,将及一载,臣等随时体察,益觉资遣学生出洋之举,万不可缓。诚以教育初基,必从培养教员入手,而大学堂教习,尤当储之于早,以资任用。查日本明治八年选优等学生留学外国,至明治十三年留学生毕业归国,多任为大学堂教员。迄今博士学士,人才众多,六科大师,取材本国。从前所延欧美教员,每科不过数人,去留皆无足轻重。而日本之留学欧美者,尚源源不绝,此其用心深远,可为前事之师。臣等忝膺学务,夙夜焦思,固知中国大学分科,照目前物力士风而论,求其规制完备,程度高深,恐非三四年所能猝办。而仰窥圣明垂意之殷,环顾举国属望之切,精神所注,终底于成,亟应多派学生,分赴东西洋各国,学习专门,以备将来学成回国,可充大学教习。庶几中国办理学堂,尚有不待借材、操纵自如之一日,早为之计,应用无穷,及今不图,后将追悔。现就速成科学生中,选得余棨昌、曾仪进、黄德章、史锡倬、屠振鹏、朱献文、范熙壬、张耀曾、杜福垣、唐演、冯祖荀、景定成、陈发檀、吴宗栻、钟赓言、王桐龄、王舜成、朱炳文、刘成志、顾德邻、苏潼、朱深、成雋、周宣、何培琛、黄艺锡、刘冕执、席聘臣、蒋履曾、王曾宪、陈治安等共三十一人,派往日本游学,定于年内起程。俞同奎、何育杰、周典、潘承福、孙昌烜、薛序镛、林行规、陈祖良、华南圭、邓寿佶、程经邦、左承诒、范绍濂、刘光谦、魏渤、柏山等共十六人,派往西洋各国游学,定于年外起程。该学生等志趣纯正,于中学均有根柢,外国语言文字,及各种普通科学,亦能通晓。大凡置之庄岳,假以岁时,决其必有成就。此外尚备取数人,防派定学生,临时或有疾病等事,可以更易。日本学费轻省。往返近便,故派数较多。颇虑其沾染近时游学恶习,臣等接见自日本来京之中外各员,一再详究,佥称凡议论嚣张任性妄为者,名为出洋学生,实则闲游生事,并未一日就学,其真在各学校肄业生徒,大都循理守法,力求进步等语。近询户部右侍郎臣铁良,新在日本所见大概相同。臣等仍当严定规条,预防流弊,于学生临行时,以忠爱大义,学成致用谆谆训勉。学期约以七年为率。西国十六人,统计需费十万余两,日本三十一人,统计需费九万余两,而川资等项,尚不在内。极知常年巨款,力有不支,然为培才起见,自当勉为筹划,拟在大学堂实存项下,按年提拨,开单奏销。其余一切事宜,悉遵外务部议覆出使各国大臣筹议出洋学生章程,及湖广督臣张之洞奏定约束奖励各章程,斟酌办理。上谕军机大臣等:本日张百熙等奏选派学生,前赴东西洋各国游学一摺,师范学生,最关紧要,著管学大臣,择其心术纯正、学问优长者,详细考察,分班派往游学,余依议。

朱寿朋编《光绪朝东华录》,中华书局1958年版,第5113~5114页

12 月 24 日(十一月初六日)　会审公廨拟判决邹容、章炳麟永久监禁,其余或释放,或交保开释。

1903 年 12 月 26 日《申报》载《党魁移禁》:

苏报馆革命党渠魁邹容、章炳麟,迭经上海县汪瑶庭大令命驾至英、美等国公共租界公廨,会同谳员邓鸣谦司马、英总领事署翻译官翟比南君讯明各情,拟科以永远监禁之罪。前日,捕头遂命将章、邹二犯,送入提兰桥畔西狱收禁。

《光绪二十九年十一月初六上海道袁树勋致兼湖广总督端方电》:

职道由江宁公回,据上海县面禀,龙积之陈仲彝二犯,上月二十九日遵饬堂讯。龙积之讯无为匪实据,已取结,如查有实据,仍行拿办,结存开释。陈仲彝交保。邹章两犯,一奉部复电即行照会领袖将犯提押。谨闻。勋。鱼。十一月初七日巳刻到。(端方档)

中国史学会编《中国近代史资料丛刊·辛亥革命》(1),上海人民出版社 1957 年版,第 442 页

本月中旬　孙中山在檀香山正埠发表演说,宣传革命。

孙中山《在檀香山正埠的演说》大意:

我们一定要在非满族的中国人中间发扬民族主义精神;这是我毕生的职责。这种精神一经唤起,中华民族必将使其四亿人民的力量奋起并永远推翻满清王朝。然后将建立共和政体,因为中国各大行省有如美利坚合众国诸州,我们所需要的是一位治理众人之事的总统……

我们许多人都担心列强要瓜分中国。可是,我们如不帮助他们,他们将无法实现瓜分。有人说我们需要君主立宪政体,这是不可能的。没有理由说我们不能建立共和制度。中国已经具备了共和政体的雏形。

广东省社会科学院历史研究室等编《孙中山全集》第 1 卷,中华书局 1981 年版,第 227 页

△ 本月,孙中山复函黄宗仰,告知自己在檀香山与保皇派斗争状况。

孙中山《复黄宗仰函》:

中央上人英鉴:

横滨来函,已得拜读。弟刻在檀岛与保皇大战,四大岛中,已肃清其二,余二岛想不日可以就功。非将此毒铲除,断不能做事。但彼党狡作[狡诈]非常,见今日革命,风潮大盛,彼在此地则曰"借名保皇,实则革命",在美洲则竟自称其保皇会为革命党,欺人实甚矣。旅外华人真伪莫辨,多受其惑,此计比之直白保皇如康怪者尤毒,梁酋之计狡[狡]矣!闻在金山各地已检[敛]财百余万,此财大半出自有心革命倒满之人。梁借革命之名骗得此财,以行其保皇立宪,欲率中国四万万人永为满洲之奴隶,罪通于天矣,可胜诛哉!弟等同志向来专心致志于兴师之事,未暇谋及海外之运动,遂使保皇纵横如此,亦咎有不能辞也。今当乘此余暇,尽力扫除此毒,以一民心;民心一,则财力可以无忧也。

务望在沪同志,亦遥作声援。如有新书新报,务要设法多寄往美洲及檀香山分售,使人人知所适从,并当竭力大击保皇毒焰于各地也。匆匆草此,即候

大安。

弟中山谨启

寄信地址:Dr. Y. S. Sun

To Mr. Ho Fon

Bishoh [Bishop] Bank

Hono Lulu H. I.

中译文为:夏威夷岛火奴鲁鲁卑涉银行何宽先生转孙逸仙医生。

广东省社会科学院历史研究室等编《孙中山全集》第1卷,中华书局1981年版,第229~230页

△ 本月,孙中山改组《檀山新报》,发表《敬告同乡书》,鼓动侨胞支持革命。

孙中山《敬告同乡书》:

同乡列公足下:

向者公等以为革命、保皇二事,名异而实同,谓保皇者不过籍名以行革命,此实误也。

天下事,名不正则言不顺,言不顺则事不成。夫常人置产立业,其约章契券犹不能假他人之名,况以康梁之智而谋军国大事、民族前途,岂有故为名实不符而犯先圣之遗训者乎?其创立保皇会者,所以报知己也。夫康梁,一以进士,一以举人,而蒙清帝载湉特达之知、非常之宠,千古君臣知遇之隆未有若此者也。百日维新,言听计从,事虽不成,而康梁从此大名已震动天下。此谁为之?孰令致之?非光绪之恩,曷克臻此?今二子之逋逃外国而倡保皇会也,其感恩图报之未遑,岂尚有他哉!若果有如公等所信,彼名保皇,实则革命,则康梁者尚得齿于人类乎?直禽兽不若也!故保皇无毫厘之假借,可无疑义矣。如其不信,则请读康有为所著之《最近政见书》。此书乃康有为劝南北美洲华商不可行革命,不可谈革命,不可思革命,只可死心踏地以图保皇立宪,而延长满洲人之国命,续长我汉人之身契。公等何不一察实情,而竟以己之心度人之心,以己之欲推人之欲,而诬妄康梁一至于是耶?

或曰:言借名保皇而行革命者,实明明出诸于梁启超之口,是何谓诬?曰然,然而不然也。梁之言果真诚无伪耶?而何以梁之门人之有革命思想者,皆视梁为公敌、为汉仇耶?梁为保皇会中之运动领袖,阅历颇深,世情寖[寖]熟,目击近日人心之趋向,风潮之急激,毅力不足,不觉为革命之气所动荡,偶尔失其初心,背其宗旨。其在《新民丛报》之忽言革命,忽言破坏,忽言爱同种之过于恩人光绪,忽言爱真理之过于其师康有为者,是犹乎病人之偶发呓语耳,非真有反清归汉、去暗投明之实心也。何以知其然哉?夫康梁同一鼻孔出气者也,康既刻心写腹以表白其保皇之非伪,而梁未与之决绝,未与之分离,则所言革命焉得有真乎?夫革命与保皇,理不相容,势不两立。今梁以一人而持二说,首鼠两端,其所言革命属真,则保皇之说必伪;而其所言保皇属真,则革命之说亦伪矣。

又如本埠保皇【报】之副主笔陈某者,康趋亦趋,康步亦步,既当保皇报主笔,而又口谈革命,身入洪门,其混乱是非、颠倒黑白如此,无怪公等向以之为耳目者,混革命、保皇而为一也。此不可不辨也。今幸有一据可以证明彼虽口谈革命,身入洪门,而实为保皇之中坚,汉族之奸细。彼口谈革命者,欲笼络革命志士也;彼身入洪门者,欲利用洪门之人也。自弟有革命演说之后,彼之诈伪已无地可藏,图穷而匕首见矣。若彼果真有革命之心,必声应气求,两心相印,何致有攻击不留余地?始则于报上肆情诬谤,竭力訾毁,竟敢不顾报律,伤及名誉,若讼之公堂,彼必难逃国法。继则大露其满奴之本来面目,演说保皇立宪之旨,大张满人之毒焰,而痛骂汉人之无资格,不当享有民权。夫满洲以东北一游牧之野番贱种,亦可享有皇帝之权,吾汉人以四千年文明之种族,则民权尚不能享,此又何说,其尊外族、抑同种之心,有如此其甚者,可见彼辈所言保皇为真保皇,所言革命为假革命,已彰明较著矣!

由此观之,革命、保皇二事决分两途,如黑白之不能混淆,如东西之不能易位。革命者志在扑满而兴汉,保皇者志在扶满而臣清,事理相反,背道而驰,互相冲突,互相水火,非一日

矣。如弟与任公私交虽密，一谈政事，则俨然敌国。然士各有志，不能相强。总之，划清界限，不使混淆，吾人革命，不说保皇，彼辈保皇，何必偏称革命？诚能如康有为之率直，明来反对，虽失身于异族，不愧为男子也。

古【往】今来忘本性、昧天良、去同族而事异种、舍忠义而为汉奸者，不可胜计，非独康梁已也。满汉之间，忠奸之判，公等天良未昧，取舍从违，必能审定。如果以客帝为可保，甘为万劫不复之奴隶，则亦已矣。如冰山之难恃，满汉之不容，二百六十年亡国之可耻，四万万汉族之可兴，则宜大倡革命，毋惑保皇，庶汉族其有豸乎！

书不尽意，余详演说笔记中，容出版当另行呈政。此致，即候
大安不既。

弟孙逸仙顿

广东省社会科学院历史研究室等编《孙中山全集》第1卷，中华书局1981年版，第230～233页